rororo
sportbücher

rororo sport
Herausgegeben von Bernd Gottwald

Theorie · Methoden · Praxis

Erich Christmann
Klaus Fago/DVV (Hg.)

VOLLEYBALL HANDBUCH

Fotos von Horst Lichte
Abbildungen von Regine Bachmann

Offizielles Lehrbuch des Deutschen Volleyballverbands

Rowohlt

SPORT rororo

Originalausgabe

Veröffentlicht im Rowohlt Taschenbuch Verlag GmbH,
Reinbek bei Hamburg, November 1987

Layout Angelika Weinert
Umschlaggestaltung Jürgen Kaffer/Peter Wippermann
(Foto: Sportpressefoto Bongarts)
Fotos Seite 22, 23, 348, 385 ff von Günter Krispin
Fotos Seite 103, 467 von Sportpressefoto Bongarts
Satz Times (Linotron 202)
Gesamtherstellung Clausen & Bosse, Leck
Printed in Germany
2690-ISBN 3 499 17640 8

17.–19. Tausend Januar 1993

Inhalt

Einleitung
Zur Konzeption des Handbuchs

Praxis und Theorie

Die Entwicklung des Volleyballspiels, die Leistung von Spielern, Spielfreude und Spaß in der Volleyballgruppe hängen weitgehend von der Tätigkeit und dem Können des Sportlehrers, Übungsleiters und Trainers ab. Er wird als Fachmann, Lehrer, Mitspieler, Berater, Organisator, Vorbild, Konfliktbewältiger und Coach gefordert. Um diesen vielfältigen Anforderungen gerecht werden zu können, ist Wissen über Grundlagen und Voraussetzungen dieser Tätigkeit, Reflexion der Möglichkeiten und Probleme seines Handelns und eine systematische Schulung des Verhaltens in den verschiedenen Anforderungssituationen notwendig. Das Volleyball-Handbuch will hierbei Hilfestellung leisten.

Der Handbuchcharakter zeigt sich zunächst darin, daß Wissen aus den Bereichen der Sportwissenschaft (z. B. Bewegungs-, Trainingslehre, Sportpsychologie, -soziologie, -medizin, -pädagogik) und Sportpraxis (z. B. Spielsportarten, Volleyballmethodik, Unterricht, Training, Wettkampf) problemorientiert gesammelt, ausgewählt und zusammengestellt wird. Daraus ergibt sich ein zweites Merkmal, dem dieses Handbuch Rechnung tragen möchte. Als Grundlagentext und Arbeitsmaterial in den Ausbildungen für Sportlehrer, Übungsleiter, Trainer und beim Selbststudium soll es zur Entwicklung von Handlungskompetenz in Unterricht, Training und Wettkampf beitragen. Ein umfangreiches Verzeichnis enthält die nach Sachgebieten geordnete, verwendete und weiterführende Literatur, mit deren Hilfe eine Vertiefung der Inhalte erfolgen kann.

Ein wichtiges Anliegen des Handbuches besteht darin, das Theorie-Praxis-Problem in der gesamten Konzeption zu berücksichtigen. Dabei werden auf mehreren Ebenen Lösungsansätze entwickelt, die allerdings nicht den Anspruch erheben, Patentrezepte darzustellen. Es kann lediglich darum gehen, an möglichst vielen Stellen Brücken zu bauen und Verbindungsli-

nien aufzuzeigen, um diese Kluft nicht noch zu vergrößern. Grundsätzlich wird davon ausgegangen, daß Theorie und Praxis in einem natürlichen Spannungsverhältnis stehen, aus dem beide Vorteile ziehen sollen. Störungen dieser Wechselbeziehung scheinen besonders zwei Ursachen zu haben:
(1) Die gegenseitigen Erwartungen von Theorie und Praxis entsprechen oft nicht den Möglichkeiten. Einerseits verfügt die Wissenschaft noch nicht über genügend Erkenntnisse, um alle Phänomene im Bereich sportlichen Trainings und Wettkampfes erklären und konkrete Handlungsanweisungen geben zu können. Damit bleibt für den Trainer die Anforderung bestehen, auch in Zukunft selbständig in seinem Aufgabenfeld Probleme lösen zu müssen. Andererseits erfordert die Trainings- und Wettkampfsituation vom Trainer schnelle und komplexe Entscheidungen und Handlungen, die oft erst nach ihrer Realisierung auf ihre Voraussetzungen und Zusammenhänge hin analysiert und beurteilt werden können. Es ist daher eine wichtige Aufgabe von Theorie und Ausbildung, Grundlagenwissen einsichtig und verständlich darzubieten und Anwendungswissen für die Anforderungssituationen in Training und Wettkampf verfügbar zu machen. Für die Praxis muß die Bereitschaft zur Reflexion der Handlungen und zur Auseinandersetzung mit theoretischen Konzepten gefordert werden.
(2) Die Kommunikation zwischen Theorie und Praxis ist durch die Anforderungen des jeweiligen Problembereichs und die daraus resultierenden Verhaltensmuster erschwert. Dies wird besonders am Beispiel der Fachbegriffe deutlich, die häufig Barrieren zwischen Theorie und Praxis darstellen. Auch hier führt nur das Bemühen um verständliche Sprache einerseits und Bereitschaft zur Auseinandersetzung mit notwendigen Begriffen und Theorien andererseits zur Überwindung dieser Hindernisse.
Die Theorie muß die Praxisrelevanz ihrer Ergebnisse noch stärker verdeutlichen. Die Praxis muß eine noch größere Bereitschaft zeigen, an der Lösung allgemeiner Fragestellungen mitzuarbeiten, in der Trainings- und Wettkampfpraxis gewonnene Erkenntnisse darzustellen und einer Analyse zugänglich zu machen. Durch diese Kommunikation lassen sich neue, allgemeine Erkenntnisse gewinnen, aus denen sich auch für die eigene Praxis wieder Anregungen ergeben.

Problemorientierte Anordnung der Inhalte

Die Sammlung, Auswahl und Darstellung der Inhalte eines Handbuches könnte sich an der Zuordnung zu den verschiedenen Theoriegebieten der Sportwissenschaft orientieren und damit einer fachsystematischen Vorgehensweise entsprechen. Dieser Ansatz kann aber dem Anliegen der Sportpraxis nicht immer gerecht werden, da sie konkrete Probleme unter Berücksichtigung von Erkenntnissen lösen muß, die sich verschiedenen Theoriegebieten zuordnen lassen, z. B.
– Wie gestalte ich ein spezielles Zuspielertraining? (Technik, Taktik, Be-

obachtung, Trainingslehre)
- Wie vermittle ich die richtige Bewegungsvorstellung? (Motorisches Lernen, Lehrmethoden, Medien)
- Wie plane ich die nächste Trainingseinheit? (Spielanalyse, Trainingslehre, Sportmedizin)
- Wie bereite ich meine Mannschaft am besten für die Spielsaison vor? (Trainingslehre, Taktik, Motivation, Mannschaftsformung).

Diese Probleme sind Ausgangspunkte für einen Prozeß, bei dem sich mehrere Schritte unterscheiden lassen:
1. Phase der Erkundung und Informationsbeschaffung
2. Phase des Entwerfens, Planens, der Bewertung und Auswahl
3. Phase der Ausführung und Anwendung
4. Phase des Prüfens, der Kontrolle und eventuellen Revision.

Die Vielzahl der Probleme für den Übungsleiter und Trainer läßt sich in der Zeitdimension und in Abhängigkeit von seiner Tätigkeit im Jugendbereich, Freizeitvolleyball, Wettkampf- und Spitzensport differenzieren. Dabei ergeben sich Zuordnungsmöglichkeiten von Inhalten zu
- längerfristigen Perspektiven des Trainingsaufbaus (vgl. Kapitel 1)
- Aufgaben während einer Spielsaison (vgl. Kapitel 2)
- den Aufgaben in kleinen und kleinsten Unterrichts- und Trainingseinheiten (vgl. Kapitel 3).

Zwischen diesen Bereichen bestehen komplexe Wechselbeziehungen im Sinne einer Hierarchie mit unterschiedlichem Abstraktionsgrad. So kann eine langfristige Planung nicht so detailliert vorgenommen werden wie z. B. die Planung einer einzelnen Trainingseinheit. Die abstraktere Ebene enthält immer eine Vielzahl von Konkretisierungsmöglichkeiten auf der tieferliegenden Ebene. Diese leiten sich aber nicht kausal aus der höheren Abstraktionsebene ab (Deduktion), sondern sind als Möglichkeiten darin enthalten und stellen das Ergebnis einer bewußten Auswahl dar.

Die Zeiteinheiten zeichnen sich aber auch durch Eigenständigkeiten und Unterschiede aus, z. B.:
- Die Planung der verschiedenen Einheiten liegt zum Teil bei unterschiedlichen Instanzen. Während bei der Perspektivplanung allgemeines Grundlagenwissen, Verband und Verein von großer Bedeutung sind, gewinnt der Trainer bei der Jahresplanung stärkeren Einfluß. In kleineren Zeiteinheiten wird dann zunehmend stärker auch die Verantwortung des einzelnen Spielers deutlich, wenn er z. B. in bestimmten Bereichen der Übungs- und Trainingsstunde selbstverantwortlich handelt und durch die Interaktion mit dem Trainer auch dessen Planung beeinflußt.
- Ziele, Inhalte und Methoden in den verschiedenen Zeiträumen stehen in einer spezifischen Wechselbeziehung. So umfaßt die Perspektivplanung eher langfristige Ziele, Methodik- und Trainingskonzepte, die Vorbereitung von Wettkämpfen im Trainingsjahr enthält konkretere Trainings-

ziele, Trainingsmethoden, Wettkampf- und Leistungskontrollen, und die Vermittlung der Spielfähigkeit beinhaltet präzise Lernziele, Lehrmethoden und Lernerfolgskontrollen.
Die Reihenfolge der Zeiteinheiten geht vom Allgemeinen zum Besonderen, vom Abstrakten zum Konkreten, vom langfristigen zum überschaubaren Zeitraum. Dadurch kann immer auf bekannte Sachverhalte aufgebaut und eine Einordnung des differenzierteren Wissens in vorhandene Strukturen erreicht werden. Verbindet man nun dieses Konzept der Zuordnung von Inhalten zu verschiedenen Zeiträumen mit den Phasen des Problemlöseprozesses als konkrete Maßnahmen zur Verknüpfung von Theorie und Praxis, dann ergibt sich für das Handbuch und seine Kapitel eine überschaubare Struktur, die in der folgenden Abbildung dargestellt wird.

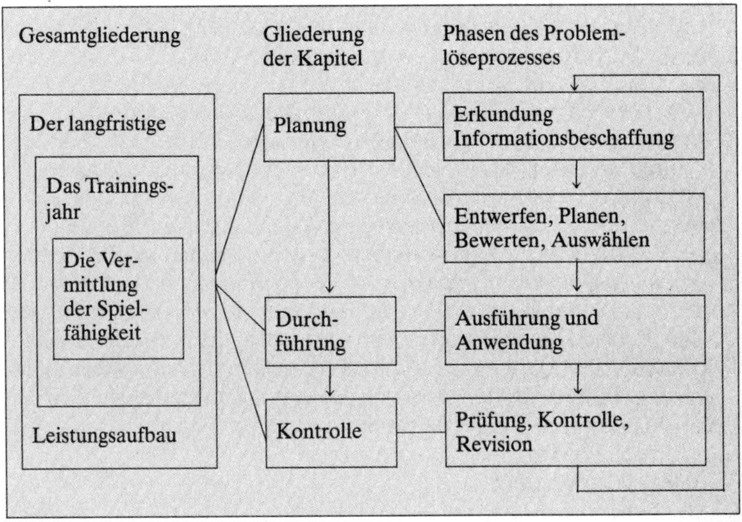

Abb. 1

Darstellungsform und Lernprozeß
Bei der Darstellungsform werden Bedingungen des Lernens berücksichtigt, die das Verständnis der Inhalte erleichtern, einen problembezogenen Wissenserwerb ermöglichen und die Behaltensleistung erhöhen sollen:

a) *Vorstrukturierende Lernhilfen und Zusammenfassungen*
Zu Beginn der drei Hauptkapitel stellt jeweils eine Übersicht mit Erläuterungen die Inhalte und ihre Struktur dar. Zusammenfassungen am Ende der Teilkapitel enthalten die wichtigsten Grundaussagen.

b) *Schrittweise Differenzierung und integrierende Verbindung*
Der Aufbau auf bekannten Inhalten und ihre Vertiefung und Differenzierung in den Folgekapiteln ermöglicht eine Wiederholung von Inhalten im Sinne des verteilten Lernens. Schlagworte und Querverweise erleichtern das Auffinden der jeweiligen Grundinformationen. Themenbereiche, die der «Theorie» zuzuordnen sind, werden immer in Verbindung mit volleyballspezifischen Beispielen und Problemstellungen erläutert. Dadurch läßt sich ihre Bedeutung für die Trainingspraxis besser erkennen und Schritt für Schritt eine kognitive Struktur für einen Gegenstandsbereich entwickeln, die eine Einordnung von Einzelproblemen erleichtert. Neue Lerninhalte sind dann leichter in die vorhandenen Strukturen zu integrieren, wodurch ‹sinnvolles› Lernen möglich wird.

c) *Aktives Lernen*
Der Anspruch eines Handbuchs, nicht nur eine Sammlung von Grundlagenwissen aus den verschiedensten Bereichen zu sein, sondern sich auch um die Vermittlung dieses Wissens zu bemühen, erfordert die Bereitstellung günstiger Lernbedingungen für den Leser und Lernenden. Dies kann zunächst auf der Ebene der Veranschaulichung geschehen. Eine Vielzahl von Hervorhebungen (Kursivdruck), Übersichten, Tabellen, Abbildungen und Fotos sollen die Bearbeitung auch visuell unterstützen. Eine Aneignung des Wissens wird aber dann am besten gewährleistet, wenn eine aktive Auseinandersetzung mit den Inhalten erfolgen kann. Dazu werden besonders für das Selbststudium und in Ausbildungskursen im Anhang Aufgaben zu jedem Kapitel zusammengestellt, die eine Kontrolle, Vertiefung und Anwendung des Wissens ermöglichen. Passives Lesen und Lernen – besonders theoretischer Inhalte – soll damit durch die aktive Auseinandersetzung mit konkreten Aufgabenstellungen unter Verwendung des Textes ergänzt werden. Die Ziffern [1] bis [200] verweisen auf die an dieser Stelle möglichen Lernaufgaben (siehe Anhang).

An dieser Stelle möchten wir Dank sagen für die vielfältigen Hilfen, Anregungen und Unterstützungen. Mitgewirkt haben dabei besonders die Lehrwarte der Landesverbände und des DVV Prof. Otto Schmidt und Dietmar Koal im Lehrbeirat, auf deren Initiative das Handbuch zurückgeht. Für die fachliche Beratung bedanken wir uns – stellvertretend für viele – bei Dr. Walter Hort und Hans Finkler. Die Spielerinnen der Nationalmannschaft der Frauen mit ihrem Trainer Andrzej Niemczyk, Spieler des Hamburger Sportvereins und weitere Spieler mehrerer Vereine unterstützten uns bei der Erstellung des Bildmaterials.
Nicht zuletzt danken wir dem Deutschen Volleyball-Verband für die Unterstützung und dem Verlag für die sehr gute Zusammenarbeit.

Erich Christmann *Klaus Fago*

1 Der langfristige Leistungsaufbau

Erich Christmann

Zur Orientierung

Beim Aufbau der Leistungsfähigkeit im Volleyball sind in einem mehrjährigen Prozeß eine Reihe von Komponenten zu berücksichtigen. Diese lassen sich allgemein in Bereiche der Planung, Durchführung und Überprüfung gliedern (vgl. Übersichtsschema S. 16):

- Zur Bestimmung von Lern- und Trainingszielen bedarf es zunächst einer Analyse des Volleyballspiels. Neben der historischen Dimension werden Spielstruktur und die Bedeutung der Spielregeln für das Spiel und seiner Varianten untersucht (1.1). Darüber hinaus werden die physischen, psychischen und kognitiv-emotionalen Komponenten beschrieben, die allgemein und spielspezifisch zu entwickeln sind, um Spielleistungen im Volleyball zu ermöglichen (1.2).
- Das Volleyballspiel mit seinen Leistungskomponenten wird in Unterricht und Training nach methodischen und trainingswissenschaftlichen Grundsätzen vermittelt und optimiert. Im Kinder- und Jugendtraining sind dabei altersspezifische Bedingungen zu berücksichtigen (1.3; 1.4; 1.5).
- Der Leistungsaufbau hängt darüber hinaus von der Person des Trainers ab, der zum Volleyball hinführen und Interesse aufbauen kann (1.6).
- Als Möglichkeiten der Überprüfung von Eingangsvoraussetzungen, Lern- und Leistungsentwicklung werden abschließend für dieses Kapitel Verfahren der Spielbeobachtung und der Einstellungsbefragung dargestellt (1.7; 1.8).

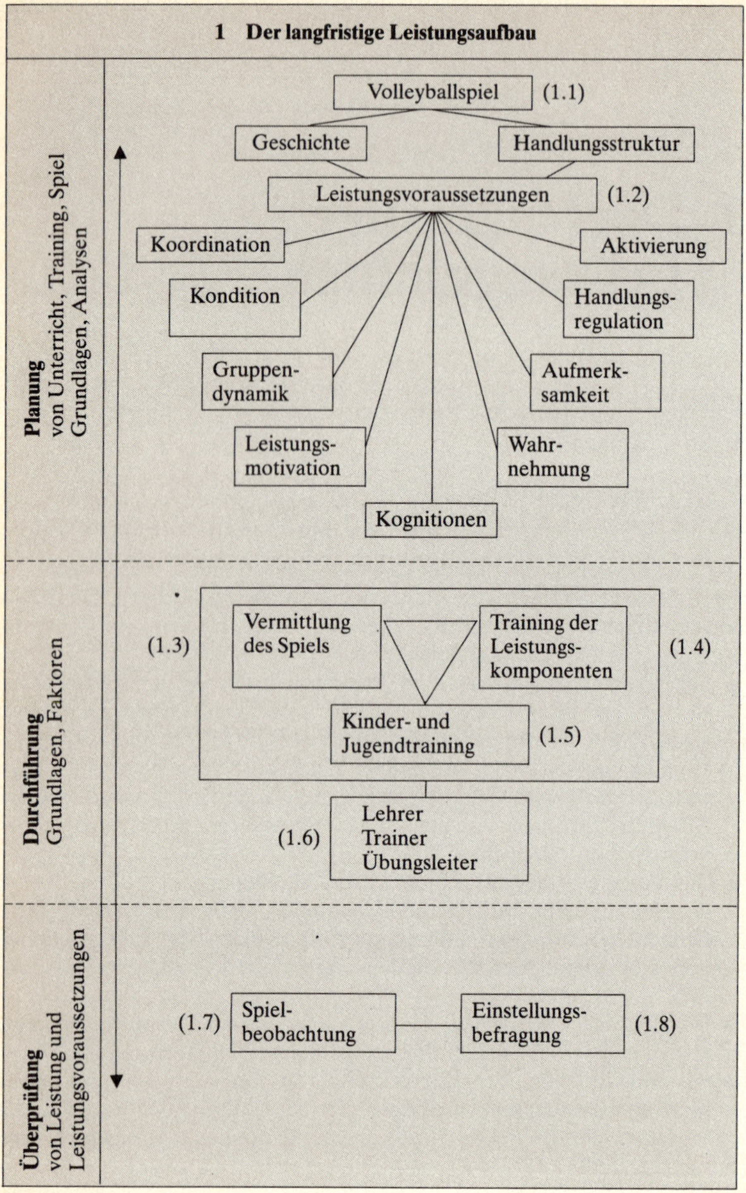

Übersichtsschema Kapitel 1

1.1 Das Volleyballspiel

Christian Brandel

Geschichte des Volleyballspiels

Historische Vorformen

Als Vorläufer des Volleyballspiels können alle Formen des Hochball-, Hin-, Rückschlag- oder Zuschlagspiels wie z. B. das Indiacaspiel der Azteken oder das mittelalterliche italienische Pallonespiel angesehen werden. In der Neuzeit wurden in Amerika im Rahmen der «Spielplatzbewegung» (1890–1900) viele Gruppenspiele erfunden, weiterentwickelt und in den Sportunterricht einbezogen. Dazu gehörte neben Basketball ein Spiel, das William G. Morgan «Mintonette» nannte. Die Grundidee bestand darin, einen Ball ohne Bodenberührung (volley) durch ein Schlagen mit den Händen über ein Netz hin- und herfliegen zu lassen. Alfred T. Halstead prägte anläßlich eines Turniers am 7. Juli 1896 den Namen Volleyball.

Ausbreitung und Verbandsbildung

In den ersten Jahren nach seiner Erfindung hatte Volleyball es nicht leicht, sich durchzusetzen. Bald wurde dann aber u. a. durch die internationale Organisation des CVJM die Entwicklung eingeleitet, die dazu führte, daß heute über 150 Millionen Volleyballspieler in insgesamt 156 Verbänden weltweit organisiert sind und der Internationale Volleyball-Verband der mit Abstand größte Sportverband der Welt ist (vgl. Tab. 1.1.1).

Tab. 1.1.1: Ausbreitung des Volleyballspiels und Verbandsgründungen

1900	Kanada als erstes Land außerhalb der USA, in dem Volleyball gespielt wird
1905	Cuba
1909	Puerto Rico
1910	Philippinen und China
1912	Uruguay (Jess T. Hopkins)
1913	Japan, Burma, Indien. Bei den Asienspielen in Manila wurde das erste offizielle Turnier mit China, Japan und den Philippinen ausgetragen.
1914	England
1915	Sibirien, Polen (C. Scaife)
1917	Frankreich

1922	Erste nationale Meisterschaften des CVJM in den USA mit 27 Teams
1925	Volleyball als Verband im größten amerikanischen Sportverband AAU
1929	Nach dem «Playground»-Magazin gab es 821 Spielklassen mit über 7000 Mannschaften in den USA. Volleyball besonders als Erholungs- und Schulsport.
1936–1939	Volleyball in Deutschland aus dem Baltikum übernommen und in der Ausbildung der Sportstudenten an der Berliner Universität als «Flugballspiel» aufgenommen.
1947	Im April Gründung des Internationalen Volleyball-Verbandes durch Repräsentanten von dreizehn Ländern (Ägypten, Belgien, Brasilien, Frankreich, Holland, Italien, Jugoslawien, Polen, Portugal, Rumänien, Tschechoslowakei, Uruguay, USA). Erster Präsident war der Franzose Libaud.
1951	Einführung von Volleyball an der CVJM-Sekretärschule in Kassel durch Johannes Zeigert
[3] 1955	Am 5. Mai Gründung des Deutschen Volleyball-Verbandes und Einleitung des Ausbaus der Organisationsstruktur (vgl. Abb. 1.1.1).
1957	Präsentation von Volleyball in Sofia bei der Sitzung des Internationalen Olympischen Komitees (IOC).
1964	In Tokio erstmals olympische Sportart und Teilnahme von Männer- und Frauenmannschaften.

Entwicklung des Regelwerks

Mit der Verbreitung des Spiels und der zunehmenden *Wettkampforientierung* und *Versportlichung* des Spiels wandelten sich auch die *Spielregeln* hin
[1] zu dem internationalen Regelwerk, das heute weltweit Gültigkeit hat (vgl.
[2] Tab. 1.1.2) und ständig weiterentwickelt werden muß.

Tab. 1.1.2 Entwicklung des Regelwerks

1896	Erste veröffentlichte inoffizielle Beschreibung der Volleyballregeln durch J. D. Cameron unter dem Titel «The original game of Volleyball»
1897	Erste gedruckte Volleyballregeln im CVJM-Sporthandbuch in Amerika mit 10 Paragraphen
1900	Neue Regeln von W. E. Day in Dayton/Ohio: Netzhöhe 2,13 m; Verbot des Dribbelns; Spiel auf 21 Punkte pro Satz
1912	Netzhöhe 2,28; Feldbreite 10,66 m; Feldlänge 18,28 m; 15 Punkte pro Satz; Rotation
1916	Netzhöhe 2,43 m; Spieldauer 2 Gewinnsätze
1918	Festlegung der bisher unbeschränkten Spielerzahl auf 6
1921	Einführung der Mittellinie
1922	Einführung von drei Ballberührungen pro Spielzug

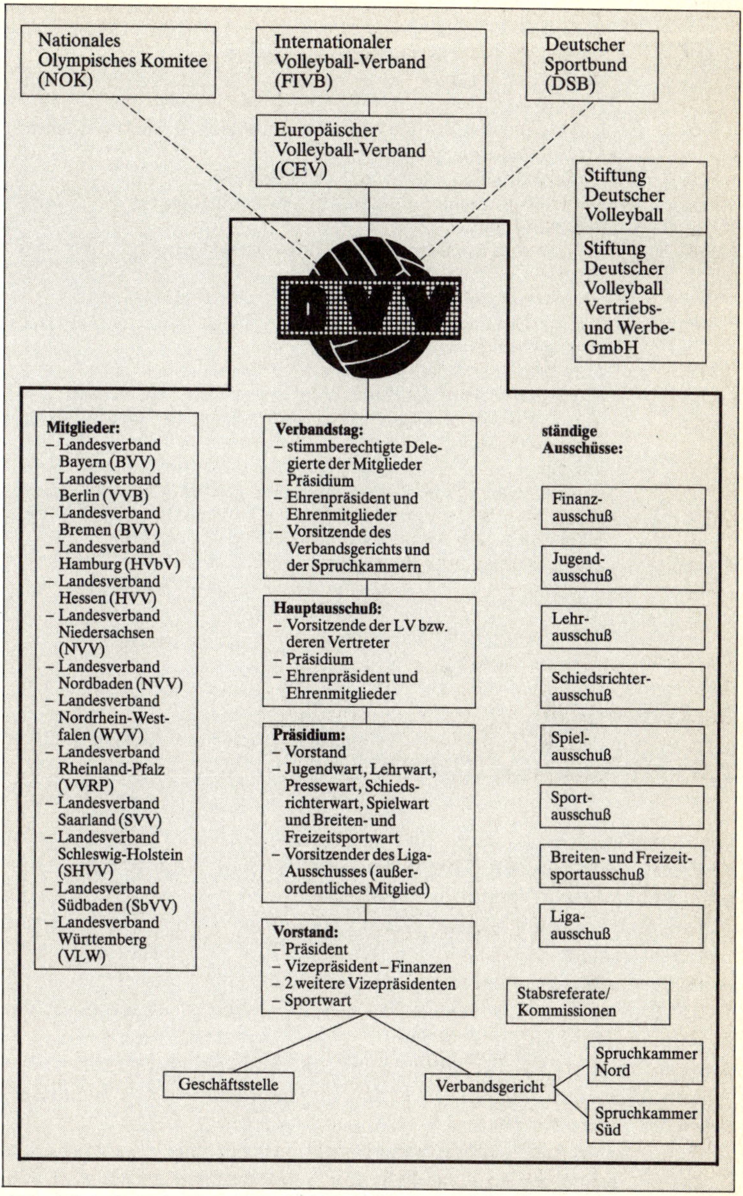

Abb. 1.1.1: Organisation des Deutschen Volleyball-Verbands (DVV)

1923	Spielfeldbreite 9,14 m
1937	Einführung der Angriffslinie in der UdSSR
1938	Blockieren erlaubt; Festlegung der Aufgaben von Netz- und Grundspielern
1949	In Japan und Asien wird weiterhin mit neun Spielern auf einem 11 × 21 m großen Spielfeld gespielt
1955	Japan übernimmt internationales Regelwerk
1955	Mit DVV-Gründung Verkündung des internationalen Regelwerks in Deutschland
1959	Erlaubt wird das Betreten der Mittellinie und das Übergreifen des Blocks
1963	Einführung des Aufstellungsfehlers; Übergreifen verboten
1965	Übergreifen nach dem Angriff erlaubt; Blockspieler darf den Ball zweimal berühren
1971	Einführung der Antennen
1972	Block darf jeden vom Gegner herübergespielten Ball blocken
1973	Mittellinie darf überschritten werden, solange der Fuß in Berührung mit ihr bleibt
1984	Die gegnerische Aufgabe darf nicht mehr blockiert werden. Wenn der Ball nicht von oben mit den Fingern gespielt wird, sind bei der ersten Berührung eines vom Gegner kommenden Balles, selbst beim Block, aufeinanderfolgende Ballkontakte erlaubt
1986	Trainer dürfen taktische Anweisungen geben

Erich Christmann

Zur Handlungsstruktur

Die dynamische Entwicklung und Verbreitung des Volleyballspiels in den vergangenen Jahren hat dazu geführt, daß es sich heute in ganz unterschiedlichen *Erscheinungsformen* präsentiert:

- als Spitzensport mit höchsten Trainings- und Wettkampfbelastungen auf internationalem Niveau mit Tendenzen zur Professionalisierung;
- als Leistungssport im nationalen Bereich mit früher Talentsuche, gezielter Förderung und Konzentration von Spitzenspielern/-innen in wenigen Vereinen und Leistungszentren;
- als Wettkampfsport auf mittleren und unteren Leistungsebenen;
- als Schüler- und Jugendsport in den Vereinen und Auswahlmannschaften der Landesverbände;
- als Schulsport mit einer Wettkampforientierung in den Neigungsgruppen und der Teilnahme an regionalen und Bundeswettbewerben (z. B. «Jugend trainiert für Olympia») oder mit einer Freizeitorientierung, nach

der Volleyball von Jungen und Mädchen gemeinsam im Klassen- oder Kursverband gespielt werden kann;
- als Breitensport in Verbänden, Vereinen und Institutionen mit Spielrunden, Turnieren und Meisterschaften (z. B. Freiluftturniere, Turnfestmeisterschaften, Mixed-Turniere, Meisterschaften für Senioren und Seniorinnen);
- als Freizeitsport in nicht wettkampforientierten, vereinsunabhängigen Gruppen (z. B. Hobbygruppen, Neigungsgruppen, Betriebssportgruppen, Freizeitgruppen);
- als Urlaubssport am Strand, im Wasser, in Jugendherbergen, Ferienlagern, im Sportangebot organisierter Touristikprogramme für Frauen, Männer und die ganze Familie;
- als Trimmaktion Volleyball des Deutschen Sportbundes (DSB);
- als Gesundheits-, Freizeit- und Wettkampfsport bei der Rehabilitation und auch im Behindertensport (Stand- und Sitzvolleyball).

Trotz dieser Vielzahl von Formen des Spiels gleichen sich alle Volleyballspiele strukturell im zeitlichen und technisch-taktischen Handlungsablauf (vgl. Abb. 1.1.2).

Diese *Grundstruktur* läßt sich durch folgende Merkmale charakterisieren:

① Das Spiel wird durch einen Aufschlag über das Netz in die andere Feldhälfte eingeleitet.

② Die Annahme des Aufschlags erfolgt in Richtung Netz.

③ Ein Zuspieler übernimmt den Spielaufbau durch Stellen des Balles auf einen Angreifer am Netz.

④ Der Angreifer versucht, den Ball gezielt über das Netz in die andere Feldhälfte zu schlagen.

⑤ Ein Block aus ein, zwei oder drei Spielern versucht, diesen Angriff im Sprung am Netz abzuwehren.

⑥ Spieler hinter dem Angreifer (Angriffssicherung) und hinter dem Block (Blocksicherung) erwarten die vom Block abspringenden Bälle.

⑦ Spieler in der Feldverteidigung versuchen, die vom Block nicht abgewehrten Bälle anzunehmen und ans Netz zum Steller zu spielen (siehe ③).

Die Spielfolge 3–7 wiederholt sich so lange, bis sie von einem erfolgreichen Angriff (Bodenkontakt des Balles), einem ungenauen Paß oder einem technischen Fehler unterbrochen wird. Diese Grundstruktur des Volleyballspiels variiert auf verschiedenen Leistungsniveaus und bei den jeweiligen Adressatengruppen durch Unterschiede bei den Spielhandlungen (Qualität, Anzahl, Dauer, Art und Intention der Handlungsfolgen) und den jeweils geltenden Regeln.

Die Grundidee ist in den Internationalen Volleyball-Spielregeln so festgelegt:

Abb. 1.1.2: Die Grundstruktur des Volleyballspiels

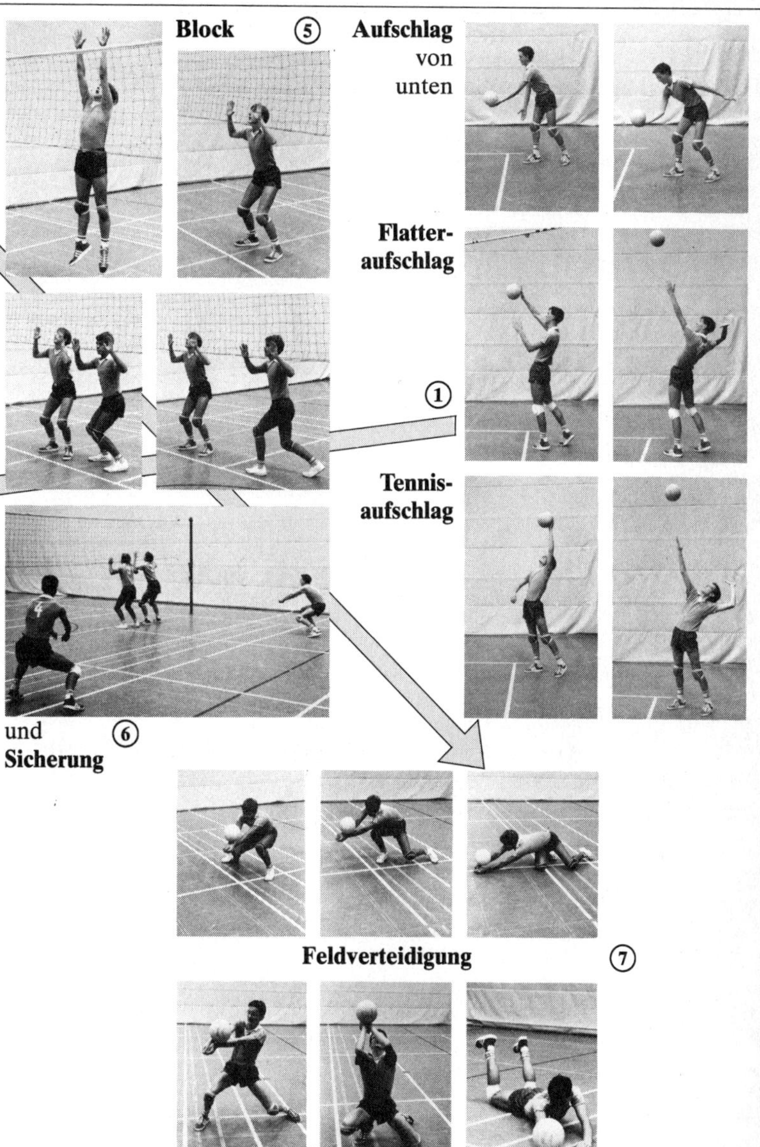
Block ⑤
Aufschlag von unten
Flatter-aufschlag
①
Tennis-aufschlag
und ⑥
Sicherung
Feldverteidigung ⑦

«Das Ziel der Spieler ist es, den Ball regelgerecht über das Netz auf den Boden des gegnerischen Feldes zu bringen. Der Ball wird ins Spiel gebracht mit einer Aufgabe, die der rechte Hinterspieler aus der Aufgabenzone ausführt. Der Ball muß dabei mit einer Hand über das Netz und innerhalb der seitlichen Begrenzungen (Überquerungsraum) direkt in die gegnerische Spielfeldhälfte gespielt werden.
Jede Mannschaft hat zusätzlich zum Block das Recht auf drei Ballberührungen, um zu verhindern, daß der Ball den Boden der eigenen Spielfeldhälfte berührt, und um ihn innerhalb des Überquerungsraumes in die gegnerische Spielfeldhälfte zurückzuspielen. Ein Spieler (außer dem Blockspieler) darf den Ball nicht zweimal hintereinander berühren.» (Regeländerung: «Bei der ersten Berührung eines vom Gegner kommenden Balles, selbst nach einem Block, sind aufeinanderfolgende Ballkontakte erlaubt, wenn der Ball hierbei nicht im oberen Zuspiel mit den Fingern gespielt wird»).
Der Ball bleibt im Spiel, solange er nicht den Boden, die Wände, die Decke oder andere Gegenstände berührt, oder bis zum Fehler eines Spielers.
Nur die Mannschaft, die einen mit der eigenen Aufgabe begonnenen Spielzug gewinnt, kann einen Punkt erzielen. Wenn die Aufgabe nicht regelgerecht ausgeführt wird oder der Gegner den Spielzug gewinnt, erhält dieser das Aufgaberecht und muß den Platz seiner Spieler (auf dem Feld) um eine Position im Uhrzeigersinn verändern.
Die Mannschaft, die mindestens 15 Punkte oder mehr bei einer Differenz von zwei Punkten zum Gegner erzielt, gewinnt einen Satz. Sieger ist die Mannschaft, die drei Sätze gewinnt.»

Diese Spielidee wird durch eine Vielfalt von Aktionen und Handlungen realisiert. Die wichtigsten allgemeinen Merkmale von Spielhandlungen sind in Tabelle 1.1.3 zusammengestellt. In die *Handlung* gehen Empfindungs-, Wahrnehmungs-, Vorstellungs-, Gedächtnis- und Denkleistungen ein. Sie wird von Gefühlen und Emotionen begleitet und in einem willentlich (volitiv) gesteuerten Vollzug realisiert.
Betrachtet man die beobachtbaren Spielhandlungen des Volleyballspiels (Fertigkeiten, individual-, gruppen- und mannschaftstaktisches Verhalten), stellt man fest, daß zur Erreichung des gleichen Handlungsziels «Realisierung der Spielidee»

- mehrere Handlungen verschiedener Spieler erforderlich sind (Aufschlag, Annahme, Zuspiel, Angriff, Block, Sicherung, Abwehr);
- unterschiedliche Fertigkeiten bei gleichem Ziel eingesetzt werden (z. B. Aufschlag von unten, Tennisaufschlag);
- gleiche Bewegungsfertigkeiten unterschiedliche Ablaufstrukturen haben können (z. B. individuelle Bewegungsstile).

Die Unterschiedlichkeit der Ablaufstrukturen von Volleyballhandlungen wird verursacht von den jeweiligen

- *Bewegungszielen:*
  Bei den Abwehr-, Aufbau- und Angriffshandlungen kommt es auf ein möglichst gutes Ergebnis an (Ergebnisorientierung), d. h. auf die Zielgenauigkeit und Bewegungsgenauigkeit (Präzision) der Handlung (Trefferoptimierung). Die Bewegungsform (Verlaufsorientierung) – wie sie

1. Handeln ist normativ oder sozial geregelt.
   Beispiele: Internationales Regelwerk; Turnier-, Verbandsregeln; Erwartungen der Mitspieler, Gegner, Offiziellen, Trainer, Zuschauer.
2. Handeln findet in konkreten Situationen statt und orientiert sich an situativen und sozialen Bedingungen.
   Beispiele: Spiel-, Wettkampfsituation, Training, Unterricht, Gruppe, Mannschaft, Interaktion, Konflikt.
3. Handeln ist auf Ziele ausgerichtet.
   Beispiele: Sieg, Erringen eines Punktes, des Aufgaberechts, eines Satzes; Erreichen eines ausgeglichenen Spiels gegen einen stärkeren Gegner; Vermeiden einer zu hohen Niederlage; Absolvieren eines schönen Spiels; Spaß und Geselligkeit erleben.
4. Handeln setzt Beherrschung bestimmter Mittel voraus.
   Beispiele: Technik, Kondition, Koordination, Individual-, Gruppen-, Mannschaftstaktik, Spielsysteme, Spiel-, Turnierstrategie.
5. Handeln bedeutet den gezielten, situationsangepaßten und geordneten Einsatz der vorhandenen Mittel.
   Beispiele: Überprüfen der Situationsbedingungen (Orientierungsregulation); Auswahl und Abruf der Mittel (Antriebsregulation); Einsatz der Mittel und Kontrolle (Ausführungsregulation); Überprüfung des Ergebnisses (Ergebnisregulation).
6. Handeln ist ein in mehreren Dimensionen auf verschiedenen Ebenen gegliederter Prozeß.
   Beispiele:

Gesamthandlung	Bewußtes Handeln	Kognition — Emotion
↕	↕	▽
Teilhandlung	Unbewußtes Handeln	Motorik

7. Im Handeln wirken sich Eigenschaften der handelnden Personen aus.
   Beispiele: Charakter, Wille, Motivation, Fähigkeiten, Fertigkeiten, Intellekt, Konstitution, Temperament.

Tab. 1.1.3: Merkmale von Spielhandlungen

z. B. im Turnen wichtig ist – wird funktional auf dieses Ziel hin abgestimmt, um die Fehlerquote zu reduzieren (Fehlerminimierung/Erfolgsmaximierung). Ein weiteres Ziel besteht in der Zeitoptimierung, z. B. beim Schnellangriff oder dem Timing eines Aufsteigers.

– *Objektbedingungen (Movendumbedingungen):*
Der Ball als sich bewegendes Objekt und seine Eigenschaften (z. B. Schnelligkeit, Oberfläche, Elastizität, Effet, Flattereffekt) macht z. B. schnelles Reagieren erforderlich.

– *Bewegerbedingungen:*
Eigenschaften der Ballkontaktstellen (z. B. Elastizität und Widerstand

von Fingern, Gelenken, Unterarmen, Winkelstellungen, Impulsübertragungen, Stoß, Schlag, Reibung); Einzel-, Partner- und Gruppenaufgaben ohne und mit direkter/indirekter gegnerischer Behinderung beeinflussen die Bewegungsausführung.
- *Umgebungsbedingungen:*
  Dies umfaßt z. B. die Bedingungen der Halle und des Bodens.
- *Regelbedingungen:*
  Hierunter fallen z. B. die standardisierten internationalen Regeln oder informelle Vereinbarungen zwischen den Mannschaften.

Dem Beobachter von Volleyballspielen unterschiedlichen Leistungsniveaus fällt auf, daß das Spiel dann besonders interessant wird, wenn der Ball durch spektakuläre Abwehraktionen immer länger im Spiel gehalten und dadurch ein Ansteigen der Spannung bis zum erfolgreichen Abschluß eines Angriffs erreicht wird. Langeweile kommt auf, wenn der Angriff einer Mannschaft zu stark über die Abwehr der anderen Mannschaft dominiert und das Spiel bereits nach wenigen Ballkontakten, auch durch technische Fehler und unkontrolliertes Spielen des Balles, unterbrochen wird.
Die *Spielzüge* einer Mannschaft können aus ein, zwei, drei oder vier Ballkontakten bestehen, bevor der Ball über das Netz in das andere Feld gespielt wird:
Ein Ballkontakt bzw. direktes Zurückspielen des ankommenden Balles läßt sich besonders feststellen
- im Anfängerbereich (Ping-Pong-Volleyball);
- bei der Abwehr eines hart geschlagenen Angriffsballes als Rettungsaktion direkt über das Netz;
- als taktisches Mittel beim direkten Zurückspielen des Aufschlags in eine Lücke (z. B. auf die Position I).

Zwei Ballkontakte treten auf
- im Anfängerbereich, wenn technische und taktische Mängel im Zuspiel vorliegen;
- beim Weiterspielen eines geretteten Balles über das Netz;
- als Finte des Zuspielers zur Überlistung des Blocks;
- als direkter Angriffsschlag nach hohem ersten Paß bei erfolgreicher Annahme des Aufschlags.

Drei Ballkontakte sind die Regel bei Mannschaften, die über ein ausreichendes Spielniveau verfügen, um den/die Angreifer in die beste Angriffsposition zu bringen.
Vier Ballkontakte sind erlaubt, wenn der erste Ballkontakt durch den Block erfolgt, oder bei Doppelkontakt (Annahme, Abwehr) des ersten Balles mit unterem Zuspiel.
Durch den Ballkontakt von mindestens zwei Spielern und der Spielbereitschaft der übrigen wird Volleyball zu einem Mannschaftsspiel, durch den

zyklischen Wechsel der Aktionen beider Mannschaften und den Ballwechsel über das Netz ohne direkten Körperkontakt der Spieler wird es zum Mannschaftsrückschlagspiel.

Im Spielablauf lassen sich Spielzüge zweier Mannschaften A und B mit (1, 2, 3) Ballkontakten und *Handlungsfolgen (Handlungsketten)*, an denen beide Mannschaften beteiligt sind, erkennen (vgl. Abb. 1.1.3). Spielzüge und Handlungsketten brechen im Spielverlauf an unterschiedlichen Stellen durch erfolgreiche oder fehlerhafte Aktionen ab. Diese unterschiedlich langen Handlungsfolgen geben dem Spiel in zeitlicher Hinsicht die volleyballspezifische *Belastungsstruktur* mit einem dynamischen Wechsel von Anspannung und Entspannung. Grundtypen dieser Handlungsketten sind 4
in Tabelle 1.1.4 zusammengestellt. 5

Die Spielstruktur wird von konstitutiven und strategischen Regeln bestimmt. *Konstitutive Regeln* finden sich entweder in Regelwerken (z. B. Internationale Volleyball Spielregeln) oder werden zwischen den Mannschaften mündlich vereinbart. *Strategische Regeln* werden von Trainern und Spielern im Rahmen der konstitutiven Regeln entwickelt, um möglichst erfolgreich zu spielen. Sie werden im Training vermittelt und beziehen sich auf technische, individual-, gruppen- und mannschaftstaktische Maßnahmen.

Bei Wettkämpfen im Volleyball gelten entweder das Internationale Regelwerk oder den Spielklassen angepaßte Änderungen (z. B. Jugend D) oder spezielle Turnierregeln (z. B. zwei statt drei Gewinnsätze). In Unterricht, Training, Freizeit- und Urlaubsvolleyball sind die Spielräume für *Regelmodifikationen* besonders groß. Dadurch können nicht nur die Bedingungen und Ziele der jeweiligen Spielgruppe berücksichtigt (z. B. Anfänger), sondern auch gerade im Training von Wettkampfmannschaften höhere Belastungen und große Abwechslung erreicht werden. Tabelle 1.1.5 zeigt Bereiche, in denen die konstitutiven Spielregeln variiert
werden können. 6

Abb. 1.1.3: Spielzüge und Handlungsfolgen

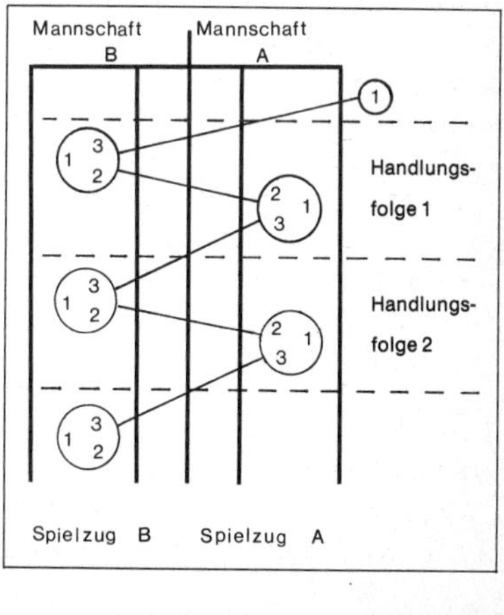

Auch nach der Festlegung eines international einheitlichen Regelwerkes kommt es durch die Entwicklung des Wettspiels immer wieder zu *Regeländerungen* (z. B. Block-, Annahmeregeln). Dabei ist interessant festzustellen, daß dies im Sinne einer Leistungsspirale erfolgt: Trainings-

Grundtyp	Spielzug B	Spielzug A	Mögliche Fehlerursache bzw. Kommentar
1 Aufschlagerfolg, -fehler	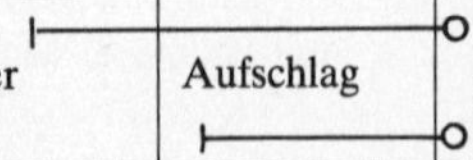 Fehler	Aufschlag	Direkter Punkt Ball im Netz/Aus
2 Annahmefehler	 Annahme		Technischer Fehler Ungenaues Zuspiel
3 Annahme direkt zum Gegner zurück	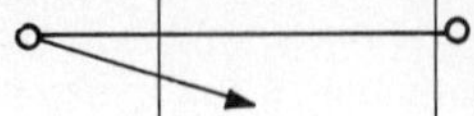		Angriffsabsicht Ungenaue Annahme
4 Zuspielfehler	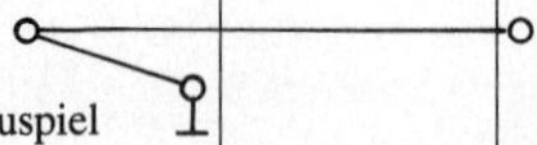 Zuspiel		Technischer Fehler Ungenaues Zuspiel
5 2. Paß über das Netz	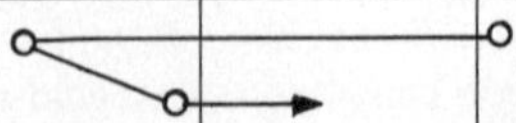		Überraschungs-angriff
6 Angreiferfehler	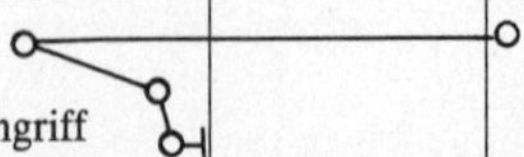 Angriff		Ball im Netz/Aus Technischer Fehler
7 Direkter Block-erfolg (a) Fehler der Angriffs-sicherung (b)	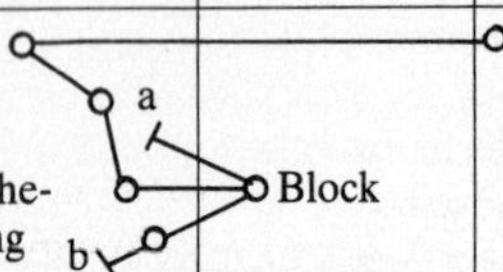 a Siche-rung b	Block	Fehler bei Angriff/-sicherung Technischer Fehler Ungenaues Zuspiel
8 Erfolgreiche Angriffssicherung	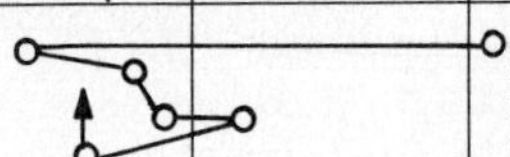		Fortsetzung der Kette, z. B. mit 3
9 Gegnerischer Blockfehler	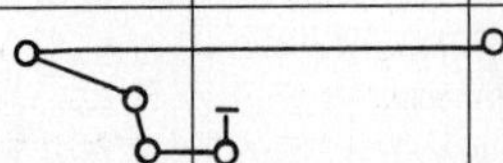		Ball im Aus/Netz/ auf dem Boden
10 Fehler der Block-sicherung	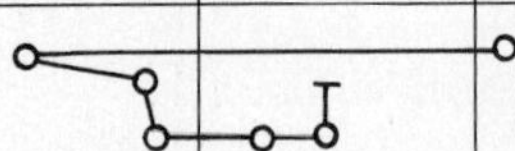		Technischer Fehler Ungenaues Zuspiel
11 Erfolgreiche Abwehr/ Blocksicherung			Fortsetzung der Kette, z. B. mit 4
12 Direkter (a)/indirek-ter (b) Angriffserfolg	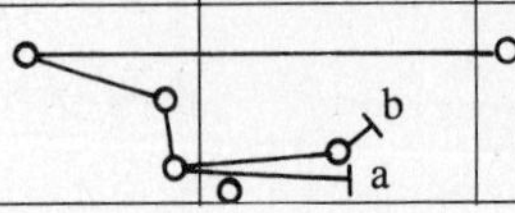	b a	Ball wird nicht mehr/ fehlerhaft berührt

Tab. 1.1.4: Grundtypen der Handlungsketten (-folgen)

Beispiele	Mögliche Konsequenzen und Gründe
Inventar	
– Schnur ersetzt das Netz	Organisationshilfe
– Minivolleyball, Schaumstoffball	Anfängerhilfe
– Antenne in Netzmitte, Abgrenzung von Angriffszonen	Orientierungshilfe, Technik-, Taktikschulung
– Sichtplane über dem Netz	Reaktionsschulung
Personal	
– 2–7 Spieler pro Mannschaft	Organisation, Anwesenheit
– Mixed-Mannschaften	Freizeit, Motivation
– Variation der Gruppenbildung	Methodik, Gruppentaktik
– Stamm-, Auswechselspieler mit beliebigem Wechseln	Training, Intensitätssteigerung, Gewöhnung an Belastungssituation
Zählweise / Zeit	
– Spiel auf 10, 20 oder 30 Punkte	Spieldauer
– Vorgaben für schwächere Mannschaften	Motivation, Anreiz, Belastung
– Doppelter Punkt für Angriffskombinationen oder Blockerfolge	Methodik, Belohnung, Motivation
– Tischtennisregeln, Tie-Break	Erhöhung der Spannung
– Mehr Auszeiten	Verbesserung der Spielsteuerung, Korrekturmöglichkeit
Raum	
– Verkleinerung, Vergrößerung von Spielfeld oder des Aktionsraums einzelner Spieler	Organisation, Erhöhung der Belastung, Vermittlung der Raumaufteilung, Schulung einzelner Spielhandlungen
Spielhandlungen	
– Hohe oder niedrige Anforderungen an die Technik	Technikverbesserung, Spielfluß
– Verbot bestimmter Fertigkeiten (z. B. nur oberes Zuspiel im Kleinfeld)	Technikschulung durch erschwerte Bedingungen
– Keine / ständige Rotation	Änderung der Aufgaben
– Läufer bleibt am Netz oder kommt von außerhalb des Feldes	Methodik des Läuferspiels

Tab. 1.1.5: Konstitutive Regeln und ihre Veränderungen

arbeit führt zur Dominanz des Angriffs über die Abwehr (z. B. Sprungkraft, Angriffskombinationen); Regeländerungen begünstigen die Abwehr, provozieren also wiederum mehr Trainingsarbeit.

Der Internationale Volleyball-Verband (FIVB) stellt z. B. gegenwärtig Überlegungen zur Regulierung der Spieldauer aus folgenden Gründen an:

- Wahrung des Prinzips der Chancengleichheit bei Turnieren. Bei überlangen Wettkämpfen (bis zu 3 Std. 40 Min.) haben die beteiligten Mannschaften am nächsten Tag ihre physische, nicht aber ihre psychische Regeneration abgeschlossen und bringen dann oft geringere Leistungen.
- Wirksamere Darstellung des Volleyballspiels in den Medien.
- Erhöhung des Interesses und Vermeidung der Ermüdung bei Zuschauern durch eine überschaubare Spieldauer von ca. 2 Stunden.
- Verbesserung der Voraussetzung für optimale Leistungen der Schiedsrichter.

Im Spiel entscheidet sich die Wirkung einer Regeländerung dadurch, ob einerseits eine psychische Spannung in ständiger Wiederholungsfolge erhalten bleibt und ob sich andererseits Spannungsabfall, Entspannung und Erleichterung in einer – für Zuschauer und Spieler – anregenden Art und Weise abwechseln (*Aktivierungszirkel*). In der aktuellen Spielrealität ist dies bei Damenteams und gleichstarken Mannschaften eher gegeben als bei Herrenmannschaften und Gegnern auf sehr unterschiedlichem Spielniveau.

Während die konstitutiven Regeln für die am Wettkampf beteiligten Mannschaften gleichermaßen gelten, prägen sich Leistungsunterschiede besonders
7 ders in den strategischen Regeln aus (vgl. Tab. 1.1.6).

Zusammenfassung

- Volleyball ist ein internationales Mannschaftsrückschlagspiel, das sich vom Mintonettespiel zum heutigen Sport- und Freizeitspiel durch vielfältige Änderungen beim Regelwerk weiterentwickelt hat.
- Volleyball wird auf allen Leistungsebenen nach der gleichen Grundstruktur gespielt, die die Spielhandlungen Aufschlag, Annahme, Zuspiel, Angriff, Block, Sicherung und Feldabwehr in einer relativ festen zeitlichen Abfolge enthält.
- Die Belastungsstruktur ergibt sich aus der Anzahl, Länge und Art der Spielzüge und Handlungsfolgen.
- Regeländerungen und -modifikationen werden im Bereich der konstitutiven und strategischen Regeln vorgenommen. Sie können entweder den Kooperations- oder Konkurrenzgedanken stärker betonen. Die Änderungen betreffen Inventar, Spieler, Zeit, Raum und Handlung.

Anfänger ⟶	Könner
Anzahl der Fertigkeiten des Spiels	
Beherrschung weniger Fertigkeiten (z. B. oberes und unteres Zuspiel, Aufschlag); Beherrschung von Grundformen (z. B. oberes Zuspiel frontal, Aufschlag von unten).	Beherrschung aller Fertigkeiten; Spezialfertigkeiten und individuelle Bewegungsausführungen; Finten.
Qualität der Ausführung	
Viele technische Fehler; Ungenauigkeit beim Abspiel; hohe Fehlerquote; mangelhafte Einschätzung des Fehlerrisikos; unkoordinierte Bewegungen mit unökonomischem Krafteinsatz.	Kaum technische Fehler; zielgenaues Abspiel; hohe Erfolgsquote; bewußte Kalkulation des Fehlerrisikos; koordinierte, ökonomische Handlungsabläufe.
Individualtaktik	
Fehlreaktionen und verspätetes Reagieren; relativ starre Reaktionsmuster mit festen Raumaufteilungen in einem Spielsystem; Aufgaben an die Position gebunden; Verunsicherung in Belastungssituationen; Hauptaufgabe ist die Beherrschung des Balles; Konzentration auf taktisches Verhalten eingeschränkt.	Antizipation und situatives Agieren; flexibles Verhalten und situative Raumaufteilung; Aufgaben an die Person gebunden (z. B. Steller); Beeinflussung des Spielrhythmus; Ziel-Mittel-Kalkulation im Hinblick auf Spielerfolg und Überraschungseffekte; durch Automatisierung von Handlungen Konzentration auf die Taktik möglich.
Gruppentaktik	
Mängel und Mißverständnisse beim Zusammenwirken in Abwehr, Aufbau und Angriff; einfache Spielweise (z. B. Positionsangriffe).	Optimale Kooperation und Rollenverteilung; spezielle taktische Maßnahmen (z. B. Kombinationsangriffe, Dreierblock, Positionswechsel).
Mannschaftstaktik	
Einfache Raumaufteilung bei allen Situationen in Abwehr und Angriff; geringe Spezialisierung auf den verschiedenen Positionen; Mannschaftsaufstellung wechselt oft.	Spezielle Spielsysteme und ihr flexibler Einsatz je nach Spielstrategie und Gegner; Stamm- und Auswechselspieler; taktische Spielerwechsel.

Tab. 1.1.6: Strategische Regeln und Leistungsentwicklung

1.2 Voraussetzungen der Spielleistung

Die Anforderungen des Volleyballspiels in Lern-, Trainings-, Spiel- und Wettkampfsituationen lassen sich aus einer Analyse der Spielhandlungen und dem Leistungsvergleich zwischen Spielern, Mannschaften und Spielen unterschiedlichen Niveaus ableiten. Dabei ergibt sich eine Vielfalt von *Leistungsvoraussetzungen (-faktoren, -komponenten)*, die einzeln und/oder in Kombination miteinander die Spielleistung bedingen. Als personale Leistungskomponenten sind die Bereiche Koordination, Kondition, Konstitution, Gruppendynamik, Motivation, Kognitionen, Wahrnehmung, Aufmerksamkeit, Handlungsregulation, Aktivierung und Streß anzusehen.
Die folgende Darstellung der Leistungsfaktoren zielt darauf ab, die spezielle Bedeutung für das Volleyballspiel zu erläutern und Beziehungen zwischen den einzelnen Komponenten exemplarisch zu verdeutlichen.

Erich Christmann

Koordinative Fähigkeiten

Koordination ist ein Leistungsfaktor, der von den Funktionen des motorischen Nervensystems abhängt, dessen Aufgabe in der Herstellung eines fein abgestuften Zusammenspiels zwischen den – an beiden Seiten eines Gelenks ansetzenden – Muskeln besteht. Die synergetisch arbeitenden Beuger werden dabei immer durch die antagonistischen Strecker gebremst und umgekehrt, so daß eine bestimmte Bewegung in ihrer Geschwindigkeit, Stärke und Richtung (Weg-, Zeit-, Kraftmerkmale) durch die mehr oder weniger gut koordinierte Bremswirkung auch der Antagonisten bestimmt wird, die diese Bewegung selbst gar nicht ausführen. Für das Erlernen einer neuen Bewegung benötigt das motorische Nervensystem einen bestimmten Zeitraum, um die optimale Kombination und Koordination der verschiedenen Muskeln herauszufinden. Eine gekonnte Bewegung ist mit weniger Kraftaufwand ‹spielend leicht› und deswegen häufiger durchführbar.
Koordination betrifft somit einerseits die Feinabstimmung der Muskeltätigkeit durch Reizgebungen an die Muskulatur sowie *Rückmeldungen* (innerer Regelkreis, *Regelung*). Bedeutsam ist andererseits auch die Umsetzung äußerer Reize (visuell, verbal, taktil) durch das Zentralnervensystem

(ZNS) in Reizimpulse an die Muskulatur (*Steuerung*) und die Rückmeldung des Bewegungsresultats (äußerer Regelkreis) an das ZNS (vgl. Abb. 1.2.1). Dabei lassen sich taktile, akustische, visuelle, statico-dynamische und kinästhetische Informationen und *Analysatoren* unterscheiden (vgl. Tab. 1.2.1).

Als koordinative Fähigkeiten sind im Volleyball besonders Gleichgewichts-, Reaktions-, Orientierungs-, Umstellungs-, Differenzierungs-, Kopplungs- und Rhythmisierungsfähigkeit bedeutsam (vgl. Tab. 1.2.2).
Gleichgewichts- und Reaktionsfähigkeit beanspruchen in erster Linie die 8
Reizleitung im inneren Regelkreis, Orientierungs- und Umstellungsfähig- 9
keit die Wahrnehmungs- und Entscheidungsfähigkeit, Differenzierungs-, 10
Kopplungs- und Rhythmisierungsfähigkeit die Steuerung der Bewegungs- 11
ausführung selbst. 12

In der allgemeinen und volleyballspezifischen Fachliteratur finden sich zur Beschreibung der koordinativen Fähigkeiten weitere Begriffe, z. B.

- *Geschicklichkeit:* Fähigkeit, die Bewegungskoordination zu beherrschen, sie umzubilden und von einer genau koordinierten Handlung je

Abb. 1.2.1: Informationsverarbeitung im inneren und äußeren Regelkreis

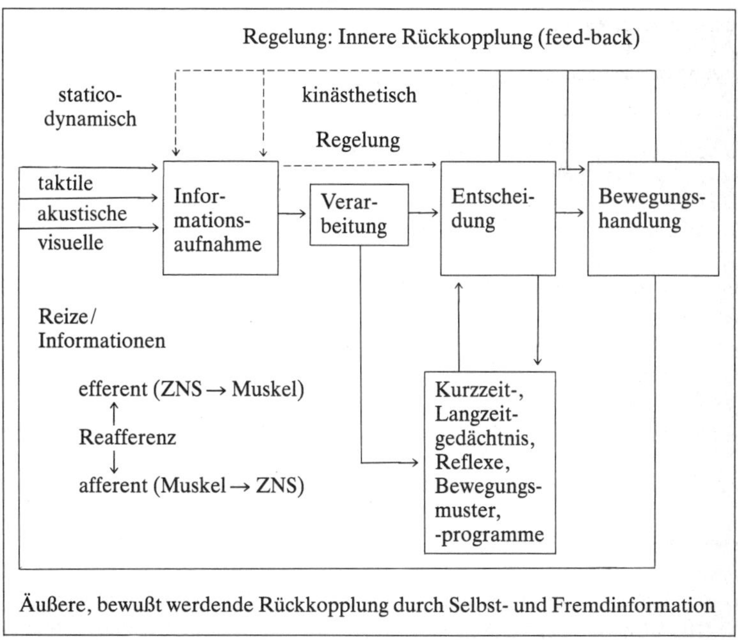

Information	Rezeptor	Beispiele
taktil	Rezeptoren sitzen in der Haut und informieren über Form, Oberfläche und Druck berührter Gegenstände.	Druck des Balles auf Unterarme und Finger beim unteren und oberen Zuspiel.
akustisch	Gehör zur Aufnahme von Sprache, Geräuschen – auch als Orientierungshilfe – zum Einschätzen von Entfernungen.	Zurufe von Mitspielern, Instruktionen / Korrekturen des Lehrers / Trainers, Ballgeräusch.
visuell / optisch	Zentrale und periphere Wahrnehmung durch die Augen zur Einschätzung von Entfernungen, Geschwindigkeiten, Beschleunigungen, Ortsveränderungen.	Ballrichtung, -geschwindigkeit, -entfernungen, Bewegungen der Mit- und Gegenspieler/ -innen erfassen.
statico-dynamisch	Gleichgewichtsorgan (Vestibularapparat) im Innenohr, das über Richtungs- und Beschleunigungsänderungen von Kopf und Körper und über ihre Lage informiert.	Gewichtsverlagerungen im Stand (z. B. Annahme, Zuspiel, Aufschlag) und Haltungen im Sprung (z. B. Angriffsschlag, Block), bei der Landung und im Fallen (Abwehrhandlungen), Vor-, Rück-, Seitlage.
kinästhetisch	Rezeptoren in den Muskeln, Sehnen, Bändern und Gelenken, die Auskunft über Winkelstellungen der Gliedmaßen zueinander und des Rumpfes geben.	Beugen und Strecken von Fuß-, Knie-, Hüft-, Schulter-, Ellenbogen und Handgelenken. Feinabstimmung der Koordination.

Tab. 1.2.1: Informationsarten und Analysatoren

nach den sich ändernden Situationen auf andere Handlungsfolgen umzuschalten;
- *Gewandtheit:* Fähigkeit, die Bewegungskoordination und Beweglichkeit beinhaltet und im Gegensatz zur Geschicklichkeit nur auf den Bewegungsablauf selbst und nicht auf eine besondere Situationsangemessenheit bezogen ist.
- *Beweglichkeit* (Gelenkigkeit, Biegsamkeit, Dehnfähigkeit, Flexibilität, Geschmeidigkeit, Elastizität): Fähigkeit, die häufig den konditionellen

Koordinative Fähigkeit	**Volleyballspezifische Anforderungen**	**Spiel-, Übungs- und Trainingssituationen**
Gleichgewichtsfähigkeit	Aufrechterhaltung und/oder Wiederherstellung des Gleichgewichts nach Drehungen, Sprüngen, Landungen, beim Abstoppen und Fallen.	Feldabwehr, Angriff, Block, Zuspiel, Starten und Stoppen, Handlungen unter Zeitdruck bzw. bei Zusatzaufgaben.
Reaktionsfähigkeit	Schnelles Einleiten von Bewegungen bei erwarteten (z. B. Zuspiel, Angriff, Block) und überraschenden (z. B. Finte, Abpraller) Reizen.	Feldabwehr, Kleinfeldspiele, Übungen unter Zeitdruck, Start-, Reaktionsübungen, Positions-, Richtungswechsel nach akustischen, visuellen, taktilen Reizen, Übungen mit eingeschränkten Wahrnehmungsmöglichkeiten.
Orientierungsfähigkeit	Einordnung der eigenen und fremden Position zu Mitspieler, Gegner, Ball, Feld, Netz, Angriffs-, Abwehrzielen, Abschätzen des Ballweges, Anpassung an Hallenhöhe, -größe.	Zielübungen auf verschiedene Feldbereiche, Mehrballübungen, Übungen mit zusätzlichen Wahrnehmungsaufgaben, Komplexübungen unter Zeitdruck und mit unterbrochener Blickverbindung zum Ball, geöffnete Augen beim Block, gezieltes Wahrnehmen von Teilbewegungen.
Umstellungsfähigkeit	Anpassung von gelernten einzelnen und komplexen Bewegungen an neue Bedingungen. Antizipation von Situationen, Änderung und Kontrolle bereits geplanter Handlungen, Variation und Flexibilität bei der Auswahl verschiedener Bewegungen mit gleichem Ziel (z. B. Aufbau auf Position IV, II, III).	Kleinfeldspiele, Spielzüge, Handlungsfolgen, Variation taktischer Maßnahmen auf Zuruf oder sonstige Signale (z. B. Blockposition und Zuspiel), Positionswechsel, Finten, Zusatzaufgaben und erschwerte Bedingungen.
Differenzierungsfähigkeit	Feinabstimmung der Kraft-, Zeit- und Raummerkmale beim Erreichen des Handlungsortes und genaues Weiterspielen des Balles.	Erlaufen von Bällen, Spielen des Balles (Aufschlag, Annahme, Zuspiel, Angriff, Abwehr) in verschiedene Richtungen, Entfernungen, Höhen, mit unterschiedlicher Geschwindigkeit (Hoch-, Flachpaß), Spielen des Balles nach vorausgegangener Fall-, Lauf-, Abrollbewegung, Spielen unterschiedlich schwerer Bälle (Plastik-, Mini-, Normalball).
Kopplungsfähigkeit	Räumlich-zeitlich-dynamische Koordination von Teilkörper- und Komplexbewegungen mit und ohne Ballkontakt.	Anlauf, Absprung beim Angriff, Hüft-, Armbewegung beim Block, Verwringung und Bogenspannung beim Angriffsschlag, Komplexübungen, Übungen mit Zusatzaufgaben, Üben unter Zeitdruck.
Rhythmisierungsfähigkeit	Optimale Abstimmung von Weg-Zeit-Kraftmerkmalen.	Übungen mit Wiederholungen, zyklische Bewegungsaufgaben (Annahme – Zuspiel – Sichern ...), Zusatzaufgaben, Standardsituationen und -übungen, Aufgaben mit systematischem Wechsel.

Tab. 1.2.2: Koordinative Fähigkeiten im Volleyball

Fähigkeiten zugeordnet wird. Sie ermöglicht, Bewegungen mit entsprechender Schwingungsweite in bestimmten Gelenken auszuführen.

Leistungsbegrenzend wirken:

- Anatomische und biomechanische Zusammenhänge (Gelenkformen, Freiheitsgrade der Gelenke, Winkel, Hebel, Reibung);
- Muskel- und neurophysiologische Bedingtheiten (Form, Bau und Elastizität von Muskeln, Sehnen, Hüllen, tonische Spannung, Hemmungen, inter- und intramuskuläre Koordination, Kraft);
- Alter (bis ca. 13./14. Lebensjahr günstige Voraussetzungen);
- psychische Verfassung (emotionale Erregung, Stress u. a.);
- Umwelteinflüsse (Temperatur, Klima, Tageszeit);
- Aufwärmung, Training und Übungsgrad, Ermüdung.

Für die verschiedenen koordinativen Fähigkeiten scheinen unterschiedliche Systeme im ZNS zuständig zu sein (vgl. Abb. 1.2.2). Wird die Bewegungshandlung durch Rückmeldungen beeinflußt, liegt ein geschlossenes System (*closed-loop*) vor. In einem offenen System (*open-loop*) wird die Bewegungsausführung von keiner Rückmeldung beeinflußt. Dies scheint besonders für schnelle Bewegungen von weniger als 200 Millisekunden Dauer und bei motorischen Programmen ohne bewußte zentrale Steuerung zuzutreffen.

Bewegungshandlungen werden bei ihrer Realisierung nicht immer neu «programmiert», sondern erfolgen nach einem gelernten *Schema* (Programm, Bewegungsentwurf, Bewegungsvorstellung), das nicht jedes Detail in einer konkreten Situation enthält (z. B. allgemeines Schema eines Staffelangriffs). Es wird nie eine Bewegungshandlung exakt wiederholt, aber auch nie etwas ganz Neues produziert. Das motorische Schema entwickelt sich durch wiederholtes Verarbeiten und Abstrahieren folgender Informationen:

- Ausgangsbedingungen: z. B. Positionen im Feld, Ballweg, Ballgeschwindigkeit;
- Bewegungsausführung: z. B. Weg-, Zeitmerkmale, Dynamik;
- Sensorische Konsequenzen: z. B. Rückmeldung über Gleichgewicht, Druck, Geschwindigkeit, Lage, Schmerz;
- Bewegungsergebnis: z. B. erfolgreicher Angriffsschlag, genaues oder
13 ungenaues Zuspiel.

Für den optimalen Einsatz der koordinativen Fähigkeiten in Situationen des Volleyballspiels sind folgende Aspekte bedeutsam;

- die Qualität der Informationsaufnahme (Wahrnehmung, Aufmerksamkeit, Antizipation);
- die Informationsverarbeitung (Kognitionen, Wissen);
- die Entscheidungs- und Durchführungskontrolle (Handlungsregulation);
- die Einstellungen, Absichten und Antriebe (Motivation);

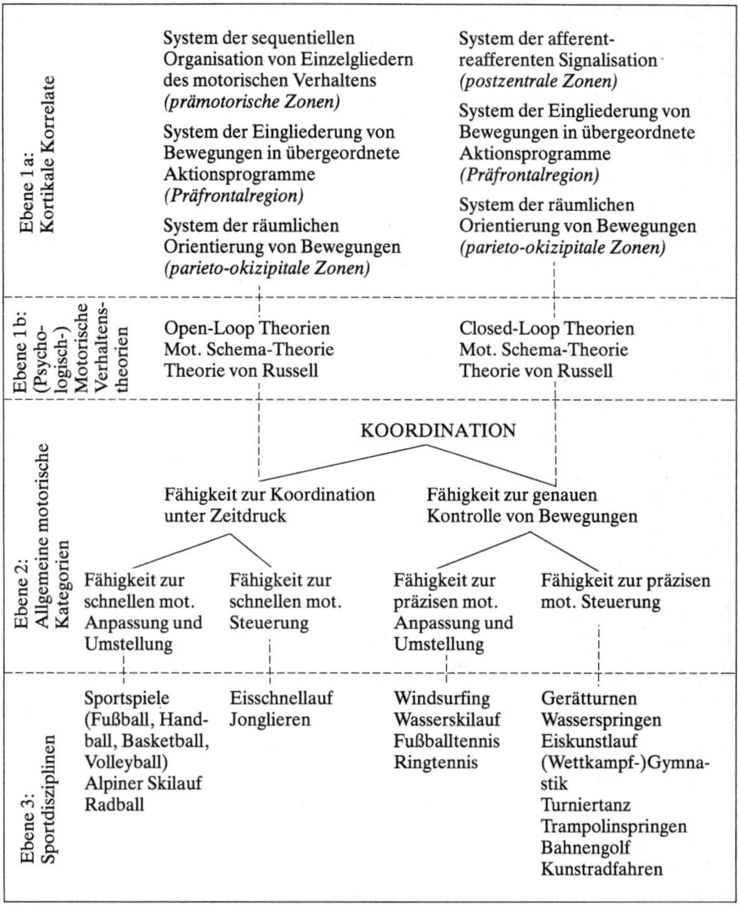

Abb. 1.2.2: Die koordinativen Fähigkeiten (modifiziert nach WILLIMCZIK/ROTH 1983, 77)

- die im Gedächtnis gespeicherten und abrufbaren Handlungsmuster und -programme, die sich die Spieler/-innen im Laufe eines längeren Lern- und Trainingsprozesses angeeignet haben und motorisch umsetzen können.
- Die Ausprägung der einzelnen koordinativen Fähigkeiten verläuft durchaus unterschiedlich. So entwickelt sich z. B. die kinästhetische Dif-

ferenzierungsfähigkeit vor der Reaktions-, Rhythmus- und Gleichgewichtsfähigkeit. Die räumliche Orientierungsfähigkeit nimmt noch bis in das Jugendalter hinein zu.

Die Fachliteratur geht von kritischen oder *sensiblen Phasen* aus, in denen bestimmte koordinative Fähigkeiten entwickelt werden müssen, um optimale Voraussetzungen für spätere Leistungen zu bieten.

Erich Christmann

Konditionelle Fähigkeiten

Die Kondition als Leistungsfaktor, der wesentlich von den Prozessen der Energiebereitstellung abhängt (Muskulatur, Herz-Kreislauf-System, Atmung, Ernährung, vgl. Kap. 2.2), wird allgemein in Kraft, Ausdauer, Schnelligkeit mit ihren speziellen und kombinierten Fähigkeiten untergliedert (vgl. Abb. 1.2.3).

Schnelligkeit ist die Fähigkeit des Nerv-Muskel-Systems, Einzelbewegungen (*azyklische Bewegungen*) und wiederholte Bewegungen (*zyklische Bewegungen*) möglichst schnell vollziehen zu können. Wegen der besonderen Bedeutung der Reizleitung wird sie auch oft den koordinativen Fähigkeiten zugeordnet.

Die *Reaktionsschnelligkeit* wird durch die *Reaktionszeit* bestimmt, die ein Spieler braucht, um auf ein optisches (z. B. Ball), akustisches (z. B. Zuruf)

Abb. 1.2.3: Die konditionellen Fähigkeiten

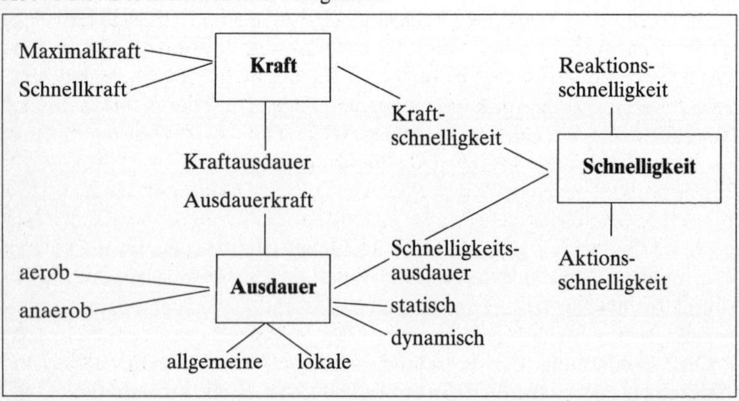

oder taktiles Signal (z. B. Ballkontakt) motorisch zu reagieren. Die Reaktionszeit wird bei geübten Volleyballspielern dadurch verkürzt, daß durch Erfahrung (z. B. bei einem Angriffsschlag) die Ballrichtung schon vor dem eigentlichen Schlag mit einer gewissen Sicherheit geistig vorweggenommen werden kann (*Antizipation*). Die Zeit von 0,333 sec., die der Ball vom Netz bis zur Grundlinie braucht, ist zu kurz für eine erfolgreiche Aktion erst nach dem Ballkontakt. Die Geschwindigkeit der entsprechenden Reizleitung bei Ganzkörperbewegungen (0,3–0,35 sec.) wird als anlagebedingt und wenig trainierbar angesehen.
Die *Aktionsschnelligkeit* betrifft die Schnelligkeit der eigentlichen Bewegungsausführung bei geringem Widerstand (z. B. Angriffsschlag) und hängt besonders von der Koordinationsfähigkeit ab.
Kraftschnelligkeit ist dann besonders gefordert, wenn größere Widerstände (z. B. der eigene Körper bei Starts und Sprüngen) zu überwinden sind.

Ausdauer ist die Ermüdungswiderstandsfähigkeit des gesamten Organismus oder von Teilsystemen. Ausdauer kann in verschiedenen Formen auftreten:
- als Haltearbeit z. B. der Beinmuskulatur bei einer längeren tiefen Ballerwartungshaltung (statisch);
- bei einer hohen Wiederholungszahl von azyklischen Bewegungen (dynamisch);
- bei Belastung des gesamten Herz-Kreislauf-Systems durch eine Ganzkörperbewegung (allgemeine Ausdauer);
- bei einseitiger Belastung einer Körperregion (z. B. Beinmuskulatur) ohne die Möglichkeit einer vollständigen Regeneration (lokale Ausdauer);
- bei ausreichender Sauerstoffzufuhr (aerob);
- beim Eingehen einer Sauerstoffschuld (anaerob).

Aus diesen Ausdauermerkmalen lassen sich verschiedene Ausdauerarten kombinieren. Im Volleyball tritt besonders die allgemein/lokal-dynamisch-aerob/anaerobe Form auf. *Schnelligkeitsausdauer* (allgemein-dynamisch-anaerob), *Kraftausdauer* bei hohem Widerstand (allgemein-dynamisch/statisch-anaerob) und Kraftausdauer bei niedrigem Widerstand wie z. B. im Volleyball (allgemein-dynamisch-aerob) treten in Verbindung mit den jeweiligen Schnelligkeits- bzw. Kraftbelastungen auf.
Ausdauer wird je nach Belastungsdauer auch in *Kurzzeitausdauer* (bis 2 Minuten), *Mittelzeitausdauer* (bis 8 Minuten) und *Langzeitausdauer* (über 8 Minuten) unterteilt. Für das Volleyballspiel ist eine spezielle azyklische *Spielausdauer* erforderlich, da die Belastung zeitlich und intensitätsmäßig sehr stark variiert.
Für das Volleyballspiel ist neben der Schnelligkeit besonders die *Schnellkraft* von Bedeutung (vgl. Abb. 1.2.4). Sie läßt sich in folgende Komponenten gliedern:

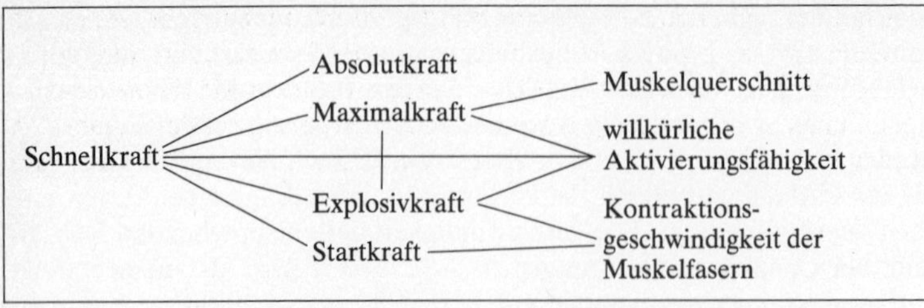

Abb. 1.2.4: Komponenten der Schnellkraft (modifiziert nach Bührle 1985, 105)

Absolutkraft: Gesamtes Kraftpotential eines Muskels oder einer Muskelgruppe;
Maximalkraft: Anteil der Absolutkraft, der willkürlich aktiviert werden kann; von ihr hängt die Schnellkraftleistung in besonderem Maß ab;
Explosivkraft: Fähigkeit, möglichst viel Kraft pro Zeiteinheit entwickeln zu können, d. h. den eigenen Körper, einzelne Extremitäten oder einen Ball möglichst schnell beschleunigen zu können;
Startkraft: Fähigkeit, gleich zu Kontraktionsbeginn einen hohen Kraftanstieg entwickeln zu können (z. B. Absprung beim Block);
Kraftschnelligkeit: Fähigkeit, gegen eher geringe Widerstände wie den
14 Volleyball eine Bewegung möglichst schnell ausführen zu können;
15 *Kraftausdauer / Ausdauerkraft:* Fähigkeit, eine Bewegung gegen einen ho-
16 hen / geringen Widerstand lange durchführen zu können (Turner / Crossläu-
17 fer).

Im Bereich der Sportspiele ist wegen der verschiedenen Belastungsformen – nicht zuletzt wegen des technisch-taktischen Bereichs – die Beziehung der konditionellen Fähigkeiten zur Spielleistung sehr komplex.

- Konditionelle Fähigkeiten scheinen für die *Spielleistung* weniger bedeutsam als das technisch-taktische Leistungsvermögen zu sein. Spielentscheidend werden sie allerdings dann, wenn nicht alle konditionellen Fähigkeiten bei beiden Mannschaften vergleichbar entwickelt sind. So können z. B. überdurchschnittliche Sprungkraftwerte bei Angriff und Block, Schnelligkeit bei Feldabwehr, Angriff und Block sowie Ausdauer im entscheidenden Satz den Spielausgang bestimmen.
- Die konditionellen Fähigkeiten stellen im unteren und mittleren Leistungsbereich nicht unbedingt ein *leistungsdifferenzierendes Kriterium* zwischen den verschiedenen Spielklassen dar. Es gibt in unteren Spielklassen also Spieler / -innen mit gut entwickelten, in höheren Spielklassen solche mit schlecht entwickelten konditionellen Fähigkeiten. Der Spitzenbereich setzt sich davon aber relativ deutlich ab. Dies ist offensicht-

lich durch das Zusammenwirken günstiger Komponenten bedingt (z. B. Körpergröße, Sprungkraft, gezieltes Training, Selektion, Trainingszeit).

- Die Sprungkraftleistungen nehmen generell ebenso wie die *Aktionshöhen* mit steigendem Leistungsniveau zu, woraus sich für den Trainer gewisse Orientierungswerte ergeben (vgl. Tab. 1.2.3, Abb. 1.2.5 und Abb. 1.2.6).

Herren	Spielfunktion	Damen
2,70–3,04 m	Zuspieler/-in	2,40–2,65 m
2,80–3,10 m	Außenangreifer/-in	2,50–2,70 m
3,00–3,20 m	Mittelangreifer/-in	2,60–2,90 m

Tab. 1.2.3: Blockhöhen in Abhängigkeit von der Spielfunktion (Landesliga) (vgl. KASTIEN 1985, 70)

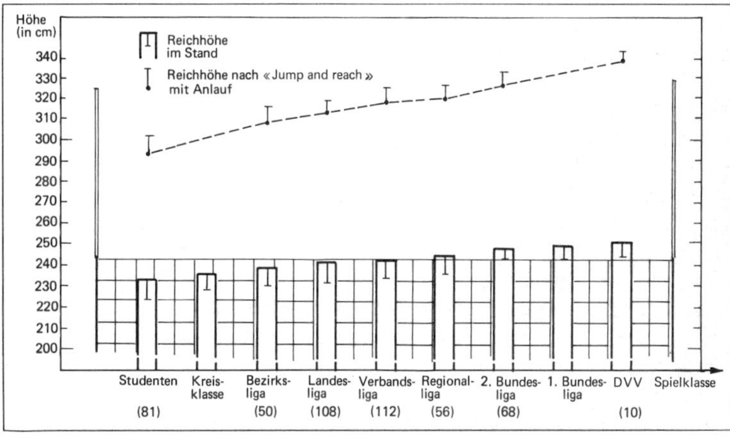

Abb. 1.2.5: Reichhöhen nach «Jump and reach» bei den Herren (vgl. VOIGT 1986)

- Im unteren und mittleren Leistungsbereich erreichen *Angreifer* aus technischen und koordinativen Gründen selten ihre maximal mögliche Aktionshöhe. Die Chancen eines kleineren Stellers im Block sind deshalb relativ günstig. Im Spitzenbereich sind die Angreifer in der Regel größer und technisch-koordinativ besser. Auf diesem Spielniveau ist es deshalb möglicherweise sinnvoll, den Steller seltener als Blockspieler einzusetzen und ihn statt dessen in eine günstige Ausgangssituation zum Stellen zu bringen.

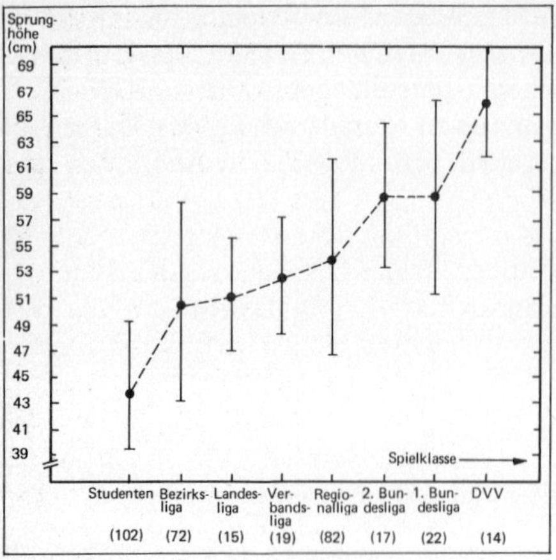

Abb. 1.2.6: Sprunghöhen im «Jump and reach» nach Anlauf und Standardabweichung bei den Damen (vgl. VOIGT 1986)

- Neben einer optimalen Aktionshöhe durch große Körperlänge ist die Aktionsschnelligkeit bei Aktionen des *Mittelblockspielers*, bei Schnellangriffen und besonders in der Abwehr von großer Bedeutung. Je nach Gegner und eigenem taktischen Konzept erhalten aktionsschnellere oder größere Spieler den Vorzug.
- Eine gute Grundlagenausdauer begünstigt die *Regenerationsprozesse*, die Konzentrationsfähigkeit und den Spielerfolg bei längeren Handlungsfolgen, im Entscheidungssatz und bei Turnieren mit mehreren Spielen in kurzen Zeitabständen.
- Konditionelle Fähigkeiten dürfen nicht nur aus der Sicht ihrer Bedeutung für die Spielleistung gesehen werden, sondern auch aus sportmedizinischer Sicht in Zusammenhang mit *Sportverletzungen* und *Dauerschäden* durch das Volleyballspiel. Die angemessene Berücksichtigung der konditionellen Fähigkeiten im Grundlagen-, Aufbau- und Leistungstraining bewirkt eine Reduzierung
  - des Verletzungsrisikos an Muskeln, Sehnen, Bändern und Gelenken durch eine entsprechende Kräftigung der Streck-, Beuge-, Halte- und Stützmuskulatur;
  - der Gefahr von Dauerschäden am Skelettsystem (Knochen, Wirbelsäule, Gelenke).

So klagen Spieler über 30 Jahre gehäuft über Rückenschmerzen. Volleyballer mit einer trainierten Bauch- und Rückenmuskulatur haben allerdings weniger wirbelsäulenbezogene Beschwerden (Seitenverkrümmung, Hohl-, Rund- und Flachrücken). Wirbelsäulenformvarianten, Seitenverbiegungen, Beckenschiefstand und lokale Druckschmerzhaf-

tigkeit über dem Lendenwirbelsäulen-Kreuzbeinübergang ließen sich in einer neueren Untersuchung bereits bei 37–54 Prozent von 35 jugendlichen Hochleistungssportlern des DVV Jugendkaders nachweisen. Spaltbildungen der unteren Lendenwirbel und Wirbelgleiten führen zu einer reduzierten Toleranzbreite der Belastungsfähigkeit mit möglichen späteren dauernden Rückenschmerzen. Ursachen hierfür können vor allem Überstreck-, Rotationskomponenten und Stauchungen bei der Landung sein. Beim Hechtbagger erfolgt mit der Annäherung des Oberkörpers an den Boden ein maximales Nach-hinten-Neigen (Reklination) und Verwringung (Torsion) der Wirbelsäule. Beim Aufprall auf den Boden kommt es zu einer Stauchung der Lendenwirbelsäule. Ähnliches gilt auch für den Schmetterschlag, bei dessen Training oft gerade die verstärkte Bogenspannung und Torsion intensiv mit einem Medizinball als Zusatzbelastung geübt wird und nach der Landung durch fehlendes Abfedern ein zusätzlicher stauchender Effekt auf die Wirbelsäule eintritt.
Von vielen Trainern wird das höchste Augenmerk auf Absprung und Höhe des Sprunges gerichtet, sträflich vernachlässigt aber wird der Aufsprung. Entsprechende Folgeschäden an Sprung- und Kniegelenken sowie wahrscheinlich auch an der Wirbelsäule treten dann auf.
Als Vorbeugemaßnahmen (*Prävention*) kommen in Frage:

- frühzeitige und gezielte Diagnostik, Therapie und Beratung bei sportmedizinischen Untersuchungen;
- gezieltes Aufwärmen sowie Dehnübungen vor Training und Wettkampf;
- technische Verbesserungen der Bewegungsabläufe;
- gezielte Programme zum Training der bewegenden *und* schwungabfangenden Muskulatur als fester Bestandteil des Konditionstrainings;
- geeignetes Schuhwerk.

● Die Anteile des Konditionstrainings sind in der Regel zu gering. Generell kann im Jugendbereich und im unteren/mittleren Leistungsbereich von einer Vernachlässigung des Konditionstrainings gesprochen werden, während es im Leistungsbereich in der Vorbereitungsphase sehr intensiv, danach aber häufig zu wenig betrieben wird. Dies wird vor allem begründet mit Angst vor orthopädischen Schäden und hohem Zeitbedarf für technisch-taktische Trainingsinhalte sowie die auf den ersten Blick geringe Bedeutung im Vergleich zur technischen und taktischen Ausbildung. Dem stehen zwei wesentliche Gründe gegenüber, die eine angemessene Berücksichtigung des Konditionstrainings sinnvoll erscheinen lassen:

- Steigerung der Leistungsgrundlagen für die Realisierung der Fertigkeiten und der gesamten Bewegungsdynamik auf der Basis guter konditioneller Fähigkeiten;
- Ermöglichung hoher Trainingsintensitäten bei der Trainingsbelastung.

In der Trainingspraxis gibt es abweichende Auffassungen über den Anteil der Komponenten des Konditionstrainings. Die Ausdauer wird meist vernachlässigt, Kraft wird als relativ schnell trainierbare, stabile Fähigkeit ebenso hoch wie die Schnelligkeit eingeschätzt.

Erkenntnisse aus den Kraftsportarten zeigen, daß Konditionstraining langfristig eingesetzt werden muß, um stabile Effekte zu bewirken. So ist z. B. ein 4–5jähriges Krafttraining im Grundlagen- und submaximalen Bereich erforderlich, bevor maximale und dynamisch-negative Muskelarbeit (z. B. Niedersprungtraining) eingesetzt werden können.

Zur Entwicklung der Ausdauer kann das Training bei hohem Umfang auch ballgebunden erfolgen. In jedem Fall müssen aber volleyballspezifische Belastungsformen wie die wechselnde Intensität berücksichtigt werden (z. B. Sprungkraftausdauer).

Wegen der langen Wettkampfperiode ist eine Stabilisierung der Kondition durch einen entsprechenden Anteil am Training auch in der Wettkampfphase erforderlich. Bei europäischen Spitzenteams nehmen Konditionsinhalte bis zu über 35 Prozent des Gesamttrainingsumfangs ein. Krafttraining zeigt nur dann stabile Effekte, wenn es über mehr als zwei Monate durchgeführt wird. Zur Vermeidung von Überlastungen, Verletzungen und zur individuellen Dosierung ist das vorhandene Leistungsniveau nicht nur bei Umfang und Intensität der Belastung, sondern auch bei der Wahl der *Trainingsmethoden* zu berücksichtigen. Danach sollten Anfänger und Fortgeschrittene nach Mischformen bis zur submaximalen Belastung trainieren, während im Leistungsbereich hauptsächlich spezielle Trainingsmethoden zur Entwicklung spezieller konditioneller Fä-
18 higkeiten mit submaximaler und maximaler Belastung angebracht sind.

- Über die Bedeutung von *Körperbaumerkmalen* für die Spielleistung liegen relativ wenig Ergebnisse vor. Sie zeigen aber, daß mit steigendem Leistungsniveau auch diese Komponente an Bedeutung zunimmt und Unterschiede zwischen Volleyballern und Nicht-Volleyballern sowie zwischen Zuspielern und Angreifern bedeutsam werden.
  - Im B-Jugendalter unterscheiden sich Volleyballspieler bei den Körperbaumerkmalen noch nicht wesentlich von Basketball-, Fußball- und Handballspielern. Sie liegen bei der Größe zusammen mit den Handballern unter den Werten der Basketballer, aber über denen der Fußballer. Beim Körpergewicht und der Schulterbreite liegen die Handballspieler an der Spitze, während die Volleyballspieler auch hier eher die Mitte bilden. Kleinere Spieler sind in diesem Alter wegen ihres oft besseren technischen Könnens den größeren Spielern nicht selten überlegen. Für die Leistungsfähigkeit im Spiel sind Körperbaudimensionen noch nicht die entscheidenden Komponenten. Bei der Selektion von Kaderspielern im Juniorenbereich haben die anthropometrischen Daten schon eine viel stärkere Bedeutung (vgl. Tab. 1.2.4).

		Spieler: Jahrgang 1967/68						
		1	2	3	4	5	6	7
Körperhöhe	cm	195,2	190,0	200,7	186,5	185,6	186,1	187,0
Gewicht	kg	89,0	80,0	80,0	75,0	85,0	80,0	85,0
Hautfalte	mm	8,4	6,5	7,4	5,1	7,8	6,4	9,5
Schulterhöhe	cm	163,0	153,7	164,5	153,0	148,9	154,6	154,3
Brustkorbumfang	cm	102,8	95,8	95,0	90,5	94,0	96,5	101,5
Brustkorbbreite	cm	36,0	32,7	34,0	33,2	34,4	33,9	35,3
Armlänge	cm	71,8	64,0	69,1	64,1	60,7	63,5	65,5

Tab. 1.2.4: Anthropometrische Daten für Kaderspieler (Junioren 1986)

- Bei Volleyballspielerinnen auf hohem Leistungsniveau wurden vorwiegend leptosome, seltener athletische Körperbautypen angetroffen. Die *Spezialisierung der Aufgaben* findet sich aber ganz deutlich in den Körperbaumerkmalen wieder:
  - Hauptangreiferinnen haben die größten Werte der Längenmerkmale, der Schulterbreite und des Körpergewichts.
  - Nebenangreiferinnen haben durchschnittliche Werte.
  - Aufbauspielerinnen haben die kleinsten Werte bei Größe und Gewicht, liegen bei Breiten- und Umfangwerten im Durchschnitt.
- Bei den Männern wird das Schwergewicht auf die Auswahl großer Spieler gelegt. Körpergrößen von 190 cm und mehr, besonders bei den Hauptangreifern, sind keine Seltenheit. Allerdings ist die Körpergröße nicht der allein leistungsrelevante Faktor (vgl. Tab. 1.2.5). Es besteht vielmehr eine signifikante Abhängigkeit von Körperfüllindex (Verhältnis von Körperhöhe und Gewicht) und Wettkampferfolg. 19

Tab. 1.2.5: Durchschnittsgrößen bei der Junioren-EM 1984
(vgl. BEGOV/PAUCKNER 1985, 26)

Junioren			Juniorinnen		
Nation	Größe ($\bar{x}$ cm)	Rang	Rang	Größe ($\bar{x}$ cm)	Nation
Holland	197,3	5	1	181,7	UdSSR
DDR	195,0	6	5	181,6	DDR
Italien	194,9	3	3	180,8	CSSR
Bulgarien	194,7	2	4	179,3	Bulgarien
UdSSR	194,3	1	7	179,3	BRD
Griechenland	193,9	10	2	178,3	Italien
Jugoslawien	192,3	9	11	177,9	Frankreich
Polen	192,2	7	9	177,8	Jugoslawien
BRD	192,2	8	6	177,5	Holland
Frankreich	192,0	4	10	176,9	Belgien
Türkei	190,4	11	8	176,4	Ungarn
Österreich	188,6	12	12	176,3	Schweden

Erich Christmann

Gruppendynamik und Interaktion

Das Volleyballspiel wird einerseits von den Einzelleistungen der Spieler, andererseits aber – durch die Handlungsfolge Annahme–Aufbau–Angriff–Block–Sicherung – wesentlich vom Zusammenwirken der ganzen Mannschaft geprägt. Während sich bei Mannschaftsleistungen z. B. im Schwimmen, Turnen und der Leichtathletik – abgesehen von Einflüssen auf die Motivation – die Mannschaftsleistung als Summe der Teilleistungen (additiv) ergibt (*Koaktion*), ist sie im Volleyball durch Aufgabendifferenzierung und zielgerichtetes Zusammenwirken (*Interaktion*) bestimmt.
Einzelspieler und Mannschaften unterscheiden sich aber auch in ihren Interessenlagen und Zielrichtungen. Sie bewegen sich zwischen einer Orientierung an einer bestimmten Aufgabe und Leistung einerseits und an einem überwiegenden Interesse an den Beziehungen zwischen den Spielern andererseits.

Beziehungs-orientierung	←—— Ziele ——→	Aufgaben-, Leistungs-orientierung

Die Beziehungsorientierung umfaßt die sympathiebezogene Interaktion zwischen den Mitgliedern und beeinflußt die Stärke des Zusammenhalts (*Kohäsion*) in einer Gruppe. Die Aufgaben- und Leistungsorientierung führt zur arbeitsteiligen Organisation von Spielaktionen und Aufstellungen nach konstitutiven und strategischen Regeln. Eine Mannschaft stellt damit eine Gruppe dar, in der je nach Zusammensetzung und Zielstellung (z. B. Leistungsmannschaft oder Hobbygruppe) leistungs- und sympathiebezogene Orientierungen unterschiedlich bedeutsam sind. Die Beschäftigung mit diesen Interaktionsbereichen in der Gruppe und das Erkennen der Entwicklungen (*Gruppendynamik*) ist Voraussetzung, um als Lehrer/Trainer steuernd eingreifen zu können.

Bei der langfristigen Aufgabe der Mannschaftsformung geht es darum, die Effektivität der Gruppenleistung durch gezielte Aufgabenstellungen, Beeinflussung der Gruppenzusammensetzung, ihre Organisation und Führung und die gruppeninternen Interaktionsprozesse zu verbessern. Der Trainer oder Betreuer sollte sich deshalb intensiv mit folgenden Fragen auseinandersetzen:

Wer gehört zur Gruppe?
In Leistungsmannschaften werden durch die Benennung des *Spielerkaders* z. B. zu Saisonbeginn eindeutige Festlegungen getroffen. Auch die Mannschaftsaufstellung ist relativ stabil. In *Freizeitgruppen* variiert die Zusammensetzung stärker. Häufig existiert eine regelmäßig erscheinende Stammgruppe, zu der unregelmäßig erscheinende Mitglieder hinzukommen. Die Mannschaftszusammenstellung ändert sich in der Regel bei jedem Trainingstermin. In der *Schule* variiert die Mannschaftszusammensetzung in der Regel in jeder Sportstunde. Gruppenbeziehungen wie in einer Vereinsmannschaft entstehen oft erst in den Neigungsgruppen.

Welche Ziele hat die Gruppe?
Jedes Gruppenmitglied bringt in die Gruppe eigene Ziele mit ein (z. B. Leistungsgedanke, Freizeitgestaltung). Die gemeinsamen Interessen führen dann zur Bildung der Gruppe. Besteht eine Gruppe länger, entwickeln sich durch gemeinsame Erfahrungen und Erlebnisse Bindungen und bestimmte Einstellungen zueinander. Die Anziehungskraft und das Zusammengehörigkeitsgefühl nimmt zu/ab, je mehr/weniger die individuellen Zielstellungen in der Gruppe realisiert werden können. Unterscheiden sich individuelle und Gruppeninteressen sehr stark, entstehen Konflikte, die im Extremfall zum Ausscheiden des einzelnen aus der Gruppe oder zu ihrer Auflösung führen können.

Wovon hängen die Beziehungen in der Mannschaft ab?
Die Art der Beziehungen der Gruppenmitglieder untereinander wandelt sich von anfänglich relativ offenen zu langfristig relativ klaren und stabilen Verhältnissen in der Gruppe. Spezifische Verhaltensweisen im Umgang miteinander (z. B. Gesprächsformen, Zeichensysteme, Gestik, Mimik, Konfliktlösung) werden entwickelt und sind oft für eine bestimmte Gruppe typisch. Die Gruppenkohäsion unterliegt aber auch Entwicklungen, die zum Zerfall der Gruppe führen können. Die Kohäsion in einer Gruppe bewegt sich immer zwischen den Extremen Auflösung und Stabilisierung.

Auflösung ←	Kohäsion Zusammenhalt in der Gruppe	→ Stabilisierung

Für diese Veränderungen sind eine Reihe von Faktoren verantwortlich, die in einer engen Wechselbeziehung stehen und sich in drei Gruppen zusammenfassen lassen (vgl. Abb. 1.2.7).

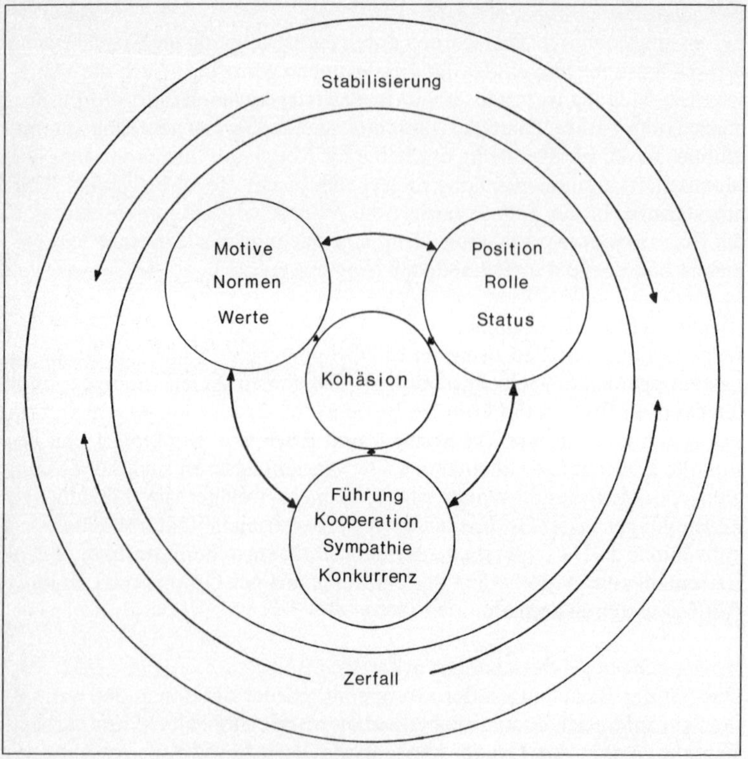

Abb. 1.2.7: Bedingungen der Gruppenkohäsion

● Position, Rolle, Status

In Volleyballmannschaften kommt es mit steigendem Spielniveau zu einer immer stärkeren Aufteilung der Aufgaben. Beobachtet man Mannschaften in Wettspielen, dann fällt auf, daß

- bestimmte Spieler häufiger zum Einsatz kommen als andere (Stamm-, Auswechselspieler);
- es bei den Spielern auf dem Feld Spezialisierungen gibt (Zuspieler, Angreifer, Block-, Annahmespezialisten), während andere Aufgaben mehr oder weniger von allen übernommen werden (Sicherung, Feldabwehr).

Die Position eines Spielers ergibt sich aus der *Raum- und Aufgabenverteilung* nach einem bestimmten Spielsystem. Sie ist mit steigendem Spielniveau mit mehr Arbeitsteilung und Spezialisierung verbunden (vgl. Tab. 1.2.6).

	Raumaufteilung	Arbeitsteilung
Hohes Leistungs-niveau	– Gleiche Rollen werden von unterschiedlichen Positionen aus wahrgenommen (z. B. Läufer von I, VI, V, Angriffs-kombinationen) – Anpassung der Rolle an taktische Ziele und die Spielsituation	– Spezialisten für Aufschlag, Annahme, Zuspiel, Angriff, Block, Feldabwehr – Einsatz der Spieler nach taktischen Gesichts-punkten
↑ Mittleres Leistungs-niveau	– Bindung von Aufgaben an die Position (z. B. Aufbauspieler III, Angriffsspieler II, IV) – Systemgebundene Rollen (z. B. VI vor-/zurückgezogen)	↑ – Aufgabendifferenzierung nach Eignung und Leistung (z. B. Steller, Haupt-, Nebenangreifer)
↑ Unteres Leistungs-niveau	– Überschneidungen der Zuständigkeitsbereiche und Rollen – Kooperationsproblem	↑ – Ballweg bestimmt die Aufgabenstellung und Rolle

Tab. 1.2.6: Positionen und Rollen auf verschiedenen Leistungsniveaus

An die *Position* ist die Rolle gebunden, die ein Spieler in seiner Mannschaft übernimmt. *Formelle Rollen* ergeben sich aus den Abwehr-, Aufbau- und Angriffsaufgaben und sind durch die strategischen Regeln relativ eindeutig bestimmt. Die Übernahme der Rollen (role-taking) bedeutet z. B. für den Zuspieler eine überdurchschnittliche Anzahl entscheidender Ballkontakte und damit die Rolle des Spielmachers. Damit sind eine Reihe von aufgaben- und beziehungsorientierten *Erwartungen* verbunden:
- Entscheidung, wem er wann und wie zuspielt;
- Übersicht in kritischen Situationen, bei Kritik von der Bank, Mißverständnissen mit Angriffsspielern;
- blitzschnelle Analyse von Spielsituationen;
- perfekte Beherrschung und Steuerung der Angriffsaktionen;
- Selbstvertrauen und Siegeswillen auch nach eigenen Mißerfolgen und denen der Mitspieler;
- Unterstützung und Ermutigung der Mitspieler, wenn es nicht läuft;
- Kampfgeist und Einsatz;
- Gefühl für den jeweiligen Zustand der Moral der Mannschaft und Fähigkeit, diesen zu beeinflussen;

- Übernahme von Verantwortung für Fehler, auch für die der Angreifer, um diese psychisch zu entlasten. Dies ist deswegen erforderlich, weil für den Angreifer Erfolg und Mißerfolg direkt, für den Steller überwiegend indirekt (über die Aktion des Angreifers) erkennbar sind;
- Freispielen des Angreifers durch möglichst langes Verbergen bzw. Antäuschen der Paßart und -richtung und damit Reduzierung der Blockwirkung;
- Wahrnehmung der Situation beiderseits des Netzes: Wo steht der schwache Blockspieler? Welcher Spielzug und welcher Paß ist auf welchen Angreifer wahrscheinlich am effektivsten?
- Kontrolle der taktischen Konzeption während des Spielverlaufs;
- Kreativität, taktische Maßnahmen beim Spielaufbau den Erfordernissen anzupassen oder sie zu wechseln;
- Lob und Tadel für andere Spieler;
- rechte Hand des Trainers bei der Umsetzung der Spielstrategie und -taktik;
- Vertrauensperson und ‹Sprachrohr› der Mannschaft gegenüber Trainer und Offiziellen, besonders in der Rolle des Mannschaftskapitäns.

Jeder Spieler kann über diese Erwartungen hinaus seine Rolle individuell gestalten und einen eigenen Spielstil entwickeln (z. B. Bewegungsstil, Verhalten). Wird eine Rolle mit einem bestimmten Wert versehen und als stabil anerkannt, spricht man von *Status*, der unabhängig von einer Person an eine bestimmte Rolle gebunden werden kann. So wird z. B. der Status eines Stammspielers höher eingeschätzt als der eines Auswechselspielers. Besteht in einer Mannschaft Einigkeit über die Rollenverteilung und werden keine internen Positionskämpfe ausgetragen (*Statuskonsens*), kann sich die Mannschaft ganz auf die Erreichung des Gruppenziels konzentrieren. Dies scheint auch eine Ursache dafür zu sein, daß Mannschaften mit hohem Statuskonsens erfolgreicher spielen als solche, in denen die formelle Rollenverteilung (z. B. Haupt-, Nebenangreifer) ungeklärt ist. Allerdings kann sich in Volleyballmannschaften ein gewisses Maß an Wettbewerb – z. B. zwischen Stamm- und Auswechselspielern – auch leistungssteigernd aus-
20 wirken. Kommt es dabei aber zu Konflikten und Störungen beim koopera-
21 tiven Verhalten, tritt eine Leistungsminderung ein. Nach den Kriterien
22 Rolle und Status lassen sich bei Volleyballmannschaften unterschiedliche
23 Typen von Gruppen unterscheiden:

- *Zweckverband*
  Die Beziehungen sind in erster Linie leistungs- und aufgabenbezogen und orientieren sich vorwiegend an den sportlichen Leistungszielen.
- *Gemeinschaft*
  Es besteht ein ausgeprägtes Zusammengehörigkeitsgefühl, das sich besonders auch darin zeigt, daß über den Trainings- und Wettkampfbetrieb

hinaus weitere soziale Kontakte zwischen den Gruppenmitgliedern bestehen.

- *Gefolgschaft*
  In diesen Mannschaften dominieren ein oder zwei Spielerpersönlichkeiten im leistungs- und/oder beziehungsorientierten Bereich. Im Extremfall kann dies zu einer Cliquenbildung führen, die sich in Opposition zum Trainer oder den anderen Gruppenmitgliedern befindet. Hier kommt es in der Regel zu erheblichen Spannungen und Konflikten.
- *Haufen*
  Die Gruppe ist relativ unstrukturiert und ohne großen Zusammenhalt.

● Führung, Kooperation, Sympathie, Konkurrenz
Neben der aufgabenorientierten Differenzierung der Rollen bildet sich in Mannschaften aber auch eine Rangordnung (*Hierarchie*) der Kooperationsfähigkeit, der Führungsqualität und der sozial-emotionalen Fähigkeiten bei den Gruppenmitgliedern heraus (*informelle Rollen*). Besonders bedeutsam sind hierbei verbale Interaktionen vor und nach Training und Wettkampf, die das Gruppenklima entscheidend bestimmen und die emotionalen und sozialen Bedürfnisse zum Ausdruck bringen.
Die Bedeutung der formellen und informellen Rollenstruktur in der Mannschaft wird z. B. bei der Wahl des Mannschaftskapitäns deutlich, indem entweder eher aufgaben- oder beziehungsorientierte Spieler bestimmt werden. Dies ändert sich auf den verschiedenen Leistungsebenen. Im Leistungsbereich werden eher aufgabenorientierte Spieler gewählt, während auf unterer Leistungsebene die Wahl oft auf die beziehungsorientierten, sympathischen und kooperativen Spieler fällt. Interessant ist hier auch, daß Beliebtheit und Leistung stark differieren können (*Divergenz*), während in Leistungsmannschaften die Spielstärke besondere Anerkennung findet. Bevor für das einzelne Gruppenmitglied eine Einordnung in die Gruppe gefunden ist, besteht eine gewisse Konkurrenzsituation, die bei der Mannschaftsführung gezielt eingesetzt werden kann, um eine Leistungssteigerung zu erreichen.

● Motive, Normen, Werte
Für eine Spielgruppe oder Mannschaft sind je nach Motivationslage bestimmte Normen und Werte verbindlich. Die Übergänge sind dabei fließend und bewegen sich auf einer Skala zwischen den extremen Polen Spitzen- und Freizeitsport.
Im überwiegend aufgaben- und leistungsbezogenen *Spitzensport* richtet sich das Interesse auf das Vordringen in internationale oder nationale Leistungshierarchien (z. B. Teilnahme an Olympischen Spielen, Welt-, Europameisterschaften, Europäische Wettbewerbe, Mitglied der Nationalmannschaft, einer Bundesligamannschaft). Intensität und Umfang des Trai-

ningsaufwandes, Perfektion in der körperlichen Leistung und eine sportgerechte Lebensführung sind Mittel, um diesen sozial hochgeschätzten Leistungszielen und damit der primären sportlichen Motivation zu entsprechen. Diese Spitzenleistungen stellen nicht nur persönliche, sondern auch *kulturell-gesellschaftliche Leistungsziele* dar. Die ständige Erhöhung der Leistungsgrenzen macht einen immer höheren Aufwand zur Erreichung bzw. Erhaltung einer Position in der Leistungshierarchie erforderlich. Konkurrenz- und Wettkampforientierung werden zum zentralen Verhaltensmuster der Spieler/-innen, denn nur so können sie in die absolute Spitze vorstoßen. Dies gilt sowohl beim Wettbewerb um einen Kaderplatz als auch gegenüber anderen Mannschaften. In vielen Sportarten – im Volleyball noch wenig gezielt – dient eine systematische Talentsuche und -förderung der Rekrutierung der Spielerkader, was den Leistungsunterschied zwischen der verhältnismäßig kleinen Zahl der Spitzensportler (ca. 200 Spieler/-innen der 1. Bundesliga) und der Masse der Volleyballspieler/-innen immer größer werden läßt.

Das Erbringen von Höchstleistungen erfordert einen hohen zeitlichen, körperlichen, psychisch-motivationalen und materiellen Aufwand und über Jahre hinaus ein Höchstmaß an Selbstdisziplin. Sportliche und außersportliche Rollen können aber oft nicht gleichermaßen gut ausgefüllt werden. Dies führt häufig zu *Konflikten* zwischen den Ansprüchen in Elternhaus, Beruf, Familie und Freundeskreis und den sportlichen Anforderungen. Diese Probleme treten oft verstärkt nach Ende der sportlichen Karriere bei der Eingliederung in das Berufs-, Bildungs- und Familienleben auf. Der durch die sportliche Leistung errungene Status – sofern er in der Öffentlichkeit für Volleyballspieler/-innen überhaupt anerkannt wird – ist selten mit Prestige und sonstigen gesellschaftlichen Anerkennungen und Belohnungen über die Zeit der Sportaktivität hinaus verbunden.

Normen werden auch durch die zur Spitzenleistung erforderlichen Betriebs- und Verhaltensstrukturen vorgegeben, wie z. B.

- Zweckrationalität bei der zielgerichteten, planmäßigen Betreuung durch spezialisierte Trainer, Betreuer, Ärzte und Sportwissenschaftler;
- motorische Perfektionierung und Erreichen einer ökonomischen Zweckform;
- Ausrichtung von Psyche und Sozialkontakten in ihren leistungssteigernden bzw. -behindernden Funktionen zweckrational auf Leistung und Erfolg;
- in Extremfällen Eingehen eines gewissen gesundheitlichen Risikos;
- Technisierung von Sportstätten, Geräten, Ausrüstungen;
- spezialisiertes, umfangreiches und intensives Training auf der Basis wissenschaftlicher Erkenntnisse (z. B. Sportmedizin, Trainingslehre) und nach speziellen Trainingsmethoden;
- arbeitsähnliche Strukturen des Trainingsbetriebes (Planung, Regulie-

rung, Messung und Spezialisierung der sportlichen Handlungsabläufe);
- zweckrational aufgebaute Organisationsstrukturen in Verband und Verein (hierarchische Rangordnung von Funktionären, Experten, Managern, Public-Relation-Spezialisten);
- verbandsinterne Kontrollen der Spieler/-innen (z. B. Lehrgangs-, Trainings-, Wettkampfverpflichtungen, Leistungskontrollen), Sanktionsmechanismen (z. B. Sperre, Kaderausschluß), die die Werte und Normen dieser Organisationen sichern;
- Orientierung an Marktinteressen der Wirtschaft;
- symbolische Bedeutung des sportlichen Erfolgs für die Leistungsfähigkeit politischer Systeme, das Nationalprestige und die nationale Identifikation.

Trotz dieser Merkmale eines *arbeitsähnlichen* und *leistungsrationalen* Verhaltens wird die Selbstdisziplinierung vom Sportler und die Entscheidung für diesen Weg – besonders zu Karrierebeginn – freiwillig vollzogen und nicht grundsätzlich als fremdbestimmter Druck erlebt. Die Vielfalt der Erfahrungen bei Training und Wettkampf, Reise- und Kommunikationsmöglichkeiten, Repräsentation der Person und ihrer Leistungen bei Zuschauern, in der Öffentlichkeit und den Medien, Ermöglichung persönlicher Selbstdarstellung, finanzielle, berufliche und materielle Belohnungen und die Chancen zur Identifikation mit der eigenen Leistung bieten einen hohen Anreiz für Spitzensportler, der im allgemeinen Arbeitsprozeß selten enthalten ist.

Für die Dauer der Mitgliedschaft in einem Kader werden diese Normen und Werte akzeptiert, und dies wirkt sich in den gruppendynamischen Prozessen aus. Die Zugehörigkeit zur Gruppe wird damit nicht nur durch die starke Aufgaben- und Leistungsorientierung, sondern auch durch das Akzeptieren der Rahmenbedingungen charakterisiert. Eine Distanzierung von diesen Bedingungen verhindert den Zugang oder führt oft zum Ausschluß aus der Gruppe.

Im *Breiten- und Freizeitsport* geht es ebenfalls um Leistungen, die allerdings nicht an ökonomisch-gesellschaftlich sanktionierten Normen orientiert sind. Die Niveaus differieren nach individuellen Bedürfnissen, Fähigkeiten, Gruppeneinstellungen und situativen Entscheidungen. Sporttreibende mit verschiedenen Fertigkeiten, verschiedenen Alters, Frauen, Männer und Familien spielen nach relativ frei wählbaren, diskutierbaren und auswechselbaren Leistungskriterien gemeinsam miteinander Volleyball. Dies schließt Formen der Konkurrenz, des Wettkampfes und Leistungsvergleichs mit anderen mit ähnlicher Leistungsfähigkeit und -bereitschaft nicht aus (z. B. Hobbyspielrunden). Leistungen werden hier auch in Form körperlicher Anstrengungen – allerdings stärker als im Spitzensport in Verbindung mit anderen Zwecken, wie z. B. Gesundheit, Geselligkeit,

Ausgleich zu mangelnder körperlicher und stark intellektueller Belastung – erbracht. Diese Gesichtspunkte der Leistung und sozialen Belohnung verselbständigen sich nicht wie im Spitzensport und erhalten ihre Bedeutung von anderen, für das Individuum selbst bedeutsamen Wertzielen. So wurden z. B. bei einer Befragung von Hobbyvolleyballern überwiegend Motive angegeben, die dem Bereich Freude/Spaß (Freude am Mannschaftsspiel, Geselligkeit/Freundeskreis, Freude an der Bewegung, richtig austoben), dem Nützlichkeitsbereich (sportliche Fitness, Ausgleich, Gesundheit, Entspannung, Kompensation) und weniger dem Leistungsbereich zuzuordnen sind (vgl. Tab. 1.2.7).

Diesen weniger leistungsbezogenen *Zielorientierungen* entsprechen auch die *Betriebsformen* mit weniger Zweckrationalität als im Spitzensport. Merkmale hierfür sind:

- beschränkter und zeitlich flexibler Aufwand für das Volleyballspiel;
- relativ freie Wahl von Ort und Gruppe;
- unscharfe Trennung von Training, Übung und Wettbewerb;
- geringer Anteil planmäßig-zielgerichteten Trainings;
- wenig Technisierung, Spezialisierung, Verwissenschaftlichung, Methodifizierung, Planung, Meß- und Vergleichbarkeit;
- geringer Organisationsgrad;
- mangelnde Kontrolle und Sanktionierungen von Spielern durch Instanzen außerhalb der Gruppe (z. B. Trainer, Verein, Verband, Öffentlichkeit);
- 24 gering ausgebildetes Regelwerk;
- geringes Publikumsinteresse.

Mit der Entwicklung des Spielbetriebs auch im Bereich des Freizeitsports erlangen aber auch hier *Regelwerke* größere Bedeutung. In den Spielgrup-

Tab. 1.2.7: Motive für das Volleyballspiel im Freizeitbereich (vgl. Jütting 1985, 91 f)

Item	abs. Zahlen	%
1. Freude am Mannschaftsspiel	1051	84
2. Geselligkeit/Freundeskreis	804	64
3. Sportliche Fitness	794	63
4. Freude an der Bewegung	740	59
5. Ausgleich zur Schule/Beruf	691	55
6. Gesundheit erhalten	366	29
7. Richtig austoben	365	29
8. Leistungsfähigkeit beweisen	314	25
9. Entspannung	241	19
10. Ärger/Verdruß vergessen	183	15
11. Selbstgefühl stärken	143	11

pen führen ergänzende, einschränkende und teilweise normenaufhebende Regeln je nach Situation und in Anpassung an die Könnensniveaus und Motivationen der Gruppenmitglieder oft auch zu anderen Spiel- und Übungsinhalten. Das Spiel ist dabei im wesentlichen ein von Zwecken abgehobenes Tätigkeitsfeld ohne unmittelbares ‹produktives› Ziel und grenzt sich mit seiner Eigenwelt von der Ernsthaftigkeit des Alltags ab. Die erbrachte sportliche Leistung bleibt ohne besonders Auswirkungen auf andere Subsysteme der Gesellschaft (z. B. Arbeitswelt), hat also keine *gesellschaftliche Plazierungsfunktion*. Sie ist damit relativ frei von der Vermittlung von Rollen und Status, Ansehen, sozialen Zwängen und sozialem Druck.

Untersuchungen an Kleingruppen können dem Trainer dabei eine gewisse Orientierung und Hilfe bei Problemen sein, die im Trainingsalltag immer wieder auftreten:

- Integration eines neuen Spielers

Der Integrationsprozeß wird bestimmt
- durch die Leistungsfähigkeit und -bereitschaft des Neulings und seine Fähigkeit, soziale Beziehungen in der neuen Umgebung einzugehen;
- durch die Aufgaben-, Leistungs- und Beziehungsorientierung der Gruppe.

Eine Integration kann als gelungen betrachtet werden, wenn der Neuling
- regelmäßig eingesetzt wird;
- Beziehungen zu anderen Mitgliedern der Mannschaft/Gruppe aufgebaut hat;
- bei der Verteilung sachbezogener Aufgaben beachtet wird und keine Randfigur ist; 25
- sich in der Gruppe angenommen und beachtet fühlt. 26

- In den Vorbereitungs- und Übergangsperioden spielen die sozialen Beziehungen wegen der fehlenden Wettkämpfe eine große Rolle. Deshalb sind hier gemeinsame Veranstaltungen außerhalb des Trainings besonders wichtig. Dies gilt generell im Schüler- und Jugendtraining und ist geradezu ein unverzichtbarer Bestandteil im Freizeitvolleyball.
- Mißerfolge werden bei intakten sozialen Beziehungen in der Mannschaft leichter verkraftet. Es kann sogar zu einer Stärkung der Kohäsion kommen, wenn der Verursacher außerhalb der Gruppe steht. Wird die Ursache des Mißerfolgs aber in der Gruppe selbst gesehen, so besteht z. B. bei einem Abstieg die Gefahr der Auflösung der Gruppe.
- Bei der optimalen Mannschaftsaufstellung müssen Leistungs- und Beziehungsaspekte gleichermaßen berücksichtigt werden, da in der Spielsituation die Bälle vom Zuspieler durchaus unterschiedlich verteilt werden. Dies variiert zwischen der Bevorzugung sympathischer Spieler bis zur einseitigen Verteilung der Pässe auf den stärksten Angreifer. Die Aufgabe des Trainings und der vorbereitenden Spiele besteht deshalb darin,

für die sechs Zuspielsituationen die optimalen Zeit- und Handlungsabläufe mit den verschiedenen Angreifern herauszufinden. Die Mannschaftsteile (Steller, Angreifer, Blockspieler, Abwehrspieler) sind deshalb in der Aufstellung und durch Positionswechsel aus Spielern so zu kombinieren, wie sie am effektivsten zusammenwirken können. Daraus ergibt sich, daß – je nach Angriffskombination – aus dem Steller und den Angreifern *‹ideale Paare›* zu bilden sind, die besonders erfolgreich angreifen können. Das Verständnis der beiden Spieler umfaßt dann oft
27 auch die Beziehungsebene.

Die dargestellten Bereiche zeigen nicht nur gewisse Verhaltenswahrscheinlichkeiten, sondern auch, daß es sich hier nicht um Gesetzmäßigkeiten handelt. Die Darstellung sollte deswegen keine Patentlösungen bereitstellen. Da die aufgaben- und beziehungsorientierten Interaktionen in einem Mannschaftsspiel aber als sehr wesentlich einzuschätzen sind, sollte der Trainer beim Auftreten von Konflikten eine Lösung in folgenden Schritten zu erreichen versuchen:

1. Erörterung der Problematik in offenen Gesprächen mit den Gruppenmitgliedern und evtl. weiteren Beobachtern (z. B. Betreuer, Masseur, Sportpsychologe);
2. Schaffung von Situationen, die ein Einüben erwünschter Verhaltensweisen ermöglichen (z. B. Kleingruppenaufgaben, wechselnde Gruppenzusammensetzungen, Organisationsaufgaben);
3. Verbesserung sozial-integrativen Handelns in der Normalsituation bei Konflikten nach Erkennen und Bearbeitung in der Gruppe.

Erich Christmann

Leistungsmotivation

Beobachtet man Unterricht, Training und Wettkampf, dann fällt auf, daß die Handlungstendenz, eine bestimmte Leistung zu erbringen bzw. das Streben nach Erfolg in der Auseinandersetzung mit einer Aufgabe (*Leistungsmotivation*), bei Spielern und Mannschaften unterschiedlich ausgeprägt ist und zeitlichen Schwankungen unterliegt. Die Ursachen hierfür scheinen in der Person selbst (*internal*), in der Gruppenkonstellation (*sozial*) und äußeren Umständen (*external*) zu liegen.

Internale Bedingungen

Die Bedingungen, die bei internalen Motivationsprozessen bedeutsam sein können, stellt Abb. 1.2.8 am Beispiel eines Hauptangreifers dar.

① Von einem Hauptangreifer wird erwartet, daß er seinen Angriff erfolgreich abschließt. Dadurch wird bei ihm ein überdauerndes Leistungsmotiv neben anderen Motiven (z. B. Prestige, Anerkennung) angeregt.

② Die Leistungshandlung Angriff muß auf einen *Gütemaßstab* beziehbar sein. Der Gütemaßstab kann sachbezogen (z. B. Qualität der Ausführung, Regelentsprechung), subjektbezogen (z. B. Vergleich mit früheren Angriffsschlägen) und sozialbezogen sein (z. B. Erfolgsquote im Vergleich zum Nebenangreifer).

③ Durch frühere Erfahrungen in dieser Leistungssituation erwartet der Spieler vor der Handlung (prospektiv) bestimmte Ergebnisse (Erfolg, Mißerfolg), die er auf bestimmte Gründe (kausal) zurückführt (*attribuiert*). Diese vorweggenommene Ursachenzuschreibung (prospektive Kausalattribuierung) bezieht die Schwierigkeit der Aufgabe (z. B. kein Block, Einer-, Zweier-, Dreierblock), die eigenen Fähigkeiten (z. B. Sprung-, Schlagkraft, Routine), die Anstrengung (z. B. Einsatz) und den Zufall (z. B. Blockfehler) mit ein.

④ Aus der Spielsituation heraus ergibt sich eine gewisse Erfolgs- bzw. Mißerfolgswahrscheinlichkeit.

⑤ An die anschließende Angriffshandlung wird entweder die Hoffnung auf Erfolg oder die Furcht vor Mißerfolg geknüpft.

⑥ Bei Überwiegen der Erfolgserwartung ist die Wahrscheinlichkeit groß, daß der Angriffsschlag in der geplanten Weise durchgeführt wird.

⑦ Besteht aus der Situation heraus eine große Wahrscheinlichkeit für einen Mißerfolg (z. B. Ball zu dicht am Block oder Verletzungsrisiko), können andere Motive (z. B. Angst) zu einer Änderung des Handlungsplanes führen.

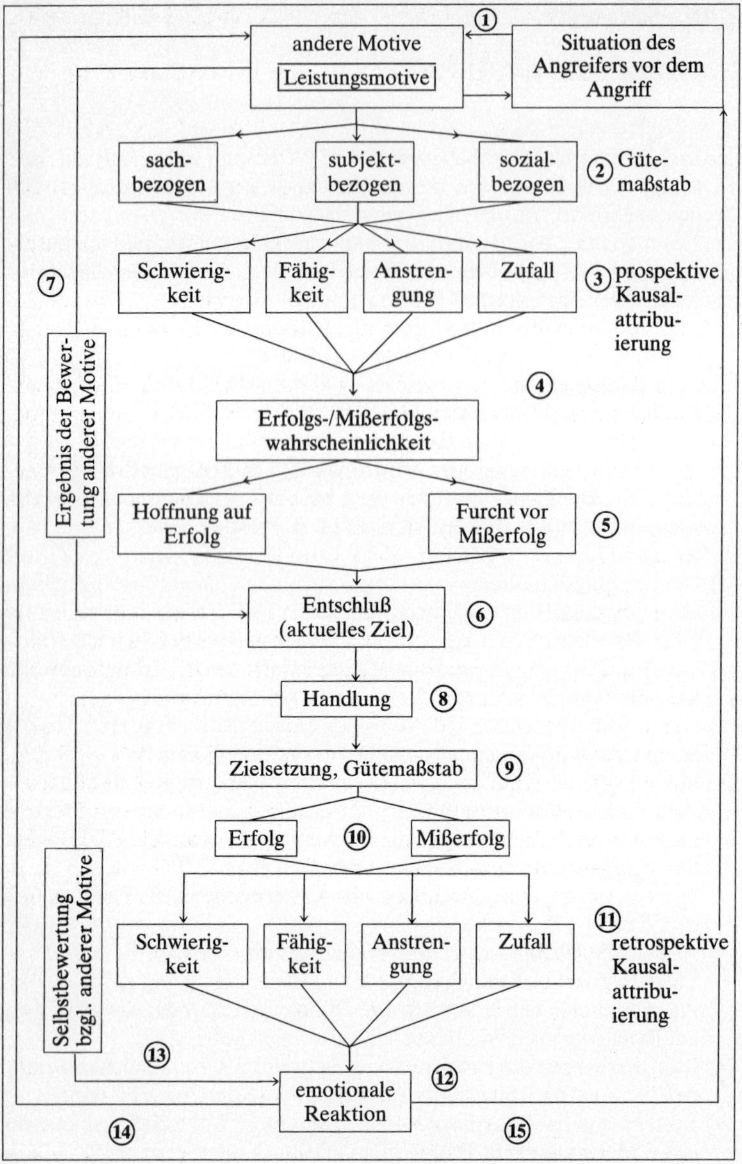

Abb. 1.2.8: Schema eines Motivationsprozesses beim Angreifer (nach GABLER 1980, 189)

⑧ Die aktuelle Zielsetzung führt zu einer bestimmten Handlung (z. B. diagonaler Angriffsschlag).
⑨ Das Handlungsergebnis wird mit der Zielsetzung und dem Gütemaßstab verglichen.
⑩ Das Handlungsergebnis wird als Erfolg oder Mißerfolg gewertet.
⑪ Die Wertung hängt nicht allein vom Ergebnis (z. B. Punkt), sondern von der Ursachenerklärung im Nachherein ab (retrospektive Kausalattribuierung).
⑫ Die emotionale Reaktion auf Ergebnis und Erklärung von Erfolg/Mißerfolg kann Freude, Enttäuschung oder eine neutrale Reaktion sein. Unterschiedliche Reaktionen sind zu erwarten, wenn die eigenen Fähigkeiten und/oder Anstrengungen oder äußere Umstände (Zufall, Schwierigkeit) als Ursache angesehen werden.
⑬ Die emotionale Reaktion wird nicht nur durch die Handlung selbst bestimmt, sondern auch durch andere Motive (z. B. Bedeutung für Sieg/Niederlage).
⑭ Zukünftige Motivierungsprozesse hängen neben dieser Selbstbewertung auch von Fremdbewertungsprozessen durch Mit- und Auswechselspieler, Trainer und Zuschauer ab.
⑮ Die emotionale Reaktion beeinflußt die nächste Aktion. 28

Die Motivationsentwicklung ist reifungs- und lernabhängig. Im Alter von 3–13 Jahren prägen sich die Bereiche ‹Bedeutung von Erfolg und Mißerfolg›, ‹Persönlicher Standard› und ‹Attributionsmuster› aus. Besonders im Schüler- und Jugendtraining muß dies besonders berücksichtigt werden.

Für die Stabilität der Leistungsmotivation spielt die Fähigkeit eine Rolle, Enttäuschungen (Frustrationen) und Mißerfolge angemessen verarbeiten zu können (*Frustrationstoleranz*). Nicht immer wird im Anschluß daran konstruktives Verhalten wie Erhöhung der *Aufmerksamkeit, Konzentration, Anstrengung* oder *Änderung der Taktik* gezeigt. Oft verhindern *Ausweichreaktionen* das direkte weitere Anstreben des Lern- und Leistungsziels (vgl. Abb. 1.2.9).
① Da im Volleyball auf dem Spielfeld die direkte körperliche Auseinandersetzung fehlt, werden Aggressionen in der Regel verbal gegen den Frustrierenden gerichtet (z. B. als Reaktion auf provozierende Gesten).
② Die Aggression kann auch auf ein anderes Ziel verschoben werden, weil Sanktionen (z. B. des Trainers) befürchtet werden. Mit- oder Gegenspieler werden so oft zu ‹Sündenböcken›.
③ Die Frustration kann dazu führen, daß sich Spieler selbst beschimpfen (Autoaggression).
④ Durch Rationalisierung werden Gründe für den Mißerfolg gesucht

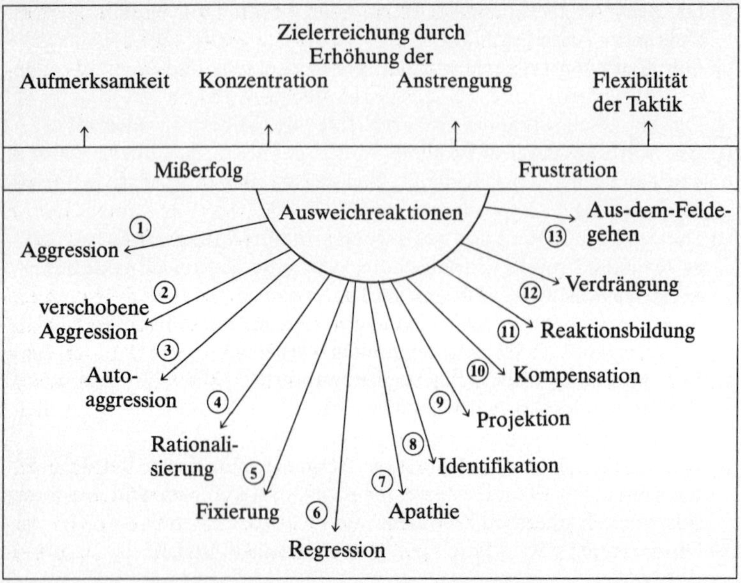

Abb. 1.2.9: Ausweichreaktionen auf Frustrationen (nach Gabler 1980, 212)

(«Gegen einen solchen Schiedsrichter kann man nicht gewinnen»).

⑤ Fixierung zeigt sich oft in einer Verkrampfung und Unfähigkeit, in einer Situation auch einmal andere Lösungen (z. B. Lob) zu probieren.

⑥ Einc Regression liegt dann vor, wenn plötzlich die einfachsten Dinge nicht mehr gelingen (z. B. Ballannahme).

⑦ Eine extreme Steigerung der Fixierung ist die Apathie; ein Spiel wird ohne großen Widerstand verloren gegeben.

⑧ Ein Auswechselspieler verarbeitet z. B. seine Enttäuschung durch Identifikation, indem er die Stammspieler wegen ihrer Position bewundert und sie sich zum Vorbild nimmt.

⑨ Bei der Projektion werden Fehler lediglich bei anderen und nicht bei sich selbst entdeckt und angegriffen.

⑩ Schlechte Leistungen werden oft durch besonders dominantes und lautes Verhalten kompensiert.

⑪ Reaktionsbildung liegt vor, wenn ein stark ichbezogener Spieler im Sinne einer radikalen Umwandlung anschließend besonders mannschaftsorientiert handelt.

⑫ Bei der Verdrängung werden Frustrationen unterdrückt und nicht weiter angesprochen. Dieses Aufstauen des Ärgers führt aber oft zur Leistungsminderung, Unzufriedenheit und späteren Konflikten.

⑬ Man kann frustrierenden Situationen auch einfach aus dem Wege gehen und mit einer angeblichen Verletzung ausscheiden. 29

Soziale und externale Bedingungen

Motivationsprozesse sind auch sozial und extern bedingt. Über die bereits dargestellte Bedeutung gruppendynamischer Prozesse in Mannschaften hinaus beeinflussen weitere Komponenten das Leistungsverhalten, z. B.

- die Beziehung zum Trainer
  Bei einem Trainerwechsel wird oft deutlich, daß Spieler auf Führungsstil und Persönlichkeit des Trainers mit einem veränderten Leistungsverhalten reagieren. Oft gelingt es einem Trainer auch, in Spielpausen oder durch Gespräche einzelne Spieler oder die Mannschaft besonders zu motivieren.
- die Rahmenbedingungen des Spiels
  Zuschauer und bekannte Umgebung können für Heimmannschaften leistungsstimulierend, für Gastmannschaften leistungsmindernd sein (Heimvorteil). Dies schließt allerdings nicht aus, daß durch den Erwartungsdruck bei einem Heimspiel Verkrampfungen zu schwächeren Leistungen führen.
- der Spielverlauf
  Individuelle Erfolge bzw. Mißerfolge im Spiel können eine Steigerung/Reduzierung der Leistungsmotivation verursachen. Nach einer 2:0-Führung stellt sich im dritten Satz oft das Problem, die Leistungsmotivation ausreichend hochzuhalten, um auch diesen Satz erfolgreich ‹durchzuziehen›. Entscheidend ist hier oft die Fähigkeit des Trainers, Schwankungen in der Leistungsmotivation möglichst gering zu halten und die Mannschaft so zu führen, daß sie im entscheidenden Moment ‹voll da› ist.
- die Spielstärke des Gegners
  Schwächere Gegner werden oft unter-, stärkere Gegner oft überschätzt. In der Spielvorbereitung ist es deshalb wichtig, angemessene *Anspruchsniveaus* festzulegen, die im Bereich des Möglichen liegen. So sollte gegen schwächere Gegner nicht nur ein Sieg, sondern ein bestimmtes Satzergebnis (z. B. 15:9) angestrebt werden. Gegen einen stärkeren Gegner sollte ein Satzgewinn, eine bestimmte Punktzahl im Satz (z. B. 10 Punkte), zumindest aber ein Kampfspiel als Ziel gesetzt werden. In der Vorbereitungszeit und im Training sind solche Situationen systematisch zu trainieren.
- der Verlauf der Spielsaison
  Durch die lange Saison kommt es in der Regel zu einem gewissen Abfall der Leistungsmotivation, besonders bei Mannschaften im gesicherten

Mittelfeld und bei Mannschaften ohne Chance auf Klassenerhalt. Bei einer realistischen Chance auf Meisterschaft bzw. Klassenerhalt kann die Leistungsmotivation gegen Saisonende aber oft noch gesteigert werden. Abwechslung im Trainingsprozeß und Flexibilität des Trainers bei den
30 Betreuungsmaßnahmen können dies unterstützen.

- Zugehörigkeit zur Spielklasse
  Höherklassige Mannschaften sind eher als niederklassige zu langem und hartem Training bereit. Über ein allgemein hohes Niveau der Leistungsmotivation hinaus wirken sich individuelle Unterschiede in der Motivation aber durchaus positiv aus. Die stärkere Trainingsbereitschaft hängt mit dem höheren individuellen Anspruchsniveau und der Einsicht in entsprechende Leistungsanforderungen zusammen. In höheren Spielklassen setzen sich vorwiegend Spieler durch, die die notwendige Toleranz für die geforderten Mühen aufbringen und den Kameraden gegenüber eher ein größeres Vertrauen haben, was ein notwendiges längeres Zusammensein ermöglicht.

Eine wichtige Voraussetzung für gute Spielleistungen besteht darin, daß die Spieler überzeugt sind, durch eigene Fähigkeit und Anstrengung eine geforderte Leistung erbringen zu können. Trainer und Spieler müssen sich daher an Zielen orientieren, die einerseits erreichbar sind, andererseits aber auch über das bisher Erreichte hinausgehen müssen, um einen echten Leistungsanreiz zu bieten. Als langfristige Perspektiven bieten sich hier Verbesserungen der Spielklasse und des Tabellenplatzes an. Im Spitzensport werden hier oft Belohnungssysteme (z. B. Sporthilfe) eingesetzt (*extrinsische Motivation*). Den Spielern muß die Möglichkeit gegeben werden, sich für gute oder schlechte Leistungen selbst verantwortlich zu fühlen (*intrinsische Motivation*). Sehen Spieler die Ursache von Mißerfolgen nur in äußeren Umständen oder Trainer die Fehler nur bei den Spielern, wird sich weder die Einstellung in Training und Wettkampf noch der Trainingsplan und die -methode ändern. Selbstverantwortliches Handeln und die Verbesserung der Kausalattribuierung bei Spielern und Trainer sind damit zwei wesentliche Anforderungen, denen im Sinne einer langfristigen Leistungs-
31 entwicklung entsprochen werden muß.

Erich Christmann

Kognitionen

Beim Handlungs- und Motivationsbegriff wurde bereits verdeutlicht, daß Überlegungen, Denkleistungen, Kenntnisse und bewußte Planungen (Kognitionen) das Verhalten von Trainer und Spielern bestimmen. Im Gegensatz zur oft rein geistigen, intellektuellen Tätigkeit im Beruf steht im Sport die beobachtbare Bewegungshandlung im Blickpunkt, was häufig zu einer Unterschätzung der dabei ablaufenden kognitiven Prozesse führt. Bei taktischen und spielstrategischen Entscheidungen wird ihre Bedeutung für den Spielverlauf aber sofort deutlich.

Kognitionen sind geistige Fähigkeiten und Fertigkeiten zum organisierten Vorgehen beim Lösen von Aufgaben und Problemen. Dabei lassen sich die Ebenen *Wissen, Verstehen, Anwenden, Analyse, Synthese* und *Bewertung* unterscheiden (vgl. Tab. 1.2.8). Kognitionen entstehen aus der Notwendigkeit des Handelns aus einer bestimmten Situation heraus, im Vorgriff als *Planung* (z. B. Spieltaktik) oder als *Verarbeitung* eingehender und gespeicherter Informationen mit Hilfe des Gedächtnisses nach einem Ereignis.

Durch Lern- und Trainingsprozesse werden *Bewegungsvorstellungen* (-programme, -muster) entwickelt, die je nach Ausbildungsmethode stereotyp sind oder auch situative Problemlösungen und spielintelligentes Verhalten umfassen. An diesem Prozeß sind die Gedächtnissysteme *‹Sensorisches Register›* (Ultrakurzzeitgedächtnis UKZG), *Kurzzeitgedächtnis* (KZG) und *Langzeitgedächtnis* (LZG) beteiligt.

Beim Wiedererinnern (Reproduktion) von Wahrnehmungen bevorzugen viele Menschen ein bestimmtes Sinnesgebiet (sog. optischer, akustischer, motorischer Gedächtnistyp). Diese verschiedenen spezifischen Gedächtnisfähigkeiten sind anlage- und lernbedingt und müssen in Unterricht und Training durch verbale, visuelle und taktile Informationen neben dem praktischen Üben Berücksichtigung finden.

In einer Lernsituation folgen *Input-, Behaltens-, Abruf-* und *Handlungsphase* aufeinander. Durchläuft eine Information diesen Zyklus nur einmal, bleibt sie in der Regel nur im KZG. Zur Verankerung im LZG muß die Information entweder besonders bedeutsam sein oder diesen Zyklus mehrmals durchlaufen. Es werden zwei Gedächtnisspeicher unterschieden:

- der *Wiedergabespeicher* enthält einfache motorische Programme und initiiert bei gegebener Reizkonstellation die Richtung und den ersten Teil der Bewegungshandlung (z. B. Bagger- oder Pritschhaltung bei flachem/hohem Ballweg).
- der *Wiedererkennspeicher* vergleicht während der Ausführung die eingehenden aktuellen sensorischen Informationen (feedback) und nimmt

Ebenen kognitiver Prozesse	Beispiele (Trainer, Spieler)
Wissen Das Erinnern von Besonderheiten, Allgemeinheiten, Methoden und Prozessen:	
Kenntnis von Begriffen und der Bedeutung spezieller verbaler oder nichtverbaler Symbole	Regelkenntnisse (z. B. Rotation), Zeichen für bestimmte Spielzüge
Faktenwissen: Daten, Ereignisse, Personen, Orte usw.	Spielergebnisse, Spielverläufe, Spielerpersönlichkeiten
Kenntnis von Konventionen, Riten und Besonderheiten des Verhaltens	Verhalten von Trainer und Spielern in der unmittelbaren Wettkampfvorbereitung, in Gesprächen, in Konflikten
Kenntnis von Trends und zeitlichen Abfolgen	Spieltaktik einer Liga, einer Mannschaft, Entwicklung eines Spielzugs, eines Konflikts
Kenntnis von Klassifikationen und Kategorien	Spielstrukturen, Handlungsketten, Kategorien bei der Spielbeobachtung
Kenntnis von Kriterien	Beurteilung der Qualität einer Bewegung, eines Spiels, Einschätzung der Trainingsbelastung
Kenntnis von Methoden	Lehr-, Lern-, Trainingsmethoden, Spielbeobachtungsmethoden, Testverfahren
Kenntnis von Prinzipien und Verallgemeinerungen	Prinzipien der Trainingsplanung und Spielsteuerung
Kenntnis von Theorien und Strukturen	Systematik konditioneller und koordinativer Fähigkeiten, Motivationstheorie
Verstehen Wiedergeben einer Information oder Beobachtung	Schilderung eines Spielverlaufs, einer Trainingseinheit, Beschreibung einer Bewegung, eines Spielzugs
Erklären oder Zusammenfassen einer Information oder Beobachtung	Erkennen eines Trainingsschwerpunktes, einer Taktik, von Eigenheiten bestimmter Mannschaften und Spieler (Scout-Report)
Erkennen von Trends	Trends im internationalen Spitzenvolleyball, Leistungsprognose für einen Spieler oder eine Mannschaft
Anwenden Umsetzung von Wissen in konkreten Situationen	Durchführung einer Spielbeobachtung, Anwendung des Läufersystems
Analyse Identifizieren der Elemente einer Information oder Beobachtung	Elemente eines Spielzugs, Bestandteile einer Traineranweisung in der Auszeit
Erkennen der Beziehungen zwischen Elementen	Regeländerungen und Spielstruktur, Trainingsmethoden und -wirkungen
Erkennen der ordnenden Prinzipien	Trainingsprinzipien, Führungsstile

Ebenen kognitiver Prozesse	Beispiele (Trainer, Spieler)
Synthese	
Herstellen einer Information	Bewegungsanweisung, Instruktion in der Auszeit, Bewegungskorrektur
Entwerfen eines Plans	Ausarbeiten eines Trainingsplans, Ansagen eines Spielzugs durch den Zuspieler
Ableiten einer Folge von Beziehungen	Planung mehrerer Trainingseinheiten, Lernschritte bei der Vermittlung einer Technik oder Taktik
Bewertung	
Urteilen nach logischen Kriterien	Qualität einer Spielbeobachtung, eines Trainingsplans
Urteilen auf der Basis von Erfahrung	Effektivität eines Sprungkrafttrainings

Tab. 1.2.8: Kognitive Prozesse

Korrekturen bis zur Annäherung bzw. Übereinstimmung an die gewünschte Bewegungshandlung vor (z. B. Handgelenkführung beim Angriffsschlag).

Bei der Produktion von Bewegungshandlungen wirken die drei Gedächtnissysteme zusammen (vgl. Abb. 1.2.10).

Auch im Wettkampf gehen den Spielern viele Dinge ‹durch den Kopf›, die die Leistung positiv oder negativ beeinflussen können. In der Literatur werden besonders Kognitionen untersucht, die sich nicht mit der eigentlichen Realisierung der Spielhandlung (*aufgabenirrelevant*) beschäftigen und als leistungsmindernd angesehen werden (vgl. Tab. 1.2.9).

Abb. 1.2.10: Zusammenwirken der Gedächtnissysteme bei der Bewegungshandlung (modifiziert nach KUHN 1984, 38)

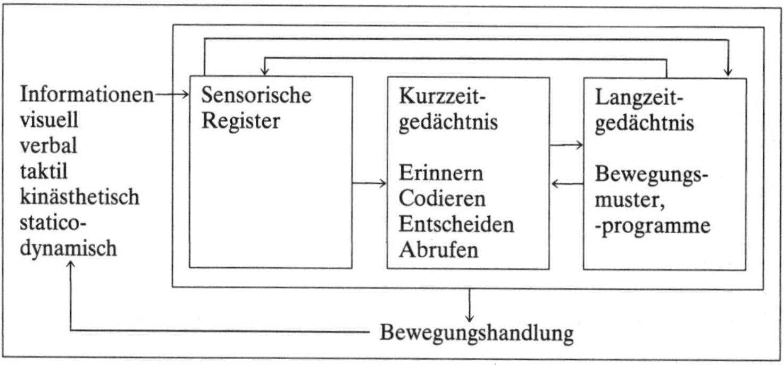

1. Ich habe überlegt, was wohl meine Mannschaftskameraden und mein Trainer über mich gedacht haben.
2. Ich habe über meine Leistung nachgedacht.
3. Ich habe an Dinge gedacht, die nichts mit dem Spiel zu tun hatten.
4. Ich habe an Chancen gedacht, die ich ausgelassen habe.
5. Ich habe daran gedacht, daß ich ab und zu falsch reagiert habe.
6. Ich habe daran gedacht, daß ich die Anweisungen meines Trainers nicht eingehalten habe.
7. Ich habe an Fehlentscheidungen des Schiedsrichters gedacht.
8. Vorangehende Fehler haben mich beschäftigt.
9. Ich habe über Schwierigkeiten nachgedacht, die der Gegner uns macht.
10. Ich habe die Leistungen meiner Mannschaftskameraden mit der meinigen verglichen.

(vgl. SPÄTE / SCHWENKMEZGER 1983,12)

Tab. 1.2.9: Aufgabenirrelevante Kognitionen (Fragebogen)

32 Leistungsmindernde aufgabenirrelevante Kognitionen treten besonders in typischen *Ärgersituationen* im Wettkampf auf (vgl. Tab. 1.2.10).

1. Wir haben ein Spiel unerwartet verloren.
2. Ich habe intensiv trainiert und komme kaum zum Einsatz.
3. Ein Mitspieler, der genauso gut ist wie ich, wird vom Trainer bevorzugt.
4. Andere geben mir die Schuld für die Niederlage.
5. Das Spiel muß unterbrochen werden.
6. Meine Leistung wird vom Trainer vor anderen kritisiert.
7. Ich werde in der Konzentrationsphase durch Umwelteinflüsse gestört.
8. Ich mache mehrmals hintereinander den gleichen Fehler.
9. Wir sind gegen einen schwächeren Gegner in Rückstand geraten.
10. Ich finde am Wettkampfort nicht die Bedingungen vor, die ich mir wünsche.
11. Ich habe vor dem Wettkampf Meinungsverschiedenheiten mit meinem Trainer.
12. Anderen gelingt etwas, das mir sehr schwerfällt.

(vgl. ALLMER 1985,33)

Tab. 1.2.10: Ärgersituationen im Wettkampf (Fragebogen)

Leistungsminderung wird häufig durch fehlerhafte Informationsverarbeitung, kognitive Fehler oder *Denkstile* verursacht wie z. B.:

- Willkürliche Schlußfolgerungen: Schlüsse werden gezogen, obwohl es keinerlei Beweise dafür gibt bzw. diese eher das Gegenteil nahelegen.
- Selektive Verallgemeinerung: Informationen werden nur zum Teil und einseitig berücksichtigt.

- Übergeneralisierung: Meinungen und Interpretationen werden in unangemessener Weise auf nicht vergleichbare Situationen übertragen.
- Maximierung und Minimierung: Ereignisse werden durch Über- oder Unterbewertung verzerrt.
- Personalisierung: Obwohl kein Grund dafür besteht, werden Ereignisse auf die eigene Person bezogen.
- Dichotomes Denken: Im Denken werden nur zwei Alternativen berücksichtigt (gut – schlecht, schuldig – unschuldig).

Kognitionen und Spielleistungen stehen in einer engen Wechselbeziehung. Während guter Spielphasen ist der Anteil spiel-produktiver oder problembewältigender Gedanken (*positives Denken*) wesentlich höher als während schlechter Phasen, in denen hauptsächlich selbstkritische und selbstreflektierende Gedanken (*negatives Denken*) dominieren. Die Gedanken wechseln oft von der Konzentration auf Spielverlauf und -entwicklung zu Eigenreflexion über eigenes schlechtes Spielen oder schwache Leistungen der Mitspieler/-innen. Daraus kann ein Teufelskreis entstehen: Rückstand, hohe Anforderungen oder Mißerfolge führen zu Konzentrationsverlust, dies wiederum zu schlechtem, erfolglosem Spielen.

Aus Untersuchungen an Olympiateilnehmern und erfolgreichen Racquetballspielern ergaben sich wesentliche Unterschiede zu weniger erfolgreichen Vergleichspersonen:

- Sie hatten mehr Selbstvertrauen und weniger oft Selbstzweifel;
- sie hatten mentale Vorstellungen von Spielvorbereitung und konkreten Spielsituationen;
- sie dachten auch im Alltag häufiger an das Spiel;
- sie führten im Training und Wettkampf mehr Selbstgespräche;
- sie gaben verschlagenen Bällen weniger Bedeutung;
- sie bewerteten Mißerfolge geringer und konzentrierten sich auf die nächste Aktion (*zukunftsorientiertes Denken*) und verharrten mit ihren Ge-
  danken nicht bei der abgeschlossenen Aktion (*vergangenheitsorientiertes* 33
  Denken). 34

Für dieses positive und zukunftsorientierte Denken muß der Sportler in einem langen Trainingsprogramm mit Unterstützung des Trainers selbständig folgende Fähigkeiten entwickeln:

- Selbstbeobachtung des eigenen Denkens und inneren Sprechens;
- Erkennen von unvereinbaren Gedanken und Verhaltensweisen;
- Einleiten von kognitiven Prozessen und von Veränderungen. 35

Diese Kognitionen können sich zu einer generellen aufgabenbezogenen Einstellung entwickeln, die unmittelbar mit der situativen Handlungsausführung verbunden ist (*operativ*) und durch Rückmeldungen des Ergebnisses immer neu aktiviert und verändert wird.

Einstellungen sind aber auch überdauernde Kognitionen, die als Gesamtsystem die *Persönlichkeit* eines Sportlers ausmachen. Sie haben dann z. B.

die Funktion der «Ich-Verteidigung» oder der Selbstrechtfertigung. Ein durch Erfolge (Mißerfolge) bestärkter (frustrierter) Spieler baut in diesem Sinne eine positive (negative) Einstellung auf, indem er die Vorteile (Nachteile) seiner Sportart, die Möglichkeiten (Auswüchse) des Hochleistungssports und die positive (negative) Auswirkung auf die Gesundheit anführt.
Ein Trainer, der entweder die kurzfristigeren operativen oder grundsätzlicheren persönlichen Einstellungen beeinflussen und verändern will, sollte sich besonders mit folgenden Fragen auseinandersetzen:
- Ist die zu verändernde Einstellung schon über längere Zeit stabilisiert?
- Wodurch ist sie vornehmlich entstanden? Durch Negativerlebnisse, Informationsmangel, Übernahme fremder Meinungen, Überzeugungen, Verhaltensweisen?
- Ist die Einstellung stark von Gefühlen begleitet?
- Sind es kognitive Faktoren, die die Einstellung charakterisieren?
- In welchem Verhältnis stehen kognitive, emotionale und motorische Einstellungskomponenten zueinander? Welche davon ist für die Lösung der bevorstehenden Aufgaben besonders zu aktivieren und zu stabilisieren?
- Wie ist die Persönlichkeit des Sportlers strukturiert? Ist er Argumenten zugänglich, aufgeschlossen? Handelt es sich um einen schwer umstellbaren, wenig flexiblen Menschen?
- Wo liegen Bedürfnisse, Motive oder Interessen, die als ‹Einstieg› zur Einstellungsänderung dienen können?

Der Erfolg solcher Bemühungen hängt davon ab, ob Personen eher *«lageorientiert»* oder *«handlungsorientiert»* sind. Handlungsorientierten gelingt es offensichtlich leichter, sich von einer Aufgabe, die sie – aus welchen Gründen auch immer – nicht voll erfüllten, wieder abzuwenden und sich auf neue Handlungen zu konzentrieren. Lageorientierte dagegen beschäftigen sich häufig mit Gedanken und Erlebnissen bei unerledigten Aufgaben und können sich nicht von Mißerfolgen lösen. Dieses Nicht-Loslassen-Können auch von – oft nicht durchführbaren – Absichten wirkt sich negativ auf die Verarbeitungskapazität des KZG aus. Handlungsorientierten dagegen gelingt es besser
- die Aufmerksamkeit auf handlungsrelevante Sachverhalte und Strategien zu lenken;
- bei Nachlassen der Motivation gegenzusteuern (‹Durchhaltemotivation›);
- ihre Gefühlslage zugunsten handlungsfördernder Stimmungen zu beeinflussen;
- bei Rückschlägen und Mißerfolgen ‹Lähmungen› zu vermeiden und alle Kräfte für die Verwirklichung einer Absicht zu mobilisieren.

Eine Perspektive für Lehrer, Trainer und Spieler stellt aber die Erkenntnis dar, daß es rein handlungs- bzw. lageorientierte Menschen nicht gibt. Je nach Aufgabenbereich scheinen Personen eher in die eine oder andere Richtung zu tendieren und aus beidem Vorteile ziehen zu können. Wenn z. B. wichtige Entscheidungen zu treffen oder schwierige Situationen zu meistern sind, kann eine Phase des lageorientierten Abwartens und Abwägens hilfreich sein. Entscheidend ist dann, daß man diesen Zustand kurzfristig unterbrechen kann, um zum richtigen Zeitpunkt rasch und effektiv handeln zu können. 36

Karl-Heinz Leist / Erich Christmann

Wahrnehmung

Wahrnehmen ist eine aktive Auseinandersetzung eines Handelnden mit seiner Umwelt mit dem Zweck, *relevante* Informationen zu erfassen. Dies bezieht sich auf die Einschätzung einer Situation, die Koordination von Bewegungsausführungen mit Situationsklassifikationen im Rahmen einer Aufgabenstellung, den Aufbau handlungsleitender Bewegungsvorstellungen oder die Kontrolle vorstellungsgeleiteter Handlungsausführungen. Angesichts der enormen Komplexität von statischen oder dynamischen Situationen, von Objekt-, Fremd- und Eigenbewegung stellt sich hier die Frage: Muß relevante Information wie bei einem Puzzle aus einer Vielzahl von Einzelinformationen (z. B. Geschwindigkeit, Richtung eines Balles) zusammengesetzt werden, oder gibt es handlungsbezogene Merkmale von Situationen und Objektbewegungen, die repräsentativ sind für ein Geflecht relevanter Einzelinformationen aus der Fülle der objektiv gegebenen Reizflut? Dies wird z. B. bei der Ballberechnung des Zuspielers deutlich, der auch mit Unterbrechung des Blickkontaktes zum Ball während seiner Beobachtung von Block und Abwehrformation den Ballweg nach der Annahme des Aufschlags gut berechnen kann. Bewegt sich der Ball auf den Steller zu, so ist er ständig durch die Zeitdauer repräsentiert, die er noch braucht, bis er die Augenebene des Spielers erreicht. Diese Zeitdauer wird als *time-to-contact,* die Zeit bis zum Kontakt mit dem Ball, bezeichnet. Sie wird für die Koordination von Wahrnehmung und Bewegungsausführung genutzt (*visuo-motorische Koordination*).

Um die handlungsrelevante Information aus der Fülle umgebender Informationen herauszufinden, muß man selektiv wahrnehmen. Dies geschieht, indem die Wahrnehmungsszene unter der Perspektive der jeweiligen Aufgabenstellung bzw. Handlungsabsicht und nach Maßgabe antizipierter Schemata für die Klassifikation von Ereignissen durchmustert wird (Bezugsystem). Von daher kann man Spielzüge – etwa im Läufersystem – und dazugehörige Individualhandlungen nur richtig wahrnehmen, antizipieren und planen, wenn man über Spielschemata des Läuferspiels verfügt. Diese leiten ebenso selektierend die Suche nach relevanter Information bei der Beobachtung des Spielgeschehens, der Einschätzung und Vorwegnahme von Situationen wie die Planung eigener technischer oder taktischer Handlungen. Über solche *perzeptiv-begrifflichen* Leistungen stößt man auf die *Struktur* und den *Bedeutungsgehalt* der Information. So werden nicht einzelne Handlungselemente für sich, sondern Handlungsräume und -objekte immer in Zusammenhang mit praktischen Absichten wahrgenommen. Ein Ball erscheint deshalb z. B. als Schmetterball verwertbar, Lücken im Block oder in der Feldabwehr werden zu Angriffszielen. Situationen und Handlungsobjekte werden dabei besonders in Abhängigkeit von den eigenen Fähigkeiten vom Handelnden wahrgenommen. Ein Ball, der z. B. einem Könner als günstige Gelegenheit für ein Zuspiel über Kopf erscheint, kann vom Anfänger als nur schwer zu stellender Ball wahrgenommen werden. Bei einer Vorliebe für spektakuläre Flugbewegungen in der Abwehr fordern den einen Spieler Situationen zum Hechten heraus, die der andere dadurch klärt, daß er rechtzeitig in Stellung geht. Erwartet man, daß der Steller einen Ball halbhoch stellt, so gerät man unter diesem Bezugssystem leichter in Gefahr, zu spät zu sehen, wann er den Ball hoch spielt.

In der Spielpraxis hat das vorwegnehmende Erkennen (*Antizipieren*) von Art, Richtung und Qualität einer Bewegungshandlung große Bedeutung für eine erfolgreiche Reaktion. Nur der geübte Spieler, der in seinem Gedächtnis über Vergleichsmöglichkeiten in Form von Wissen oder Erfahrungswerten verfügt, kann die wahrgenommene Information richtig bewerten und z. B. einen Lob oder einen Angriffsschlag antizipieren. Mögliche Beobachtungsschwerpunkte bei einer solchen Abwehraufgabe sind in Ta-
37 belle 1.2.11 zusammengestellt.

Für die Unterscheidung, ob ein Angriffsschlag oder ein Lob durchgeführt wird, konzentrieren sich geübte Blockspieler offensichtlich auf die Schlag-

Tab. 1.2.11: Wahrnehmungsfolge bei der Abwehr eines Angriffsschlages (vgl. Neumaier 1983)

Beobachtungsschwerpunkte		
1. Angreifer	:	Anlaufort und -tempo
2. Ball	:	Höhe, Geschwindigkeit und damit Abschätzen des Angriffsortes
3. Angreifer	:	Anlaufrichtung, Absprungpunkt, Timing
4. Block	:	Einer- oder Zweierblock, vom Block abgedecktes Feld bzw. Lücken im Block
5. Angreifer	:	Ausholphase, Schlagbewegung
6. Ball	:	Ballweg in bezug auf Netz, Antenne, Block und den eigenen Standort

	Angriffsschlag	Finte (Lob)
Ausholbewegung – Schlagarm und Rumpf	weit, deutlich nach hinten, evtl. schnell	oft fehlend oder weniger weit, langsamer
Schlagbewegung – Schlaghand/-arm	schnellkräftig, Ball von hinten oben treffend	meist langsamer; von unten oder hinten treffend; oft frühe Streckung des Schlagarms
Rumpfbewegung («Klappmesser»)	schnellkräftig	langsamer, häufig fehlend

Tab. 1.2.12: Bewegungsmerkmale zur Unterscheidung der Angriffsart (vgl. NEUMAIER 1983)

armschulter und versuchen, anhand bestimmter Bewegungsmerkmale die Absicht des Angreifers zu antizipieren (vgl. Tab. 1.2.12).
Würden sich Angreifer aber nur auf die Ausführung des Bewegungsablaufs konzentrieren, wären sie kaum zum erfolgreichen Angreifen in der Lage. In die Entscheidung gehen auch die Beobachtungsbereiche Annahme und Zuspiel mit ein (vgl. Abb. 1.2.11).
Bei den Ergebnissen, die bei 61 Spielerinnen aus 10 Vereinen der 1. Bun-

Abb. 1.2.11: Merkmale der Entscheidungsfindung für Blockspieler auf Position III (vgl. WESTPHAL/GASSE 1985)

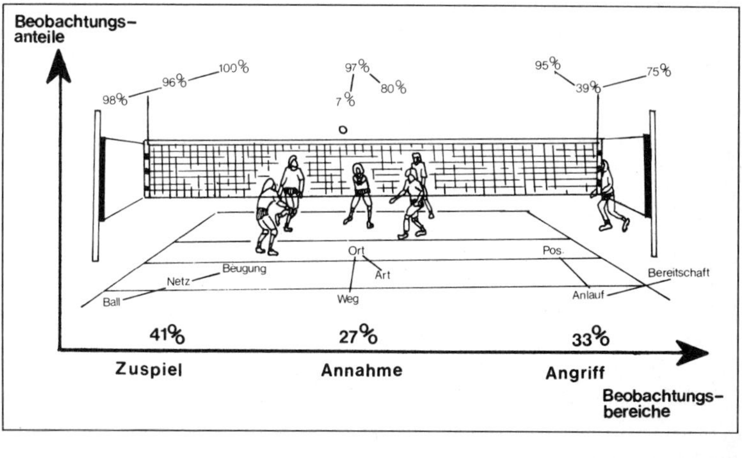

desliga (davon 15 Nationalspielerinnen) gewonnen wurden, gibt es eine Reihe bemerkenswerter Aspekte:

- Fast alle Entscheidungen (97 %) der Spielerinnen in der Erhebungssituation lassen sich auf Antizipation und die Beobachtung von Bewegungsmerkmalen zurückführen.
- Die Spielerinnen nahmen durchschnittlich 6–8 der angebotenen Merkmale wahr.
- In 85 % der Fälle konnte die Entscheidung begründet werden bzw. wurden Beobachtungen angegeben, die für eine Entscheidungsfindung wesentlich sind.

Das *Wahrnehmungs- und Entscheidungsverhalten* variiert bei den Spielerinnen des gleichen Leistungsniveaus, führt in der Entwicklung aber zu höherer *Differenzierung, Ausgeglichenheit* und *Ökonomie.* Bessere Spielerinnen nehmen die wesentlichen situationsspezifischen Informationen konzentrierter wahr und berücksichtigen bei ihrer Entscheidung verschiedene
38 Ebenen möglicher Merkmale (vgl. Abb. 1.2.12).

Leistungsunterschiede bei Spielerinnen zeigen sich auch in der Ausprägung des *Entscheidungsbaums.* Dabei lassen sich folgende Typen unterscheiden:

Typ 0: Die Wahrnehmung ist unsystematisch. Dies ist besonders im Anfängerbereich anzutreffen. Für die Verbesserung der Wahrnehmungsfähigkeit sind gezielte Hilfen erforderlich, die beim Lernen gegeben werden müssen.

Typ 1: Für die Entscheidung wird lediglich ein Merkmal herangezogen. Im Lern- und Trainingsprozeß müssen hier gezielte Wahrnehmungsaufgaben (z. B. am Rande des Sehfeldes) erfüllt werden (peripheres Sehen).

Typ 2: Die Beobachtung eines Merkmals (z. B. Zuspiel) wird mit einer Alternative der Handlungsmöglichkeiten verbunden. Dies führt in der Spielpraxis zu Spielhandlungen, die leicht zu antizipieren sind.

Typ 3: Der Entscheidungsbaum ist sehr differenziert ausgeprägt. Bei der Entscheidungsfindung sind bestimmte Strategien erkennbar (z. B. Minimax-, Maximax-Strategien). Dem Trainer fällt hier die Aufgabe zu, auf die Wahrscheinlichkeit bestimmter Bewegungshandlungen und die Hinweise darauf aufmerksam zu machen (z. B. Angriffsschlag oder Lob).

Typ 4: Die Entscheidungsstrategien sind situativ und flexibel einsetzbar. Der Spieler ist z. B. in der Lage, sich auf die Eigenarten verschiedener Angriffsspieler einzustellen. Mit steigender Spezialisierung der Spieler in einer Mannschaft bilden sich entsprechend auch die
39 Wahrnehmungs- und Entscheidungsstrategien immer differenzier-
40 ter aus.

Es stellt keine Überraschung mehr dar, daß in den Untersuchungen die Typen 3 und 4 ein höheres Trainingsalter haben, mehr Informationen auf-

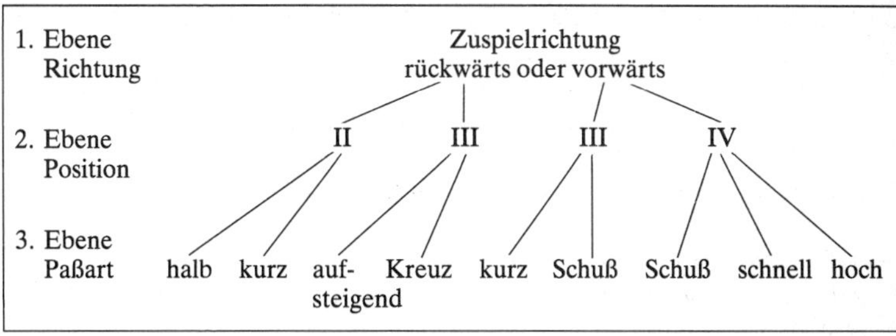

Abb. 1.2.12: Beobachtungsebenen bei der Entscheidungsfindung für den Blockspieler (Entscheidungsbaum) (vgl. WESTPHAL/GASSE 1985)

nehmen können und weniger Beobachtungsfehler machen. Die Untersuchungen belegen damit nicht nur die Möglichkeit und Notwendigkeit einer systematischen Ausbildung der Wahrnehmungs- und Entscheidungsfähigkeit, sondern geben auch Hinweise für konkrete praktische Hilfen des Trainers an seine Spieler.
In einer anderen Untersuchung geht es besonders um die Wahrnehmungsbereiche in einer konkreten Wettkampfsituation, an der die Versuchspersonen direkt beteiligt waren. Die Wahrnehmung von Leistungsvolleyballern richtet sich laut ihren Aussagen bei einer Befragung nach dem Spiel besonders auf konkrete Wettkampfsituationen, den allgemeinen Spielverlauf und auf Einzelspieler (vgl. Tab. 1.2.13). Die Daten verdeutlichen, daß die Leistungsvolleyballer ihre Wahrnehmungen auf den taktischen Bereich

Tab. 1.2.13: Wahrnehmungsbereiche bei der Beobachtung des Gegners
(vgl. SANDHU 1982)

Wahrnehmungen	Beispiele	%
1. konkrete Wettkampf-situationen	Blockspieler und Platzwechsel der Blockspieler Angriffsspieler und Platzwechsel der Angriffsspieler Steller und seine Bewegungen Positionen der Grundspieler	70
2. allgemeiner Spielverlauf	Aufstellung des Gegners Verfassung des Gegners Spieltempo des Gegners	48
3. einzelne Gegenspieler	ein schwacher Spieler ein starker Spieler	33

konzentrieren. Unterschiede zwischen den Spielern bestehen aber darin, daß sich die Wahrnehmung z. B. zu 67 % nicht auf die Gegenspieler richtet. Als Ursache für die Ablenkung der Wahrnehmung wurden angegeben:
- Nervosität und Streß besonders im ersten Satz,
- Ermüdung im vierten oder fünften Satz,
- Ablenkung durch verbale Äußerungen innerhalb der Mannschaft,
- Ärger und schlechte Stimmung.

Daraus resultieren besonders taktische Fehler (vgl. Tab. 1.2.14).
Für die Trainingspraxis ergeben sich daraus folgende Konsequenzen:
- Die Wahrnehmungsfähigkeit und die Fähigkeit der Informationsverarbeitung muß im Lern- und Trainingsprozeß bewußter berücksichtigt werden. Im Spiel des Gegners gibt es bestimmte Wahrnehmungsobjekte, die in der Spielsituation beachtet werden müssen. Die Fähigkeit, Wahrnehmung und Aufmerksamkeit zu bestimmten Zeitpunkten der Spielhandlung zu konzentrieren und zu wechseln, kann durch spezifische Beobachtungsaufgaben verbessert werden (z. B. Blockbewegungen beim Stellen).
- Wahrnehmung und Aufmerksamkeit hängen von den individuellen Bedingungen ab. Schwierigkeiten in der Konzentration müssen im Einzelfall analysiert und im Verlauf des Lern- und Trainingsprozesses individuell bearbeitet werden.
- In Training und Wettkampf ist Wert auf die Rückmeldung zur Wahrnehmung und Aufmerksamkeit in Zusammenhang mit dem taktischen Verhalten des Spielers zu legen.

1. Zu frühe, zu späte Sicherung; Vergessen der Sicherung.
2. Falsches Einnehmen einer Abwehrposition.
3. Unüberlegtes Lobben (Setzen) ohne Beobachten der Situation.
4. Zu späte Reaktion und ungenaue Annahme des Aufschlags.
5. Zu späte oder Vergessen der Blockaktion.
6. Schlechte Aufschlagtaktik: nicht auf den schwachen Annahmespieler oder Erleichterung der gegnerischen Ballannahme.

Tab. 1.2.14: Wahrnehmungsabhängige taktische Fehler (vgl. SANDHU 1982)

Jürgen Maxeiner

Aufmerksamkeit

Was ist Aufmerksamkeit?
Wir wissen viel besser, was Aufmerksamkeit nicht ist oder, genauer gesagt, wir kennen die unangenehmen Zustände, in denen eine notwendige Konzentration nicht gelingt. Bei *Informationsaufnahme* (Beobachten der gegnerischen Mannschaft) oder *Handeln* (Ballannahme) erwischen wir uns häufig dabei, daß Informationen aufgenommen bzw. Handlungselemente ausgeführt werden, obwohl dies nicht gewollt ist. Solche Störungen führen zu Fehlern oder verminderter Effektivität, und spätestens dann geben wir uns das Kommando: «Paß auf, konzentrier dich!» Funktionieren die Bewegungshandlungen jedoch störungsfrei, haben wir kaum ein phänomenales Erleben der Aufmerksamkeit.
Man kann Aufmerksamkeit anhand des ‹Cocktailparty-Phänomens› beschreiben:

> Der Leser möge in Gedanken einen überfüllten Raum betreten und sich von der Gastgeberin in einen «small talk» ziehen lassen. Wie ist es möglich, aus dem Stimmengewirr diese eine Botschaft zu extrahieren, zu analysieren und zu verstehen? Dies gelingt sicher nur, wenn die Aufmerksamkeit eine *Selektion* (Auswahl) der einen Aussage aus den vielen gewährleistet; die Zuwendung zu einer Botschaft geschieht auf Kosten der anderen. Offensichtlich ist die Menge der verarbeitbaren Information (*Spanne der Aufmerksamkeit*) begrenzt, denn auch der angestrengte Versuch (*willkürliche Aufmerksamkeit*), mehrere Gespräche zu verfolgen, stößt bald an unüberwindbare Grenzen. Der laute Knall eines Sektkorkens wird den durstigen Gast jedoch zu einer Suche nach der Quelle veranlassen (*Orientierungsreaktion*), besonders, wenn er eine positive Einstellung (*set*) zum Alkoholischen hat. Jetzt befindet sich der Gast in einer kritischen Situation: Ist seine Aufmerksamkeit *spaltbar,* so daß er sowohl die Sektflasche im Auge behalten als auch dem Gespräch mit der Gastgeberin folgen kann? Dem geübten Partygast gelingt diese Aufgabe, wenn er in Sekundenbruchteilen zwischen beiden Reizquellen *umschaltet* (*seriale Informationsaufnahme*) oder gleichzeitig (*parallel*) beide wahrnimmt. Die Gastgeberin hat nun zur gründlichen Schilderung ihres Sommerurlaubs angesetzt, die die *Dauer der Aufmerksamkeit* des Zuhörers extrem beansprucht, so daß sie zu schwanken beginnt; etliche Details kann er nicht mehr aufnehmen. Er langweilt sich, und seine *Aktivierung* sinkt unter einen notwendigen Pegel. Es ist zu befürchten, daß nun eine stundenlange Daueraufmerksamkeit (*Vigilanz*) verlangt ist, bei der lediglich in längeren Abständen

triviale Überleitungsreaktionen notwendig sind. Doch lassen wir die Geschichte glücklich ausgehen: der Gast *konzentriert* seine Aufmerksamkeit nicht mehr auf das Gespräch, sondern verteilt (*distribuiert*) sie über den Raum, um eine Gelegenheit zum Absprung zu erhaschen.

Um das Spielziel zu erreichen, vollziehen Spieler gut eingeübte motorische Handlungen, deren Steuerung kaum noch willkürlicher Aufmerksamkeit bedarf. Damit eine Aktion jedoch erfolgreich ist, muß sie als eine von vielen möglichen ausgewählt werden. Die Auswahl erfolgt auf der Basis einer *Analyse der Spielsituation* (Gegenwart) und einer *geistigen Vorwegnahme* (Antizipation) der Spielentwicklung (unmittelbare Zukunft). Letztlich entscheidende Voraussetzung für das Gelingen einer Aktion ist dann die «Passung»: Analyseergebnis – Aktionswahl.
Damit ist der Punkt charakterisiert, an dem die Anforderungen für die Aufmerksamkeit festzumachen sind: *Suche, Aufnahme* und *Verarbeitung* von Informationen. Die Informationssuche hat eine große Menge von möglichen Quellen zu berücksichtigen. Einige sind statisch (Feld, Netz). Erhebliche Anforderungen werden jedoch wegen der großen Geschwindigkeit der Bewegungen (Spieler, Ball) an die Wahrnehmung gestellt, da nicht nur Einzelelemente erkannt, sondern diese sofort zu einem komplexen Gesamtbild synthetisiert werden müssen. Je nach situativer Anforderung können unterschiedliche Formen der Aufmerksamkeit erforderlich sein. Gilt es, eine eng umschriebene Reizquelle auf Kosten anderer intensiv zu beachten, so spricht man von *Konzentration* der Aufmerksamkeit; gilt es hingegen, vielen Reizquellen gleichermaßen Beachtung zu schenken, spricht man von *Distribution* der Aufmerksamkeit.

Die Anforderungen an die Aufmerksamkeit im Volleyball lassen sich deshalb in folgender Weise charakterisieren:

- Der Spieler muß ein weites Feld beachten, da in kürzester Zeit vorher irrelevante Teile zu wichtigen Informationsquellen werden (*Spanne der Aufmerksamkeit, Distribution*);
- der Spieler muß zwischen wichtigen und unwichtigen Informationen unterscheiden (*Selektion*);
- die Informationsaufnahme muß mit hoher Geschwindigkeit erfolgen (*parallel*);
- der Spieler muß belastbar sein, um eine notwendige Daueraufmerksamkeit aufrechterhalten zu können (*Schwankung*);
- der Spieler muß in spezifischen Situationen sein Wahrnehmungsfeld extrem einschränken können (*Konzentration*);
- der Spieler muß zwischen engem und weitem Wahrnehmungsfeld situations-
41 adäquat wechseln können (*Umschaltfähigkeit*).

Zur Erklärung des Phänomens Aufmerksamkeit

In der Psychologie konnte keine prinzipielle Einigung über das Konzept «Aufmerksamkeit» erzielt werden. Übereinstimmung findet man lediglich in der Ansicht, daß Aufmerksamkeit weder einen eigenständigen psychologischen Prozeß darstellt noch ein spezifisches Produkt besitzt. Wir können sie uns nicht vorstellen, ohne z. B. an Wahrnehmung oder Motorik zu denken. Eine Beobachtung oder Bewegung wird aufmerksam durchgeführt (*Prozeß*), und diese führt zu einer «Vorstellung» (*percept*) – dem Endprodukt des Wahrnehmungsprozesses – oder einem Bewegungsresultat (*Produkt*). Aufmerksamkeit bezeichnet somit die Art und Weise, wie psychologische Prozesse ablaufen können. Laufen sie aufmerksam ab, so sind entsprechende Attribute auch an ihrem Produkt feststellbar.

Eine Reihe von Erkenntnissen konnte durch Untersuchungen an Volleyballmannschaften und bei anderen Spielen gewonnen werden:

- Bei Ballspielern geht die Genauigkeit von Zielhandlungen deutlich durch die zusätzliche Beobachtung von Gegnern oder Mitspielern zurück, ohne daß eine direkte Behinderung erfolgen muß. Damit wird die zentrale Stellung von Wahrnehmungsprozessen bei den Ballspielen verdeutlicht.
- Die Anzahl der Objekte, die ein Spieler während einer Zielhandlung beobachtet, ist unterschiedlich. Beim Angriffsschlag, der sich in Vorbereitung, Anlauf, Absprung, Schlag, Ballflug und Landung unterteilen läßt, verlangen die Phasen zu Beginn und Ende die Beobachtung von vielen Objekten (Zuspiel, Block, Stellung der Feldabwehr, Ballweg nach Block und Feldabwehr), während sich im Mittelteil die Aufmerksamkeit auf weniges beschränkt (z. B. Beobachtung des Blocks). So ist es dann leicht einzusehen, daß Untersuchungen bei Ballspielern eine stärkere Ausprägung der Distributions- und Umschaltfähigkeit als z. B. bei Geräturnern und Leichtathleten nachwiesen. Weiterhin zeigte sich bei Spielerinnen eine bessere Distributionsfähigkeit, bei den Spielern eine bessere Konzentrationsfähigkeit. Bei höherer Distribution war die Spielleistung ebenfalls höher.
- Distribution, Konzentration und Umschaltfähigkeit können auch als *Wahrnehmungsstile* betrachtet werden. Ob eher der eine oder andere Stil bevorzugt wird, ist sicher auch von genetischen Faktoren abhängig. Überwiegend dürften jedoch Stil und Variabilität der Aufmerksamkeit von Schulung und Training abhängig sein. Geht man von der Voraussetzung aus, daß Distribution, Konzentration und Umschaltfähigkeit unabhängige Dimensionen sind, können auch alle drei gleichmäßig geschult werden. 42
- Sehr große Bedeutung muß den Arbeiten zugemessen werden, die Aufmerksamkeit im Rahmen kognitiver Angsttheorien untersuchen. Bei Ängstlichen werden *selbstorientierte* Kognitionen erwartet, wie z. B. Be-

urteilung der eigenen Person durch andere, Ursachen und Konsequenzen möglichen Versagens. Niederängstliche Personen lassen *aufgabenbezogene* Kognitionen erwarten. Selbstgerichtete Kognitionen vermindern die Spieleffektivität. Offensichtlich arbeitet unser Wahrnehmungssystem mit beschränkter Kapazität. Selbstgerichtete Kognitionen beanspruchen einen Teil der Ressourcen, die dann nicht mehr zur Situationsanalyse zur Verfügung stehen, was ein deutlicher Nachteil ist.

- Wenig Beachtung wurde bisher der *Selbstaufmerksamkeit* gewidmet. Sie liegt vor, wenn sich die Aufmerksamkeit einer Person auf sich selbst richtet. Im Wettkampfsport ist sicherlich die öffentliche gegenüber der privaten Selbstaufmerksamkeit von größerem Interesse, da der Sportler sich dabei sozial exponiert und im Blick der anderen sieht. Zwei für die Leistung negative Wirkungen sind im Zustand der Selbstaufmerksamkeit zu erwarten:
  - Kapazität bzw. Ressourcen, die für die eigentliche Aufgabe gedacht sind, werden zweckentfremdet beansprucht und verbraucht;
  - Selbstaufmerksamkeit steigert die momentan vorhandenen Gefühle und Emotionen. Dies dürfte im Fall negativer Zustände (Ärger, Angst, Enttäuschung) zum Nachteil gereichen.
- Antizipation und überlernte, automatisierte Bewegungsvollzüge sind entscheidende Voraussetzungen für die große Schnelligkeit des Volleyballspiels. Es ist jedoch sehr wahrscheinlich, daß eine bestimmte Art von Aufmerksamkeit und Wahrnehmung die Antizipation einleitet. So werden zwei Wahrnehmungs- bzw. Aufmerksamkeitsprozesse unterschieden, die für Ballspiele sicher interessant sind. Um einen Gegenstand wahrzunehmen und zu entscheiden, ob er zu einer bestimmten Klasse gehört, benötigt der Mensch ca. 40 msec. Hätte der Spieler in einer bestimmten Situation zehn Objekte wahrzunehmen und zu erkennen, so summierte sich bereits die Wahrnehmungszeit auf knapp ½ sec. Zusammen mit der Auswahl der richtigen Reaktion und der Aktivierung des motorischen Programms zur Ausführung ergäben sich Reaktionszeiten, die einfach unmöglich lang sind. Auch sieht es so aus, als ob die Reaktionszeit mit zunehmender Komplexität der Situation (z. B. größere Anzahl von Angriffsspielern) nicht weiter anwächst.

  Ergebnisse der Wahrnehmungspsychologie legen nun nahe, zwei grundlegende Arten der Informationsaufnahme und -verarbeitung zu unterscheiden:
  - *Bewußte* und *kontrollierte Prozesse* besitzen eine beschränkte Kapazität und verlangen Aufmerksamkeit. Ihre Begrenzung liegt in der Tatsache begründet, daß beim Erkennen eines Reizes seriale Vergleiche durchgeführt werden müssen und nur eine kleine Menge an Material im Kurzzeitgedächtnis ohne Verlust über einen gewissen Zeitraum gespeichert werden kann. Der Vorteil der kontrollierten Prozesse liegt in

ihrer Flexibilität, so daß unerwartet geänderten Situationen Rechnung getragen werden kann. Es sind die langsamen Prozesse, die pro Objekt eine Zeit von 40 msec. zum Erkennen verlangen.
- *Automatische Prozesse* sind nicht durch Kapazitätsbegrenzung eingeschränkt und verlangen keine bewußte Aufmerksamkeit. Sie werden durch extensives Training entwickelt und sind dann jedoch äußerst schwer zu modifizieren. Die mit ihnen verbundene Reaktionszeit ist extrem kurz, da automatisierte Prozesse parallele Formen der Informationsverarbeitung verwenden. Aus diesem Grund ist die Reaktionszeit auch nicht abhängig von der Anzahl der zu erkennenden Objekte. 43

Es ist sehr wahrscheinlich, daß die hohe Geschwindigkeit der Reaktion durch die zweite Form der Informationsaufnahme und -verarbeitung eingeleitet wird.

Karl-Heinz Leist / Erich Christmann

Handlungsregulation

Nach Prozessen der Wahrnehmung und Verarbeitung von Eingangsinformationen werden die Ausführungsentwürfe in die Tat umgesetzt. Der Handlungsprozeß wird dabei von Anfang an durch Motivationssysteme angetrieben (*Antriebsregulation*) und in seinem Orientierungs-, Ausführungs- und Ergebnisteil im Zentralnervensystem kontrolliert (Abb. 1.2.13). Dabei sind Bewertungen bedeutsam, die mit der Bewältigung gegebener Aufgaben verbunden werden. Solche relativ allgemeinen Wertorientierungen schlagen bis auf die Wahrnehmung von Situationen und 44
die Setzung konkreter Ziele im Rahmen eines Spiels durch. Gelingen entsprechende Aufgabenlösungen wiederholt, so führt das zu bestimmten *Erwartungshaltungen.* Aufgrund der mit der Situation verbundenen einschlägigen Erwartungen (z. B. Wirkung einer Finte) wird dann die geeignete Handlung abgerufen. So wird z. B. der Ball vom Zuspieler kurz über Kopf gestellt, um den Gegner mit einem Angriff über die Mitte zu überraschen. Die Handlungen laufen aber, obwohl grundsätzlich bewußt gesteuert, zum Teil «gedankenlos», «mechanisch» und «verkürzt» ab, weil solche *Automatisierung* im Kern auf den genannten Erwartungsbildungen beruht.

In ihrem Rahmen laufen – wie übrigens bei jeder Willkürbewegung – natürlich relativ autonome Teilprozesse ab. So werden z. B. beim Abfedern eines Sprungs schon vor dem Aufkommen auf den Boden Muskeln so in-

Handlungsstruktur	Struktur der psychischen Komponenten		
Orientierungsteil	Orientierungsregulation	Zielantizipation Mittel-Weg-Antizipation	Orientierung in der aktuellen Situation Orientierung durch Erfahrungsaktualisierung
		Handlungsplanentwicklung	
Antriebsteil	Antriebsregulation	Antriebsmotivation Dauermotivation persönlichkeitsspezifische Richtungsdisposition Entscheidungsbereitschaft emotionale Komponenten	situative und überdauernde, sozial- und persönlichkeitsbedingte Antriebsregulationen
Ausführungsteil	Ausführungsregulation	Handlungsplanaktualisierung Einsatz sensumotorischer Fertigkeiten Reaktions- und Anpassungsfähigkeit und -bereitschaft an wechselnde Umweltbedingungen Kontrolle von Handlungsplan und Handlungsausführung	
Ergebnisteil	Ergebnisregulation	Ergebnisbeurteilung Verlaufsbeurteilung Beurteilung der Aufwand-Resultat-Relation	

Abb. 1.2.13: Allgemeines Schema der Handlungsregulatoren (nach THOMAS 1978, 62)

nerviert, daß sie auf die kommende Belastung abgestimmt sind. An diesen Vorgang sind dann Dehnungsreflexe gekoppelt. Auch sind Zuordnungsleistungen, wie sie z. B. bei der visuo-motorischen Koordination von Ballberechnung und Bewegungsausführung entscheidend sind, dem Handelnden ebensowenig direkt bewußt wie Schlußprozesse beim Lösen von Denkaufgaben. Wohl aber sind die für die Zuordnungsleistungen notwendigen Aufmerksamkeitsprozesse bewußt zu vergegenwärtigen. Kommt z. B. der Ball zum Stellen unerwartet tief oder zum Schmettern zu weit zurück vom Netz, dann wird im Scheitern des auf den bestimmten Gebrauch gerichteten Verhaltens die ursprüngliche Realitätssetzung bewußt. Automatisiert sind damit die Klassifikationsprozesse, die die Typisierung von Situationen und Aktionen betreffen, sowie die Prozesse der Zuordnung zwischen Situationen, Zielen und Entwürfen bzw. Programmen. Das automatisierte situationsangepaßte Reagieren ist somit nicht auf eine feste Ausführungsprogrammierung zurückführbar. Der Abruf jeweils angemessener Programme zur Lösung von Aufgaben würde ja voraussetzen, daß eine überaus große Zahl von Programmen gespeichert sein müßte. Es ist daher anzunehmen, daß *konstruktive Regeln für die Zuordnung von Situationen, Zielen und Entwürfen,* die entsprechende *Erzeugung von Programmen* und die *Abstimmung allgemeiner Lösungsprogramme* auf bestimmte situative Einzelheiten automatisiert sind.

Vorausgesetzt bleibt für solche Leistungen, daß auf der Grundlage erfaßter situativer Information (z. B. Stellung des Blocks) in kürzester Zeit Entscheidungen über sinnvolle Zielsetzungen getroffen werden, ob z. B. ein Angriff durch die Mitte erfolgen soll. Dazu müssen dann passende Ausführungsentwürfe ausgewählt werden, für die man auch Vorentscheidungen treffen kann. Je vorzeitiger solche Vorentscheidungen jedoch festgelegt sind, um so starrer und schematischer ist die Spielanlage.

Bei der Ausführung der Handlung werden *aktivierte schematische Grundzüge* von Entwürfen situativ abgestimmt. Läuft man etwa zu einem Schmetterschlag an, so wird bereits das allgemeine Schema des Schmetterns aktiviert, die Variante der Ausführung aber noch auf die situativen Umstände (Flugbahn des Balls, Stellung von gegnerischem Block und der Feldabwehr) abgestimmt. Kontrolliert werden Ausführungen über Rückmeldungen aus ihrem Ablauf und ihrem Ergebnis. Aber auch Situationsentscheidungen, Zielsetzungen und Entwürfe können über Handlungsergebnisse und Zwischenergebnisse kontrolliert werden. Der skizzierte Prozeß kann in folgendem Schema dargestellt werden (vgl. Abb. 1.2.14). 45

Die Qualität der Bewegungshandlung hängt so von der Art der kognitiven Strukturierung ab, die sich im Lauf des Lern- und Trainingsprozesses ausbildet. In diesem Zusammenhang interessieren besonders die Vorstellung der Bewegungshandlung, ihre sprachliche Repräsentation, die Entscheidungsprozesse, die Rückmeldung und das Behalten.

Vorstellung der Bewegungshandlung

Man kann Handlungen motorisch (effektiv) oder vorstellungsmäßig ausführen. Effektive motorische Handlungen sind an konkrete Wahrnehmungsinhalte gebunden. Werden Handlungen bloß vorstellungsmäßig vollzogen, so werden für die Stellen, für die im Handlungsvollzug konkrete

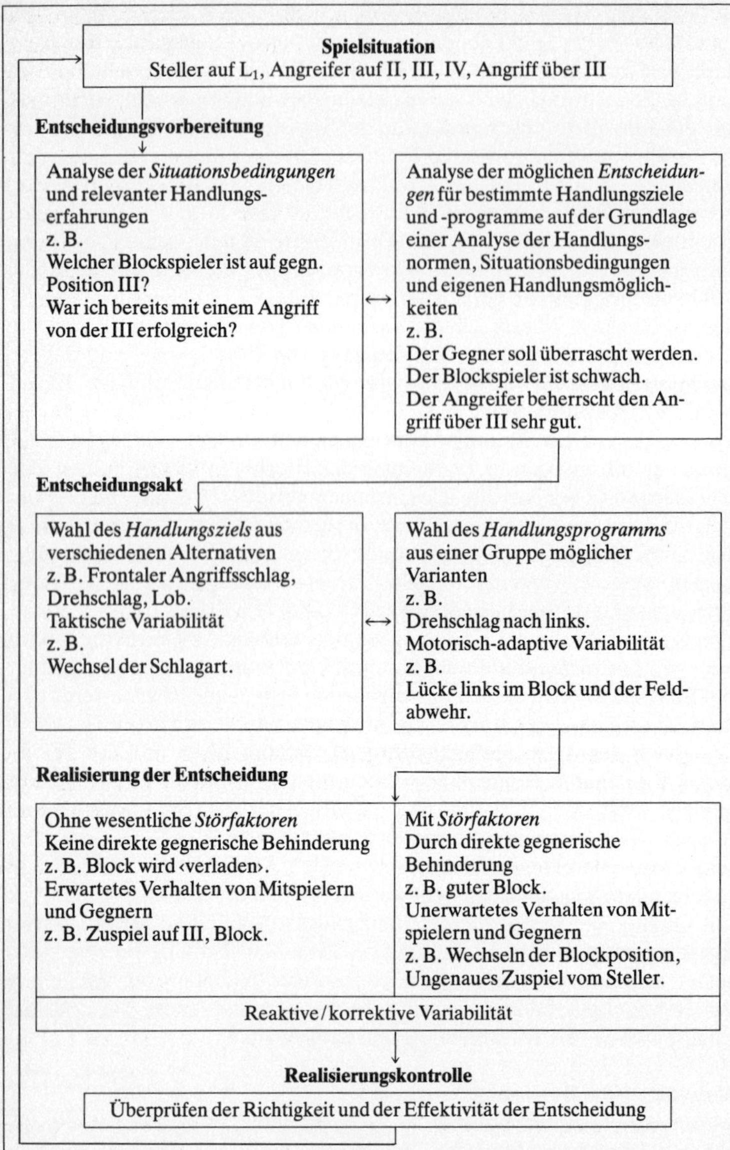

Abb. 1.2.14: Phasen des Entscheidungsprozesses bei Spielhandlungen (modifiziert nach KONZAG/KONZAG 1980, 26)

Wahrnehmungen vorliegen müssen, Wahrnehmungen antizipiert. Sich eine Bewegung vorstellen können heißt also, sie rekonstruieren zu können und darüber Informationen zu antizipieren, auf die man bei einer effektiven Handlung stoßen würde. Dabei muß die Perspektive enthalten sein, in der ein Handelnder Situationen, Ziele und Aktionen sieht. Sie müssen *operativ* sein und nicht nur *figurativ* etwa Positionsänderungen des Körpers oder seiner Teile abbilden, wie sie aus der Perspektive des Beobachters feststellbar sind. So muß etwa die Aufstellung der Mannschaft in einer taktischen Situation von den Handlungspositionen im Spielfeld aus gesehen werden, und bei der Ausführung von Bewegungshandlungen muß die Ausrichtung des Tuns (z. B. Zuspiel in eine bestimmte Richtung) vorstellungsstrukturierend sein.

Sprachliche Repräsentation

In der Repräsentation motorischen Handelns können statt Vorstellungen auch *Sprechakte* Wahrnehmungen vertreten. Bewegungsanweisungen, die dann auch als *Selbstbefehle* wirksam werden können, müssen den Person-Umwelt-Bezug im jeweiligen Handlungskontext reflektieren. Beispielsweise wird so statt abstrakter Anweisungen wie etwa «Haltet die Arme gestreckt» die Anweisung «Strecke die Arme von dir weg in Richtung Netzkante» gegeben. Auch mit *Metaphern* können Handlungsbezüge gut eingefangen werden. Dabei ist allerdings zu beachten, daß sie die Handlungsper-
spektive und nicht etwa die Beobachtungsperspektive abbilden (z. B. «Ball 46
zum Zuspieler schieben»). 47

Entscheidungsprozesse

Bei den Entscheidungen im Volleyballspiel sind *kollektive, Gruppen-* und *Individualentscheidungsprozesse* festzustellen. Entscheidungen können unter Sicherheit (z. B. hoher Punktevorsprung), Risiko (z. B. Risikoaufschlag), Unsicherheit (z. B. Einsatz eines Spielers nach Verletzung), Belastung (z. B. Zuschauerreaktion) und unter Zeitdruck (z. B. Blockaktion) getroffen werden.

Rückmeldung

Beim Anfänger wird die Umsetzung der Entscheidung noch von Vorstellungen der bekannten Merkmale einer Bewegungshandlung kontrolliert, während sich der Fortgeschrittene nur noch Akzente vorstellt, wie z. B. die Bogenspannung beim Schmettern. Zwei Arten von Rückmeldungen treten dabei auf:

- Wahrnehmungen über den *Vollzug* werden rückgemeldet, mit gespeicherten Sollwerten verglichen und nach Bedarf korrigiert (Prozeß).
- Das *Resultat* der Bewegungsausführung wird rückgemeldet und mit dem
  erwarteten Resultat verglichen (Ergebnis bzw. Produkt). 48

Behalten

Inwieweit Erlerntes reproduziert wird, hängt offensichtlich davon ab, wie es gespeichert wird und welche Form der *Langzeitspeicherung* am besten für die Überführung in das *Kurzzeitgedächtnis* geeignet ist.

Erich Christmann

Aktivierung

Vergleicht man Leistungen von Spielern und Mannschaft in Training und Wettkampf, dann stellt man fest, daß sie zum Teil erheblich voneinander abweichen («Trainingsweltmeister-Syndrom»). Die Trainingsleistungen und Leistungskomponenten müssen in der unmittelbaren Wettkampfvorbereitung so angeregt werden, daß eine optimale Spielleistung zustande kommt (Aktivierung). Diese «Kampfbereitschaft» zeigt sich

- in einem gesunden Selbstvertrauen;
- dem Streben, beharrlich bis zur Erreichung des gestellten Ziels zu kämpfen;
- in einem optimalen Niveau emotionaler Erregung;
- in einer hohen Störfestigkeit gegenüber negativen äußeren und inneren Einflüssen;
- in der Fähigkeit, die eigenen Handlungen, Gedanken und Gefühle zu steuern.

Versagen und fehlende Leistungsstabilität im Wettkampf trotz optimaler Trainingsvorbereitungen kann auf zwei Ursachen zurückzuführen sein:

- «Startfieber» als psychisch übermotivierter und physiologisch übererregter leistungsmindernder Zustand (*Hyperaktivierung*);
- «Startapathie» als ein von Hemmungsprozessen überlagertes Verhaltensmuster mit negativen Konsequenzen für die Leistungsmotivation und die Selbstdisziplin (*Hypoaktivierung*).

In diesem Vorstartzustand kommt es nicht selten zu einer «Kippschwingung». Darunter versteht man die plötzliche Umstellung einer Funktionslage in entgegengesetzter Richtung, z. B. eine unmittelbar vor dem Spiel einsetzende Schläfrigkeit, Apathie und Lustlosigkeit bei vorausgegangener hoher Motivation und Erregtheit. Die Ursache hierfür scheint in einer Erregung vor dem Spiel begründet zu sein, die über einem individuellen Optimum liegt.

Leistungsschwankungen, -einbrüche und -plateaus werden, über die unmittelbare Wettkampfanspannung hinaus, aber auch durch andere Belastungskomponenten (*Stressoren*) verursacht (vgl. Abb. 1.2.15).

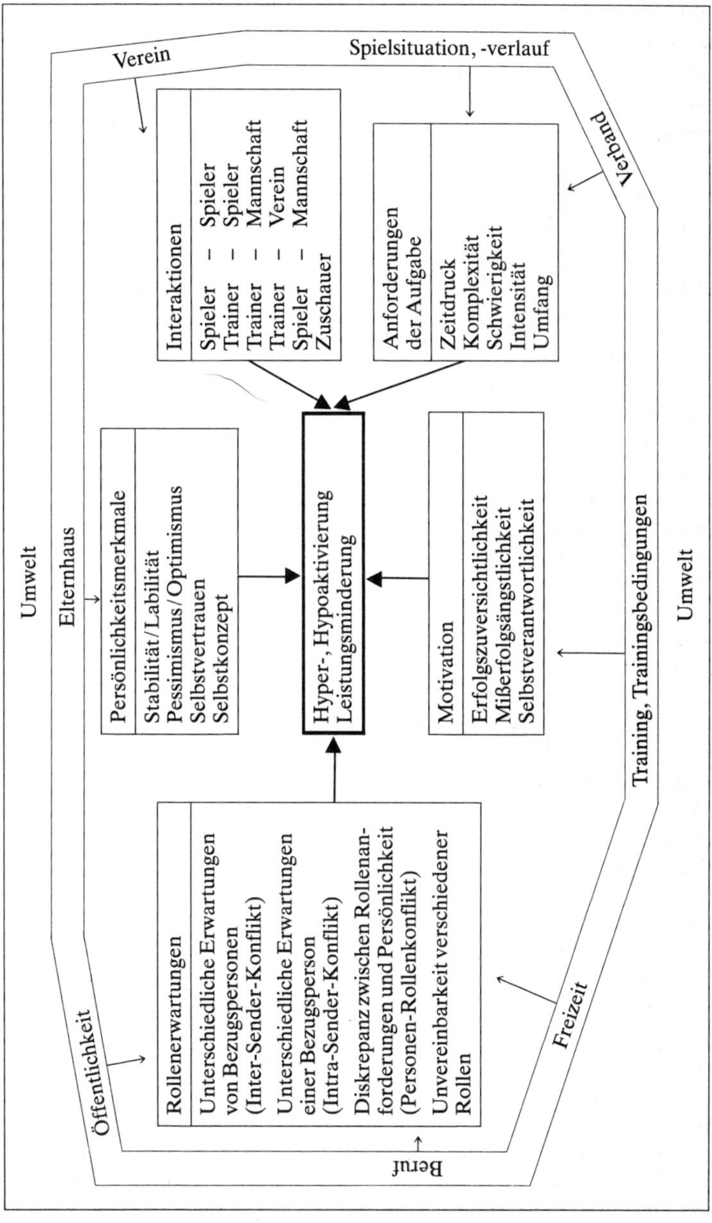

Abb. 1.2.15: Belastungskomponenten (Stressoren) als Ursachen für Leistungsminderungen (modifiziert nach Gabler 1982, 140)

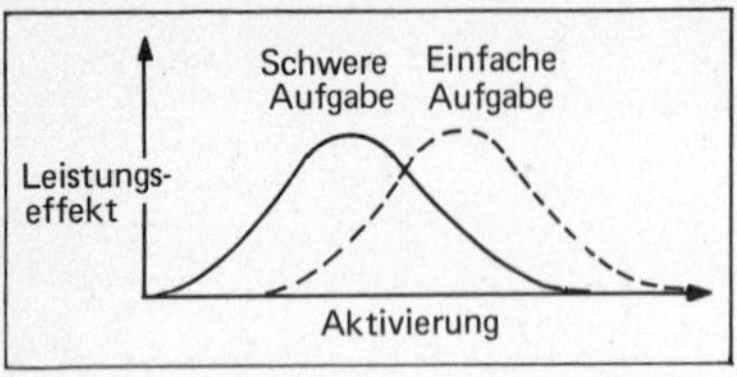

Abb. 1.2.16: Vermuteter Zusammenhang zwischen Aktivierung, Aufgabenschwierigkeit und Leistungseffekt (YERKES-DODSON-Gesetz)

Der Zusammenhang zwischen Aktivierung und Leistung wird häufig als umgekehrte U-Funktion dargestellt (vgl. Abb. 1.2.16).
Daraus läßt sich ableiten, daß ein optimales Leistungsresultat bei einem mittleren Aktivierungsgrad, ein optimaler Aktivierungsgrad bei mittlerer Schwierigkeit erzielt wird. Der Zusammenhang stellt sich in der Realität aber viel komplexer dar. So hängt z. B. das Leistungsergebnis auch davon ab, ob Aktivierung und Anforderungen der Aufgabe übereinstimmen und welche kognitiven Bewertungsstrategien – auch auf der Basis von Wettkampferfahrung – dabei Anwendung finden.

- Für den Trainer ist es bedeutsam, die individuellen Besonderheiten seiner Spieler/-innen kennenzulernen und sie in sein Vorbereitungsprogramm so zu integrieren, daß jede(r) einzelne den optimalen Aktivierungsgrad erreicht.
- Aktivierung kann wie die anderen Leistungskomponenten nur durch entsprechendes Training und Konfrontation mit den leistungseinschränkenden Situationen über einen längeren Zeitraum verbessert werden. Dazu kann ein gezielt geplantes Wettkampfprogramm – oft über Jahre
49 hinweg – eine wichtige Hilfe sein. Es gilt dabei, durch Wettkämpfe mit
50 stärkeren und – aus Motivationsgründen – mit schwächeren Mannschaf-
51 ten im Wechsel, Leistung, Aktivierung und Stabilität zu optimieren.

Zusammenfassung

- Koordinative Fähigkeiten zeigen sich besonders in den Bereichen Gleichgewicht, Reaktion, Orientierung, Umstellung, Differenzierung, Kopplung, Rhythmus und Beweglichkeit.
- Für Bewegungshandlungen bildet sich durch den Informationsverarbeitungsprozeß über den inneren und äußeren Regelkreis ein Schema heraus, das Transferleistungen auf ähnliche und neue Situationen ermöglicht.
- Für die Entwicklung koordinativer Fähigkeiten ist die Reifung in sensiblen Phasen und die Bewegungsaktivität insgesamt entscheidend.
- Konditionelle Fähigkeiten wie Reaktions-, Aktions-, Kraftschnelligkeit, Schnelligkeits-, Kurz-, Mittel-, Langzeitausdauer, Kraftaus-

dauer, Ausdauerkraft und Schnellkraft hängen besonders von den Prozessen der Energiebereitstellung ab.

- Konditionelle Fähigkeiten sind nicht in allen Spielklassen leistungsdifferenzierend. Ihr Training ist aber auch aus Gründen der Regenerationsfähigkeit und Prävention besonders wichtig. Dabei müssen – besonders im Krafttraining – altersspezifische Bedingungen berücksichtigt werden.
- Volleyballmannschaften sind koagierende Gruppen, in denen sympathie- und leistungsbezogene Orientierungen wirken. Die Kohäsion hängt von Position, Rolle und Status des einzelnen, von Führung, Kooperation und Konkurrenz in der Gruppe und den allgemein akzeptierten Motiven, Normen und Werten ab. Die spezifischen Bedingungen wirken sich in Freizeit- und Wettkampfmannschaften und bei der Integration von Neulingen unterschiedlich aus.
- Die Motivation eines Spielers hängt von dem persönlichen Anspruchsniveau und der jeweiligen Bedeutung und Ursachenerklärung von Erfolg und Mißerfolg ab. Zur Stabilisierung der Leistung muß besonders nach Mißerfolgen die Aufmerksamkeit, Konzentration und Anstrengung erhöht und auf Ausweichreaktionen verzichtet werden. Die Entwicklung der Motivation ist Bestandteil des Erziehungsprozesses. Im Spiel hängt sie vom Trainer, dem Umfeld, dem Spielverlauf, dem Gegner und dem Verlauf der Spielsaison ab.
- Im nichtmotorischen Teil von Spielhandlungen spielen Wissen, Verstehen, Analyse, Synthese und Beurteilung von Spielaufgaben eine große Rolle. Aufgabenirrelevante Überlegungen belasten das Gedächtnis zusätzlich. Leistungsfördernd ist positives, handlungs- und zukunftsorientiertes Denken.
- Bei der Wahrnehmung werden handlungsrelevante Informationen aus dem komplexen Spielgeschehen herausgefiltert. Dabei müssen Beobachtungsschwerpunkte gebildet und die Entscheidungen strategisch und unter Berücksichtigung von Handlungswahrscheinlichkeiten gefällt werden.
- Spielaktionen können mit konzentrierter oder distributiver Aufmerksamkeit wahrgenommen werden. Die Spieleffektivität hängt vom Wahrnehmungsstil, der Selbstaufmerksamkeit, der Antizipation und der Automatisierung der Handlung ab.
- Die Handlungsregulation beinhaltet die Bewegungsvorstellung, die sprachliche Repräsentation der Handlung, den Entscheidungsprozeß, die Rückmeldung und die Speicherung des Lernergebnisses.
- Zwischen Aktivierung und Leistung besteht ein enger Zusammenhang. Besonders im Vorstartzustand muß es gelingen, die optimale Leistungsbereitschaft zu erreichen.

Erich Christmann

1.3 Methodikkonzeption

Die Vermittlung des Volleyballspiels ist ein (mehrjähriger) Lehr-, Lern- und Trainingsprozeß mit dem Ziel, das Spiel auf den verschiedenen Leistungsniveaus im Schul-, Freizeit- und Wettkampfsport realisieren zu können. Spielstruktur und Leistungskomponenten müssen dabei systematisch in quantitativer und qualitativer Hinsicht entwickelt werden durch

- *Addition* der verschiedenen Elemente des Spiels und der Leistungskomponenten bis zum komplexen Handeln im Volleyballspiel (vom Einfachen zum Schweren);
- *Spezialisierung und Differenzierung* der Handlungen und Aufgaben (vom Allgemeinen zum Besonderen);
- *Strukturierung* der Anforderungen unter Berücksichtigung von Alter, Lernprozeß, physischen Voraussetzungen, individuellen und gruppendynamischen Gegebenheiten im Sinne einer schrittweisen Steigerung der Spielleistung (vgl. Abb.1.3.1).

Das Methodikkonzept enthält deshalb Hinweise zum Lern- und Trainingsprozeß in den Bereichen Koordination, Kondition, Gruppendynamik, Motivation, Kognitionen, Einstellungen und Regulation. In den Tabellen werden allgemeine Empfehlungen und Orientierungen für die Technikschulung, für Spielformen, Spielvarianten, Ergänzungssportarten, Wettkämpfe und Training in verschiedenen Altersstufen (5–8 Jahre, 9–10 Jahre, 11–12 Jahre, 13–14 Jahre, 15–16 Jahre, 17–18 Jahre, 19–21 Jahre) gegeben.

Altersstufe 5 bis 8 Jahre

In dieser Altersstufe werden grundlegende Fertigkeiten und Fähigkeiten vermittelt, die als Leistungsvoraussetzungen für das Erlernen aller Sportarten und Spiele anzusehen sind. Zur Entwicklung einer allgemeinen Spielfähigkeit müssen spielbezogene konditionelle und koordinative Fähigkeiten, Geschicklichkeit mit Bällen, Ballberechnung, Zusammenwirken in der Gruppe und die Wahrnehmungsfähigkeit (Erkennen von Handlungen der Mit- und Gegenspieler) gezielt verbessert werden.

Koordination

Im Vordergrund steht die Entwicklung eines breiten Bewegungsrepertoires und der verschiedenen koordinativen Fähigkeiten (Orts-, Lageveränderungen, Ballgeschicklichkeit: rollen, werfen, fangen, kicken, schlagen, dribbeln mit verschiedenen Bällen, Luftballons, Badebällen, mit und ohne

Alter	Fertigkeiten	Spiele	Taktik
5–8 Jahre	Ballgeschicklichkeit Koordination Bewegungsrepertoire aus verschiedenen Sportarten	Kleine Spiele / Sport-spiele ↓	Individual-, Partner-, Gruppenspiele mit Positions-, Rollenwechseln; Kooperation und Konkurrenz
9–10 Jahre	Ballgewöhnung Koordination Beinarbeit	1:1; 2:2 2:1; 3:2 3:3 ↓	Allgemeine Spielfähigkeit; Volleyspielen; Wurf-, Fangspiele; Kooperation bei Angriff und Abwehr; Wahrnehmungsschulung
10–12 Jahre	Oberes, unteres Zuspiel Oberes Zuspiel im Sprung als Angriff Aufschlag von unten Koordination	3:3 ↓	Minivolleyball Abwehr, Angriff Rotation Ergänzungsspiele, -sportarten
13–14 Jahre	Ballannahme Angriffsschlag Aufschlag seitlich Einerblock Feldabwehr Koordination Kondition Konzentration Entspannung	4:4 (5:5) ↓	Kleinfeldvolleyball Sicherung des Angriffs und Blocks Positionsbezogenes Verhalten Aufgabenbezogenes Verhalten (Annahme, Zuspiel, Angriff, Block, Sicherung, Abwehr) Ergänzungsspiele, -sportarten
15–16 Jahre	Flatteraufschläge Tennisaufschlag Technikvarianten in Annahme, Zuspiel, Angriff, Abwehr Zweierblock Koordination Kondition Konzentration, Entspannung	6:6 ↓	2:4 ohne Spezialisierung W-Formation, Fünferriegel, vorgezogene Position VI, Positionsangriff Spielphasen als gruppentaktische Aufgaben
17–18 Jahre	Aufschlagvarianten Zuspielvarianten Angriffsvarianten Finten Dreierblock Abwehr Aktivierung Entspannung	6:6 ↓	2:4-/1:5-System mit Spezialisierung Viererriegel, 3 Angreifer, Hinterfeldangriff Positionswechsel Rollenspezialisierung Kombinationsangriffe
19–21 Jahre	Individueller Technikstil; Spezialtechniken, Finten Psychische Regulation	6:6	Orientierung an Wettkampf-, Liga-, Mannschaftsbedingungen

Abb. 1.3.1: Methodikkonzept des Volleyballspiels

Schläger oder Geräte, allein, mit- und gegeneinander, auf Ziele, über Hindernisse, Netze usw.).

Kondition

Das Trainingsprogramm sollte die ausgewogene Entwicklung von allgemeiner Ausdauer, Schnelligkeit, Kraft und Beweglichkeit enthalten.

Gruppendynamik

Die Aufgabenstellungen umfassen einfache und lustige Individual-, Partner- und Gruppenaktivitäten mit wechselnden Positionen und Rollen. Der Konkurrenz- und Wettkampfgedanke kann in kleinen Spielformen (1:1, 3:1, 3:2, Kleingruppen, Zielspiele) aus allen Bewegungsbereichen (Kondition, Koordination, Fertigkeiten, Spiele) realisiert werden. Die Gruppen- und Mannschaftszusammenstellung wird unter dem Gesichtspunkt Vergleichbarkeit (zwischen den Gruppen) und Leistungsheterogenität (unterschiedliche Leistungsfähigkeit in der Gruppe) variiert.

Motivation

Zur Entwicklung der Motivation und der späteren Anstrengungsbereitschaft muß die Aufgabenstellung so beschaffen sein, daß erfolgreiches Bewältigen den Aufbau eines Konzepts der eigenen Leistungsfähigkeit ermöglicht.

Aufmerksamkeit

Das schnelle und situationsgerechte Reagieren und Agieren in den Spielsituationen erfordert eine Schulung der Wahrnehmung, Aufmerksamkeit, Konzentration und Antizipation. Die konzentrierte Aufmerksamkeit ist in dieser Altersstufe zeitlich noch sehr begrenzt. Instruktionen sollen deshalb kurz und auf das Wesentliche begrenzt sein. Gezieltes Lernen von Bewegungshandlungen muß sich deshalb mit freien und spielerischen Tätigkeiten abwechseln. Lernaufgaben sollen daher in kürzeren Einheiten auf die Übungsstunde und die Wochenzyklen verteilt werden. Die distributive Aufmerksamkeit ist noch kaum ausgebildet. So richtet sich das Interesse vorwiegend auf den Ball und die eigene Person, kaum auf die Mitspieler und Gegner. Zur Entwicklung dieser Fähigkeit müssen in Aufgabenstellungen Reaktionen auf unterschiedliche Reize gefordert werden, die gleichzeitig im Zentrum und am Rande des Gesichtsfeldes auftreten.

Einstellungen und Kognitionen

Die Kinder haben ein spontanes Bewegungs- und Spielbedürfnis. Zweck-Mittel- und Effektivitätsüberlegungen und aus vorhergehenden motorischen Lernerfahrungen aufgebaute positive oder negative Einstellungen und Motivationen sind noch nicht stabilisiert. Das persönliche Anspruchsniveau und die Attribuierungsmuster bilden sich erst aus. Im Unterricht geht es im Wissensbereich darum, Handlungen und Begriffe zu einem gemeinsamen Verständigungssystem zu entwickeln (z. B. Entwicklung eines Begriffssystems für Bewegungshandlungen und die Kommunikation zwischen Spieler und Trainer).

Regulation
Die Orientierungs- und Ausführungsregulation erfolgt eher spontan als bewußt und geplant. Die Ergebnisregulation ist von äußeren Rückmeldungen durch den Trainer abhängig. Die interne Regulation muß über das Bewußtmachen von Reizwirkungen (z. B. Informationen zur Kinästhetik beim Pritschen und Baggern) und Vermitteln von Gütemaßstäben (z. B. Zielgenauigkeit, Erfolgsquoten) längerfristig entwickelt werden.
Angst
Ängstliche Kinder zeigen auch bei Bewegungshandlungen oft gehemmtes Verhalten und müssen durch den Trainer über verstärkende Rückmeldung und angemessene Aufgabenschwierigkeiten in die Lage versetzt werden, ihre motorischen Fähigkeiten voll zu entwickeln. Zum Erkennen der eigenen Möglichkeiten, der Grenzen und des Risikos müssen Kinder Aufgaben ohne vom Trainer vorgefertigte Lösungen ausprobieren können und dabei ihre Anforderungen selbst festlegen können (z. B. Richtungen, Schwierigkeit, Geschwindigkeit, Fehler-, Trefferzahl). Auch die Entwicklung neuer Bewegungshandlungen ist ein wichtiger Teil beim Aufbau eines Selbstkonzepts. Kinder müssen deshalb ermutigt werden, allein und in Gruppen selbstentwickelte Aufgaben auszuprobieren und zu verbessern. Dies gilt auch für die Organisation des Übungsbetriebs, was längerfristig zu größerer Selbständigkeit der Trainingsgruppe und Zeitgewinn für das Training selbst führt.

Altersstufe 9 bis 10 Jahre
Der Schwerpunkt liegt auf dem Erwerb der grundlegenden Spielfertigkeiten. Die Grundidee des Volleyballspiels kann in modifizierter Form im Alter von 8 Jahren realisiert werden. Spezialisierungen auf bestimmte Positionen oder Fertigkeiten hin sollten nicht vorgenommen werden. Im Vordergrund steht eine Einführung in das Zusammenwirken in einer Gruppe.

Koordination
Mädchen entwickeln koordinative Fähigkeiten schneller als Jungen.
Kondition
In physiologischer Hinsicht sind Mädchen den Jungen oft ein ganzes Jahr voraus und können deshalb gemeinsam in einer Gruppe lernen, üben und spielen. Leichtere Bälle ermöglichen trotz fehlender Kraft bereits ein direktes Weiterspielen (volley) des fliegenden Balles.
Gruppendynamik
In kleinen, selbstorganisierten Spielgruppen ergeben sich Führungsrollen, die von den anderen anerkannt werden.
Motivation
Kinder sind leicht zu begeistern, reagieren aber auf Kritik auch sehr empfindlich.

Aufmerksamkeit
Die Zeitspanne der Aufmerksamkeit erhöht sich durch die Gewöhnung an Lernprozesse.
Kognitionen und Einstellungen
Die Kinder sind am organisierten Spielen interessiert, begreifen aber komplizierte Regeln noch nicht. Sie werden durch die Lernerfahrungen auch für Begründungen und Argumente aufgeschlossen.
Regulation
Die Fähigkeit zur bewußten Bewegungskontrolle verbessert sich.
Selbstkonzept
Zur Entwicklung des Selbstvertrauens ist die regelmäßige positive Verstärkung durch den Trainer erforderlich. Erfolge und die Anerkennung Gleichaltriger (peer group) ist besonders wichtig.
In der Praxis des Unterrichts und Trainings stehen folgende Fertigkeiten, Spielformen, Wettkämpfe, Spielvarianten und Zusatzsportarten auf dem Programm (vgl. Tab. 1.3.1).

Altersstufe 11 bis 12 Jahre
In dieser Altersstufe sollte Kleinfeldvolleyball 3:3 gespielt werden, da bei jeder Handlungsfolge alle 6 Kinder den Ball berühren können. Die effektive Übungszeit für die Erlernung von Fertigkeiten und taktischem Verhalten erhöht sich damit wesentlich. Das Netz sollte eher höher gespannt werden, um dem Aufschlag seine spielunterbrechende Wirkung zu nehmen und die Anwendung des unteren und oberen Zuspiels und Umfang und Intensität durch längere Ballwechsel zu erhöhen.

Koordination
Der Schwerpunkt liegt weiterhin auf der Entwicklung der grundlegenden Spielfertigkeiten und der allgemeinen Koordinationsfähigkeit.
Kondition
Die Ausdauerschulung steht im Vordergrund, um eine Grundlage für spätere, höhere Belastungen zu schaffen. Gewichtstraining ist wegen der noch nicht voll entwickelten Voraussetzungen im Skelettsystem nicht sinnvoll. Mädchen haben einen Entwicklungsvorsprung.
Gruppendynamik
Jedes Kind sollte gleich lang zum Einsatz kommen. Bei Überzahl kann bei der Rotation gewechselt werden. Spezialisierung auf bestimmte Positionen und Rollen sollte nicht erfolgen.
Motivation
Rundenspiele begünstigen eine zu frühe Ausbildung der Erfolgsmotivation. Dadurch wird die sorgfältige Entwicklung der Technik, das Zusammenspielen in der gesamten Gruppe und Anstrengungsbereitschaft im Lernprozeß negativ beeinflußt.

Technikschulung	**Spielformen**
a) Wiederholung: Ballgewöhnung werfen und fangen, schlagen b) Neue Fertigkeiten: – spezielle Beinarbeit vorwärts, rückwärts, seitwärts, Kreuzschritte, Nachstellschritte – fangen und volley spielen – Einwurf von unten über das Netz mit Einnahme der Bereitschaftshaltung im Feld – Aufschlag von unten Technik und Zielgenauigkeit in freie Räume im anderen Feld c) Freudvolle Spiele, Spiele zur Konzentration und Entspannungsschulung d) Verbesserung der allgemeinen Ausdauer e) Entwicklung der Gelenkigkeit, passives Stretching f) Kräftigungsübungen (Klettern, Gymnastik, kein Gewichtstraining)	a) Spielidee: den Ball volley so über Netz oder Schnur spielen, daß er auf der anderen Seite auf den Boden kommt b) Spiele 1:1, 2:2, 2:1, 3:2, 3:3 Verbesserung des Zusammenwirkens (Kooperation) beim Angriff, in der Abwehr Diese Überzahlspiele verbessern auch die Wahrnehmungsfähigkeit (die Fähigkeit, Mitspieler und Gegner zu erkennen, Bewegungen zu antizipieren und Fertigkeiten erfolgreich auszuführen) Diese Stufe ist als die Grundlage für den Erwerb der Spielfertigkeiten anzusehen
Spielvarianten und Ergänzungssportarten	**Wettkämpfe**
a) Grundfertigkeiten für das Volleyballspiel – Balancieren, Jonglieren des Balles, – Werfen und Fangen b) Vorbereitende Spiele (mit volleyballähnlichen Bewegungen) – Üben des Abrollens Nachlaufspiel: Wer abrollt, kann nicht abgeschlagen werden – Üben des genauen Zuspiels Wanderball, Ablöseball, Kreuzball – Rechtzeitiges Heranlaufen an den Ball Ball über die Schnur, Nummern aufrufen – Vorbereitung des Blockierens Parteiball über ein gegnerisches Feld – Wurf- und Fangspiele über das Netz 3:3 mit Zuruf «Mein Ball» c) Jede Linie in der Halle kann dazu dienen, einen Raum in zwei Hälften zu teilen, zwischen denen ein Ball nach dem Rückschlagprinzip ohne/mit Geräten (z. B. Schläger) allein oder in kleinen Gruppen gegen die Wand gespielt werden kann d) Gymnastik, Schwimmen, Fitness-Übungen, Kleine Sportspiele, Große Sportspiele in kleinen Gruppen	a) Wurf- und Fangspiele, Nachlaufen, Volleyball-Tennis, Prellball, Staffeln, Miteinander-Spiele (Kooperative Spiele) b) Einführung des Kleinfeldvolleyballspiels in Wettbewerbsformen 2:2, 3:3 c) Keine Spielrunden Wettkämpfe als Motivationshilfe d) Ziel: alle spielen mit e) gemischte und wechselnde Gruppenzusammensetzungen

Tab. 1.3.1: Vermittlungskonzept bei 9- bis 10jährigen Kindern

Kognitionen

Mit jedem neuen Spielelement sollten die entsprechenden Spielregeln vermittelt werden (vgl. Tab. 1.3.2).

Technikschulung	**Spielformen**
a) Wiederholung: Ballgewöhnung, Beinarbeit, Fangen und Volleyspielen, Einwurf von unten b) Neue Fertigkeiten – Oberes Zuspiel Erlaufen der Abspielposition Drehung des Körpers in die Abspielrichtung Ball vor der Stirn weich aus den Fingern – Aufschlag von unten – Unteres Zuspiel Ball einarmig/beidarmig jonglieren mit Beineinsatz Arme gestreckt nach vorne, Ball heben, nicht schlagen – Angriff über das Netz mit oberem Zuspiel Erkennen von Lücken in der Abwehr – Schlagen des Balles aus dem Stand zum Partner, über das Netz – Abwehrtechniken: Ball aus dem Netz tiefe Ausgangsstellung Seitwärtsbewegung Ball nach oben hinten spielen c) Fortsetzung lustiger Spiele, Konzentrations- und Entspannungsübungen d) Verbesserung der Grundlagenausdauer e) Verbesserung der Gelenkigkeit f) Allgemeine Kraftschulung	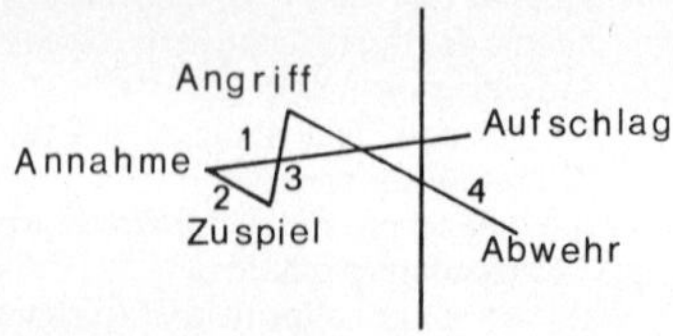 Aufschlag: Einwerfen/oberes Zuspiel, Aufschlag von unten Annahme: oberes, unteres Zuspiel Stellen: oberes Zuspiel Angriff: oberes Zuspiel, Sprungpritschen, Schlag aus dem Stand *Aufstellung und Rotation* 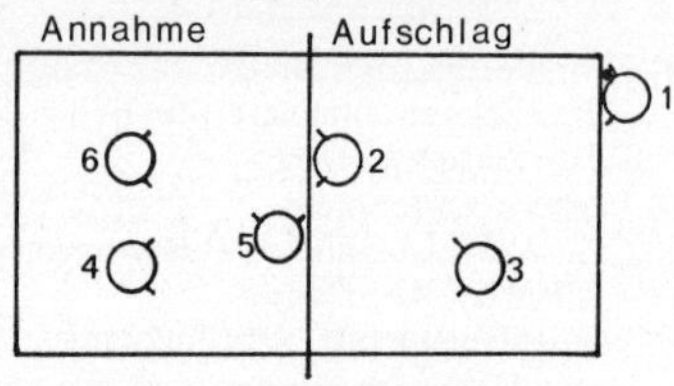 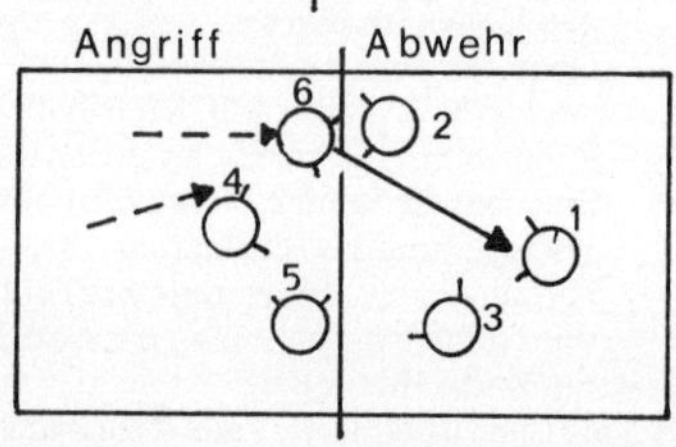 Rotation 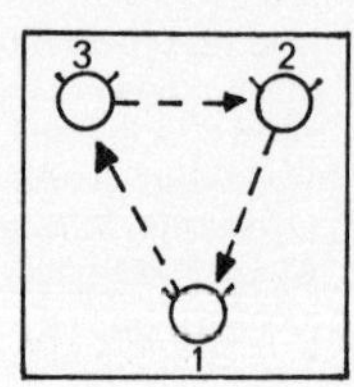

Spielvarianten und Ergänzungssportarten	**Wettkämpfe, Training**
a) Mini-Volleyball 3:3 keine Spezialisierungen Mini-Volleyball Halbfeld oder Badmintonfeld Spiele über Schnur/Netze Netz über Aktionshöhe (kein Block) Doppelberührungen bei der Annahme mit unterem Zuspiel möglich Direktes Zurückspielen des Balles nicht erlaubt (Ping-Pong), mindestens 2 Kontakte b) Basketball, Handball, Leichtathletik, Schwimmen, Gymnastik, Turnen	1. Turnierform 2. Wechselnde Mannschafts-zusammenstellung 3. Freies Auswechseln und gleiche Spielzeit für alle 3. 2 Übungsstunden in der Woche (je 90 Minuten) 4. Übung: Spiel = 3:1 5. Kleine Spiele 6:6 6. Spiele auf Zeit (10 Minuten pro Satz/Spiel) 7. Spiele im engen regionalen Umkreis Keine überregionalen Meisterschaften 8. Wettkämpfe im Rahmen von Exkursionen 9. Wettkämpfe auch in Kombination mit den Ergänzungssportarten

Tab. 1.3.2: Vermittlungskonzept bei 11- bis 12jährigen Kindern

Altersstufe 13 bis 14 Jahre

Der Schwerpunkt liegt auf dem Erwerb und der Verbesserung der Grundtechniken. Bei niedrigerem Netz können Angriff, Block und das untere Zuspiel stärker in den Vordergrund treten. Zur Verbesserung des gruppentaktischen Verhaltens kommt nun der Übergang zum Spiel 4:4. Es ist effektiver, mit zwei Vierermannschaften als mit einer Sechsermannschaft und zwei Ersatzspielern zu trainieren.

Koordination

Durch das forcierte Längenwachstum in der Pubertät kann es besonders bei Jungen zu Rückschritten und Plateaus bei der Koordinationsentwicklung kommen. In den Übungen sollte besonders der Bewegungsrhythmus geschult werden.

Kondition

Mädchen haben durch den schnelleren Reifungsprozeß oft einen Vorsprung. Das Herz-Kreislauf- und Atemsystem sollte besonders trainiert werden. Die Übungszeit sollte kurz sein, die Übungsform häufig variiert werden.

Gruppendynamik

Der Einfluß der peergroup verstärkt sich. Innerhalb der Gruppe sollte die

Fähigkeit der Entscheidungsfindung verbessert, eine aufgabenspezifische Rollendifferenzierung im Spiel aber vermieden werden. Der Lehrer/Trainer sollte auf Coaching-Maßnahmen vorbereiten und dies in den Wettspielen anwenden.

Motivation

Positive Verstärkungen verbessern weiterhin das Selbstvertrauen. Die Verarbeitung von Erfolg und Mißerfolg durch ich-bezogene Attributionen sollte systematisch verbessert, auf externe Verstärkung (Belohnungen) verzichtet werden.

Kognitionen

Lernprozesse und Korrekturen sollten durch audiovisuelle Hilfsmittel (z. B. Video, Skizzen, Bilder) unterstützt werden. Die Beteiligung an Entscheidungsprozessen (Planung, Organisation) und die schrittweise Übernahme von Verantwortung kann positive Einstellungen zum Volleyball und die Anstrengungsbereitschaft im Training günstig beeinflussen (vgl. Tab. 1.3.3, S. 97/98).

Altersstufe 15 bis 16 Jahre

Im Mittelpunkt steht die Verbesserung der Angriffshandlungen, die Einführung in das Spiel auf dem Großfeld und die positionsgebundene Aufteilung der Rollen in einem Spielsystem. Da der Angriff aber noch nicht sicher beherrscht und zu kurz ausgeführt wird, ist die Position VI vorgezogen. Je nach Leistungsniveau der Einzelspieler wird ein 2:4-System mit personenbezogener Rollenverteilung (z. B. Steller) gespielt.

Koordination

Durch das verstärkte Längenwachstum ergeben sich besonders bei den Jungen große Schwierigkeiten bei der Koordination von Bewegungshandlungen. Viele Mädchen sind in der koordinativen Entwicklung wesentlich weiter.

Kondition/Konstitution

Längenwachstum, Kraft- und Ausdauerentwicklung sind oft uneinheitlich, was die Leistungsfähigkeit vorübergehend einschränken kann. Deshalb müssen die konditionellen Fähigkeiten gezielt entwickelt werden. Krafttraining mit sich steigernden Widerständen besonders für Arm-, Bein- und Stützmuskulatur (Funktionsgymnastik) kann jetzt verstärkt im Training durchgeführt werden.

Gruppendynamik

Besonders bei der Formulierung der Trainingsziele und in Problemsituationen soll die Gruppe lernen, sich über ihre Ziele zu verständigen. Die Spieler müssen lernen, für sich selbst und als Mannschaft Verantwortung zu übernehmen.

Technikschulung	**Spielformen 4:4**

Technikschulung

a) Wiederholung: Beinarbeit vorwärts, seitwärts, rückwärts; oberes, unteres Zuspiel, Aufschlag von unten, seitlich und Schlagbewegung

b) Neue Fertigkeiten
   - Ballannahme mit unterem Zuspiel
     tiefe Spielstellung, kontinuierliche Bewegung aus den Beinen
     immer hohe Pässe
   - Angriffsschlag
     Stemmschrittschulung, beidbeiniger Absprung
     Sprung und Schlag mit der hohlen Hand
     Variation der Schlaghärte
   - Ballannahme
     alle Pässe mit unterem Zuspiel
     hohe und weiche Pässe
   - Flatteraufschlag seitlich
     Erzielen des Flattereffekts
     Zielgenauigkeit
   - Blockieren
     Ball, Nase, Schulter, Hand des Angreifers beobachten
     Absprung kurz nach dem Angreifer
     Augen geöffnet
   - Feldabwehr
     tiefe Erwartungshaltung
     Augen in Ballrichtung
     Streckung nach vorne unten
     Abdrücken unter den Ball
     Ball hochschlagen
     Rutschen mit gestrecktem Körper

Spielformen 4:4

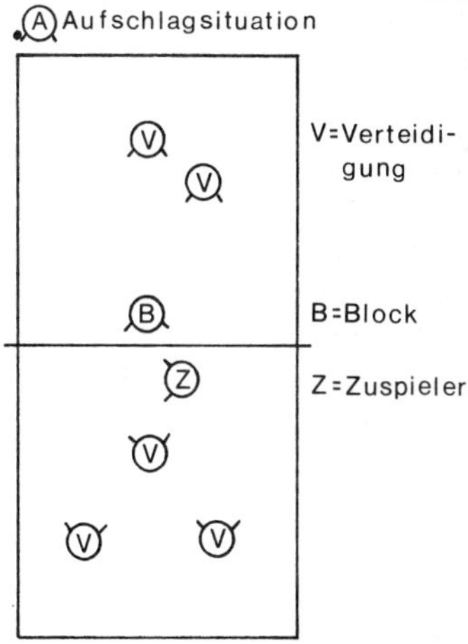

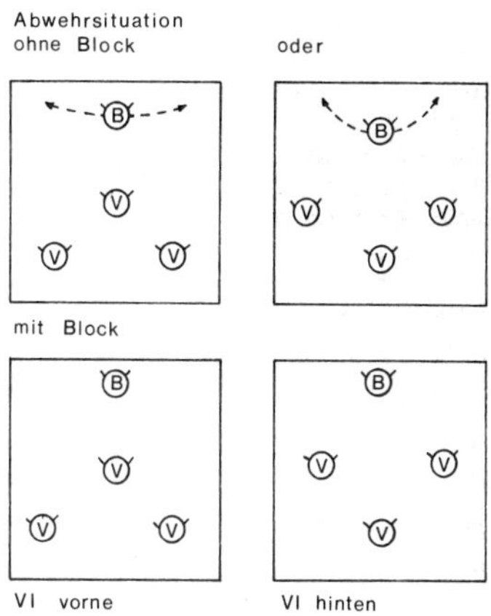

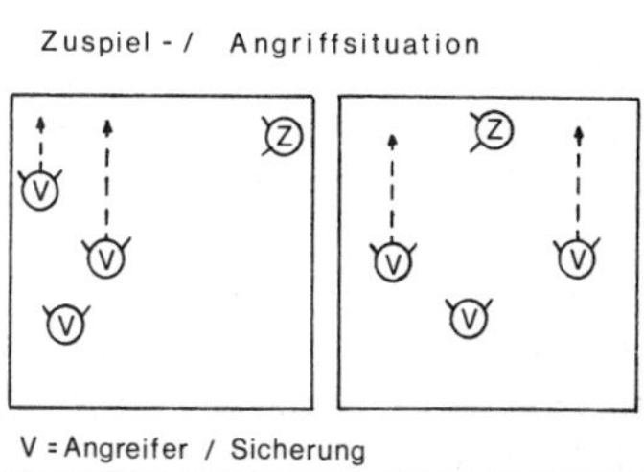

Technikschulung	**Spielformen 4:4**
c) Mentale Fähigkeiten – Konzentrations- und Entspannungstechniken – Beobachtungstraining und mentales Üben für Aufschlag und Ballannahme – Fähigkeit zur Problem- und Konfliktbewältigung in Gruppen d) Entwicklung der aeroben Ausdauer e) Übungen mit anaeroben Anforderungen f) Entwicklung der Gelenkigkeit g) Übungen zur allgemeinen Kräftigung auch mit leichten Gewichten	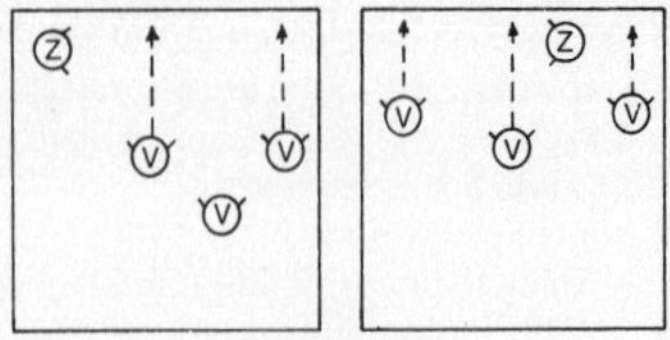 Rotation 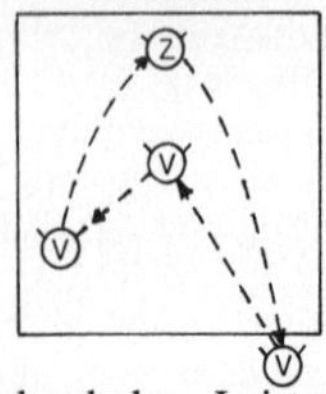 Bei besonders hohem Leistungsniveau kann die Annahme im Halbkreis, das Zuspiel von einem Läufer übernommen werden.
Spielvarianten und Ergänzungssportarten	**Wettkämpfe, Training**
a) Feldgröße: 8 × 16 m oder Badmintonfeld (Doppel) b) Netzhöhe: 2,10–2,20 m c) Nur Einerblock erlaubt, keine Berührung der Mittellinie d) Rollenspezialisierungen lediglich bei besonderen Begabungen (Zuspieler, Angreifer) e) Spielleitung und -organisation durch die Spieler selbst f) Mannschaft mit 6–8 Spielern, die unbegrenzt ausgewechselt werden können und sollen g) Weitere Sportarten: Gymnastik, Leichtathletik, Fußball, Schwimmen, Basketball, Handball, Turnen	a) Liga-, Pokal-, Freundschafts- und Turnierspiele b) Wettkämpfe 3:3, 4:4 und in den Ergänzungssportarten mit Wertung 1:1, 2:1, 3:1 c) In der Regel regionale Wettkämpfe d) Mindestens 2 Übungsstunden pro Woche (je 90 Min.) e) Verhältnis Technikschulung : Kleinfeldspiel = 3 : 1

Tab. 1.3.3: Vermittlungskonzept bei 13- bis 14jährigen Kindern

Motivation
Das Selbstkonzept muß durch positive Verstärkung stabilisiert werden.
Aufmerksamkeit
Das Interesse sollte sich auf die Erlernung des Spiels richten.

Einstellungen
Der Trainer sollte Verständnis für die mentale und physische Vorbereitung auf den Sport und die sportliche Lebensführung durch Vermittlung von Kenntnissen (z. B. über Trainingswirkungen, Technik und Taktik) wecken.
Regulation
Die Jugendlichen sind immer besser in der Lage, sich auf Regulationsprozesse zu konzentrieren. Wichtig ist die Entwicklung einer realistischen Einschätzung von Zielen, Handlungsdurchführung und -ergebnis und das Aufzeigen der Konsequenzen für die Motivation.
Streß
Durch erhöhte Anforderungen in Schule und Sport können Überlastungssituationen entstehen, die zum Abbruch der sportlichen Entwicklung führen können. Wichtig ist hier die Verbesserung der Rahmenbedingungen, besonders für angehende Hochleistungssportler.

Im Training werden folgende Schwerpunkte gesetzt (vgl. Tab. 1.3.4):

Techniktraining	**Taktiktraining**
a) Wiederholung: Beinarbeit unteres Zuspiel, Angriffsschlag, Ballannahme, Block, Aufschlag von oben seitlich b) Neue Fertigkeiten: Flatteraufschlag frontal, unteres Zuspiel seitlich, Zuspielvarianten, Angriffsvarianten, Zweierblock und Einstellung auf die Angriffsrichtung, Feldabwehr mit Erlaufen von Bällen, Gleitbewegungen auf dem Boden, Rollbewegungen, Block- und Angriffssicherung c) Mentale Fähigkeiten: Einführung in Entspannungstechniken, Konzentrationsübungen vor dem Wettkampf und während des Wettkampfes d) Training der aeroben und anaeroben Ausdauer e) Verbesserung der Gelenkigkeit, Dehnfähigkeit, Stretching f) Langsame Steigerung der Belastung im Krafttraining	a) 4:2-System ohne Spezialisierung Grundaufstellung bei der Annahme des Aufschlags (W-Formation, Fünferriegel) Vorgezogene Position VI Blocksicherung Orientierung der Abwehr am Block (Blockschatten) Spielphasenübungen Aufschlag – Annahme Annahme – Zuspiel Zuspiel – Angriff Angriff – Block Angriff, Sicherung – Block, Sicherung Angriff – Abwehr Abwehr – Aufbau Training gruppentaktischen Verhaltens bei Annahme, Aufbau, Angriff, Block, Sicherung und Abwehr im Spiel 4:4 auf dem Klein- und Großfeld

Spielvarianten und Ergänzungssportarten	**Wettkämpfe, Training**
a) Normalfeld 9 × 18 m b) Netzhöhe Mädchen: 2,15 m Jungen: 2,35 m c) Die Regel über das Auswechseln kann erweitert werden, um mehr Spieler einsetzen zu können d) Strenge Regelanwendung beim Stellen, weniger strenge Kontrolle bei der Annahme und der Abwehr e) Ermöglichung von Anweisungen des Trainers zur Spielsteuerung f) Sportarten: Rückschlagspiele, Fahrtspiel, Waldlauf, Basketball, Handball	a) Runden-, Pokal-, Turnierspiele b) Mindestens 2 Stunden Training für ein Spiel

Tab. 1.3.4: Trainingskonzept bei 15- bis 16jährigen Jugendlichen

Altersstufe 17 bis 18 Jahre

Auch im Volleyball wird in dieser Altersstufe wie in anderen Sportarten für die leistungsstärksten und interessierten Jugendlichen ein Hochleistungstraining durchgeführt.

Im *koordinativen Bereich* wird die Fähigkeit zur erfolgreichen Realisierung von Bewegungshandlungen unter Einbeziehung der Spielsituation erwartet. Zur *Konditionsschulung* ist eine Umfangssteigerung mit dosierter Intensitätserhöhung und Anpassung an die volleyballspezifischen Belastungsformen durchzuführen. *Mannschaftsgefüge* (Gruppenstruktur, Rollendifferenzierung, Spezialisierung) und *Leistungsorientierung* bilden sich in Leistungsmannschaften immer mehr aus. Die *Leistungsmotivation* muß auch bei Rückschlägen und Niederlagen erhalten bleiben, wobei eine Reihe sekundärer Verstärker (z. B. Reisen, Anerkennung) an Bedeutung gewinnen. Die Verbesserung der *Aufmerksamkeit* und *Wettkampfstabilität* wird durch eine hohe Trainings- und Wettkampfbelastung gesteigert. Der hohe Anteil an automatisierten Bewegungs- und taktischen Handlungen läßt eine größere Variationsbreite in der Spielsituation zu. Mit der Bedeutung der Wettkämpfe nimmt auch die psychische Belastung zu. Wichtig wird die Entwicklung der *Selbstverantwortlichkeit* und eine gewisse Unabhängigkeit vom Trainer. Das Trainingsprogramm konzentriert sich auf den Erwerb von Spezialtechniken, Gruppen- und Mannschaftstaktik, Optimierung der physischen und psychischen Leistung und die Stabilität im Wettkampf. Spielvarianten, Ergänzungssportarten, Wettkämpfe und Training nähern sich stark an das Training der Erwachsenen an (vgl. Tab. 1.3.5).

Techniktraining	**Taktiktraining**
a) Wiederholung: Flatteraufschlag, unteres Zuspiel seitwärts, Varianten des oberen Zuspiels, laterales Stellen, Stellen mit unterem Zuspiel, Stellen als 2. Paß, Zuspiel über Kopf, Setzen, Lob, Varianten des Angriffsschlags, Block, Abrollen, Rutschen, Japanrolle, Hechtbagger, Sicherungshandlungen, Hilfsschläge b) Neue Fertigkeiten: – Aufschlagvarianten Flatteraufschläge, Hakenaufschläge – Zuspiel Meterball, Aufsteiger, kurze Bälle, Zuspielertaktik, Finten – Angriff Drehschläge, schneller Angriff, kurzer Angriff, Kreuzen, Staffel, Angreifertaktik, Blockanschlagen, Finten Schnellangriffe vorerst noch aus Motivationsgründen im Training, seltener im Spiel – Block Aktiver Block 1-1-Block (mit Positionswechsel) Dreierblock – Abwehr Bodenarbeit, Ballannahme aus dem Netz, Abpraller vom Block, Hilfsschläge, Rettungsaktionen – Rollenspezialisierung Hauptangreifer, Zuspieler, Mittelblockspieler, Abwehr-, Aufschlagspezialisten c) Mentale Fähigkeiten Entspannungstechniken Verbesserung der psychischen Vorbereitung vor dem und beim Wettkampf d) Individuelle Belastungsdosierung beim aeroben, anaeroben Ausdauer-, Gelenkigkeits-, Krafttraining	a) Angriff mit 3 Angreifern 2-4- oder 1-5-System b) Zurückgezogene Position VI c) Viererriegel bei der Annahme des Aufschlags d) Abwehrformationen gegen Angriffe mit 3 Angreifern e) Angriffe aus dem Hinterfeld und nach dem 2. Paß f) Positionswechsel am Netz (Mittelblockspieler) und im Hinterfeld (Läufer auf I, VI, je nach Spielsystem) g) Verstärktes Beobachten des kommenden Gegners (Scouting) und spezielle taktische Einstellung auf dieses Spiel h) Systematisches Ein- und Auswechseln unter taktischen Gesichtspunkten i) Entwicklung eines speziellen Zeichen- und Verständigungssystems j) Verbesserung des Verhaltens in der Auszeit

Tab. 1.3.5: Trainingskonzept bei 17- bis 18jährigen Jugendlichen

Altersstufe 19 bis 21 Jahre

Das Training zielt auf das Erreichen der Höchstleistung von Einzelspielern und Mannschaft. Die spielspezifischen Trainingsinhalte stehen im Vordergrund. Spezialtechniken und der individuelle Bewegungsstil werden wei-

terentwickelt. In Angriff und Abwehr werden mannschaftsspezifische Systeme entwickelt. Die Wettkampftermine bilden die Grundlagen der Trainingsgestaltung.
Im *koordinativen Bereich* geht es besonders um Spezialtechniken und die Verbesserung individueller Koordinationsmängel. Auch im *konditionellen Bereich* werden die jeweiligen aufgabenbezogenen Anforderungen (Steller, Angreifer, Blockspieler) stärker berücksichtigt. Das Training der Gelenkigkeit wird betont, da sie in der Regel ab diesem Alter nachläßt. Das Krafttraining wird im Rahmen des Trainingsplans individuell dosiert. Die Intensität der Trainingsbelastung wird erhöht und bleibt das ganze Jahr über relativ hoch, besonders im Spitzensport mit festen Regenerationsphasen und -maßnahmen. Der individuellen *psychischen Vorbereitung* muß besondere Aufmerksamkeit gewidmet werden. Dazu gehören Formen des mentalen Trainings und Anwendung von Entspannungstraining bei den Spielern, die auf diese Verfahren ansprechen. Die Persönlichkeit des
52 Sportlers ist so weiterzuentwickeln, daß er selbständig und selbstverant-
53 wortlich auch im Rahmen von Training und Wettkampf handeln kann. Be-
54 sondere Trainingsschwerpunkte werden in Tabelle 1.3.6 dargestellt.

Tab. 1.3.6: Trainingskonzept bei 19- bis 21jährigen Erwachsenen

Training der Technik, Individual- und Gruppentaktik	**Training der Mannschaftstaktik**
a) Wiederholung: Flatteraufschlag seitlich, Individualtaktik beim Stellen und Angriff, Intensivierung der Angreifertechnik, 1-1-Block, Dreierblock, Blocksicherung, Weiterspielen abspringender Bälle aus dem Netz und vom Block, Abwehr gesetzter Bälle, Feldabwehr b) Neue Fertigkeiten: Timing beim Kombinationsangriff, Formen des Kreuzens und der Staffel, Hinterfeldangriff, Abstimmung zwischen Angreifern und Stellern Block: Gruppentaktische Maßnahmen (z. B. Mittelblockspieler) c) Individualisierung mentaler Trainingsformen, Aktivierungs- und Entspannungstechniken d) Individualisierung und Spezialisierung des Trainings der aeroben, anaeroben Ausdauer, Gelenkigkeit und der Kraft	a) Entwicklung einer Angriffstaktik unter Berücksichtigung – der Bedingungen in der eigenen Mannschaft (Spielertyp, Leistungsfähigkeit) – der Anforderung der Spielklasse, der Turniermannschaften, der Entwicklungstrends – der speziellen Bedingungen in der gegnerischen Mannschaft (Spielsystem, Einzelkönner, Spielzüge) – der Wettkampfbedingungen (Konzentration auf wichtige Spiele und Situationen) b) Entwicklung einer Abwehrtaktik unter Berücksichtigung o. g. Aspekte c) Scouting und systematische Spielbeobachtung und -analyse

Zusammenfassung

- Spielstruktur und Leistungskomponenten müssen durch Addition der Spielelemente, Spezialisierung der Aufgaben, Differenzierung der Anforderungen und Strukturierung des methodischen Vorgehens langfristig vermittelt werden.
- Motorische und nichtmotorische Anteile, Leistungsvoraussetzungen und Spiel müssen im Wechsel zu immer größerer Komplexität in den verschiedenen Altersstufen entwickelt werden.
- Ein volleyballspezifisches Training setzt allgemeine Spielfähigkeit, koordinative und konditionelle Fähigkeiten voraus und sollte immer damit verbunden werden.

Erich Christmann

1.4 Steuerung der Trainingsbelastungen

Intensität und Umfang

Die Leistungssteigerung im Volleyball wird über die Lernprozesse hinaus durch gezielte Belastungsreize erreicht, auf die der Organismus je nach Stärke und Dauer der Reizeinwirkung mit Anpassungen wie Pulserhöhung, Steigerung der Atemfrequenz und anderen Trainingswirkungen reagiert. Will man genauere Aussagen zur Belastung und ihrer Steuerung im Training machen, sind folgende Fragen zu klären:

- Wie stark ist der Reiz bei einer speziellen Bewegungshandlung (*Art* des Reizes)?
- In welchen Zeitabständen wirken Reize auf den Organismus ein (*Dichte, Frequenz*)?
- Wie lange hält die Belastung an (*Dauer*)?
- Wie oft wird eine Belastung wiederholt (*Häufigkeit*)?

Die Qualität eines Reizes wird durch die *Intensität* (Art, Dichte, Frequenz), der quantitative Bereich der Reizwirkung durch den *Umfang* (Dauer, Häufigkeit) definiert. Intensität und Umfang sind Größen (*Belastungsnormative*) zur

- Darstellung der Belastungen in Training und Wettkampf,
- Steuerung der Belastungen im Training durch ihre gezielte Variation (vgl. Abb. 1.4.1).

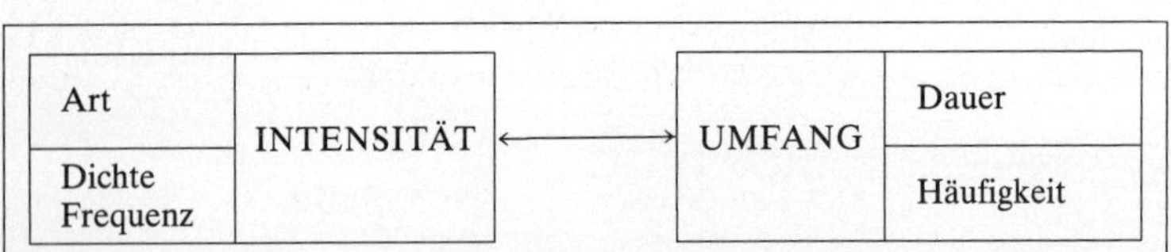

Abb. 1.4.1: Die Belastungsnormative Intensität und Umfang

Reizintensität

Die Intensität eines Reizes ergibt sich durch die Art der Anforderung einer Bewegungshandlung an den Organismus. Sie kann häufig metrisch im cgs-System gemessen werden, z. B. als

- Weite oder Höhe eines Sprungs, Länge einer gelaufenen Strecke (cm),
- Masse einer gehobenen Hantel (kg),
- Zeit für das Durchlaufen einer Strecke (sec.),
- Häufigkeiten von Ereignissen (z. B. Anzahl der Wiederholungen von Übungen, Pulsschläge, Atemzüge) pro Zeiteinheit.

Die Belastungsintensität kennzeichnet allgemein die Belastungsanforderung während der Ausführung einer Übung, einer Übungsserie oder eines Wettkampfes in einer bestimmten Zeiteinheit. So ergeben sich Trainingseinheiten, Mikro-, Meso- und Makrozyklen mit einer hohen, mittleren oder niedrigen Intensität.

Die Intensität der Bewegungshandlungen im Volleyball ist z. B. bei
- Aufschlag, Annahme, Zuspiel im Stand vom Netz aus eher niedrig,
- Angriffs-, Blocksicherung und sonstigen Laufbewegungen eher mittel,
- Läufer-/Sprungabspiel, Angriff, Block und Feldabwehr eher hoch.

Da im Volleyball nacheinander verschiedene Handlungen ausgeführt werden, sind die Belastungsreize unterschiedlich intensiv und wirken durch die vielen Unterbrechungen auch nicht kontinuierlich ein. Auf Netzpositionen liegt die Belastung in der Regel höher als im Hinterfeld.

Die unterschiedlichen Belastungen durch die jeweilige Aufgabe bewirken bei den Spielern/-innen je nach Leistungsfähigkeit, Alter und Trainingszustand unterschiedliche *Anpassungsreaktionen.* So kann die gleiche Komplexübung (z. B. Angriff, Block, Abwehr) für Spieler unterschiedlichen Leistungsniveaus niedrig, mittel oder hoch intensiv sein. Aus diesem Grund sind objektive und meßbare Kriterien erforderlich, die über die individuelle Belastung bei einer motorischen Anforderung Aufschluß geben. So ermöglichen z. B. die *Pulswerte* und die Ermittlung der *Maximalleistung* (z. B. Bestzeit) die Bestimmung verschiedener Belastungsintensitäten für die Trainingsplanung (vgl. Tab. 1.4.1).

Reizdichte

Die Reizdichte als Bestimmungsfaktor der Belastungsintensität kennzeichnet das zeitliche Verhältnis von *Belastungs-* und *Erholungszeiten.* In länge-

Tab. 1.4.1: Intensität der Belastung beim Kraft- und Ausdauertraining (vgl. MARTIN 1977, 53)

Intensität	Krafttraining	Ausdauertraining	
gering	30– 50 %	30– 50 %	130–140 Schläge/Min.
leicht	50– 70 %	50– 60 %	140–150 Schläge/Min.
mittel	70– 80 %	60– 75 %	150–165 Schläge/Min.
submaximal	80– 90 %	80– 90 %	165–180 Schläge/Min.
maximal	90–100 %	85–100 %	180– – Schläge/Min.

ren Pausen kann die Ermüdung ganz (*vollständige Pause*) abgebaut werden, bei kürzeren Pausen mit unvollständiger Erholung muß der Organismus Anpassungsvorgänge vollziehen (*lohnende Pause*).
Spielanalysen im Volleyball haben ergeben, daß zwischen den Handlungsfolgen Pausen von ca. 12 sec. und weitere längere Pausen bei Satzende, Spielerwechsel, Auszeiten (1 Minute) und vor einem Entscheidungssatz (5 Minuten) entstehen. Unter Berücksichtigung der Reizdauer ergeben sich daraus Beziehungen zwischen Belastung und Erholung im Verhältnis 1:2 bis 1:1, seltener 3:2. Im Training wird diese Relation durch den Trainer über die Festlegung von Übungszeit und Pausenlänge bei den Trainingsformen gezielt beeinflußt.

Reizdauer
Die Reizdauer ist ein Bestimmungsfaktor des Belastungsumfangs und kennzeichnet die Zeitdauer, in der ein Reiz auf den Organismus einwirkt. Im Wettkampf ergibt sich die Reizdauer aus der Spielstruktur und den Handlungstypen (vgl. Tab. 1.1.4, S. 28).
Aus Analysen von Volleyballspielen im Leistungsbereich ergeben sich im Wettkampf auf verschiedenen Leistungsniveaus unterschiedliche Belastungszeiten. Dabei wird davon ausgegangen, daß der Zeitraum, in dem sich der Ball im Spiel befindet, einen erhöhten Belastungsreiz darstellt (vgl. Tab. 1.4.2).
Während die Belastungsdauer im Wettkampf durch den Spielverlauf bestimmt wird, ist dies im Training Gegenstand der gezielten *Belastungssteuerung* (vgl. Kap. 2.9). Dabei muß die volleyballspezifische Belastung, aber auch die generelle Leistungsbasis berücksichtigt werden. In der Trainingseinheit kann die Dauer durch den zeitlichen Umfang der einzelnen Trainingsformen und Trainingsinhalte und die Dauer der Einheit selbst gesteuert werden. Die Dauer der einzelnen Trainingszyklen und der Perioden sind weitere Merkmale zur Bestimmung der Belastungsdauer.

Tab. 1.4.2: Belastungszeiten im Wettspiel auf verschiedenen Leistungsniveaus (vgl. HERZOG/VOIGT/WESTPHAL 1985, 14)

Belastungsdauer / Spielniveau	5 sec	5–17 sec	17 sec
Bezirksliga Herren	34 %	62 %	4 %
1. Bundesliga Herren	49 %	49 %	2 %
2. Bundesliga Damen	14 %	80 %	6 %
Weltspitze Herren	59 %	40 %	1 %
Weltspitze Damen	31 %	61 %	8 %

Belastungshäufigkeit / Belastungsumfang

Als Belastungshäufigkeit wird die Anzahl der Belastungsreize in den verschiedenen Zeitabschnitten des Trainings bezeichnet. Im *Wettkampf* entspricht sie der Anzahl der Handlungsfolgen in den einzelnen Sätzen. In der *Trainingseinheit* versteht man darunter die Anzahl der Wiederholungen von Übungsformen, im *Mikrozyklus* die Anzahl der Trainingseinheiten in der Woche, im *Makrozyklus* ist neben der Trainingshäufigkeit auch die Anzahl der Wettkämpfe zu berücksichtigen.

Der *Belastungsumfang* bezeichnet allgemein die Menge der in verschiedenen Trainingsabschnitten (Trainingseinheit, Mikro-, Meso-, Makrozyklus, Periode, Trainingsjahr) geplanten und absolvierten Quantität der Belastungsanforderung. Bei zyklischen Ausdauerübungen wird der Umfang in Kilometern, beim Kraftausdauertraining als Anzahl der Wiederholungen,
im Krafttraining als Summe der gehobenen Lasten, bei Sportspielen häufig 55
als die effektive Belastungszeit angegeben. 56

Trainingsmethoden

Das Training wird durch die Optimierung des Wechselverhältnisses von Intensität und Umfang gesteuert. Die Feinabstimmung muß die individuelle Leistungsfähigkeit und den Trainingszustand des Sportlers berücksichtigen und stellt eine besondere Leistung des qualifizierten Trainers dar. Dabei können ihm allgemeine Erkenntnisse der Trainingslehre hilfreich sein, die Wechselbeziehungen und Abhängigkeiten zwischen den Belastungsnormativen betreffen und in unterschiedlichen Trainingsmethoden und allgemeinen Trainingsprinzipien ihren Niederschlag gefunden haben.

Der Organismus kann nur dann optimal trainiert werden, wenn zwischen Intensität und Umfang ein umgekehrt proportionales Verhältnis besteht (vgl. Abb. 1.4.2). Hoher Umfang bei hoher Intensität bedeutet Überlastung und führt zum Handlungsabbruch. *Leistungsverlust* ergibt sich ebenfalls bei

- niedrigem Umfang und niedriger Intensität,
- hohem Umfang ohne Mindestintensität,
- hoher Intensität ohne Mindestumfang.

Maximale, submaximale, mittlere und geringe Belastungen können durch

Abb. 1.4.2: Zusammenhang zwischen Intensität und Umfang

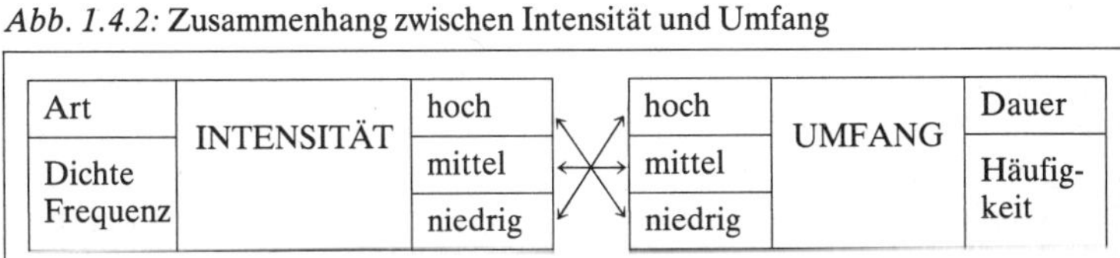

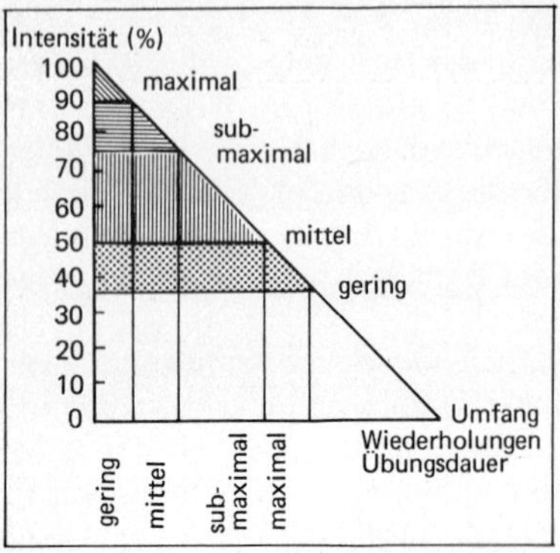

unterschiedliche Kombinationen bei Umfang und Intensität erreicht werden (vgl. Abb. 1.4.3). Dies eröffnet dem Trainer eine Reihe von Variationsmöglichkeiten bei der Steuerung der Trainingsbelastung.

Abb. 1.4.3: Möglichkeiten der Belastungsdosierung (nach Martin 1977, 56)

Zur Entwicklung der konditionellen Fähigkeiten des Volleyballspielers finden Trainingsmethoden Anwendung, die – je nach dem Verhältnis von Umfang und Intensität – unterschiedliche *Trainingswirkungen* haben (vgl. Tab. 1.4.3).

Die *Intervallmethode* zeichnet sich durch einen systematischen Wechsel von Belastungen und unvollständigen Erholungspausen aus. Die neue Belastung setzt ein, wenn etwa eine Pulsfrequenz von 120–130 pro Minute erreicht ist. Die Intervallmethoden lassen sich nach der Dauer der Belastung unterscheiden in

- *Kurzzeitintervallmethode:* Dauer der Einzelbelastung zwischen 15 sec. und 1 Minute;
- *Mittelzeitintervallmethode:* Dauer der Einzelbelastungen zwischen 1 und 8 Minuten;
- *Langzeitintervallmethode:* Dauer der Einzelbelastungen zwischen 8 und 15 Minuten.

Je nach Intensität der Belastung lassen sich *extensive* und *intensive* Intervallmethoden differenzieren.

Die Dauermethoden trainieren besonders *Grundlagenausdauer, aerobe Kapazität* und *Langzeitausdauer*, besonders durch Trainingsbelastungen von mehr als 10 Minuten Dauer ohne Pausen. Die *kontinuierliche Dauermethode* zeichnet sich durch einen annähernd gleichmäßigen Geschwindigkeitsverlauf bei zyklischen Bewegungen (z. B. Laufen, Schwimmen) aus. Die Tempowechselmethode (Fahrtspiel) variiert die Geschwindigkeit in bestimmten Zeitabständen und damit die Belastungsintensitäten von niedrig bis maximal, wodurch eine Verbesserung der aeroben, anaeroben Kapazität und der spezifischen Ausdauerfähigkeiten wie z. B. Schnelligkeitsausdauer und Kraftausdauer angestrebt wird (vgl. Abb. 1.4.4).

Trainings- methoden	Belastung		Trainingswirkungen	
	Intensität Dichte	Umfang Dauer Häufigkeit	Konditionelle Fähigkeiten	Anatomisch- physiologische Wirkung
Dauer- methoden	mittel–hoch 50–70 %	sehr hoch	Allgemeine, spezielle Ausdauer Lokale Muskel- ausdauer	Aerobe Kapazität ↑
	langdauern- der Reiz, keine Pause	sehr lang, viele Wieder- holungen		
Extensive Intervall- methode	gering– mittel 60–80 %	hoch 20–30 Wie- derholungen	s. o. Kraftausdauer	
	«lohnende» Pause von ca. 45–90 sec	14–90 sec entsprechende Anzahl von Wieder- holungen		
Intensive Intervall- methode	hoch 80–90 %	mittel ca. 10 Wieder- holungen	Spezielle Ausdauer Schnellig- keits-, Kraft- ausdauer Schnellkraft	
	größere Pause ca. 90–180 sec	mittel 30–60 sec		↓
Wieder- holungs- methode	sehr hoch 90–100 %	gering 1–6 Wieder- holungen	Maximale Schnelligkeit Maximalkraft Schnellkraft Schnelligkeits- ausdauer	Muskel- querschnitt Anaerobe Kapazität
	lange Pause ca. 3–45 Min.	kurz 2–3 sec bzw. 3–9 Min.		

Tab. 1.4.3: Trainingsmethoden, Belastung und Trainingswirkungen (modifiziert nach FREY 1980, 69)

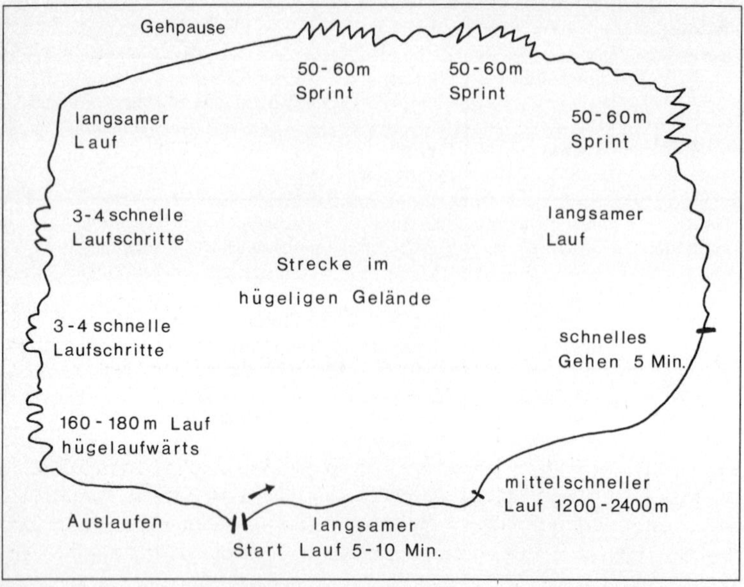

Abb. 1.4.4: Schema des Fahrtspiels nach HOLMER (vgl. MÜHLFRIEDEL 1979, 66)

Durch die wechselnde Belastungsform und aus Motivationsgründen ist das Fahrtspiel für die spezielle und Grundlagenausdauer des Volleyballspielers besonders geeignet, da auch dort keine kontinuierlichen Intensitätsanforderungen auftreten und das Gelände eher Möglichkeiten bietet, auch ein Ausdauertraining abwechslungsreich und interessant zu gestalten.
Die *Wiederholungsmethode* ist dadurch gekennzeichnet, daß zwischen Belastungen mit hoher Intensität (90–100 %) Intervalle liegen, die zur vollständigen Erholung führen. Sie eignet sich besonders zur Schulung der Schnelligkeit und der Maximal- und Schnellkraft. Dabei kann nach dem Pyramiden- oder dem Serienprinzip vorgegangen werden:
Beim *Pyramidentraining* nimmt mit der Belastungsdauer die Anzahl der Wiederholungen ab, während die Intensität (z. B. Tempo, Last) zunimmt (vgl. Abb. 1.4.5). Je nach Trainingszustand der Spieler werden 1–3 Pyramiden pro Übungsform trainiert, bevor eine längere Pause mit leichten Lockerungs- und Dehnungsübungen von 3–6 Minuten folgt.
Mit dem *Serienprinzip* versucht man, einen relativ großen Umfang bei maximaler Intensität zu verwirklichen. Die Serienzahl beträgt z. B. 6 Serien pro Übungsform, die gleiche oder unterschiedliche Trainingsinhalte enthalten kann und 2–5mal wiederholt wird. Je höher die Belastungsintensität

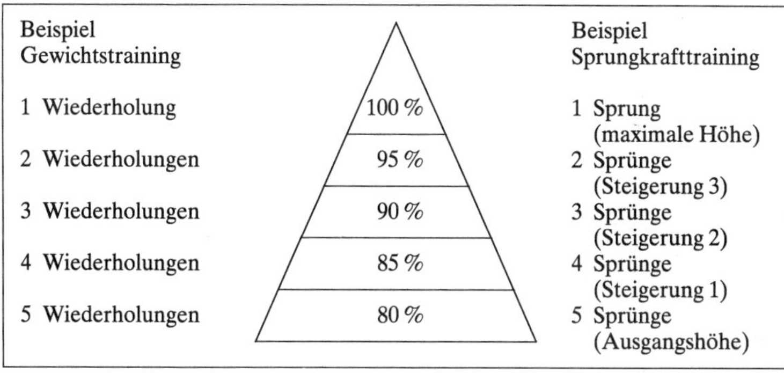

Abb. 1.4.5: Prinzip des Pyramidentrainings (vgl. BECHTHOLD/SCHÄDLICH 1979, 37 f)

gewählt wird (80–100 %), desto weniger Wiederholungen können gefordert werden. Die Pausenlänge zwischen den Serien beträgt 5 bis 15 Minuten. Eine weitere Trainingsform stellt das *Circuittraining* (auch Kreis- oder Zirkeltraining) dar. Dabei werden besonders im Grundlagentraining bei Anfängern unkomplizierte Übungen zusammengestellt und nacheinander an kreisförmig angeordneten Stationen absolviert (vgl. Tab. 1.4.4) Je nach Trainingsziel werden Umfang und Intensität entsprechend variiert:

- Ausdauer: hoher Belastungsumfang, niedrige Intensität;
- Kraft/Schnellkraft: ca. 80 % und mehr Intensität bei geringem Umfang und vollständigen/annähernd vollständigen Pausen.

Im folgenden werden 43 Grundübungen vorgestellt. In ihrer Belastungsdynamik und Ausführungsvariation entsprechend dem jeweiligen Übungsziel verändert, sollen sie dem Übenden und dem Trainer (Lehrer, Übungsleiter, Trainer) als Hilfe bei der Zusammenstellung eines Zirkel-Durchgangs dienen.

43 Grundübungen zum Zirkeltraining

1. Schritt- oder Steigeübungen im Gelände oder an Kästen, z. B. Treppenlaufen im Gelände
2. Schwebesitzübungen, auch Beinheben in Rückenlagen, z. B. Radfahren gegen Widerstand des Deuserbands
3. Rumpfhebeübungen in Bauchlage ohne und mit Widerstand, z. B. mit Halten eines Balls (Medizinball)
4. Armschwingen im Stand ohne und mit Gewichten, z. B. Kurzhanteln
5. Hocksprünge über kleine Hindernisse, z. B. über die Langbank
6. Liegestützübungen (Vorsicht im Jugendbereich)
7. Rumpfseitbeugen im Stand oder Sitz ohne und mit Gerät, z. B. Seit- und Rückbeugen im Stand mit Medizinball

8. Dribbel- und Hindernisläufe, z. B. Slalomdribbeln durch Stangen
9. Tiefe Kniebeugen mit Gewichten, z. B. mit der Scheibenhantel, Wechselschritte
10. Beineheben gegen Widerstand in Rückenlage oder im Hang, z. B. Beinkreisen mit Medizinball, Arme durch Hantel am Boden fixiert
11. Bankdrücken, ein- oder beidarmig aus der Rückenlage, z. B. wechselseitiges Beugen und Strecken mit Kurzhanteln
12. Beinstreckübungen gegen Widerstand (Gewicht, Partner), z. B. in Rückenlage am Krafttrainingsgerät
13. Hantelreißen (ein- und beidarmig), z. B. einarmiges Reißen der Kurzhantel mit Hüfteinsatz
14. Hampelmannübungen mit Kurzhanteln und Rundgewichten, z. B. beidarmiges Stoßen mit seitlichen Ausfallschritten
15. Laufen gegen Widerstand, z. B. Skipping am Ort (Partnerwiderstand)
16. Schnelles Rumpfdrehen, Beine an der Sprossenwand fixiert
17. Armzüge gegen leichten Widerstand, z. B. Armzüge an den Zugseilen (Kraftmaschine)
18. Kniehebelauf
19. Rumpfheben mit Armbeugen und -strecken – Rumpfaufrichten mit Abstoß vom Boden (Partnerhilfe, nur im JL-Bereich zu empfehlen)
20. Rumpfdrehbeugen, z. B. im Langsitz, Beine auf einem Stuhl aufgelegt, Ellbogen bis zum Boden herunterführen
21. Starts aus unterschiedlichen Körperpositionen, z. B. aus dem Tiefstart an der Wand (oder aus dem Block)
22. Schrittwechselsprünge aller Art, z. B. an der Langbank
23. Beineheben und -senken in Rückenlage gegen Widerstand, z. B. gegen Partnerwiderstand, Arme an der Sprossenwand fixiert
24. Rumpfheben aus der Bauchlage, z. B. auf Kasten, Partner fixiert die Beine, Oberkörper hängt frei
25. Armstrecken aus dem Liegestütz, z. B. aus dem Schrägliegestütz, Beine auf Kasten aufgelegt
26. Prell- und Wurfübungen gegen die Wand, z. B. im Stand mit gestreckten Armen
27. Winkelsprünge, z. B. mit Medizinball
28. Hock- und Strecksprünge aller Art, auch mit Gerät, z. B. mit Medizinball
29. Beinschwingen, z. B. über Stab
30. Rumpfkreisen aller Art, z. B. mit dem Stab
31. Runden und Überstrecken der Wirbelsäule, z. B. Gehen mit lockerem Rumpftiefschwung und -hochschwung im Wechsel
32. Armschwünge, z. B. Gegenarmkreisen
33. Hüpf- und Sprungformen, Seilspringen auf der Stelle
34. Arm-Rumpfkreisen und Rumpfheben, z. B. Rumpfheben mit Armzug aus der Bauchlage gegen Widerstand des Seils
35. Durchsteigen und Durchwindeübungen, auch Partnerübungen, z. B. mit dem Stab
36. Spielbeinführung, z. B. Achterbeinschwünge im Stand
37. Bein- oder Rumpfhebeübungen, z. B. im Langsitz Figuren- und Zahlenzeichnen in der Luft
38. Standwaageübungen, z. B. mit dem Stab
39. Armkreisen, z. B. Gegenarmkreisen mit gestreckten Armen

40. Dreh- und Anschlagsprünge, z. B. Federn und Hüpfen mit Drehungen
41. Ballwerfen und -fangen, vor und hinter dem Körper, z. B. hinter dem Körper Ball hochwerfen, in der Tiefhalte vor dem Körper auffangen
42. Rumpfverwringungen, z. B. Rumpfdrehbeugen seitwärts, rückwärts, Hände berühren Fersen
43. Balancier- und Gleichgewichtsübungen, z. B. Stabbalancieren auf der Bank (auch umgedrehte Langbank oder Rundbalken)

Tab. 1.4.4: Zirkel-Grundübungen (nach JONATH/KREMPEL 1987)

Ein wesentliches Merkmal des Circuittrainings besteht in der wechselnden Beanspruchung der Muskulatur (Arme, Schultern, Beine, Rumpf), wodurch eine Ermüdung des Organismus relativ spät eintritt.
Während beim Circuittraining innerhalb der gleichen Organisationsform je nach Gestaltung von Intensität und Umfang unterschiedliche konditionelle Fähigkeiten trainiert werden können, steht bei der *Wettkampf- und Kontrollmethode* die Nähe zur typischen Wettkampfbelastung im Vordergrund. Die Belastungsdauer kann kürzer oder länger als im Wettkampf sein.
Bei kürzerer Dauer kann die Intensität durch *Zusatzaufgaben* (z. B. zusätzliche Abwehrhandlungen, Laufbewegungen) und *Verkürzung der Pausen* (z. B. sofortiges Einwerfen eines zweiten Balls durch den Trainer nach einem Fehler) erhöht werden. Die Steigerung des Umfangs bei geringerer Intensität kann durch eine Verlängerung der Spiel- oder Trainingszeit über die Wettkampfdauer hinaus erfolgen. Auch das Trainieren von Handlungs-
folgen mit hoher Intensität oder hohem Umfang entspricht der Wettkampf- 57
methode. 58

Trainingsprinzipien
Es gibt eine Reihe allgemeiner Grundsätze zur Gestaltung der Trainingsbelastung, die nicht immer gleichzeitig und unabhängig voneinander realisiert werden können. Besonders bedeutsam ist die Gestaltung des Wechsels von Belastung und Erholung, das Prinzip der ansteigenden Belastung und das Prinzip der vielseitigen Belastung (Heterochronismus).

● *Belastung und Erholung*
Der Trainingsprozeß läßt sich als Wirkungsgefüge zwischen Belastung, Ermüdung und Erholung beschreiben. Der Organismus verfügt über die besondere Eigenschaft, die nach einer Belastung ausgeschöpften Energiereserven nicht nur wieder auffüllen, sondern dabei über das Ausgangsniveau hinausgehen zu können. Mit diesem *Mehrausgleich* (Über-/Superkompensation) bereitet sich der Organismus auf die folgenden Belastungen vor, um sie besser bewältigen zu können (vgl. Abb. 1.4.6). Der Organismus hat die

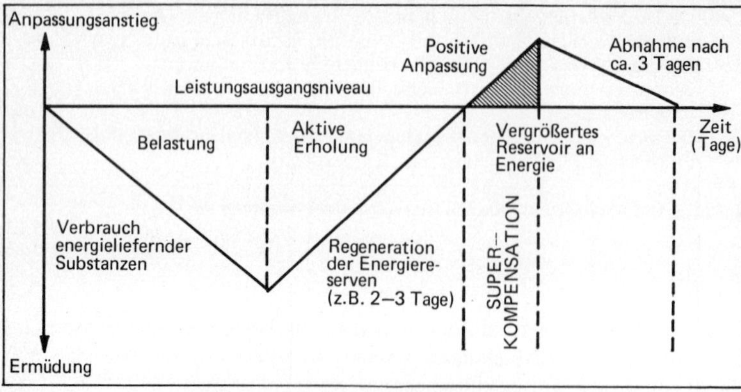

Abb. 1.4.6: Schematischer Verlauf der Superkompensation

Tendenz, zwischen Belastung und Funktionstüchtigkeit ein Gleichgewicht (Homöostase) herzustellen. Durch Training wird dieses Gleichgewicht gezielt gestört. Der Organismus versucht danach, sich der Belastung durch eine Verbesserung der Funktionstüchtigkeit anzupassen, d. h. eine neue Homöostase – allerdings auf höherem Niveau – wiederherzustellen. Dies kann allerdings erst dann geschehen, wenn die Intensität des Reizes über einen gewissen Grenzwert (Reizschwelle) hinausgeht. Die Reizschwelle wird dann überschritten, wenn z. B.
- ungewohnte Belastungen auftreten (z. B. neue, ungewohnte Bewegungshandlungen, Höhenbelastung),
- Intensität und Umfang über das gewohnte Maß hinausgehen (z. B. schnelles Laufen, Marathonstrecke).

Auch bei der *Gestaltung der Pause* spielen Umfang und Intensität der Erholung eine wichtige Rolle. Man versteht hier unter
- *Umfang der Erholung:* die Dauer der Erholungsvorgänge bis zur Wiederherstellung des physischen Leistungsvermögens;
- *Intensität der Erholung:* das Ausmaß der Wiederherstellung in bestimmten Zeitabschnitten.

Die Intensität der Erholung hängt ab
- von Umfang und Intensität der vorangegangenen Belastung,
- vom Leistungs- und Trainingszustand des Spielers,
- von der Gestaltung der Pause (aktiv oder passiv, voll- oder unvollständig).

Im ersten und zweiten Viertel der Erholungszeit sind die *Regenerationsprozesse* besonders effektiv (vgl. Abb. 1.4.7). In der Trainingspraxis hat diese

Abb. 1.4.7: Beziehung zwischen Erholungszeit und Erholungswert (nach MARTIN 1977, 57)

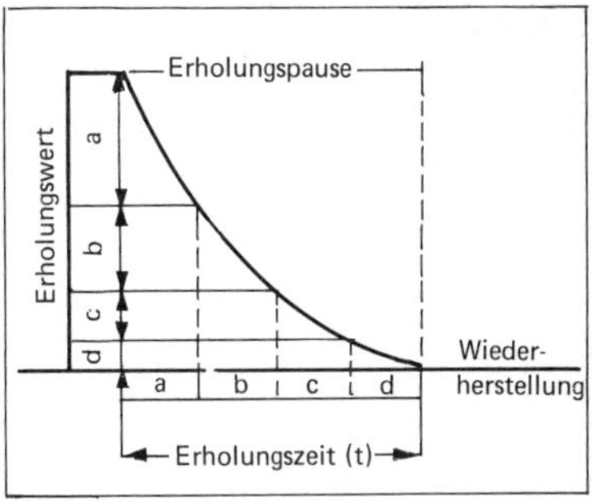

Erkenntnis dazu geführt, je nach Trainingsinhalt die Pause unterschiedlich zu gestalten:

Vollständige Erholungspausen sind erforderlich bei
- der Schulung von Konzentration und Koordination,
- Übungen mit maximalem Krafteinsatz,
- nach Wettkämpfen,
- bei motorischen Lernprozessen zur Entwicklung sportlicher Techniken,
- bei Schnelligkeits- und Reaktionstraining und schnellkräftigen Übungen.

Unvollständige Pausen finden Anwendung beim Training der
- Ausdauer (Grundlagen-, Kraft-, Schnelligkeits- und der volleyballspezifischen Ausdauer),
- Willenseigenschaften.

Daraus wird ersichtlich, daß im Training auf niedrigem Leistungsniveau gerade in Lernphasen sehr viel häufiger mit vollständigen Pausen gearbeitet werden muß, während im Leistungsbereich, wo es stärker um Willens- und Ausdaueraspekte geht, die unvollständige Pause im Vordergrund steht. Hierbei wirken sich aktive Erholungsphasen besonders positiv aus. Die Ursache hierfür könnte in folgendem Sachverhalt begründet sein: Bei einer größeren Belastung kommt es nicht nur zu einem lokalen Energieverbrauch in einem Organsystem oder der betroffenen Muskelgruppe, sondern auch zu lokalen Ermüdungserscheinungen in den Nervenzellen im Zentralnervensystem (ZNS), die diese Bewegung steuern. Diese Ermüdung tritt noch vor der Muskelermüdung ein und wirkt sich auf die Koordination negativ aus. Da diese Ermüdung aber nicht allgemein, sondern lokal ist, kann der Spieler durchaus anders belastende Übungsformen durchführen. Diese Bewegungen wirken sich auf die Regeneration in den vorher ermüdeten Nervenzellen beschleunigend aus. Die aktive Pause ist somit nicht nur eine neue Trainingsbelastung, sondern eine Hilfe für die Regeneration.

Während der Wechsel von Belastung, Ermüdung und Erholung in der Trainingseinheit über die Trainingsmethode gesteuert wird, geschieht dies in den längeren Zeiträumen besonders über die Trainingshäufigkeit (vgl. Abb. 1.4.8). Die Trainingshäufigkeit in der Woche variiert von 1–2 Trainingseinheiten im Schul-, Freizeit- und im unteren Leistungsbereich bis zum täglichen Training mit z. T. mehreren Trainingseinheiten pro Tag (14–18 Trainingseinheiten pro Woche) im Spitzensport. Während sich in der ersten Gruppe die Frage nach Trainingseffekten überhaupt stellt, geht es im Spitzensport eher um die Vermeidung von Übertraining.
Neuere Untersuchungen haben ergeben, daß sich auch bei nur zwei konditionellen Kurzprogrammen pro Woche bei der Ausdauer (in geringerem Maß bei der Kraft) Dauereffekte nachweisen lassen, während bei nur einmaligem Training die Wirkung der Superkompensation wieder verlorengeht.

Abb. 1.4.8: Beziehung zwischen Trainingshäufigkeit und Anpassung (Frey/Hildenbrandt 1983, 237)

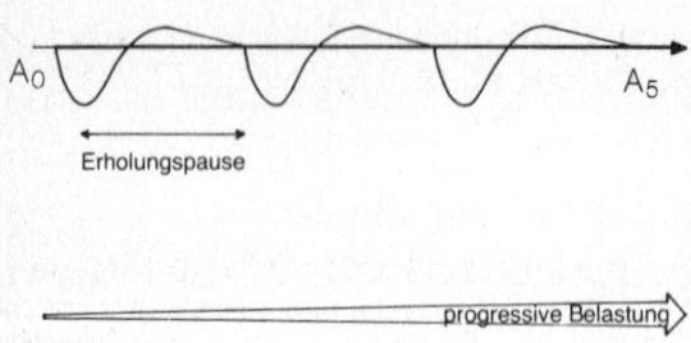

Bei einer optimalen Trainingshäufigkeit ist die Erholungspause zwischen den einzelnen Trainingseinheiten weder zu lang noch zu kurz. Der Trainingszustand verbessert sich vom Ausgangsniveau A_0 auf die höhere Stufe A_5 – allerdings nur bei steigender Belastung.

Die Abbildung ist stark vereinfacht. Sie zeigt lediglich die tendenzielle Entwicklung des Trainingszustandes. Dieser steigt in Wirklichkeit natürlich nicht linear an, sondern degressiv in Form einer Sättigungskurve mit immer kleiner werdendem Leistungszuwachs.

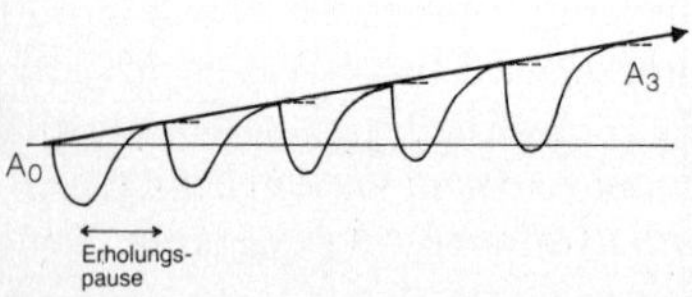

Bei zu geringer Trainingshäufigkeit ist die Pause zwischen den Trainingseinheiten zu groß. Der Trainingszustand läßt sich nicht anheben ($A_0 = A_3$) – auch nicht bei steigender Belastung. Der neue Reiz erfolgt immer erst, wenn sich die Überkompensation bereits wieder zurückgebildet hat.

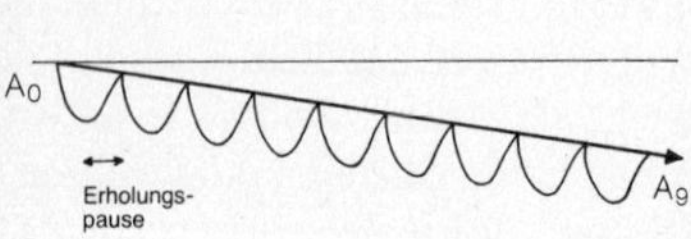

Bei zu großer Trainingshäufigkeit ist die Pause zwischen den Trainingseinheiten zu kurz. Das Leistungsvermögen verschlechtert sich, da nicht einmal die Wiederherstellung abgewartet wird (Übertraining).

Im Spitzenbereich wird in der Vorbereitung auf wichtige Wettkämpfe ein *Stoßtraining* durchgeführt, bei dem das Prinzip der unvollständigen Erholung realisiert wird. Die einzelnen Trainingseinheiten liegen so dicht, daß die Wiederherstellung nicht gewährleistet ist. Nach längeren aktiven oder passiven Erholungspausen folgt dann der Wettkampf (vgl. Abb. 1.4.9).
Der Organismus braucht also eine gewisse Zeit der Anpassung an das neue Belastungsniveau, das es dann zu stabilisieren gilt. Die *Leistungsstabilisie-*

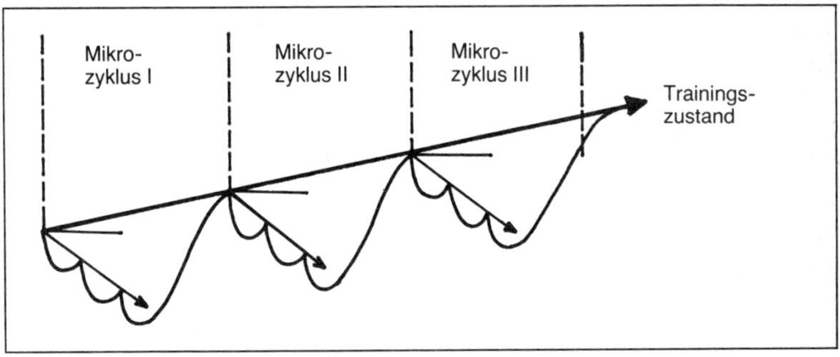

Abb. 1.4.9: Aufsummierte Wirksamkeit mehrerer Trainingseinheiten nach dem Prinzip der unvollständigen Erholung nach MATWEJEW (FREY/HILDENBRANDT 1983, 238)

rung hängt von der Geschwindigkeit des Leistungsaufbaus ab. Dies ist besonders in Phasen wichtig, in denen das Training abgesetzt oder stark reduziert wurde, wie bei Verletzung oder Urlaub. Eine über einen langen Zeitraum erzielte Leistungssteigerung ist in der Regel stabiler als ein Leistungsniveau, das über hohe Intensität und eventuell auch hohen Umfang in einem kurzen Zeitraum von 1–2 Wochen erzielt wurde (vgl. Abb. 1.4.10).
Ein Leistungszuwachs nach dem Prinzip der Superkompensation erfolgt aber nicht linear und unbegrenzt, sondern hat den typischen Verlauf einer Sättigungskurve (vgl. Abb. 1.4.11). Daraus läßt sich ablesen, daß bei hohem Leistungsstand ein hohes Belastungspensum (Umfang) erforderlich ist, um diesen zu erhalten bzw. zu steigern, während der Anstieg auf niedrigem Niveau relativ schnell erfolgt. Es lassen sich folgende Phasen unterscheiden:

Abb. 1.4.10: Leistungsstabilität in Abhängigkeit von der Schnelligkeit des Aufbaus (FREY/HILDENBRANDT 1983, 240)

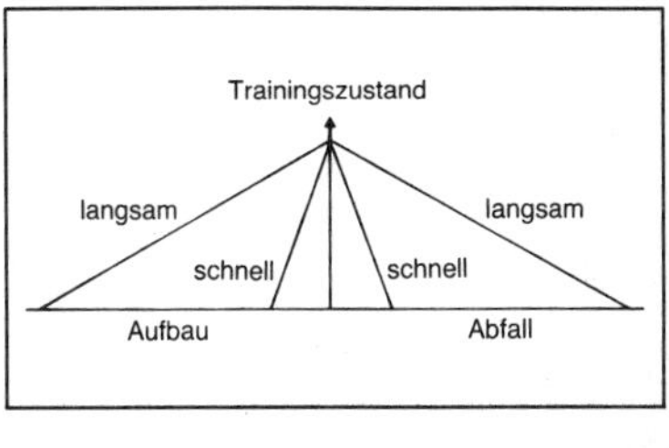

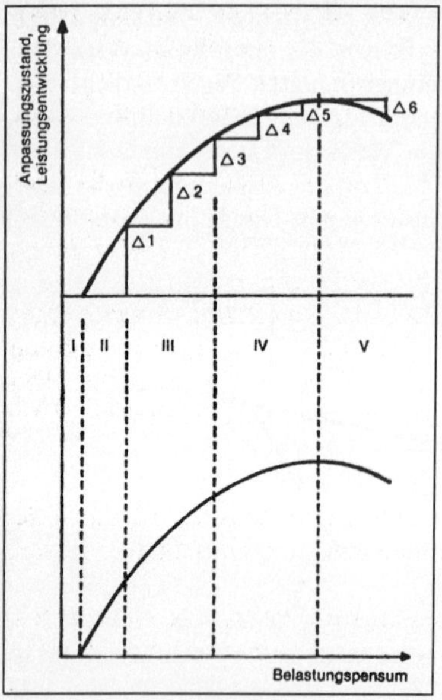

Abb. 1.4.11: Entwicklung der Anpassung in Abhängigkeit vom Belastungspensum (FREY 1981, 121)

I Es kommt zu keinem Leistungszuwachs, weil die Reizschwelle nicht oder nicht lange genug überschritten wird.

II In der Anfängersituation kommt es bei geringem Belastungspensum zu einem hohen Leistungszuwachs.

III Belastungspensum und Leistungszuwachs sind optimal aufeinander abgestimmt (z. B. Aufbautraining).

IV Ein geringer Leistungszuwachs macht bereits ein hohes Belastungspensum erforderlich (z. B. im Spitzensport).

V Bei zu hohem (evtl. einseitigem) Belastungspensum fällt das Leistungsniveau ab.

• *Prinzip der ansteigenden Belastung*

Im mehrjährigen Trainingsprozeß kann die Belastung durch die Steigerung von Intensität und/oder Umfang erhöht und damit eine Leistungssteigerung erzielt werden. Die Intensität kann über die Trainingsinhalte und die Belastungsdichte je nach Trainingsmethode gesteigert werden. Der Umfang läßt sich durch die zeitliche Verlängerung der Trainingseinheit, die Erhöhung der Trainingseinheiten in der Woche und Ausdehnung der Wettkampfphase (z. B. Pokal- und Auswahlspiele) erreichen.
Bei der Steigerung von Umfang und Intensität müssen Alter und Trainingsalter berücksichtigt werden. Besonders im *Jugendbereich* sollte die Erhöhung des Umfangs der Intensitätssteigerung vorausgehen. Ist die Steigerung der Trainingszeit begrenzt, sollte die Intensität *dosiert* erhöht werden. Im Jugendtraining muß dies allmählich und *kontinuierlich* erfolgen, während im Spitzenbereich häufig eine *sprunghafte* Belastungssteigerung angemessen ist.
Während die Belastung bei den *konditionellen* Fähigkeiten bei gleichen oder ähnlichen Trainingsinhalten (z. B. bei einem Circuittraining) besonders über die Veränderung von Intensität und Umfang variiert wird, erfolgt

dies im *technisch-taktischen* Bereich durch die Veränderung des Bewegungstempos, der Ausgangslage, der Kombination verschiedener Übungselemente, Veränderung äußerer Bedingungen, kompliziertere Bewegungshandlungen, also durch erhöhte Anforderungen an die Koordination bei den Trainingsinhalten.

Bei der Gliederung des langfristigen Trainingsprozesses in ein Nachwuchs- und ein Hochleistungstraining besteht das Ziel in einer kontinuierlichen Verbesserung der sportlichen Leistungsfähigkeit durch allmähliche Steigerung der Trainingsanforderungen und -belastungen.

Beim *Nachwuchstraining* wird in *Grundlagen- und Aufbautraining* unterschieden. Diese Einteilung ist prinzipiell altersunabhängig, da in bestimmten Sportarten (z. B. Turnen, Schwimmen) bereits Kinder im Hochleistungstraining stehen, während z. B. im Volleyball dies in der Regel erst später beginnt.

Die *Ziele im Grundlagentraining* sind

- vielseitige konditionelle und koordinative Grundausbildung durch den Einsatz vielfältiger und allgemeinbildender Trainingsinhalte und -methoden,
- Erwerb einer breit angelegten Bewegungserfahrung, besonders auch im Bereich Spielfähigkeit, durch unterschiedliche Lehr- und Lernverfahren.

Im *Aufbautraining* erfolgt dann eine

- stärkere Orientierung beim Training der konditionellen und koordinativen Fähigkeiten am Volleyballspiel mit spezifischeren Trainingsmethoden und -inhalten,
- gezielte Technik- und Taktikschulung mit den entsprechenden Spezialisierungen auf den Positionen (z. B. Steller, Angreifer),
- Steigerung von Umfang und Intensität des Trainings und der Wettkampfhäufigkeit.

Das *Hochleistungstraining* zielt auf die

- individuelle und mannschaftliche Höchstleistung,
- höchstmögliche Steigerung von Intensität und Umfang des Trainings,
- Spezialisierung von Trainingsmethoden und -inhalten,
- Perfektionierung, Stabilisierung und Variabilität von Bewegungshandlungen und Taktik,
- Stabilisierung der Leistung in Belastungssituationen,
- Stabilisierung der Leistung von Spielern und Mannschaft über den Wettkampfzeitraum hinaus.

Volleyballer im *Breiten- und Freizeitsportbereich* haben in der Regel keine systematisch variierte Belastung im Training. Sie ergibt sich aber häufig bei der Vorbereitung auf Meisterschaften, in deren Vorfeld eine gezieltere Vorbereitung sinnvoll und in Anbetracht der Belastungen eines Turniers auch dringend erforderlich ist. Dabei stehen allerdings technische und taktische Aspekte wie die Mannschaftsaufstellung und das Zusammenspiel im

Vordergrund, während ein gezieltes Konditionstraining selten durchgeführt wird. Unterschiede zwischen Mannschaften ergeben sich hier jedoch in Abhängigkeit vom Anspruchsniveau der Gruppe und dem des Übungsleiters. Wird ein geregeltes Training durchgeführt, ergeben sich eine Reihe von strukturellen Bedingungen wie im Jugendtraining.

- *Prinzip der wechselnden Belastung*

Im Trainingsprozeß des Volleyballspiels müssen die leistungsrelevanten Komponenten optimal und aus Zeitgründen möglichst ökonomisch entwickelt werden. Die Auswirkungen von Belastungen auf den Organismus dürfen deshalb nicht zu Überlastungen führen und sich nicht behindern oder gar aufheben. Verschiedene Belastungsformen (z. B. Kraft-, Ausdauer- oder Koordinationstraining) belasten den Organismus unterschiedlich und erfordern auch verschiedene Zeiträume der Regeneration (*Heterochronismus*). So belastet z. B. ein umfangreiches Ausdauertraining in der Vorbereitungsperiode besonders die Energiespeicher der Muskulatur, die eine bestimmte Zeit zu ihrer Wiederauffüllung bis zu ihrer ursprünglichen Leistungsfähigkeit benötigen. Wird während dieser Phase nun ein Krafttraining durchgeführt, bei dem besonders die Eiweißsynthese für die Massenzunahme des Muskels aktiviert wird, ist der Organismus belastungsfähiger als bei der Wiederholung einer gleichartigen Belastung. Unterschiedliche Belastungen und eine spezifische *Belastungsfolge* ermöglichen somit eine Steigerung von Umfang und Intensität im Training ohne Überforderung. Aus der Trainingspraxis haben sich daraus zwei Grundsätze ergeben:

1. Übungen, deren Effektivität eine vollständige Erholungsphase voraussetzen, stehen am Anfang einer Trainingseinheit, d. h. Konzentrationsübungen stehen vor Schnelligkeits- und Reaktionsübungen, diese stehen vor Maximal- oder Schnellkraftübungen.
2. Übungen, deren Effektivität nur unvollständige Erholungspausen benötigen, rücken in der Reihenfolge hinter die erste Gruppe von Übungen, d. h. Übungen der Schnelligkeitsdauer stehen vor Übungen der Kraftausdauer, diese stehen vor der Schulung der allgemeinen Grundlagenausdauer.

In vereinfachter Form läßt sich die Belastungsfolge so darstellen (vgl. MARTIN 1977, 62):

↑	Übungen zur Schulung von	
	Konzentration, Reaktion, Schnelligkeit	
hinter	Schnellkraft, Maximalkraft	vor
	Schnelligkeitsausdauer	
	Kraftausdauer	
	Grundlagenausdauer	↓

Die vielseitige Belastung kann nicht nur durch die Beanspruchung unterschiedlicher Leistungskomponenten, sondern auch durch die differenzierte *Lokalisation* der Trainingsbelastungen erreicht werden:
- Zentralnervensystem (kognitiver, psychischer, emotionaler, koordinativer Bereich),
- Bein-, Gesäß-, Hüftmuskulatur,
- Bauch- und Rückenmuskulatur,
- Herz-Kreislauf-System,
- Atemsystem,
- Regenerations- und Entspannungsübungen.

Eine dritte Möglichkeit der vielseitigen und wechselnden Belastungsgestaltung ergibt sich durch unterschiedliche Grade der Annäherung einer Belastungsform an die wettkampfmäßige Beanspruchung. Man unterscheidet dabei Wettkampfübungen, Spezialübungen und allgemeinentwickelnde Übungsformen. In der *Wettkampfübung* ist die nach den gültigen Wettkampfbestimmungen ausgeführte Bewegungshandlung enthalten, auf die sich der Spieler je nach Situation (Aufschlag, Annahme, Zuspiel, Angriff, Block, Sichern, Abwehr) und Funktion (Steller, Angreifer, Blockspieler) spezialisieren muß. *Spezialübungen* enthalten Elemente der Wettkampfhandlungen. Situationen und Bewegungsabläufe (Bewegungsrichtung, Kraft-Zeitverlauf) entsprechen der Wettkampfhandlung, üben diese aber in mehr oder weniger komplexen Zusammenhängen. *Allgemeinentwickelnde Übungen* unterscheiden sich von der Wettkampfhandlung, sind anderen Sportarten entnommen oder sind Übungen gymnastischer Art ohne, mit und an Geräten (vgl. Tab. 1.4.5; 1.4.6 und 1.4.7).

Anforderungsstruktur
- Weder in Dynamik (Kraft-Zeit-Verlauf) noch in der räumlichen Struktur (Weg-Zeit-Verlauf) mit der Wettkampfübung übereinstimmend
- Allgemeine Kondition und Koordination
- Vielseitige Bewegungsabläufe aus anderen Sportarten

Belastung
- Vielseitige, allgemeine Beanspruchung
- Verteilung der Anforderung auf alle Muskeln, Sehnen, Bänder, Gelenke und Knochen
- Belastung des Herz-Kreislauf-Systems und der Atmung

Trainingswirkung
- Erhalt der Leistungsfähigkeit beim Fehlen von Spezialübungen (z. B. bei Verletzungen, Pausen, schlechten materiellen und räumlichen Bedingungen)
- Abwechslung, Vorbeugung gegen Sättigung und Monotonie im Training
- Kräftigung aller Muskeln (z. B. auch Halte- und Stützmuskulatur zur Verrichtung negativer Arbeit)

- Steigerung der Belastungs- und Regenerationsfähigkeit
- Transfer auf das Erlernen neuer Bewegungsfertigkeiten
- Verbesserung der koordinativen Fähigkeiten
- Reduzierung der Verletzungsanfälligkeit
- Mittelbare Beeinflussung der Leistungsentwicklung

Zeitraum

- Grundlagentraining
- Vorbereitungsperiode I
- Am Ende von Mikrozyklen und längeren Trainingseinheiten zur Einleitung der aktiven Erholung

Beispiele

Dauerlauf, gymnastische Übungen mit und ohne Gerät, Kraftübungen, Entspannungsübungen, Fertigkeiten aus Leichtathletik, Turnen, Gymnastik, Sportspielen, Kleinen Spielen, Kleinen Sportspielen, Rückschlagspielen.

Tab. 1.4.5: Merkmale allgemeinentwickelnder Übungen

Tab. 1.4.6: Merkmale von Spezialübungen

Anforderungsstruktur

Mehrere Hauptaufgaben der konditionellen, koordinativen, technischen, taktischen und psychischen Anforderungen des Volleyballspiels sind einzeln und/ oder gleichzeitig zu lösen.

Belastung

- Zielgerichtete, effektive Belastungsdosierung durch gewisse Standardisierung in Ablauf und Organisation möglich,
- Spezialisierung auf bestimmte Aufgabenstellungen,
- Gefahr der einseitigen Belastung und Monotonie,
- Gefahr der Überbeanspruchung einseitig belasteter Muskeln, Sehnen, Bänder, Gelenke, Knochen.

Trainingswirkung

- Vervollkommnung von einzelnen volleyballspezifischen konditionellen, koordinativen, technischen, taktischen und psychischen Fähigkeiten,
- Oft geringe Steigerung der Ausdauer-, allgemeinen Belastungs- und Regenerationsfähigkeit,
- Kräftigung der Muskeln, die die volleyballspezifische positive Arbeit leisten.

Zeitraum

Überwiegend in der Vorbereitungs- und Wettkampfperiode
Aufbau- und Hochleistungstraining

Beispiele

Volleyballspezifische Komplexübungen für Abwehr, Aufbau, Angriff, Block, Abwehr und Aufschlag, Individual-, Gruppen- und Mannschaftstaktik.
Spezialtraining für Steller, Angreifer, Blockspieler, Abwehrspieler und Mannschaftsteile in Zusammenhang mit Angriffskombinationen und Zweier-, Dreierblock.

Anforderungsstruktur
- Zeit- und Handlungsabläufe wettkampfnah
- Erschwerung und Schwerpunktsetzungen durch
- Reduzierung der Intensität unter die des Wettkampfes zur Schulung der aeroben Ausdauer,
- Erhöhung von Zahl und Dauer der Übungen zur Vervollkommnung der Technik und Taktik und Steigerung der Belastungsfähigkeit,
- Erhöhung der Intensität durch Zusatzaufgaben.

Belastung
Belastung bei großem Reizumfang und wettkampfspezifischer Intensität in der Trainingseinheit oft höher als im Wettkampf.

Trainingswirkung
- Verbindung der einzelnen Leistungsbereiche zu Handlungsfolgen,
- Direkte physische, psychische, technische und taktische Vorbereitung auf die Wettkampfanforderungen,
- Aufbau und Stabilisierung der Wettkampfleistung,
- Beschleunigung des komplexen physischen und psychischen Anpassungsprozesses.

Zeitraum
Ende der Vorbereitungsperiode
Überwiegend in der Wettkampfperiode
Aufbau- und Hochleistungstraining

Beispiele
- Trainingsspiel, Trainieren von Handlungsketten (Spielphasenübungen)
- Spiele unter erschwerten Bedingungen (z. B. ohne Block, geringere Anzahl der Spieler),
- Spiel mit Zusatzbelastungen (z. B. Abwehrbewegungen nach Abschluß des eigenen Angriffs)
- Erhöhung der psychischen Belastung (z. B. Punktevorgabe für die gegnerische Mannschaft bei Spielbeginn)
- Erhöhung der Belastung durch Verkürzung der Pause nach Unterbrechung (z. B. schnelles Einwerfen des nächsten Balles durch den Trainer anstatt eines Aufschlags). 59

Tab. 1.4.7: Merkmale von Wettkampfübungen 60

Das Prinzip der wechselnden Belastung wird auch durch eine *Differenzierung* und *Individualisierung* der Trainingsbelastung realisiert. Dabei müssen Konstitution, Reifungsgrad, Entwicklungs- und Leistungsstand, Funktionstüchtigkeit, Regeneration nach Verletzung oder Erkrankung, berufliche und sonstige momentane außersportliche Anforderungen Berücksichtigung finden. Im Spitzenbereich ergibt sich dies z. B. aus dem hohen Maß an Rollenspezialisierung, während im Jugendbereich unterschiedlich schnelle Entwicklungsverläufe in Rechnung zu stellen sind. Eine immer für alle Spieler/-innen gleiche Trainingsbelastung kann wegen einer Überbela-

stung einzelner Spieler und der Unterbelastung anderer Spieler viel an Effektivität verlieren. Die Entscheidungsfähigkeit des Trainers in diesem Be-
61 reich setzt Leistungskontrolle, Beobachtungsfähigkeit, Einfühlungsvermö-
62 gen, Gesprächsbereitschaft mit den Spielern und Vertrauen voraus.

Zusammenfassung

- Die Belastung kann durch Umfang und Intensität der Trainingsreize gesteuert werden. Die Spieler reagieren je nach Leistungsfähigkeit, Alter und Trainingszustand mit unterschiedlichen Anpassungen.
- Zur Entwicklung der konditionellen Fähigkeiten finden Intervall-, Dauer-, Wiederholungs-, Wettkampf- und Kontrollmethoden, Pyramiden-, Serien- und Circuittraining Anwendung. Allgemeine Prinzipien wie ansteigende Belastung, Heterochronismus und Superkompensation müssen beim Einsatz von allgemein entwickelnden, Spezial- und Wettkampfübungen berücksichtigt werden. Bei den Trainingsinhalten muß eine spezifische Belastungsfolge eingehalten werden.
- In der langfristigen Trainingsplanung wird zwischen Grundlagen-, Aufbau- und Hochleistungstraining unterschieden.

Erich Christmann

1.5 Kinder- und Jugendtraining

Ausbildungsschwerpunkte

Kinder stellen durch sportliche, künstlerische und kognitive Höchstleistungen die Gütemaßstäbe der Erwachsenen immer wieder in Frage, indem sie erbrachte Spitzenleistungen oft gar nicht als Besonderheit empfinden. Von daher ist es sinnvoll, nicht nur das Leistungsergebnis (Produkt), sondern besonders den Prozeß zu betrachten, der zu dieser Leistung führt (vgl. Abb. 1.5.1).

Das Problem möglicher Überlastungen durch ein Kindertraining ist im Volleyball nicht von so großer Bedeutung, da Früheinsteiger in die Sportart noch relativ selten, Spät- und Quereinsteiger noch die Regel sind. Der Trend zum frühen Einstieg in ein systematisches Volleyballtraining verstärkt sich aber immer mehr und muß deshalb wegen der möglichen Gefahren durch eine zu frühe Spezialisierung sorgfältig beobachtet werden.

Beim *Früheinstieg* gliedert sich der Trainingsaufbau in drei Ausbildungsabschnitte mit unterschiedlichen Trainingszielen (vgl. Abb. 1.5.2).

Bei Früheinsteigern wird häufig der Fehler gemacht, daß gleich zu Beginn des Trainings die volleyballspezifischen Anforderungen in den Vorder-

Abb. 1.5.1: Komponenten und Prozeß der Leistungsentwicklung

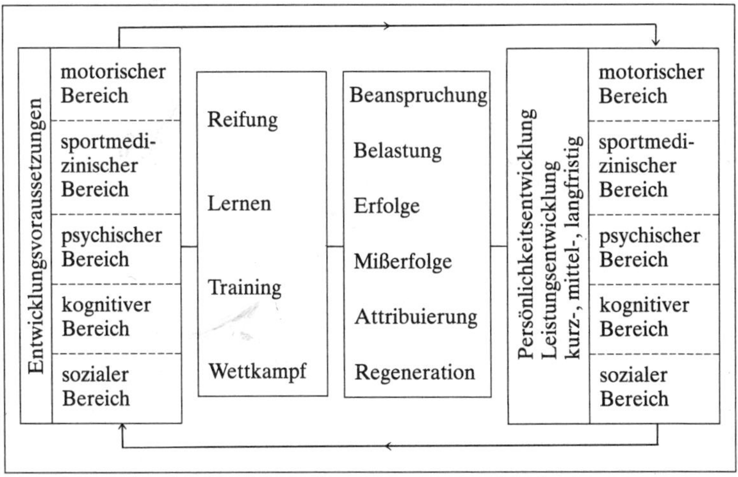

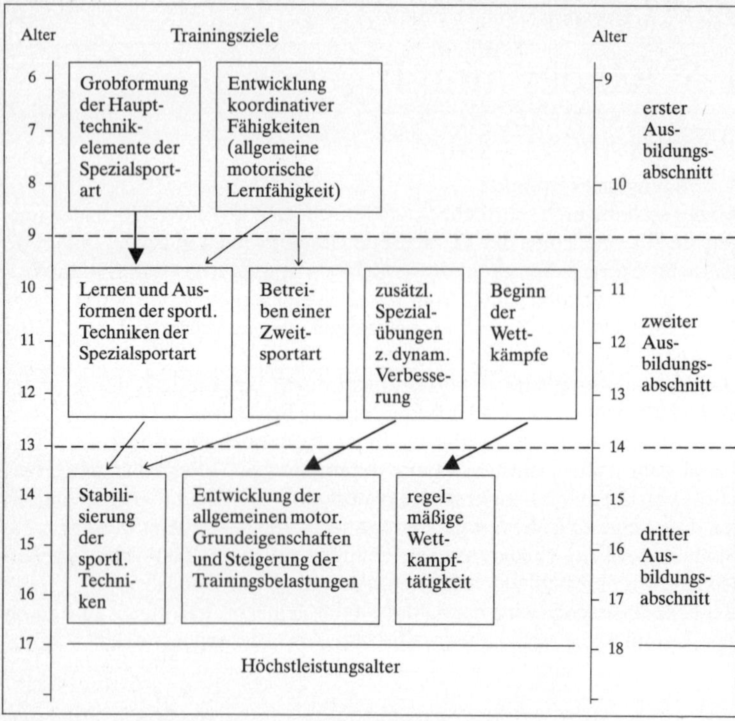

Abb. 1.5.2: Abfolge der drei Ausbildungsabschnitte für Früheinsteiger mit den entsprechenden Trainingszielen (vgl. MARTIN 1981, 172)

grund gestellt und auch bald Wettkämpfe bestritten werden. Eine vielseitige motorische Grundausbildung wird sträflich vernachlässigt.

Beim *Späteinstieg* entfällt der erste Ausbildungsabschnitt, was aber oft durch vielfältige Vorerfahrungen in anderen Sportarten ausgeglichen wird. Die Leistungsentwicklung verläuft hier oft beschleunigt. Auch hier besteht die Gefahr der *Frühspezialisierung* und des zu schnellen Wettkampfeinstiegs. Deshalb darf im Trainingsaufbau keinesfalls auf eine vielseitige Grundausbildung verzichtet werden (vgl. Abb. 1.5.3).

Quereinsteiger im Alter von 15/16/17 Jahren nehmen das Training im Volleyball nach einer langjährigen Erfahrung in einer anderen Sportart auf und bringen oft durch vielseitige Bewegungserfahrung hervorragende Voraussetzungen mit. Sie können direkt mit dem dritten Ausbildungsabschnitt beginnen, wobei das Hauptaugenmerk auf das Erlernen von Technik und
63 Taktik zu legen ist (vgl. Abb. 1.5.4).

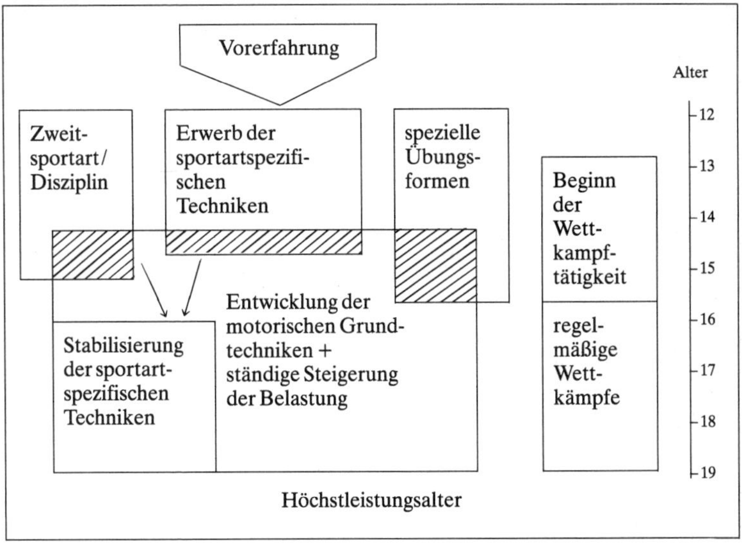

Abb. 1.5.3: Modell der Zusammenhänge der Trainingsziele für den Trainingsaufbau bei Späteinsteigern (vgl. MARTIN 1981, 173)

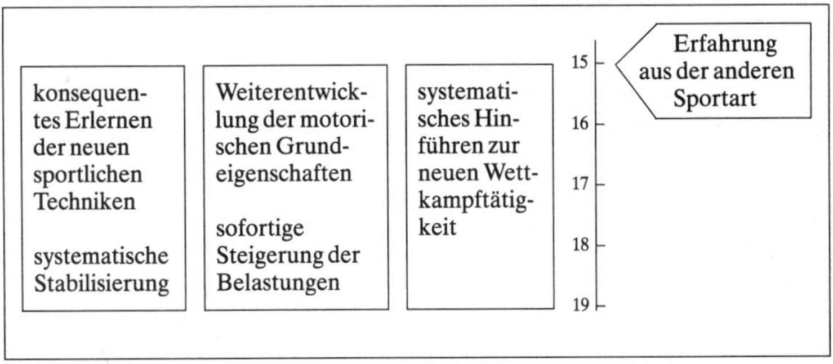

Abb. 1.5.4: Möglicher Trainingsaufbau für Quereinsteiger (vgl. MARTIN 1981, 173)

Die motorische Leistungsfähigkeit von Kindern und Jugendlichen wird je nach motorischer Beanspruchung in den verschiedenen Lebensaltern durch *Reifung, Lern- und Trainingsprozesse* entwickelt. Die einzelnen Fähigkeiten entwickeln sich dabei relativ unabhängig voneinander mit unterschiedlichen Entwicklungsgeschwindigkeiten. Die Tabellen 1.5.1 und 1.5.2

Konditionselemente	Altersstufen in Jahren (♂ = männlich, ♀ = weiblich)						
	5–8	8–10	10–12	12–14	14–16	16–18	18–20
Maximalkraft				+ ♀	+ ♂ + + ♀	+ + ♂ + + + ♀ →	+ + + ♂ →
Schnellkraft			+ ♀	+ ♂ + + ♀	+ + ♂ + + + ♀ →	+ + + ♂ → →	→ →
Kraftausdauer				+ ♀	+ ♂ + + ♀	+ + ♂ + + + ♀ →	+ + + ♂ →
aerobe Ausdauer		+ ♂ ♀	+ ♂ ♀	+ + ♂ ♀	+ + ♂ ♀	+ + + ♂ ♀ →	→
anaerobe Ausdauer				+ ♀	+ ♂ + + ♀	+ + ♂ + + + ♀ →	+ + + ♂ →
Reaktionsschnelligkeit		+ ♂ ♀	+ ♂ ♀	+ + ♂ ♀	+ + ♂ ♀	+ + + ♂ ♀ →	→
azykl. max. Schnelligkeit			+ ♀	+ ♂ + + ♀	+ + ♂ + + ♀	+ + + ♂ → + + + ♀ →	→ →
zykl. max. Schnelligkeit			+ ♀	+ ♂ + + ♀	+ + ♂ + + ♀	+ + + ♂ → + + + ♀ →	→ →
Gelenkigkeit	+ + ♂ ♀	+ + ♂ ♀	+ + ♂ ♀	+ + + ♂ ♀	→	→	→

Zeichenerklärung:
+ vorsichtiger Beginn (1–2 × wöchentlich)
+ + gesteigertes Training (2–5 × wöchentlich)
+ + + Leistungstraining
——→ ab hier fortlaufend

Tab. 1.5.1: Möglichkeiten des Trainingsbeginns und des forcierten Trainings konditioneller Fähigkeiten in den verschiedenen Altersstufen (Hahn 1982, 69)

geben einen Überblick über günstige Zeitpunkte und Schwerpunkte für die Entwicklung der konditionellen und koordinativen Fähigkeiten.
Bei der langfristigen Trainingsplanung müssen sich die Anforderungen auch am biologischen Alter orientieren. Das Trainingspensum, der Grad der Spezialisierung und die Bedeutung der Wettkämpfe verändern sich dabei im Grundlagen-, Aufbau- und Leistungstraining schrittweise (vgl. Abb. 1.5.5.).
Die sportartübergreifende vielseitige Ausbildung kann nicht nur durch die Trainingsgestaltung, sondern auch über ein spezielles *Wettkampfsystem* im Jugendbereich gefördert werden. So können z. B. bei der Ermittlung eines Jugendmeisters im Volleyball auch Leistungen in anderen Sportarten berücksichtigt werden (z. B. Volleyball: Basketball: Leichtathletik = 50 % : 20 % : 30 %). Bei der Auswahl der Ergänzungssportarten und

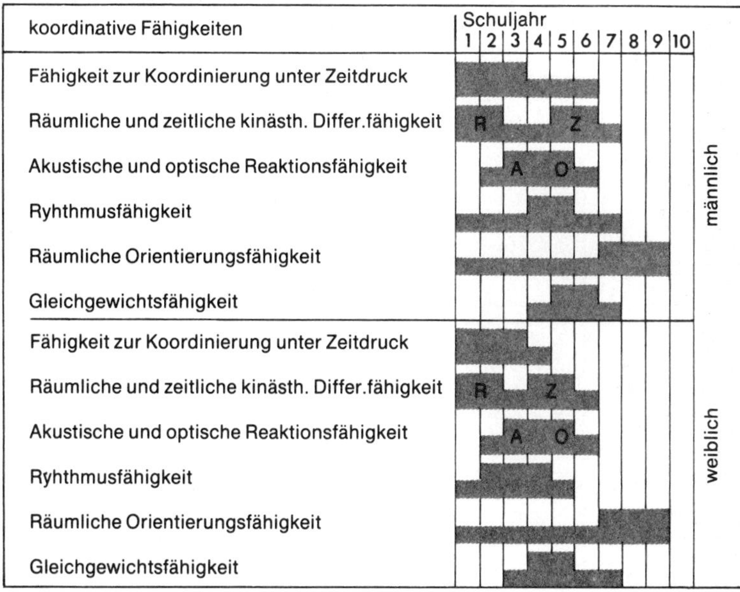

Tab. 1.5.2: Günstige Zeiträume für das Training der koordinativen Fähigkeiten in den Klassen 1–10 (HAHN 1982, 72)

Abb. 1.5.5: Der langfristige Trainingsaufbau (HAHN 1982, 65)

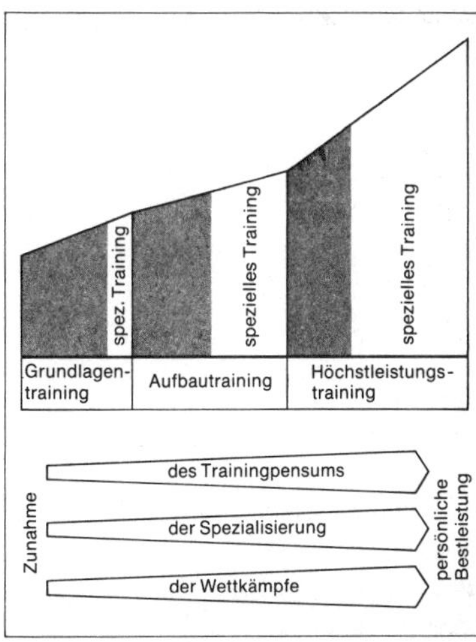

-spiele sollten die entscheidenden Leistungskomponenten des Volleyballspiels und strukturähnliche Sportarten berücksichtigt werden (vgl. 1.2 und 1.3). Die im Methodikkonzept entwickelten volleyballspezifischen Trainingsanforderungen versuchen in diesem Sinn allgemeinere Grundlagen des kindlichen Entwicklungsprozesses in den Trainingsinhalten zu berücksichtigen (vgl. Abb. 1.5.6).

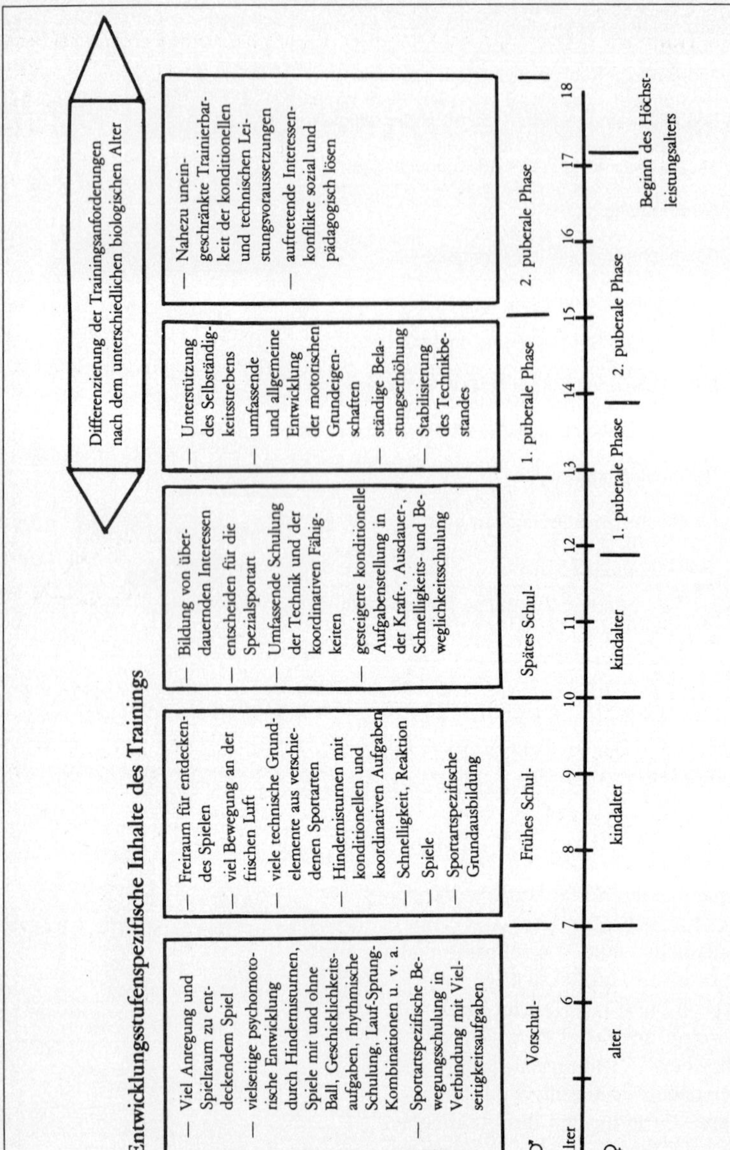

Abb. 1.5.6: Entwicklungsspezifische Inhalte des Kinder- und Jugendtrainings (vgl. MARTIN 1980, 327)

Soziales Umfeld

Zur Trainingsbelastung kommen aber noch eine Reihe weiterer Probleme aus dem sozialen Umfeld (z. B. Elternhaus, Freizeit, Schule/Studium/Beruf, Trainer/Verband) mit oftmals konkurrierenden Normen, Regeln, Werten, Ansprüchen und Erwartungen (vgl. Abb. 1.5.7) hinzu. Kann zwischen den verschiedenen Bedürfnissen keine Balance hergestellt werden, führt dies oft zum Abbruch der Sportkarriere oder zum Wechsel in eine 64
andere Sportart (drop-out). 65

Abb. 1.5.7: Mögliche Ursachen für das Aussteigen aus einer Sportkarriere (vgl. HOLZ 1981, 7)

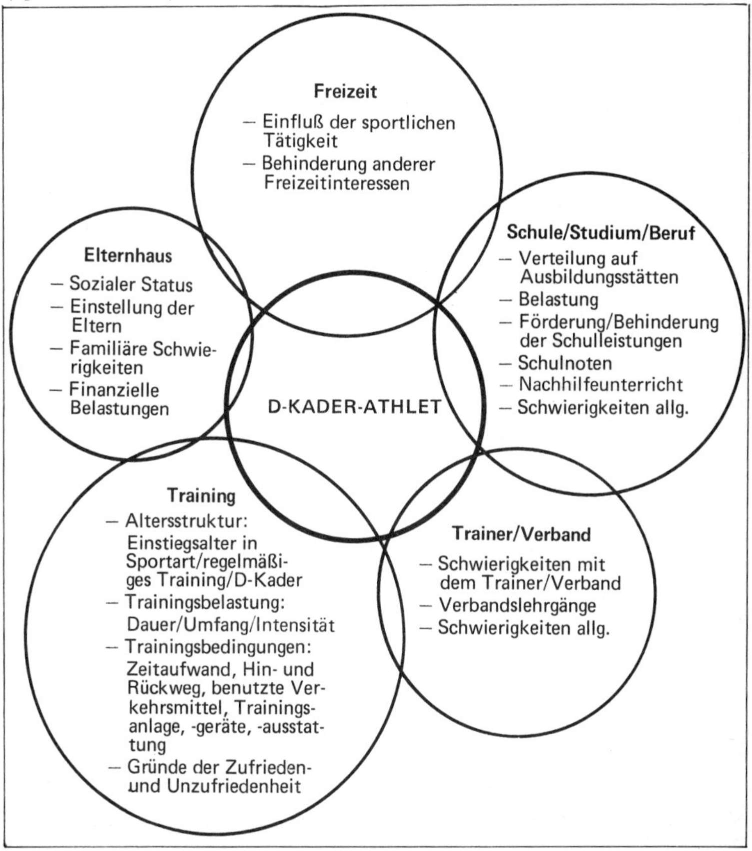

Für die Gestaltung des Jugendtrainings im Hochleistungssport lassen sich auf der Basis der Ergebnisse folgende Forderungen ableiten:

- Trainer, Vereine, Verbände, Eltern usw. müssen darauf achten, daß neben dem Hochleistungstraining auch noch andere Betätigungen im Alltag des Kindes und Jugendlichen möglich sind und durchgeführt werden.
- Anerkennung und Selbstbestätigung muß an sportliche und andere Betätigungen gekoppelt werden.
- Persönliche Beziehungen zu Gleichaltrigen müssen gewährleistet sein, damit der breite Erfahrungshorizont dieses Alters erlebt werden kann.
- Der Trainer sollte über Pläne, anstehende Entscheidungen und Vorstellungen zur beruflichen Zukunft informiert sein und diese in seiner Trainings- und Wettkampfplanung berücksichtigen. Er sollte den Jugendlichen nicht nur kritisieren und tadeln, sondern auch durch Anerkennung zur Leistung motivieren. Auf der Grundlage einer medizinischen Betreuung (z. B. Kontrolluntersuchungen in festen Abständen durch Sportmediziner) sollte er – besonders im Pubertätsalter – auf die körperliche Entwicklung achten, um Langzeitschäden vorzubeugen.
- Der Trainingsaufbau der Älteren mit starker enger Spezialisierung der Mittel und Methoden des Volleyballtrainings mit Periodisierung und starrer Systemauffassung von Training und Wettkampf sollte nicht auf das Kinder- und Jugendtraining übertragen werden.
- Der Aufbau einer langfristigen Leistungsmotivation sollte an die Stelle
66 kurzfristiger Erfolgsmotivation durch die Betonung des frühen Wett-
67 kampferfolges treten.

Zusammenfassung

- Während in der Vergangenheit der Spät- und Quereinstieg in das Volleyballtraining die Regel war, verstärkt sich jetzt die Tendenz zum Früheinstieg.
- Die Ursachen zum Abbruch von Sportkarrieren im Volleyball im Jugendbereich sind besonders in der frühen Spezialisierung und im sozialen Umfeld zu suchen.

Erich Christmann

1.6 Der Trainer

Die Prozesse in einer Mannschaft führen zu bestimmten Erwartungen an den Trainer und beeinflussen das Verhalten des Trainers sehr stark. Im Jugendtraining, Freizeitsport und Leistungsvolleyball sind deshalb spezifische Verhaltensweisen erforderlich, um erfolgreich arbeiten zu können.

Jugendtrainer

Im Jugendbereich unterscheiden sich Erwartungen (*Idealbild*) und tatsächliches Trainerverhalten (*Realbild*) oft sehr stark voneinander. In der folgenden Tabelle 1.6.1 werden die Ergebnisse einer Befragung dargestellt, die auch für den Jugendtrainer im Volleyball interessant sind:

Tab. 1.6.1: Ideal- und Realbild des Trainers bei 800 14- bis 16jährigen männlichen jugendlichen Fußballern (vgl. ROSSMANN/THIEL 1985)

Frage	Zustimmung		Diff.
	Ideal	Real	
Ein guter Trainer sollte:			
– sehr gute Ideen beim Training haben	98 %	73 %	25 %
– viel Verständnis für seine Mannschaft zeigen	98 %	89 %	9 %
– jeden gleich gut behandeln	98 %	86 %	12 %
– jedem im Training viel vermitteln können	96 %	83 %	13 %
– seine Mannschaft beim Training begeistern können	93 %	59 %	34 %
– sich genauso anstrengen wie seine Spieler	87 %	61 %	26 %
– ein menschliches Vorbild für seine Mannschaft sein	80 %	53 %	27 %
– Leistung als das Wichtigste ansehen	58 %	69 %	−11 %
– immer nur die Leistung anstreben	54 %	67 %	−13 %
– den Sieg der eigenen Mannschaft als Wichtigstes ansehen	50 %	55 %	− 5 %
– mit seiner Mannschaft besprechen, ob ihr das Training gefällt	92 %	32 %	60 %
– seine Mannschaft oft nach ihrer Meinung fragen	91 %	48 %	43 %
– meistens Kritik und Verbesserungsvorschläge seiner Mannschaft berücksichtigen	75 %	22 %	53 %
– seine Mannschaft mitbestimmen lassen, was trainiert wird.	73 %	31 %	42 %

Diese Daten täuschen allerdings über die Realität hinweg, die im Training registriert wurde:

- Nur rund 30 % der Jugendtrainer beziehen die Jugendlichen in die praktische Trainingsorganisation mit ein und fördern das Trainingsverständnis. Nur 3 % befragen die Jugendlichen zu Vorschlägen oder bitten um Anregungen. Nur 10 % erfragen die Belastungen der einzelnen Spieler. Gegenseitiges Beobachten und Helfen wird nicht immer gefordert.
- 50 % der Jugendtrainer geben keine oder selten Rückmeldung über Lern- und Trainingsprozesse. 13 % machen immer oder häufig abwertende Bemerkungen.
- 50 % der Trainer zeigen in starkem Maß Lenkung und Dirigierung. 25 % treten deutlich geringschätzig gegenüber den Jugendlichen auf, bei 35 % wurde deutliche Wertschätzung, bei 15 % ein deutlich personenzentriertes Verhalten von persönlicher Zuwendung und Echtheit feststellbar.
- Bei fachlich kompetenten und persönlich engagierten Trainern waren die Jugendlichen weniger aggressiv und zufriedener im Training. War im Training Mitbestimmung möglich, trat weniger Trainingsunlust, mehr Konzentration und Ausgelassenheit sowie weniger Angst auf.
- Bei Trainern, die eher unbeherrscht-autoritär waren, verhielten sich die Jugendlichen weniger interessiert, ängstlicher und zeigten mehr Trainingsunlust.

Aus diesen Feststellungen lassen sich einige *Forderungen* ableiten, die das Verhalten des Jugendtrainers bestimmen sollten und gravierende Verluste an Trainingsmotivation und -zufriedenheit vermeiden helfen können:

- Gespräche mit jedem einzelnen Jugendlichen, eventuell auch nur die persönliche Begrüßung;
- Vorstellung, Erläuterung und Begründung der Stundenziele und des Trainingsablaufs;
- Rückkopplung im Training, über Verlauf, Leistungsfortschritte, Fehler, Befindlichkeit und Belastung;
- Aufforderung, sich gegenseitig zu beobachten, zu korrigieren und zu hel-
68 fen;
69 – gemeinsame Abschlußbesprechung des Trainings.

Übungsleiter im Freizeitsport

Auch im Bereich des Freizeitsports stehen beziehungsorientierte Verhaltensweisen des Übungsleiters stark im Vordergrund. Er muß in seinem Verhalten und in seinen Erwartungen die besonderen Bedingungen des Freizeitsports wie Freiwilligkeit, Zwanglosigkeit und Wahlmöglichkeit berücksichtigen (vgl. 1.2: Gruppendynamik und Interaktion).

- Der Freizeitsportler muß persönlichen Sportinteressen aus eigenem Antrieb und aufgrund eigener Entscheidungen nachgehen können. Allerdings muß diese Entscheidungskompetenz oft erst entwickelt werden. Eine wichtige Aufgabe des Übungsleiters besteht deshalb darin, den Entscheidungsspielraum – von einer anfänglichen stärkeren Lenkung ausgehend – Schritt für Schritt zu erweitern und immer mehr selbständige Entscheidungen treffen zu lassen (z. B. Organisation eines Turniers, Gestaltung eines Festes).

- Die größte Barriere ist die Inaktivität der Teilnehmer selbst, die vom Übungsleiter eine «aktive Rolle» erwarten. Dieser kann diese Rolle übernehmen oder dieser Erwartung entgegenwirken. Will er sich nicht in diese Rolle bringen lassen, muß er gemeinsames Erleben, Erproben und Erfahren ermöglichen, Konkurrenz durch Kooperation relativieren und Voraussetzungen dafür schaffen, daß sich die Teilnehmer mit ihrer Passivität, ihrer Langeweile, ihrer Konsumhaltung, ihrer Aggressivität und ihren Konflikten selbst auseinandersetzen. Der Übungsleiter muß auf die spezifischen Bedürfnisse der Teilnehmer nach sozialer Anerkennung eingehen, den einzelnen Teilnehmern Aufgaben stellen und ihnen Leitungsfunktionen übertragen. Eigeninitiative wird so ‹nebenbei› gelernt und nicht formal als Lerngegenstand gefordert.

Zur Erreichung dieser Ziele sind besonders Kommunikations-, Kooperations- und Kritikfähigkeit beim Übungsleiter erforderlich.

Kommunikationsfähigkeit beinhaltet
- verbale und nonverbale Kontakte anbieten und aufnehmen;
- auf Probleme anderer eingehen und eigene Probleme offenlegen;
- die persönliche und soziale Situation des anderen erkennen, berücksichtigen und auf sie einwirken;
- Überlegungen, Aktivitäten, Interessen und Überzeugungen anderer verstehen und auf sie Rücksicht nehmen.

Kooperationsfähigkeit bedeutet
- Hilfen anderer annehmen und anderen Hilfen geben;
- Einstellen auf Aktionen anderer;
- gemeinsames Verfolgen eines Ziels mit anderen;
- gemeinsames Analysieren und Lösen von Aufgaben und Problemen mit anderen;
- gemeinsame Interessenvertretung;
- Erkennen von Konflikten und deren gemeinsame Bewältigung;
- eigene emotionale Reaktionen und die anderer angemessen einschätzen.

Kritikfähigkeit umfaßt
- Kritik anderer ertragen und verarbeiten;
- eigene Meinungen und Einstellungen prüfen und eventuell revidieren;
- Kritik klar artikulieren, nicht verletzend formulieren und aktiv zuhören;
- Informationen und Tätigkeiten kritisch auswählen und überlegt anwenden;

– Hinterfragen von Gegebenheiten, Aussagen und Situationen.

Es muß nicht besonders betont werden, daß dieser Katalog an Merkmalen einem Idealbild entspricht, das in der Realität kaum erreicht wird. Bei
70 einer Analyse von Konfliktsituationen in Gruppen werden gerade vom
71 Übungsleiter und Trainer Verhaltensweisen gefordert, die zu Konfliktlö-
72 sungen beitragen können.

Leistungstrainer

Die Arbeit eines Trainers im Wettkampf- und Spitzensport wird besonders von der Leistungs- und Aufgabenorientierung geprägt. Dies besagt aber nicht, daß dort bestimmte Verhaltensweisen aus dem Jugend- und Freizeitbereich völlig ungeeignet wären. Konflikte innerhalb von Mannschaften und zwischen Trainer und Spielern zeigen immer wieder, daß die Ursache zu einem Großteil im Beziehungsbereich liegen und daß dadurch auch die Leistungsfähigkeit sehr stark negativ beeinflußt wird. Besonders deutlich werden die Probleme im Hochleistungssport, wo Erfolgs- und Wettbewerbsorientierung, Öffentlichkeit der Trainerrolle, Zeitknappheit, Vereins- und Verbandsstruktur, Professionalisierung und Doppelfunktionen das Verhalten des Trainers sehr stark prägen.

- *Erfolgs- und Wettbewerbsorientierung*

Wettbewerbserfolg im Hochleistungssport ist nicht ohne das *Konkurrenzprinzip* denkbar. Kooperation zwischen Trainern (z. B. Bundes-, Stützpunkt- oder Vereinstrainern) ist selten, statt dessen gehören oft Abschottung, Geheimnis und Nichtkommunikation zum allgemein anerkannten Handlungsinstrumentarium von Trainern untereinander. Ein Problem stellt auch die oft geringe Möglichkeit dar, Erfolge zu sammeln und Leistungen aufzuweisen. Dies trifft besonders für den Nachwuchstrainer zu, der seine Jugendlichen oft schon früh an einen anderen Trainer abgeben muß. So läßt sich das ‹Verheizen› von Schülern und Jugendlichen manchmal mit dem Umstand der eingeschränkten Möglichkeit des eigenen Leistungsnachweises in Verbindung bringen.

- *Öffentlichkeit der Trainerrolle*

Trainer sind für die Öffentlichkeit interessante *Sozialfiguren* des Sportsystems, weil sie wichtige Funktionen im Hinblick auf Sichtung, Rekrutierung, Selektion, Motivierung, Systemsozialisierung, soziale Kontrolle der Sportler (Macht, Sanktion) und bei der Informationsbeschaffung für die Sportjournalisten erfüllen. Das Rollenhandeln des Trainers ist durch Beobachtung und Nachfrage in seiner Autonomie sehr begrenzt (*Abschirmungsverlust*). Wissen und Maßnahmen des Trainers stehen permanent auf dem öffentlichen Prüfstand. Seine Bewertung erfolgt unter dem Einfluß wichtiger Bezugsgruppen in Verein, Fachverband und Öffentlichkeit. Oft kommt es nicht primär darauf an, pädagogisch besonders wertvoll zu arbeiten oder bei den Spielern besonders geschätzt zu sein, sondern bei Wettkämpfen möglichst großen Erfolg zu haben. Die Ungewißheit des Ausgangs im Wettkampf ist dabei ein konstitutives Element der *Berufsposition* des Trainers. Erfolg und Mißerfolg werden oft sehr stark personalisiert. Trainer sind einerseits zur Rechtfertigung (Legitimation) der eigenen Position auf starkes öffentliches Interesse angewiesen – wobei sie oft spezifische Eigenheiten entwickeln – andererseits wird die Öffentlichkeit aber auch als Belastung empfunden.

- *Zeitknappheit*

Durch die gerade im Hochleistungssport beobachtbare Trainings-, Wettkampf- und Erholungsrhythmik sind Trainer und Athleten einem starken Handlungs- und Anpassungsdruck in ihrem *Zeithaushalt* ausgesetzt. Hinzu kommt die schlechte Koordination der Wettkampftermine. Durch Erfolgszwang und Zeitknappheit wird dann auch oft die langfristige gründliche Aufbauarbeit vernachlässigt.

- *Vereins- und Verbandsstruktur*

Der Trainer ist Teil eines ausdifferenzierten Sportsystems mit den relativ autonomen Einheiten Verein und Verband, die ihm unterschiedliche Situationsdefinitionen, Belohnungssysteme, Zeithorizonte und Aktivitätsspielräume bieten. Seine häufige Einbettung in Groß-, Mittel- oder Kleinvereine, in Stützpunkte und Verbandsarbeit schafft schwer vereinbare *Interessenskonstellationen*. Ein besonderes Problem stellt auch das Spannungsverhältnis zwischen zentralen und dezentralen *Steuerungsformen* im Leistungssport dar. Der Bundestrainer wird z. B. von einer zentralen Sportorganisation eingesetzt und stellt Leistungsaspekte und internationale Präsentation in den Vordergrund. Das dezentrale System (Vereine) ist primär auf das nationale Sportsystem ausgerichtet. Dies führt auch oft zur Interessenskollision zwischen Nationalmannschafts- und Vereinsinteressen.

- *Professionalisierung*

Professionalisierung beim Trainer und Ehrenamtlichkeit in der Vereins- oder Verbandsorganisation führen oft zu Kollisionen zwischen trainingsfachlichen Funktionserfordernissen und Verbands-/Vereinspolitik. Die Professionalisierung, die sich durch erhöhten Leistungsdruck auch beim nebenamtlichen Trainer immer mehr ausprägt, zeigt sich besonders in folgenden Merkmalen:
- Spezialisierung des Wissens: Die Ausbildungsgänge für Trainer werden immer spezieller und wissenschaftlicher ausgerichtet.
- Dienstleistungsverständnis: Die Trainerarbeit wird als Dienstleistung für die Gesellschaft (z. B. Unterhaltung, Identifikation) verstanden.

- *Doppelfunktion*

Neben dem Problem des Spielertrainers ist eine problematische Doppelfunktion auch bei Trainern anzutreffen, die sich um psychologische Aspekte ihrer Spieler kümmern. Sie kommen immer an einen Punkt, wo sie nicht mehr auf psychische Probleme einzelner Spieler eingehen können und sich z. B. gegen den Einsatz eines bestimmten Spielers entscheiden müssen.

Der Trainer sollte um die persönlichen Probleme seiner Spieler wissen. Eine zu genaue Kenntnis der Psyche eines Spielers kann andererseits bei diesem das Gefühl des Ausgeliefertseins aufkommen lassen. Dieses Gefühl der Hilflosigkeit kann in Resignation oder auch offene Aggression umschlagen.

Daraus folgt, daß ein ‹neutraler› Psychologe als Ansprechpartner – besonders im Spitzenbereich – eine beratende und vertrauliche Tätigkeit ausüben sollte. Er darf sich nicht in das direkte Machtgefüge zwischen Trainer und
73 Spieler hineinbegeben. Erst dann kann er auf die individuelle Problemlage
74 einzelner Spieler und in Zusammenarbeit mit dem Trainer auf das Mann-
75 schaftsgefüge einwirken.

Zusammenfassung

- Zur Steigerung der Trainingsmotivation muß der Jugendtrainer die Teilnehmer/-innen durch Gespräche, gegenseitiges Beobachten und Korrigieren und Erziehung zur Selbstverantwortung stärker in den Trainingsprozeß einbeziehen.
- Der Übungsleiter im Freizeitsport muß sich mit den besonderen Bedingungen der Freizeitgestaltung seiner Spieler/-innen wie Zeiteinteilung, Freiwilligkeit, Zwanglosigkeit, Wahlmöglichkeit, Entscheidungskompetenz, Eigeninitiative auseinandersetzen und in seinem Verhalten kommunikations-, kooperations- und kritikfähig sein.
- Der Leistungstrainer muß Probleme wie Erfolgs- und Wettbewerbsorientierung, Öffentlichkeit seiner Trainerrolle, Zeitknappheit, Vereins- und Verbandsstrukturen und Professionalisierungstendenzen bewältigen und als Trainer, Spieler, Organisator und Psychologe oft mehrere Aufgaben gleichzeitig erfüllen.

Wolf-Dietrich Brettschneider / Reinhard Thierer

1.7 Spielbeobachtung

In zunehmendem Maß setzt sich Erkenntnis durch, daß ein planmäßiges und systematisches Training im Volleyball ohne Spielbeobachtung im Wettkampf kaum durchgeführt werden kann. Entsprechend nimmt auf allen Ebenen des Leistungsniveaus auch die Bereitschaft zu, Spielbeobachtungsmaßnahmen durchzuführen. Allerdings geschieht dies häufig noch zu sporadisch. Der Fortschritt in der Verbesserung der Spielleistung der einzelnen Spieler oder der Mannschaft hängt nicht zuletzt davon ab, ob es dem Trainer gelingt, sich der Möglichkeiten der Spielbeobachtung planmäßig und intensiv zu bedienen. Im Handbuch soll deshalb eine Anleitung zur Entwicklung dieser Fähigkeit gegeben werden, die im Rahmen von Ausbildungen zu schulen ist.
Die Skala der Wahrnehmungen hinsichtlich des Spielgeschehens ist sehr breit. Sie reicht von der eher *diffusen* und *emotional* geprägten Wahrnehmung der Zuschauer über die *konzentriert-selektive* Wahrnehmung des Trainers bis hin zur *kontrollierten* Beobachtung, die wissenschaftlichen Ansprüchen genügt.
Unter *Spielbeobachtung* wird deshalb die systematische und zweckgerichtete Wahrnehmung und Registrierung des Geschehens auf dem Spielfeld bzw. bestimmter Aspekte des Spielerverhaltens verstanden.
Bei der Behandlung dieses Bereichs interessieren besonders folgende Fragen:

- Welches sind die Ziele der Spielbeobachtung?
- Mit welchen Verfahren kann man Spielleistungen erfassen?
- Wie wird eine Spielbeobachtung vorbereitet und durchgeführt?
- Welche konkreten Ergebnisse lassen sich mit einer Spielbeobachtung erzielen?

Ziele der Spielbeobachtung
Die Frage, warum die Spielbeobachtung – unabhängig vom Leistungsniveau des einzelnen Spielers oder der Mannschaft – unerläßlich ist, kann dann sehr leicht beantwortet werden, wenn Erfolg oder – allgemeiner ausgedrückt – wenn Leistungsverbesserung als Ziel gesetzt und akzeptiert wird. Die angestrebte Erhöhung der Erfolgswahrscheinlichkeit setzt nun aber als Mittel mehr voraus als zufällige Eindrucksanalysen oder subjektive Einschätzungen von Spielleistungen. Das Erreichen des Ziels ist gebunden an eine möglichst objektive Leistungserfassung, die sich als exakte Beobachtung des Spiels und des Spielverhaltens in konkreten Spielsituationen

durchführen läßt. Allerdings sind die Schwierigkeiten, die sich bei der Umsetzung der theoretisch einleuchtenden Forderung nach möglichst objektiver Leistungserfassung in die Praxis der Spielbeobachtung ergeben, recht erheblich. Die zentrale Ursache dafür liegt im komplexen Charakter der Spielleistung im Volleyball, die durch das Zusammenwirken zahlreicher Faktoren bestimmt wird (vgl. Kap. 1.2). Dies verweist auf die Notwendigkeit einer analytischen Spielbeobachtung, die sich auf die Erfassung beobachtbaren Spielverhaltens in ausgewählten Bereichen beschränken muß. Über die quantitativ ermittelten Teilleistungen (z. B. Technik, Taktik, Kondition) gelangt man so zu objektiven, relativ weitreichenden Aussagen über die Qualität der komplexen Spielleistung. Mit den Ergebnissen läßt sich einerseits eine Aussage über einen gegenwärtigen Leistungszustand (Diagnose), andererseits aber auch eine Abschätzung eines zukünftigen Leistungsvermögens (Prognose) vornehmen. Im einzelnen kann eine Spielbeobachtung damit u. a. zu folgenden *Diagnose-* und *Prognosezwecken* dienen:

- Feststellung des technischen und/oder taktischen Niveaus einzelner Spieler und der Mannschaft,
- Ermittlung von Leistungsentwicklungen einzelner Spieler bzw. der Mannschaft,
- Effektivitätsmessung einzelner technischer und taktischer Elemente und Maßnahmen,
- Aufdeckung des Zusammenhangs von Ursache und Wirkung taktischer Maßnahmen,
- Erstellung von Optimalstrategien für bestimmte Spiele,
- Festlegung von Orientierungsnormen, an denen die individuelle bzw. mannschaftliche Leistung gemessen wird,
- Ermittlung von Leitlinien und Orientierungsnormen hinsichtlich der Leistungsentwicklung von Spielern bzw. einer Mannschaft,
- Ermittlung technischer und taktischer Besonderheiten gegnerischer Mannschaften (systematisches «Scouting»).

Vorbereitung, Durchführung und Auswertung

Auch wenn die Spielstrukturen des Volleyballspiels im Vergleich zu Sportspielen wie Handball oder Basketball relativ einfach sind, ergeben sich doch große Probleme bei der Durchführung von Spielbeobachtungen: die Abfolge der Spielhandlungen vollzieht sich – innerhalb des Bezugssystems Mitspieler, Gegner, Ball, Spielfeld – sehr schnell; zusätzlich werden die subjektiven Wahrnehmungen durch Erfolg und Mißerfolg, durch Ärger und Freude in erheblichem Maß beeinträchtigt, z. T. in einem solchen Umfang, daß objektiv feststellbare Sachverhalte geradezu verfälscht werden. Selbstkritische Trainer und Spieler werden diese Feststellung aus eigener Erfahrung bestätigen können. So ist jeder Trainer sicher gut beraten, wenn

er die Aufgabe der direkten Spielbeobachtung während des Wettkampfes jemandem überträgt, der über volleyballspezifischen Sachverstand verfügt, darüber hinaus aber in der Lage ist, die Beobachtung in emotionaler Distanziertheit durchzuführen.
Die Auswertung der beim Wettkampf erhobenen Daten ist – je nach Beobachtungsinteresse – für verschiedene Zeitpunkte von Bedeutung:

- vor dem Wettkampf (Vorbereiten der eigenen Mannschaft bzw. einzelner Spieler anhand der Beobachtungsergebnisse, die sich auf die eigene und gegnerische Mannschaft beziehen);
- während des Wettkampfes (die nahezu zeitsynchrone Erhebung und Auswertung von Daten ermöglicht Sofortinformationen, die zur Spielsteuerung dienen);
- nach dem Wettkampf (auf der Grundlage der Beobachtungsdaten wird eine Spielanalyse vorgenommen; der Datenbestand kann später auch für weiterführende Spielanalysen verwendet werden.

Die derzeit gebräuchlichen Verfahren der Spielbeobachtung unterscheiden sich hinsichtlich Inhalt, Art und Weise der Beobachtung sowie Form der Registrierung der Beobachtungsdaten z. T. erheblich voneinander. Auch bezüglich der Kosten/Nutzen- sowie Aufwand/Nutzenrelation gibt es deutliche Unterschiede. Allen Verfahren gemeinsam ist jedoch das Bemühen um eine zielgerichtete, möglichst objektive Erfassung der Spielleistung. Nachfolgend werden einige gängige *Beobachtungsverfahren* näher vorgestellt:

- Am gebräuchlichsten sind die verschiedenen Varianten der *unmittelbaren schriftlichen Fixierung* von Beobachtungsdaten. Diese kann sich auf die Erfassung von Häufigkeiten und/oder Wirksamkeit technischer und/oder taktischer Elemente beziehen. Mit Hilfe von entsprechenden Symbolen können Spielvorgänge auch räumlich und zeitlich fixiert werden. In der Regel werden bei all diesen Verfahren entsprechend ausgearbeitete Protokollbogen verwendet.
- Die *akustische Speicherung* und Wiedergabe bestimmter Aspekte des Spielgeschehens wird durch die Verwendung eines Tonbandgerätes ermöglicht. Dieses Verfahren hat den Vorteil, daß es dem Spielbeobachter gestattet, Daten zu registrieren, ohne die Aufmerksamkeit vom Spielgeschehen abzulenken; die *nachträgliche Auswertung* der Aufzeichnung dauert jedoch relativ lange.
- Zumindest bei Begegnungen höherklassiger Mannschaften ist die Aufzeichnung mit dem *Videorecorder* heute bereits unverzichtbarer Bestandteil der Spielvor-, bzw. -nachbereitung geworden. Dabei bezieht sich die Anwendung sowohl auf die Analyse des Spielverhaltens einzelner Spieler wie auch auf das mannschaftliche Verhalten in Abwehr und Angriff. Dem Vorteil der weitgehend wirklichkeitsgetreuen Information
durch die Videoaufzeichnung steht der Nachteil gegenüber, daß eine 76
systematische Auswertung viel Zeit in Anspruch nimmt. 77

- Dieser Nachteil wird durch den Einsatz eines *Computers* vermieden, der mit zunehmender Popularisierung des Kleincomputers in verschiedenen Bereichen des Alltags auch bei der Spielbeobachtung zunehmend an Bedeutung gewinnt. Die schnelle und sichere Erfassung umfangreichen Datenmaterials, die Möglichkeit praktisch zeitgleicher Erfassung und Auswertung, die Möglichkeit der programmgesteuerten Speicherung und statistischen Verarbeitung der Daten sind erhebliche Vorteile dieser modernen Technologie. Derzeit werden Daten noch von Hand mittels einer Tastatur eingegeben; Versuche, die Spracheingabe zu nutzen, laufen bereits und werden die Spielbeobachtung vermutlich entscheidend weiterbringen.
- Vielversprechend für die Spielbeobachtung ist das *Interaktive Video*, eine Kopplung von Videorecorder und Computer. Dieses Verfahren vereint die Vorteile der bisher getrennt benutzten Geräte. So ist es möglich, zum einen die Ansteuerung gewünschter Spielszenen über Codierung des Rechners programmgesteuert vorzunehmen; zum anderen besteht die Möglichkeit, zusätzlich und zeitgleich mit der Protokollierung und Auswertung der Daten eine optische Wiedergabe der entsprechenden Spielszenen zu erhalten.

Es kann kein Zweifel bestehen, daß die Entwicklung in der Spielbeobachtung in erster Linie dem technologischen Fortschritt zu verdanken ist. In diesem Zusammenhang verdient jedoch der Hinweis starke Beachtung, daß zur Zeit die Entwicklung theoretischer Ansätze zur Spielbeobachtung im Vergleich zum Fortschritt der Technologie als defizitär angesehen werden muß.

Unabhängig vom ausgewählten Verfahren, vom Spielniveau der beobachteten Teams und dem Grad der beanspruchten ‹Wissenschaftlichkeit› der Spielbeobachtung sollten für die Vorbereitung und Durchführung – im Sinne eines Grobrasters – folgende Schritte eingehalten werden:

① Formulierung der Fragestellung:
Spielbeobachtung hat zielgerichtet und planmäßig zu sein. Sie wird folglich immer durch eine spezifische Fragestellung geleitet. Diese kann sich aus bestehenden Theorien oder aus bereits vorliegenden empirischen Befunden ergeben, sie kann sich aber auch aus eher zufälligen Beobachtungen und Erfahrungswerten entwickeln.

② Festlegung der Beobachtungseinheiten, -items und -kategorien:
Als Beobachtungseinheiten können z. B. Spieler 5, 8 und 11 festgelegt werden. Die konkreteren Beobachtungsbereiche (Items) würden sich z. B. auf das individuelle und gruppentaktische Angriffsverhalten dieser Spieler beziehen können. Die Beobachtungskategorien schließlich müßten so eindeutig und exakt definiert sein, daß die Überführung der Wahrnehmung der Ereignisse auf dem Spielfeld in die Zeichensysteme

(Codes) auf dem Protokollbogen ohne jegliche Unsicherheit vonstatten gehen kann. Laufwege der Spieler, Paßwege etc. müßten also klar identifizierbar sein, so daß z. B. Angriffskombinationen eindeutig beschrieben werden können.

③ Festlegung der Beobachtungsmodalitäten:
Die bisherigen Überlegungen führen zu der Entscheidung über die Art der Datenerhebung. Sie wird bei der am meisten verbreiteten schriftlich fixierten Beobachtung in der Regel mit Hilfe eines Protokollbogens vorgenommen, in dem sich alle bisher genannten instrumentellen und organisatorischen Maßnahmen konkretisieren. Darüber hinaus wird hier auch über die technischen Medien entschieden, die gegebenenfalls eingesetzt werden sollen.

④ Überprüfung des Beobachtungsinstruments:
Das so erstellte Beobachtungssystem oder -instrument sollte vor dem endgültigen Einsatz einer Überprüfung unterzogen werden, die Auskunft über die Praktikabilität, aber auch über die Güte des Instruments gibt; diese liegt dann vor, wenn den Kriterien der Gültigkeit und der Zuverlässigkeit der Beobachtung Rechnung getragen wird.
Gültigkeit ist immer dann gegeben, wenn die intendierte Beobachtung auch tatsächlich und interpretationsfrei registriert werden kann. Hinsichtlich der Zuverlässigkeit der Beobachtung sollte zwischen Beobachtungsstabilität und Beobachterübereinstimmung unterschieden werden. Beobachtungsstabilität bezieht sich auf die Konstanz des Beobachtungsverhaltens eines Spielbeobachters über einen gewissen Zeitraum, d. h. der Beobachter muß z. B. den gleichen Paß immer wieder als «schnell» oder «kurz» registrieren. Beobachterübereinstimmung liegt vor, wenn mehrere Beobachter, die gleichzeitig das gleiche Beobachtungssystem benutzen, zu gleichen Ergebnissen gelangen.
Für die Praxis der Spielbeobachtung bietet sich zur groben Bestimmung der Beobachterstabilität und -übereinstimmung folgende einfache Formel an:

$$\chi = 1 - \frac{A - B}{A + B} \quad (A > B).$$

Ein Beispiel soll die Anwendung verdeutlichen: A registriert die Angriffskombination «Kreuz III/IV bei Zuspieler auf Position I» 14mal, Beobachter B 11mal. Als Maß für die Übereinstimmung ergibt sich somit der Koeffizient:

$$\chi = 1 - \frac{14 - 11}{14 + 11} = 1 - \frac{3}{25} = 1 - 0.12 = 0.88$$

Es besteht also zwischen den Beobachtern eine Übereinstimmung von 88%. Ist der Koeffizient für die Übereinstimmung oder die Stabilität größer als 0,8, dann kann die Beobachtung für praktische Zwecke als ausreichend zuverlässig gelten. Um diesen Grad an Zuverlässigkeit zu erzielen, ist allerdings eine intensive Beobachterschulung unumgänglich.

⑤ Durchführung der Beobachtung:
Die Spielbeobachtung wird nur dann zufriedenstellende Ergebnisse aufweisen, wenn einige zentrale Bedingungen erfüllt sind:

- Die Qualität ist abhängig von einer gründlichen Beobachterschulung; er muß mit dem Beobachtungsinstrument vertraut sein; die Kategorien des Instruments müssen eindeutig und trennscharf sein, damit das Wahrnehmungs-, Speicher- und Registriervermögen jedes einzelnen Spielbeobachters nicht überfordert wird.
- Unerläßlich für eine reibungslose Durchführung sind ebenfalls vernünftige Beobachtungsbedingungen. Es muß gewährleistet sein, daß sich die Aufmerksamkeit der Beobachter völlig auf das Spielgeschehen konzentrieren kann und während des Beobachtungsvorgangs keine Ablenkung erfährt.

⑥ Auswertung und Interpretation der Daten:
Abschließend gilt es, die erhobenen Daten auszuwerten und anschließend hinsichtlich ihrer Umsetzung in die Trainings- und Wettkampfpraxis zu interpretieren. Die Auswertung kann deskriptiv und analytisch geschehen. *Deskriptiv* nennt man die Auswertung, wenn sie auf die Wiedergabe des Datenmaterials beschränkt ist, sei es in Form von Häufigkeiten, prozentualer Umformungen, Skizzen oder graphischer Darstellungen. Als *analytisch* wird die Auswertung bezeichnet, wenn sie auf Korrelationen, d. h. auf die Erfassung von Zusammenhängen zwischen mehreren Merkmale abzielt. Für den Trainer entscheidend ist aber letztlich die Interpretation der Daten, d. h. die Gewichtung der analytischen Ergebnisse vor dem Hintergrund seiner spezifischen Fragestellungen und im Hinblick auf die Trainings- und Wettkampfpraxis.

Beispiele zur Spielbeobachtung
Im folgenden werden – für unterschiedliche Leistungsniveaus und jeweils bezogen auf einzelne spielleistungsbestimmende Komponenten – Beispiele dafür angeführt, wie Spielbeobachtungen in der Praxis aussehen können.

Beispiel 1 (zum Komplex Technik/Taktik)
Voraussetzungen: Die Mannschaft spielt ein 2:4-System mit vorgezogener Position VI; aus der Annahme läuft der Zuspieler von der I und VI, aus dem Spiel nur von der I.
Problem: Der Angriff ist zu wenig effektiv, da zu viele Bälle vom Gegner

geblockt werden. Damit wird vorausgesetzt, daß nicht (nur) individuelle Schwächen der Angreifer für die Mißerfolge im Angriff verantwortlich sind.
Vermutungen: Das Zuspiel ist zu offen, d. h. der (die) Zuspieler versteht (verstehen) es nicht, den gegnerischen Block durch Täuschen auszuspielen. Ursache dafür könnte sein, daß zu einfach gepaßt wird, z. B. in der Regel frontal nach vorn.
Folgerungen: Es wird versucht, durch Spielbeobachtung den Zusammenhang zwischen Zuspieltechnik, Paßart, Angriffsort und Angriffserfolg zu ermitteln.
Vorgehensweise:

① Aufstellung der Beobachtungskategorien:
Für die relativ komplexe Fragestellung werden zunächst folgende Kategorien festgelegt:
a) Ort des Zuspiels (III, II, L_1 (von I/VI);
b) Technik des Zuspiels (oberes Zuspiel frontal, oberes Zuspiel über Kopf, Sprungpaß frontal, Sprungpaß über Kopf, unteres Zuspiel);
c) Art des Passes (hoch, halbhoch, Schuß, Meterball);
d) Ort des Angriffs (II, III, IV);
e) Angreifer (Trikotnummer);
f) Erfolg des Angriffs (Erfolg, Fehler, Ball kann weitergespielt werden);
g) Block des Gegners (ohne Block, Einer-, Zweier-, Dreierblock, touchiert oder nicht).
Es ist zu überlegen, ob die Anzahl der Kategorien einschließlich deren Ausprägungen umfangreich genug ist, um das Problem hinreichend genau zu erfassen. Gleichzeitig ist zu prüfen, ob noch Ergebnisse zu berücksichtigen sind, die im Spielverlauf früher auftreten (hier wäre z. B. an die Qualität des ersten Passes zu denken). In einem zweiten Schritt ist dann zu bedenken, ob gegebenenfalls Kategorien eliminiert werden können, um die Aufgabe für die Beobachter nicht unnötig zu erschweren.

② Erarbeitung des Beobachtungsbogens:
Unter Berücksichtigung dieser Überlegungen wird nun der Beobachtungsbogen erstellt, der so beschaffen ist, daß er von einem Spielbeobachter ausgefüllt werden kann (vgl. Tab. 1.7.1).
Für jede Handlungsfolge «Zuspiel – Angriffsschlag» ist eine Spalte des Bogens auszufüllen, was für geschulte Beobachter relativ leicht möglich ist; bei Anfängern ist jedem Beobachter anfangs eventuell ein Assistent zuzuordnen.

③ Erhebung der Daten:
Die Spielbeobachter werden in der Halle so plaziert, daß sie ohne Probleme den für sie wichtigen Angriffsraum der zu beobachtenden Mannschaft einsehen können. Die notwendigen Arbeitsmittel müssen bereit-

Spielzug-Nr. / Kategorie	1	2	3	4	5	...	Beispiel	...
Zuspieler							7	
Position des Zuspielers							II	
Technik des Zuspielers							OZF	
Art des Passes							H	
Angreifer							12	
Ort des Angriffs							IV	
Blockverhalten							1 T	
Erfolg des Angriffs								

Tab. 1.7.1: Beobachtungsbogen zur Technik / Taktik im Zuspiel

stehen: Protokollbogen in ausreichender Menge, Schreibunterlage, Schreibstifte. Nach Möglichkeit sollten Störungen durch Zuschauer vermieden, zumindest aber minimiert werden. Möglicherweise erweist es sich als nötig, Beobachter auszutauschen, um Fehler durch Ermüdung und Konzentrationsschwäche auszuschließen.

④ Auswertung der Daten:
Die Auswertung der Daten erfolgt in zwei Stufen. In einem ersten Schritt wird die absolute und relative Häufigkeit aller erfaßten Ereignisse bestimmt und auf die eigentlich entscheidende Größe bezogen, nämlich den Erfolg des Angriffsschlages. Damit erhält man bereits erste Hinweise, z. B. welche Zuspielpositionen besonders günstig, welche eher ungünstig sind, welche Paßart sich als günstig erweist und wie häufig sie vom Zuspieler auch eingesetzt wird. Nach dieser deskriptiven Auswertung kann dann im zweiten Schritt der Zusammenhang einzelner Kategorien mit dem Erfolg des Angriffsschlages untersucht werden, also z. B. die Beziehung Zuspielort – Zuspieltechnik – Erfolg des Angriffs oder Zuspieltechnik – Angriffsort – Erfolg des Angriffs. Durch schrittweises Vergrößern der Anzahl der in die Analyse einbezogenen Kategorien kann der komplexe Zusammenhang in zunehmendem Maß analytisch aufgehellt werden.

⑤ Folgen für die Praxis:
Die so gewonnenen Erkenntnisse sind nun einerseits in die konkrete Spielsteuerung, andererseits und vor allem in die Trainingspraxis einzubringen. Stellt es sich z. B. heraus, daß – unabhängig von der Position des Zuspielers – fast ausschließlich der Angreifer der Position IV mit hohem Paß nach frontalem oberen Zuspiel eingesetzt wird, so resultiert

daraus, einerseits die taktische Entscheidungsfähigkeit des Zuspielers, sicherlich aber auch seine spezifischen Fertigkeiten hinsichtlich eines variableren Zuspiels zu verbessern. Möglicherweise ergibt sich aber auch aus der Analyse, daß es längerfristig unumgänglich ist, einen anderen Spieler mit der Funktion eines Zuspielers zu betrauen.

Beispiel 2 (zum Bereich Taktik)
Voraussetzungen: Die noch junge Mannschaft hat erst wenig Spielpraxis, ihr Spielsystem ist auf Positionsdifferenzierungen aufgebaut.
Problem: Die Wirkung der eigenen Aufschläge ist sehr gering; zugleich ist der Angriffsaufbau aus dem Riegel schwach.
Vermutungen: Die eigenen Aufschläge weisen in ihrer Raumorientierung eine so geringe Streuung auf, daß sich der Gegner zu leicht darauf einstellen kann. Im eigenen Annahmeriegel gibt es sowohl besonders gefährdete Positionen wie auch besonders annahmeschwache Spieler.
Folgerungen: Untersucht werden sollen die Verteilung der Aufschläge im gegnerischen Feld sowie deren Wirkung. Der eigene Riegel muß in allen sechs Grundaufstellungen beobachtet werden.
Vorgehensweise:

① Aufstellung der Beobachtungskategorien:
   a) Für die Aufschläge:
      – Aufschläger (Spielernummer);
      – Treffpunkt im gegnerischen Feld (Feldkennzeichnung);
      – Technik des Aufschlags (Aufschlag von unten/von oben);
      – Wirkung des Aufschlags (direkter Erfolg, indirekter Erfolg, mit Wirkung, ohne Wirkung, Fehler);
   b) Für den Riegel:
      – Riegelformation (Skizze);
      – Spieler im Riegel (Spielernummer);
      – Art des Aufschlages (hart, weich);
      – Annahmeort (Skizze);
      – Annahmespieler (Spielernummer);
      – Qualität der Annahme (+, 0, –).

② Erarbeitung des Beobachtungsbogens:
   a) Für die Aufschläge:
   Für jeden Spieler werden Skizzen entsprechend Abb. 1.7.1 angefertigt.
   b) Für den Riegel:
   Für jede Aufstellung werden Skizzen entsprechend Abb. 1.7.2 angefertigt.

③ Erhebung der Daten:
In die vorbereiteten Skizzen werden nun die entsprechenden Daten eingetragen, wobei die ausgewählten Beobachtungskategorien durch

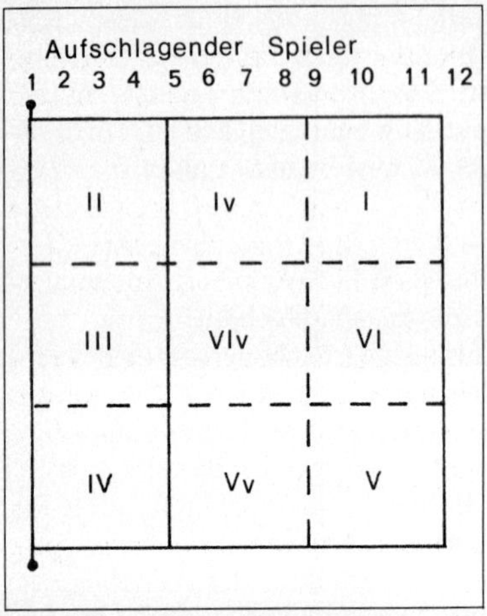

Abb. 1.7.1: Beobachtungsbogen für Aufschläge

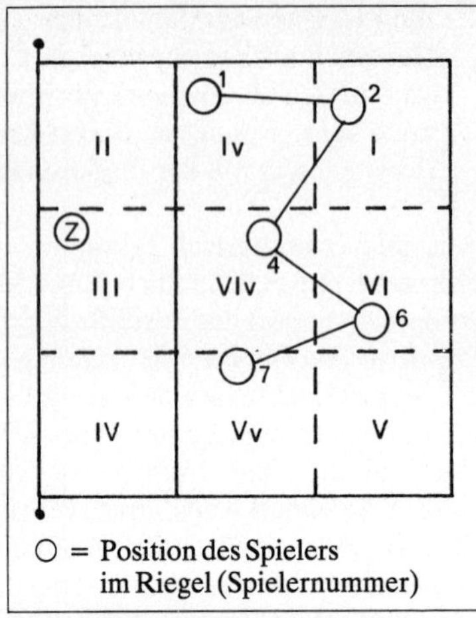

Abb. 1.7.2: Beobachtungsbogen für die Annahme

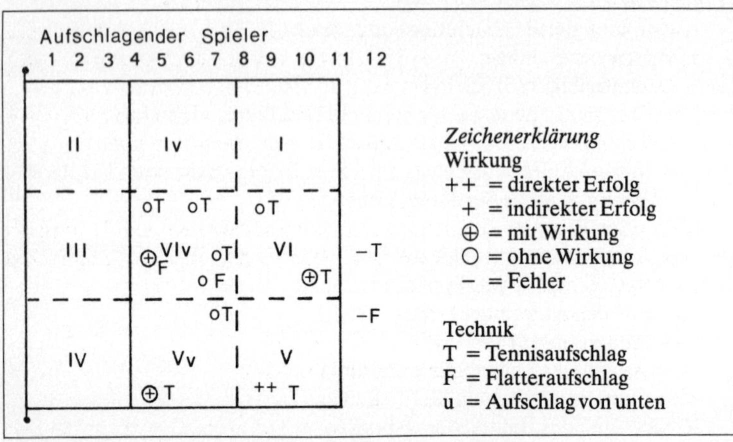

Abb. 1.7.3: Ausgefüllter Beobachtungsbogen für Aufschläge

sinnvolle Symbole dargestellt werden (vgl. Abb. 1.7.3 für die Aufschläge).

④ Auswertung der Daten:
Infolge der graphischen Darstellung der Daten erübrigt sich eine umfangreiche Auswertungsarbeit. Die Streuung der Aufschläge ist unmittelbar ersichtlich; auch die Schwachstellen des Riegels bzw. die Schwächen einzelner Spieler sind sofort zu erkennen.

⑤ Folgerungen aus der Beobachtung:
Die Erkenntnisse aus der Spielbeobachtung sind hier in erster Linie in die Trainingsarbeit einzubringen. Mit der Verbesserung der als schwach erkannten Aufschlagtechnik kann der Nachteil der zu geringen Streuung der Aufschläge beseitigt werden, da die Genauigkeit der Aufschläge zunehmen wird. Parallel dazu können infolge der verbesserten Aufschläge im Training auch individuelle Annahmeschwächen abgebaut werden; die taktische Abstimmung im Riegel kann verfeinert werden.
Wird eine solche Erhebung im Verlauf der Spielsaison mehrmals durchgeführt, läßt sich der erzielte Fortschritt des Spielers anhand der erstellten Dokumentation eindrucksvoll nachweisen.

Beispiel 3 (zum Bereich Kondition)
Voraussetzungen: Die Mannschaft spielt in der Verbandsliga; sie hat gute Chancen für den Aufstieg.
Problem: Der Trainer ist sich nicht sicher, ob der konditionelle Anteil innerhalb des Trainingsprogramms ausreichend berücksichtigt ist. Er meint, die spezifische Ausdauer müßte stärker ausgebildet werden.
Vermutungen: Ist die Kondition angemessen entwickelt, dann werden auch lange Ballwechsel innerhalb eines Satzes nicht weniger häufig gewonnen als kurze; der Effekt wird auch bei 4- und 5-Satzspielen anhalten.
Folgerungen: Für jeden Satz ist zu überprüfen, wie sich die Erfolge auf kurze bzw. lange Ballwechsel verteilen.
Vorgehensweise:
① Aufstellung von Beobachtungskategorien
Da auch die psychische Belastung mit einbezogen werden soll, wird als Maß für die Belastung die Anzahl der Ballwechsel gewählt. Damit sind als Kategorien festzuhalten:
- aufschlagende Mannschaft;
- Netzüberquerung des Balls;
- Erfolg der abschließenden Angriffshandlung.

② Erarbeitung des Beobachtungsbogens:
Infolge der kontinuierlichen Fixierung der einzelnen Spielhandlungen jeder Mannschaft bietet es sich an, eine Form des Spielprotokolls entsprechend Abb. 1.7.4 vorzusehen. Es wird in jede Zeile eingetragen,
- welche Mannschaft aufschlägt,
- der Erfolg jedes einzelnen Angriffs,
- Punktgewinne,
- Auszeiten.

③ Erhebung der Daten:
Der Beobachter beginnt die Aufzeichnung bei der Mannschaft, die die Aufgabe ausführt. Jeder Spielzug, der zu einer Netzüberquerung des

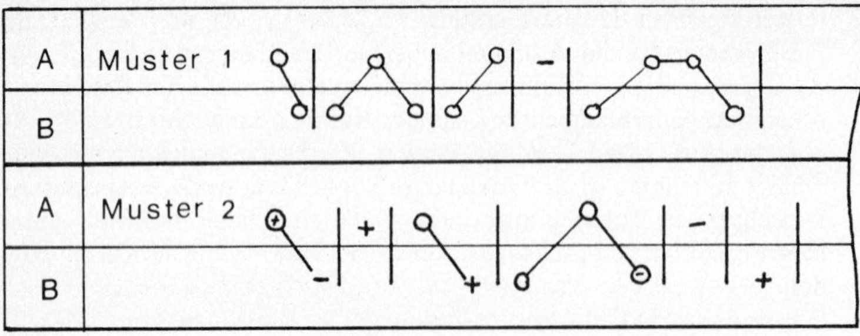

Abb. 1.7.4: Protokollbogen zur Erstellung eines Spielstenogramms (zur Ermittlung der konditionellen Belastung)

Balls führt, wird durch einen diagonalen Strich in die Zeile der anderen Mannschaft protokolliert; die Endhandlung wird mit dem entsprechenden Erfolgssymbol gekennzeichnet. Auszeiten werden mit dem dazugehörenden Spielstand bei der sie beantragenden Mannschaft notiert.

④ Auswertung der Daten:
Durch einfaches Auszählen läßt sich dann leicht bestimmen

Tab. 1.7.2: Zusammenhang zwischen Aktionsdauer und Erfolg des abschließenden Angriffs

	Satz	7:15					15:13					6:15				
Ak-		1					2					3				
tions-		+		–			+		–			+		–		
dauer		abs.	%	abs.	%	Σ	abs.	%	abs.	%	Σ	abs.	%	abs.	%	Σ
	A	2		4		6	3		2		5	1		1		2
1	B	1		3		4	3		1		4	1		2		3
	Σ	3		7		10	6		3		9	2		3		5
	A	3	17,6	14	82,4	17	6	25,8	18	75,0	24	3	33,3	6	66,7	9
2	B	6	26,1	17	73,9	23	4	18,2	18	81,8	22	10	58,8	7	41,2	17
	Σ	9	22,5	31	77,5	40	10	21,7	36	78,3	46	13	50,0	13	50,0	26
	A	2		1		3	3		4		7	0		5		5
3	B	3		0		3	3		1		4	3		3		6
	Σ	5		1		6	6		5		11	3		8		11
	A	0		1		1	3		0		3	2		3		5
4	B	4		1		5	3		3		6	1		3		4
	Σ	4		2		6	6		3		9	3		6		9
	ΣΣ	21		41		62	28		47		75	21		30		51

– der Zusammenhang zwischen der Handlungsfolge und dem Erfolg der abschließenden Spielhandlung;
– die Verteilung der Punktgewinne und -verluste im Verlauf des Satzes;
– die Wirkung der Auszeiten auf den weiteren Spielverlauf;
– die mittlere Länge der Handlungsfolgen; damit ist ein Hinweis auf die im Training zu entwickelnden Energiebereitstellungsmechanismen gegeben.

In den Tabellen (1.7.2 und 1.7.3 werden auf diese Art erhobene Ergebnisse der Volleyball-Bundesliga der Männer näher dargestellt.

⑤ Folgerungen aus der Beobachtung:
Zeigt sich ein Abfall der abschließenden Angriffshandlungen sowohl innerhalb der Sätze wie auch mit zunehmender Satzzahl, so kann auf eine Schwäche im Bereich der volleyballspezifischen Ausdauer geschlossen werden. Ist darüber hinaus zu erkennen, daß vorwiegend bei längeren Ballwechseln der Gegner letztlich erfolgreich bleibt, so stellt sich auch die Frage nach der Konzentrationsfähigkeit der Spieler. In die gleiche Richtung weisen auch eventuelle auffällige Verteilungen der Punktgewinne bzw. -verluste im Verlaufe eines oder gar mehrerer 78
Sätze. 79

8:15		4			Σ1				Σ2	
+		−			+		−			
abs.	%	abs.	%	Σ	abs.	%	abs.	%	abs.	%
0		1		1	6	42,9	8	57,1	14	5,7
6		1		7	11	61,1	7	38,9	18	7,4
6		2		8	17	53,1	15	46,9	32	13,1
5	27,8	13	72,2	18	17	25,0	51	75,0	68	27,9
4	25,0	12	75,0	16	24	30,8	54	69,2	78	32,0
9	26,5	25	73,5	34	41	28,1	105	71,9	146	59,8
2		3		5	7	35,0	13	65,0	20	8,2
3		1		4	12	70,6	5	29,4	17	7,0
5		4		9	19	51,4	18	48,6	37	15,2
1		0		1	6	60,0	4	40,0	10	4,1
2		2		4	10	52,6	9	47,4	19	7,8
3		2		5	16	55,2	13	44,8	29	11,9
23		33		56	93	38,1	151	61,9	244	100,0

	Mannschaft		Mannschaft		Summe	
	A		B		Σ	
Aufschläge *mit Wirkung*	16	100 %	32	100 %	48	100 %
davon:						
fehlerhafter Gegenangriff	2	12,5 %	9	28,1 %	11	22,9 %
erfolgreicher Gegenangriff	7	43,8 %	11	34,4 %	18	37,5 %
neutraler Gegenangriff	7	43,8 %	12	37,5 %	19	39,6 %
Aufschläge *ohne Wirkung*	81	100 %	82	100 %	163	100 %
davon:						
fehlerhafter Gegenangriff	14	17,3 %	17	20,7 %	31	19,0 %
erfolgreicher Gegenangriff	43	53,1 %	41	50,0 %	84	51,5 %
neutraler Gegenangriff	24	29,6 %	24	29,3 %	48	29,4 %

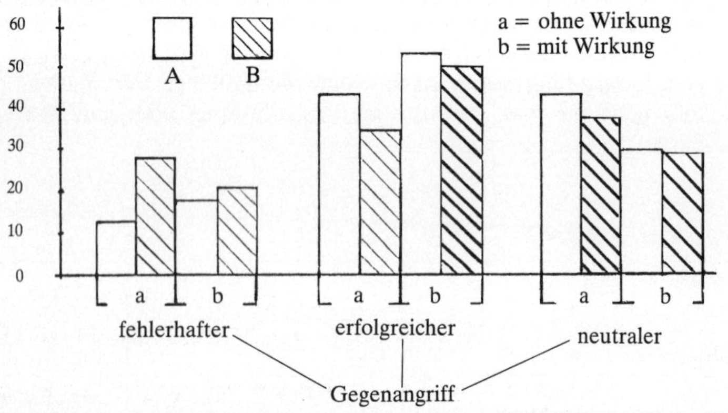

Tab. 1.7.3: Zusammenhang zwischen Wirkung des Aufschlags und der Qualität des Gegenangriffs

Zusammenfassung

- Spielbeobachtung ist systematische, zweckgerichtete Wahrnehmung und Registrierung des Geschehens auf dem Spielfeld bzw. bestimmter Aspekte des Spielerverhaltens. Sie hat Bedeutung beim Scouting, für die Sofortinformation und die Spielsteuerung des Trainers.
- Beobachtungsverfahren sind schriftliche Datenerhebung, akustische Speicherung, visuelle Speicherung mit Video und interaktivem Video. Die Durchführung muß systematisch sein und Praktikabilität, Güte, Gültigkeit, Zuverlässigkeit und Objektivität gewährleisten. Die Auswertung kann deskriptiv und analytisch erfolgen.

Erich Christmann

1.8 Einstellungsermittlung

Als Grundlage für seine Arbeit muß der Trainer auch über Informationen zu gruppendynamischen Prozessen verfügen. Grundsätzlich sollte der Trainer seine Erkenntnisse zur Gruppendynamik so gewinnen und so diskret handhaben, daß die Vertrauensbasis zu seinen Spielern erhalten bleibt. Während sich die schriftliche Befragung für Erhebungen durch externe Untersucher zur Gewinnung allgemeiner Erkenntnisse eignet, sollte der Trainer eher mit Beobachtungen und individuellen Gesprächen arbeiten, die den Spieler psychisch nicht unter Druck setzen. Dies könnte bei einer schriftlichen Befragung durch den Trainer geschehen. In keinem Fall darf bei dem Spieler das Gefühl aufkommen, daß seine Äußerungen weitergegeben und eventuell gegen ihn verwendet werden.
Die folgenden drei Beispiele sollen mögliche Beobachtungs- und Befragungsrichtungen verdeutlichen:

Beispiel 1: Fragen zur Mannschaft

Spielerfolg:

1. Welche 4 Spieler aus deiner Mannschaft tragen in Wettspielen am meisten zum Erfolg bei?
2. Welche 2 Spieler aus deiner Mannschaft tragen in den Wettspielen am wenigsten zum Erfolg bei?
3. Neben welchen beiden Spielern deiner Mannschaft möchtest du bei Spielerfolgszwang gerne auf dem Feld stehen?
4. Neben welchen beiden Spielern möchtest du auch unter Erfolgszwang nur ungern auf dem Feld stehen?

Sympathie:

1. Mit welchen beiden Spielern deiner Mannschaft möchtest du in einem Trainingslager am liebsten in einem Zimmer wohnen?
2. Mit welchen beiden Spielern würdest du in einem Trainingslager nur ungern das gleiche Zimmer bewohnen?

Status / Rolle:

1. Welche Spieler prägen das Spiel deiner Mannschaft?
2. Welche Spieler üben den größten positiven / kaum Einfluß auf Stimmung und Leistungsbereitschaft in der Mannschaft aus?
3. Welcher Spieler könnte bei Abwesenheit des Trainers die Mannschaft am ehesten / wahrscheinlich nicht führen?

Beispiel 2: Interview mit dem Neuling

1. Weshalb willst du dich dieser Volleyballmannschaft (Gruppe) anschließen (Gründe für den Beitritt erfragen)?
2. Geht dein Interesse an der neuen Mannschaft mehr dahin,
   a) daß du vor allem freundschaftliche und gesellige Kontakte zu Gleichgesinnten suchst oder
   b) daß du Interesse an einer guten sportlichen Leistung und am Wettkampf hast?
3. Wie schätzt du selbst deine Leistungen im Vergleich zum Gesamtniveau der neuen Mannschaft ein?

weit höher	etwas höher	gleich	etwas niedriger	viel niedriger

4. Glaubst du, daß du in der neuen Gruppe gern gesehen bist?

ja, sehr gern	gern	teils/teils	eher ungern	sehr ungern

5. Wie würdest du deine Meinung begründen können?
6. Wie schätzt du deine Kontaktfreudigkeit ein?

sehr gut	gut	mittelmäßig	schlecht	sehr schlecht

7. Hast du bereits persönliche Kontakte zu einem Mitglied der neuen Mannschaft? ______________ Zu wem? ______________
8. Hast du dir Gedanken gemacht, auf welche Weise du in der neuen Gruppe am besten Fuß fassen könntest? Beschreibe ganz kurz diese Überlegungen!

Beispiel 3: Beobachtung eines Neulings in Spiel- und Übungssituationen

1. Schätze folgende Verhaltensweisen des Neulings zur Kontaktbereitschaft und -fähigkeit auf einer Skala von 1–5 Punkten ein (5 ist die stärkste Ausprägung)!

	1	2	3	4	5
a) Er versucht, Ideen und Vorschläge zu koordinieren.					
b) Er ermutigt andere.					
c) Er schlägt selbst Lösungen vor.					
d) Er zeigt Antwortbereitschaft.					
e) Er äußert sich von sich aus.					
f) Er erbittet Auskünfte.					

2. Wie würdest du insgesamt das Auftreten des Neuen bezeichnen? Unterstreiche die Adjektive, die deiner Meinung nach zutreffend sind:
Selbstbewußt, angeberisch, sicher, vorlaut, herablassend, sich anpassend, zurückhaltend, unsicher, abwartend, an den ‹Stars› orientiert

3. Konnte man beobachten, daß die Gruppe den Neuen gelobt und bestärkt hat?

sehr häufig	häufig	teil-weise	wenig	sehr wenig

4. Hat es Beschimpfungen, Meckereien oder abweisende Gesten gegenüber dem Neuen gegeben?

Die Erhebungsergebnisse zu den Beziehungen der Spieler untereinander lassen sich zur besseren Veranschaulichung graphisch in Form eines Soziogramms darstellen. Als Beispiel soll das Soziogramm einer Gruppe aus vier Personen dargestellt werden (vgl. Abb. 1.8.1).

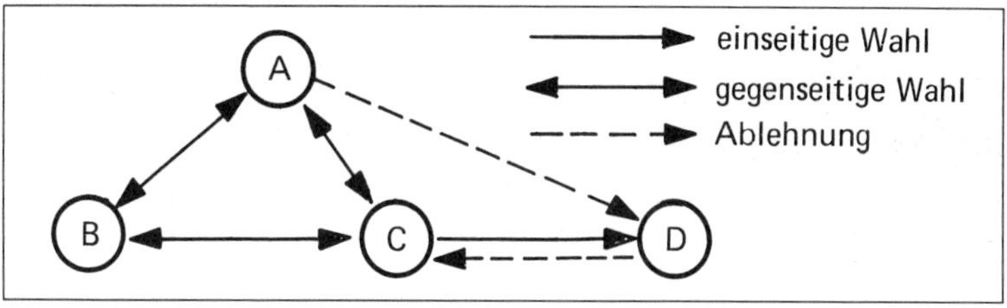

Abb. 1.8.1: Soziogramm (vgl. MAYNTZ u. a. 1972)

Mit zunehmender Zahl der Befragten wird ein Soziogramm immer unübersichtlicher. Es empfiehlt sich deshalb, Teil-Soziogramme zu entwerfen, z. B. zur soziometrischen Stellung eines Spielers. Bei der Auswertung des Soziogramms geht es darum, bestimmte typische soziometrische Konfigurationen zu entdecken, um damit die Gruppenstruktur besser beschreiben zu können:

- das Paar: A und B wählen sich gegenseitig;
- das Dreieck: A, B und C wählen sich gegenseitig;

- die Kette: A wählt B wählt C wählt D (auch mit gegenseitigen Wahlen möglich);
- der Stern: eine Person wird von anderen häufig gewählt, ohne daß diese sich untereinander wählen;
- die Clique: eine bestimmte Zahl von Spielern wählt sich untereinander sehr häufig, wählt die anderen Gruppenmitglieder wenig und wird auch von diesen kaum gewählt;
- der Star: als vielgewählter Spieler Mittelpunkt eines Sterns. Je nach Fragerichtung kann dies der Beliebteste, der Leistungsstärkste oder der Informierteste sein.

80 – die graue Eminenz: ein isolierter Spieler, der nur gegenseitige Beziehung
81 zum Star besitzt;
82 – der Isolierte: ein Spieler, der nicht gewählt wird und auch selbst nieman-
83 den wählt;
84 – der Vergessene: ein Spieler, der zwar andere wählt, aber von niemandem
85 gewählt wird;
86 – der Abgelehnte: ein Spieler, der nur Ablehnungen erhält.

Zusammenfassung

- Motive, Werte und Normen in Volleyballmannschaften können durch Befragungen ermittelt werden.
- Für den Trainer sind Informationen über die Beziehungen in der Mannschaft und bei der Integration eines Neulings wichtig, die in einem Soziogramm dargestellt werden können.
- Einstellungen im Training und Wettkampf sind Voraussetzungen für das Leistungsergebnis und können mit einem Fragebogensystem erfaßt werden.

2 Das Trainingsjahr

Erich Christmann

Zur Orientierung

Während sich das erste Kapitel besonders mit langfristigen Methodik-, Trainings- und Organisationskonzepten und ihren Grundlagen beschäftigte, geht es jetzt um den gezielten Leistungsaufbau für die Wettkämpfe in einer Spielsaison. Planung, Durchführung und Kontrolle des Trainings zielen darauf ab, Volleyballspieler/-innen auf Belastungssituationen im Spiel so vorzubereiten, daß sie die leistungsbestimmenden Komponenten optimal entwickeln und einsetzen können (Übersichtsschema 2):

- Voraussetzung für die Trainingsplanung sind einerseits Analysen der volleyballspezifischen Beanspruchung und Belastung in den Grundsituationen des Spiels auf verschiedenen Leistungsniveaus (2.1); andererseits müssen die Trainingswirkungen im physischen, psychischen und Stoffwechselbereich Berücksichtigung finden (2.2).
- Die Trainingssteuerung enthält eine Vielzahl leistungsaufbauender, -erhaltender und -wiederherstellender Maßnahmen: Training der koordinativen und konditionellen Fähigkeiten (2.3, 2.4), Training der Spielhandlungen, Mannschaftstaktik und Spielstrategie (2.5, 2.6), Entspannungstraining und Streßbewältigung (2.7), Regenerationsmaßnahmen und Physiotherapie (2.8). Die Optimierung der Leistung wird aber nur möglich, wenn diese einzelnen Trainingsmaßnahmen in den verschiedenen Zeitabschnitten des Trainings so eingesetzt werden, daß es zu keinen Überbeanspruchungen kommt (2.9).
- Die Trainingseffektivität kann im motorischen, physischen und psychischen Bereich im Training (2.10) und im Spiel (2.11) überprüft und in der Wettkampfsituation durch Coaching kontrolliert und zusätzlich gesteigert werden.

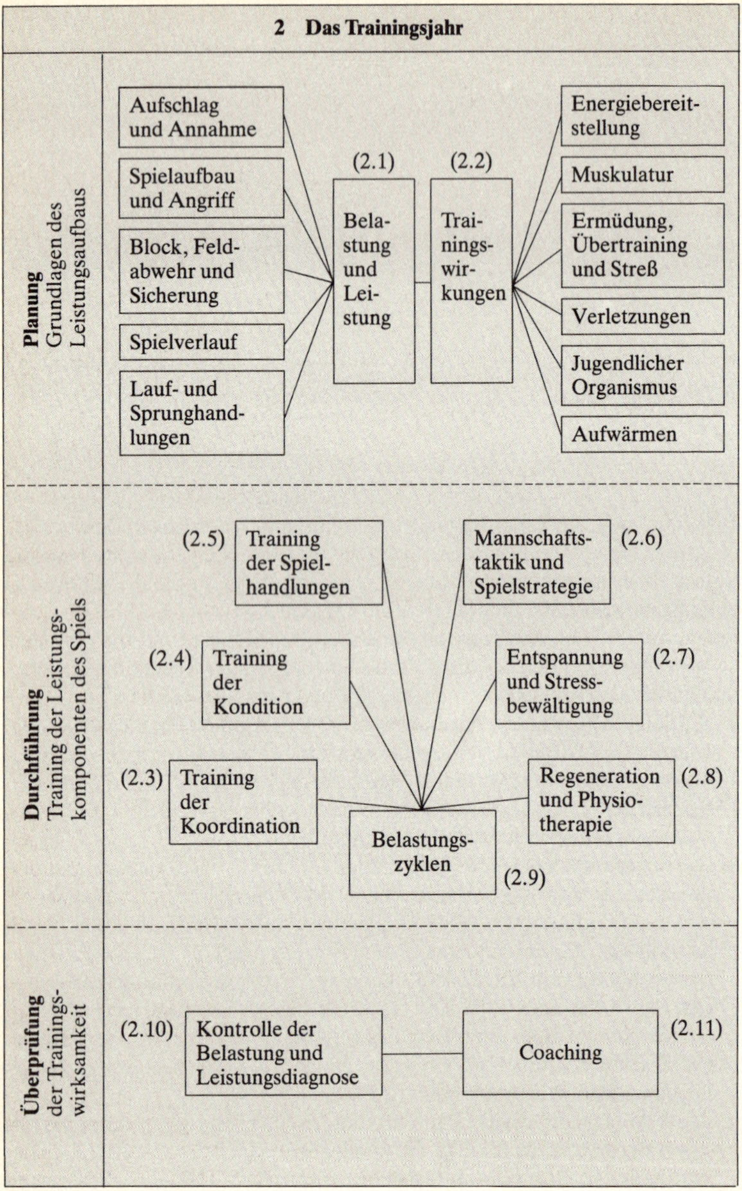

Übersichtsschema Kapitel 2

Erich Christmann

2.1 Belastung und Leistung

Beim Leistungsaufbau während einer Spielsaison steht die optimale Vorbereitung auf die Punkt-, Pokal- und Auswahlspiele im Mittelpunkt. Alle leistungs- und wettkampforientierten Spieler/-innen unterwerfen sich dabei hohen Anforderungen im Training. Die Summe aller in Training und Wettkampf motorisch-physikalisch, emotional und mental einwirkenden Umwelteinflüsse und Aufgabenzwänge stellen die *Belastung* dar. Das Ausmaß der Belastung ergibt sich aus der Komplexität, Intensität und Dauer der Aufgaben, die in ihren Auswirkungen die *Beanspruchung* des Spielers darstellen. Bei zu hohen Belastungen kann es zu Überbeanspruchungen kommen, die sich unterschiedlich auswirken können (vgl. Abb. 2.1.1). Die beobachtbaren Beanspruchungsreaktionen (z. B. Puls, Atmung) hängen nicht allein von Umfang und Intensität der Belastungsreize ab, sondern auch vom individuellen Leistungsvermögen und vom Trainingszustand. Die angestrebte Leistungssteigerung macht deshalb eine differenzierte und individuelle Leistungskontrolle erforderlich (vgl. Kap. 2.10, S. 313 ff).
Die Leistungsfähigkeit muß über mehrere Jahre hin aufgebaut und stabilisiert werden. Auf diesem Niveau kann dann die Vorbereitung auf die jeweiligen Wettkampfzeiten im Spieljahr (z. B. Vor- und Rückrunde, Turniere) durch eine gezielte Steuerung von Belastung und Erholung erfolgen. Ausgangspunkt hierfür ist der *Wettkampfkalender*, der die Planung der Vorbereitung und des Trainings auf den verschiedenen Leistungsniveaus bestimmt.
Die zeitliche Belastung im *Jugendbereich* ist sehr unterschiedlich. Je nach Anzahl der Mannschaften in der Altersgruppe werden Rundenspiele, Meisterschaftsturniere und Pokalspiele in den Landesverbänden ausgetragen. Regional und auf DVV-Ebene werden dann die Meister der Altersgruppe ermittelt. Hinzu kommen Meisterschaftsturniere mit den Jugend-Auswahlmannschaften der Landesverbände, deren Spieler/-innen neben dem Vereinstraining z. T. ein umfangreiches Trainingsprogramm in Leistungskadern absolvieren. Problematisch ist die Doppelbelastung von Jugendlichen an Wochenenden, die auch häufig neben den Jugendspielen noch Spiele bei den Aktiven absolvieren.
Auf *mittlerem und höherem Leistungsniveau* sind – je nach Anzahl der Mannschaften in der Spielklasse – 12 bis 22 Meisterschaftsspiele und, je nach Spielerfolg, mehrere Pokalspiele zu absolvieren. Der Austragungsmodus variiert vom Dreierturnier an einem Tag, zwei Spielen der Heimmannschaft an einem Tag, zwei Spielen an zwei Tagen bis zum Einzelspieltermin.

Abb. 2.1.1: Belastung und (Über-)Beanspruchung
(modifiziert nach Kemmler 1982, 206f)

Im *Spitzenbereich* ergeben sich für Vereinsmannschaften über die Rundenspiele hinaus Termine durch Pokal- und Endrunden und für einzelne Spitzenmannschaften Spiele in europäischen Pokalwettbewerben. Für ca. 50 Spitzenspieler/-innen des DVV erwächst aus der Kaderzugehörigkeit durch Kurzlehrgänge, Kontrollspiele, Länderspiele, Turniere, internationale Meisterschaften und sportmedizinische Untersuchungen eine zeitliche

Zusatzbelastung von bis zu 4 Monaten pro Jahr. Berücksichtigt man den Trainingsaufwand von Spitzenmannschaften von 10–18 Trainingseinheiten in der Woche, dann wird die extrem hohe Belastung über die ganze Spielsaison hin deutlich. Die daraus resultierende Beanspruchung führt zur Selektion relativ weniger Spitzensportler/-innen, die sich unter geeigneten Rahmenbedingungen (z. B. Leistungszentren, Fördermaßnahmen) diesen Anforderungen unterwerfen und über einen längeren Zeitraum Höchstleistungen bringen können und wollen.
Motorische Belastungen und Leistungen in einem Spiel, bei einem Turnier, in einer Spielklasse, einzelner Spieler und von Mannschaften lassen sich durch *Datenerhebungen* zu Art, Umfang, Intensität, Qualität und Effektivität von Spielhandlungen genauer ermitteln. Die sich anschließende *Auswertung*, Analyse und Interpretation der Ergebnisse (z. B. Anzahl, Erfolg und Qualität von Angriffsschlägen) führt zur Feststellung der jeweiligen Spielstruktur und durch Vergleiche mit gleichzeitig oder früher erhobenen Daten zur Aufdeckung bestimmter Entwicklungen und Trends. Dies ist sowohl für die unmittelbare Wettkampfvorbereitung als auch für die langfristige taktische Konzeption einer Mannschaft von großer Bedeutung. Untersuchungen und eine Vielzahl von Spielanalysen unterschiedlicher Qualität stellen hierzu eine Reihe von Einzelergebnissen bereit. Schwierigkeiten bei der Anwendung dieser Erkenntnisse ergeben sich daraus, daß

- keine einheitliche Theorie des Volleyballspiels und seiner Struktur vorliegt;
- sich die Methoden der Datenerhebung sehr stark voneinander unterscheiden;
- die Auswertung noch längere Zeit in Anspruch nimmt und die unmittelbare Umsetzung oft nicht möglich ist;
- die Berechnung von Wirkungsquotienten (WQ) bisher sehr unterschiedlich durchgeführt wird (vgl. Kap. 2.10);
- die Verallgemeinerung der Ergebnisse durch die Vielfalt der Variablen, ihre Abhängigkeit voneinander (z. B. Qualität des Zuspiels – Angriffserfolg) und die unterschiedlichen Erhebungsmethoden erschwert wird.

Bisherige *Spielanalysen* konzentrieren sich auf Einzelaspekte, sind mit Ergebnissen anderer Untersuchungen kaum vergleichbar, beschreiben Sachverhalte in der Regel durch Prozentangaben und können noch kaum Kausalzusammenhänge darstellen. So geben z. B. Orientierungswerte für Spitzenteams im internationalen Männervolleyball nur begrenzt Hilfestellung für das Training auf anderen Leistungsebenen (vgl. Tab. 2.1.1).
Für das Herausfinden der spielentscheidenden Aktionen wären Untersuchungen erforderlich, die die Leistungen des jeweiligen Gegners synchron in die Datenerhebung mit einbeziehen und in ihrer gegenseitigen Abhängigkeit analysieren. Erst eine Vielzahl vergleichbarer Spielpaarungen auf gleicher Leistungsebene könnte zur Aufdeckung der spielentscheidenden

Handlungen	mit Erfolg	mit Wirkung	neutral	Fehler
Aufschlag	5 %	25 %	65 %	5 %
Annahme	70 %	25 %	–	> 5 %
Zuspiel	–	–	–	–
Angriff bei gegnerischem Aufschlag	< 50 %	–	–	10–20 %
Angriff bei eigenem Aufschlag	45 %	–	–	12 %
Block	15–20 %	–	–	15 %
Feldabwehr	40 %	–	–	50 %

Tab. 2.1.1: Wirksamkeit von Spielhandlungen auf internationalem Niveau (Männer) (vgl. SCHULZ 1984, 260)

Variablen (z. B. in einer Spielklasse) führen. Die folgende Darstellung von Ergebnissen aus der Fachliteratur soll dem Trainer keine allgemein gültigen Erkenntnisse bringen, sondern
- einen Überblick über Probleme und mögliche Fragestellungen vermitteln, die durch Spielanalysen bearbeitet werden können;
- Einblick in die Methoden verschaffen, damit er eventuell solche Analysen selbst durchführen oder betreuen kann;
- Ergebnisse aus der Literatur besser interpretier- und beurteilbar machen;
- Anregungen für die inhaltliche Gestaltung der Jahrestrainingsplanung geben.

Aufschlag und Annahme

Der spieleinleitende Aufschlag ist als einziges Handlungselement von vorherigen Handlungen relativ unabhängig, wirkt andererseits aber auf die Annahme und den gegnerischen Angriffsaufbau wesentlich ein.

Die Untersuchungen in der Fachliteratur beschäftigen sich besonders mit Art, Häufigkeit, Richtung, Länge des Aufschlags und seiner Bedeutung für den Spielerfolg. Weitere wichtige Variablen wie hohe physische Belastung bei Aktionen auf Position II, Sicherheit und Selbstvertrauen beim Aufschläger, die Spielsituation (z. B. Spielstand) und Sicherheit der gegnerischen Annahme werden in der Regel dabei nicht berücksichtigt.

Bei fehlerhaften Aufschlägen liegt die Ursache in der Bewegungsführung oder der Konzentration des Spielers, bei erfolgreichen, neutralen und Wirkung zeigenden Aufschlägen entscheidet der Gegner durch die Qualität der Annahme über den Erfolg mit.

Im *Schülerbereich* finden Aufschläge von unten und oben Anwendung. Die Verteilung ist nicht nur bei Jungen und Mädchen unterschiedlich, sondern hängt auch von den jeweils geltenden Spielregeln (4er oder 6er Mannschaften) ab (vgl. Tab. 2.1.2).

Spielerzahl	Häufigkeit	von oben	Erfolg	von unten	Erfolg	Fehler insgesamt
6:6 Jungen	20,5%	84,3%	26,3%	15,7%	8,7%	19,6%
6:6 Mädchen	17,9%	31,1%	40,0%	68,9%	18,8%	11,1%
4:4 Jungen	17,1%	90,7%	14,5%	9,3%	10,1%	13,0%
4:4 Mädchen	14,2%	65,3%	6,8%	34,7%	9,1%	13,3%

Tab. 2.1.2: Verteilung und Wirksamkeit der Aufschläge bei 11- bis 13jährigen Mädchen und Jungen im Klein- und Großfeld (vgl. WESTPHAL 1986)

Die Bedeutung des Aufschlags geht im Kleinfeld zurück. Die Veränderungen in der Spielstruktur (z. B. höhere Anteile beim oberen und unteren Zuspiel, längere Ballwechsel) bieten bessere Voraussetzungen für die langfristige Entwicklung der Leistung und der Motivation.
Mit *steigendem Leistungsniveau* wird der untere Aufschlag immer seltener, da die hohe Flugkurve und die langsame Ballgeschwindigkeit die Ballannahme sehr erleichtern. Auf höheren Leistungsniveaus wird die Wirksamkeit des Aufschlags durch folgende Maßnahmen erhöht:
- Steigerung der Aufschlaghärte (Tennisaufschlag, Hakenaufschlag, Sprungaufschlag);
- Veränderung der Berechenbarkeit des Ballweges (Flatteraufschläge frontal und seitwärts von weit außerhalb des Feldes);
- Variation von Aufschlagrichtung und -länge;
- Erhöhung der Zielgenauigkeit und Sicherheit auch bei Risikoaufschlägen und unter Wettkampfbedingungen;
- Taktische Maßnahmen:
  Aufschläge auf annahmeschwache Spieler;
  Aufschläge auf gefährdete Stellen im gegnerischen Feld;
  Aufschläge auf Laufwege des Zuspielers;
  Verunsicherung des Angreifers durch bewußtes Anspielen;
  Ausnutzen des Zeitlimits und bewußtes Konzentrieren;
  Ausbildung von Aufschlagspezialisten;
  Variation der Aufschlagarten innerhalb der Mannschaft.

Die *Variation von Aufschlagarten* wird in den Mannschaften unterschiedlich gehandhabt. So wird der Sprungaufschlag bei den Damen noch relativ wenig, bei den Männern mit steigender Tendenz eingesetzt. In Spitzenmannschaften kommen verschiedene Aufschlagtechniken zur Anwendung, z. B.: Flatteraufschlag seitlich, frontal, Sprungaufschlag.
Der Aufschlag hat bei den Frauen noch immer eine große Wirkung (direk-

ter Erfolg, aufbauerschwerend), während die Erfolgsquote bei den Männern durch die höhere Flugkurve und starke Spezialisierung bei der Annahme trotz unterschiedlicher Aufschlagtechniken gesunken ist.

Auch bei der *Aufschlagrichtung und -länge* zeigen sich leistungsdifferenzierende Trends (vgl. Abb. 2.1.2 a–f).

- Im *unteren Leistungsbereich* (a, b) treffen die Aufschläge alle Feldsektoren – auch den Angriffsraum – mit einem Schwerpunkt auf den Positionen VI, VIv, Vv (z. B. Sek. II: 68 %) und mehr Bällen in den mittleren als in den hinteren Feldbereich (53/37 % bzw. 67/28 %).
- Auf *Regionalliganiveau* ist in den ausgewerteten Spielen die Länge des Aufschlags auf die Positionen VI und VIv von einer gewissen Bedeutung für das Satzergebnis. Der Angriffsraum wird in der Regel ausgespart, und die Bälle werden überwiegend in die mittleren Feldbereiche Vv, VIv und VI plaziert (c, d, e).
- In den beobachteten *Spitzenspielen* verlagert sich der Zielpunkt der Aufschläge noch stärker in das Zentrum des Spielfeldes (f). Offensichtlich

Abb. 2.1.2: Richtung und Länge der Aufschläge auf verschiedenen Leistungsniveaus (Prozentuale Verteilung) (vgl. Voigt 1984, 76 und 1985, 103, 111, 119)

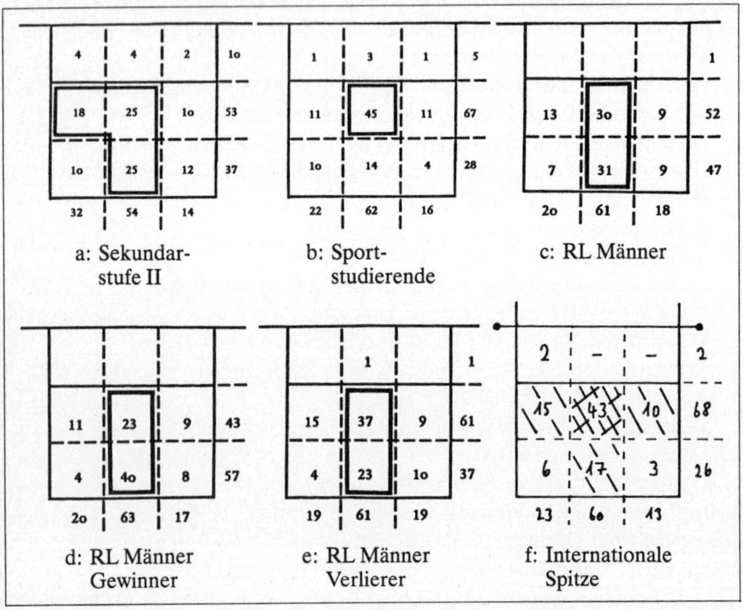

wird hier weniger der Erfolg auf bestimmten Feldbereichen als vielmehr in der Wirkung des Flatteraufschlags oder der Härte des Aufschlags gesucht. Bei hohem Risiko in der Schlagausführung aus der großen Entfernung vom Netz in der Ausgangsstellung wird durch die Wahl des Ziels in der Feldmitte dafür die Sicherheit erhöht. Parallel zur Aufschlagverbesserung im Spitzenbereich bildet sich eine Spezialisierung bei Annahmespielern heraus. So findet man hier eine Konzentration der Annahme auf 2–3 Spieler, die den ersten Paß mit einer geringen Fehlerquote zum Zuspieler bringen können.

Die *Annahme* ist der erste Paß, der nach dem Aufschlag des Gegners aus dem Hinterfeld zum Steller am Netz gespielt wird. Die Analysen in der Fachliteratur beschäftigen sich mit Häufigkeit, Art, Richtung, Länge und Genauigkeit der Aufschlagannahme auf verschiedenen Leistungsniveaus. Bei 13–14jährigen Kindern ist das untere Zuspiel mit 40–45 Prozent Spielanteil die häufigste Spielhandlung bei ca. 14–20 Prozent Aufschlägen und 28–41 Prozent Pritschhandlungen. Bei Abiturprüfungen ist der Anteil der Aufschlagannahme 17 Prozent (3 Prozent Fehler). In Bezirksligen, Oberligen, 2. Bundesligen und bei Länderspielen macht die Annahme 10–13 Prozent (4–6 Prozent Fehler) der Spielaktionen aus. Pro Satz und Mannschaft sind 20–27 Aufschläge / Annahmen zu absolvieren.
Mit steigendem Leistungsniveau bilden sich verschiedene Formen des *Annahmebaggers* heraus (vgl. Tab. 2.1.3).
Richtung und Länge des ersten Passes orientieren sich an der spielsystemgebundenen Zuspielerposition (II, III, IV, L_1 = Läufer zwischen II/III, L_2 = Läufer zwischen III/IV). Für die Beurteilung der Annahmequalität wird zunächst eine bestimmte Feldeinteilung vorgenommen, nach der sich

Tab. 2.1.3: Beispiel für die Art der Aufschlagannahme (Männerweltmeisterschaft 1982) (vgl. Papageorgiou/Leitzgen 1986, 147)

Annahmebagger \ Paßhöhe	flach		hoch		gesamt	
	abs.	%	abs.	%	abs.	%
im Stand frontal	292	25,8	269	23,8	561	49,6
im Stand seitlich	85	7,5	169	14,9	254	22,4
im Fallen frontal	124	11,0	29	2,9	153	13,5
im Fallen seitlich	19	1,7	8	0,7	27	2,4
in der Bewegung frontal	17	1,5	42	3,7	59	5,2
in der Bewegung seitlich	12	1,1	66	5,8	78	6,9
Gesamt	549	48,5	583	51,5	1132	100,0

gute, spielbare, schlechte und fehlerhafte Annahmen unterscheiden lassen (vgl. Abb. 2.1.3):

- *Gut* ist die Aufschlagannahme, wenn der Steller den Ball im +-Bereich oder A-Bereich (bei Zuspiel von II in A oder B_2) mindestens in Kopfhöhe und nicht zu dicht am Netz weiterspielen kann.
- *Spielbar* sind Bälle im O- oder B-Bereich in ausreichender Höhe.
- *Schlecht* ist die Annahme, wenn der Ball in den anderen Feldbereichen (z. B. C,-) oder unter Kopfhöhe und zu dicht ans Netz gespielt wird.
- *Fehlerhaft* ist die Annahme, wenn die gegnerische Mannschaft dadurch einen Punkt bzw. Aufschlagwechsel erzielt oder in Ballbesitz gelangt.

Die folgenden Tabellen (2.1.4 und 2.1.5) verdeutlichen, daß sich die Qualität der Ballannahme mit steigendem Leistungsniveau verbessert. Ob diese Spielhandlung dadurch aber eine Schlüsselfunktion für den Spielerfolg erhält, läßt sich erst durch die Analyse der anderen Spielaktionen feststellen.

Spielaufbau und Angriff

Der Steller versucht, den ersten Paß so weiterzuspielen, daß für den (die) Angreifer optimale Voraussetzungen für das Überwinden des gegnerischen Blocks bestehen. Dies geschieht mit verschiedenen Formen des beid- und einhändigen *oberen Zuspiels* und dem *Zuspielbagger*. Während im Schüler-, Schul- und Freizeitbereich der Anteil des oberen Zuspiels an den Spielaktionen noch 30–40 Prozent beträgt, verliert es im mittleren und höheren Leistungsbereich seine Bedeutung bei Abwehr und Angriff und wird

Abb. 2.1.3: Feldbereiche für die Beurteilung der Qualität von Aufschlagannahme und Zuspiel

a) (vgl. KRUPP/RÖHRS/SATTLER 1985, 69)

b) (vgl. RICHTERING/GASSE/WESTPHAL 1983, 39)

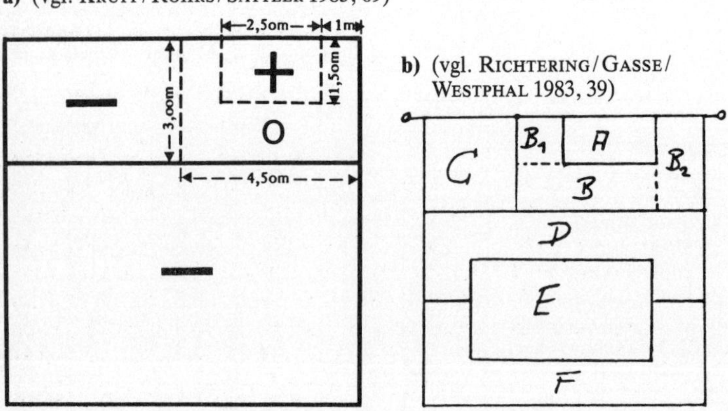

Annahmeaktionen		gut		spielbar		schlecht		fehlerhaft	
	abs.	abs.	%	abs.	%	abs.	%	abs.	%
gesamt	4481	888	19,8	1202	26,8	1531	34,2	860	19,2
Bundesliga	1731	423	24,4	505	29,2	575	33,2	228	13,2
Verbandsliga	1342	255	19,0	399	29,7	452	33,7	236	17,6
Bezirksliga	1408	210	14,9	298	21,0	504	36,0	396	28,1

Tab. 2.1.4: Annahmequalität bei Frauenmannschaften verschiedener Spielklassen (vgl. RICHTERING/GASSE/WESTPHAL 1983, 39)

	BR Deutschland			Internationaler Standard		
Ereignis	gut/ spielbar	schlecht	fehler-haft	gut/ spielbar	schlecht	fehler-haft
JEM 82 w	45,9	40,3	13,7	–	–	–
JEM 84 w	57,5	39,5	3,0	58,1	37,3	6,7
JEM 82 m	55,8	38,4	5,8	54,2	40,1	5,7
JEM 84 m	57,7	31,9	10,3	67,7	27,5	4,7
EM 83 w	56,0	39,4	5,0	42,1	49,7	8,1
Bremen 84 w	53,9	38,7	7,0	54,1	39,2	6,6
Springcup 84 m	63,4	31,7	4,9	58,3	38,1	3,5
Olympische Spiele m	–	–	–	74,4	23,9	1,7

Tab. 2.1.5: Qualität der Annahme bei internationalen Turnieren (vgl. BEGOV/PAUCKNER 1985, 27)

mit 17–22 Prozent Anteil an den Spielhandlungen überwiegend zum Spielaufbau eingesetzt. Das Stellen wird von den Positionen II, III, IV (Netzspieler), L_1, L_2 (Läufer) oder aus dem Hinterfeld (Feldzuspiel) durchgeführt. Vor- und Nachteile der verschiedenen Positionen sind in Tab. 2.1.6 zusammengestellt.

Die Anteile der verschiedenen Zuspiel- und Paßarten (Tab. 2.1.7) variieren je nach Spielsituation, Leistung und den allgemeinen Tendenzen in der Spieltaktik. In der Situation des ersten Spielzugs ist bei der annehmenden Mannschaft (Annahme, Zuspiel, Angriff, Angriffssicherung) auf hohem Leistungsniveau das Zuspiel im Sprung sehr häufig. Die Ursache für die größere Effektivität des Sprungabspiels läßt sich aus der Spielsituation heraus mit den besseren taktischen Möglichkeiten von Zuspieler (z. B. Finten) und Angreifer (z. B. Angriff gegen Einerblock) begründen. Der Mittelblockspieler kann die beabsichtigte Angriffsposition erst spät erkennen und ist damit gegenüber dem Angreifer im Nachteil.

Stell- position	Vorteile	Nachteile
III	Angriff von der Außen- position Gute Sicherung möglich Kurze Paßentfernung	Paß über Kopf notwendig Angriff aus dem 1. Paß kaum möglich Schlechte Übersicht Stellspieler muß zu jedem Block laufen Schwacher Innenblock Großer Drehwinkel beim Richtungs- pritschen
II	Überwiegend frontales Stellen Erster Paß gut zu schlagen Gute Übersicht Stellspieler blockt ohne Laufarbeit Kleiner Drehwinkel beim Richtungspritschen	Sicherung ist erschwert Angriff von III notwendig Schwacher Block gegen Position IV (Hauptangreifer) Langer Paß auf IV
Angriffs- aufbau über den Läufer von L_1 oder L_2	Alle drei Angreifer können eingesetzt werden Die gesamte Netzbreite wird ausgenutzt Angriffskombinationen sind möglich Der Angriff kann variabel gestaltet werden	Die Sicherung des Angriffs ist erschwert Der erste Paß muß manchmal vom Läufer gespielt werden Die Annahme muß auf eine zunächst noch leere Position gespielt werden Der Stellspieler muß vor seinem Zuspiel laufen Die Feldabwehr ist erschwert Der Angreifer auf Pos. III muß unbe- dingt kurze Bälle und Aufsteiger schlagen können (demnach weniger ein Nachteil als eine Vorbedingung) Der Stellspieler muß sehr hohe indi- vidualtaktische Ansprüche erfüllen
Stellerfinten auf Position II	Sprungpaß: – schneller Lob mit der linken Hand auf gegnerische Feldmitte – Schlag rechts – aktives ‹Herunterdrücken› des Balles mit der rechten Hand bei Bällen auf der Netzkante Aus dem Stand: – Paß über Kopf in den 3-m-Raum auf die Seitenlinie von Position IV im gegnerischen Feld	
Läufer und Steller auf Po- sition L_1	Aus dem Stand: Der 2. Ball wird schnell über das Netz ‹geschoben›, dicht am Blockspieler auf Position III vorbei in die gegnerische Feldmitte, wenn dieser schon zum Aufsteigerblock in der Luft ist.	

Tab. 2.1.6: Vor- und Nachteile des Zuspiels von den Netz- und Läuferpositionen und Stellerfinten (vgl. Andresen/Brettschneider/Thierer 1980, 79f; Begov/Pauckner/Ziegler 1986, 18)

Technik ←→	Paßart
Oberes Zuspiel frontal	hoch und halbhoch als
– im Stand	– Langdistanzpaß (< 4 m)
– im Sprung	– Halbdistanzpaß (2–4 m)
– im Fallen	– Nahdistanzpaß (> 2 m)
Oberes Zuspiel über Kopf	kurz als
– im Stand	– Halbdistanzpaß
– im Sprung	– Nahdistanzpaß
– im Fallen	Aufsteiger als Nahdistanzpaß
Oberes Zuspiel lateral	Schnell als Halbdistanzpaß (Schuß)
– im Stand	Schnell als Nahdistanzpaß (Meter)
– im Sprung	
– im Fallen	
Oberes einhändiges Zuspiel	
Zuspielbagger	

Tab. 2.1.7: Techniken und Paßarten beim Spielaufbau

In den darauf folgenden Spielzügen (Block, Blocksicherung, Feldabwehr, Zuspiel, Angriff, Angriffssicherung) sinkt sein Anteil, während die Bedeutung des Zuspielbaggers ansteigt. Als Paßart dominiert hier das hohe Zuspiel.

Allgemein steigen Effektivität von Zuspiel und Angriff mit dem Leistungsniveau an (vgl. Tab. 2.1.8).

	Oberes Zuspiel allgemein			Oberes Zuspiel Anteile			Angriffserfolg nach Zuspiel								
							flach			mittel			hoch		
	+	0	–	flach	mittel	hoch	+	0	–	+	0	–	+	0	–
Bezirksliga	42	52	6	–	8,2	91,8	–	–	–	24	52	24	27	52	21
Oberliga	49	44	7	1,7	14,9	83,4	25	50	25	41	36	23	38	41	21
2. Bundesliga	68	29	3	3,4	35,0	61,6	50	38	12	45	34	21	35	48	17
Länderspiele	68	29	3	10,3	16,7	73,0	45	31	24	45	33	22	42	41	17

Tab. 2.1.8: Effektivität des Zuspiels und des Angriffs auf unterschiedlichen Leistungsniveaus (%) (vgl. Kämmerer u. a. 1978, 204f)

Unterschiede ergeben sich auch bei Positions- und Kombinationsangriffen (vgl. Tab. 2.1.9).

Der *Angriff* ist die am intensivsten behandelte Spielaktion in der Fachliteratur. Aus diesem Grund können Fragestellungen und Ergebnisse hier nur exemplarisch behandelt werden.

Zuspieltechnik	Positionsangriffe		Kombinationsgriffe	
	Anzahl	Wirkungs-quotient	Anzahl	Wirkungs-quotient
Oberes Zuspiel	415	.1582	27	.3639
Unteres Zuspiel	72	−.1538	1	−1.0000
Sprungpaß	190	.3624	27	.5624
Einhändiges Zuspiel	7	.2579	–	–
Abrollen	63	.1920	–	–
Angabe 1. Paß	87	−.0966	–	–
Gesamt	825	.1574	55	.4400

Tab. 2.1.9: Zuspieltechnik und Angriffserfolg bei Positions- und Kombinationsangriffen (vgl. THIERER/BRETTSCHNEIDER 1984, 62f)

Zur Verdeutlichung der Problemfülle für die Spielanalyse sollen hier einige allgemeine und spezielle Fragestellungen genannt werden:

- Wie stellt sich Anteil, Art, Richtung und Wirksamkeit des Angriffs auf verschiedenen Leistungsniveaus dar?
- Wie verteilen sich die Angriffe auf die verschiedenen Angriffspositionen?
- Wie ist die Erfolgsquote gegen den Block auf den verschiedenen Positionen?
- Wie ist der Anteil von Positions- und Kombinationsangriffen auf den verschiedenen Leistungsniveaus?
- In welche Zielfelder erfolgen die Angriffe?
- Wie entwickelt sich die Angriffsleistung eines Spielers/einer Mannschaft in einem Spiel?

Die *Häufigkeit* regulär und gezielt durchgeführter Angriffe steigt mit dem Leistungsniveau an. Während im Schülerbereich Angriff und Block lediglich ca. 5 Prozent der Spielhandlungen ausmachen, wächst dieser Anteil im Abitur auf ca. 10 Prozent. In der Bezirksliga, Oberliga, 2. Bundesliga und bei Länderspielen machen Angriffsaktionen ca. 18–20 Prozent der Spielanteile aus. Mit der Leistungsverbesserung ändern sich auch die Angriffstechniken und ihre *Effektivität* (vgl. Tab. 2.1.10). Neuere Erhebungen verdeutlichen, daß sich die Angriffseffektivität in den letzten Jahren im internationalen Volleyball stark gesteigert hat (vgl. Tab. 2.1.11).

Die internationale Leistungsentwicklung hat inzwischen dazu geführt, daß der Angriff von vielen Positionen – auch aus dem Hinterfeld – durchgeführt wird (vgl. Abb. 2.1.4). So müssen Block und Feldabwehr besonders in den Situationen mit einem Hinterfeldangreifer rechnen, in denen sich der Läufer auf einer Netzposition befindet und nur zwei Angreifer zur Verfügung

	Summe	Schlag		Lob		oberes/ unteres Zuspiel		alle Angriffe %			Lob			oberes/ unteres Zuspiel		
		abs.	%	abs.	%	abs.	%	+	0	–	+	0	–	+	0	–
Bundesliga	664	506	76	68	10	90	14	25	57	18	30	60	10	7	92	1
Oberliga	732	631	87	69	9	32	4	35	45	20	30	60	10	–	90	10
2. Bundesliga	882	781	88	85	10	16	2	37	47	16	28	71	1	6	94	–
Länderspiele	846	753	89	62	7	31	4	42	41	17	34	55	11	19	81	–

Tab. 2.1.10: Art und Effektivität verschiedener Angriffstechniken (vgl. KÄMMERER u. a. 1978, 206)

Ereignis	BR Deutschland		Internationaler Standard	
	+/I	–	+/I	–
JEM 82 w	47,5	14,4	–	–
JEM 84 w	48,6	10,8	60,5	6,9
JEM 82 m	59,6	9,4	65,0	9,5
JEM 84 m	43,5	13,6	49,6	6,3
EM 83 w	43,6	5,4	54,3	7,7
Bremen 84 w	28,0	5,9	42,9	7,8
Springcup 84 m	24,9	5,7	46,8	9,0
Olympische Spiele 84 m	–	–	65,3	9,4
EM 85 VR w	55,4	8,8	–	–
EM 85 ER w	58,9	5,2	–	–
EM 85 Ges. w	57,2	7,0	65,9	4,4

Tab. 2.1.11: Angriffseffektivität im Spitzenvolleyball (vgl. BEGOV/PAUCKNER 1985, 27; BEGOV/PAUCKNER/ZIEGLER 1986, 16)

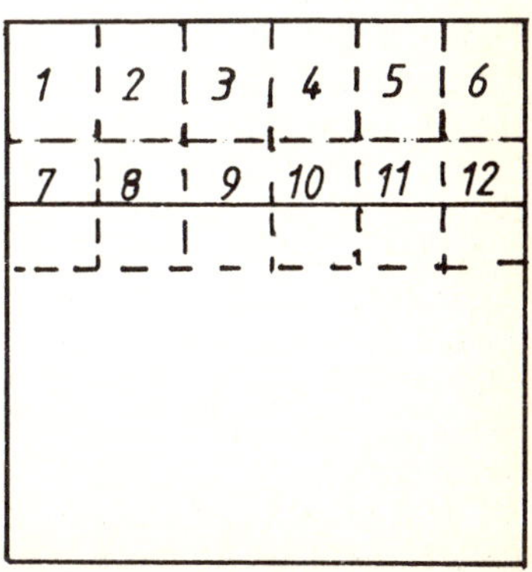

Abb. 2.1.4: Mögliche Angriffsorte im Spitzenvolleyball (vgl. LEITZGEN/PAPAGEORGIOU 1983, 176)

stehen. In der Tendenz wird der Angriff aus dem Hinterfeld damit in seiner Bedeutung mit dem Angriff von den Netzpositionen aus vergleichbar. Nimmt man den immer häufiger angewandten Sprungaufschlag hinzu, dann ergibt sich auf hohem Leistungsniveau die Notwendigkeit, als Gegenmittel die Annahme hart geschlagener Bälle besonders zu trainieren.
Im unteren und mittleren Leistungsbereich greifen die Netzspieler in der Regel von ihren regulären Netzpositionen II, III und IV aus an *(Positionsangriff)*. Im Leistungs- und Spitzenbereich wird versucht, die gegnerische Abwehr (Block und Feldabwehr) über die Variation des Angriffsortes hinaus durch Wechsel der Angriffsspieler auf andere Positionen und eine Vielzahl von Techniken in der jeweiligen Spielsituation zu überwinden. Die Tabellen 2.1.12 und 2.1.13 geben einen Überblick über die *Kombinationsangriffe* und ihre bevorzugte Anwendung. Dabei variiert die Anzahl der Angreifer und der Aktionsbeginn. Beim «einfachen Angriff» und dem «Sicherheitspaß» beginnt der Angreifer seine Angriffshandlung erst nach dem Stellspiel, während bei den Kombinationsangriffen 1K–3K der Anlauf bereits vor dem Zuspiel beginnt.
Die Kombinationsangriffe werden mit steigendem Leistungsniveau immer wichtiger. Voraussetzung dafür ist aber eine hohe Zuspielgenauigkeit des Stellers und eine gute Abstimmung der Spieler untereinander, was auch angetäuschte Kombinationen ermöglicht. Unterschiede in der Angriffsart ergeben sich auch in Abhängigkeit vom Zeitpunkt des Angriffs (vgl. Kap. 3.2).

Tab. 2.1.12: System der Kombinationsangriffe
(modifiziert nach Leitzgen/Papageorgiou 1983, 174f)

E	Einfacher Angriff		
K1	Kombinationsangriff 1. Ordnung		
	1.	1K:	Ein Angreifer kombiniert (z. B. Staffel)
	2.	1K + S:	Ein Angreifer kombiniert / Steller spielt Sicherheitspaß
K2	Kombinationsangriff 2. Ordnung		
	1.	2K:	Zwei Angreifer kombinieren (z. B. Kreuz)
	2.	2K + S:	Zwei Angreifer kombinieren / Steller spielt Sicherheitspaß
K3	Kombinationsangriff 3. Ordnung		
		3K:	Drei Angreifer kombinieren (z. B. Staffel und Kreuz)
		3K + S:	Drei Angreifer kombinieren / Sicherheitspaß
K4	Kombinationsangriff 4. Ordnung		
		4K:	Vier Angreifer kombinieren (3 Netzspieler + Angreifer im Hinterfeld)

Einfache Angriffe	1K	1K + S	2K	2K + S	3K
– meist frontal gestellt – Angriffsort überwiegend links – Pos. Angreifer meist IV und II – eingesetzt bei Stellspiel eines Angreifers oder aus dem Hinterfeld – zum Großteil aus schlechten 1. Pässen – bei 1. Paß-Angriffen fast ausschließlich	– meist durch Pos. III – Angriffsorte Mitte und rechts – aus dem Spielgeschehen – auch 1. Paß-Angriffe – Angriffsaufbau meist Vorderspieler	– 2/3 aus der Annahme – durch Pos. IV – Angriffsort links	– durch 2. Angreifer abgeschlossen – häufigster Paß «Halb» – Angriffsort Mitte – Angreifer II und III – meisten abhängigen Laufwege – über 90 % aus der Annahme – Angriffsaufbau über Läufer	– Angriffsort links – Angreifer IV – meist in Verbindung mit Kreuz oder Doppel	– meist gespielter Paß «Halb» – Angriffsaufbau über Läufer – aus der Annahme nach gutem 1. Paß – Netzspieler greifen gleichmäßig an

Tab. 2.1.13: Charakteristik der Kombinationsangriffe (vgl. LEITZGEN/PAPAGEORGIOU 1983, 185)

Block / Feldabwehr und Sicherung

Bei der Abwehr des Angriffs muß sich die verteidigende Mannschaft auf individual- und gruppentaktische Maßnahmen beim Positions- und Kombinationsangriff einstellen. Im Block, bei der Feldabwehr und der Sicherung von Block und Angriff stehen eine Reihe von technischen und taktischen Handlungsmöglichkeiten zur Verfügung. Die folgenden Tabellen (2.1.14 und 2.1.15) geben exemplarisch mögliche Verteilungen der Aktionen im Spitzenvolleyball wieder.
Für den Erfolg der Abwehr ist die Antizipation von Richtung, Länge und Geschwindigkeit des Angriffs entscheidend. Am Beispiel einer Untersuchung auf Bezirks-, Ober-, 2. Bundesliga- und Länderspielebene wird deutlich, wie sich die erfolgreich abgeschlossenen Angriffsschläge in jeweils drei Richtungen von den Positionen II, III und IV aus verteilen können (Abb. 2.1.5).

Die Effektivität von Block und Feldabwehr kann unter Berücksichtigung des Angriffs beurteilt werden. Abb. 2.1.6 verdeutlicht z. B., daß auf den Positionen 4 und 3½ (Bezirksliga) der Anteil abgeblockter Angriffe sehr hoch, während die Effektivität auf den anderen Positionen (z. B. 2½ in der 2. Bundesliga und Bezirksliga) relativ gering ist.

Blockart abs. %	Gesamt	Position IV	III	II	1. Spielzug	Rück-schlag
Einerblock	522 33,6	156 10,0	232 15,0	134 8,7	406 38,7	116 23,5
Zweier-block II/III		3 0,2	41 2,7	356 23,0	274 26,1	126 25,2
Zweier-block III/IV	734 47,4	215 13,9	95 6,1	4 0,2	218 20,8	96 19,2
Zweier-block II/IV		1 0,1	5 0,3	14 0,9	10 1,0	10 2,0
Dreierblock	142 9,2	9 0,6	52 3,3	81 5,2	71 6,8	71 14,2
ohne Block	152 9,8				71 6,8	81 16,2
Gesamt	1550 100	384 24,8	425 27,4	589 38,0	1050 100	500 100

Tab. 2.1.14: Blockarten und -positionen in verschiedenen Spielsituationen (WM Männer 1982) (nach PAPAGEORGIOU/LEITZGEN 1986, 153)

Abb. 2.1.5: Schlagrichtungen erfolgreicher Angriffsschläge auf verschiedenen Leistungsniveaus (nach KÄMMERER u. a. 1978, 206)

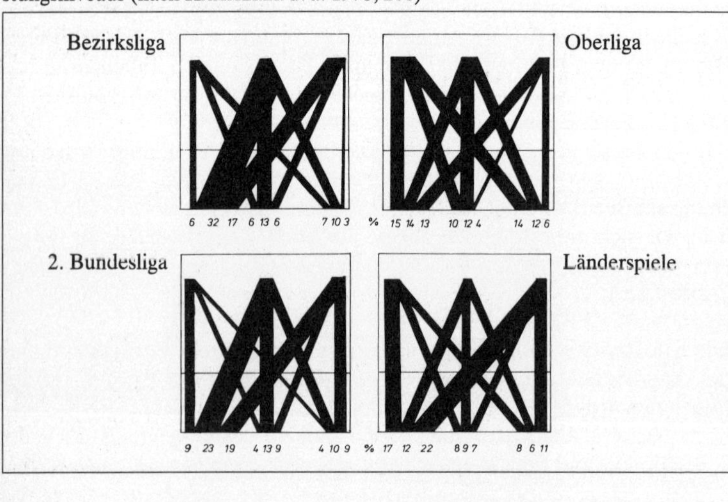

Technik abs. %		Angriffs-sicherung	Block-sicherung	Feld-abwehr
Abwehrbagger frontal	270 35,5	46 37,7	34 23,9	190 37,8
Abwehrbagger seitlich	160 20,9	18 14,8	28 19,7	114 22,7
Oberes Zuspiel	80 10,4	20 16,4	19 13,4	41 8,2
Einhändige obere Abwehr	39 5,1	9 7,4	13 9,2	17 3,4
Einarmige untere Abwehr	19 2,5	6 4,9	5 3,5	8 1,6
Japanrolle	41 5,4	5 4,1	11 7,8	25 5,0
Hechtbagger	142 18,5	16 13,2	24 16,9	102 20,3
Gesamt	766 100	122 100	142 100	502 100

Tab. 2.1.15: Verteilung der Techniken in Feldabwehr und Sicherung von Angriff und Block (vgl. PAPAGEORGIOU/LEITZGEN 1986, 154)

Abb. 2.1.6: Kurvendiagramm: Vergleich der Spielklassen in ihrer Wirksamkeit der Angriffsaktionen auf den 5 Positionen. Balkendiagramm: Verteilung der geblockten Bälle (%) pro Position und Liga (v. GRABOWIECKI 1986, 163)

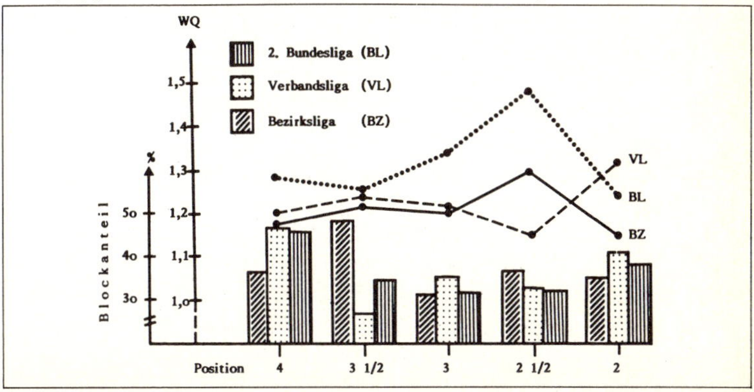

Im Vergleich zu Positionsangriffen ist in der Regionalliga die Wirkung des Blocks gegen Kombinationsangriffe wesentlich geringer. So sinkt sie z. B. auf der mittleren Blockposition von 43 auf 26 Prozent bei 22 bzw. 86 Prozent aller Angriffe über die Angriffsposition III (Abb. 2.1.7). Noch deutlicher wird dies auf höherem Leistungsniveau. So erfolgen z. B. nach Abb. 2.1.8 im mittleren Netzbereich 23 Prozent aller Angriffe, 71 Prozent davon als Kombinationsangriff (somit 29 Prozent als Positionsangriffe). Davon können nur 12 Prozent erfolgreich geblockt werden.

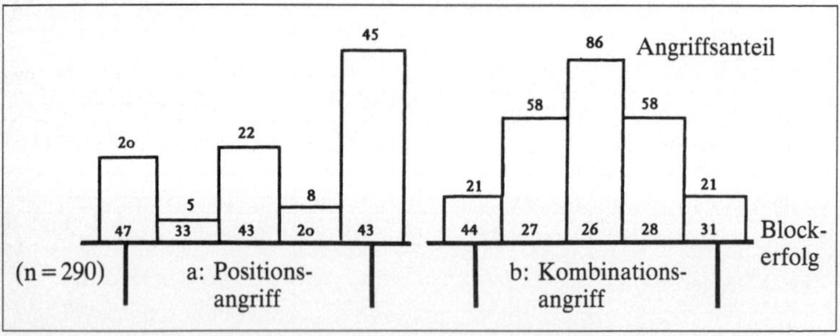

Abb. 2.1.7: Blockerfolge in Abhängigkeit von der Angriffshäufigkeit auf den verschiedenen Netzpositionen (Regionalliga Männer) (nach VOIGT 1985, 105)

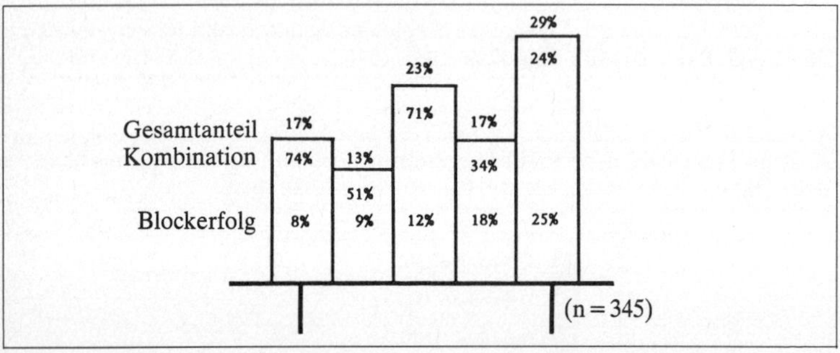

Abb. 2.1.8: Erfolgreiche Blockaktionen gegen Angriffskombinationen (Männernationalmannschaften Deutschland–Ungarn 1983/84) (nach VOIGT 1985, 96)

Der Erfolg bei Abwehrhandlungen hängt nicht nur von der Beherrschung der Techniken in der Feldabwehr, sondern auch von den mannschaftstaktischen Maßnahmen in der Verteidigung *(Abwehrtaktik)* ab. Systembezogene Abwehrformationen (z. B. vor- bzw. zurückgezogene Position VI) müssen dabei variiert und den jeweiligen Besonderheiten des gegnerischen Angriffs angepaßt werden. In der Saisonvorbereitung und während des

Wettkampfjahres müssen Mannschaften im Bereich des Taktiktrainings darauf vorbereitet werden, flexibel auf die Anforderungen durch die gegnerische Angriffstaktik reagieren zu können. Die Abbildungen 2.1.9, 2.1.10 und 2.1.11 zeigen mögliche Verteidigungsformationen auf Landes-

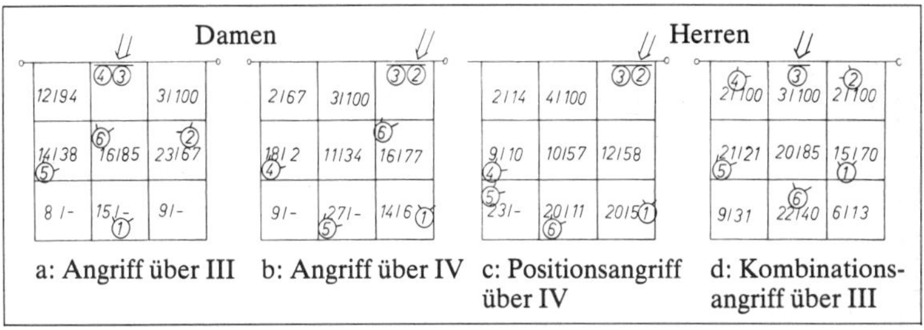

Abb. 2.1.9: Angriffsvarianten und Abwehrformationen in der Landesliga (Damen und Herren) (nach KASTIEN 1985, 71)

Abb. 2.1.10: Angriffsvarianten und Abwehrformationen in der Regionalliga (Männer) (nach VOIGT 1985, 109)

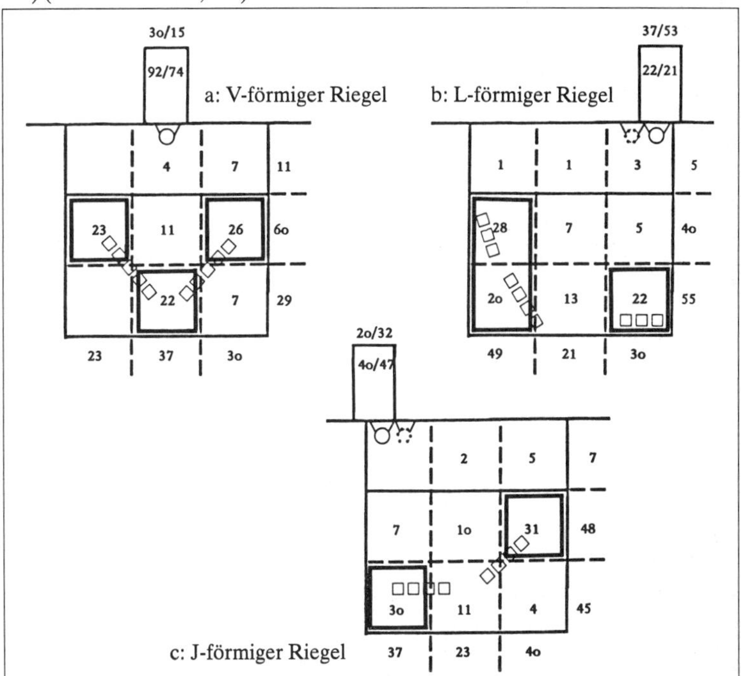

liganiveau (Damen, Herren), in der Regionalliga (Herren) und auf Länderspielebene (Herren) bei Angriffen von den Positionen II, III und IV. Die Verteidigungsformation «vorgezogene Position VI» erscheint bei den Damen (Landesliga) am geeignetsten, weil das mittlere Feld am häufigsten

Abb. 2.1.11: Variables Abwehrverhalten auf Länderspielebene (nach VOIGT 1985, 101)

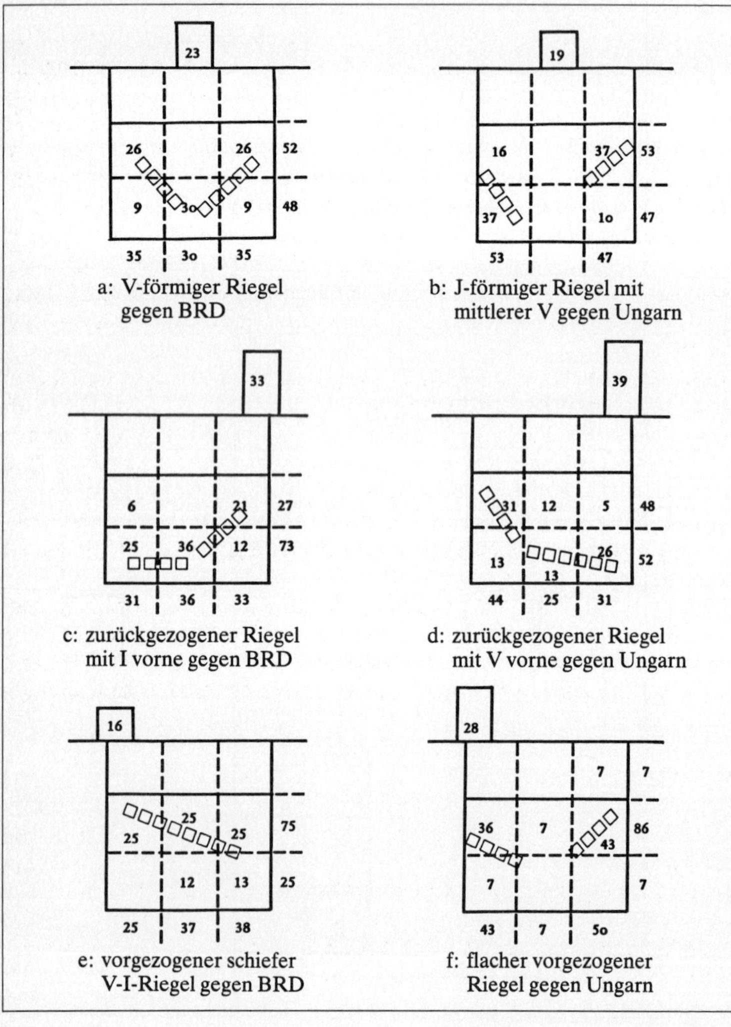

a: V-förmiger Riegel gegen BRD

b: J-förmiger Riegel mit mittlerer V gegen Ungarn

c: zurückgezogener Riegel mit I vorne gegen BRD

d: zurückgezogener Riegel mit V vorne gegen Ungarn

e: vorgezogener schiefer V-I-Riegel gegen BRD

f: flacher vorgezogener Riegel gegen Ungarn

angespielt wird (Abb. 2.1.9 a, b). Bei den Männern muß gegen Positionsangriffe das Hinterfeld, gegen Kombinationsangriffe das Mittelfeld besonders verteidigt werden (c, d). Bei Positionsangriffen über III sollte II die Nahsicherung, III und IV den Block übernehmen. Erfolgt der Positionsangriff über IV, sollte auch IV die Blocksicherung übernehmen können, da sich die Position I häufig zu früh nach vorne orientiert und dann in der Hinterfeldabwehr ausfällt.
In der Regionalliga (Abb. 2.1.10) gehen von Position III (a) bei kombinativen Mannschaften 30 Prozent, bei kombinationsarmen Mannschaften 15 Prozent der Angriffe insgesamt aus. 92 bzw. 74 Prozent der Angriffe werden hiervon durch einen Kombinationsangriff abgeschlossen. Ist ein Angriff über die III zu erwarten (15–30 Prozent), sollte die aufschlagende Mannschaft eine V- bis U-förmige Ausgangsformation (VI hinten, I, V vorne: 71 Prozent) in Erwartung des ersten Angriffs nach der Aufschlagannahme anwenden (a). Auf IV (b) überwiegen die Positionsangriffe diagonal und ins Hinterfeld (28, 20, 22 Prozent). Der Angriff von II erfolgt in 20 bzw. 32 Prozent der Fälle und wird fast zur Hälfte (40 bzw. 47 Prozent) als Kombinationsangriff abgeschlossen. Die zurückgezogene Position VI verstärkt je nach Angriff des Gegners die Position V innen (b) oder die vorgezogene I (c).
Abbildung 2.1.11 verdeutlicht die Unterschiede der Abwehrformation in Erwartung eines Kombinationsangriffs (erster Spielzug nach der Aufschlagannahme) auf den Positionen III (a), IV (c) und II (e) und bei den zeitlich nachfolgenden Angriffen (b, d, f). Für den eigenen Angriffsaufbau ist es sinnvoll, den Läufer sofort in dem Feldbereich zu postieren, der am seltensten Angriffsziel ist. Bei (a) empfiehlt sich die zurückgezogene VI als Verteidigungsformation, bei (b) die Besetzung der Positionen V hinten, VI vorne und I vorne.
Die höhere taktische Leistungsfähigkeit der Spitzenmannschaften zeigt sich also in der Antizipation gegnerischer Angriffsaktionen und flexiblen mannschaftstaktischen Abwehrmaßnahmen. Wichtig sind hierbei systematische Beobachtungen des Gegners in Spielen gegen andere Mannschaften *(Scouting)* und Spielanalysen, wie wir sie hier skizziert haben. 88

Spielverlauf

Die Analysen der Komplexe Aufschlag–Annahme, Spielaufbau–Angriff und Block–Feldabwehr–Sicherung allein geben allerdings noch keinen Aufschluß über den Spielerfolg und die damit verbundenen Konsequenzen für die Auswahl und Gewichtung von Trainingsinhalten. Dazu bedarf es weiterer Untersuchungen z. B.

- der Gesamtpunktedifferenz bei den Elementen der Handlungskette beider Mannschaften;
- der Satzverläufe;

– der Erfolgswahrscheinlichkeit von aufschlagender und annehmender Mannschaft.

Zur Gewinnung der *Gesamtpunktedifferenz* werden die bei den Elementen der Handlungsketten (Spielphasen) gewonnenen und abgegebenen Punkte miteinander verrechnet. Punkte in den Spielphasen A, C und D werden durch Stärken der eigenen Mannschaft (z. B. A=Aufschlag) erreicht, während Vorteile in B, D und F aus Fehlerquoten bei der anderen Mannschaft resultieren (z. B. B=Annahme des Aufschlags). Aus Abb. 2.1.12 geht z. B. eine Überlegenheit der deutschen Mannschaft beim Aufschlag (A=+12) und in der Annahme (B_1=+18) hervor. Beim Angriff aus der Annahme (B_3) treten mit drei Fehlern keine gravierenden Unterschiede zu den Gegnern auf. Gegen den Block (C_o = – 20) gelingt es dem deutschen Angriff aber nicht, die Bilanz ausgeglichen zu halten. Beim ersten Gegenangriff nach eigenem Aufschlag (zweiter Rückschlag: Aufschläger) hat der Geg-

Abb. 2.1.12: Punktwertedifferenzen in den Spielphasen (BEGOV/PAUCKNER/ZIEGLER 1986, 16)

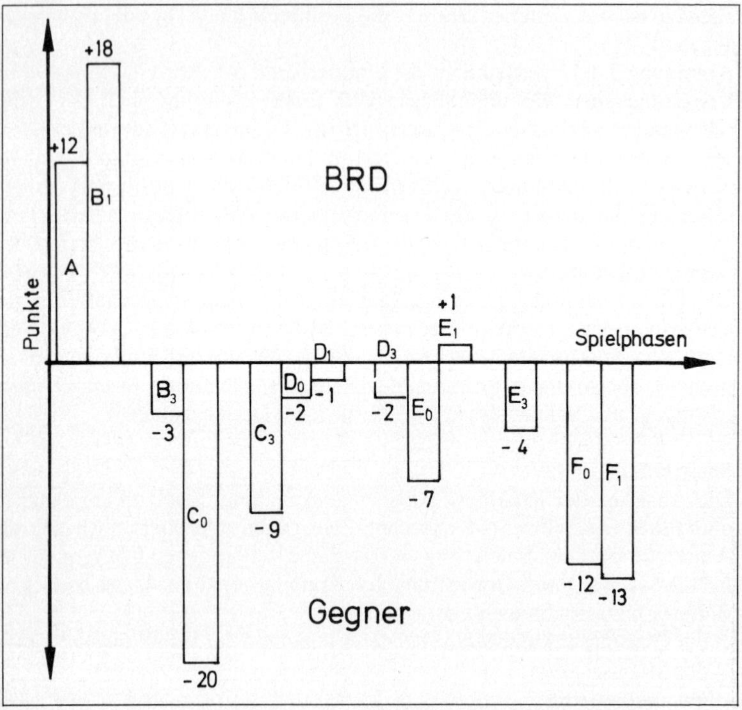

ner einen Vorteil von 9 Punkten (C_3). Auch bei den Block- und Feldabwehraktionen ergibt sich eine Minusbilanz (E, F).
Bei der Betrachtung der *Satzverläufe* ist z. B. die Frage nach Serien von Fehlern und Punkten interessant. Die folgende Tabelle 2.1.16 gibt Aufschluß über einzelne Fragen zur Spielleistung während eines Turniers der DVV-Frauen bei der EM 1985.
Ab Satzmitte und gegen Satzende traten eher die mittleren und langen Fehlerserien auf. Regelrechte Einbrüche mit 7 und 8 Fehlern in Folge gab es in drei Spielen, während sich in einem Spiel kürzere Fehlerfolgen aufsummierten.
Die Auswahl der Trainingsinhalte für die Trainingsplanung für eine Spielsaison muß sich an den Anforderungen der jeweiligen Leistungsebene und den Schwächen der eigenen Mannschaft orientieren. Bedeutsam ist hierbei auch, ob Erfolge bzw. Fehler beim eigenen oder gegnerischen Spielzug auf-

Tab. 2.1.16: Fehlerserien im Satzverlauf (nach BEGOV/PAUCKNER/ZIEGLER 1986, 17)

a: Fehlerserien

3er	4er	5er	6er	7er	8er
14 46,4 %	5 16,6 %	5 16,5 %	5 16,6 %	2 6,6 %	1 3,3 %

b: Satzverlauf

Satz	3 + 4er	5 + 6er	7 +8er	Gesamt
Anfang	5	4		9 (30,0 %)
Mitte	7	3	1	11 (36,6 %)
Ende	7	1	2	10 (33,3 %)

c: Gegner

Mannschaft	3 + 4er	5 + 6er	7 + 8er	Gesamt
FRA	2		1	3 (10,0 %)
UdSSR	1	2	1	4 (13,3 %)
POL			1	1 (3,3 %)
ČSSR	2	3		5 (16,6 %)
ITA	1	2		3 (10,0 %)
HOL	3	2		5 (16,6 %)
DDR	8	1		9 (30,0 %)

treten, und in welchem Spielzug dies der Fall ist (z. B.: Aufschlag Mannschaft A – erster Rückschlag: Mannschaft B – zweiter Rückschlag: A – dritter Rückschlag: B – vierter Rückschlag: A).

In Tab. 2.1.17 sind mögliche Anteile und Fehlerquoten bei Spielzügen von Mannschaften auf zwei Leistungsniveaus zusammengestellt. Bei der Auswertung dieser Ergebnisse ergeben sich z. B. folgende Hinweise für die Trainingspraxis:

- Beim ersten Rückschlag treten 18 Prozent aller Fehler bei 34 Prozent Spielanteilen auf. Die Hauptursache ist der Angriff (10 Prozent);
- Beim zweiten Rückschlag ergeben sich 44 Prozent aller Fehler bei 26 Prozent Spielanteilen. Die Fehler treten hauptsächlich beim Block und in der Feldabwehr auf (je 18 Prozent).
- Beim dritten Rückschlag kommt es zu 28 Prozent aller Fehler bei 18 Prozent Spielanteilen. Obwohl die Feldabwehr nur 5 Prozent Spielanteile
89 hat, ist sie zur Hälfte (14 Prozent) an den Fehlern beteiligt.

Tab. 2.1.17: Erfolgswahrscheinlichkeit von Auf- und Rückschläger (Anmerkung: Summieren sich Werte nicht auf 100 %, ist dies auf Auf- und Abrundungen zurückzuführen) (modifiziert nach VOIGT 1984, 75)

Bedingung / Leistungsklasse	Aufschlag	1. Rückschlag (Rückschläger)					2. Rückschlag (Aufschläger)					
	A	An	Zu	S	Si	Σ	Bl	Fe	Zu	S	Si	Σ
Bundesliga												
Situationen in %	15	13	10	10	1	35	9	8	5	4	1	27
Fehler in %	9	6	1	13	1	21	12	11	3	8	2	36
Internat. Spitze												
Situationen in %	11	10	11	10	1	34	10	7	4	5	1	26
Fehler in %	5	4	3	10	1	18	18	18	2	5	1	44

Bedingung / Leistungsklasse	3. Rückschlag (Rückschläger)						4. Rückschlag (Aufschläger)						Gesamt	
	Bl	Fe	Zu	S	Si	Σ	Bl	Fe	Zu	S	Si	Σ	ΣA	ΣR
Bundesliga														
Situationen in %	4	4	3	4	1	15	2	2	2	1	–	7	49	51
Fehler in %	5	11	1	2	1	20	5	6	1	2	–	13	59	41
Internat. Spitze														
Situationen in %	6	5	3	3	–	18	3	2	2	2	–	9	48	52
Fehler in %	7	14	1	5	1	28	1	2	–	3	–	6	56	44

Bei all diesen Ergebnissen soll aber darauf hingewiesen werden, daß die unterschiedlichen Bedingungen in der eigenen Mannschaft und Spielklasse berücksichtigt werden müssen und keine direkte Übertragung von Einzeldaten erfolgen sollte. Die Darstellung zielt vielmehr darauf ab, dem Trainer für seine eigene Spielbeobachtung und Trainingsplanung Fragestellungen, Kriterien und Beispiele zu verdeutlichen, nach denen er Spiele besser analysieren kann.

Lauf- und Sprunghandlungen

Volleyball findet im Gegensatz zu anderen Mannschaftsspielen auf einem relativ kleinen Feld statt, in dem die Einzel- und Gruppenhandlungen (Aufschlag, Zuspiel, Angriff, Block, Sichern, Feldabwehr) räumlich und zeitlich gut aufeinander abgestimmt sein müssen. Schnelle Bewegungen zum Ball sind von entscheidender Bedeutung, da nicht alle Feldbereiche gleichermaßen abgesichert werden können. Dazu sind reaktionsschnelle,

Abb. 2.1.13: Spielhandlungen vor und nach Ballkontakt

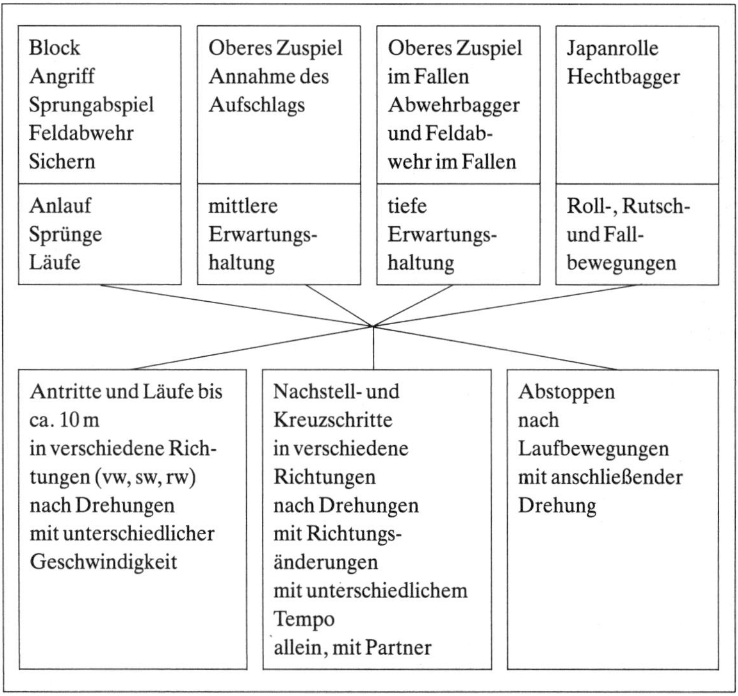

kurze Lauf-, Fall- und Rollbewegungen in verschiedene Richtungen erforderlich, die die Einnahme einer günstigen Erwartungshaltung und ein optimales Treffen des Balles ermöglichen (Abb. 2.1.13). Zu diesem «Spiel ohne Ball» kommt im Volleyball eine außergewöhnlich hohe Belastung durch die Häufigkeit und Dichte von Sprunghandlungen beim Zuspiel, Angriff und Block mit maximaler und submaximaler Intensität.
Bei den *Frauen* zeigen sich im internationalen Bereich besonders im Spielaufbau (30 bzw. 9 Prozent) wesentlich höhere Sprungbelastungen als in der Bundesliga (Tab. 2.1.18).
Bei den *Männern* erfolgen über 60 Prozent der Blockaktionen auf den Positionen II und III, während sich die Sprünge im Angriff gleichmäßiger auf alle drei Positionen verteilen (Tab. 2.1.19). Die *Häufigkeit* der Sprunghandlungen der einzelnen Spieler bewegt sich in den vier ausgewerteten Bundesligaspielen zwischen 46 und 128,8 Sprüngen pro Spieler. Die Anzahl der Blockaktionen lag bei allen Spielen in allen Mannschaften deutlich über den Sprunghandlungen im Angriff und Aufbau (Tab. 2.1.20).

Aktionen	Bundesliga Damen	Internationale Spitze
Sprünge	18	24
Angreifersprünge pro Netzpassage	2,1	2,6
größte Sprungdichte	5 Sprünge in 15 sec (2 × S + 3 × Bl)	9 Sprünge in 31 sec (1 × S + 6 × Bl + 2 × Fi)
Zuspieler	25	35
Anteil der Sprunghandlungen am Spielaufbau	9 %	30 %
schnelle Richtungsänderungen	82	105

Tab. 2.1.18: Sprunghandlungen und Richtungsänderungen pro Satz (ca. 18 Minuten) im Leistungsbereich (Damen) (vgl. Voigt 1984, 72)

Tab. 2.1.19: Verteilung der Sprunghandlungen auf den Netzpositionen (Leistungsbereich Männer) (nach Knappe 1983, 44)

	Block		Angriff		Summe
Position II	627	65,4 %	331	34,6 %	958
Position III	1080	60,2 %	714	39,8 %	1749
Position IV	427	28,9 %	623	42,1 %	1477
Summe	2134	56,1 %	1668	43,8 %	3802

Spiel	Block		Angriff		Sprungpaß		Summe	Anzahl (Mittelwert)
1 A	316	54,1%	218	37,3%	50	8,5%	584	97,3
B	273	51,1%	236	44,1%	25	4,6%	534	89,0
2 C	396	51,2%	341	44,1%	36	4,6%	773	128,8
D	354	54,2%	263	40,3%	35	5,3%	652	108,6
3 E	328	51,0%	283	44,0%	31	4,8%	642	107,0
F	306	51,8%	258	43,7%	26	4,4%	590	98,3
4 G	149	53,9%	118	42,7%	9	3,2%	276	46,0
H	135	48,7%	119	42,9%	23	8,3%	227	46,2
Summe	2257	52,1%	1836	42,4%	235	5,4%	4238	90,1

Tab. 2.1.20: Art der Sprunghandlungen in der Bundesliga der Männer (nach Knappe 1983, 44)

Aus Tabelle 2.1.21 ergibt sich für die Trainingspraxis, daß die Blockspieler auf II und IV von den Pausenintervallen und den Wiederholungszahlen her sehr ähnlich trainieren könnten, während der Mittelblockspieler auf III mit kürzeren Pausen und höheren Wiederholungszahlen zu belasten ist. 90

Tab. 2.1.21: Umfang und Intensität der Sprunghandlungen am Netz (Bundesliga Männer) (nach Knappe 1983, 44)

Größte Sprunghäufigkeit eines Spielers bei einem Durchgang:
23 Sprunghandlungen in 7 Minuten und 38 sec auf Position III
Längste Belastungsdauer mit Sprunghandlungen unmittelbar hintereinander mit längsten Wegen bei 2 Ballwechseln:
8 Sprunghandlungen in 34 sec auf Position III bei zwei Aufschlägen
Aufschlag 1: Block auf III, Block auf IV, Angriff auf III, Block auf II
Aufschlag 2: Block auf II, Block auf II, Block auf II, Block auf II
Der Spieler wechselte zwischen den Aktionen immer auf seine Ausgangsposition zurück
Größte Sprungdichte unmittelbar hintereinander nach einem Aufschlag:
Position II: 3 Blocksprünge in 3,9 sec
Position III: 2 Angriffe und 1 Block in 3,0 sec
Position IV: 3 Angriffe in 4,5 sec
Größte Pause zwischen zwei Sprüngen bei einer Rotation:
Position II: 2 min 28 sec
Position III: 2 min 4 sec
Position IV: 2 min 22 sec
Mittelwerte für die drei Netzpositionen:
Positionen II und IV: 4–8 Sprunghandlungen in Abständen von 20–30 Sekunden
Position III: 8–12 Sprünge in Abständen von 15 bis 25 sec

Zusammenfassung

- Die Belastung der Spieler ergibt sich aus der Art und Dauer der motorischen, sozial-emotionalen und mentalen Aufgaben in Unterricht, Training und Spiel. Überfordern diese das Leistungsvermögen und den Trainingszustand, kann es zu Überbeanspruchungen kommen.
- Spielanalysen auf der Grundlage von Datenerhebungen auf verschiedenen Leistungsniveaus können dem Trainer eine Orientierungshilfe für seine Trainingsgestaltung sein.
- Beim *Aufschlag* zeigen sich hinsichtlich der Taktik, der Art, Häufigkeit, Richtung und Länge leistungsdifferenzierende Unterschiede. Vorrangiges Ziel wird die Erschwerung des gegnerischen Spielaufbaus.
- Bei der *Annahme* ist mit dem Leistungsniveau eine Steigerung der Zielgenauigkeit, Sicherheit und Spezialisierung der Spieler festzustellen.
- Die Anteile der *Zuspiel-* und *Paßarten* variieren je nach Spielsituation, Leistung, Spieltaktik und Zeitpunkt des Spielzugs in der Handlungsfolge. Der Stellspieler kann durch die Qualität des Zuspiels die Wirksamkeit der Blockabwehr reduzieren und den Angriffserfolg steigern.
- Der *Angriffserfolg* hängt vom Angriffsort, der Technik, dem Zuspiel, dem Überraschungseffekt beim Kombinationsangriff, von Block und Feldabwehr ab.
- Für den *Erfolg der Abwehr* sind die Antizipation von Ort, Art, Richtung, Länge und Schnelligkeit des Angriffs, die Qualität der Abwehrtechnik und das Abwehrsystem entscheidend.
- Spielanalysen müssen auch die Gesamtpunktedifferenz, Fehlerserien, die Satzverläufe und die Erfolgswahrscheinlichkeiten bei aufschlagender und annehmender Mannschaft umfassen.
- Mit steigendem Leistungsniveau kommt zu den Laufbewegungen ohne Ballkontakt eine hohe Belastung durch die Häufigkeit und Frequenz von Sprunghandlungen bei Zuspiel, Angriff und Block mit maximaler und submaximaler Intensität.

2.2 Trainingswirkungen

Alle lenkenden und kontrollierenden Maßnahmen, die gezielt zur Steigerung der Leistungsfähigkeit, Erregbarkeit und Belastbarkeit im psychischen und physischen Bereich eingesetzt werden, gehören zur *Trainingssteuerung*. Bei der Optimierung dieser Leistungsbereiche sind Faktoren wie Energiebereitstellung, Muskelaufbau, Ermüdung, Übertraining, Streß, Verletzungen, Bedingungen beim jugendlichen Organismus und das Aufwärmen zu berücksichtigen (Abb. 2.2.1).

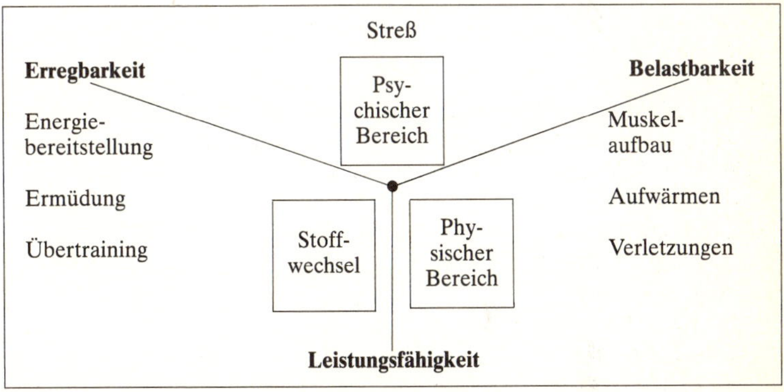

Abb. 2.2.1: Leistungsbereiche im Training (modifiziert nach Keul u. a. 1984, 15)

Erich Christmann

Energiebereitstellung

Bei der Muskelkontraktion spielen die Myofibrillen (vgl. Abb. 2.2.2) eine entscheidende Rolle. Unter dem Mikroskop erkennt man, daß sich helle (I-Band) und dunkle Zonen (A-Band) und Zwischenscheiben (Z-Band) regelmäßig abwechseln (D) und eine lange Gliederkette bilden. Die dunklen Abschnitte bestehen aus dicken (Myosinfilamente) und dünnen Eiweißmolekülen (Aktinfilamente). Sie sind die kleinsten motorischen Einheiten für die Kontraktion des Muskels, die von der Vorderhornzelle im Rückenmark

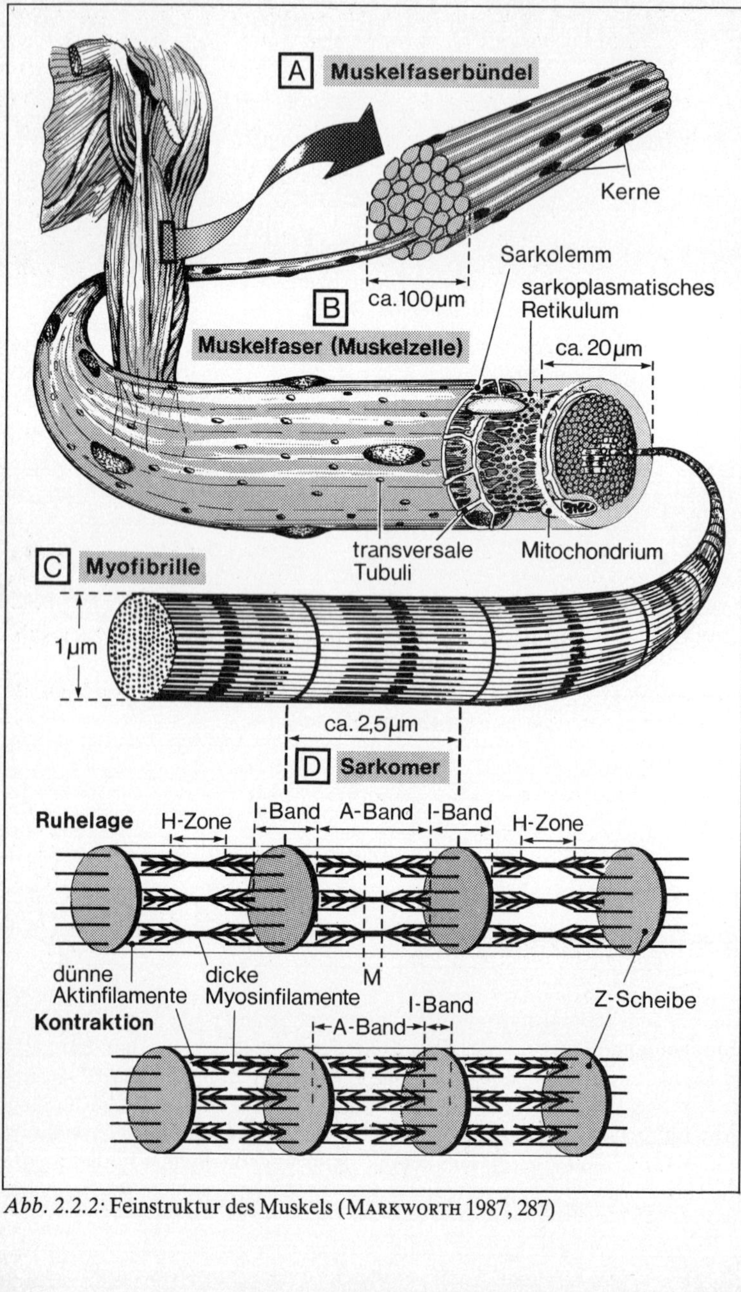

Abb. 2.2.2: Feinstruktur des Muskels (Markworth 1987, 287)

ihre Impulse erhalten (Abb. 2.2.3). Durch Brückenbildung und Spannungsentwicklung zwischen den Myosin- und Aktinfilamenten kommt eine Muskelkontraktion zustande, die sich als «Greif-Loslaß-Zyklus» beschreiben läßt (vgl. Abb. 2.2.4). Bei der Kippbewegung der Myosinköpfe und dem Auflösen der Brückenbildung für die nächste Kontraktion nach dem Tauziehprinzip wird chemische in mechanische Energie umgewandelt. Dazu steht als wichtigste energiereiche Verbindung des Organismus ATP *(Adenosintriphosphat)* in der Muskelzelle zur Verfügung. Ausgelöst durch das Enzym ATP-ase entsteht bei diesem Prozeß ADP (Adenosindiphosphat), Phosphat und kinetische Energie für 3–4 maximale Muskelkontrak- 91
tionen von 1–2 Sekunden Dauer: 92

$$\text{ATP} \xrightarrow[\text{Ca}^{++}]{\text{ATP-ase}} \text{ADP} + \text{P} + \text{Energie}$$

Die schnelle Nachlieferung von ATP geschieht dadurch, daß die Spaltprodukte ADP und P durch Energiezufuhr wieder zusammengesetzt werden (Phosphorylierung).

$$\text{ADP} + \text{P} + \text{Energie} \longrightarrow \text{ATP}$$

Die dazu erforderliche Energie wird aus einem zweiten Kurzzeitspeicher, dem *Kreatinphosphat* (KP) gewonnen, welches in größerer Konzentration im Muskel vorhanden ist. Vom Enzym Kreatinkinase angeregt, stellt das Kreatinphosphat eine Sofortreserve für die Resynthese des ATP dar (Abb. 2.2.5).

Der Vorrat an KP reicht aber nur begrenzt für etwa 20 maximale Muskelkontraktionen von ca. 3–9 Sekunden Dauer.

Abb. 2.2.3: Die motorische Einheit (MARKWORTH 1983, 43)

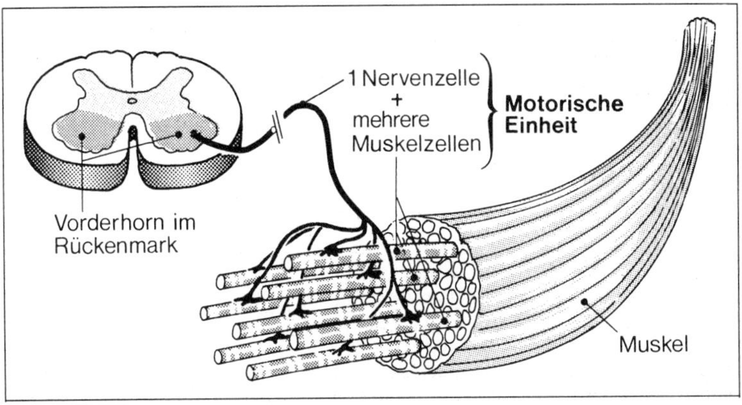

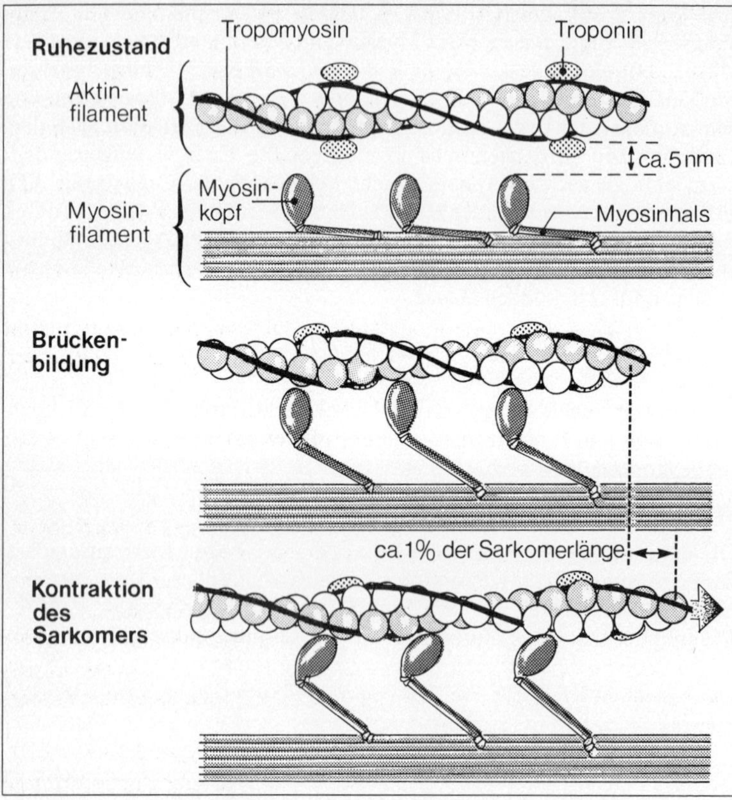

Abb. 2.2.4: Brückenbildung und Kontraktion (Markworth 1983, 43)

Abb. 2.2.5: ATP und KP als Kurzzeitspeicher für Energie (vgl. Hedewig/Brodtmann 1978, 5)

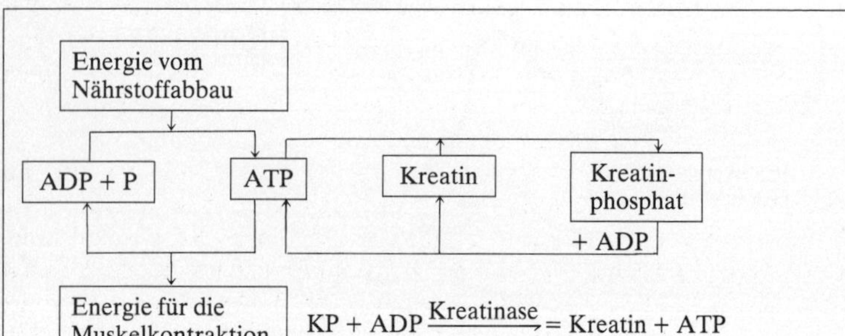

Im Volleyball mit seinen kurzen Belastungen bis zu ca. 10 Sekunden kann ein wesentlicher Teil der Kontraktionsenergie aus den ATP- und KP-Kurzzeitspeichern gewonnen werden, weil in den Zwischenphasen mit geringerer Muskelaktivität diese Sofortdepots wieder aufgefüllt werden können. Da ein Volleyballspiel aber auch 2–3 Stunden dauern kann, müssen weitere Energiebereitstellungsprozesse stattfinden:

- die Umwandlung energiereicher Verbindungen (z. B. Fettsäuren und Traubenzucker aus den Kohlenhydraten, Fetten in der Nahrung);
- die Aufnahme von Luftsauerstoff durch die Lunge;
- der Transport von Nährstoffen und Sauerstoff durch das Blut zu den Muskelzellen.

Das für die Muskelkontraktion je nach Belastungsumfang und -intensität notwendige ATP kann über folgende Stoffwechselvorgänge bereitgestellt werden:

- *Aerobe Energiebereitstellung:*
  Abbau von Kohlenhydraten und Fetten mit Hilfe von Sauerstoff in der Muskelzelle;
- *Anaerob-alaktazide Energiebereitstellung:*
  Spaltung des Kreatinphosphats (KP) und Übertragung der dabei entstehenden Energie auf das Adenosindiphosphat (ADP);
- *Anaerob-laktazide Energiebereitstellung:*
  Spaltung von Glykogen zu Milchsäure (Laktat) im Zellplasma.

Je nach sportlicher Tätigkeit spielen die drei *Energiebereitstellungssysteme* eine unterschiedliche Rolle (Tab. 2.2.1). Da im Volleyball kurz-, mittel- und langfristige Belastungen auftreten, kommt es auf ein optimales Zusammenwirken der Systeme an (Abb. 2.2.6).

Die Energie für die Handlungen des Volleyballspiels (Angriff, Block usw.), die als kurzzeitige Intervallarbeit anzusehen sind, wird durch das ATP und seine Regeneration durch das KP bereitgestellt. Bei Spielzügen und Handlungsketten wird dies aber bereits unterstützt durch die *Glykolyse* und die langsam startende *Oxydation*. In den Unterbrechungen zwischen den Einzelhandlungen und Handlungsketten kommt es zu einer Regeneration durch Oxydation. ATP und KP werden zunächst regeneriert, um kurzzeitige und schnellkräftige Belastungen zu ermöglichen. Wegen des hohen Anteils von Belastungen im Volleyball von 7–12 Sekunden Dauer haben diese Prozesse überragende Bedeutung.

Die *anaerob-laktazide Energiebereitstellung* tritt bei Belastungen ein, die mit höchster Intensität länger als ca. 12–45 Sekunden dauern. Das in der Arbeitsmuskulatur entstehende *Laktat* verteilt sich im Körper und führt über längere Zeit zur Übersäuerung (Azidose). In Ruhe weist der Mensch eine Laktatanhäufung von 0,5 bis 1,5 mmol/l auf. Bei Belastungen versucht der KP-Speicher, die Konzentration des ATP bis zu 4 mmol *(aerob-anaerobe Schwelle)* zu halten, ist aber bei ca. 5 mmol nicht mehr lieferfähig.

<table>
<tr><th></th><th>Gehalt µmol/g</th><th>Maximale Flußrate µmol/g × sec</th><th>Maximale Arbeits-dauer</th><th colspan="2">Sportbeispiele</th></tr>
<tr><td>anaerob-alaktazid
ATP, KP
ADP, K</td><td>20–25</td><td>1,6–3,0</td><td>10 sec</td><td>Gewichtheben
Sprung, Sprint
Gymnastik</td><td rowspan="4">SPORTSPIELE
Fußball, Hockey, Handball, Tennis, Volleyball</td></tr>
<tr><td>anerob-laktazid
Glykogen
Laktat</td><td>300</td><td>1,0</td><td>1 min</td><td>400-m-Lauf
100-m-Schwim-men</td></tr>
<tr><td>aerob
Glykogen
CO_2, H_2O</td><td>3600</td><td>0,5</td><td>1 Stunde</td><td>Eiskunstlauf
Fechten, Boxen
10000-m-Lauf</td></tr>
<tr><td>Fettsäuren
Co_2, H_2O</td><td>1200</td><td>0,24</td><td>1 Stunde</td><td>Marathon,
Skilanglauf
Straßenrennen</td></tr>
</table>

Tab. 2.2.1: Energiebereitstellung bei verschiedenen sportlichen Belastungen (nach KEUL u. a. 1984, 14)

Bei Abfall der Konzentration im ATP-Speicher setzt die Glykolyse ein. Der Trainingszustand zeigt sich nun darin, in welchem Ausmaß Laktatkonzentrationen bis zum Abbruch der Belastung erduldet werden können. Volleyballspieler erreichen selten eine Konzentrationsdichte zwischen 10 und 15 mmol Laktat/l Blut, während Mittelstreckler bis zu 25 mmol bis zur Erschöpfung ertragen können. In diesem Fall ist der Arbeitsmuskel übersäuert, und es kommt zu Muskelschmerzen und Koordinationsstörungen. Die Glykolyse wird gehemmt, da der Behälter entleert ist. Eine gut entwikkelte aerobe Leistungsfähigkeit im Training ist deswegen eine wichtige Voraussetzung für die Regenerationsfähigkeit nach den kurzen, mittleren und längeren Belastungen des Volleyballspielers.

Die Bedeutung der Laktatkonzentrationen für die Spielleistung und Trai-
93 ningsgestaltung im Volleyball in Zusammenhang mit den anderen Lei-
94 stungskomponenten bedarf allerdings noch einer Klärung durch die Sport-
95 medizin.

Die für die Energiebereitstellung wichtige *Sportlerernährung* hat besonders folgende Aufgaben zu erfüllen:
– Vollwertige Abdeckung des Grundumsatzes und Energiebedarfs;

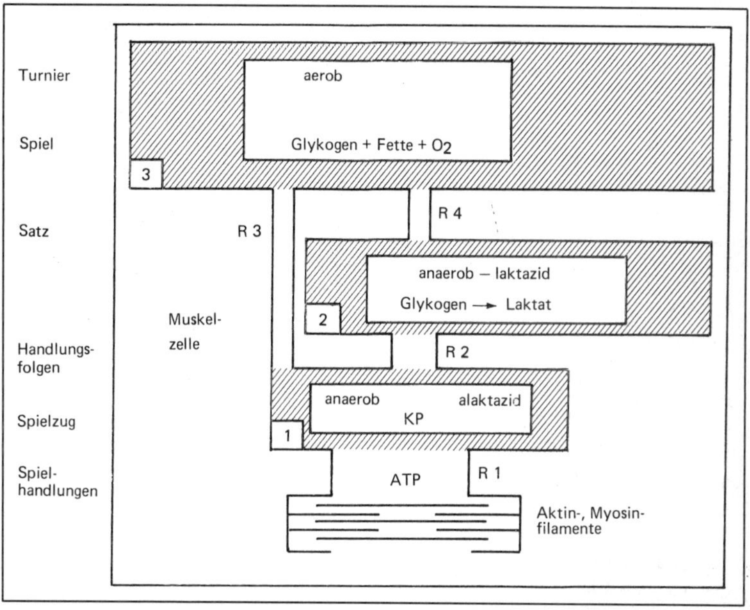

Abb. 2.2.6: Das Zusammenwirken der energieliefernden Systeme im Volleyball (R1 – R4 sind als unterschiedlich wirksame Zuleitungen zu verstehen) (modifiziert nach Wilke/Madsen 1983, 133)

- zeitlich und quantitativ optimale Zufuhr von Flüssigkeit;
- Zufuhr der energetisch nutzbaren Nahrungsbestandteile Kohlenhydrate und Fette;
- Zufuhr der Aufbau- und Wirkstoffe wie Eiweiße, Vitamine und Mineralstoffe;
- Verteilung der Energiemenge möglichst derart auf fünf Mahlzeiten, daß der Trainingsablauf nicht gestört wird;
- Berücksichtigung der volleyballspezifischen Belastung und der jeweiligen Belastungsformen im Training (z. B. Kraft-, Ausdauertraining) und der Trainingsperiode (Vorbereitungs-, Wettkampf-, Übergangsperiode);
- Beschleunigung der Regeneration, d. h. rasches Ersetzen der im Training und Wettkampf verbrauchten Nährstoffe;
- Berücksichtigung der individuellen körperlichen Leistungsfähigkeit in Abhängigkeit von Geschlecht, Alter, Gesundheitszustand, Konstitution und Trainingszustand.

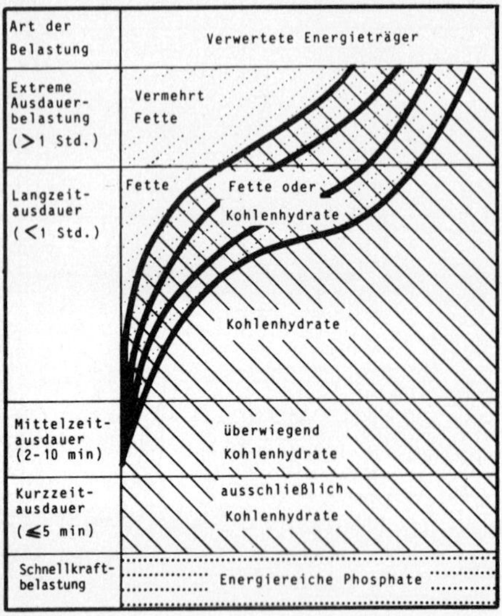

Abb. 2.2.7: Energiebereitstellung in Abhängigkeit der sportlichen Belastungsdauer, des Grades der Muskeltrainiertheit und der insgesamt gespeicherten Kohlenhydrat-, Glykogen- bzw. Glukosemenge (DIEBSCHLAG 1985, 18)

Die benötigte Energie wird je nach Belastungsdauer von unterschiedlichen *Energieträgern* bereitgestellt (Abb. 2.2.7). Entsprechende Empfehlungen für die Ernährung sind in Tab. 2.2.2 zusammengestellt. Zu beachten ist besonders der *Flüssigkeitsverlust*, der sich auf das Herz-Kreislaufsystem und den Stoffwechsel ungünstig auswirkt. Deshalb sollte mit der regelmäßigen Zufuhr kleiner Trinkmengen bereits vor Eintreten eines Durstgefühls begonnen werden. Dies führt nicht zu vermehrtem Schwitzen, was vorrangig
96 von der Körpertemperatur abhängt.

Bedarf
21 800 kJ/Tag (5200 kcal/Tag), davon etwa: 53 % Kohlenhydrate, 14–18 % Eiweiß, 33 % Fett, Vitamine, Mineralstoffe, Flüssigkeit (erhöhter Bedarf)
Ziel: Aufbau des Muskelgewebes, Auffüllen der Glykogenreserven, Versorgung mit Vitaminen, Mineralstoffen
Für: Reaktionsschnelligkeit, Konzentrationsfähigkeit

Geeignete Lebensmittel
Milchgetränke, Frucht- und Gemüsesäfte, Müslis, Brot mit fettarmem Belag, Obst, Gemüse, Kartoffeln, Magerquark, Käse, Joghurt, Vollkornkekse, -brot, mageres Fleich, Fisch, Eierspeisen
Wenig geeignet: «Verfeinerte» Lebensmittel wie Süßigkeiten, Nudeln, polierter Reis, Zucker, Alkohol, limonaden- und colahaltige Getränke

Nahrungsmittel bei hoher Trainingsbelastung

Proteingetränke
- Cholesterin-, purinkörperfrei
- 50 % hochwertiges Eiweiß, alle Vitamine
- Für Muskelzuwachs, zur Vitaminversorgung
- zwei- bis mehrmals täglich, beim Training, als Zwischenmahlzeit

Voll-Vitamin-Müsli/-riegel
- alle lebensnotwenigen Vitamine
- langsamer verdauliche Kohlenhydrate, Mineralstoffe
- für Energieversorgung, Vitaminversorgung
- täglich ein- bis zweimal, besonders 2–3 Stunden vor dem Wettkampf (2 Portionen)
  Riegel: ½ Stunde vor dem Wettkampf

Energie-Mineral-Erfrischungsgetränk
- alle wichtigen Mineralstoffe, einschließlich Kochsalz
- schnell verdaulicher Frucht- und Traubenzucker
- für schnelle Energielieferung, zur Mineralstoffversorgung
- mehrere Portionen täglich, je nach Schweißverlust; besonders während und nach dem Wettkampf

Vitamine und Eisenpräparate
- Kautablette mit Vitamin C
- Konzentrierte B-Komplex-Vitamine
- Vitamin E mit Lecithin
- Eisen plus Zwei

Tab. 2.2.2: Ernährungsempfehlungen für Volleyballspieler (vgl. DIEBSCHLAG 1985, 53f)

Erich Christmann

Trainingswirkungen auf die Muskulatur

Die Trainingswirkungen betreffen zwei unterschiedliche Typen von Muskulatur, die unterschiedliche Strukturen aufweisen:
- die weißen (hellen), dicken und «schnellen» *FT-Fasern* (fast twitch = schnellzuckende Faser), die besonders für schnellkräftige und intensive Muskelbewegungen zuständig sind;
- die roten, dünnen und «langsamen» *ST-Fasern* (slow twitch = langsam zuckende Faser), die besonders für Bewegungen mit geringerer Intensität bedeutsam sind.

FT- und ST-Fasern unterscheiden sich im Aufbau, Stoffwechsel und in der Art der Kontrolle durch Nervenimpulse. Die Anteile von FT- und ST-Fasern in den einzelnen Muskeln unterscheiden sich je nach ihrer Funktion. So kann der Anteil von ST-Fasern in der Haltemuskulatur 95 Prozent betragen, während z. B. der Unterschenkelstrecker jeweils zu 50 Prozent aus

FT- und ST-Fasern besteht. Neben der erbbedingten Anlage ist für das Training die Art der Muskelreizung durch das Nervensystem wichtig. Es ist denkbar, daß Innervationsmuster bestimmter motorischer Einheiten durch systematisches Training beeinflußt und Muskelzellen sich mehr in die eine oder andere Richtung entwickeln können.
Neben diesen speziellen Wirkungen auf FT- und ST-Fasern wirkt sich Training in der speziellen Form des *Krafttrainings* allgemein in folgenden Bereichen aus:
- Dickenwachstum der Muskulatur *(Hypertrophie)*: Beim Krafttraining kommt es zum Wachstum jeder einzelnen Muskelfaser durch Vermehrung der Myofibrillen und Zunahme des Durchmessers, was besonders die Maximalkraft günstig beeinflußt;
- Vermehrung der Energiedepots und der Enzyme des anaeroben Stoffwechsels: Krafttraining bewirkt eine Erhöhung der Energiereserven durch Vergrößerung der Glykogen- und Kreatinphosphatspeicher;
- Steigerung der elektrischen Erregbarkeit: Durch Krafttraining verbessert sich die Geschwindigkeit der Reizleitung elektrischer Innervationsimpulse, was eine schnellere Aktivierung von Muskelbewegungen bewirkt (Schnellkraft);
- Intramuskuläre Innervation: Zu Beginn eines Krafttrainings ist Leistungszuwachs besonders darauf zurückzuführen, daß bei einer willkürlichen Bewegung mehr Muskelfasern aktiviert *(intramuskuläre Innervation)* und ihre Kontraktionen besser aufeinander abgestimmt werden *(Koordination)*. Erst danach wird die Zunahme des Muskelfaser- und
97 Gesamtmuskelquerschnitts bedeutsam.

Erich Christmann

Ermüdung, Übertraining und Streß

Je nach Art, Intensität und Umfang der Belastung kann zwischen peripherer und zentraler Ermüdung unterschieden werden. Die *periphere (muskuläre) Ermüdung* ist auf eine Erschöpfung der Energiereserven zurückzuführen. Die Anhäufung von bestimmten Zwischenprodukten (z. B. Milchsäure) und Verluste bestimmter Substanzen im Muskelgewebe (z. B. Kohlenhydrate, Mineralstoffe: Kalium, Magnesium, Eisen und Zink, Enzyme) führen zu Leistungseinbußen und vorzeitiger Ermüdung.
Die *zentrale Ermüdung* kann vom Funktionszustand des Muskels unabhängig sein und ist vor allem durch das Nervensystem bedingt. Sie tritt besonders in Sportarten mit hohen Anforderungen an die Koordination, Auf-

merksamkeit, Wahrnehmung, Konzentration, Entscheidungsfähigkeit und psychische Stabilität wie im Volleyball auf.
Dem Verlust von Enzymen kommt eine besondere Bedeutung zu, da von ihnen die Regeneration sehr stark beeinflußt wird. Die *Regeneration* der verschiedenen Enzyme über die Energiespeicher differiert erheblich (5–24 Stunden). Messungen der Enzymverschiebungen lassen daher Rückschlüsse auf die Belastung des Organismus zu. Da im Volleyballspiel unterschiedliche Belastungsformen auftreten, sind generelle Aussagen über die Regenerationsdauer ohne Analyse von Belastungsart, -umfang, -intensität, Ernährungsbedingungen und Trainingszustand schwer möglich.

Übertraining tritt auf, wenn die Anforderungen von Training und Wettkampf in den Zyklen und Perioden Leistungsbereitschaft und Belastbarkeit des Spielers überfordern. Es kann zu einer chronischen Übermüdung führen, die sich nicht nur leistungsmindernd, sondern auch negativ auf die allgemeine Befindlichkeit und die Gesundheit auswirken kann (Tab. 2.2.3).
Eine Vielzahl von Faktoren kann Übertraining verursachen bzw. begünstigen:
- Mängel im Training (zu schnelle Steigerung von Umfang und Intensität, Einseitigkeit und Monotonie bei Inhalten und Methoden);
- Wettkampfmassierung mit mangelhaften Regenerationsmaßnahmen;
- Verfrühte Belastungen nach Erkrankungen und Verletzungen;
- Ernährungsmängel, Genußmittel, Stimulantien (z. B. Arzneimittel);
- Schlafdefizite und klimatische Umstellungsprobleme;
- Schulische, berufliche, private Belastungen.

Merkmale und Regenerationsmaßnahmen des *basedowoiden* und *addisonoiden* Übertrainings sind in Tab. 2.2.4 zusammengestellt.

Tab. 2.2.3: Merkmale des Übertrainings (nach Mühlfriedel 1979, 171)

Physischer Bereich	Beschwerden an Muskeln, Sehnen, Bändern, Knochen, Nachlassen der Muskelleistung, Gewichtsabnahme, Neigung zu Muskelverletzungen, Sehnen- und Knochenhautentzündungen, Ansteigen des systolischen Blutdrucks, der Ruhepulsfrequenz und des Atemäquivalents, Absinken der Vitalkapazität
Psychischer Bereich	Trainingsunlust, Reizbarkeit, neurovegetative Störungen (Schlaf-, Appetitlosigkeit, Gleichgültigkeit, erhöhtes Ruhebedürfnis), Abnahme der Reaktionsschnelligkeit, Koordinationsstörungen

	Basedowoides Übertraining	Addisonoides Übertraining
Merkmale	Erregungsprozesse überwiegen (sympathikon)	Hemmungsprozesse überwiegen (parasympathikon)
Sportart	Schnellkraft-, Kraftsportarten	Ausdauersportarten, Training mit hohem Umfang
Regenerationsmaßnahmen	Reduzierung des Spezialtrainings und der Intensität Erhöhung des Grundlagen- und Ausdauertrainings Wettkampfpause Aktive Erholung Klimawechsel (Mittelgebirge) Milde physiotherapeutische Maßnahmen Ernährung: basische Kost und Polyvitaminpräparate Entspannungsübungen	Reduzierung des Trainingsumfangs, Wechseltraining, Intervalltraining, Spiele, Gymnastik, Lockerungs- und Schnellkraftübungen Klimawechsel (Reizklima, See) stärkere physiotherapeutische Maßnahmen Ernährung: säuernd, vitaminreich, proteinreich psychische Aktivierung
Dauer	1–2 Wochen, danach langsame Belastungssteigerung	ursprüngliche Belastungshöhe nach frühestens 6 Wochen

Tab. 2.2.4: Formen und Regenerationsmaßnahmen beim Übertraining (vgl. Martin 1980, 110 f; Weineck 1980, 342–345)

Überbeanspruchung führt nicht nur über die Änderungen im Energiestoffwechsel zu Ermüdung und Übertraining, sondern auch zu psychischen Reaktionen, die eine Bedrohung antizipieren und Abwehrmechanismen darstellen *(Streß)*. Dabei werden Situationen in Training und Wettkampf (z. B. Konflikt mit dem Trainer, Konkurrenz um einen Stammplatz, entscheidendes Spiel) als Gefahr oder Herausforderung erkannt und ein mögliches Versagen negativ bewertet. Diese Beanspruchungsfolgen zeigen sich im motorischen, emotional-kognitiven und organischen Bereich (Tab. 2.2.5). Ähnliche Erscheinungen treten allerdings auch bei Unterforderungen, Monotonie, Reizarmut und starker Einschränkung der individuellen Handlungsmöglichkeiten im Training auf. Die Folgen sind dann Motivationsverlust, Einstellungsänderungen, geringere Belastbarkeit und Reaktionsbereitschaft. Bei den Maßnahmen zum Abbau von leistungsminderndem Streß sind Streßursachen *(Stressoren)* wie Anforderungen der Aufgabe, Fremd- und Eigenerwartungen an die Leistungsfähigkeit, Rollenerwartungen, Art der Interaktionen, die Organisations- und Rahmen-
98 bedingungen zu berücksichtigen.

Motorischer Bereich	Organischer Bereich	Emotional-kognitiver Bereich
Fehlerhäufigkeit Leistungsschwankungen Koordination Reaktion	Herzfrequenz Blutdruck Muskelerregbarkeit Adrenalin, Noradrenalin Psychosomatische Beschwerden Erkrankungen	Anspannung, Aufregung Verkrampfungen Niedergeschlagenheit Müdigkeit, Erschöpfung Antriebsschwäche Erhöhter Anteil aufgabenirrelevanter gegenüber aufgabenbezogenen Kognitionen bei der Selbst-, Fehler- und Spielanalyse

Tab. 2.2.5: Wirkungen von Streß (vgl. EBERSPÄCHER 1982, 206 ff; UDRIS 1981, 414)

Erich Christmann / Joachim Pohl

Verletzungen

Die Volleyballverletzungen verteilen sich zu ca. 40 Prozent auf die oberen, zu ca. 60 Prozent auf die unteren Extremitäten. Besonders gefährdet sind Sprung-, Knie-, Finger- und Handgelenke (Tab. 2.2.6). Im Jugend- und Erwachsenenbereich gibt es aber durchaus unterschiedliche *Verletzungsschwerpunkte* (Tab. 2.2.7, Tab. 2.2.8).
Bei den *Verletzungsursachen* ragen das Umknicken nach Block- und Angriffsaktionen (32,8 Prozent) – verstärkt durch die Regel, die ein teilweises Übertreten der Mittellinie erlaubt – und schlechte Technik (23,4 Prozent) heraus (vgl. Tab. 2.2.9).
Spieler in höheren Spielklassen erleiden im Durchschnitt ca. fünfmal, in unteren Spielklassen ca. zweimal im Laufe ihrer Karriere schwere Verletzungen. Männer scheinen sich häufiger zu verletzen als Frauen.
Der Trainer kann eine Reihe von *Maßnahmen* ergreifen, um die Verletzungsgefahr in Training und Wettkampf zu reduzieren:

- Schulung der Technik
  z. B. Zielgenauigkeit beim oberen und unteren Zuspiel (Stellen, erster Paß) unter wettkampfnahen Bedingungen;
  Stemmbewegung beim Absprung zum Angriff und Block;
  Landung nach Sprüngen und Fallbewegungen in der Abwehr;
  Schlagtechnik beim Angriffsschlag;
- Differenzierung der Leistungsanforderungen
  z. B. Rollenverteilung nach technisch-taktischem Können;

Sprunggelenk	25,6 %	Hand, Schulter, Ellenbogen, Bauch	2,5 %
Knie	24,1 %	Fuß	1,6 %
Finger	12,6 %	Unterarm, Hüfte, Becken, Vorfuß, Zehen	1,3 %
Handgelenk	10,2 %		
Kopf, Hals	3,8 %		

Tab. 2.2.6: Verteilung der Verletzungen auf Körperteile (Prokop 1983, 62)

Körperteil	Jugendauswahl		A-, B-, C-Kader	
Kniegelenk	30,8 %	(33)	9,2 %	(11)
Fußgelenk	28,0 %	(30)	30,8 %	(37)
Finger	13,1 %	(14)	38,3 %	(46)
Unterschenkel	6,5 %	(7)	–	–
Wirbelsäule	5,6 %	(6)	3,3 %	(4)
Schulter	3,7 %	(4)	4,2 %	(5)
Handgelenk	3,7 %	(4)	–	–
Arm	2,8 %	(3)	9,2 %	(11)
Kopf	2,8 %	(3)	0,8 %	(1)
Rumpf	1,9 %	(2)	1,7 %	(2)
Zehe	0,9 %	(1)	0,8 %	(1)
	100,0 %	(107)	100,0 %	(120)

Tab. 2.2.7: Verletzte Körperteile bei Jugendlichen und Erwachsenen (Kröger/Dürrwächter/Wolff 1981, 58)

Tab. 2.2.8: Verteilung der Verletzungsarten bei Jugendlichen und Erwachsenen (vgl. Kröger/Dürrwächter/Wolff 1981, 58)

	Jugendnationalmannschaft		A-, B-, C-Kader	
Verstauchungen und Dehnungen (Distorsionen)	52,5 %	(63)	24,4 %	(28)
Bänder- und Kapselrisse	10,8 %	(13)	4,4 %	(5)
Brüche (Frakturen), Auskugelungen (Luxationen)	9,2 %	(11)	8,7 %	(10)
Muskelzerrungen und -risse	8,3 %	(10)	3,5 %	(4)
Meniskus- und Bandläsionen (Knie)	7,5 %	(9)	9,6 %	(11)
Prellungen (Kontusionen)	5,8 %	(7)	2,6 %	(3)
«Überlastungsbeschwerden»	2,5 %	(3)	27,8 %	(32)
Verrenkungen	1,7 %	(2)	7,0 %	(8)
Sonstige Verletzungen	1,7 %	(2)	12,2 %	(14)
	100,0 %	(120)	100,0 %	(115)

Ursachen	Anzahl	%
Schlechte Technik	101	23,4
Umknicken ohne Gegnereinwirkung	69	16,1
Umknicken mit Gegnereinwirkung	68	15,7
Schlechtes Aufwärmen	38	8,9
Müdigkeit, Überanstrengung	28	6,6
Chronische Schäden	25	5,8
Unachtsamkeit	20	4,7
Harte Landung	16	3,7
Zusammenstoß	10	2,3
Sturz	9	2,1
Sonstiges	44	10,3

Tab. 2.2.9: Verletzungsursachen bei 427 österreichischen Spitzenvolleyballern (PROKOP 1983, 63)

Vermeidung von Überforderungssituationen;
Unterbrechungen im Training, Auszeiten und Spielerwechsel im Wettkampf;

- Konfliktlösung
  z. B. Einschränkung konflikthaltiger Situationen durch klare Aufgabenstellungen und Rollenverteilungen;
  Beschreibung und Analyse gefährlicher Spielsituationen und Trainieren derselben mit Hilfen für ihre Bewältigung;
- Organisation
  z. B. Sicherung von Geräten und Ausstattungsvorschriften (Polsterungen, Kastensicherung, Schuhe, Bandagen);
  Verhaltensregeln, Disziplin (Organisationsformen, Vermeidung rollender Bälle);
  Berücksichtigung der Hallen-, Temperatur-, Boden- und Lichtverhältnisse.
- Trainingsmethodik
  z. B. Vermeidung zu früher Spezialisierung und einseitiger Belastungen;
  langsamer Aufbau des Kraftzuwachses;
  richtiges Krafttraining (Aufwärmen, Technik, Vermeidung zu tiefer Kniebeugen bei Gewichtsarbeit, Entlastung der Wirbelsäule);
  vielseitiges Konditions-, Koordinationstraining;
  richtige Dosierung von Erholungsphasen (Regeneration);
  richtige Reihenfolge von Übungsfolgen (Inhalt, Komplexität);
  Aufwärmen und Warmhalten;
  richtige Belastungsintensität nach Trainingspausen und Verletzungen;
  richtige Relation von Umfang und Intensität;

Berücksichtigung von Zweckmäßigkeit, Effizienz und Gefahrlosigkeit bei der Auswahl von Übungs- und Trainingsformen und -methoden (Berücksichtigung von Leistungsgrundlagen und ihre Entwicklung vor einem Tiefsprungtraining);
Trainingskontrollen und -aufzeichnungen;

- Trainings- und Wettkampfplanung
  z. B. Abstimmung von Heim- und Auswahltraining;
  Terminplanung seitens des Vereins und Verbandes;
  Berücksichtigung ausreichender Regenerationszeiten;
  Verzicht auf rasches Fitmachen durch schmerzausschaltende Mittel.

Neben diesen trainingspraktischen und organisatorischen Maßnahmen des Trainers spielen gerade im Leistungsbereich regenerative und rehabili-
99 tative Methoden der Physiotherapie eine immer wichtigere Rolle.

Erich Christmann

Leistungsfähigkeit des jugendlichen Organismus

Sportmedizinische Untersuchungen haben ergeben, daß trainierte Kinder wie Erwachsene in der Lage sind, Belastungen mit hoher Intensität über längere Zeiträume ohne gesundheitliche Gefährdung durchzuführen.
Bei Kindern bis zu 10 Jahren überwiegen die ST-Fasern der Muskulatur, sodaß sie muskulär für Ausdauerleistungen sehr gut ausgestattet sind. In der weiteren Entwicklung nimmt dieser Anteil ab und beträgt im Erwachsenenalter nur noch 40–50 Prozent.
Die Herzfrequenz kann sich bei *Ausdauerleistungen* des Kindes von 85 auf 210 Schläge/min (Erwachsene 70–185 Schläge/min) erhöhen. Kinder können über längere Zeit Herzfrequenzen von über 200 Schlägen/min ertragen. Die Steigerung des Schlagvolumens und des Herzminutenvolumens wird – umgekehrt als beim Erwachsenen – beim Kind stärker über die Herzfrequenz als über das Schlagvolumen erreicht. Der kindliche Organismus paßt sich wie der Erwachsene durch eine Vergrößerung des Herzvolumens, des Herzminutenvolumens, der Vergrößerung des kapillaren Querschnitts, einer Optimierung des Blutaustauschs und einer Vermehrung des Blutvolumens (z. B. des roten Blutfarbstoffs) an.
Durch Ausdauertraining wird auch beim Kind über Mitochondrien- und Enzym-Vermehrungen in der Zelle der aerobe Stoffwechsel verbessert. Die Wiederauffüllung und Speicherung der Kohlenhydrate verläuft genau

wie beim Erwachsenen. Unterschiede ergeben sich aber bei der anaeroben Oxydation. Da die Muskulatur des Kindes noch über weniger Enzyme verfügt, bildet sich im kindlichen Organismus weniger Milchsäure. Die anaerob entstandene Milchsäure kann in wesentlich geringerem Maße zur weiteren Energiegewinnung oder zum Umbau in Herz, Leber, Nieren und Muskeln genutzt werden. Bei ausdauertrainierten Kindern wird deshalb die aerob-anaerobe Schwelle bereits bei 3 mmol/l angenommen.

Kinder verfügen in Relation zu ihrer Gesamtkörpermasse über eine sehr gute *Kraftleistungsfähigkeit*. Kraft steht bei verschiedenen Bewegungsabläufen und Kontraktionsformen (auxotonisch, exzentrisch, isometrisch) immer in Beziehung zum Körpergewicht. Die relative Kraft ist deshalb die entscheidende Größe. Sie berechnet sich:

$$\text{relative Kraft} = \frac{\text{absolute Körperkraft}}{\text{Körpergewicht}}$$

Die *Mobilisation von Leistungsreserven* im Ausdauer- und Kraftleistungsbereich hängt wesentlich von den Motivationsbedingungen, dem Trainingsalter und dem Alter ab. Der Bereich der automatisierten Leistungen und die physiologische Leistungsbereitschaft erfordern jeweils nur ca. 15 bzw. ca. 35 Prozent der willentlichen Aktivierung. Zur Ausschöpfung der gewöhnlichen Leistungsreserven bedarf es bereits erheblicher Willensanstrengungen. Die autonom geschützten Reserven (65–100 Prozent) können nur durch besondere Maßnahmen (z. B. Training, ausgeprägte Motivation) oder unter besonderen Bedingungen (z. B. Gefahr) aktiviert werden (Abb. 2.2.8). Dies ist hochtrainierten und -motivierten Erwachsenen eher möglich als Kindern, da Konsequenzen von Erfolg bzw. Mißerfolg in ihrer Tragweite wegen des größeren Erfahrungshorizontes besser antizipiert und bewußter in das Handeln mit einbezogen werden können. 100

Abb. 2.2.8: Aktivierung der Leistungsreserven (Weineck 1980, 123)

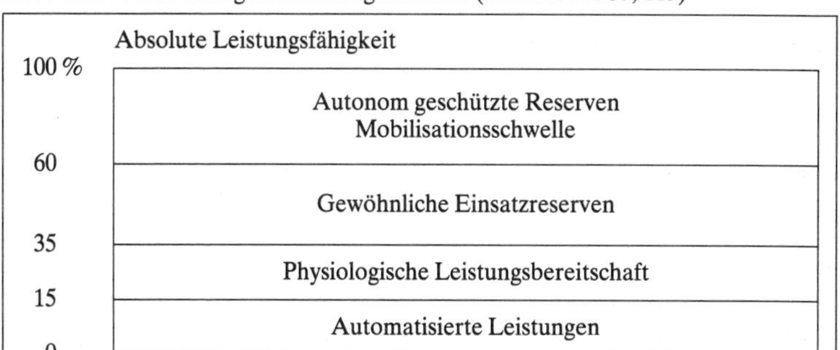

Hans-Martin Sommer

Aufwärmen

Das Aufwärmen vor Training und Wettkampf soll über eine Erhöhung der Körpertemperatur eine bessere Leistungsvoraussetzung und Vorbeugung vor Verletzungen und Überlastungen (Prophylaxe) bewirken. Ein nicht ausreichend aufgewärmter Muskel- und Bandapparat, ermüdete Muskulatur und verstärkt belastete Muskelgruppen haben eine starke Verkürzungstendenz, was ein erhöhtes Verletzungsrisiko für die Muskeln selbst, Ausgleichsbewegungen und Verletzungen im gelenknahen Bereich bedeuten kann.

Die Aktivierung der Herz-, Kreislauf- und Atemorgane ist Ausgangspunkt eines jeden Aufwärmtrainings. Es empfiehlt sich, diese Aktivierung durch ein leichtes, langsames Traben zu beginnen. Dies sollte nicht monoton durchgeführt werden, sondern ist bereits nach wenigen Minuten durch Hopserläufe, leichte Sprungläufe, Rückwärts- und Seitwärtsbewegungen im Lauf oder Sprung zu ergänzen. Stets sollte dabei darauf geachtet werden, daß eine ausreichende Hüft-, Knie- und Sprunggelenkstreckung mit entsprechend langem Bodenkontakt am Ende der jeweiligen Standbeinphase erreicht wird. Dadurch wird bereits die Koordinationsfähigkeit zur maximalen Streckung beim Sprung angesprochen. In der Regel läßt sich durch ein solches Aufwärmen innerhalb von 5 bis 15 Minuten bereits eine günstige Gesamtkörperdurchblutung und eine Lockerheit der Muskulatur und der Gelenke erreichen.

Das Aufwärmen setzt sich damit fort, daß die genannten Körperbereiche mit Bewegungseinschränkungen durch Dehnen und Stretching passiv und aktiv gedehnt werden. Unter *Dehnen* versteht man häufig das vorwiegend passive, oft mit Schwung durchgeführte «Aufdehnen» von Muskeln, Sehnen, Kapseln und Bändern, was aber nicht zu dem gewünschten Effekt führt und durch einen zu starken Dehnungsreiz die Gefahr der neuerlichen Verkürzungstendenz mit sich bringt. Das langsame Dehnen, das lang anhaltend ohne Schwung durchzuführen ist, ist hier die richtige Technik.

Noch sinnvoller erscheint das *Stretching*, bei dem zusätzlich Dehnungsreflexe genutzt werden, um den Dehnungsvorgang anzubahnen. Das Stretching wird eingeleitet, indem die zu dehnende Muskulatur zunächst maximal verkürzt und der Gegenspieler für die Streckung des betroffenen Gelenkes mit aktiviert wird. Die Anspannung und Verkürzung zu Beginn soll ca. 10 bis 30 Sekunden dauern. Nach einer kurzen Entspannungsphase von 5 bis 10 Sekunden erfolgt die eigentliche Dehnung, d. h. das Stretching (Dehnen) des Muskels über 20 Sekunden und mehr, langsam bis in die volle Streckung hinein. Wichtig erscheint dabei, daß zumindest die angrenzenden Gelenke soweit mit einbezogen werden, daß es dort nicht zu Ausgleichbewegungen kommt, die den gewünschten Dehnungseffekt nur vortäuschen. Stretching erfordert deshalb einen über die üblichen Maßnahmen hinausgehenden Einsatz von Muskeln und Muskelgruppen, die besonders die aktive Stabilisierung des Becken- und Schultergürtels und damit des Rumpfes einbeziehen.

Als die wichtigste Muskulatur muß die gerade und schräge Bauchmuskulatur, die Gesäßmuskulatur, die brustwirbelsäulenaufrichtende Muskulatur und die das Schulterblatt stabilisierende Muskulatur genannt werden. Das Stabilisieren und aktive Stretching läßt sich mit den sonst üblichen Stretchingformen verbinden, sollte zeitlich aber nicht so in den Vordergrund gestellt werden, daß der anschließende *volleyballspezifische Aufwärmteil* mit – auf die anschließende Trainingseinheit abgestimmter – Technik, Taktik, Reaktion und Aktivierung zu kurz kommt.

(Ausführlich zu Aufwärmen und Stretching siehe KNEBEL 1986[3].) 101

Zusammenfassung

- Die kurz-, mittel- und langfristigen Belastungen im Volleyball werden durch ein Zusammenwirken der aeroben, anaerob-alaktaziden und anaerob-laktaziden Energiebereitstellungssysteme ermöglicht.
- Bei der Ernährung müssen die volleyballspezifischen Belastungsformen im Training und in den jeweiligen Trainingsperioden berücksichtigt werden.
- Muskeltraining wirkt sich auf die FT- und ST-Fasern unterschiedlich aus und zeigt sich besonders in der Muskelhypertrophie, bei den Energiereserven, der intramuskulären Innervation und der Koordination.
- Die Regenerationsdauer bei der peripheren und zentralen Ermüdung hängt von Belastungsart, -umfang, -intensität, den Ernährungsbedingungen und dem Trainingszustand ab.
- Basedowoides und addisonoides Übertraining tritt bei länger dauernden Überforderungen des Spielers im Training und Wettkampf auf.
- Situationen im Training und Wettkampf, die als Bedrohung bewertet werden, können zu leistungsminderndem Streß führen.
- Zur Reduzierung der Verletzungsgefahr bieten sich besonders trainingsmethodische und organisatorische Maßnahmen an.
- Während bei den Ausdauerleistungen und der relativen Kraft Kinder vergleichbare Leistungen erzielen, ist die Mobilisation von Leistungsreserven bei Erwachsenen eher möglich.
- Das Aufwärmen dient der Verletzungsprophylaxe, der Gesamtkörperdurchblutung, der Lockerung und der Leistungsbereitschaft der Muskulatur durch Dehnen und Stretching.

Erich Christmann / Ralf Schmitz / Hans-Martin Sommer

2.3 Training der koordinativen Fähigkeiten

Das Training koordinativer Fähigkeiten (vgl. 1.2: Koordinative Fähigkeiten) kann mit drei Schwerpunkten erfolgen:

- Beweglichkeit von Gelenken, Muskeln, Sehnen und Bändern (*Funktionsgymnastik*);
- Allgemeine Koordination und Kondition bei Ganzkörper- und Teilbewegungen (*Zweckgymnastik*);
- Spiel- und volleyballspezifische Koordination (*Spielfähigkeit*).

Funktionsgymnastik

Die Gelenkbeweglichkeit hängt neben den anatomischen Voraussetzungen besonders vom Funktionszustand der Muskeln, Sehnen und Bänder ab.

Für das Gesamtsystem der Muskulatur (vgl. Abb. 2.3.1 und 2.3.2) lassen sich vier funktionelle Einheiten (*Funktionskreise*) unterscheiden. Für Volleyballspieler sind die Funktionskreise in folgender abgestufter Reihenfolge belastet:

1. Funktionskreis III: untere Lendenwirbelsäule, Hüftgelenk und Kreuz-/ Darmbeingelenk, komplette untere Extremität;
2. Funktionskreis IV: Schultergelenk mit Schulterblatt und Schlüsselbein, komplette obere Extremität;
3. Funktionskreis I: Halswirbelsäule mit Kopf, Brustwirbelsäule bis zum fünften Thorakalwirbel;

102 4. Funktionskreis II: Brustwirbelsäule vom fünften bis einschließlich
103 zwölften Thorakalwirbel, Lenden-Becken-Hüftregion.

Nach ihren Aufgabenstellungen lassen sich *Aktionsmuskeln* (z. B. Extremitätenmuskulatur) und *Fixationsmuskeln* unterscheiden. Zwischen einem dominierenden *Agonisten* und dessen *Antagonisten* (Muskelschlinge) muß es in jedem Funktionskreis zu einem Kraftgleichgewicht kommen. Durch Muskeltraining oder Ermüdung kommt es planmäßig oder unbewußt zu einem muskulären Ungleichgewicht (*Dysbalance*), welches oft Ursache von Bewegungseinschränkungen, Verletzungen und langfristigen Schäden sein kann. Für Volleyballspieler kann z. B. das Abkippen des Beckens durch Muskelverkürzungen zu einer mangelhaften Schulterblattstabilisierung (Einschränkung der Armbewegung), einer eingeschränkten Drehfähigkeit des Rumpfes, einer Reduzierung der Beinbewegung und zur Knickfußstellung führen. Verkürzungen in der Waden- und Bizepsmuskulatur

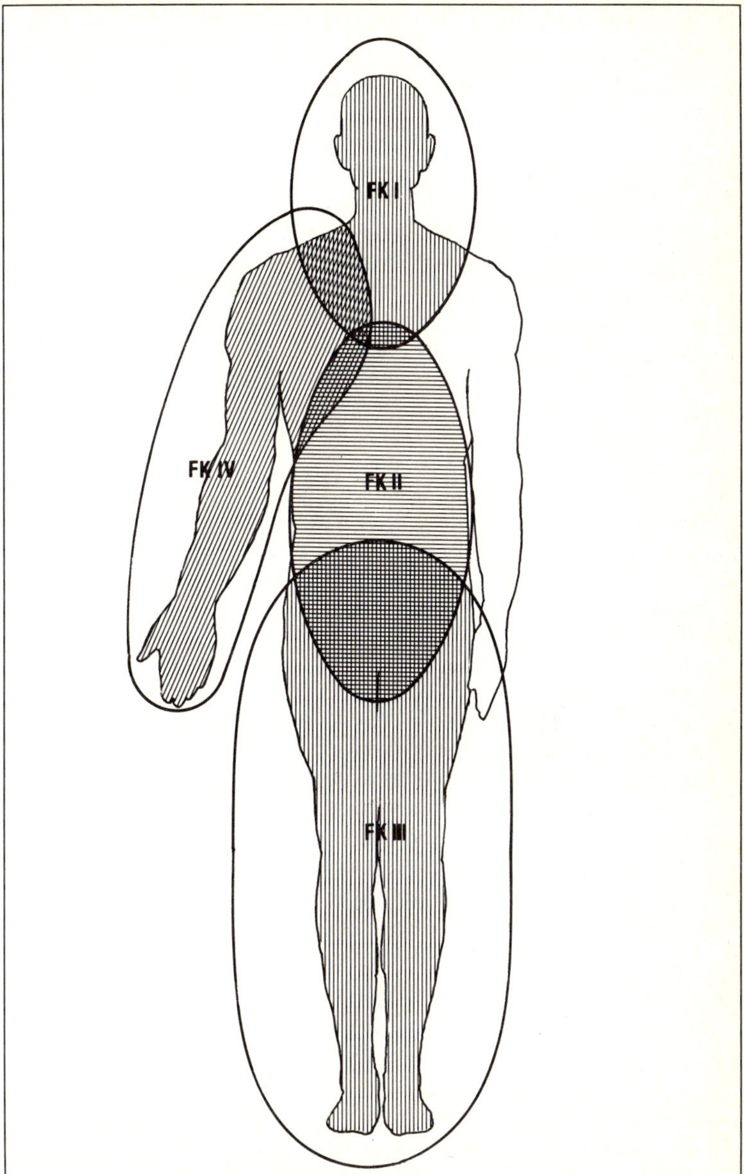

Abb. 2.3.1: Überblick über die vier Funktionskreise (KNEBEL 1985)

Muskulatur: Vorderansicht

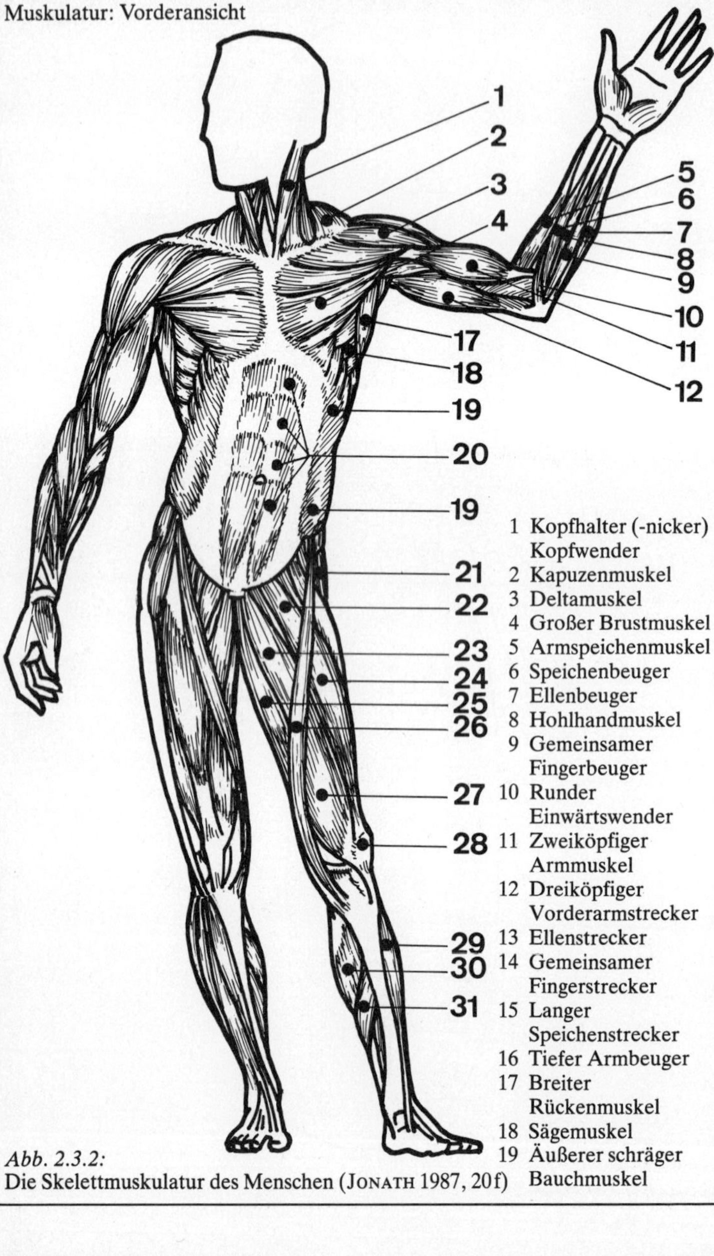

1 Kopfhalter (-nicker) Kopfwender
2 Kapuzenmuskel
3 Deltamuskel
4 Großer Brustmuskel
5 Armspeichenmuskel
6 Speichenbeuger
7 Ellenbeuger
8 Hohlhandmuskel
9 Gemeinsamer Fingerbeuger
10 Runder Einwärtswender
11 Zweiköpfiger Armmuskel
12 Dreiköpfiger Vorderarmstrecker
13 Ellenstrecker
14 Gemeinsamer Fingerstrecker
15 Langer Speichenstrecker
16 Tiefer Armbeuger
17 Breiter Rückenmuskel
18 Sägemuskel
19 Äußerer schräger Bauchmuskel

Abb. 2.3.2:
Die Skelettmuskulatur des Menschen (Jonath 1987, 20f)

Muskulatur: Rückansicht

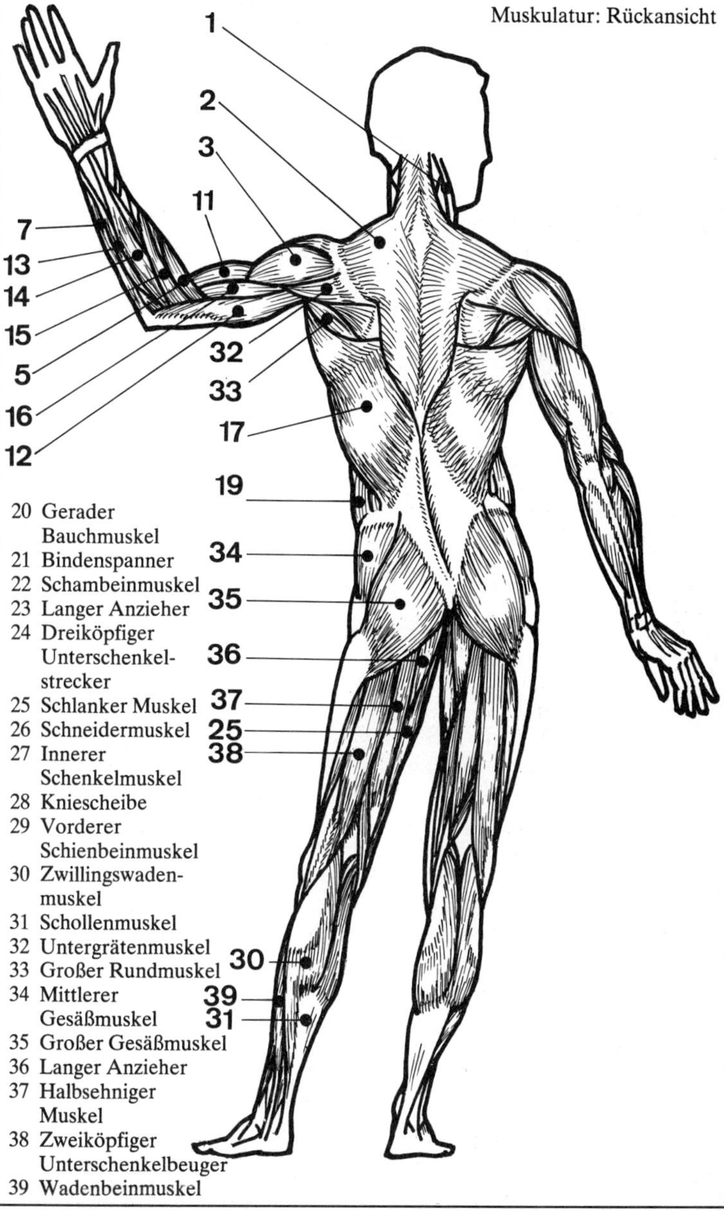

20 Gerader Bauchmuskel
21 Bindenspanner
22 Schambeinmuskel
23 Langer Anzieher
24 Dreiköpfiger Unterschenkelstrecker
25 Schlanker Muskel
26 Schneidermuskel
27 Innerer Schenkelmuskel
28 Kniescheibe
29 Vorderer Schienbeinmuskel
30 Zwillingswadenmuskel
31 Schollenmuskel
32 Untergrätenmuskel
33 Großer Rundmuskel
34 Mittlerer Gesäßmuskel
35 Großer Gesäßmuskel
36 Langer Anzieher
37 Halbsehniger Muskel
38 Zweiköpfiger Unterschenkelbeuger
39 Wadenbeinmuskel

verringern die Beugefähigkeit im oberen Sprunggelenk bzw. die Streckfä-
104 higkeit im Ellbogengelenk.

Im Trainingsprogramm müssen deshalb immer *dehnende* (Mobilisation) und *kräftigende* (Stabilisation) Übungen berücksichtigt werden. Bei der Erstellung und Anwendung solcher Programme sind folgende Grundsätze zu beachten:

- Die zu dehnenden Gelenke eines Funktionskreises müssen nach Fixierung der Gelenke des benachbarten Kreises in die Endstellung gebracht werden. Ausgangsstellung und Bewegungsrichtung dürfen dabei nicht unfunktionell sein (z. B. Holzhackerübung, Klappmesser, Bauchschaukel, Hürdensitze, Überziehen bzw. Aushängen partnerweise Rücken an Rücken, schwungvolles Rumpfbeugen im Strecksitz, Windmühle, Lie-
105 gestütze, Klimmzüge bei ungenügender Fixation des Schulterblatts).
- Für die Durchführung der Dehnungsübungen stehen verschiedene Techniken zur Verfügung:
  dynamisch-aktives (*intermittierendes*) Dehnen (z. B. Federn und Wippen) einer oder unterschiedlicher Muskelgruppen (10–20 Wiederholungen je Übung, 40–60 Gesamtwiederholungen je Hauptmuskelgruppe). Diese bisher gebräuchlichste Form des Dehnens wird in der aktuellen Trainingspraxis nicht mehr ruckartig ausgeführt, weil dies zu einer reflektorischen Spannungserhöhung im zu dehnenden Muskel führt;
- statisch-passives (*permanentes*) Dehnen nach behutsamem Erreichen der Dehnungslage (10–30 Sekunden Dehndauer je Übung, 4–8 Wiederholungen je Muskelhauptgruppe);
  Anspannen (8–10 Sekunden) – Entspannen (2–3 Sekunden) – Dehnen (10–30 Sekunden).
- Übungen für die Fixationsmuskulatur werden mit mäßigem Tempo, in den Endpositionen verharrend (*isometrisch*), Übungen für die Aktionsmuskulatur dynamischer durchgeführt.
- Die Dehnungsübungen können in der Aufwärm- und Entmüdungsphase (vor und nach Training und Wettkampf), als Beweglichkeitstraining 4mal
106 pro Woche jeweils 15–20 Minuten lang durchgeführt werden.

In Tabelle 2.3.1 sind einige Übungen für die verschiedenen Funktionskreise zusammengestellt, die mit Hilfe der angegebenen Literatur erweitert
107 werden können.

Tab. 2.3.1 (S. 211–217): Beispielübungen für die Funktionsgymnastik (vgl. Knebel 1987; Dietrich/Berthold/Brenke 1985)

Zeichnungen: Oliver Keßler und Clemens Strugalla

Wadenmuskulatur (Dehnen und Kräftigen)

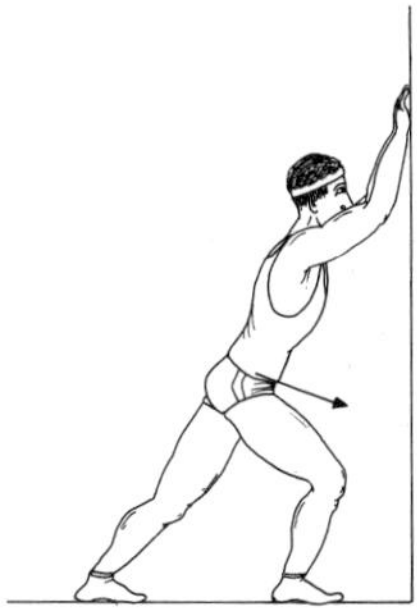

Fußspitzen nach vorn; Fersen auf den Boden drücken; Becken nach vorn schieben

Heben und Senken der Fersen; Fersen drücken gegen den Boden

Fußspitzen körperwärts ziehen (Dauer- oder intermittierende Dehnung)

Fersen auf dem Boden; Kniegelenke gestreckt; Arme beugen

Füße strecken (Ausführung ohne Schuhe)

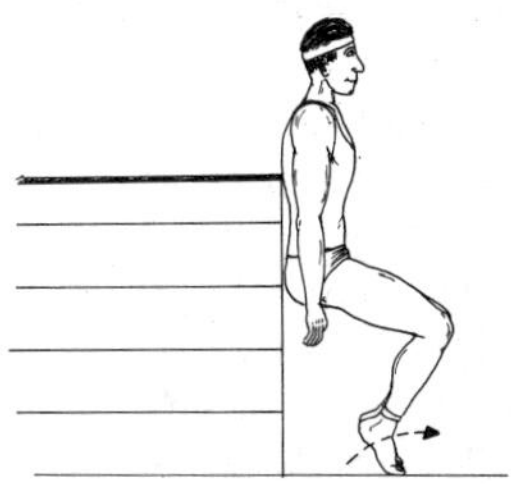

Schenkelmuskel, Hüftgelenkbeuger, Kniegelenkstrecker

Fußrist erfassen; Ferse ans Gesäß drücken; Hüftgelenk überstrecken

Kniegelenkbeuger, Gesäß-, Rückenmuskulatur

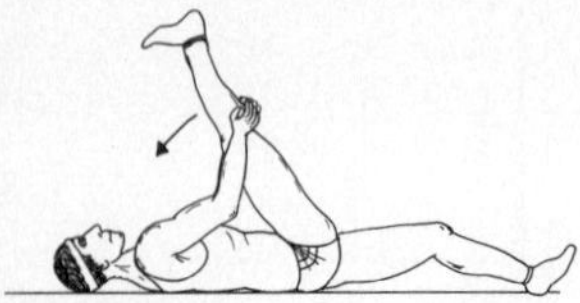

Gestreckten Unterschenkel kopfwärts ziehen

Schultern auf dem Boden lassen; Hand drückt Knie abwärts

Erhöhung der Dehnintensität durch Armzug nach vorn

Lendendarmbeinmuskel, Schenkelbindenspanner

Stützenden Fuß gerade aufsetzen; erst Hüftgelenk, dann Kniegelenk strecken

Gestrecktes Bein mit Fußrand aufsetzen; vorderes Bein gebeugt; Hüfte nach unten schieben

Hüfte nach außen schieben; tiefer Griff der oberen Hand

Bein gestreckt seitl. (hinter Standbein) mit Fußrist aufsetzen; Rumpfseitneigen über die Hüfte ohne Oberkörperrotation

Schenkelanzieher (Adduktoren)

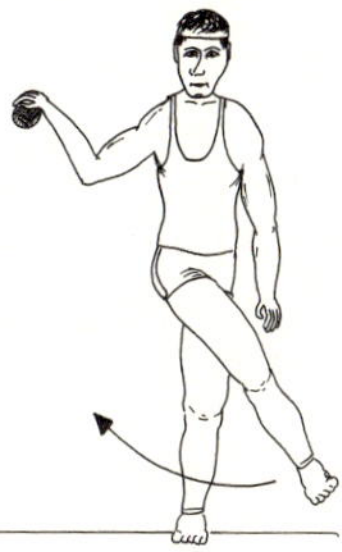

Erhöhter Stand; pendeln; aktive Abspreizbewegung

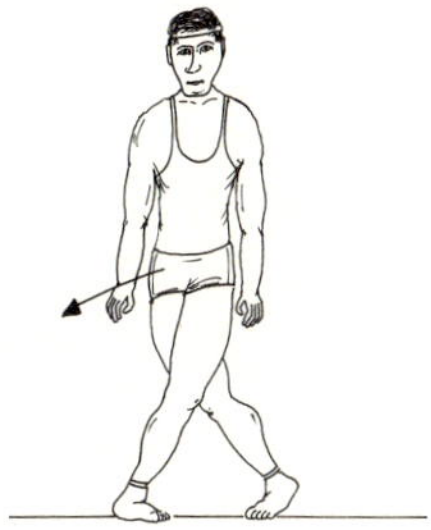

Körpergewicht seitlich verlagern

Köpergewicht re/li verlagern bis halbe Kniebeuge re/li

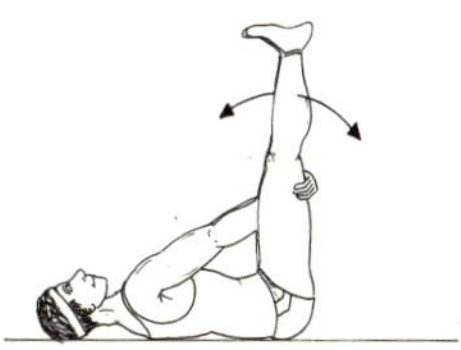

Hände drücken Beine nach außen

Ellbogen drücken Beine nach außen-unten

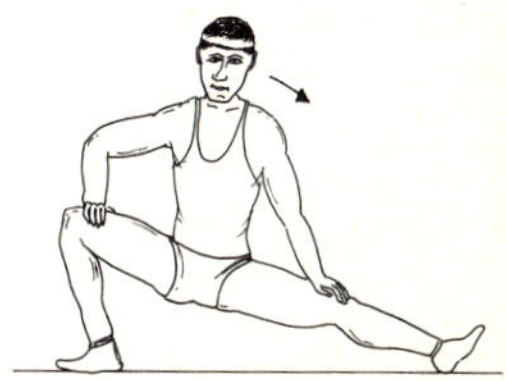

Oberkörperneigung zum gestreckten Bein

Brustmuskulatur (Dehnen und Kräftigen)

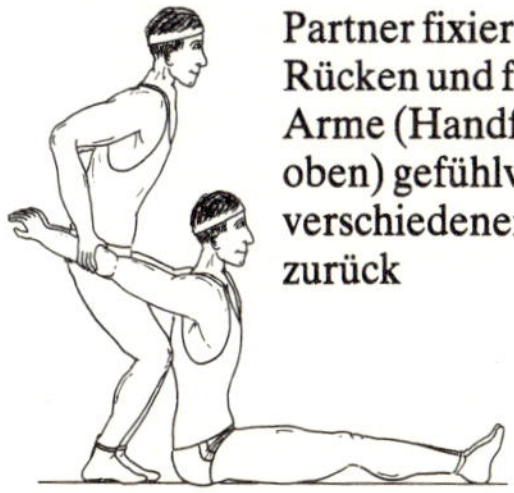

Partner fixiert den Rücken und führt die Arme (Handfläche oben) gefühlvoll in verschiedenen Ebenen zurück

Breiter Griff mit unterschiedlicher Höhe; Oberkörper nach unten drücken

Rutschstellung mit Händen nach schräg außen; Rumpfposition stabil; Arme wechselseitig gestreckt abheben und gehobene Hand anschauen

Brustmuskulatur (Dehnen und Kräftigen)

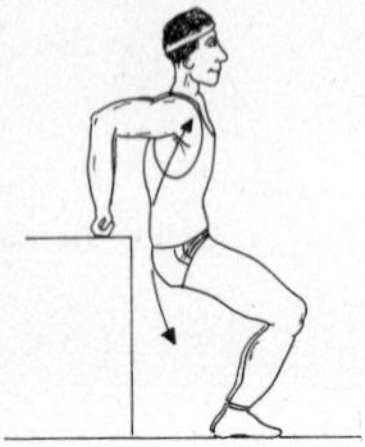

Mit der Faust (Daumen nach außen) abstützen; Arme beugen und strecken

Arm von hinten-oben nach vorn-unten gegen Widerstand des Partners ziehen; Widerstand jeweils am Ellbogen

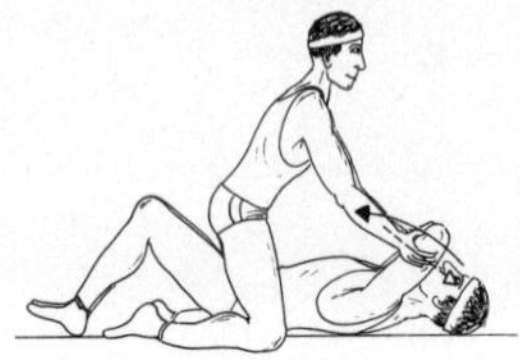

Arme bis in Senkrechte gegen Widerstand des Partners (am Ellbogen) drücken

Hals- und Nackenmuskulatur

Linke Hand zieht Kopf in maximale Seitneigung; rechter Arm zum Boden gestreckt

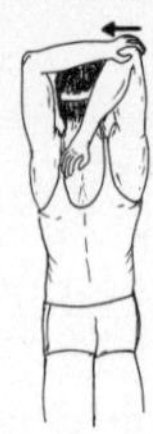

Rechten Oberarm mit linker Hand bis zum Ohr ziehen, Handfläche auf den Rücken

Isometrische Anspannung der seitlichen Halsmuskulatur

Isometrische Anspannung der Nackenmuskulatur gegen Widerstand der Hände

Gegengleiche Rotation der Hände (Finger gespreizt)

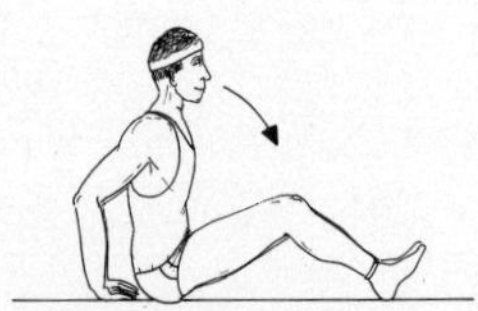

Kopfneigen nach schräg vorne-unten

Rumpf-, Rücken-, Gesäßmuskulatur (Dehnen und Kräftigen)

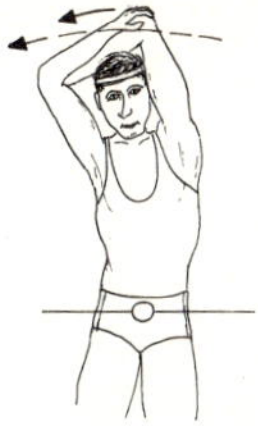

Gerade Beckenachse; keine Rotation um die Längsachse; Rumpfseitbeugen; linke Hand zieht am Ellbogen und verstärkt das Seitbeugen

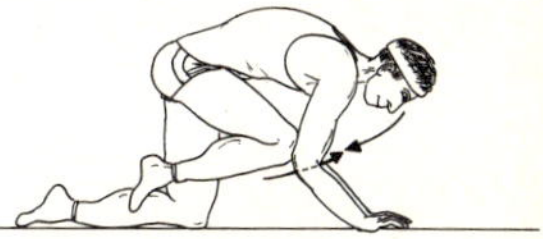

Extreme Rückenkrümmung; Kinn zur Brust; Knie dem Kopf entgegenführen; Bauchmuskeleinsatz

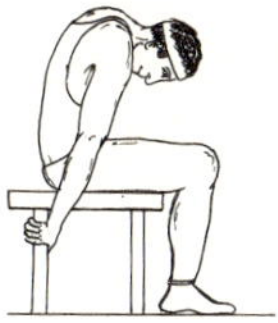

Kinn zur Brust; Hände erfassen die Hockerbeine; Zugunterstützung der Arme

Oberkörper waagerecht, Rumpfdrehen

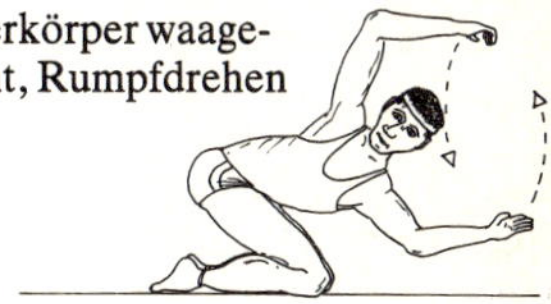

Yogasitz: Bein überschlagen; rechter Arm stützt neben Knie; Rumpf- und Kopfdrehen

Wechsel zwischen ‹Katzenbuckel› und ‹Hohlkreuz›

Beine wechselseitig oder gemeinsam mit Bewegung aus der Hüfte in die Waagerechte bringen

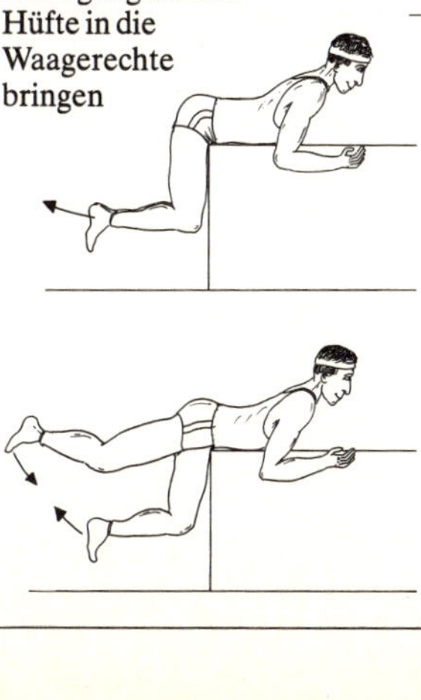

Arm und Bein (diagonal) bis zur Waagerechten strecken; Hüfte nicht aufdrehen

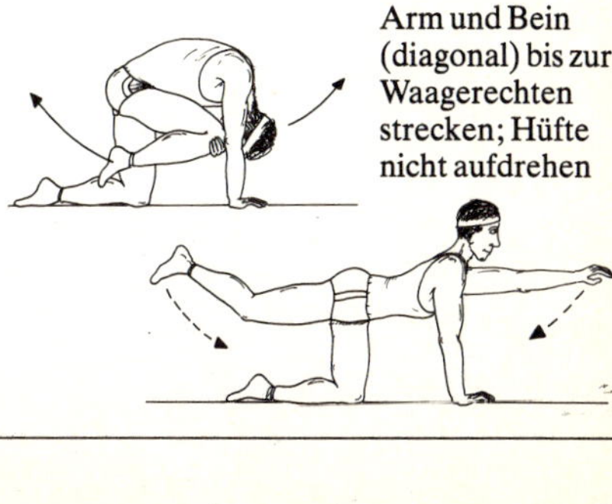

Rumpf- und Hüftgelenkmuskulatur

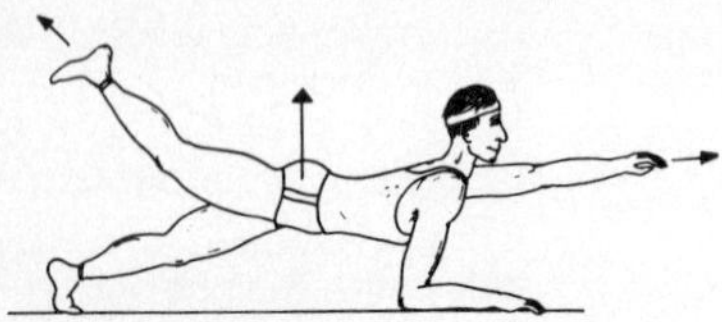

Liegestütz auf den Unterarmen; Hüfte heben und senken bei gleichzeitigem Strecken von Bein und Gegenarm

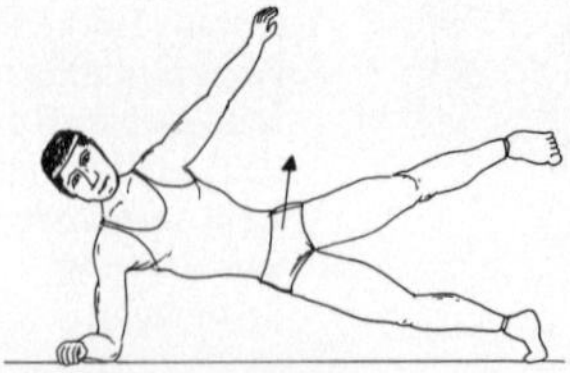

Hüfte heben und Bein abspreizen; ganzen Körper strecken

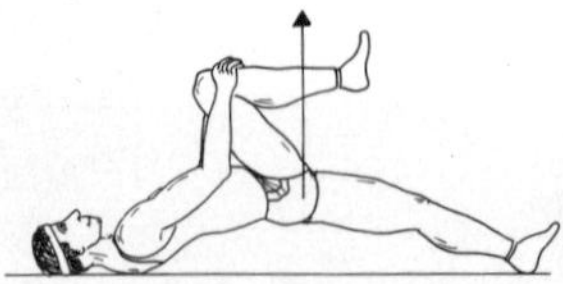

Hüfte durch Druck mit der Ferse des gestreckten Beins heben; Bogenspannung des Körpers

Hüfte bis zur Streckung heben

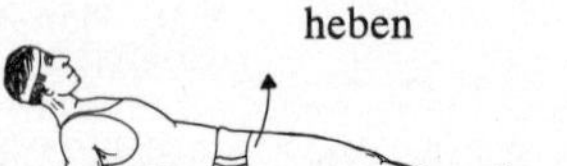

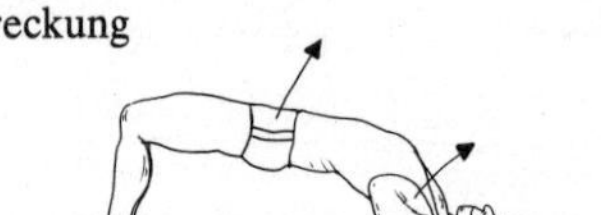

Rumpf- und Bauchmuskulatur

Rumpf langsam auf- und abrollen; nur so weit einrollen, bis oberer Beckenkamm gerade noch Bodenkontakt hat; Hände waagerecht schieben

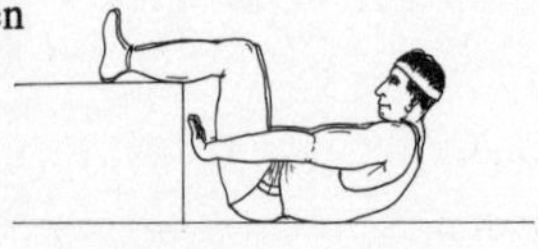

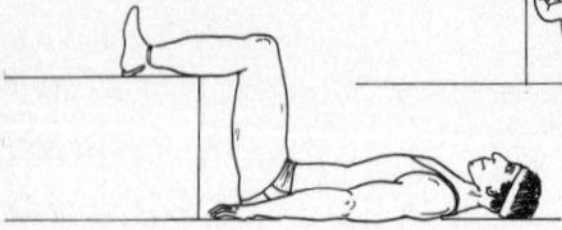

Hüfte anheben und senken; Hüft- und Kniewinkel bei ca. 90° während der Bewegung fixieren

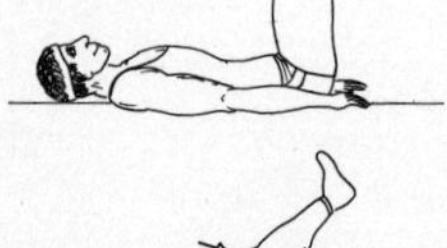

Rumpf- und Bauchmuskulatur

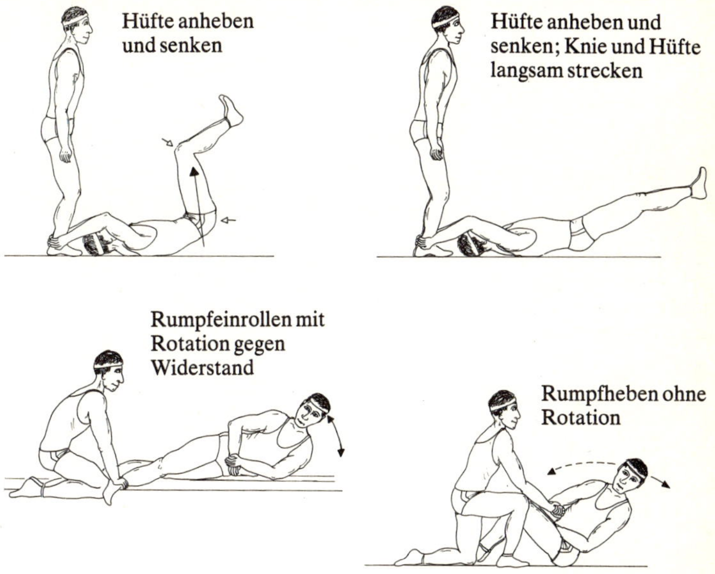

Zweckgymnastik

Bei den zweckgymnastischen Übungen sind der Reihe nach die einzelnen anatomischen Bereiche wie Arm-Schultergürtel, Rumpf-Hüftbereich, Beinbereich zu berücksichtigen, z. B.:

1. Übung: Ganzkörperbewegung (z. B. Hampelmann);
2. Übung: Arm-Schulterbereich (z. B. Armkreisen vor- und rückwärts);
3. Übung: Rückenmuskulatur und/oder Hüftbereich (z. B. Grätschwinkelstand: Drehen des waagerecht gehaltenen Rumpfes nach links und rechts);
4. Übung: Beinbereich (z. B. Hockstrecksprünge);
5. Übung: Bauchmuskulatur und/oder Hüftbereich (z. B. Schwebesitz mit Beinschere).

Das gewählte Programm soll nach einem Aufwärmen (5–10 Minuten) langsam begonnen werden. Für jeden anatomischen Bereich sollen 4–5 verschiedene Übungen mit jeweils 5–50 Wiederholungen ohne Pause durchgeführt werden. Nach dem *progressiven Prinzip* werden die Übungen und/oder ihre Wiederholungszahl systematisch gesteigert. Dynamische und sta-

Nr.	Übungen	Trainingswoche 1./2.	3./4.	5./6.	7./8.	9./10.	11./12.
1	Grätschstellung: Rumpfbeugen vorwärts, rückwärts, links/rechts, seitwärts	30 sec	40 sec	50 sec	60 sec	60 sec	60 sec
2	Armkreisen vw, rw oder Armachterkreisen	12	16	22	28	34	40
3	Grätschwinkelstand: Rumpfdrehen	6	8	10	12	15	18
4	Kniebeugen einbeinig	6	8	12	16	20	24
5	Schwebesitz (sec)	10	14	18	22	26	30
6	Hampelmann	25	30	35	40	45	50
7	Schnelles Liegestützen	4 × je 4	5 ×	6 ×	7 ×	8 ×	10 ×
8	Grätschstand: Rumpfdrehen, rechte/linke Hand zum linken/rechten Fuß	10	14	18	22	26	30
9	Skippings (auf der Weichbodenmatte)	20	25	30	35	40	45
10	Rückenlage (Beine angewinkelt vom Partner festgehalten): Langsames Rumpfaufrichten und -absenken	6	8	10	12	14	16
11	Liegestütz rücklings, abwechselnd Beinspreizen nach oben oder seitwärts	7	10	13	16	19	22
12	Wälzrolle (Rollen des gestreckten Körpers nach links und rechts)	6	8	10	12	14	16
13	Grätschwinkelstand: 4 × langsames Rumpfbeugen vorwärts, dann hohes Aufrichten bis Ballenstand	je 6 ×	10 ×	14 ×	18 ×	22 ×	26 ×
14	Hock-Strecksprünge	10	12	14	16	18	20
15	Schwebesitz mit Beinscheren (Arme Vorhalte)	40 sec	60 sec	80 sec	100 sec	120 sec	150 sec
16	Wedelhüpfen (mit Rumpfverwringung)	10	14	18	22	26	30
17	Klatschliegestütze	5	7	10	12	15	18
18	Rumpfkreisen	6	8	10	12	16	20
19	Beidbeiniges Hüpfen am Ort (Anhocken, Grätschen, Scheren, Viereck, vw-rw)	10	14	17	20	25	30
20	Schwebesitz mit Verwringungen	14	18	22	26	30	34

Tab. 2.3.2: Beispiel für eine zweckgymnastische Übungsfolge ohne Geräte (vgl. Grosser/Starischka/Zimmermann 1985, 147 ff)

tische Übungen variieren im Verhältnis dynamisch-statisch bei Kindern/Jugendlichen 4 : 1, bei Erwachsenen bis 1 : 1. Zwischen den Übungen sind Lockerungsübungen zur Entspannung der Muskulatur durchzuführen.
Das folgende Beispielprogramm enthält vier Durchgänge (20 Übungen) mit jeweils 5 Übungen in o. g. Reihenfolge mit einer dosierten Steigerung über einen längeren Zeitraum für Leistungssportler (Tab. 2.3.2).
Übungsvarianten und weitere Übungen können in ihren Anforderungen durch Zusatzgeräte (z. B. Medizinball, Kleinhanteln, Bänke, Sprossenwand, Kastenteile, Sprungseile usw.) gesteigert und in Partnerform abwechslungsreich gestaltet werden (z. B. Zieh- und Schiebeübungen, Schubkarren, Strecksitz und Beinkreisen mit Partner). Weitere Möglichkeiten sind die verschiedenen Formen des Hindernis-, Boden- und Gerätturnens (z. B. Matten, Kasten, Böcke, Kletterstangen, -taue). 108

Training der Spielfähigkeit
Für die Ballspiele ist über die koordinierte Eigenbewegung des Körpers hinaus die Abstimmung mit Fremdbewegungen (z. B. Ball, Mitspieler, Gegenspieler) wichtig (vgl. Kap. 1.2: Wahrnehmung, Aufmerksamkeit). Zur Schulung dieser Fähigkeiten sind besonders Mannschafts- und (Mannschafts-)Rückschlagspiele geeignet (z. B. Basketball, Handball, Prellball, Faustball, Indiaca, Badminton, Ringtennis). Zur Schulung der speziellen volleyballspezifischen koordinativen Fähigkeiten können eine Vielzahl von Trainingsformen nach vier Grundsätzen entwickelt und variiert werden (Tab. 2.3.3):

- Variation der Bewegungsausführung;
- Veränderung der äußeren Bedingungen;
- Anbieten einer Informationsvielfalt und Schaffung von Entscheidungssituationen bei der Durchführung;
- Bewegungsausführung unter Zeitdruck.

Tabelle 2.3.4 enthält einige praktische Beispiele für die Schulung verschiedener koordinativer Fähigkeiten im Grundlagen- und Fortgeschrittenenbereich. 109

Koordinative Fähigkeiten	Training Grundsätze und Trainingsformen
Sequentielle Organisation der Einzelhandlungen und Handlungsfolgen Differenzierungs-, Gleichgewichts-, Kopplungsfähigkeit	Variation der Bewegungsausführung
	Lauf-, zielorientierte Übungen, Übungen mit unterschiedlichen Bällen, Mehrballübungen, Kombinieren von Bewegungsfertigkeiten, Start- und Stoppübungen, Spiel in Netznähe, Zusatzübungen, Balancierübungen, Non-Stop-Übungen
Räumliche Orientierung von Bewegungen Orientierungsfähigkeit	Veränderung der äußeren Bedingungen
	Kleinfeldspiele, Über-, Unterzahlspiele, Non-Stop-Übungen mit Gegner, Zielgenauigkeitsübungen, Mehrballübungen, Raumaufteilung zwischen mehreren Spielern auf kleinem Raum, Platzwechsel, Übungen mit eingeschränkten Wahrnehmungsmöglichkeiten
Eingliederung in übergeordnete Bewegungsprogramme Umstellungsfähigkeit	Informationsvielfalt und Entscheidungssituationen
	Kleinfeldspiele, Spielphasenübungen, Handlungsketten, Mehrballübungen, Positionswechsel, Komplexübungen, Kooperationsübungen, gruppentaktische Aufgaben, Reaktion auf unterschiedliche Signale
Koordination unter Zeitdruck Reaktions-, Rhythmisierungsfähigkeit	Bewegungsausführung unter Zeitdruck
	Startübungen, laufbetonte Übungen, Übungen mit Positionswechseln, Übungen mit eingeschränkten Wahrnehmungsmöglichkeiten, Kleinfeldspiele, Zusatzaufgaben, Mehrballübungen, Komplexübungen mit festgelegter Ballfolge

Tab. 2.3.3: Training der Technik und volleyballspezifischen Koordinationsfähigkeit (vgl. Tab. 1.2.2, S. 35; Abb. 1.2.2, S. 37)

Tab. 2.3.4: Beispielübungen für das Training volleyballspezifischer Koordinationsfähigkeit

Differenzierung, Umstellung

Aufschläge, Pritschen, Baggern, Angriffsschläge

- in gekennzeichnete Räume
  - auf Gegenstände, Ziele
  - zum Partner, zu anderen Spielern
- unterschiedliche Entfernungen
  unterschiedliche Richtungen
  unterschiedliche Flughöhen

Gleichgewicht

Zuspiele nach Zuwurf bei gestörtem Gleichgewicht

- Spieler stehen auf Turnbänken und pritschen/baggern den Ball zurück (auf ein Ziel)
- Spieler steht auf einem Schaukelbrett und spielt den Ball zurück

- Spieler pritschen den Ball aus dem Hock-, Schneider-, Streck- oder Fersensitz
- Spieler führen vor dem Abspiel eine Zusatzbewegung aus, z. B. Sprung, Rolle, Lauf vw, rw, sw, Drehungen um die Achsen
- Zielpritschen, (-baggern) auf einem Bein stehend, im Sprung
- Bewegungen nach kurzzeitigem Schließen der Augen

Orientierung, Umstellung

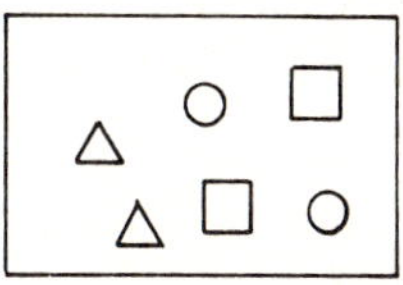

Ballhalten, Passen, Übergabe

a) Alle Spieler bewegen sich mit je 1 Ball im Feld (pritschen, baggern), ohne sich zu stören und ohne Ballverlust.

b) wie a), Variation der Technik, Ballhöhe, Laufrichtung auf ein Signal hin (Trainer, Spieler).

c) wie a), nach Verständigung mit einem nahestehenden Spieler erfolgt ein Ballwechsel (pritschen, baggern).

d) Je 2 Spieler (□ □ △△ ○○) passen sich einen Ball zu und bewegen sich frei im ganzen Feld ohne Störung der anderen Paare.

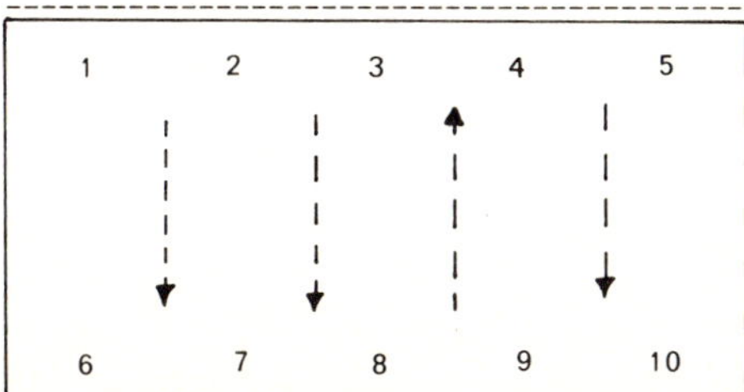

Seitenwechsel

Die Spielerreihen wechseln die Seiten und pritschen/baggern einzeln einen Ball, ohne ihn zu verlieren und den Gegner zu stören. Variante: Die Spieler der anderen Reihe sollen behindert werden.

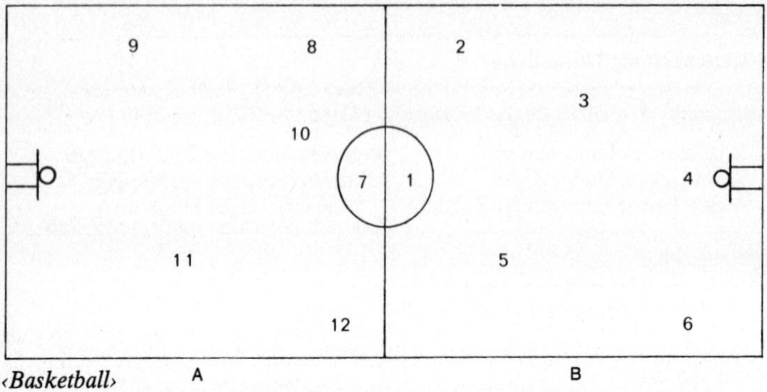

‹Basketball›

Ziel: Mannschaften A und B sollen in gleicher Zeit möglichst viele Korberfolge erzielen (Zuspiel mit Pritschen und Baggern). Der vom Brett abspringende Ball (rebound) kann bis zum Korberfolg weitergespielt werden. Bei Bodenkontakt des Balles und Korberfolg muß der neue Angriff aus dem Mittelkreis (Spieler 1/7) gestartet werden.
Zählweise: Ausgangswert für A und B: 20 Punkte
Direkter Korbtreffer: 2 Punkte, nach mehreren Versuchen 1 Punkt
Sonderpunkt für Spiel ohne Unterbrechung von Mittelkreis–Korberfolg–Mittelkreis
Ballverlust/Bodenkontakt des Balles: 1 Minuspunkt

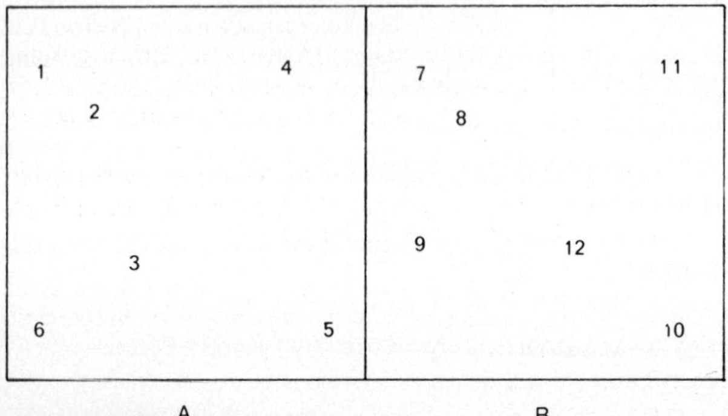

Nummernparteiball

Ziel: Ununterbrochenes Zuspiel (Pritschen, Baggern) in der Reihenfolge der Spieler in den Mannschaften A (1–6) und B (7–12). Nach dem Abspiel soll ein Platzwechsel erfolgen.
Variation: nach Abspiel muß eine Seitenlinie berührt werden.
Zählweise: Ausgangswert: 20 Punkte
Unterbrechung der Reihenfolge und Bodenkontakt des Balles ist ein Minuspunkt.
Spiel auf Zeit

Reaktion
Spiegelbild 2 frontal sich gegenüberstehende Spieler (Abstand 3–4 m) führen mit jeweils einem Ball die gleichen Bewegungen aus (Pritschen, Baggern, Laufbewegungen, Sprünge)
2-Ball-Spiel 2 oder mehr Spieler halten bei unterschiedlichen Aufstellungsformen 2 Bälle im Spiel (Pritschen, Baggern)
Abprallspiel 2 oder mehr Spieler pritschen/baggern nach 3 Kontakten den Ball gegen ein Ziel (Wand, Basketballbrett, Spieler auf einem Kasten, Blockbrett, erhöht senkrecht stehendes Minitrampolin) und versuchen, den Ball ständig im Spiel zu halten.
Richtungsänderungen Spieler ändern aus Laufbewegungen heraus (ohne/mit Ball) auf ein Signal hin ihre Laufrichtung und Bewegungsart (vw, rw, sw, Hochstand, Sprünge, Drehungen usw.)
Sichtbehinderung Mit einem Tuch (z. B. über das Netz gelegt) wird die Beobachtung der Aktionen im anderen Feld erschwert und damit die Reaktionszeit verkürzt.
Rhythmus, Kopplung
Rhythmisch akzentuiertes Üben durch wiederholtes Durchführen gleicher/unterschiedlicher (Form, Tempo) Handlungen und Handlungsfolgen (z. B. Anlauf – Angriff – Block – ½ Drehung – Hechtbagger – Anlauf – Angriff usw.)
Üben nach vorhergegebenen Rhythmen (z. B. Klatschen, lautierendes Sprechen, Musik), Übungsserien und zyklische Übungsfolgen mit akustischer Begleitung durch den Spieler selbst oder die Mitspieler.

Zusammenfassung

- Die Aufgabe der Funktionsgymnastik besteht im Dehnen und Kräftigen der Fixationsmuskulatur und der Vermeidung von Dysbalancen.
- Mit statischen und dynamischen zweckgymnastischen Übungen werden die verschiedenen anatomischen Bereiche nach dem progressiven Prinzip trainiert.
- Die ball- und volleyballspezifische Koordination bezieht sich auf die Abstimmung von Eigenbewegung des Spielers und die Fremdbewegungen von Ball und den anderen Spielern.

Erich Christmann

2.4 Training der konditionellen Fähigkeiten

Das Training der konditionellen Fähigkeiten (vgl. Kap. 1.2: Konditionelle Fähigkeiten) vor und während der Spielsaison stellt eine wichtige Voraussetzung für die Leistungssteigerung und die Wettkampfstabilität dar. In der Trainingspraxis kann der Trainer die Belastungssteuerung über die meß- und beobachtbaren Ermüdungsreaktionen der Spieler (vgl. Tab. 2.10.3, S. 318f) und deren subjektive Zustandseinschätzungen regulieren. Zur Kontrolle des Erfolgs der verschiedenen Methoden zur Verbesserung der Ausdauer, Kraft, Schnelligkeit und ihrer Mischformen (vgl. Abb. 1.2.3, S. 38) sind regelmäßige Leistungserhebungen erforderlich.

Ausdauer

Durch die zahlreichen Unterbrechungen beim Volleyballspiel kommt es zur typischen intervallartigen Belastung (vgl. Kap. 1.2: Ausdauer), die besonders im Bereich der Sprungkraftausdauer und der Ausdauer bei Tempo- und Richtungswechseln liegt. Als Trainingsmethoden (vgl. Kap. 1.4: Trainingsmethoden) sind die *Dauermethoden* (z. B. Fahrtspiel, Wechselmethode, extensive Intervallarbeit) für die Grundlagenausdauer und die *Intervallmethoden* (z. B. Kreistraining) für die Entwicklung der Schnelligkeits- und Schnellkraftausdauer besonders geeignet. Für ein *spielnahes Training* mit Ball sprechen motivationale Gründe, die identische Konzentrations- und Belastungsform und die dadurch mögliche Umfangssteigerung. Während im Grundlagentraining die Vermittlung von Technik und Taktik durchaus mit einer Ausdauerschulung verbunden werden kann, ist die Intensitätssteigerung von einem stabilen Könnensniveau abhängig. Die Verbesserung der *aeroben Kapazität* ist im Grundlagen- und Freizeitbereich sowie für das Kraft- und Schnelligkeitstraining von großer Bedeutung. Als *Trainingsübungen* eignen sich Laufen, Radfahren und Schwimmen, die auch außerhalb des regulären Trainingsablaufs durchgeführt werden sollten. Die *Belastung* kann gleichmäßige Dauerläufe über 3 (Frauen) bis 10 km (Männer) und/oder 30 (Frauen) bis 60 Minuten (Männer) Radfahren bei einer Mindestpulsfrequenz von 130 Schlägen/Minute oder Intervalldauerläufe umfassen (vgl. Tab. 2.4.1). Nach diesem 12 Wochen umfassenden Programm kann die Ausdauerleistungsfähigkeit durch Laufen bei gleichmäßigem Tempo (2 × ca. 25–35 Min. oder 1 × 45–80 Min. pro Woche mit der Pulsfrequenz 180 minus Lebensalter) stabilisiert werden.

Woche	(1 = 1 Min. Laufen; 1 = 1 Min. Trabpause)	Dauer
1.	2 1 3 1 2 1 2 1 2 1 4	20
2.	2 1 1 1 2 1 3 1 1 1 2 1 3	20
3.	1 1 1 1 1 1 2 1 1 1 1 1 1 1 1 2 2	20
4.	1 1 1 1 1 1 2 1 1 1 1 1 1 1 1 3 1	20
5.	1 2 1 2 1 2 3 2 1 2 3 2 1 2 5	30
6.	1 2 1 2 1 2 2 2 1 2 3 2 1 2 2 2 2	30
7.	1 2 1 2 1 2 2 2 1 2 3 2 2 1 2 2 2	30
8.	1 3 1 2 1 3 1 2 2 3 2 3 1 2 3	30
9.	1 3 1 3 1 3 2 3 1 3 1 5 2	30
10.	4 1 3 1 4 2 3 1 4 1 4 2	30
11.	4 1 3 1 4 2 3 1 4 1 4 2	30
12.	5 1 4 1 3 2 5 1 4 1 3	30

Tab. 2.4.1: Programm für ein allgemeines Ausdauertraining (Laufen) über 12 Wochen (vgl. GROSSER/STARISCHKA/ZIMMERMANN 1985, 121–124)

Vor und nach dem Laufprogramm sollten 3–5 Minuten lockeres Laufen und eine Lockerungsgymnastik (Aufwärmen bzw. cool-down) absolviert werden. Zur Automatisierung der Laufgeschwindigkeit und der Entwicklung des Tempogefühls sollten in den ersten Wochen alle 5 Minuten Pulsmessungen, später Eintragungen in ein Trainingsbuch vorgenommen werden.

Das Training der allgemeinen und *volleyballspezifischen anaeroben Ausdauer* (z. B. bei Netzaktionen) erfolgt nach der intensiven Intervall- und Wiederholungsmethode, bei der auf wenige (≤ 10 Versuche) kurzzeitige submaximale Belastungen (≥ 180 Schläge/Min.) eine vollständige Pause folgt. Damit wird die Fähigkeit verbessert, ein Sauerstoffdefizit eingehen und dieses nach Reduzierung der Belastung schnell wieder ausgleichen zu können (vgl. Kap. 2.2: Energiebereitstellung).

Als *Trainingsinhalte* eignen sich alle Formen des Technik- und Taktiktrainings (vgl. 2.5 und 2.6) mit und ohne Ball, die mit großer Schnelligkeit, hoher Intensität, geringer Erholungszeit innerhalb der Übung und größerem Umfang durchgeführt werden können, z. B.:

- Spiele 1:1, 2:2, 3:3; Überzahlspiele 2:1, 3:2 über das ganze Feld;
- Spezial- und Wettkampfübungen mit Variation von Umfang und/oder Intensität.

Die *Belastung* sollte wechseln zwischen

- mittlerer Intensität bei relativ langer Einzelbelastung bis 2 Minuten (aerob) und 20 Wiederholungen nach nahezu vollständigen Pausen (Puls vor der nächsten Übung: 90/100 Schläge/Min);

- hoher Intensität bei relativ kurzer Einzelbelastung von ca. 20 Sekunden (anaerob) mit 10 Wiederholungen nach lohnenden Pausen (Puls: 110/120 Schläge/Min.).

Der Trainer muß die *methodisch-organisatorischen Voraussetzungen* schaffen, damit die erforderliche Intensität erzielt werden kann, z. B.:

- die geforderten Techniken und taktischen Verhaltensweisen müssen problemlos realisiert werden können (evtl. Schaffung erleichterter Bedingungen: Aufschlag-Annahme bzw. Einwerfen-Annahme);
- die Handlungen müssen ohne Wartezeiten erfolgen (u. a. kleinere Gruppen, längere Laufwege, Zusatzbewegungen, Einwurf von Ersatzbällen durch Trainer/Spieler, Einsammeln der eigenen gespielten Bälle);
- das Üben der Techniken und Taktiken erfolgt in einem festen organisatorischen Rahmen (Stationen, Zeitvorgaben für Übung und Pause, bzw.
110 Anzahl der Wiederholungen) in einer bestimmten Reihenfolge (Circuit-/
111 Zirkeltraining).

Kraft

Das Training der verschiedenen Formen der Kraft (vgl. Abb. 1.2.3, S. 38) zielt auf die Optimierung der Energiebereitstellung (Kraftausdauer), die Vergrößerung des Muskelquerschnitts (Maximalkraft) und die Verbesserung der Kontraktions- und Koordinationsfähigkeit (Schnellkraft). Für das Volleyballspiel sind besonders Schnellkraft (vgl. Abb. 1.2.4, S. 40) und Kraftausdauer von Bedeutung.

Die Maximalkraft als Voraussetzung für die Schnellkraft wird mit *allgemeinentwickelnden Übungen* trainiert, während bei der Schnellkraft und Kraftausdauer die volleyballspezifischen Arbeitsweisen und Kontraktionsformen (vgl. Tab. 2.4.2) stärker in *Spezial- und Wettkampfübungen* berücksichtigt werden müssen. Beim Maximalkrafttraining lassen sich ein Muskelaufbautraining, ein intramuskuläres Koordinationstraining (IK) und ein kombiniertes Training unterscheiden.

Ein *Muskelaufbautraining* im Grundlagen-, Aufbau- und Leistungsbereich zielt auf eine allseitige, umfassende Kräftigung der Muskulatur von Beinen, Rumpf, Schultergürtel und Armen und wird je nach Leistungsstand mit unterschiedlichen Belastungen (eigenes Körpergewicht, leichte Gewichte, Hanteln, Kraftmaschine) durchgeführt (vgl. Tab 2.4.3). Durch die Vielzahl der *Trainingsmittel* (vgl. Tab. 2.4.4) ergibt sich die Möglichkeit der Variation dieser Trainingsarbeit, für die gerade Spielsportler besonders motiviert werden müssen.

Bei *Jugendlichen* sollte vor dem 14./15. Lebensjahr die Rücken-, Bauch- und Wirbelsäulenmuskulatur durch Übungen mit dem eigenen Körpergewicht und erst danach mit leichten Zusatzgewichten oder mit bestimmten Übungen an der Kraftmaschine entwickelt werden. Vor Beginn eines Hanteltrainings im Leistungsbereich müssen die Voraussetzungen sportärztlich

Volleyballhandlungen	**Arbeitsweise**	**Kontraktionsform**
Erwartungshaltung vor der Annahme des Aufschlags	statisch-haltend	isometrisch Spannungsanstieg ohne Längenänderung des Muskels
Absprunghaltung vor dem Block	haltend-überwindend	auxotonisch-konzentrisch
Einnahme der Bereitschaftshaltung nach der Landung bei Angriff und Block	haltend-nachgebend	auxotonisch-exzentrisch
Heben der Arme in Bagger- oder Pritschhaltung	dynamisch-überwindend	isotonisch Muskelverkürzung ohne wesentliche Spannungserhöhung
Absprung zum Schmetterschlag, Hechtbagger, Schmetterschlag	dynamisch-positiv	auxotonisch Verkürzung *und* Spannungsanstieg
Krafttraining mit Hanteln oder Gewichten	statisch-dynamisch-positiv	Unterstützungskontraktion isometrisch, auxotonisch-isotonisch
Ziehen am Expander oder an der Zauberschnur, Schlag gegen Medizinball	dynamisch-statisch-positiv	Anschlagskontraktion Verkürzung (isotonisch-auxotonisch und Arretierung gegen einen Widerstand)

Tab. 2.4.2: Arbeitsweisen und Kontraktionsformen (vgl. DE MARÉES/MESTER 1981, 64; EHLENZ/GROSSER/ZIMMERMANN 1983, 59)

überprüft und die Bewegungstechniken des Reißens, Umsetzens, Stoßens, Bankdrückens und der Kniebeuge geschult werden, um Schädigungen durch die Hantelarbeit zu vermeiden.

Beim Muskelaufbautraining wird die *Belastung* in der Vorbereitungsperiode wie folgt gesteuert:

- Umfang: 8–12 Wiederholungen, 3–5 Serien (Grundlagenbereich), 5–8 Serien (Leistungsbereich);
  2–3 × pro Woche über 8 Wochen (Leistungssportler), 1–2 × pro Woche (Grundlagenbereich)

Muskelpartie	Grundlagenbereich	Leistungssport
Beinmuskulatur, Oberschenkel (Quadrizeps), Schenkel-, Wadenmuskulatur	Kniebeugen, Kastensteigen, Strecksprünge, Fußgelenksprünge, ein-, beidbeinige Sprungfolgen über Hindernisse, Knieheben gegen Widerstand	Unterschenkelstrecken, -beugen, Fußstrecken mit Hantel, liegend Gewicht mit Füßen nach oben drükken (Knie 90°)
Armmuskulatur (Delta-, Trapez-, Bizeps-, Trizepsmuskulatur), Brustmuskulatur, Handbeuger, -strecker	Liegestütz, Beugen und Strecken im Stütz am Barren, Drücken einer Reckstange, Klimmzüge, Medizinballstoßen	Armseitheben, Schulterhochziehen (mit Kleinhanteln), Bankdrücken, -ziehen, Drücken, Reißen, Bizeps-, Trizepsübung (Armbeugen, -strecken), Handgelenkbeugen, -strecken, Butterfly
Bauch-, Hüftmuskulatur	Sit-ups mit angewinkelten fixierten Beinen frontal, diagonal, Heben und Senken der Beine aus der Rükkenlage (horizontal, schräg), Heben eines Medizinballs zwischen den Beinen, Heben und Senken der Beine beim Hängen an der Sprossenwand	Sit-ups aus der Rückenlage auf der schiefen Ebene mit Zusatzgewichten
Rückenmuskulatur	Heben und Senken des Oberkörpers aus der Bauchlage auf dem Boden/Kasten	Rumpfaufrichten mit Zusatzgewicht, Sit-ups mit Drehung des Oberkörpers

Tab. 2.4.3: Allgemeines Muskelaufbautraining (ohne/mit Zusatzbelastung) (Letzelter/Letzelter 1986, 340–345; Grosser/Starischka/Zimmermann 1985[3], 74–77; Jasukiewicz/Richtering 1986, 32f)

- Intensität: 40–60 % der jeweiligen maximalen Übungsleistung (Maximaltest) bei langsamem bis mittlerem Bewegungstempo mit Serienpausen von 1,5–2 Minuten.

An das Muskelaufbautraining schließt sich im Leistungsbereich nach der achten Woche das *intramuskuläre Koordinationstraining* an. Dabei wird entweder mit sehr hoher Intensität oder mit reaktiven Belastungen gearbeitet.

Bei der *Methode mit hohen und höchsten Intensitäten* (vgl. Tab. 2.4.5) in der

Trainingsmittel	**Übungsbeispiele** (ohne/mit Zusatzbelastung)
Eigener Körper	Liegestütze, Taschenmesser, Sit-ups, Hampelmann, Klimmzüge, Strecksprünge, Kniebeugen
Kasten	Aufsteigeübungen, Auf-, Übersprünge ein-, beidbeinig, Niedersprünge
Sprungseil	Seilspringen, Sprungübungen, Dehnübungen
Turnbank	Überspringen, Auf- und Niedersprünge, Wedelsprünge, Aufstützen und Überspringen, Liegestütze, Stemmübungen
Sprossenwand	Hangübungen, Beinheben vw, sw, rw, Beinkreisen
Medizinball	Sprung-, Stoß-, Wurfübungen
Gummizüge	Armzüge, Haltearbeit, statische Körperhaltung (Erwartungshaltung)
Reckstange	Armbeugen, -strecken, Rumpfbeugen, -aufrichten
Sandsack	Rumpfschwünge, Rumpfdrehen, -beugen, Sprünge
Gewichtsweste	Liegestütze, Schubkarren, Sprünge, Steigübungen
Gewichtsschuhe	Beinschwingen vw, rw, Unterschenkelbeugen
Partner	Tragen, Schieben, Ziehen, Drücken
Kurzhantel	Armbeugen, -strecken in verschiedene Richtungen, Rumpfaufrichten, Stoßübungen
Lang-, Scheibenhantel	Bankziehen, Bankdrücken, Stoßen, Reißen, Kniebeugen, -strecken
Krafttrainings-maschine	Alle Bewegungen in vorgegebenen Richtungen

Tab. 2.4.4: Trainingsmittel und -übungen (vgl. LETZELTER/LETZELTER 1986)

9.–13. Woche werden die Bewegungen mit langsamem bis zügigem Bewegungstempo und Serienpausen von 1–2 Minuten durchgeführt.
Bei der *Methode mit reaktiven Belastungen* (plyometrisches, exzentrisches, Elastizitätstraining, Schlagmethode) werden z. B. *Tiefsprünge* mit 100 und mehr Prozent Intensität explosiv mit Serienpausen von ca. 2 Minuten aus-

Muskelbereich	Übung	Trainingswoche				
		9. 70–75 %	10. 75–80 %	11. 80–85 %	12. 85–90 %	13. 90–95 %
Schultergürtel / Arme	Bankdrücken	6–5 4	5–4 4–5	4–3 5	3–2 5–6	2–1 6–8
	Bankziehen	6–5 4	5–4 4–5	4–3 5	3–2 5–6	2–1 6–8
Hüfte / Beine	Kniebeugen	6–5 4	5–4 4–5	4–3 5	3–2 5–6	2–1 6–8
Rücken	Rumpfaufrichten	60–65 % 8–7 4	65 % 7 4–5	65–70 % 7–6 5	70 % 6 5–6	70–75 % 6–5 6
Bauch	Sit-ups	50–55 % 12–10 4	55 % 10 4–5	55–60 % 10–8 5	60 % 8 5–6	60–65 % 8–6 6

Tab. 2.4.5: Intramuskuläre Koordinationsverbesserung für Leistungssportler mit Gewichten (vgl. GROSSER/STARISCHKA/ZIMMERMANN 1985², 75)

geführt. Beim Aufsprung kommt es nach einer exzentrischen Muskelkontraktion (Reaktion auf das plötzliche Abbremsen der Bewegungsenergie bei der Landung) zu einem sehr hohen Kraftmaximum. Die anschließende kurze isometrische Phase wird beim Absprung wiederum von einer konzentrischen Muskelspannung abgelöst. Durch das Zusammenwirken von Vorinnervation, Innervationshemmung, Dehnungsreflex und elastischen Komponenten des Muskels wird das Zusammenspiel von Nerven- und Muskelsystem besonders trainiert. Eine für Leistungsvolleyballer besonders geeignete plyometrische Übung ist der vertikale Absprung nach einem Fallsprung aus optimaler Höhe. Dies ist die Fallhöhe, die den größten Anstieg des anschließenden Vertikalsprunges bewirkt und bei der aus physiologischen Gründen die Ferse den Boden gerade noch berührt. In der Trainingspraxis werden solche Absprunghöhen gewählt, die der Spieler im anschließenden Hochsprung wieder erreichen kann. Die Übungen werden auf höchstem Leistungsniveau mit Bleiwesten (5–15 % des Körpergewichts) aus der Hockstellung ohne (vgl. Abb. 2.4.1) oder mit einleitender Gegenbewegung (Kniewinkel 90–110° bei Absprung und Landung) durchgeführt.

Bei der reaktiven Methode ergibt sich durch die hohe Intensität ein schneller Kraftgewinn ohne Muskelzuwachs bzw. Zunahme des Körpergewichts. Dieser Anstieg der Relativkraft (Kraftsteigerung ohne Muskelzuwachs) ist

Abb. 2.4.1: Tiefsprung aus der Hockstellung (Kniewinkel bei Absprung und Landung ca. 110°–90°) (LETZELTER/LETZELTER 1986, 20)

für Volleyballer im Leistungsbereich besonders interessant. Im Grundlagen- und Aufbaubereich ist diese Methode aber wegen der submaximalen/maximalen Belastungen für das Gelenksystem, das Bindegewebe, die Sehnen und die Koordination kaum geeignet. Auch im *Jugendtraining* sollte zunächst ein Muskelaufbau erfolgen, der dann erst ein Tiefsprungtraining ermöglicht. Bei einem zu frühen intramuskulären Koordinationstraining ergeben sich anschließend nur noch geringe Möglichkeiten einer Kraftsteigerung, abgesehen von den Gefahren der Überbelastung.
Für den Jugendbereich bietet sich ein *kombiniertes Training* (Pyramidentraining, vgl. Kap. 1.4: Trainingsmethoden) aus Muskelaufbautraining und intramuskulärem Koordinationstraining an. Durch das Überwinden geringer/höherer Widerstände bei hohen/niedrigen Wiederholungszahlen werden der Muskelzuwachs und das Muskelpotential gleichermaßen gefördert. Dazu eignet sich das normale, abgestumpfte oder doppelte *Pyramidentraining* (Abb. 2.4.2). Eine gute Möglichkeit stellt das Pyramidentraining auch

Abb. 2.4.2: Formen des Pyramidentrainings (a=normale Pyramide, b=abgestumpfte Pyramide, c=doppelte Pyramide) (GROSSER/STARISCHKA/ZIMMERMANN 1985³, 60)

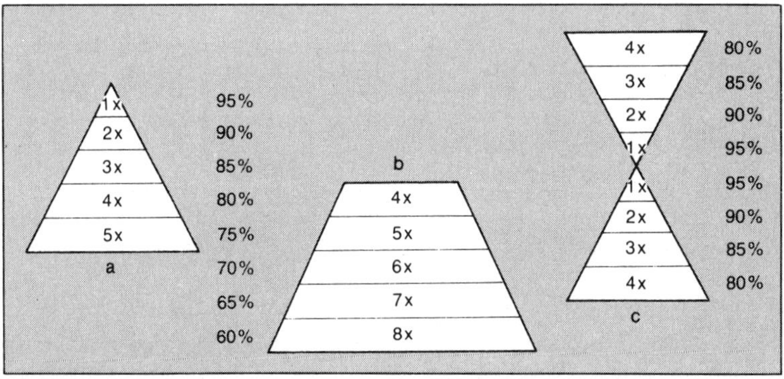

dann dar, wenn z. B. nur vier Wochen für das Krafttraining zur Verfügung stehen. Beim langfristigen Leistungsaufbau sollten die beiden Krafttrainingsarten getrennt und nacheinander angewandt werden.

Das *Schnellkrafttraining* setzt eine optimal ausgebildete Maximalkraft voraus. Es beinhaltet volleyballspezifische Bewegungshandlungen (z. B. Block-, Angriffs-, Abwehraktionen) und strukturähnliche Bewegungsabläufe mit leichten Zusatzbelastungen. Schnellkrafttraining wird in Verbindung mit dem Maximalkrafttraining in zwei Formen durchgeführt:

Abb. 2.4.3: Training der allgemeinen Schnellkraft im Jugendtraining (nach LETZELTER/LETZELTER 1986, 373 f)

Übung 1:
Laufen gegen den Widerstand eines Deuserbandes
Übung 2:
Aufrichten aus der Rückenlage und Rumpfbeuge mit einem Medizinball in den Händen
Übung 3:
Kastensprünge: Vom Kasten auf die Matte und sofort auf den anderen Kasten aufspringen, jeweils ½ Drehung
Übung 4:
Bauchlage auf Kasten, Füße fixiert, Heben und Senken des Oberkörpers, Medizinball in den Händen
Übung 5:
Hockstrecksprünge mit Ausstoßen eines Medizinballes bis zur Hochhalte
Trainingsziel:
Allgemeine Schnellkraft
Intensität:
75 % der im Maximaltest erzielten Wiederholungen
Umfang:
10–15 Sek. Übung, 45–90 Sek. Pause, 3–5 Serien pro Trainingsübung

- In einer Trainingseinheit folgen schnellkräftige volleyballspezifische Übungen (z. B. Spezialübungen im Techniktraining) auf ein intramuskuläres Maximalkrafttraining;
- das Schnellkrafttraining schließt sich in der Vorbereitungsperiode an das Maximalkrafttraining an.

Die dynamische Bewegungsausführung wird in 6–10 Serien 6–10mal wiederholt und von zwei Minuten dauernden Serienpausen unterbrochen (Tab. 2.4.6, Abb. 2.4.3)

Die *allgemeine Kraftausdauer* (vgl. Ausdauer) wird in der Praxis über- 112
wiegend im *Circuittraining* verbessert (Beispiel in Abb. 2.4.4). An 6–12 Stationen wird jeweils eine andere Muskelgruppe 20 Sekunden (Anfänger) bzw. 40 Sekunden (Leistungssportler) in 2–6 Durchgängen belastet. Die Pausen zwischen den Stationen betragen 40–80 Sekunden bei Anfängern

Tab. 2.4.6: Schnellkrafttraining für den Hüft-Beinbereich (vgl. Grosser/Starischka/Zimmermann 1985[3], 78 f)

Trainings-periode	TE pro Woche	Sprünge / Sprungserien
Vorbereitungs-periode II 1. Woche	1–2 ×	80 Sprünge: 6 × 5er-Hopp beidbeinig, 5 × 5er-Hopp einbeinig li, 5 × 5er-Hopp einbeinig re
VP II 2. Woche	1–2 ×	110 Sprünge: 6 × 5er-Hopp beidbeinig, 5 × 5er-Hopp einbeinig li/re, 6 × 5er-Hopp beidbeinig
VP II 3. Woche	1–2 ×	120 Sprünge: 6 × 5er-Hopp beidbeinig, 6 × 5er-Hopp einbeinig li/re, 6 × 5er-Hopp beidbeinig
VP II 4. Woche	1–2 ×	150 Sprünge: 6 × 5er-Hopp beidbeinig / einbeinig li / beidbeinig / einbeinig re / beidbeinig
Wettkampf-periode I 1.–4. Woche	je 1 ×	150 Sprünge: wie 4. Woche VP II 60 Tiefsprünge 50–135 cm beid-, einbeinig: 6 × 10
WP II 1.–2. Woche	2 ×	60 Tiefsprünge: 6 × 10
WP II 3. Woche	2 ×	100 Tiefsprünge: 10 × 10
WP II 4. Woche	2 ×	36 Tiefsprünge: 6 × 6

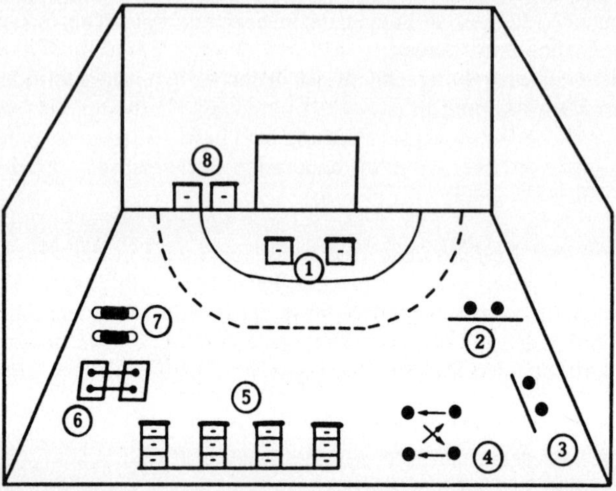

Übung 1:
Kastenaufsteiger mit Sandsack in der Nackenhalte
Übung 2:
Schlagwurf mit leichtem Medizinball gegen die Wand
Übung 3:
Medizinballwurf gegen die Wand mit Aufrichten aus der Rückenlage (Füße in Wandrichtung)
Übung 4:
Richtungswechsel im 5 × 5 m-Quadrat
Übung 5:
Beidbeinige Sprünge über dreiteilige Kästen (zwischen den Kasten 1 Matte im Querformat)
Übung 6:
Ausstoßen einer Reckstange von der Brust zur Hochhalte
Übung 7:
Grätschstand, Sandsack in Nackenhalte, Rumpfbeugen
Übung 8:
Kleiner Kasten/Sandsack in Hochhalte, Seitstellschritte auf Torraumlinie, Rückweg auf Freiwurflinie
Organisationsform:
Kreistraining
Intensität:
50–60 % der im Maximaltest erzielten Wiederholungen
Umfang:
30 Sek. pro Station, 30 Sek. Pause zwischen den Stationen, 1–3 Rundgänge, dazwischen 3–5 Min. Pause

Abb. 2.4.4: Circuit für das Training der Kraftausdauer im Jugendtraining (nach LETZELTER/LETZELTER 1986, 370)

bzw. 20–40 Sekunden bei Leistungssportlern, zwischen den Serien 2–4 Minuten. 113
Während sich das Training der verschiedenen Kraftarten im Leistungsbereich an den Erfordernissen der Spieltermine orientieren muß, ist im Kindes- und Jugendalter die altersspezifische Trainierbarkeit zu berücksichtigen (vgl. Tab 2.4.7). 114

Trainierbarkeit, Trainingsarten, Kraftformen	Alter ab ca. männlich	weiblich
Beginn der Trainierbarkeit der Schnellkraft	7/8	7/8
Beginn des Muskelaufbautrainings	9–11	9–11
Gesteigertes Training der Schnellkraft und des Muskelaufbaus	12–14	11–13
Beginn des Kombinierten Trainings	13–15	12–14
Beginn der Trainierbarkeit der intramuskulären Koordination und der Kraftausdauer	14–16	13–15
Gesteigertes Training der intramuskulären Koordination und der Kraftausdauer	16/17	14–16
Hochleistungstraining	17	16

Tab. 2.4.7: Trainierbarkeit, Trainingsarten und Erscheinungsformen der Kraft im Kindes- und Jugendalter (nach Ehlenz/Grosser/Zimmermann 1985[2], 73)

Schnelligkeit

Im Volleyball ist besonders die Reaktionsschnelligkeit, die Bewegungsschnelligkeit (Schnelligkeit der Einzelhandlung) und die Beschleunigungsfähigkeit bedeutsam (vgl. Kap. 1.2: Schnelligkeit). Maximale und submaximale Leistungen bei Sprüngen und kurzen Lauf- und schnellen Fallbewegungen mit häufigem Richtungswechsel und abgestimmtem Tempo erfordern nicht nur Kraft, sondern auch gut ausgebildete Koordinationsfähigkeit.
Im Grundlagen- und Anfängerbereich sowie zur Auflockerung des Leistungstrainings sind Kleine Spiele, kleine Sportspiele und die anderen Sportspiele geeignet, wie z. B. Nachlaufen/Fangen, Drittenabschlagen, Blitzball, Atom-Spiel, Ballstaffette, Foppen und Fangen, Balltreiben, Burgball auf eine Weichmatte, Feld leeren.

Die *allgemeine Schnelligkeit* läßt sich gezielt im Bereich Laufen (Tab. 2.4.8), Sprung (Tab. 2.4.9) und Reaktion (Tab. 2.4.10) verbessern. Die *volleyballspezifische Schnelligkeit* läßt sich durch schnelle Handlungsfolgen, Rettung von Bällen und in konkreten Spielsituationen unter erschwerten Bedingungen trainieren (Tab. 2.4.11).

Bei der Durchführung eines Schnelligkeitstrainings müssen zwei Grundsätze berücksichtigt werden:

- das Üben erfolgt nach der *intensiven Intervall- und Wiederholungsmethode* (wenige Wiederholungen/Serien bzw. 5–15 Sek. maximale oder submaximale Belastungen bei vollständigen Pausen) nach einem Aufwärmen mit Dehnübungen zu Beginn der Trainingseinheiten ein- bis dreimal wöchentlich 10–30 Min., abwechslungsreich mit bestimmten Schwerpunkten.

Tab. 2.4.8: Training der Laufschnelligkeit (vgl. Saito 1975, 1978)

Grundprinzip	**Beispielübungen**
Sprintläufe	Aus verschiedenen Ausgangsstellungen (Stand, Sitz, Liegen, Knien, Hocke, Liegestütz) erfolgt auf ein Signal hin (Ruf, Pfiff, Ballprellen, Handzeichen) ein Sprint (vw, sw, rw) über 6–18 m mehrerer Spieler (gleichzeitig/nacheinander) in einem Wettrennen/auf Zeit
Lauf mit Zusatzbewegungen	wie oben. *Variation 1:* Unterbrechung des Sprints durch Rollen (vw, rw, sw), Bauch-, Rückenlage, Setzen, Sprünge, Hechten, Ballfangen, -tragen (Ball holen, ablegen), -führen (Dribbeln, Rollen ohne/mit Hindernissen) *Variation 2:* Partnerweises Werfen oder Werfen (Kern-, Schock-, Druckwurf) gegen eine Wand aus der Ruhelage (Stand, Sitz, Liegen) oder dem Lauf ohne/mit Überwindung von Hindernissen (Netz, Kasten)
Lauf mit Richtungswechseln	9-3-6-3-9-Lauf, 10×4,5-Lauf (Japantest), 6×9-Lauf, Sternlauf mit Absitzen auf Medizinball/Kleinem Kasten allein, mit Partner, als Wettkampf, mit/ohne Zusatzbewegungen
Hindernislauf	Durchlaufen, -kriechen, Überspringen von Hindernissen/eines Parcours (Bänke, Kästen, Kastenteile, Barren usw.) ohne/mit Ball
Bewegungskombinationen	Rückenlage – Lauf rw – Drehung – Hecht – Sitzen – Sprung mit Drehung, Rolle rw – Rolle vw – Ausfallschritt re/li mit Abrollen – Strecksprung – Bauchlage – Aufspringen – Sprint

Grundprinzip	Beispielübungen
Sprünge am Ort	5–10 Sprünge mit maximaler Höhe (Strecksprung, Anhocken, Spreizen, Grätschen, Anfersen, Hampelmann) mit und ohne Drehung, in Serie oder nach Hockstand/Sitzen, Liegen, Rolle beid-/einbeinig mit/ohne Hindernis, Block-, Angriffssprünge
Sprünge über feste Hindernisse	Überspringen (mit/ohne Stütz) des Partners/der Bank/des Kastens/der Hürden/des Seildreiecks, -vierecks, der Turngeräte (Flanke, Hocke)
Sprünge über den kreisenden Ball (an einer Schnur)	Ausweichbewegungen (Fallen, Springen, Hechten, Abfedern) auf einer Weichbodenmatte
Sprünge am Netz	Blocksprünge ohne/mit Partner, Berühren eines Partners auf der anderen Netzseite/eines aufgehängten/gehaltenen/beweglichen Balles
Kombinationen	Serie aus 1–4

Tab. 2.4.9: Training der Schnelligkeit beim Sprung (vgl. SAITO 1975, 1978)

Grundprinzip	Beispielübungen
Imitationsübungen	Möglichst zeitgleiches Nachahmen aller Bewegungen eines Partners (allgemein, volleyballspezifisch)
Ballabwehr	Abwehr (Fangen) geworfener/geschlagener Bälle (im Tor, in einer Zone, auf einer Matte) und abprallender Bälle (z. B. Wand)
Ausweichen	Verhinderung des Abwerfens durch Ausweichbewegungen (Laufen, Fallen, Hechten)
Signalreaktion	Reaktion auf Signale (Ton, Bewegung eines Balles, Handbewegung, Aufstellungsform, Richtungsänderung, Laufbewegung) und Einnahme einer allgemeinen (Hocke, Bauchlage) oder volleyballspezifischen Haltung (z. B. Bereitschaftsstellung, Blocksprung)

Tab. 2.4.10: Training der Reaktionsschnelligkeit (vgl. SAITO 1975, 1978)

- die *Motivation* sollte durch immer neue Formen und Kombinationen, Wettbewerbe, Zeitkontrollen, Erklärung und Begründung der Übungen und gegenseitiges Anfeuern der Spieler gesteigert werden.

Tab. 2.4.12, Seite 239, enthält zwei Programmbeispiele, die durch Übungen aus den anderen Tabellen variiert werden können. 115

Grundprinzip	Beispielübungen
Kombination von Handlungen	a) Volleyballhandlungen mit Zusatzübungen vor und nach allgemeinen Bewegungen (Sprünge, Rollen, Hechten, Laufbewegungen) b) Abfolge von 2 und mehr Spielhandlungen (Angriffsschlag – Feldabwehr – Stellen) mit fester Position / nach Positionswechseln (Aufschlag auf I – Abwehr auf VI – Retten des Balles außerhalb des Feldes – Sichern auf II – Block auf III – Hechtbagger auf VI – Aufschlag)
Retten von Bällen	Weiterspielen geworfener / geschlagener Bälle zum Steller / ins eigene Feld / ins gegnerische Feld Retten von Netzbällen (zum Steller / ins eigene Feld / ins gegnerische Feld), die von hinten in verschiedene Netzbereiche geworfen werden
Spielsituationen	Alle Spielelemente und Übungsformen im Technik- und Taktiktraining durch Verkürzung der Pausen (schnelles Zuwerfen, Ersatzbälle) und Steigerung der Wiederholungen gleicher Aufgabenstellungen (Serien von Aufschlägen, Annahmen, Zuspielen, Angriffen, Blockaktionen, Feldabwehr, Sicherung) ohne und mit Zusatzbewegungen ohne / mit Hilfsmitteln (z. B. Blockbrett, Wand)

Tab. 2.4.11: Training volleyballspezifischer Bewegungsschnelligkeit (vgl. SAITO 1975, 1978)

Zusammenfassung

- Die aerobe Grundlagenausdauer wird durch Dauermethoden, die volleyballspezifische Ausdauer durch Intervallmethoden und spielnahes Training mit Ball trainiert.
- Maximal- und Schnellkraft werden durch Muskelaufbautraining, intramuskuläres Koordinationstraining und ein kombiniertes Training entwickelt. Tiefsprungtraining sollte wegen der hohen Belastung erst auf hohem Leistungsniveau eingesetzt werden. Die allgemeine Kraftausdauer sollte im Circuittraining, die spezielle Ausdauer möglichst spielnah trainiert werden.
- Im Schnelligkeitstraining sind besonders Reaktions-, Bewegungsschnelligkeit und Beschleunigungsfähigkeit zu schulen.

Beispiel 1	**Beispiel 2**
↓ 15 Sprünge am Ort ↓ 3 Min. Pause ↓ 5 Angriffsschläge-Block (1) ↓ 30 Sek. Pause ↓ 5 Angriffsschläge-Block (2) ↓ ………………… ↓ 5 Angriffsschläge-Block (10) ↓ 2 Min. Pause ↓ Hindernislauf mit Ball (1) ↓ 45–60 Sek. Pause ↓ ………………… Hindernislauf mit Ball (5) ↓ 3 Min. Pause ↓ 20 Sek. Ballabwehr (1) ↓ 15–20 Sek. Pause ↓ ………………… 20 Sek. Ballabwehr (15)	20 Sprünge über den kreisenden Ball ↓ 3 Min. Pause ↓ 20 Sek. Imitationsübungen (1) ↓ 60–90 Sek. Pause ↓ 20 Sek. Imitationsübungen (2) ↓ 60–90 Sek. Pause ↓ ………………… ↓ 20 Sek. Imitationsübungen (10) ↓ 3 Min. Pause ↓ 5 Hechtbagger-Strecksprung (1) ↓ 30 Sek. Pause ↓ 5 Hechtbagger-Strecksprung (2) ↓ 30 Sek. Pause ↓ ………………… ↓ 5 Hechtbagger-Strecksprung (10) ↓ 2 Min. Pause ↓ 10× Lauf mit Zusatzbewegung (1) ↓ (Schmetterschlag des selbst angeworfenen Balles) ↓ 45–60 Sek. Pause ↓ 10× Lauf mit Zusatzbewegung (10)

Tab. 2.4.12: Zwei Trainingsabschnitte für die Verbesserung der Schnelligkeit (ca. 30 Min.) (vgl. GROSSER/STARISCHKA/ZIMMERMANN 1985[3], 93 f)

Erich Christmann

2.5 Training der Spielhandlungen

Spielhandlungen können durch eine sinnvolle Kombination motorischen und nichtmotorischen Trainings gelernt und trainiert werden (Abb. 2.5.1). Beim *motorischen Training* wird die Belastung durch Variation der Trainingsform und Veränderung von Umfang und Intensität der Anforderungen gesteuert (Tab. 2.5.1). Neben der Verbesserung der koordinativen und konditionellen Leistungskomponenten soll besonders die psychische Stabilität für den Wettkampf verbessert werden.
Das *Training durch Sprechen und Kommunikation* zwischen Trainer und Spielern zielt auf die Verbesserung der Handlungsvoraussetzungen beim Spieler (z. B. Wissen, Motivation, Einstellung, Taktik) und umfaßt nicht

Abb. 2.5.1: Methoden des Technik- und Taktiktrainings (EBERSPÄCHER 1982, 212)

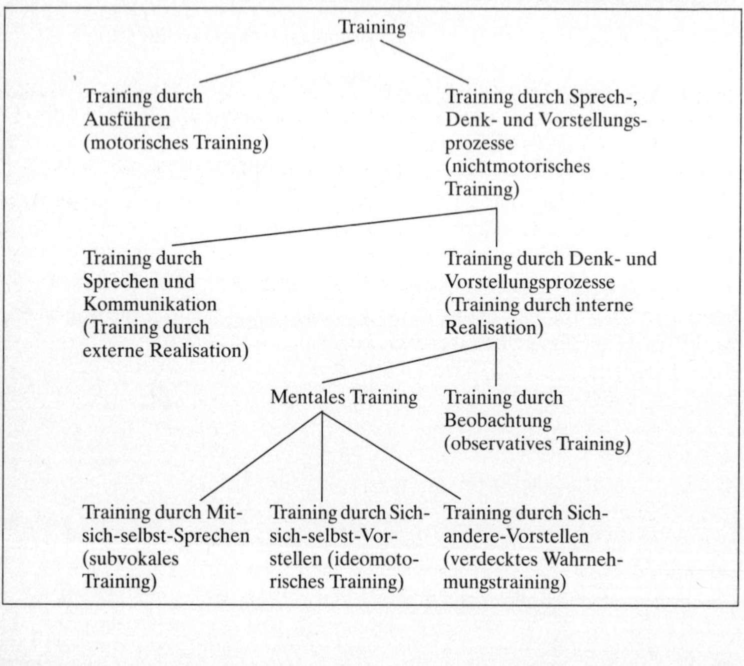

- Veränderung der Anzahl der Wiederholungen, Durchgänge, Laufstrecken vor und nach Ballkontakt, Entfernungen des Abspiels.
- Ungewohnte Ausgangsstellungen für die Bewegungsausführung.
- Veränderung des Bewegungstempos, der räumlichen Begrenzungen.
- Veränderung der Ausführungsweise (vorwärts, rückwärts, seitwärts, einbeinig, beidbeinig, Beidseitigkeit).
- Erschwerung der Bewegungsausführung durch vor- bzw. nachgeschaltete andere Bewegungen (Zusatzaufgaben), schwerere Geräte, Gewichtsweste, starke Gegnerbehinderung, schwerere Slalompassagen, Verkürzung der Reaktionszeiten, Einschränkung der Wahrnehmung, Erfordernis taktischer Entscheidungen.
- Streß- und Extrembedingungen (Lärm, Licht, Vorgaben für den Gegner, verlängerte Wettkampf- oder Trainingszeiten).
- Verbindung mit konditionellen Anforderungen (z. B. Verkürzen der Pausen, Ausdauerleistung).
- Erhöhung der Leistungsanforderungen (z.B. kleinere Zielfelder, größere Abwehrbereiche, Über-, Unterzahlspiele).
- Trainingswettkämpfe gegen schwere oder wechselnde Gegner, Turnierspiele.
- Verlangen vorher nicht genannter Zusatzaufgaben (z. B. Steigerung einzelner Belastungen, Verlängerung des Trainings, Spezial- und Zusatztraining).
- Steigerung der koordinativen Anforderungen und Entscheidungsleistung (z. B. Zusatzaufgaben, Parallelaufgaben, Variation der Aufgabenstellung).

Tab. 2.5.1: Möglichkeiten zur Steuerung der Belastung (Umfang, Intensität) im Technik- und Taktiktraining

nur Wettkampftips, sondern u. a. auch Handlungsanweisungen, -korrekturen, Rückmeldungen, Organisationshilfen, Informationen über Trainingsprozesse, Gegner und Spielstrategie.
Zum *observativen Training* gehört das gezielte Beobachten vorbildhafter Handlungsausführungen (Techniken, Taktiken) und spezieller Techniken und Taktiken beim Gegner über Medien (Lehrbildreihen, Filme, Videoaufnahmen) oder in der Realität (z. B. Beobachtungen von Spielern, gegnerischen Mannschaften im Training und Wettkampf).
Wird ein planmäßig wiederholtes, bewußtes, intensives Sich-Vorstellen einer Technik oder Taktik ohne gleichzeitige, beobachtbare Ausführung dieser Handlung durchgeführt, spricht man von *mentalem Training*. Beim *subvokalen Training* verbalisiert der Spieler gedanklich oder hörbar Informationen als Anweisungen für die eigene Handlungsausführung (z. B. «Zieh den Ball scharf diagonal!»). Beim *ideomotorischen Training* versucht der Spieler, sich an die Informationen und Empfindungen zu erinnern, die beim eigenen tatsächlichen Ausführen der Handlung aufgetreten sind. Beim *verdeckten Wahrnehmungstraining* wird die Aufmerksamkeit bewußt auf früher realisierte Spielhandlungen anderer Spieler und Mannschaften gelenkt und diese immer wieder ins Gedächtnis gerufen. 116

Für den Trainer ist die Vielzahl der Trainingsformen zum motorischen Training aus der Fachliteratur hilfreich. Bei der situations- und adressatenbezogenen Auswahl, Variation und Entwicklung neuer Trainingsformen müssen immer folgende Fragen sorgfältig überlegt werden:

- Welches Trainingsziel soll erreicht werden?
- Welche Trainingsformen eignen sich dazu?
- Ist der Schwierigkeitsgrad für meine Spieler/-innen angemessen, oder muß ich die Anforderungen verändern?
- Wie kann ich die Belastung über die Organisation steuern?

Das allgemeine Trainingsziel besteht jeweils darin, die Spieler auf das Spiel und bestimmte Spielhandlungen so vorzubereiten, daß sie die gestellten Aufgaben optimal erfüllen können.

Daraus ergeben sich folgende *Trainingsinhalte*:

- *Spielelemente:* z. B. Aufschläge, Annahme, Zuspiel, Angriff, Block, Sicherung, Feldabwehr;
- *Spielphasen:* z. B. Aufschlag-Annahme, Annahme-Zuspiel, Zuspiel-Angriff, Angriff-Block, Block-Blocksicherung, Angriff-Angriffssicherung, Angriff-Feldabwehr;
- *Spielzüge und Handlungsketten:* z. B. Aufschlag-Annahme-Zuspiel, Aufschlag-Annahme-Zuspiel-Angriff, Feldabwehr-Zuspiel-Angriff (vgl. Tab 1.1.4);
- *Spielhandlungen mit Zusatzaufgaben:* z. B. Aufschlag-Laufen-Abwehrhandlung-Aufschlag.

Bei der Auswahl, Variation, Entwicklung und Bewertung von Trainingsformen müssen außer den Inhalten noch die Dimensionen Komplexität, Spielnähe und Belastung unterschieden werden (Abb. 2.5.2).

Abb. 2.5.2: Kriterien für die Auswahl, Entwicklung und Bewertung von Trainingsformen

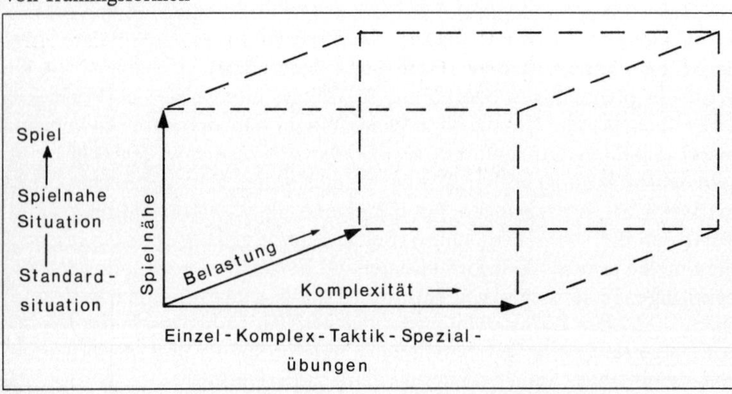

- *Komplexität:* Einzelübungen (Training eines einzelnen Elements), Komplexübungen (Training von zwei und mehr Elementen, z. B. Spielphasen), Taktikübungen (Spielphasen, Spielzüge, Handlungsketten), Spezialübungen (Zusatzaufgaben);
- *Spielnähe:* Grad der Annäherung der Einzel-, Komplex-, Taktik- und Spezialübungen an die Bedingungen der Spielsituation;
- *Belastung:* Spezialübungen mit erhöhten Anforderungen bei bestimmten Leistungskomponenten (vgl. 1.2.: Koordination, Kondition, Gruppendynamik, Motivation, Kognitionen, Wahrnehmung, Aufmerksamkeit, Regulation, Aktivierung).

Die Anforderungen der Trainingsformen mit den verschiedenen Trainingsinhalten lassen sich wie folgt genauer definieren:

- Einzel- / Komplex- / Taktik- / Spezialübungen bei
- niedriger / mittlerer / hoher Belastung (Umfang, Intensität) in 117
- Standardsituationen / spielnahen Situationen / Spielsituationen. 118

Umfang und Intensität der Belastung sind auch von der *Organisation der*
Trainingsform abhängig. Dabei können Spielerzahl, Aufstellungsformen 119
und Arbeitsweisen (Tab. 2.5.2) variiert werden. 120

Tab. 2.5.2: Arbeitsweisen im Training
(vgl. HEYMEN/LEUE 1980; FETZ 1975; STIEHLER 1974)

Frontalbetrieb	Alle Spieler trainieren gleichzeitig die gleichen Übungen unter Anleitung des Trainers
Gruppenbetrieb	Unter Anleitung des Trainers oder durch Eigeninitiative und Selbstorganisation
Paralleler Gruppenbetrieb	Spieler üben in Gruppen an gleichen Stationen meist auch die gleiche Übung mit Wartezeiten zwischen den Versuchen
Wechselbetrieb	Spieler üben in Gruppen an unterschiedlichen Stationen meist auch unterschiedliche Übungen mit Wartezeiten zwischen der Versuchen
Zusatzaufgaben	Spieler üben in Gruppen gleiche oder unterschiedliche Hauptübungen. Durch gleiche oder unterschiedliche Zusatzaufgaben werden die Wartezeiten verkürzt
Stationsbetrieb	Gleichzeitiges Üben im Strom unterschiedlicher Übungen mit Wechsel der Stationen ohne Wartezeiten
Kreisbetrieb	Gleichzeitiges Üben der Gruppen an unterschiedlichen Stationen mit unterschiedlichen Übungen. Steuerung der Belastung durch Vorgabe der Übungszeit und Pausen

Der Sinn der folgenden praktischen Trainingsformen liegt weniger in der Entwicklung völlig neuer Beispiele als vielmehr in der *Systematisierung* (vgl. Tab. 2.5.3, S. 245–258) der fast unüberschaubaren Fülle der Übungen in der Fachliteratur nach den Kriterien Komplexität, Spielnähe und Belastung. Bei der Auswahl der Übungen wurde keine Vollständigkeit, sondern eine exemplarische Darstellung angestrebt.
Sind die technisch-taktischen Voraussetzungen für die Durchführung der Trainingsformen gegeben, können durch Variation von Umfang und Intensität (vgl. Tab. 1.4.3: Trainingsmethoden, Belastung und Trainingswirkungen) z. B. eher Ausdauer, Schnelligkeit oder Konzentration trainiert werden. Die Belastungsdosierung ist Aufgabe des Trainers und kann hier nicht näher festgelegt werden. Unter Berücksichtigung der Trainingsziele und Leistungsvoraussetzungen in der Mannschaft kann der Umfang z. B. über die Dauer der Übung, die Intensität z. B. durch Veränderung der Spielerzahl gesteuert werden. In den Übungsbeispielen wird lediglich die Gruppengröße dargestellt, die für die Durchführung mindestens erforderlich ist, was in der Regel einer hohen Intensität gleichkommt.

Zusammenfassung

- Bei Auswahl, Variation, Entwicklung und Bewertung von Trainingsformen für Spielelemente, Spielphasen, Spielzüge und Handlungsfolgen sind Komplexität, Spielnähe, Belastung der Spieler und Organisationsform wichtige Kriterien.
- Das motorische Training sollte durch geeignete Formen des Denk- und Vorstellungstrainings ergänzt werden.

Tab. 2.5.3: Trainingsschwerpunkte der Beispielübungen

Trainingsinhalte	Trainingsformen	Einzelübungen	Komplexübungen	Taktikübungen	Spezialübungen	Standardsituationen	Spielnahe Situationen	Spielsituationen
Spielelemente	Aufschlag	×		×	×	×	×	×
	Stellen (Feld-, Netzzuspiel)	×		×	×	×	×	×
	Angriff	×		×	×	×	×	
	Abwehr	×		×	×	×	×	
Spielphasen	Aufschlag – Annahme		×	×	×	×	×	
	Zuspiel – Angriff		×	×	×	×	×	
	Zuspiel – Angriff – Block		×	×	×	×	×	
	Angriff – Block – Angriffssicherung		×	×	×	×	×	
	Angriff – (Block) – Feldabwehr – Blocksicherung		×	×	×	×	×	
Spielzüge Handlungsfolgen	Aufschlagannahme – Zuspiel – Angriff – (Block) – Angriffssicherung			×	×		×	×
	Angriff – Block – Blocksicherung – Feldabwehr – Aufbau – Angriff			×	×		×	×

Aufschlag

	Standardsituationen	Spielnahe Situationen
Einzelübungen (EÜ)	*EÜ 1:* Differenzierung, Genauigkeit 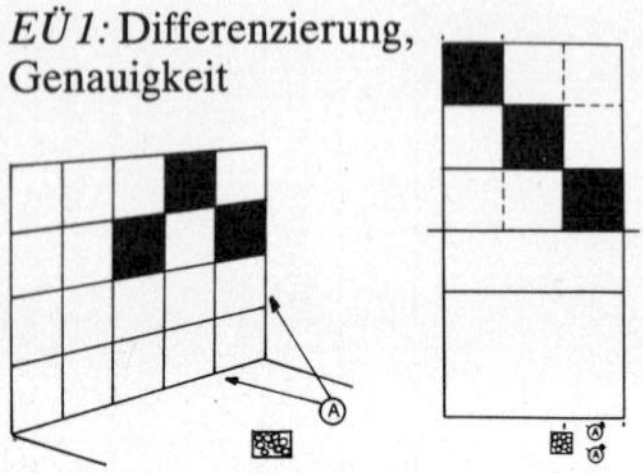 Aufschlagserien auf Ziele – gleiche/unterschiedliche Technik/Länge/Richtung – Systematischer/willkürlicher Wechsel der Technik/Länge/Richtung	*EÜ 2:* Genauigkeit 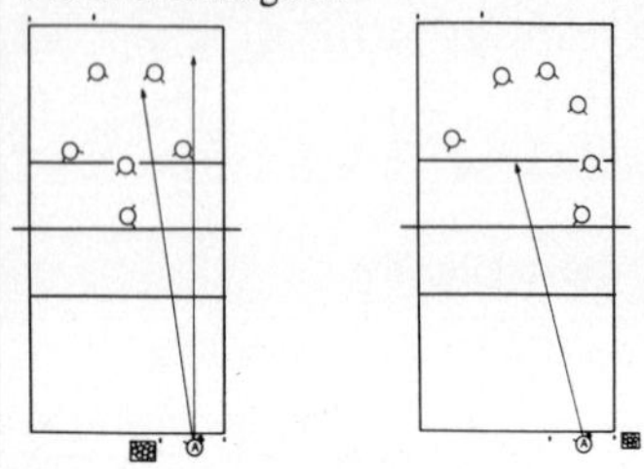 Zielaufschläge auf/neben feste Ziele (Matten, Kasten), die eine bestimmte Riegelformation darstellen. Variationen: wie EÜ 1
Taktikübungen (TÜ)	*TÜ 1:* Entscheidung Wie EÜ 1/EÜ 2 mit – Wechsel zwischen Sicherheits- und Risikoaufschlägen – Durchführung nach Pfiff: direkte Aufschlagausführung/Ausnutzen der Zeitregel (5 sec.) – Täuschbewegungen (Tennis-/Flatteraufschlag)	*TÜ 2:* Wahrnehmung, Zielgenauigkeit 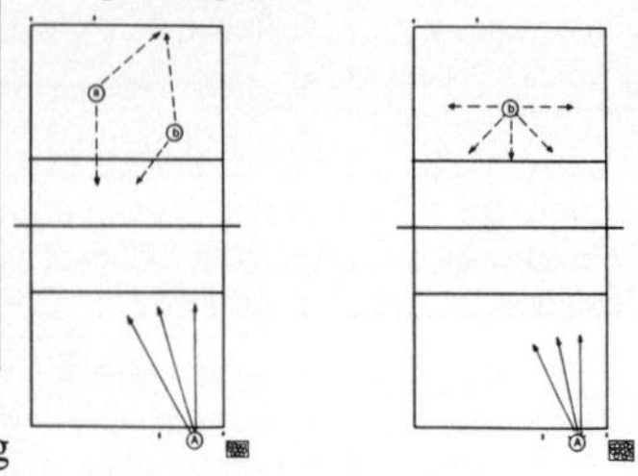 Vor dem Aufschlag Positionsveränderungen von b; Aufschlag von A muß von b gefangen werden können.
Spezialübungen (SÜ)	*SÜ 1:* Schnelligkeit, Ausdauer 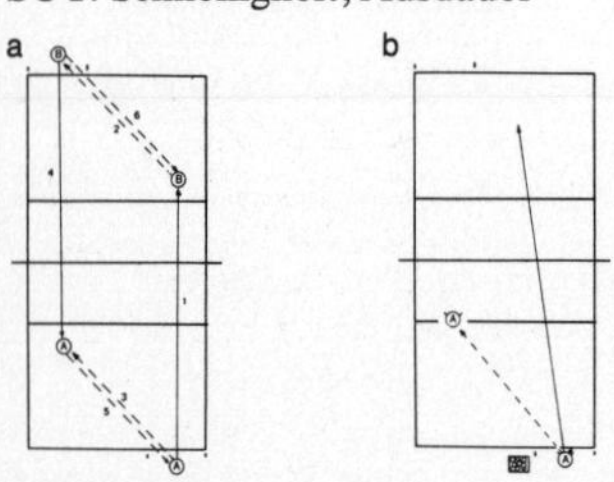 a: Aufschlag A, Fangen B, Aufschlag B, Fangen A b: Aufschlag A, Abwehraktion am Netz, Aufschlag A	*SÜ 2:* Wahrnehmung Wie TÜ 2 mit Verkürzung der Reaktionszeit durch – Platzveränderung von B mit dem Anwerfen zum Aufschlag; A muß die Lücke treffen – A steht mit dem Rücken zum Netz, Umdrehen, direktes Anwerfen und Aufschlag. Beliebiger Positionswechsel durch B

Spielsituationen	
EÜ 3: Umstellung, Genauigkeit 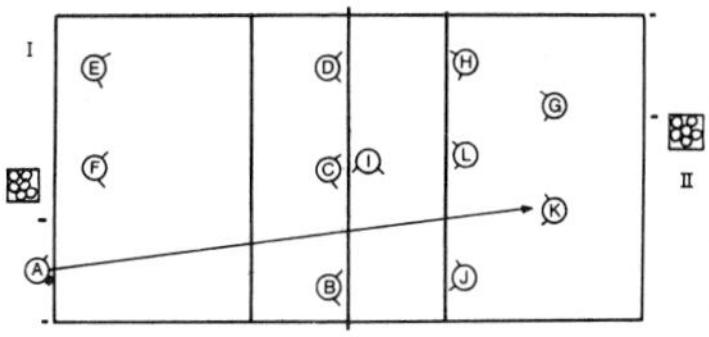 Aufschlag A, Fangen K Rotation Mannschaft II, Riegelformation Mannschaft I Aufschlag H, Annahme Mannschaft I, Rotation, Riegel Mannschaft II	*EÜ 4:* Umstellung, Genauigkeit 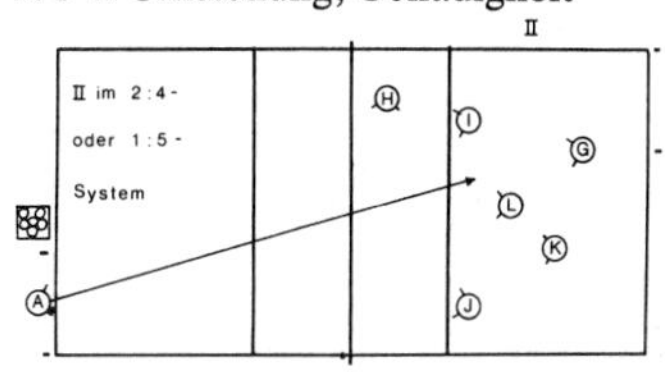 Aufschlag A mit unterschiedlicher Technik / Richtung / Länge, auf unterschiedliche / gleiche Spieler im wechselnden Riegel Mannschaft II rotiert
TÜ 3: Wahrnehmung, Genauigkeit Wie EÜ 4 Riegelformation läßt bewußt Lücken offen, verschiebt sich nach vorne / hinten / zur Seite Dies ist von A zu erkennen und beim Aufschlag zu berücksichtigen Anwendung gleicher / verschiedener Aufschlagtechniken	*TÜ 4:* Wahrnehmung, Genauigkeit Wie EÜ 4 Riegelformationen des nächsten Gegners werden simuliert Aufschlagtaktik wird eingeübt: z. B. Aufschlag auf Schwachpunkte im Riegel, auf den Läufer, Hauptangreifer, schwache Annahmespieler Variation der Ausführung des Aufschlags
SÜ 3: Zusatzbelastung durch Änderung im Regelwerk Wie EÜ 3 – bei Aufschlagfehler: Zusatzbewegungen (Lauf, Abwehr), Verlust von 2 Punkten, direkte Wiederholung mit Risiko-/Sicherheitsaufschlag – Erst jeder 3. erfolgreiche Aufschlag leitet das Spiel ein bzw. Spielaufnahme erst bei gelungener Ballannahme	*SÜ 4:* Psychische Belastung Wie EÜ 4 – Benennung des Aufschlagziels (Namensnennung) – Einwechseln zum Aufschlag mit Risikoaufschlag – akustische Störungen – Zielvorgabe durch den Trainer kurz vor der Ausführung – Aufschlagspiele beim Spielstand 13 : 12 mit Risiko / Sicherheitsaufschlägen

Stellen (Feld-, Netzzuspiel)

	Standardsituationen	Spielnahe Situationen
Einzelübungen (EÜ)	*EÜ 5:* Genauigkeit Feldzuspiel Zuspiel (Pritschen, Baggern) aus dem Hinterfeld auf die Angreiferpositionen 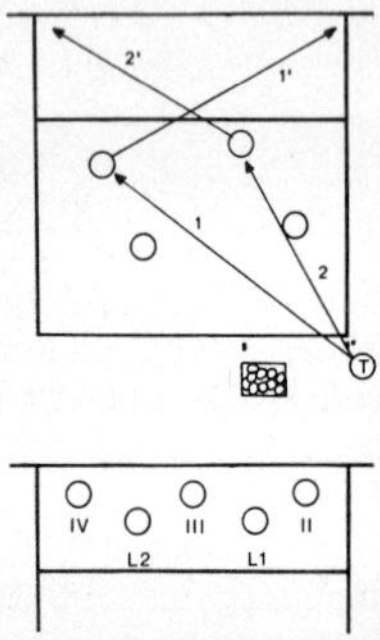 Netzzuspiel Anwerfen/Pritschen aus dem Hinterfeld auf Zuspieler- und Läuferpositionen II, III, IV, L1, L2. Stellen auf eine der Angreiferpositionen. Variationen: Zuspieltechnik (vgl. 3.1), Paßart (vgl. 3.2), Aufstellungsformen (Abb. 2.5.3)	*EÜ 6:* Genauigkeit Kleinfeldspiele 2:2, 3:3, 4:4 (vgl. Tab. 1.3.2, 1.3.3) mit festgelegter Stellerposition und Durchführung bestimmter Zuspielhandlungen (Zuspielart, -richtung). Zuspiele und Ballannahme (Feldzuspiel) mit oberem Zuspiel. Grundsituationen wie EÜ 5 ohne Unterbrechung
Taktikübungen (TÜ)	*TÜ 5:* Wahrnehmung, Genauigkeit wie EÜ 5 mit Variationen: – der Zuspieltechnik je nach Flugbahn des ankommenden Balles – Paßart je nach Angreifer, Situation oder Signal – der Aufstellungsform (z. B. Stellung der Netzspieler auf der anderen Seite, nach Zuruf, nach optischen Signalen) – Anforderungen an peripheres Sehen	*TÜ 6:* Wahrnehmung, Umstellungsfähigkeit, Genauigkeit wie EÜ 6 mit Variationen: – Stellerposition, Zuspieler wechselt je nach Situation – Einsatz von Finten – Bewußtes Üben bestimmter Zuspiele in speziellen Situationen (z. B. Sicherheitszuspiel, Spielen des 2. Passes als Angriffsball) – Angriffskombinationen
Spezialübungen (SÜ)	*SÜ 5:* Schnelligkeit/Ausdauer, Genauigkeit wie EÜ 5 mit Variationen: – Erlaufen des Abspielortes – Veränderung von Schnelligkeit und Höhe der angeworfenen Bälle – Steigerung der Anzahl der Wiederholungen – Zusatzbewegungen vor und nach Ballkontakt – Zuspiel auf bestimmte Ziele (Zielringe, Spieler als Anspielpunkt auf einem Kasten stehend)	*SÜ 6:* Wahrnehmung, Umstellungsfähigkeit, Genauigkeit wie EÜ 6/TÜ 6 mit Variationen: – Rotation nach jedem Spielzug – Berühren von Grund- oder Seitenlinien nach jedem Spielzug – Vergrößerung des Feldes – Über-, Unterzahlspiel – Bewußt hohes oder schnelles Spiel – Angriffskombination (Angriff mit Sprungabspiel)

Spielsituationen	
EÜ 7: Genauigkeit, Abstimmung bei der eigenen Aufbautaktik Beispiel 1: Netzzuspiel in 2 : 4-System 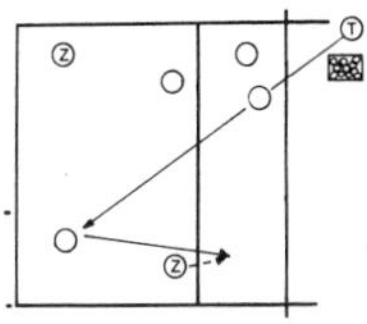 Zuwurf/Pritschen durch den Trainer T über den Zweierblock, Annahme (Pritschen) auf den Steller, Spielaufbau, Angriff (Pritschen); Variation: – Durchspielen der Grundsituation bei der Rotation – Feldzuspiel durch Angreifer – Rettung ungenauer Annahmen	*EÜ 8:* wie EÜ 7 Beispiel 2: Läufersystem, Danke-Ball 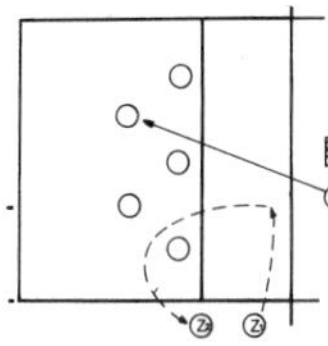 Zuspieler Z 1, Z 2 wechseln sich beim Stellen ab. Annahme, Angriff mit Pritschen; Trainer spielt den Angriff direkt wieder zurück; Variation: – Grundsituationen Annahme-Aufbau und Block/Feldabwehr-Zuspiel (2 Mannschaften) – Feldzuspiel durch Angreifer – Rettung ungenauer Annahmen
TÜ 7: Umstellung, Differenzierung wie EÜ 7 mit Variationen: – 2 Mannschaften halten den Ball möglichst lange im Spiel (nur pritschen) – Systematischer Wechsel zwischen Zuspielort, -richtung, -art – Feldzuspiel durch Angreifer – Häufiges Auswechseln der Zuspieler – Einsatz von Finten je nach Block und Feldabwehr	*TÜ 8:* wie EÜ 8 2 Mannschaften mit bestimmten Aufgabenstellungen: – Systematischer Wechsel zwischen Zuspielart, -richtung – Wahl bestimmter Zuspieltaktik nach Stellung der Blockspieler – Feldzuspiele bei schlechter Annahme – Einsatz von Finten je nach Block/Feldabwehr
SÜ 7: Schnelligkeit, Ausdauer Aufgabenstellungen wie EÜ 7, TÜ 7 mit Zusatzbelastungen für den (die) Zuspieler: – längere Laufwege vor und nach dem Zuspiel – Berühren von Linien, zusätzliche Abwehrbewegungen – Verkürzung der Pausen zwischen den Zuspielen – Steigerung der Wiederholungszahl und Belastungsdauer – Stellen bewußt ungenauer Pässe	*SÜ 8:* Schnelligkeit, Ausdauer, Umstellung wie EÜ 8, TÜ 8 mit Zusatzbelastungen für den (die) Zuspieler – Verkürzung der Reaktionszeit durch Blocksprung vor dem Zuspiel – Verspätetes Laufen durch vorherige Abwehrbewegung – Ankündigen der Zuspieltaktik vor dem Abspiel – Verkürzung der Pausen zwischen den Aktionen durch zusätzliche Bälle – Weiterspielen besonders ungenau angespielter Bälle

Angriff

	Standardsituationen	Spielnahe Situationen
Einzelübungen (EÜ)	*EÜ 9:* Zielgenauigkeit 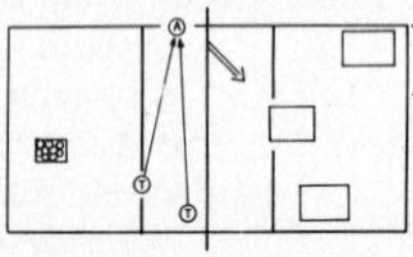 Angriff auf die Zielfelder (z. B. Matten) Zuwurf/Pritschen aus dem Hinterfeld/vom Netz (II, III) Angriffsvarianten: – Schlagart, -richtung, -länge – Paßart, -genauigkeit – Intensität, Umfang – Vereinbarung von Zeichen – Gleiches, wechselndes Ziel	*EÜ 10:* Umstellung, Reaktion 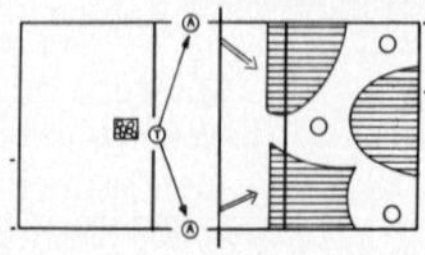 Angriff auf Ziele (z. B. Spieler, Lücken) Positionsangriffe mit 2/3 Spielern je nach System Kombinationsangriffe mit 2/3/4 Spielern je nach System Serien von Zuwürfen und Üben einzelner Spielzüge je nach Paß, Ankündigung oder Zuruf
Taktikübungen (TÜ)	*TÜ 9:* Umstellung, Wahrnehmung wie EÜ 9 mit Variation – des Zuwurfs durch den Trainer (Höhe, Richtung, Länge) – der Signale (optisch, akustisch) zur Ankündigung verschiedener Schlagrichtung, -intensität, -technik (z. B. Lob), -länge – des Angriffsorts (Netzpositionen, Hinterfeld)	*TÜ 10:* Wahrnehmung, Umstellung wie EÜ 10 mit Variation – des Zuwurfs durch den Trainer (Höhe, Richtung, Länge) – der Signale zur Ankündigung des Spielzugs – durch Zusatzaufgaben (z. B. Anwurf von der anderen Seite, Lösen vom Netz, Doppelpritschen/Fangen des Trainers, Zuwurf, Spielzug nach Ankündigung)
Spezialübungen (SÜ)	*SÜ 9:* Schnelligkeit, Ausdauer wie EÜ 9 mit Variation: – langsame, lange Serien – kurze, intensive Serien – lange, kurze Pausen – schwer, leicht zu schlagende Bälle – festgelegte/freie Schlagausführung – Sichtblende zum Trainer – Wettkampf zwischen den Angreifern (Genauigkeit, Anzahl mit Selbstanwerfen)	*SÜ 10:* Schnelligkeit, Ausdauer Umstellung wie EÜ 10 mit Variationen: – Zusätzliche Lauf- und Sprungbewegungen des/der Angreifer (z. B. Block) – kurze Pausen durch den 2. Ball nach Fehler – lange Wiederholungsserien – Angriff auf feste/bewegliche Ziele (Abwehrspieler) – Zurufe von Angreifer oder Zuspieler

Abwehr

	Standardsituationen	Spielnahe Situationen
Einzelübungen (EÜ)	*EÜ 11:* Genauigkeit 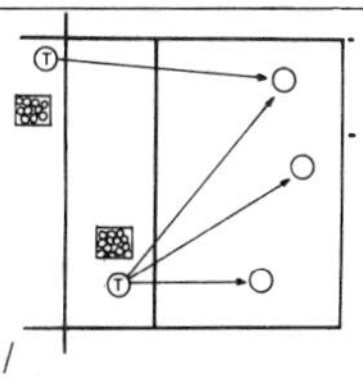 Trainer pritscht/wirft/schlägt Bälle auf den (die) Abwehrspieler. Abwehr – mit verschiedenen Techniken (vgl. 3.1) – mit gleichem/unterschiedlichem Anspielpunkt am Netz – 1, 2, 3 Abwehrspieler – Rettung schwieriger Bälle außerhalb des Feldes, am Netz	*EÜ 12:* Genauigkeit, Umstellung wie EÜ 11 mit stärkerer Berücksichtigung von Abwehrtaktik und rollenspezifischen Abwehraufgaben in der jeweiligen Mannschaft, z. B. – positionsgebundene Abwehr (vor-, zurückgezogene VI) – Abwehr entsprechend der Rotationsaufstellung – Abstimmung der Abwehrbereiche bei 2–4 Spielern
Taktikübungen (TÜ)	*TÜ 11:* Wahrnehmung, Umstellung, Differenzierung wie EÜ 11 mit Variationen: – Abwehr nach Finten – Übernehmen der Nachbarposition – positionsspezifische Abwehr auf I, VI, V – Ballweg variieren (hoch, flach) – Angriffsball variieren (Richtung, Länge, Intensität) – Angriffsort variieren (Feld, Position)	*TÜ 12:* Wahrnehmung, Umstellung wie EÜ 12 mit Variationen: – Abwehr nach Rotationswechseln im Hinterfeld – Auswechseln von Abwehrspielern (z. B. Hauptangreifer) – Wechsel der Spielsysteme – Änderung der Ausgangspositionen in Abhängigkeit vom Gegner (z. B. Kombinationsangriffe, Besonderheiten einzelner Angreifer)
Spezialübungen (SÜ)	*SÜ 11:* Schnelligkeit, Ausdauer wie EÜ 11, TÜ 11 mit Variationen: – Anzahl der Wiederholungen – Umfang, Intensität der Serien – Art der Abwehrtechnik (z. B. Abwehr-, Hechtbagger, Japanrolle) – Verlängerung der Laufwege durch weit geworfene Bälle – Verkürzung der Reaktionszeit durch Zusatzbewegungen (z. B. Absitzen, Rollen), Sichtblende am Netz	*SÜ 12:* Schnelligkeit, Ausdauer wie EÜ 12, TÜ 12 mit Variationen: – Anzahl der Wiederholungen spezieller Aufgaben – Anzahl, Umfang, Intensität der Serien – Rotation/Gruppenwechsel direkt nach Ballverlust – Verkürzung der Pausen durch sofortiges Werfen neuer Bälle – Anfeuern durch Mitspieler, lautes Rufen – Wettkampfformen (Belastungsdauer, Zusatzbewegungen)

Aufschlag – Annahme

	Standardsituationen	Spielnahe Situationen
Komplexübungen (KÜ)	*KÜ 1:* Genauigkeit 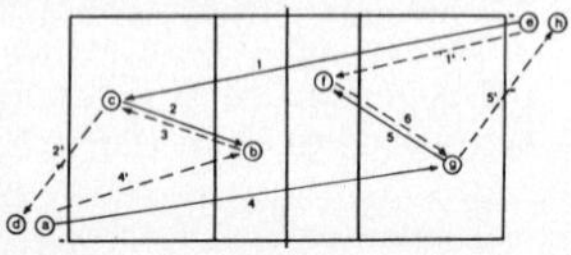 Spieler wechseln: Aufschlag, Stellerposition, Annahme, Aufschlag Variationen: – Art, Richtung, Länge, Höhe von Aufschlag und Annahme – Annahme-, Zuspielerpositionen – Anzahl der Annahmespieler	*KÜ 2:* Wahrnehmung, Genauigkeit 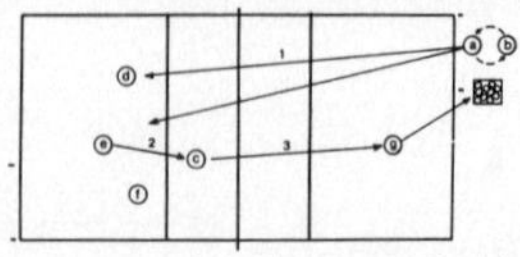 a, b wechseln sich beim Aufschlag ab Variationen: – 2er-, 4er-, 5er-Riegel – Art, Richtung, Länge, Höhe der Annahme und des Aufschlags – feste Zuspielpositionen II, III, IV, Läufer L 1, L 2
Taktikübungen (TÜ)	*TÜ 13:* Differenzierung, Umstellung wie KÜ 1 mit Variationen: – Systematischer Wechsel zwischen Aufschlagausführungen – Bewußtes Zielen auf Lücken/den Annahmespieler – Risiko-, Sicherheitsaufschläge – Bewußtes Wechseln der Annahmepositionen – Hohe/flache Annahme je nach Aufschlagqualität	*TÜ 14:* Wahrnehmung, Differenzierung wie KÜ 2 mit Variationen: – Simulation des gegnerischen Annahmeriegels – Simulation des eigenen Annahmeriegels und der eigenen Aufschlagtaktik – Auswechseln des Aufschlagspielers als taktisches Mittel – Schnelle/verzögerte Ausführung des Aufschlags
Spezialübungen (SÜ)	*SÜ 13:* Konzentration, Genauigkeit wie KÜ 1, TÜ 13 mit Variationen: – Ballweg = Laufweg: Aufschlag – Annahme im anderen Feld – Zuspielposition – Aufschlag – Zusatzaufgaben beim Laufen (z. B. Rollen, Abwehrbewegungen) – Schlagen einer schnellen Aufschlagserie mit 10–15 Bällen	*SÜ 14:* Wahrnehmung, Genauigkeit wie KÜ 2, TÜ 14 mit Variationen: – Systematische Verschiebung des Riegels nach vorne/hinten/seitlich, Kreis, Viereck in der Mitte – Absichern eines schwachen Annahmespielers – Schlagen möglichst vieler Aufschläge in 3 Min. mit Zusatzaufgaben (z. B. Laufen) zwischen den Aufschlägen – Rotation des Riegels nach 1/2/3 Aufschlägen/bei Fehlern/genauen Annahmen

Zuspiel – Angriff

	Standardsituationen	Spielnahe Situationen
Komplexübungen (KÜ)	*KÜ 3:* Timing, Genauigkeit 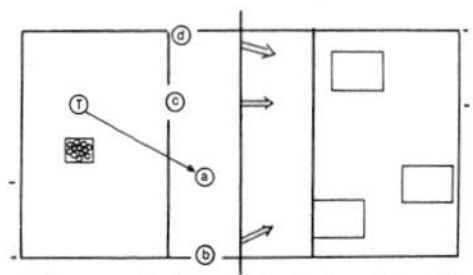 Angriffe nach Zuspiel des Stellers a in Zielfelder Varianten: – Zuspiel von Positionen II, III, IV, L 1, L 2, Hinterfeld – Angriffe von Netz- und Hinterfeldpositionen – Aufbau/Angriffe nach 2.1., 3.1., 3.2	*KÜ 4:* Wahrnehmung, Genauigkeit 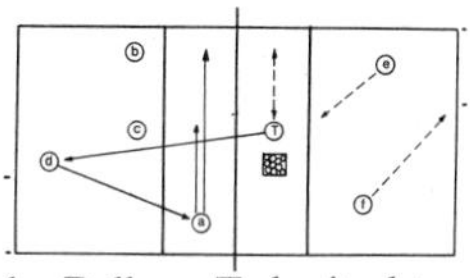 Danke-Ball von T, d pritscht zu Steller a, Angriff über b oder c (Serien oder abwechselnd) Schlag/Lob auf e/f Variationen: – Aufbau/Angriff nach eigener oder gegnerischer Taktik (e, f) – Vereinbarung von Zeichen
Taktikübungen (TÜ)	*TÜ 15:* Wahrnehmung, Umstellung wie KÜ 3 mit Variationen: – Systematischer Wechsel zwischen den möglichen Zuspiel-/Angriffsmöglichkeiten jeweils auf einer Zuspieler-/Angreiferposition – Wechsel der Zuspieler/Angreifer nach 1/3/5/7 Zuspielen/Angriffen – Rotation nach 3/5/7 gelungenen Angriffen	*TÜ 16:* Wahrnehmung, Umstellung wie KÜ 4 mit Variationen: – Zuspiel/Angriff je nach Wechsel von T auf mögliche Blockpositionen – Ankündigung der Zuspiel-/Angriffsvariante durch den Steller/Trainer – Angriffsvariante je nach 1. Paß/Position des Hauptangreifers
Spezialübungen (SÜ)	*SÜ 15:* Ausdauer, Schnelligkeit, Konzentration wie KÜ 3, TÜ 15 mit Variationen: – Verlängerung der Laufwege für den Zuspieler – Ungenauer 1. Paß – Ungenaues Zuspiel für Angreifer – Verkürzung der Pausen zwischen den Angriffen durch Zusatzbälle des Trainers nach Angriffsabschluß	*SÜ 16:* Ausdauer, Schnelligkeit, Umstellung wie KÜ 4, TÜ 16 mit Variationen: – Übernahme des Stellens durch Angreifer bei ungenauem 1. Paß – Zuspieler-/Taktikwechsel – Späte Ankündigung des Spielzugs durch den Trainer – Wechsel zwischen Positions-/Kombinationsangriffen

Zuspiel – Angriff – Block

	Standardsituationen	Spielnahe Situationen
Komplexübungen (KÜ)	*KÜ 5:* Genauigkeit 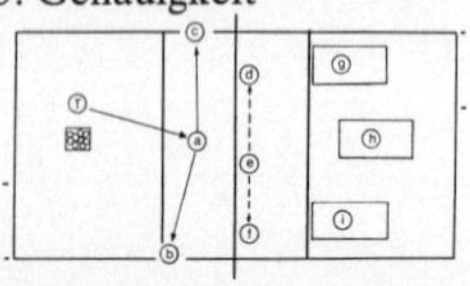 T wirft auf Zuspieler a, a stellt abwechselnd auf Angreifer b oder c, b/c greift an, Bildung eines Zweierblocks d/e oder e/f Wechsel der Zuspielposition	*KÜ 6:* Genauigkeit 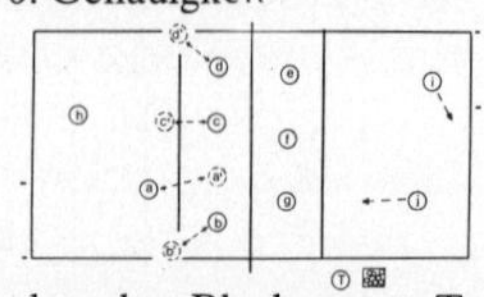 a, c, d machen Blocksprung, T wirft Ball hoch auf h, b/c/d lösen sich vom Netz, a erläuft die Zuspielposition, h spielt auf a, a stellt auf Angreifer b/c/d, Einer-, Zweier-, Dreierblock von e, f, g
Taktikübungen (TÜ)	*TÜ 17:* Wahrnehmung, Umstellung wie KÜ 5 mit Variationen: – Zielfelder durch Abwehrspieler ersetzen – Anwerfen/Anspiel ungenau und Entscheidung des Stellspielers über Richtung, Art, Höhe des Zuspiels – Block (d, e, f) / Abwehr (g, h, i) öffnet gezielt Lücken für den Angriff, die Zuspieler und Angreifer erkennen und gezielt anspielen müssen – Verzögerung der Zuspiel-/Angriffshandlung, Finten – Positionswechsel im Block	*TÜ 18:* Wahrnehmung, Umstellung wie KÜ 6 mit 1/2 Abwehrspielern im Hinterfeld i, j – Durchspielen der Spielzüge auf allen Positionen bei guten/ungenauen 1. Pässen – Gegen Zweierblock auf jeder Position (6 Blockspieler) – Wechseln des Zuspielers – Einüben der Verständigung über den jeweiligen Spielzug durch Zuruf/Handzeichen – Übernahme-, Mann-Mann-Block
Spezialübungen (SÜ)	*SÜ 17:* Schnelligkeit, Umstellung wie KÜ 5, TÜ 17 mit Variationen: – schnelle Abfolge des Zuwerfens/Anspiels, 5–10 Zuspiele – Laufweg/Zusatzbewegungen vor dem Zuspiel – Zweierblock mit lediglich 2 Blockspielern – Vor dem Blockieren eine Abwehrbewegung an der Angriffslinie – Bewußt ungenaues Zuspiel für den Angreifer, der gezielten Sicherheitsschlag ins Hinterfeld durchführen muß	*SÜ 18:* Umstellung, Konzentration wie KÜ 6, TÜ 18 mit Variationen: – Serie jeweils eines Spielzuges gegen Einer-, Zweier-, Dreierblock – Systematischer Wechsel zwischen 2/3 Spielzügen in der Rotationsaufstellung – Sofortiges Einwerfen des nächsten Balles durch T nach Ballverlust – Punktewettkampf zwischen Angriff und Block – Angriffe bei Punkterückstand

Zuspiel – Angriff – Block

	Standardsituationen	Spielnahe Situationen
Komplexübungen (KÜ)	*KÜ 7:* Reaktion, Genauigkeit 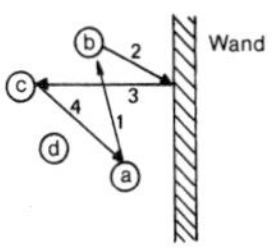 Zuspiel a auf Angreifer b, b plaziert Schlag auf Zielpunkte an der Wand, abspringender Ball wird von c/d gesichert, Paß auf a Variationen: – Spiel am Netz, Trainer als Block auf Kasten (mit Blockbrett) – Nah- oder Fernsicherung	*KÜ 8:* Wahrnehmung, Reaktion 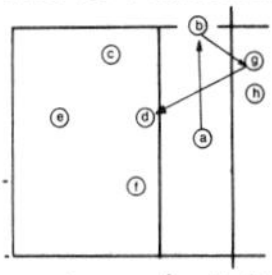 Trainieren der mannschaftsspezifischen Sicherungssysteme (vgl. 3.2) auf allen Positionen gegen Zweierblock (Blockbrett, Trainer auf dem Kasten) – Angriff bewußt gegen Block – Variieren der Richtung des abspringenden Balles
Taktikübungen (TÜ)	*TÜ 19:* Reaktion, Genauigkeit 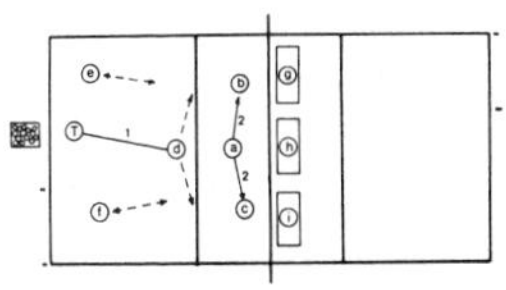 T spielt an, a stellt auf b/c, Angriff gegen g/i (mit Blockbrett auf Kasten stehend), d Nahsicherung, e/f Fernsicherung – Zupiele von II/IV – Nahsicherung e/f – Angriff durch den Steller	*TÜ 20:* Wahrnehmung, Umstellung wie KÜ 8 mit Variationen – stärkere Lenkung der abspringenden Bälle auf Lücken / bestimmte Spieler (z. B. Steller) – Selbstsicherung des Angreifers (am Netz, bis Angriffslinie) – Zurufe und Verständigung zwischen Angreifer und Sicherung – Steller spielt bewußt in den Block, Sicherung durch den Angreifer
Spezialübungen (SÜ)	*SÜ 19:* Schnelligkeit, Ausdauer wie KÜ 7 oder TÜ 19, Variationen: – fester / länger / kürzer geschlagene / abgelenkte Bälle – längere Übungszeit – zusätzlich geworfene Bälle nach Ballverlust mit Zuruf – Serien auf bestimmte Angriffs- und Sicherungspositionen – Verlängerung der Laufwege für Sicherungsspieler – Zusatzbewegungen (z. B. Sicherung nach Berührung der Grundlinie)	*SÜ 20:* Wahrnehmung, Umstellung wie KÜ 8, TÜ 20 mit Variationen: – bei Ballverlust sofortiges Einwerfen des nächsten Balles auf den gleichen Sicherungsspieler / in Lücken – Sicherungsserien für gleiche Angreifer / Block- / Sicherungsspieler – Ausweitung des Sicherungsbereichs für einzelne Spieler – Schneller Wechsel der Sicherungsspieler

Angriff – (Block) – Feldabwehr – (Blocksicherung)

	Standardsituationen	Spielnahe Situationen
Komplexübungen (KÜ)	*KÜ 9:* Reaktion, Schnelligkeit 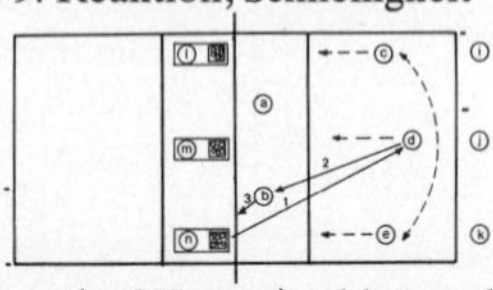 l, m, n (auf Kasten) schlagen abwechselnd ins Hinterfeld. c, d, e wehren in Richtung a, b ab. Verschiebung der Aufstellung je nach Angriffsseite. Wechsel mit i, j, k	*KÜ 10:* Wahrnehmung, Reaktion 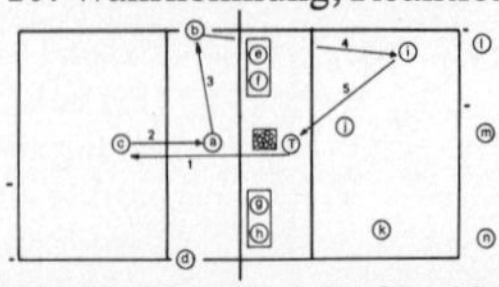 Anspiel T auf c, der 1. Paß auf Steller a. Zuspiel auf b/d. Angriff b/d vorbei an/über Block e/f oder g/h (auf Kasten). i, j, k systemgebundene Ausgangsstellung (VI vorne) und Abwehr auf T. Wechsel in der Abwehr mit l, m, n
Taktikübungen (TÜ)	*TÜ 21:* Wahrnehmung, Reaktion wie KÜ 9 mit Variationen: – l, m, n greifen nach selbst angeworfenem Ball im Stand / Sprung an (ohne Kasten) – Einerblock gegen l, m, n (a, b) – Wechsel zwischen Schlag / Lob – Reduzierung / Erhöhung der Spielerzahl – Bei Abwehr d übernimmt c oder d das Fangen (Stellen) des Balles – Aufteilung der Abwehrzonen (z. B. Absichern des Läufers)	*TÜ 22:* Wahrnehmung, Umstellung wie KÜ 10 mit Variationen: – Einer- und/oder Zweierblock mit Veränderung des Blockschattens – Trainieren des mannschaftsspezifischen Abwehrsystems (VI vorne / hinten, Rotationsaufstellungen) – Wechsel zwischen Schlag / Lob – Simulation des gegnerischen Angriffs und der Abwehrtaktik – Positionswechsel im Hinterfeld (z. B. Läufer auf I)
Spezialübungen (SÜ)	*SÜ 21:* Schnelligkeit, Ausdauer wie TÜ 21 mit Variationen – Serienangriffe von einer Position auf gleiche / unterschiedliche Abwehrspieler – Schnelle Wechsel zwischen agierenden / pausierenden Spielern – Blockabpraller noch berühren, evtl. Zusatzhechtbagger – Netz mit geringerer Höhe – Gegenseitiges Anfeuern – Lauf-, Zusatzbewegungen zwischen den Abwehrhandlungen – Eigensicherung (Angriffslinie, Netzball als 2. Ball)	*SÜ 22:* Wahrnehmung, Umstellung wie KÜ 10 mit Variationen: – Bei Ballverlust zusätzlich geworfene Bälle – Wiederholungen bei mißlungenen Abwehrhandlungen – Verkürzung der Pausen zwischen den Angriffen – Dreierblock-Angreiferlob – Bewußt Einerblock (kein Block) – Übernahme von Abwehrpositionen nach Zuruf – Wettkampf Angriff-Abwehr

Aufschlagannahme – Zuspiel – Angriff – (Block) – Angriffssicherung

<table>
<tr><th></th><th>Standardsituationen</th><th>Spielnahe Situationen</th></tr>
<tr><td>Taktikübungen (TÜ)</td><td>

TÜ 23: Wahrnehmung, Genauigkeit

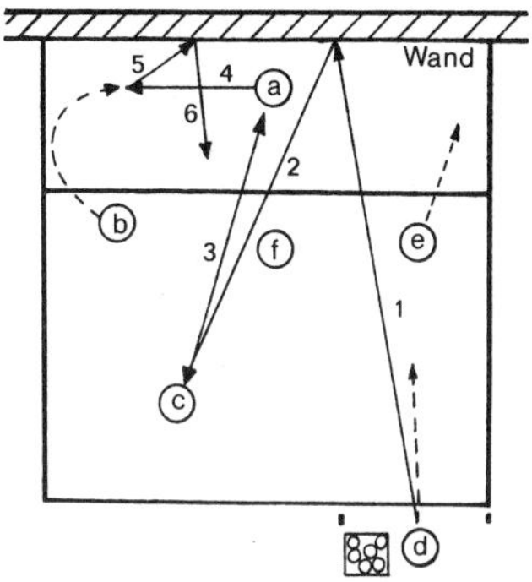

Aufstellung der Mannschaft vor einer Hallenwand. Aufschlag d, Annahme c zu Steller a. Angreifer b, f, e können angespielt werden. Der von b geschlagene und abspringende Ball muß gesichert und das Spiel neu aufgebaut werden. Aufschlag- und Angriffsspieler können durch die Art des Schlages den Ort der Annahme und Sicherung wesentlich beeinflussen.

</td><td>

TÜ 24: Wahrnehmung, Umstellung

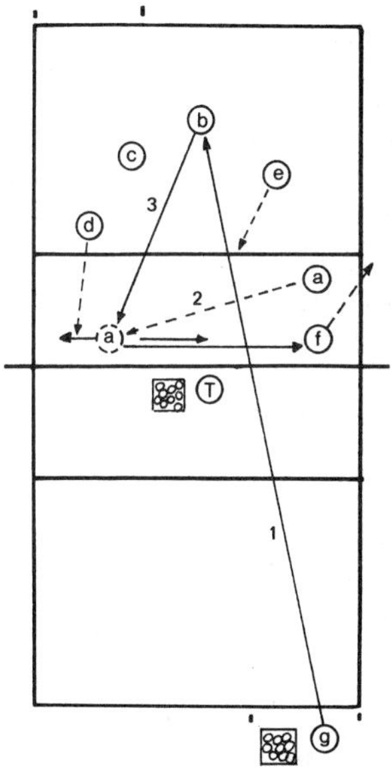

Viererriegel bei der Annahme mit Läufer a auf V. a nimmt nach dem Aufschlag Läuferposition ein. Positions-, Kombinationsangriff. Nach Abschluß kann T durch Einwerfen weiterer Bälle die Anzahl der Wiederholungen beeinflussen.

</td></tr>
<tr><td>Spezialübungen (SÜ)</td><td>

SÜ 23: Ausdauer, Konzentration
wie TÜ 23 mit Variationen:

- Wechsel zwischen kurz und weit abspringenden Bällen
- Steigerung der Wiederholungen und Intensität
- Rotation nach Ballverlust mit kurzen Pausen
- Trainieren noch unsicherer Situationen

</td><td>

SÜ 24: Genauigkeit, Umstellung
wie TÜ 24 mit Variationen:

- Risiko- und Zielaufschläge auf Schwachpunkte
- Schnelle Abfolge unterschiedlicher Aufschläge bei gleicher Aufstellung
- Rotation bei geglückten Spezialzügen und schnelle Aufschlagserien

</td></tr>
</table>

Angriff – Block – Blocksicherung – Feldabwehr – Aufbau – Angriff

	Spielnahe Situationen	Spielsituationen
Taktikübungen (TÜ)	*TÜ 25:* Genauigkeit, Konzentration 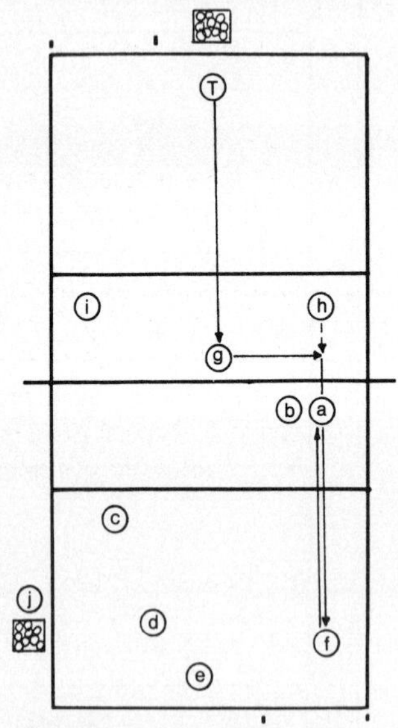 Anspiel durch T auf Zuspieler g, Angriff h (variabel, plaziert) gegen Zweierblock b/a, Abwehr auf Steller a, Aufbau, Gegenangriff mit c/b Varianten: – Angriffe über die verschiedenen Netzpositionen – Einer-, Zweier-, Dreierblock	*TÜ 26:* Genauigkeit, Konzentration 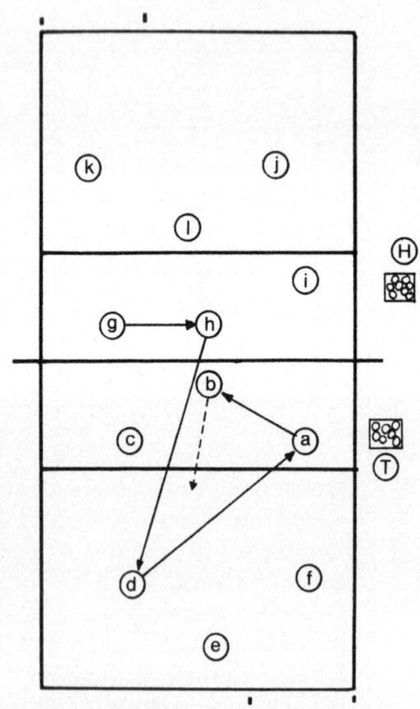 Nach Einerblock b gegen Angreifer h auf III (leicht, plaziert schlagen), Feldabwehr d (c, e, f), b löst sich vom Netz. Erster Paß auf Steller a, Gegenangriff über b. Bei Ballverlust Einwerfen eines weiteren Balles durch T zur Fortsetzung des Spielzugs
Spezialübungen (SÜ)	*SÜ 25:* Konzentration, Ausdauer wie TÜ 25 mit Variationen: – nach Ballverlust Angriffsschlag T, Abwehr und Gegenangriff – Aufbau durch Angreifer – Angriffe aus dem Hinterfeld – Angriffe aus dem 2. Paß nach Danke-Ball	*SÜ 26:* Konzentration, Ausdauer wie TÜ 26 mit Variationen: – Simulation des kommenden Gegners – 5–10 Wiederholungen des gleichen Gegenangriffs mit kurzen Pausen – Spielerwechsel – Herstellen längerer Handlungsfolgen durch Zusatzbälle von T/H

Erich Christmann

2.6 Training der Mannschaftstaktik und Spielstrategie

In Training und Wettkampf muß eine lang-, mittel- und kurzfristige *Spielkonzeption* (Strategie, Taktik, taktische Wettkampfeinstellung) erarbeitet werden, die auf die Leistungsvoraussetzungen der Spieler/-innen (vgl. 1.2) und die Erfordernisse der Spielklasse abgestimmt ist.
Der entscheidende Schritt vom mittleren zum höheren Leistungsniveau ist in der Regel die Umstellung auf das Läufersystem (vgl. Tab. 2.6.1). Das Leistungsniveau kann nach dem Erlernen der erforderlichen Spielhandlungen (z. B. Erlernen der Angriffstechnik auf Position III vor Einführung des Läufersystems) in Übungs- und Trainingsspielen, Spielen unter erschwerten Bedingungen und in Wettspielen über die Arbeit an bestimmten Trainingszielen gesteigert werden (Tab. 2.6.2).

In der kurzfristigen Spielkonzeption und der unmittelbaren *Wettkampfvorbereitung* sollten folgende Maßnahmen ergriffen werden:
- gemeinsame Analyse von Spielweise, Stärken und Schwächen des Gegners im Vergleich zur eigenen Mannschaft;
- Erinnerung an bisherige Spiele und Ergebnisse gegen diese Mannschaft bzw. gegen andere, bekannte Mannschaften;
- gemeinsames Festlegen der Leistungsziele und Spielkonzeption für dieses spezielle Spiel mit klaren Aufgabenstellungen für Einzelspieler (z. B. Steller), Gruppen (z. B. Block) und Mannschaft (z. B. möglicher Wechsel des Spielsystems);
- Simulation von möglichen Situationen des bevorstehenden Wettkampfes in Übungs- und Trainingsspielen gegen ähnlich spielende Mannschaften unter vergleichbaren Rahmenbedingungen (z. B. Zeit, Ort);
- Ermöglichung von Erfolgserlebnissen im Training und in den vorbereitenden Wettspielen durch realistische Leistungserwartungen und schrittweise Annäherung an die Leistungsstärke des Gegners durch einen an- 121
steigenden Schwierigkeitsgrad der Vorbereitungsspiele. 122

Gerade in Mannschaftssportarten wie Volleyball spielen neben diesen taktischen und strategischen Maßnahmen die gruppendynamischen Prozesse und die Stimmung in der Mannschaft oft eine entscheidende Rolle. Der Trainer kann zur Verbesserung eines ‹*Wir-Gefühls*› in der Mannschaft eine Reihe konkreter Maßnahmen ergreifen:

Leistungsbereiche	Steigendes Leistungsniveau → Aufbau über einen Netzspieler	Läufer
Aufschlag	Sicherheit, Zielen auf schwache Annahmespieler	Gezielte Erschwerung der Annahme und des Aufbaus
Annahme	5er-, 4er-Riegel, günstige Raumaufteilung mit sicherer Annahme zum Steller	5er-, 4er-, 3er-Riegel mit Annahmespezialisten, Annahme auf Läuferposition gezielt als Einleitung des Angriffs
Zuspiel	Sicheres, variables Zuspiel von II, III, IV durch Spezialisten	Freispielen des Angreifers durch Variieren von Technik, Tempo, Richtung, Finten Positionswechsel und Entlastung von Annahme, Block, Feldabwehr
Angriff	Sicherheit bei Positionsangriffen von II, III, IV	Positions- und Kombinationsangriffe zur Erzielung einer Dominanz über Block und Feldabwehr
Angriffssicherung	Systemgebundene Nah- und Fernsicherung	Situative Sicherung durch Nichtangreifer
Block	Einer-, Zweierblock	Einer-, Zweier-, Dreierblock mit Mittelblockspezialist, Positionswechsel der Blockspieler
Abwehr Blocksicherung	Vorgezogene/zurückgezogene Position VI	Flexible Abwehrsysteme je nach Positions- oder Kombinationsangriffen und Angreifertaktik, Positionswechsel im Hinterfeld
Spielsteuerung	Seltene Eingriffe durch Coaching	Gezielte Eingriffe beim Coaching nach systematischem Scouting

Tab. 2.6.1: Entwicklung von Strategie und Taktik in den Leistungsbereichen des Volleyballspiels

- In Mannschaftssitzungen sollten die individuellen Ziele und Erwartungen diskutiert und ein gemeinsames Ziel festgelegt werden;
- in Einzelgesprächen sollte die Rolle des einzelnen besprochen und das Engagement in dieser Richtung aktiviert werden;

Stufe 1: **Übungs- und Trainingsspiele**		
– Erweitern der individuellen und gruppentaktischen Handlungen – Anwenden eines, später mehrerer Taktiksysteme in Abwehr, Aufbau und Angriff – Individualisierung und Spezialisierung der Spiel- und Trainingsaufgaben – Wahrnehmungs- und Entscheidungstraining, Erarbeitung von Überraschungsmomenten		
Stufe 2: **Spiele unter erschwerten Bedingungen**		
konditionell	psychisch	taktisch
verlängerte Handlungsfolgen, Sätze, Spiele reduzierte Spielerzahl, höheres Netz Zusatzaufgaben bei Kondition, Koordination	Vorgaben für den Gegner Geräuschkulisse Kognitive Belastung Ausbildung der Frustrationstoleranz Emotionskontrolle Belastung nach physischer Ermüdung Einschätzung des Erfolgsrisikos	Spiel gegen überlegenen Gegner Spiel nach Ausfall des Stellers Punktgewinn nur bei Gelingen bestimmter Spielzüge Auswechselmaßnahmen Wechsel der Spieltaktik
Stufe 3: **Wettkämpfe**		
– Befolgen abgesprochener taktischer Maßnahmen – Einstellung auf den Gegner und den Spielverlauf – Wechsel des Spielsystems – Psychische Stabilität und Training des Wettkampfverhaltens – Ausspielen eigener Stärke – Einbringen von Überraschungsmomenten – Entscheidungsfähigkeit und Teamgeist – Verarbeitung von Sieg und Niederlage, realistische Ursachenerklärung – Geschlossenheit der Mannschaft		

Tab. 2.6.2: Stufen zur Entwicklung von Taktik und Strategie
(vgl. KONZAG/KONZAG 1979, 12f; KOEPKE/NIESNER 1984, 42f; HAHN 1984, 16)

- durch die Einrichtung bestimmter Riten sollte das Mannschaftsgefühl gestärkt werden (z. B. Kampfruf, in der Auszeit stehen alle Spieler auf, die Bankspieler reichen Handtücher und Getränke, Anfeuern von der Bank aus und auf dem Spielfeld, verstärkende, positive Sprache);
- die Identifikationsmöglichkeit und die Beteiligung an taktischen Maßnahmen kann dadurch verbessert werden, daß alle Spieler konkrete Beobachtungsaufgaben bei der Spielbeobachtung des nächsten Gegners zu

übernehmen haben, was sich besonders bei Turnieren auszahlt. Die Beobachtungen werden in Einzelgesprächen und Mannschaftssitzungen ausgewertet und dann mehr oder weniger gemeinsam taktische Konsequenzen gezogen;

- zwischen den Spielern untereinander und mit dem Trainer müssen offene Gespräche möglich gemacht werden. In vielen Einzelgesprächen müssen deshalb z. B. vom Trainer aktuelle Befindlichkeiten angesprochen werden. In Mannschaftssitzungen kann ein sog. «Blitzlicht» durchgeführt werden, um dem aktuellen Geschehen und Problemen in der Interaktion der Gruppe gerecht werden zu können. Das «Blitzlicht» stellt ein gruppendynamisches Instrument dar, wo jedes Mitglied einer Gruppe kurz zu einer für die Gruppe relevanten Frage Stellung nehmen soll.

Der Trainer kann diesen *Kommunikationsprozeß* durch sein Verhalten fördern oder hemmen (vgl. Tab. 2.6.3). Neben der sportlich-fachlichen Kompetenz werden Jugendtrainer, Übungsleiter im Freizeitsport und Leistungstrainer im Bereich der Mannschaftsführung unterschiedlich gefor-
123 dert (vgl. 1.6).

Tab. 2.6.3: Fördernde und hemmende Verhaltensweisen in der Kommunikation (SONNENSCHEIN/CHRISTEN 1983, 38)

Verhaltensweisen, die den Kommunikationsprozeß hemmen	fördern
Eigene Macht/Rollenvorteile ausspielen	Gleichberechtigte Partnerschaft anerkennen
Den anderen überreden wollen	Auf Ausgewogenheit der Redeanteile achten
Ausschweifend argumentieren	Bei der Sache bleiben
Sachebene vorschieben	Beziehungsprobleme ansprechen
Verantwortlichkeit abschieben	Eigenes Verhalten in Frage stellen
Gefühle des anderen verneinen	Gefühle zeigen und ansprechen
Grundsätzlich widersprechen	Zuhören, ohne gleich abzuwehren
Vorwürfe machen	Eigenes Verhalten erklären
Etikettierungen vornehmen («Du kritisierst doch immer nur»)	Den anderen nicht bewerten
Vorschnell Lösungen aufdrängen	Die Schwierigkeiten des anderen ernst nehmen
Sich unbeeindruckt geben	Betroffenheit zeigen
Kühles Gesprächsklima schaffen	Warmes Gesprächsklima schaffen

Zusammenfassung
- Im Training und Wettkampf muß eine mannschafts- und spielklassenbezogene taktische Konzeption entwickelt werden.
- Die Mannschaftsleistung hängt darüber hinaus von der unmittelbaren Wettkampfvorbereitung, dem ‹Wir-Gefühl› und der Art des Kommunikationsprozesses in der Mannschaft und zwischen Spielern und Trainer ab.

Erich Christmann

2.7 Entspannungstraining und Streßbewältigung

Außer der Veränderung der Belastungsstruktur (Reduzierung des Umfangs, Wechsel der Intensität), sind zur Bewältigung der psychischen Anforderungen in Training und Wettkampf zwei weitere Bereiche für Vorbereitung und Regeneration besonders bedeutsam:
- Abstimmung der Anforderungen auf die Leistungsfähigkeit der Spieler/-innen durch Individualisierung und Erweiterung der Handlungsspielräume;
- Bewältigung gegebener Umweltbedingungen und Aufgabenanforderungen durch Änderung kognitiver Bewertungsmuster, Streßkontrolle und Techniken zur psychovegetativen Entspannung.

Spieler erleben weniger subjektiven Streß, wenn mehr *Trainingszufriedenheit* vorliegt, die *individuellen Handlungsspielräume* sich vergrößern und *Mitverantwortung* im Trainingsprozeß bei Planung, Durchführung und Kontrolle übernommen werden kann.
Die Änderung *kognitiver Bewertungsmuster* von Streßsituationen kann über Aufmerksamkeitsablenkung, Kenntnisgewinn, Veränderung individueller Leistungs-, Gewißheits- und Kontrollansprüche, Beeinflussung von Ursachenerklärungen bei Erfolg/Mißerfolg (Anstrengung, Zufall, Begabung, Aufgabenschwierigkeit) und des Selbstkonzepts erfolgen.

So haben sich z. B. *Selbstgespräche* und *Selbstinstruktionen* in drei Bereichen in bestimmten Fällen als wirksam erwiesen:
- Durch Selbstüberredung können sachgerechte Interpretationen und Be-

wertungen von Leistungen und Situationen zu kognitiven Umstrukturierungen und Verhaltensänderungen führen;
- Selbstgespräche mit aufgaben- und zielbezogenen Inhalten lenken die Aufmerksamkeit von streßauslösenden Reizen ab bzw. verhindern deren negative Bewertung;
- Selbstanweisungen steuern das Denken und Verhalten, was z. B. bei Bewegungshandlungen deutlich wird, deren Ablauf sich der Spieler selbst vorspricht.

Streßkontrolle kann erreicht werden durch
- Sammlung positiver Bewältigungserfahrungen im aktiven Umgang mit Streßfaktoren durch Eigenrealisation unter erleichterten Bedingungen;
- Erarbeitung von Bewältigungsstrategien durch gedankliche Auseinandersetzung mit der jeweiligen Streßsituation in einem Vorstellungstraining;
- Beobachtung anderer bei der Bewältigung von Streßsituationen (Modell-, Imitationslernen);
- Kognitive Umstrukturierung nach Informationen und Instruktionen anderer (z. B. Trainer, Betreuer, Sportpsychologe) in einem kommunika-
124 tionszentrierten Training.

Weitere Möglichkeiten der Streßkontrolle sind die *Entspannungstechniken*, die eine allgemeine psychovegetative Umstimmung mit einer Verringerung der überhöhten Grundaktivierung und des Grundtonus herbeiführen können. Hierzu gehören:
- Autogenes Training,
- Relaxations-Mobilisationsverfahren,
- Biofeedback,
- Psychotonisches Training,
- Yoga,
- 125 Progressive Muskelentspannung.

Die schrittweise Muskelentspannung (*Progressive Muskelrelaxation*) nach Jacobson (1934) hat zum Ziel, sich in einen Zustand tiefer Entspannung versetzen zu können. Dies geschieht schrittweise durch bewußte und systematische Anspannung und anschließende Entspannung der verschiedenen Muskelgruppen, beginnend mit der Hand-, Armmuskulatur, über Stirn-, Gesichtsmuskulatur zu Schulter-, Rücken-, Brust-, Bauch- und Beinmuskulatur. Vorteile des Jacobson-Verfahrens für den Sportbereich sind:
- Es ist auf körperliche Entspannung ausgerichtet und kann deshalb von Sportlern gewöhnlich leicht und schnell erlernt werden. Durch die An- und Entspannung kommt es der gewohnten Muskeltätigkeit sehr nahe. Es verstärkt wiederum die Sensibilisierung für den eigenen Muskeltonus und erleichtert für die Bewegungshandlung damit das Umschalten von Entspannung auf Aktivierung;

- es ist bei Beherrschung über ein Signalwort (z. B. «ganz ruhig») sofort abrufbar;
- es kann auch in Streßsituationen des Alltags zu einem entspannten Zustand führen und bleibt in seiner Anwendung damit nicht auf den Spitzensport beschränkt.

Die Erlernung des Jacobson-Trainings kann durch direkte persönliche Instruktion eines Psychologen oder durch Tonbandinstruktion erfolgen. Die Anwendung kann dann den individuellen Bedürfnissen angepaßt werden. Zur Beratung und bei gelegentlich auftretenden Problemen sollte ein Sportpsychologe herangezogen werden.
Zur Erleichterung der Anwendung und Beurteilung sind auf den folgenden Seiten die Anweisungen einer verkürzten Fassung des Jacobson-Trainings zusammenfassend wiedergegeben (Sonnenschein 1985, 185–189):

Entspannung der Arme (Zeit: 4 – 5 Minuten)

- Setzen Sie sich so bequem wie möglich. Entspannen Sie sich, so gut es geht. ...
- Nachdem Sie sich entspannt haben, ballen Sie die rechte Faust, ballen Sie sie fester und fester und beobachten Sie dabei die Spannung. Halten Sie die Faust geballt und fühlen Sie die Spannung in der rechten Faust, in der Hand, im Unterarm. ...
- Und nun entspannen Sie. Lassen Sie die Finger der rechten Hand locker werden und beobachten Sie den unterschiedlichen Eindruck. ... Lassen Sie sich völlig gehen und versuchen Sie, sich am ganzen Körper zu entspannen.
- Noch einmal: Die rechte Faust ganz fest halten ... sie gespannt halten und die Spannung wieder beobachten. ...
- Nun lassen Sie los, entspannen Sie sich; Ihre Finger strecken sich wieder und Sie merken den Unterschied. ...
- Nun machen Sie das gleiche mit der linken Faust. Ballen Sie die linke Faust, während der restliche Körper sich entspannt; ... ballen Sie die Faust fester und fühlen Sie die Spannung. ...
- Und nun entspannen Sie. Genießen Sie wieder den Unterschied. ...
- Wiederholen Sie es noch einmal: Spannen Sie die linke Faust ganz stark. ...
- Entspannen Sie und fühlen Sie den Unterschied. Überlassen Sie sich einige Zeit dieser Entspannung. ...
- Ballen Sie beide Fäuste fester und fester, beide Fäuste ganz fest, die Unterarme ganz gespannt, ... beobachten Sie Ihre Empfindungen. ...
- Und nun entspannen Sie; strecken Sie die Finger und fühlen Sie die Entspannung. Fahren Sie fort, die Hände und Unterarme zu entspannen, entspannen Sie immer mehr. ...
- Nun beugen Sie beide Ellenbogen und spannen Sie die Bizepse. Fester und fester spannen und die Spannungsgefühle beobachten. ...
- Nun die Arme wieder strecken, entspannen und auf den Unterschied achten. Nun breitet sich die Entspannung aus. ...
- Noch einmal: Spannen Sie die Bizeps; die Spannung festhalten und genau beobachten. ...
- Nun strecken Sie die Arme aus und entspannen Sie; entspannen Sie so gut Sie können. ... Achten Sie jedesmal genau auf Ihre Empfindungen, einmal, wenn Sie anspannen und dann, wenn Sie entspannen.

- Nun strecken Sie die Arme aus, drücken Sie sie so fest auf die Unterlage, daß Sie eine große Spannung in den Trizepsmuskeln an der Rückseite der Oberarme spüren; strecken Sie die Arme und fühlen Sie die Spannung. ...
- Und nun wieder entspannen. Arme wieder bequem hinlegen. Lassen Sie die Entspannung sich weiter ausbreiten. Die Arme fühlen sich angenehm schwer an, während Sie entspannen. ...
- Nun konzentrieren Sie sich auf den unteren Rücken. Wölben Sie den Rücken. Heben Sie das Gesäß von der Unterlage und fühlen Sie die Spannung entlang der Wirbelsäule. ...
- Und legen Sie sich wieder bequem zurück und entspannen Sie Ihr Kreuz. ...
- Nun heben Sie wieder Ihren Rücken und beobachten Sie dabei die Spannung. Versuchen Sie, den übrigen Körper so entspannt wie möglich zu halten. Versuchen Sie, die Spannung nur auf den unteren Teil des Rückens zu konzentrieren. ...
- Entspannen Sie sich wieder, entspannen Sie immer mehr. Entspannen Sie das Kreuz ... entspannen Sie den unteren Rücken, ... entspannen Sie den oberen Rücken, lassen Sie die Entspannung übergehen auf Bauch, Brust, Schultern, Arme und Gesicht. Diese Körperteile werden immer mehr entspannt, mehr und mehr, die Entspannung wird größer und tiefer. ...

Entspannung der Lenden, Schenkel und Waden
Danach: Vollkommene Körperentspannung

- Lassen Sie ganz locker und entspannen Sie sich. ...
- Nun spannen Sie das Gesäß und die Oberschenkel an und spüren Sie die Spannung in den Schenkeln. Drücken Sie die Fersen so fest wie möglich herunter. ...
- Entspannen Sie und beobachten Sie den Unterschied. ...
- Spannen Sie die Knie und die Muskeln der Schenkel noch einmal. Halten Sie die Spannung fest. ...
- Entspannen Sie Hüften und Beinmuskeln. Lassen Sie die Entspannung sich von selbst ausbreiten. ...
- Pressen Sie nun Füße und Zehen nach unten, weg vom Gesicht, so daß die Wadenmuskeln gespannt sind. Beobachten Sie diese Spannung. ...
- Nun entspannen Sie Füße und Waden. ...
- Beugen Sie diesmal die Füße in Richtung auf das Gesicht, so daß Sie am Schienbein Spannung verspüren. Bringen Sie die Zehen möglichst weit nach oben. ...
- Nun entspannen Sie wieder. Bleiben Sie für einige Zeit entspannt. ... Entspannen Sie sich weiter und weiter, über den ganzen Körper. Entspannen Sie Füße, Knöchel, Waden und Schienbeine, Knie, Beinmuskeln, Gesäß und Hüften. Beobachten Sie die Schwere des Unterkörpers, während Sie sich weiter entspannen. ...
- Nun dehnen Sie die Entspannung auf den Bauch aus, ... auf die Taille und das Kreuz. Lassen Sie sich mehr und mehr gehen. Fühlen Sie die Entspannung. Sie breitet sich immer weiter aus, über den oberen Rücken, Brust, Schultern und Arme ganz bis in die Fingerspitzen. Entspannen Sie sich immer tiefer. Versichern Sie sich, daß im Hals keine Spannung mehr ist; entspannen Sie den Nacken, die Kiefermuskeln und die gesamte Gesichtsmuskulatur. Lassen Sie für einige Zeit den Körper so entspannt. ... Entspannen Sie sich.
- Nun können Sie noch viel entspannter werden, indem Sie sehr tief einatmen und langsam ausatmen. Schließen Sie die Augen, so daß Sie von den Gegenständen und Bewegungen Ihrer Umgebung nicht gestört werden und so jegliche Spannung von sich fernhalten, atmen Sie tief und spüren Sie, wie Sie schwerer werden,

atmen Sie lang und tief ein und dann ganz langsam aus. ... Fühlen Sie, wie schwer und entspannt Sie geworden sind.

- o Noch einmal die Arme strecken und auf die Unterlage drücken, so daß Sie die Spannung in den Trizepsmuskeln fühlen; drücken Sie ganz fest. Fühlen Sie die Spannung. ...
- o Und entspannen Sie. Nun konzentrieren Sie sich auf reine Entspannung in den Armen ohne jegliche Spannung. Legen Sie die Arme ganz bequem hin und entspannen Sie weiter und weiter, weiter und weiter. Selbst wenn Sie glauben, Ihre Arme seien nun völlig entspannt, versuchen Sie, noch ein wenig weiter zu gehen; versuchen Sie, ein immer tieferes Gefühl der Entspannung zu erreichen.

Entspannung des Gesichts mit Nacken, Schultern und oberem Rücken
(Zeit: 4 – 5 Minuten)

- o Lassen Sie alle Muskeln locker und schwer werden. Setzen Sie sich ruhig und bequem zurück. ...
- o Runzeln Sie nun die Stirn; runzeln Sie sie stärker. ...
- o Und nun entspannen Sie die Stirn und lassen Sie sie locker und glatt; beobachten Sie, wie die Stirnhaut immer lockerer wird, je mehr Sie sich entspannen. ...
- o Nun ziehen Sie die Augenbrauen zusammen und beobachten Sie die Spannung. ...
- o Beenden Sie die Anspannung wieder. Lassen Sie die Stirnhaut wieder ganz locker. ...
- o Nun kneifen Sie die Augen zusammen, fester und fester. ... Fühlen Sie die Spannung. ...
- o Und entspannen Sie die Augenpartie. Halten Sie die Augen ruhig und bequem geschlossen und beobachten Sie die Entspannung. ...
- o Nun beißen Sie die Zähne fest aufeinander und spannen Sie die Kiefermuskeln; beobachten Sie die Spannung in der Kiefermuskulatur. ...
- o Entspannen Sie jetzt die Kiefermuskeln. Lassen Sie dabei die Lippen leicht offen. ... Genießen Sie die Entspannung. ...
- o Nun pressen Sie die Zunge fest gegen den Gaumen. Beobachten Sie die Spannung. ...
- o Lassen Sie die Zunge wieder locker und entspannt werden. ...
- o Nun spitzen Sie die Lippen, pressen Sie die Lippen fester und fester zusammen. ...
- o Entspannen Sie die Lippen. Beobachten Sie wieder den Unterschied zwischen Spannung und Entspannung. Beobachten Sie die Entspannung im ganzen Gesicht, an der Stirn, der Kopfhaut, den Augen, der Kiefermuskulatur, an Lippen, Zunge und Hals. Die Entspannung breitet sich immer weiter aus. ...
- o Nun beobachten Sie die Nackenmuskeln. Drücken Sie den Kopf so fest wie möglich zurück und beobachten Sie die Spannung im Nacken; rollen Sie den Kopf auf die rechte Seite und beobachten Sie, wie die Spannung wechselt; nun rollen Sie den Kopf zur linken Seite. Richten Sie den Kopf auf und beugen Sie ihn nach vorne, pressen Sie das Kinn gegen die Brust. ...
- o Nun legen Sie den Kopf wieder bequem hin und beobachten Sie die Entspannung. Lassen Sie die Entspannung sich weiter ausbreiten. ...
- o Nun ziehen Sie die Schultern hoch, ganz hoch. Halten Sie die Spannung. ...
- o Lassen Sie die Schultern fallen und beobachten Sie die Entspannung. Nacken und Schultern entspannen sich. ...
- o Ziehen Sie die Schultern noch einmal hoch, ganz fest, und drehen Sie sich nach

vorne und zurück. Beobachten Sie die Spannung in den Schultern und im oberen Rücken. ...

- Lassen Sie die Schultern wieder fallen und sich entspannen. Lassen Sie die Entspannung sich in den Schultern tief ausbreiten, bis in die Rückenmuskeln. Entspannen Sie Nacken und Hals, Kiefermuskeln und die gesamte Gesichtspartie und beobachten Sie, wie eine große Entspannung sich ausbreitet und tiefer wird ... tiefer ... immer tiefer.

Entspannung der Brust, des Bauches und des unteren Rückens
(Zeit: 4 – 5 Minuten)

- Entspannen Sie den Körper so gut es geht. Beobachten Sie das angenehme Gefühl der Schwere, das mit der Entspannung einhergeht. Atmen Sie leicht und frei ein und aus. Beobachten Sie, wie die Entspannung mit dem Ausatmen ansteigt. ... Während Sie ausatmen, fühlen Sie die Entspannung. ...
- Nun atmen Sie fest ein und füllen die Lungen; holen Sie tief Luft und halten Sie den Atem an. Beobachten Sie die Spannung. ...
- Nun atmen Sie aus, lassen Sie den Brustkorb locker werden und lassen Sie die Luft von selbst ausströmen. Entspannen Sie sich weiter und atmen Sie frei und ruhig. Beobachten Sie die Entspannung und genießen Sie sie. ...
- Während der restliche Körper so entspannt wie möglich ist, füllen Sie noch einmal die Lungen voll mit Luft. Holen Sie tief Luft und halten Sie den Atem wieder an. ...
- So ist es gut; atmen Sie aus und beobachten Sie die Brust und lassen Sie die Entspannung sich ausbreiten über Rücken, Schultern, Nacken und Arme. Einfach loslassen und die Entspannung genießen. ...
- Nun beobachten Sie die Bauchmuskeln. Spannen Sie die Bauchmuskeln, machen Sie sie ganz hart. Beobachten Sie die Spannung. ...
- Und entspannen Sie. Lassen Sie die Muskeln locker werden und beobachten Sie den Unterschied. ...
- Noch einmal: Pressen und spannen Sie die Bauchmuskeln. Spannung festhalten und beobachten. ...
- Und entspannen. Beobachten Sie das allgemeine Wohlbefinden, das mit der Entspannung des Bauches einhergeht. ...
- Nun ziehen Sie den Bauch ein, spannen Sie die Muskeln fest und erleben Sie diese Spannung. ...
- Nun wieder entspannen. Lassen Sie den Bauch wieder los. Atmen Sie normal und leicht und spüren Sie dabei das angenehme Gefühl, das über die Brust und den Bauch läuft. ...
- Nun ziehen Sie den Bauch wieder ein und halten Sie die Spannung fest. ... Nun drücken Sie den Bauch wieder nach außen; halten Sie die Spannung fest. ... Ziehen Sie den Bauch noch einmal ein und fühlen Sie die Spannung. ...
- Und entspannen Sie die Bauchmuskeln völlig. Die Spannung verschwindet und die Entspannung wird immer leichter. Jedesmal, wenn Sie ausatmen, beobachten Sie die rhythmische Entspannung in den Lungen und im Bauch. Beobachten Sie dabei, wie Brust und Bauch mehr und mehr entspannt sind. ... Versuchen Sie, alle Spannungen in Ihrem Körper zu lockern. ...
- In einem Stadium völliger Entspannung fühlen Sie sich unwillig, auch nur einen Muskel Ihres Körpers zu bewegen. Denken Sie an die große Mühe, die es bereiten würde, wenn Sie den rechten Arm heben wollten. Während Sie über das Heben des rechten Armes nachdenken, beobachten Sie, ob sich irgendeine Spannung in

die Schultern oder den Arm eingeschlichen hat. ... Nun entschließen Sie sich, denArm nicht zu heben, sondern bleiben Sie weiter entspannt. Beobachten Sie die Ruhe und das Verschwinden jeglicher Spannung. ...

- Entspannen Sie sich weiter und weiter. Wenn Sie den Wunsch haben aufzuhören, zählen Sie rückwärts von 4 bis 1. Sie werden sich dann erholt und erfrischt fühlen, hellwach und ruhig.

Zusammenfassung

- Streßreduzierung in Training und Wettkampf kann durch Änderung kognitiver Bewertungsmuster, Selbstinstruktionen und Verbesserung der Trainingszufriedenheit erzielt werden.
- Nach Belastungssituationen bietet sich die Anwendung von Entspannungstechniken an.

Ralf Schmitz

2.8 Physiotherapie

Die Sportphysiotherapie wird von speziell ausgebildeten Physiotherapeuten ausgeübt, deren Tätigkeitsfeld die Durchführung von trainings- und wettkampfbegleitenden, physikalisch-therapeutischen Maßnahmen im Hochleistungs- und Breitensport umfaßt. Für die Vorbeugung (Prävention) und Wiederherstellung (Rehabilitation) ist die Zusammenarbeit mit Trainer, Spieler und behandelndem Arzt besonders wichtig. Zur *Prävention* gehören alle Maßnahmen zur Vermeidung von Sportverletzungen und Sportschäden wie

- jährliche sportärztliche Untersuchung;
- die vorbeugenden Maßnahmen *(Prophylaxe)* durch Training der Kraft, Elastizität, Ausdauer, der Muskeln, Sehnen und Bänder;
- Betreuung der Spieler/-innen in Training und Wettkampf (z. B. durch funktionelle Verbände an überlasteten oder gefährdeten Teilen des Bewegungsapparates);
- Beratung bei der Ausstattung und Organisation (z. B. belastungsgerechte Bekleidung, Schuhe, Knieschoner).

Die *Rehabilitation* enthält alle Maßnahmen, die dazu dienen, einen verletzten Spieler gesundheitlich und leistungsmäßig wiederherzustellen. Dazu zählen:

- Erste Hilfe und Erstversorgung am Unfallort;

- Durchführung formerhaltender Maßnahmen während des Wiederherstellungsprozesses;
- Physikalisch-medizinische Behandlungsmöglichkeiten;
- Beratung über Zeitpunkt und Bedingungen der Wiederaufnahme des Trainings;
- Auswahl geeigneter Trainingsformen und gezielte Steigerung der Trainingsbelastung bis zur Wiedereingliederung in den normalen Trainingsprozeß.

Besonders wichtige Bereiche für den Physiotherapeuten sind Sportmassage, Behandlung von Muskelkater und -krampf, Verbände, Eistherapie, Erste Hilfe.

Sportmassage
Die *Vorwettkampfmassage* wird ganz leicht und auflockernd durchgeführt. Sie hat einen leicht tonisierenden Einfluß auf die Muskulatur und soll die Kontraktionsbereitschaft und Reaktion auf nervale Reize verbessern. Sie sollte etwa 10–15 Minuten dauern.
Die *Zwischenmassage* dient dazu, in Pausen die stark beanspruchten Muskeln aufzulockern und auch in Verbindung mit der Eismassage frischzumachen.
Die *Entmüdungsmassage* als eine der wichtigsten Regenerationsmaßnahmen wird nach dem Wettkampf durchgeführt. Sie hat lockernde, beruhigende Eigenschaften und regt die Stoffwechselprozesse an. Verletzungsanfälligkeiten wie Muskelverhärtungen (Myogelosen), Verspannungen und Hartspann können erkannt und gleich therapiert werden.

Behandlung von Muskelkrampf und Muskelkater
Muskelkrämpfe treten meist in der Wadenmuskulatur ohne Verletzung bei Übermüdung gegen Ende des Wettkampfes auf. Die Ursache ist wahrscheinlich eine Stoffwechselstörung infolge Sauerstoffmangels bzw. eine Störung im Elektrolythaushalt. Als vorbeugende Maßnahme können besonders bei heißem Wetter salzhaltige Getränke (Elektrolytlösungen) verabreicht werden. In Wettkampfpausen empfiehlt sich eine Eisabreibung der Beine. Die beste Vorbeugung ist aber eine ausgezeichnete Trainingsvorbereitung.
Die Praxis der Überdehnung der krampfenden Muskulatur ist umstritten, wenn man die pathophysiologischen Grundlagen des Muskelkrampfs zugrunde legt: Der Muskelkrampf stellt eine Dauerkontraktion mit fehlender oder ungenügender Entspannung der Muskelfaser dar. Während dieses Spannungszustands wird die Durchblutung der Muskulatur auf ein Minimum reduziert. Das passive Überdehnen der bereits extrem angespannten Muskelfaser könnte somit sogar zu einem Riß und auch zu einer weiteren

Drosselung der Blutgefäße führen. Richtig als Erste-Hilfe-Maßnahme ist die Ruhigstellung der betroffenen Muskulatur in Schmerzschonstellung. Wärmegabe durch warme Bekleidung oder feucht-warme Umschläge oder eine oberflächliche Reibungsmassage sind empfehlenswert. Erst nach Lösen des Krampfs vorsichtig steigernde Bewegungsübungen und Belastung. Tritt der Krampf immer wieder auf, muß der Wettkampf abgebrochen werden.

Als vorbeugende Maßnahme und Therapie beim *Muskelkater*, der das Resultat mikrotraumatischer Fallverletzungen ist, empfehlen sich:
- Langsame Steigerung der Belastung von Trainingseinheit zu Trainingseinheit unter Verzicht auf anfänglich extreme Kräfte und Bewegungsamplituden bei dynamischem Krafteinsatz;
- gründliches Aufwärmen der Muskulatur (z. B. Stretching und Massage) vor hohen Belastungen;
- durch vorsichtige Dehnung oder leichte positive Muskelarbeit läßt sich der Bewegungsschmerz vorübergehend abmildern.

Kühlung, Reduzierung der Belastung bzw. andere Belastungsformen sind bis zum Abklingen zu empfehlen. Als anschließende Therapievorschläge finden sich: warme Bäder, örtliche Wärmeanwendungen (Fango, Heißluft), Massagen, Sauna.

Der funktionelle Verband (Tapeverband)
Der funktionelle Verband stützt und entlastet selektiv geschädigte oder gestörte Anteile einer Funktionseinheit, führt Bewegungen, erlaubt die funktionelle Belastung im freien Bewegungsraum und verhindert extreme Bewegungen.
Trainer und Betreuer sowie der Sportler selbst können durch Besuch eines Verbandskurses (z. B. im Trainerlehrgang) die gängigsten *Tapeverbände* erlernen. Auch hier gilt: «Erst Übung macht den Meister». Nachstehend werden einige der häufigsten Tapeverbände gezeigt (Seite 272f):
- Stützverband am Fußgewölbe mit Pilotte,
- Schienen eines verletzten Fingers,
- Anlegen eines Stützverbandes am Daumengrundgelenk.

Eistherapie (Kyrotherapie)
Die *Kühlung* verengt sofort die Blutgefäße, senkt den Stoffwechsel im verletzten Gewebe, hemmt die Entzündung und vermeidet lokale Zellschädigungen. Die Kälte verringert außerdem das Schmerzgefühl durch eine lokale Anästhesie der schmerzleitenden Nerven, wodurch auch der Muskeltonus herabgesetzt wird. Die Eisbehandlung hat aber nur dann einen Zweck, wenn sie unmittelbar nach dem Unfallereignis eingesetzt werden kann. Die sofort angelegte Eispackung verhindert die Ausbreitung des Blut-

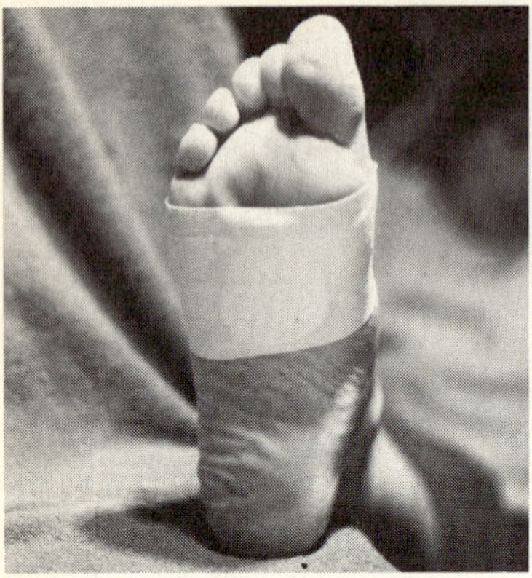

Stützverband am Fußgelenk mit Pilotte

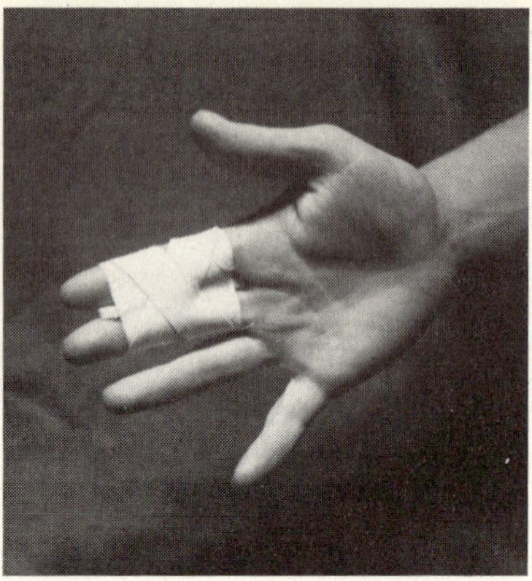

Schienen eines verletzten Fingers

Anlegen eines Stützverbands am Daumengrundgelenk (Fotos 1–8)

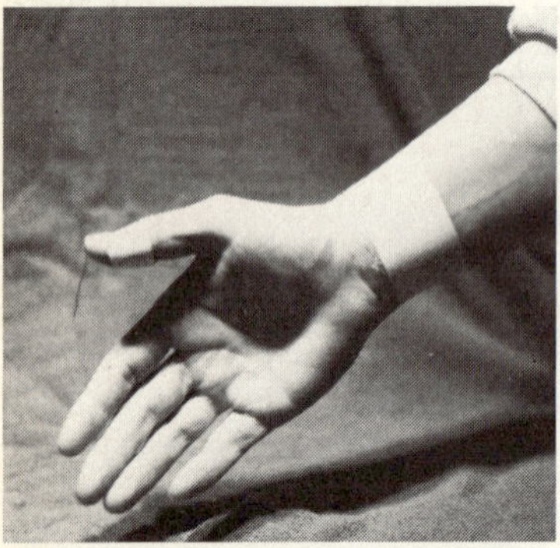

1

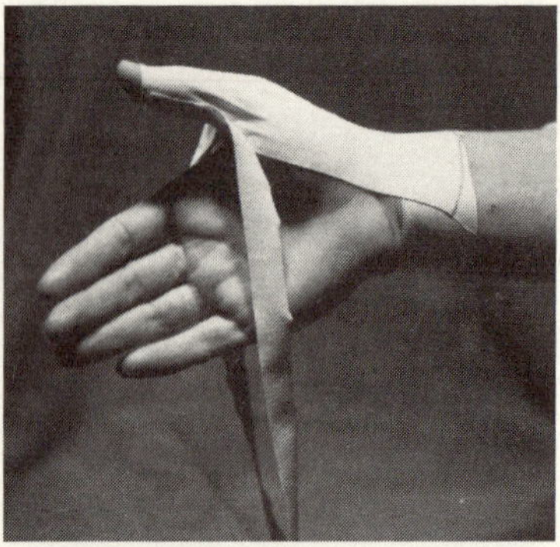

3

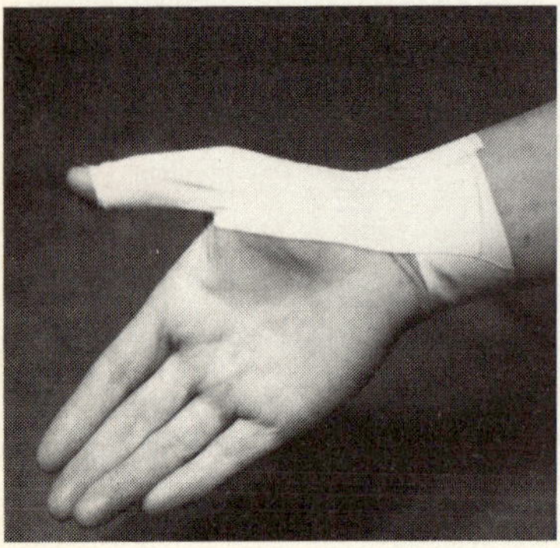

2

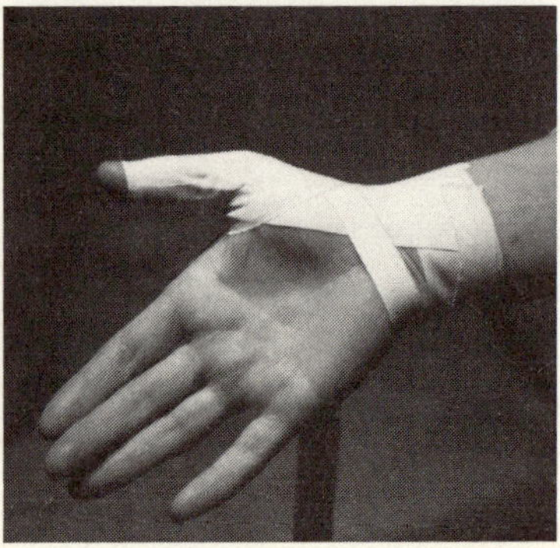

4

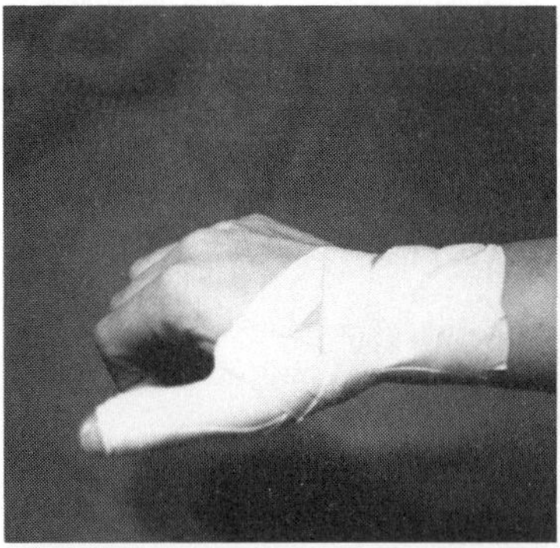
5

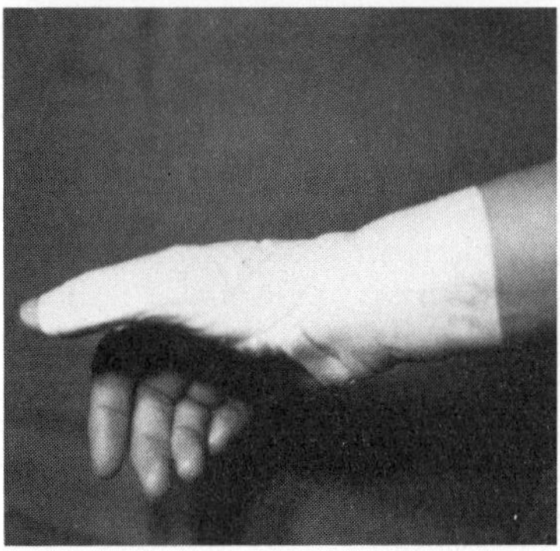
6

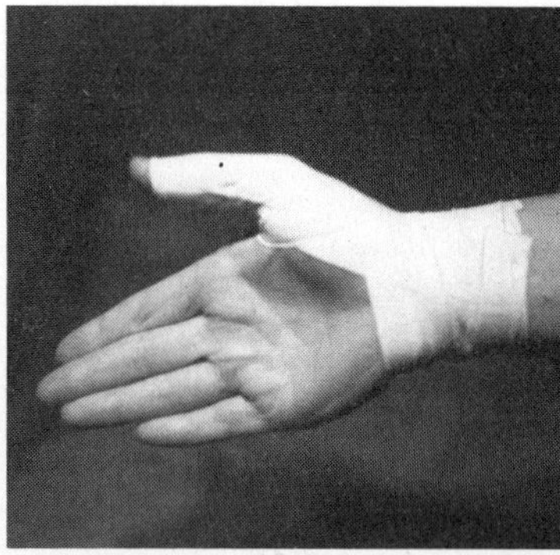
7

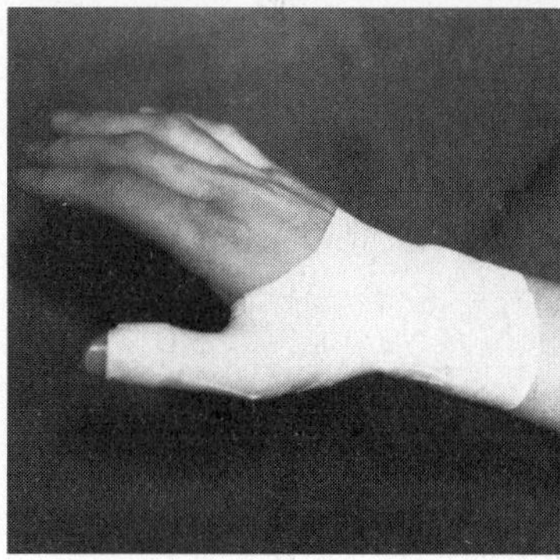
8

ergusses (Hämatom) und der Gewebsschwellung bei Prellungen, Distorsionen, Luxationen und Frakturen. Die Eisbehandlung kann mehrfach aufgefrischt und bis zu zwei Stunden lang durchgeführt werden. Hierbei ist grundsätzlich die Reaktion des Patienten zu beachten. Vorsicht ist besonders bei kälteempfindlichen Personen, bei älteren Menschen und Kindern und bei Anwendung im Becken- und Hüftbereich sowie bei Blasen- und Nierenerkrankungen geboten. Bei Zunahme der Schmerzen ist die Eisbehandlung abzusetzen.

Für Trainer und Betreuer sind drei Techniken der Eistherapie zu empfehlen: Eisspray, Eispackung, Eismassage.
Eisspray ist gut geeignet für Sofortmaßnahmen, gerade bei frischen stumpfen Verletzungen. Bei Sprays oder Chloräthyl ist allerdings äußerste Vorsicht geboten, da es schnell zu einem Kälteschaden kommen kann. Auf folgendes sollte geachtet werden:

- Mindestabstand der Spraydose vom Körper 30 cm;
- mit kreisender Bewegung sprühen;
- beim Bilden eines Kältefilms das Besprühen einstellen (evtl. Kälteschock).

Eissprays werden meist dort wirksam eingesetzt, wo Gelenke oder Knochen sich unmittelbar unter der Haut befinden (z. B. Finger, Hand, Knie, Schienbein, Ellbogen, Fuß, Zehen).
Für die *Eispackung* wird ein feuchtes Frottiertuch oder ein Waschhandschuh mit kleinen Eisstückchen bestreut bzw. gefüllt und auf die zu behandelnde Stelle gelegt. Die Gefahr eines Kälteschadens ist bei null Grad Celsius sehr gering. Die Industrie bietet seit geraumer Zeit Eispackungen (Cryogel-Packungen) in verschiedenen Größen und Formen an. Sie werden im Eisschrank gekühlt und können dann am Wettkampfort in Kühlboxen bereitgehalten werden. Die Temperatur der Cryogelpackung liegt meist bei ca. – 7 Grad Celsius. Zur Vermeidung eines Kälteschadens wird im Verletzungsfalle zwischen Packung und Haut ein feuchtes Frottiertuch gelegt.
Die *Eismassage* wird mit großen Eisstücken (Würfel oder Eiszylinder, in Plastikbechern hergestellt) in kleinen kreisenden Bewegungen durchgeführt. Die Dauer der Behandlung sollte nach ca. fünf Minuten oder mit Einsetzen des Kälteschmerzes beendet werden. Die Eismassage wird zur Schmerzbehandlung angewendet und ist wegen der geringen Gefahr eines Kälteschadens dem Eisspray vorzuziehen. Besonders geeignet ist sie aber zur Regeneration und Erfrischung in Wettkampfpausen und nach dem Wettkampf. Ihre Wirkung beruht dabei auf der Anregung des Stoffwechsels (Versorgung mit Nährstoffen und Sauerstoff, Abtransport der Stoffwechselprodukte) durch die Mehrdurchblutung (reaktive Hyperämie). Oft behandelte Stellen sind Achillessehne, Wade, Kniekehle, Oberschenkel, Ellenbeuge, Schulter-Nackendreieck.

Erste Hilfe bei Sportverletzungen

Bei Unfällen und Verletzungen müssen Trainer, Übungsleiter, Lehrer und Physiotherapeut Maßnahmen der Erstversorgung einleiten und eine weitere ärztliche Behandlung veranlassen. Je nach Schwere der Verletzungen sind folgende Therapiemaßnahmen zu ergreifen:
Hautverletzungen: Kleinere Blasen werden entlastend abgedeckt, große Blasen werden eröffnet, entleert, dann desinfiziert und steril abgedeckt. Der Verband sollte nicht luftdicht schließen, damit die Blase austrocknen kann.
Schürf-, Schnitt- und Rißverletzungen werden desinfiziert und mit Mull oder Pflaster steril abgedeckt. Größere Wunden müssen dem Arzt vorgestellt und evtl. genäht werden. Bei spritzenden Schlagaderwunden empfiehlt sich das Abbinden der betroffenen Gliedmaßen mittels Gürtel, Drei-

ecktuch oder Abschnürbinde, jedoch nicht mehr als zwei Stunden lang. Wunden sollten wegen einer möglichen Wundinfektion nicht mit den Fingern berührt und nicht ausgewaschen werden. Ein Ausspülen sollte nur bei kleineren verschmutzten Schürfwunden mit Wasserstoffsuperoxyd (dreiprozentig), anschließend mit Kodan- oder Sepsotinktur erfolgen.
Die wichtigsten Maßnahmen bei *Muskel-, Sehnen-, Kapsel-, Gelenk- und Knochenverletzungen* sind Kühlen und Komprimieren («KK»). Bei Knochenbrüchen und starken Gelenkverletzungen muß der verletzte Körperteil unter ständiger vorsichtiger Kühlung geschient werden. Beim Kühlen und Komprimieren wird eine naßkalte Binde von körperfern (distal) nach körpernah (proximal) gewickelt. Um Knochenvorsprünge, wie z. B. am Sprunggelenk, optimal zu versorgen, legt man einen mit Eiswasser getränkten Schwamm auf das Gelenk. Der darüber angelegte Verband drückt den Schwamm in die Gelenkvertiefungen, wodurch ein «Zulaufen» des Gelenks (Schwellung) verhindert wird. Das Bein wird hochgelagert, die Kompression alle halbe Stunde gelöst, zur Durchblutung der umliegenden Muskulatur erst nach einer Minute erneut gekühlt und komprimiert. Dieses Verfahren wird ca. 2 Stunden lang fortgesetzt. In Verbindung mit kühlenden Verbänden kann auch ein Salbenverband mit entzündungshemmenden und schmerzlindernden Salben angelegt werden. Wichtig ist, daß in den ersten 36 Stunden nach der Verletzung keine durchblutungsfördernden Salben zur Anwendung kommen. Dies sollte erst später nach Rücksprache mit dem Arzt oder Physiotherapeuten geschehen. Sollte die Haut verletzt sein, muß diese Stelle zuvor versorgt und wasserdicht abgedeckt werden, um ein Eindringen von Salbe zu verhindern.
Nach der Erstversorgung muß der Verletzte einem erfahrenen Arzt vorgestellt werden, um evtl. mit Röntgenaufnahmen (gehaltene Aufnahmen) den genauen Schweregrad der Verletzung festzustellen und die weiter erforderliche Therapie (z. B. operative Versorgung) einzuleiten.

Noch zum Bereich der Physiotherapie gehören Maßnahmen der Regeneration. Die *Regeneration* kann vor, bei und nach dem Training gezielt unterstützt werden durch
- einen richtig dosierten Wechsel von Belastungs-, Entspannungs- und Regenerationsmaßnahmen und ausreichend Schlaf;
- die richtige Abstimmung des Trainings im Wochen- und Tagesrhythmus unter Berücksichtigung der jeweiligen Wettkampftermine;
- die Anwendung verschiedener Trainingsformen:
  Bei mehrmaligem täglichem Training im Leistungssport (z. B. im Trainingslager) werden Belastungen oft ohne ausreichende Erholung und Regeneration begonnen. Es ist deshalb erforderlich, verschiedene Trainingsformen zu koppeln, damit unterschiedliche Energiebereitstellungssysteme beansprucht werden. Oft sind nach mehreren Stunden die Aus-

gangswerte noch nicht erreicht, und eine zu frühe gleichartige Belastung würde die Regeneration erschweren. So können z. B. nach völliger Erschöpfung der Glykogenreserven mehr als 24 Stunden zur Regeneration erforderlich sein. In der Zwischenzeit ist es sinnvoll, Belastungsformen zu wählen, die ihren Energiebedarf weniger über den Kohlenhydratabbau decken. Im Training wäre also z. B. ein Dauertraining unterhalb der aeroben Schwelle mit Tempoarbeit, Schnellkraft- oder anderen Formen des Krafttrainings zu koppeln;

- Das aktive Aufwärmen (warming up) vor Training und Wettkampf hat neben einer Erhöhung der Durchblutung und der Steigerung der Körpertemperatur auch die Anregung des Stoffwechsels und eine Verbesserung der Geschmeidigkeit des Muskel- und Bandapparates zur Folge;
- Das Auslaufen (cooling down) nach Belastungsende erhält die ver-
126 stärkte Durchblutung und fördert damit die Entfernung der Stoffwech-
127 selschlacken aus der Muskulatur. So führen leichtere körperliche Bela-
128 stungen nach einem Wettkampf zu einem schnelleren Sinken des Laktat-
129 spiegels.

Zusammenfassung

- Die Regeneration nach Belastung kann durch richtige Trainingsplanung, Belastungssteuerung, Anwendung verschiedener Trainingsformen, Aufwärmen und cooling down günstig beeinflußt werden.
- Aufgaben der Physiotherapie bei der Prävention und Rehabilitation sind Trainingsberatung, Wettkampfbetreuung, physikalische und Erste-Hilfe-Maßnahmen bei Verletzungen.

Erich Christmann / Olaf Kortmann / Thomas Zimmer

2.9 Belastungszyklen

Soll eine Leistungssteigerung und -stabilisierung im Trainingsjahr erreicht werden, müssen

- die Trainingsinhalte auf die Zeitpunkte im Trainingsjahr, die jeweiligen Trainingsziele und das Leistungsvermögen von Spielern und Mannschaft abgestimmt werden;
- Umfang und Intensität der Belastung durch bestimmte Trainingsmethoden und -mittel variiert werden;

- Belastungs- und Erholungsrhythmus so gestaltet werden, daß es zu keiner Überforderung kommt.

Die Grundlagen der Steuerung von Trainingsbelastungen behalten hierbei auch in den kürzeren Belastungszyklen prinzipiell ihre Gültigkeit (vgl. 1.4 und 1.5).

Dabei ergibt sich ein System miteinander verflochtener längerfristiger (Vorbereitungs-, Wettkampf-, Übergangsperioden, Makrozyklen), mittelfristiger (Mesozyklen) und kurzfristiger (Mikrozyklen) Belastungszyklen.

Die Zyklen erfüllen spezifische Funktionen: Einleitung, Grundlagenentwicklung, Vorbereitung, Stabilisierung, Kontrolle, Wiederherstellung (vgl. Tab. 2.9.1).

Die Notwendigkeit eines Wechsels zwischen den verschiedenen Arten von Belastungszyklen ergibt sich aus der gesetzmäßigen Wechselbeziehung zwischen Belastung und Erholung. Die Trainingssteuerung entspricht diesem Prinzip durch Veränderung der Trainingsschwerpunkte (-inhalte) und des Verhältnisses von Umfang und Intensität in den Zyklen. Erst der planmäßige Wechsel macht es möglich,

- Spieler und Mannschaft an die Leistungsgrenze zu führen (Ausbelastung);
- die Superkompensation voll zur Wirkung zu bringen;

Tab. 2.9.1: Belastungszyklen und ihre Funktionen
(vgl. Berger/Minov 1984, 1985; Tschiene 1985)

Funktion / Zyklus	Einleitung	Grundlagen	Vorbereitung	Stabilisierung	Kontrolle	Wiederherstellung	
Trainingsjahr	Vorbereitungsperiode			Wettkampfperiode		Übergangsperiode	
Makrozyklus (MAZ)	I Allgemein vorbereitende Phase	II Speziell vorbereitende Phase	III Vorwettkampfphase				
Mesozyklus (MEZ) ca. 2–6 Wochen	Einleitender MEZ	Grundlegender MEZ	Vorbereitungs- und Kontroll-MEZ	Vervollkommnungs-MEZ	Vorwettkampf-MEZ	Zwischen-MEZ Typ A	Zwischen-MEZ Typ B
Abkürzung	E	G	VK	Vv	Vw	ZA	ZB
Mikrozyklus (MIZ) ca. 1–2 Wochen	Allgemein vorbereitender MIZ	Speziell vorbereitender MIZ	Wettkampfvorbereitungs-MIZ	Wettkampfvorbereitungs-MIZ	Wettkampf-MIZ	Wiederherstellungs-, Entlastungs-MIZ	
Abkürzung	A	S	Wv	Wv	W	Wh	

- sich auf bestimmte Hauptaufgaben in einer sinnvollen Reihenfolge konzentrieren zu können;
- Erholung und Wiederherstellung zu beschleunigen;
- Spieler und Mannschaft zu bestimmten Wettkampfterminen in die bestmögliche Verfassung zu bringen;
- Monotonie und psychische Übersättigung auch bei hohem Trainingsumfang zu reduzieren.

Perioden

Im Volleyball kommt es in der Spielsaison zu einem zyklischen Wechsel zwischen höherer und geringerer Wettkampfbelastung. Bei Wettkampfmannschaften muß besonderer Wert auf die zeitliche Optimierung von Leistungshöhepunkten gelegt werden, da Leistungsstand und Belastung wegen der Gefahr der Überlastung nicht im ganzen Trainingsjahr an der Leistungsgrenze liegen können. Das Ziel besteht darin, bei der Mannschaft in der Vor- und Rückrunde, bei Pokalspielen und wichtigen Turnieren die optimale Form zu erreichen.
Grundlage für die Periodisierung sind die Termine der Punkt-, Pokal- und Auswahlspiele auf regionaler, nationaler und internationaler Ebene. Auf unterem und mittlerem Leistungsniveau ist eine *Doppelperiodisierung* (vgl. Abb. 2.9.1), auf höherem Leistungsniveau eine *Dreifachperiodisierung* (vgl. Abb. 2.9.2) erforderlich. Für Spitzenspieler/-innen wird aus der Wettkampfhäufigkeit ersichtlich, daß das Leistungsniveau im Spieljahr auf einer hohen Stufe gehalten und für besonders wichtige Wettkämpfe noch einmal gesteigert werden muß (vgl. Abb. 2.9.3). Deshalb sind hier die Makro-, Meso- und Mikrozyklen die entscheidenden Steuerungsinstrumente der Trainingsbelastung.

Im *Jugendtraining* und im Breiten- und Freizeitsport haben die Wettkampftermine nicht die zentrale trainingssteuernde Funktion. Besonders im Schülerbereich stellen Wettkämpfe auf Vereins-, Stadt-, Kreis- und Schulebene in erster Linie ein Mittel dar, den Trainingsprozeß abwechslungsreich und motivierend zu gestalten. Von daher ist eine starre Periodisierung wie im Erwachsenentraining nicht angemessen und folgendes Strukturschema zu empfehlen (Abb. 2.9.4). Sehr häufig ist gerade auch die Art des Trainings Ursache dafür, daß viele talentierte Jugendliche die Sportart Volleyball verlassen. Gefahren bestehen vor allem darin, daß
- bei noch nicht abgeschlossenem Entwicklungsstand bereits Maximalleistungen und zu viele Wettkämpfe gefordert werden (z. B. Zugehörigkeit zu Jugend- und Aktivenmannschaften);
- die kindgemäße Entwicklung durch die Härte, Planmäßigkeit, Zielstrebigkeit, die Anspannung, den Ernst und die Monotonie vieler Trainings- und Wettkampfsysteme beeinträchtigt werden kann;

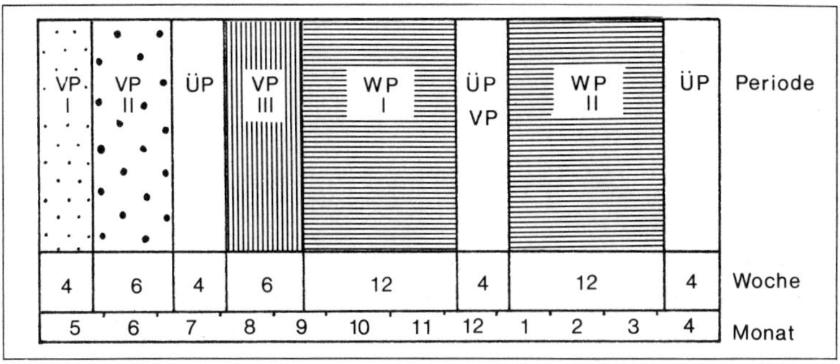

Abb. 2.9.1: Möglicher Zeitrahmen einer Doppelperiodisierung

Abb. 2.9.2: Möglicher Zeitrahmen einer Dreifachperiodisierung

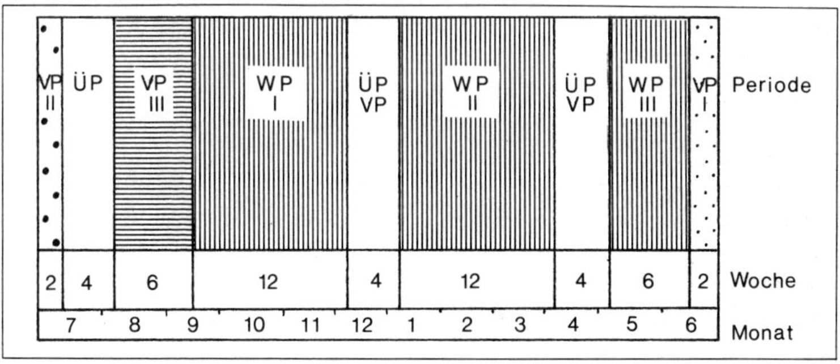

Abb. 2.9.3: Strukturschema des Hochleistungstrainings (Starischka / Tschiene 1977, 278)

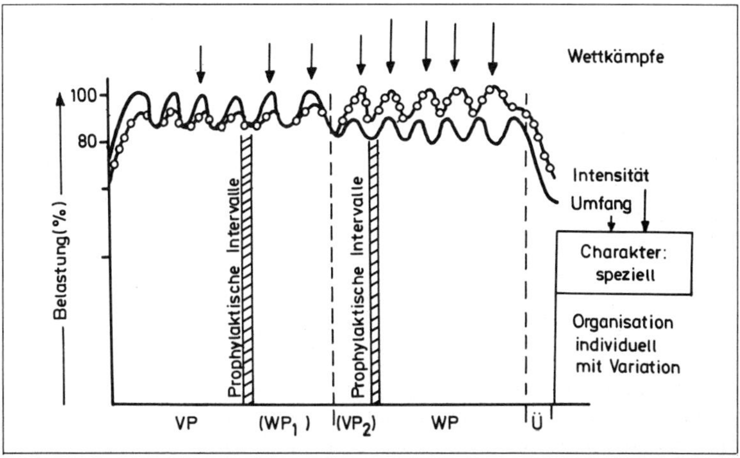

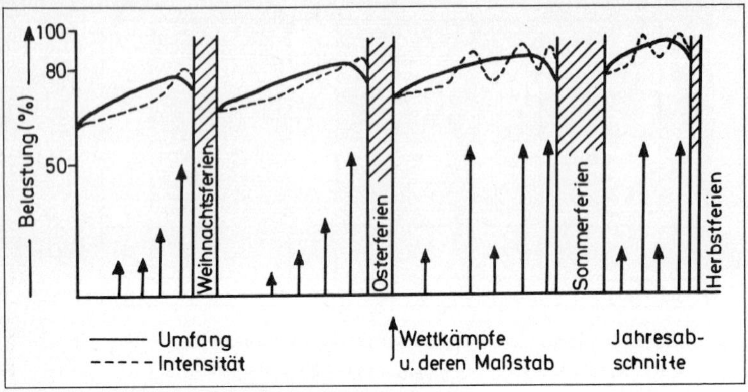

Abb. 2.9.4: Strukturschema des Kindertrainings (STARISCHKA / TSCHIENE 1977, 277)

- die Einschränkung der Bewegungsformen auf rein volleyballspezifische Handlungen zu einseitigen Anforderungen und Überlastungen führen kann;
- der Reiz des Neuen bereits in der Jugendklasse verlorengeht (z. B. Erringung nationaler Titel bereits im Jugendalter);
- eine kurzfristige Erfolgsmotivation überwiegt und der Aufbau einer langfristigen Leistungsmotivation vernachlässigt wird.

Diesen Tendenzen im Jugendtraining muß ein vielseitiger und *entwicklungsgemäßer Leistungsaufbau* gegenübergestellt werden, mit der

- vorrangigen Berücksichtigung der entwicklungsgemäßen und individuellen Leistungsfähigkeit;
- langfristigen Planung des Optimums – nicht des Maximums – im frühen Alter durch abgestimmte und kontinuierliche Steigerung der Belastung;
- vielseitigen motorischen, konditionellen und koordinativen Ausbildung als Grundlage späterer Höchstleistung.

Jede Spielsaison wird in Abhängigkeit vom Leistungsniveau in Vorbereitungsperioden (VP), Wettkampfperioden (WP) und Übergangsperioden (ÜP) gegliedert. Jede Periode zeichnet sich durch Besonderheiten hinsichtlich der Ziele, Inhalte, des Trainingsumfangs, der Intensität, der Organisation und der Methoden aus (vgl. Tab. 2.9.2, Tab. 2.9.3, Tab. 2.9.4).
Über den Zeitrahmen und die jeweiligen Inhalte in den Perioden hinaus sind die Anteile der verschiedenen Inhalte und die Veränderung der Belastung (Umfang, Intensität) bedeutsam. Dies betrifft besonders die Relationen des Konditions-, Koordinations-, Technik- und Taktiktrainings (vgl. Abb. 2.9.5). Tabelle 2.9.5 enthält Orientierungswerte für Mannschaften mit 3–4 Trainingseinheiten pro Woche. Differenziert man die Inhalte

Tab. 2.9.2: Merkmale des Trainings in den Vorbereitungsperioden

Ziele des Trainings in den Vorbereitungsperioden sind:
- Entwicklung allgemeiner und volleyballspezifischer konditioneller und koordinativer Fähigkeiten,
- Verbesserung der Technik und Individualtaktik,
- Erarbeitung und Verbesserung von gruppen- und mannschaftstaktischen Maßnahmen.

Die Vorbereitungsphase bei Mannschaften mit zwei Wettkampfperioden (Vor- und Rückrunde) sollte drei Abschnitte haben:

1. Allgemein vorbereitende Phase

Ziele

Entwicklung der verschiedenen allgemeinen und spielbezogenen Ausdauer- und Kraftkomponenten (vgl. 2.3 und 2.4).

Inhalte

Gymnastik, Leichtathletik (Fahrtspiel, Waldläufe, Bergaufläufe), Schwimmen, andere Spiele und Sportarten.

Umfang

ca. 4 Wochen bei 4–5 mal Training pro Woche, zum Ende der Phase ansteigend.

Intensität

60–100 %.

Methoden und Organisation

Ausdauerschulung in der Reihenfolge: aerob, gemischt aerob-anaerob, anaerob-laktazid, anaerob-alaktazid nach Dauer- und Intervallmethoden.
Krafttraining in der Reihenfolge allgemeine Kraft, Schnellkraft, Explosivkraft nach Intervall- und Wiederholungsmethoden.
Dieses Training kann von den Spielern z. T. individuell oder auch in anderen Trainingsgruppen durchgeführt werden, um Sättigungserscheinungen bei den Interaktionen in der Mannschaft vorzubeugen.

2. Speziell vorbereitende Phase

Ziele
- Entwicklung der volleyballspezifischen konditionellen und koordinativen Fähigkeiten,
- Aneignung neuer technischer Fertigkeiten und individual-, gruppen- und mannschaftstaktischen Verhaltens,
- Stabilisierung der vorhandenen Fähigkeiten.

Inhalte

Gymnastik, Leichtathletik (Schnelligkeits-, Schnellkraft-, Ausdauerdisziplinen), volleyballspezifisches Circuittraining (Schnelligkeit, Schnellkraft, Schnelligkeitsausdauer), Technik-, Taktikschulung, 3–4 Trainingsspiele.

Umfang

ca. 4 Wochen, 4 mal Training und 1 Trainingsspiel.

Intensität

70–100 %, gegen Ende fallend.

Methoden und Organisation

Verschiedene Trainingsmethoden, Heterochronismus, Mannschaftstraining und individuelles Training besonders im Ausdauerbereich.

3. Vorwettkampfphase

Ziele

- Erreichen bzw. Vorbereitung des individuellen Leistungshöhepunktes,
- je nach Spielplan Erreichung bzw. Vorbereitung einer optimalen Mannschaftsleistung,
- Unmittelbare Wettkampfvorbereitung,
- Integration neuer Spieler und Herausfinden der optimalen Aufstellung (‹Ideale Paare›) und Trainieren der Spieler-, Rhythmus-, Tempo-, Taktikwechsel.

Inhalte

Variation der Inhalte der speziell vorbereitenden Phase mit starker Schwerpunktverlagerung auf die Technik- und Taktikschulung, 4–6 Trainingsspiele gegen immer stärkere Mannschaften, 1–2 Wochen Trainingslager mit Trainingsspielen.

Umfang

Nach dem Urlaub bis zum Beginn der Spielrunde 4mal pro Woche und ein Trainingsspiel oder 3mal und 2 Trainingsspiele.

Intensität

70–100 %, schnell ansteigend, gegen Ende fallend.

Methoden und Organisation

Verschiedene Trainingsmethoden, Heterochronismus, Mannschaftstraining, Rehabilitative Maßnahmen, Freizeitgestaltung im Trainingslager.

Tab. 2.9.3: Merkmale des Trainings in den Vorbereitungsperioden

Ziele des Trainings in den Wettkampfperioden sind:

- Stabilisierung des hohen konditionellen, koordinativen, technischen und taktischen Leistungsniveaus,
- Steigerung der Leistungsfähigkeit für wichtige Spieltermine,
- Vermeidung von Monotonie und Übertraining.

Inhalte

Erhalt der Ausdauerleistungsfähigkeit, Stabilisierung von Schnelligkeit, Sprungkraft und Sprungkraftausdauer, Dominanz der Technik- und Taktikschulung, Einstellung auf den jeweils nächsten Gegner, Trainingsspiele, Entwicklung optimaler Angriffs- und Abwehrtaktiken, Stabilisierung des Mannschaftsgefüges und evtl. Umstellungen, wettkampfspezifische Trainingsinhalte, Spezialübungen überwiegen, allgemein entwickelnde Übungen zur aktiven Erholung.

Umfang

Je nach Spielklasse 2mal ca. 10 Wochen mit vier Wochen Unterbrechung über die Jahreswende, wie in der Vorwettkampfphase 2–4mal Training pro Woche (außer Spitzenbereich).

Intensität

70–90 %, Schwankungen in den Zyklen.

Methoden und Organisation

Circuittraining zur Stabilisierung der Kondition und Koordination, Spezialtraining für Einzelspieler und Mannschaftsteile, Intervallmethoden, Regenerative Maßnahmen.

Die *Ziele* in den Übergangsphasen sind
- die physische und psychische Erholung,
- das Auskurieren langwieriger Verletzungen,
- das Erhalten der Leistungsfähigkeit auf mittlerem Niveau.

Es lassen sich drei Abschnitte unterscheiden:

1. Phase (direkt nach Saisonende)
Inhalte
z. B. Schwimmen, Tischtennis, belustigende Ball- und Turnübungen, freie Beschäftigung, kein Volleyball.
Umfang
2 Wochen, 2–3 Trainingseinheiten pro Woche.
Intensität
50–60 %.
Methoden und Organisation
Individuelles und Mannschaftstraining.

2. Phase
Inhalte
z. B. Schwimmen, Turnen, Basketball, Handball, Fußball, Tischtennis, Gymnastik, Hanteltraining, Sprungseilübungen, Volleyball (Technik- und Taktiklernprozesse), keine Wettspiele.
Umfang
3 Wochen, 3–4 Trainingseinheiten pro Woche.
Intensität
ansteigend von 60–80 %.
Methoden und Organisation
Individual- und Mannschaftstraining, Ausdauermethoden, Methoden des Krafttrainings.

3. Phase (Urlaub)
Inhalte
aktive Erholung, Urlaubssportarten, Ausdauersport, Schwimmen, Lauf.
Umfang
4 Wochen.
Intensität
gering bis mittel, 50–70 %.
Methoden und Organisation
keine Festlegungen.

Tab. 2.9.4: Merkmale des Trainings in den Übergangsperioden

unter Berücksichtigung der Trainingszeit von ca. acht Stunden pro Woche über eine Spielsaison hin aus, erhält man einen *Rahmentrainingsplan* für das Trainingsjahr mit den Inhalten: Allgemeine Kondition/Koordination, Spezielle Kondition/Koordination, Allgemeine Technik und Individualtaktik, Spezialtraining für Einzelspieler und Gruppentaktik (z. B. Steller,

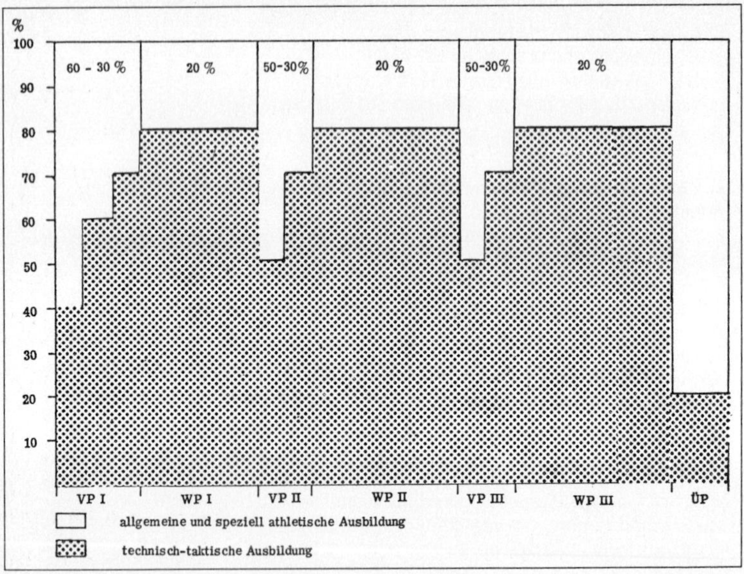

Abb. 2.9.5: Prozentuale Verteilung der Trainingsinhalte bei einer Dreifachperiodisierung (DELTOW / HERCHER / KONZAG 1981, 136)

Angriffskombinationen, Dreierblock), Mannschaftstaktik und Spielstrategie (Abb. 2.9.6).

Dieser *Jahresplan* kann aber nur eine generelle Orientierung für die Trai-
130 ningsplanung darstellen, die in Abhängigkeit von den Wettkampfterminen und dem Verlauf der Spielsaison präzisiert werden muß.

Im *Leistungsbereich* ergibt sich allerdings die Notwendigkeit, die Grundstruktur der Periodisierung aus einer Reihe von Gründen zu modifizieren:

- Der hohe Belastungsumfang der allgemeinen konditionellen Vorbereitung bei niedriger Intensität bedeutet eine verzögerte Übertragung der Trainingswirkung auf die spezielle Spielleistung, da die Ermüdung zu groß und die Trainingswirkungen nicht spezifisch genug sind.
- Die großen Belastungswellen des Periodisierungsschemas lassen die unterschiedlichen individuellen Anpassungsvorgänge bei den einzelnen Spielern und die Anforderungen der verschiedenen Rollenspezialisierungen (Steller, Angreifer) unberücksichtigt. So ist es ein wichtiges Ziel der Trainingsgestaltung, durch differenzierte Belastungen die individuellen Leistungshöhepunkte so zu terminieren, daß die ganze Mannschaft zu einem bestimmten Zeitpunkt in optimaler Verfassung ist.
- Die Belastungsprinzipien sind auf die Leistungsentwicklung beim Ein-

Inhalt / Periode	überwiegend ohne Ball	%	mit Ball	%
Vorbereitungsperiode I/II (3–4 × 2 Std. = 420 Min.)	Allgemeine Kondition Ausdauer: 3–4 × 20–25 Min. = 80 Min. Kraft: 2–3 × 50 Min. = 125 Min. Schnelligkeit: 2–3 × 10–15 Min. = 30 Min. 235 Min.	55	Spezielle Kondition 2–3 × 20 Min. = 50 Min. Technik/Taktik 3–4 × 40 Min. = 155 Min. 205 Min.	12 33 45
Vorbereitungsperiode II/III (4 × 2 Std. = 480 Min.)	Spezielle Kondition Ausdauer: 3×2 × 10–15 Min. = 70 Min. Kraft: 3 × 40 Min. = 120 Min. Schnelligkeit: 4 × 15 Min. = 60 Min. 250 Min.	50	Spezielle Kondition/Ausdauer 3 × 20 Min. = 60 Min. Technik/Taktik 4 × 40–45 Min. = 170 Min. 230 Min.	12 38 50
Wettkampfperiode (3–4 × 2 Std. = 420 Min.)	Allgemeine/spezielle Kondition Ausdauer: 2 × 20–25 Min. = 40 Min. Kraft: 1–2 × 45 Min = 60 Min. Schnelligkeit: 2–3 × 20 Min. = 50 Min. 150 Min.	35	Spezielle Ausdauer 1 × 45 Min. = 60 Min. Technik/Taktik 3–4 × 60 Min. = 210 Min. 270 Min.	15 50 65

Tab. 2.9.5: Umfang der Trainingsinhalte in den Trainingsperioden für Mannschaften mit 3–4 Trainingseinheiten pro Woche (vgl. Voigt 1986, 48)

zelspieler im konditionellen Bereich hin konzipiert. Für die taktische, technische und mannschaftliche Gesamtleistung müssen deshalb weitergehende Überlegungen zur Gestaltung des gesamten Trainingsprozesses angestellt werden.

Neuere Tendenzen – vom Leistungstraining in den Kraftsportarten ausgehend – stellen deshalb drei Bereiche in den Vordergrund:

Veränderung der Relation des allgemeinen zum speziellen Training

Die Verlagerung erfolgt über einen systematischen Wechsel von allgemeiner und spezieller Belastung mit aktiven Erholungsphasen nach dem Pendelprinzip (vgl. Abb. 2.9.7) oder durch sprungartige Steigerung der Belastung in kurzen Wellen. Man geht dabei vom Kontrast der Trainingswirkungen auf den Organismus aus und steigert die spezielle Belastung vor den wichtigen Wettkämpfen. 131

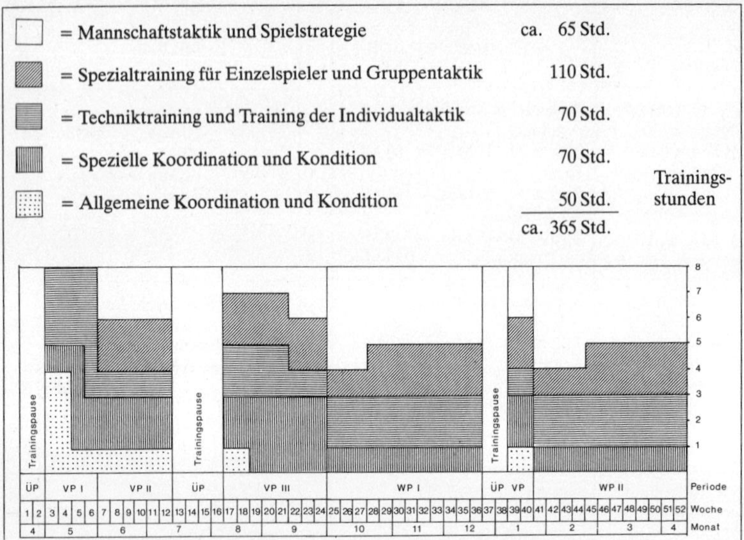

Abb. 2.9.6: Jahrestrainingsplan bei einer Doppelperiodisierung (vgl. DELTOW/HERCHER/KONZAG 1981, 141)

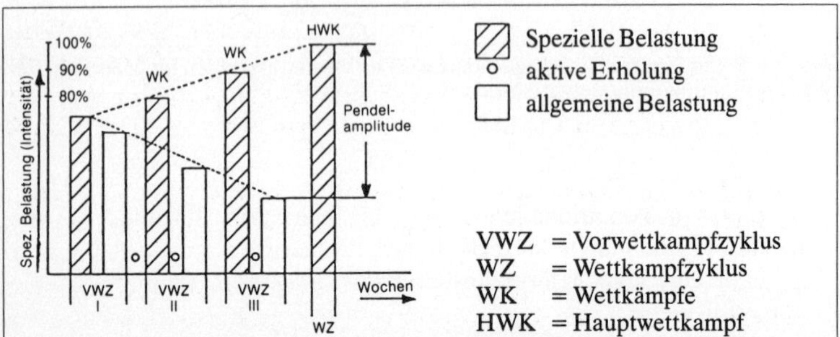

Abb. 2.9.7: Trainingsstruktur nach dem Pendelprinzip (vgl. TSCHIENE 1985, 5f)

Die Blockstruktur des Trainings

Im Spitzentraining werden die einzelnen konditionellen, koordinativen, technischen und taktischen Komponenten des Volleyballspiels im gesamten Jahrestraining stärker berücksichtigt und in Blöcken trainiert. Nach dieser Blockstruktur ist z. B. das Krafttraining in mehreren Blöcken über das Trainingsjahr verteilt (Abb. 2.9.8 und 2.9.9). *Zustandsdynamik* und *Belastungsverteilung* sind eng aufeinander bezogen.

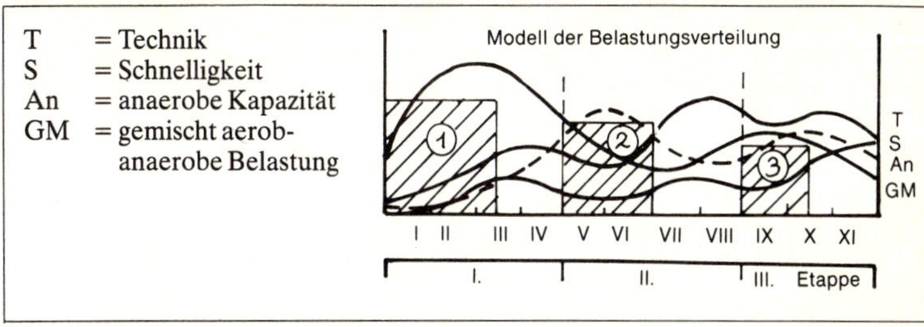

Abb. 2.9.8: Belastungsverteilung beim Blockprinzip (vgl. TSCHIENE 1985, 8)

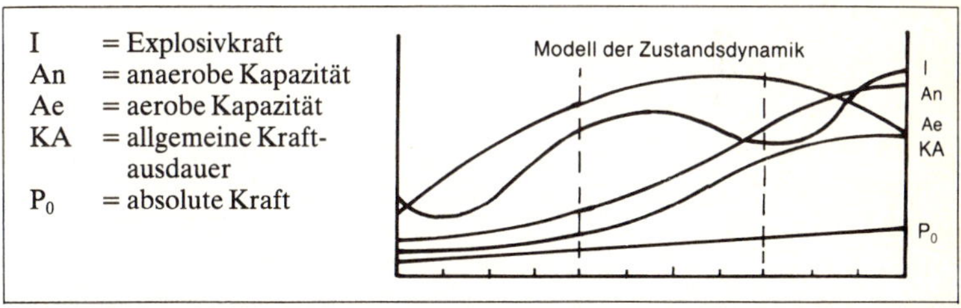

Abb. 2.9.9: Zustandsdynamik beim Krafttraining nach dem Blockprinzip (vgl. TSCHIENE 1985, 8)

Die verschiedenen Leistungskomponenten des Volleyballspiels bilden nach dieser Trainingsstruktur die Kerne der Periodisierung, die von einer im Umfang geringen allgemeinen konditionellen Vorbereitung begleitet werden. Für das Hochleistungstraining ergeben sich daraus folgende Merkmale:

- Eine starke Wellenförmigkeit der Belastung in kurzen Phasen, verursacht durch häufigere und sehr ausgeprägte Belastungswechsel bei Trainingsinhalten, -umfang und -intensität;
- eine hohe Belastungsintensität in relativ kurzen Trainingseinheiten;
- ein dominierend wettkampfspezifischer Charakter der Belastung;
- ein gesteuertes Wettkampfsystem für die Mannschaft als spezifische intensitätsbestimmende Maßnahme der Formentwicklung und -erhaltung;
- Einlegung prophylaktischer Intervalle wegen der stark lokal wirkenden wettkampfspezifischen und damit hochintensiven Belastungen;
- eine geringe Differenz (ca. 20 %) des Belastungsumfangs zwischen Vorbereitungs- und Wettkampfperiode. 132

Individualisierung und Differenzierung der Trainingsbelastung

Die Notwendigkeit zur stärkeren Differenzierung und Individualisierung in der Trainingspraxis des Mannschaftssports ergibt sich aus der Erkenntnis, daß die funktionelle Anpassung an Trainingsbelastungen besonders im konditionellen und koordinativen Bereich unterschiedlich verläuft. Für den Trainer ist es wichtig, die Entwicklungsverläufe des Leistungsniveaus bei der Mannschaft und den Einzelspielern über eine Leistungsdiagnose herauszufinden. Erkenntnisse aus Untersuchungen in den Individualsportarten deuten darauf hin, daß es verschiedene *Reaktionstypen* gibt, die jeweils nach 2, 3, 4, 5, 6 oder 7 Monaten mit spezifischen Leistungssteigerungen reagieren. Dann folgt oft ein Monat Erhaltung und ein Monat lang ein gewisses Absinken der Leistung.

133

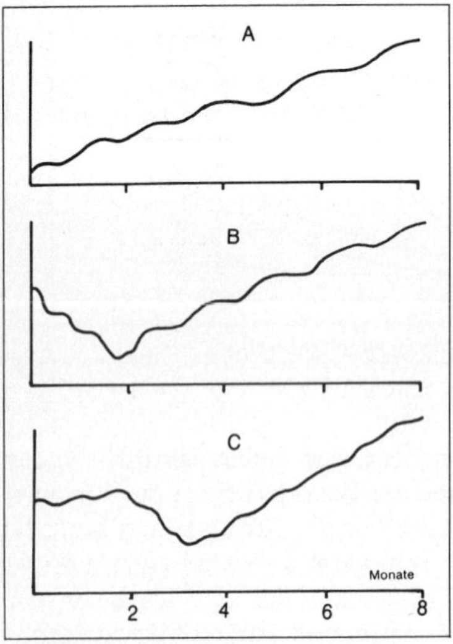

Abb. 2.9.10: Verlauf der Topform-Entwicklung bei drei Gruppen von Sportlern (vgl. TSCHIENE 1985, 12)

Sportmedizinische Untersuchungen zeigen, daß bei gleicher Belastung in jedem Organismus spezifische Anpassungsprozesse erfolgen. Von daher können die genannten Reaktionstypen und auch die unterschiedlichen Verläufe der *Topform-Entwicklung* (Abb. 2.9.10) eine gewisse Orientierung für die gezielte Beobachtung und differenziertere Gestaltung des Trainings für die einzelnen Spieler sein, die eine Optimierung der Mannschaftsleistung ermöglicht.

Damit lassen sich für die Trainingsgestaltung im Spitzenbereich einige allgemeine Prinzipien formulieren:

- Jede Entwicklungsphase oder Periode der *Leistungssteigerung* wird durch eine Phase relativer *Stabilisierung* abgeschlossen. Der Organismus paßt sich dabei offensichtlich an die spezifischen Trainingsmittel und -methoden an.
- Die Phase der Stabilisierung kann durch *Variation der Belastungsinhalte* bis zu einem Monat verlängert werden. Für die Formsteuerung im Volleyballspiel mit längeren Wettkampfphasen ist dies besonders bedeutsam.
- Durch *Belastungsvariation* bei Umfang und Intensität kann eine *Formsteuerung* auf einen bestimmten Spieltermin hin erfolgen.
- Bei insgesamt angestiegenem Belastungsumfang sind die verschiedenen Arten der Vorbereitung komplexer anzuwenden. So kann z. B. die Intensität der *Wettkampfübungen* in der Reihenfolge wie folgt variiert werden:

1. Übungsversuche mit niedriger Intensität,
2. 2, 6 oder 10 Versuche mit maximaler Intensität,
3. Versuche mit submaximaler Belastung und hoher Wiederholungsanzahl.

- Das *Trainings- und Wettkampfsystem* ist strukturell in die Teile Training, Wettkampf und Regeneration in kürzeren Phasen über das Jahr hin aufzuteilen. Es wird damit von den traditionellen Formen der Trainingsplanung mit starren Perioden abgerückt. An seine Stelle treten mehrere *Trainings- und Wettkampfkomplexe,* d. h. die Vorbereitung auf bestimmte Termine oder Jahresschwerpunkte durch Belastungssteigerung von einem ganzjährig hohen Leistungsniveau aus.
- Überwindung des Widerspruchs zwischen dem Charakter der Belastung unter wettkampf- und trainingsspezifischen Bedingungen. Die Spezifik der Wettkampfsituation muß im Training inhaltlich, methodisch und organisatorisch stärker berücksichtigt werden.
- Die Jahresplanung stellt lediglich eine generelle Orientierung für die Trainingsgestaltung dar. Der Schwerpunkt der Trainingssteuerung liegt in der Optimierung der Makro-, Meso- und Mikrozyklen. 134

Mesozyklen

In den *Vorbereitungsperioden* werden Einheiten von 2–6 Wochen mit bestimmten Trainingsschwerpunkten (Einleitung, Grundlagen, Vorbereitung, Kontrolle) gebildet (vgl. Tab. 2.9.6).

In der *Wettkampfperiode* wird die Dauer der Meso- und Mikrozyklen durch die Spieltermine und ihre Gewichtung vorgegeben. Je nach Saisonziel (z. B. Meisterschaft, Spitzengruppe, Mittelfeld, Klassenerhalt) muß der Trainer Mesozyklen unterschiedlicher Dauer festlegen, an deren Ende eine Leistungssteigerung für die wichtigen Spiele möglich wird. Die Inhalte dieser *Wettkampf-Mesozyklen* ergeben sich aus der Auswertung der vergangenen Wettkämpfe und den Bedingungen der Mannschaft des kommenden Gegners (vgl. Tab. 2.9.7).

Die weniger wichtigen Spiele (z. B. zu starke/schwache Gegner) werden dabei als *Kontrollwettkämpfe* eingestuft. Dieser unterschiedlichen Gewichtung der Spiele aus der Sicht der Belastungssteuerung im Training muß auf der Ebene der psychologischen Einstellung auf den Gegner entgegengewirkt werden. Der Trainer muß die Mannschaft motivieren, starke/schwache Gegner nicht zu über-/unterschätzen und in jedem Spiel ein optimales Ergebnis zu erzielen. Hierbei spielt eine sinnvolle Zielvorgabe (z. B. ‹sich-teuer-verkaufen›, Gewinn eines Satzes, Verlust keines Satzes) eine wichtige Rolle.

Die *Zwischen-Mesozyklen* in den Übergangsperioden dienen der Regeneration und dem Wiederaufbau der Leistungsfähigkeit. (Tab. 2.9.8) Aus pragmatischen Gründen ist es sinnvoll, die Detailplanung der Meso- und

Arten	Ziele	Inhalte
Einleitender Mesozyklus (E)	Kontrolle, Wiederherstellung und Sicherung der allgemeinen konditionellen und koordinativen Fähigkeiten	Allgemeinentwickelnde Übungen mit steigendem Umfang und mittlerer Intensität (vgl. 2.3, 2.4)
Grundlegender Mesozyklus (G)	Training der volleyballspezifischen Kondition und Koordination, Technik, Taktik und Mannschaftsformung	Konditions-, Koordinations-, Technik-, Taktiktraining mittels Komplex- und Spezialübungen (vgl. 2.3–2.5)
Vorbereitungs- und Kontroll-Mesozyklus (VK)	Unmittelbare Vorbereitung von Kontrollwettkämpfen, Prüfung der Leistungsfähigkeit bei den einzelnen Leistungskomponenten (vgl. 1.2, 1.8, 2.1, 2.10), Erproben von Spieltaktik und -strategie, Mannschaftsaufstellung, Auswechslungen	Leistungskontrollen, Kontrollwettkämpfe, Spezialübungen, Training der Spieltechnik und -strategie (2.6), Regenerationsmaßnahmen (2.8) und Psychoregulation (2.7), Spielbeobachtungen und -auswertungen (1.7)

Tab. 2.9.6: Mesozyklen in den Vorbereitungsperioden

Arten	Ziele	Inhalte
Vervoll-kommnungs-Mesozyklus (Vv)	Beseitigung erkannter Schwächen, Korrektur von Fehlern, Ausgleich von Defiziten	Spezialübungen, Individuelles Training
Vorwettkampf-Mesozyklus (Vw)	Vorbereitung auf bedeutsame Spiele, Einstellung auf den jeweiligen Gegner, Einüben taktischer Maßnahmen für einzelne Spieler und Mannschaftsteile	Spezialübungen für Individual-, Gruppen- und Mannschaftstaktik, Analyse von Videoaufnahmen des kommenden Gegners, Kontrollspiele, hohe Intensität, mentale Vorbereitung und Aktivierung

Tab. 2.9.7: Mesozyklen in den Wettkampfperioden

Arten	Ziele	Inhalte
Zwischen-Mesozyklus Typ A (ZA)	Regeneration nach relativ langer Wettkampfphase	Aktive Erholung, allgemeinbildende Übungen, andere Sportarten, geringe Intensität
Zwischen-Mesozyklus Typ B (ZB)	Wiederaufbau der Leistungskomponenten, Reaktivierung der Leistungsfähigkeit, Beseitigung von Schwächen	Spezialübungen, wenig Wettkämpfe, hoher Umfang, geringe Intensität

Tab. 2.9.8: Mesozyklen in den Übergangsperioden

Mikrozyklen im Rahmen der Gesamtperiodisierung unter Berücksichtigung der Leistungsentwicklung von Spielern und Mannschaft Schritt für Schritt vorzunehmen und den Trainingsplan für die Rückrunde erst nach der Vorrunde auf der Grundlage eventuell neuer Voraussetzungen zu präzisieren.
Die folgenden Beispiele stellen Möglichkeiten für die Gestaltung von Vorbereitungsperioden (Abb. 2.9.11, Abb. 2.9.12), einer Wettkampfperiode (Abb. 2.9.13), den Vorbereitungs-Makrozyklus einer Auswahlmannschaft auf eine internationale Meisterschaft (Abb. 2.9.14) und ein niveauabhängiges Krafttraining in der Saisonvorbereitung (Tab. 2.9.9) vor.

Abb. 2.9.11: Mesozyklen in der Vorbereitung zur Vorrunde bei einer Doppelperiodisierung

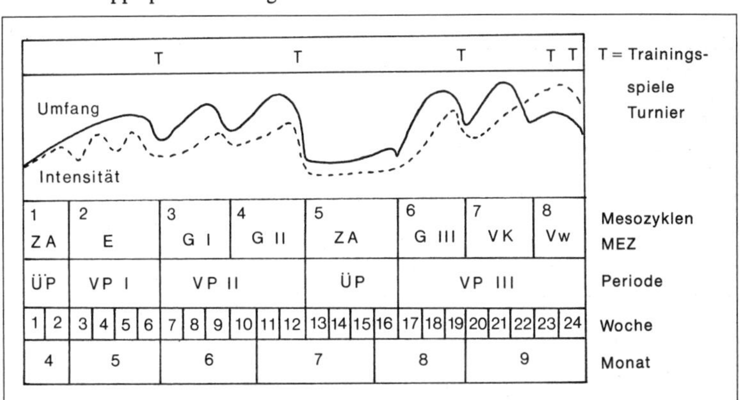

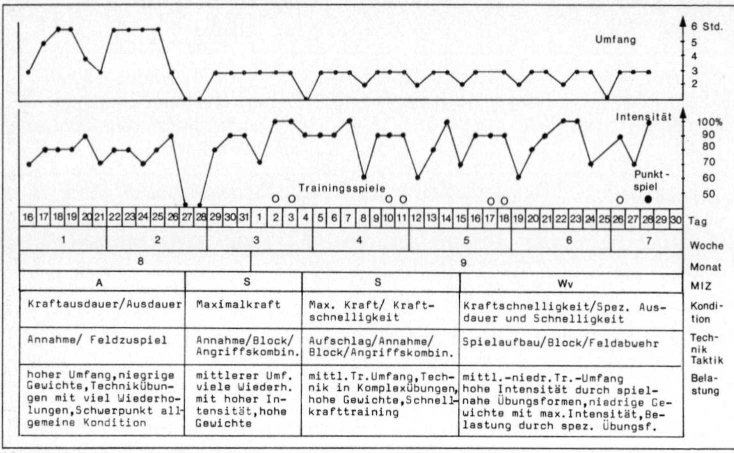

Abb. 2.9.12: Spezielle Vorbereitungsperiode bei einer Spitzenmannschaft

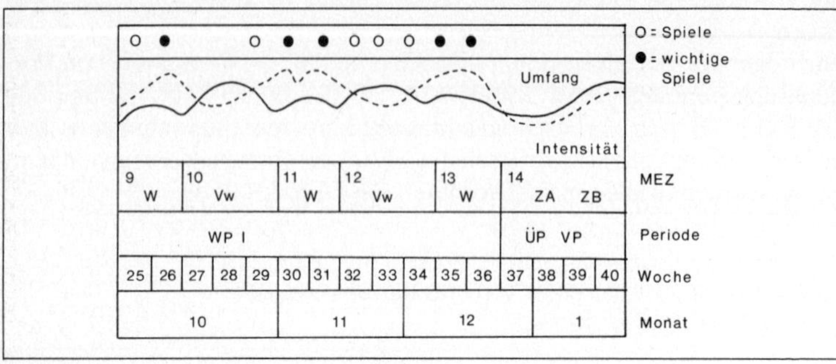

135 *Abb. 2.9.13:* Mesozyklen in der Wettkampfperiode I

Abb. 2.9.14: Makrozyklus und Mesozyklen bei der Vorbereitung auf internationale Meisterschaften

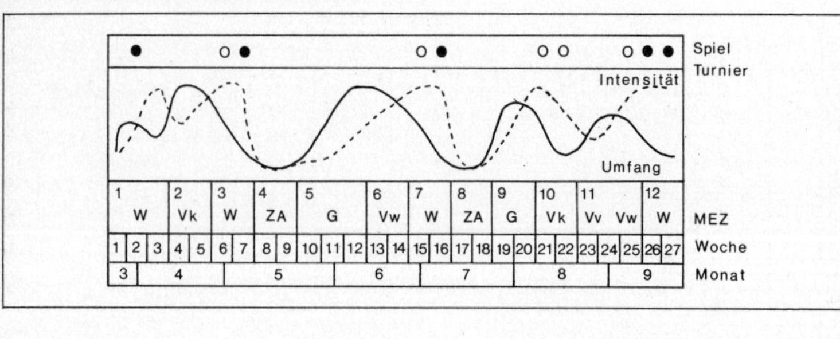

Kraft-Leistungsstärke	1. Woche	2. Woche	3. Woche	4. Woche	5. Woche	6. Woche	7. Woche	8. Woche	9. Woche	Wettkampf
gutes oder austrainiertes Kraftniveau	erhaltender Zyklus (Mischmethodik, Schnellkraft, Pyramide)	aufbauender Zyklus (submaximale + maximale Kontraktionen – Standard II / maximale konzentrische + exzentrische Kontraktionen)			erhaltender Zyklus (wie 1. Woche)	aufbauender Zyklus (wie 2.–4. Woche)		erhaltender Zyklus (vorwiegend Schnellkraftmethode)		
mittleres Kraftniveau	aufbauende Grundlagen (Mischmethodik / submaximale Kontraktionen – Schnellkraft / Pyramide / Standard II / Intensive Methode)		erhaltender Zyklus	aufbauender Zyklus (submaximale + maximale Kontraktionen)		erhaltender Zyklus	aufbauender Zyklus		wie oben	
unteres Kraftniveau	aufbauende Grundlagen (Mischmethode / submaximale Kontraktionen – Schnellkraft / Pyramide / Standard I)			erhaltender Zyklus	aufbauender Zyklus (submaximale + maximale Kontraktionen)		erhaltender Zyklus	aufbauender Zyklus	wie oben	
	K R A F T T R A I N I N G S I N H A L T E									

Tab. 2.9.9: Belastungszyklen bei einem niveauabhängigen Krafttraining in der Saisonvorbereitung (nach Voigt 1986, 49)

Mikrozyklen

Ein Mesozyklus besteht aus mehreren kleineren, regelmäßig wiederkehrenden Trainingsabschnitten (Mikrozyklen) mit jeweils relativ gleicher Aufgabenstellung und Belastungsstruktur. Der gezielte Einsatz von Mikrozyklen ist erforderlich, weil sich z. B. Kraft, Ausdauer oder Spielhandlungen nur durch wiederholtes Training herausbilden und festigen lassen. In der Fachliteratur gibt es noch kein einheitliches System einer Klassifikation und Benennung dieser Mikrozyklen, obwohl die Funktionen sich mit denen der Mesozyklen, Makrozyklen und Perioden vergleichen lassen (vgl. Tab. 2.9.1, S. 277). Je nach Trainingshäufigkeit dauern allgemein vorbereitende (A), speziell vorbereitende (S), Wettkampfvorbereitungs- (Wv), Wettkampf- (W) und Wiederherstellungs- (Wh) bzw. Entlastungs-Mikrozyklen (Abb. 2.9.15) einige Tage bis zwei Wochen. Bei den vorbereitenden Mikrozyklen kann noch zwischen einem einfachen und einem *Stoßmikrozyklus* unterschieden werden. Abbildung 2.9.16 enthält die Grundstrukturen der Belastung dieser vorbereitenden Mikrozyklen.

Die Belastungsstrukturen von Mikrozyklen unterscheiden sich je nach den Trainingszielen und -inhalten des Trainingszeitpunktes (Periode, Makro-,

Abb. 2.9.15: Typen und Aufgaben von Mikrozyklen (MIZ) (nach MATWEJEW 1981)

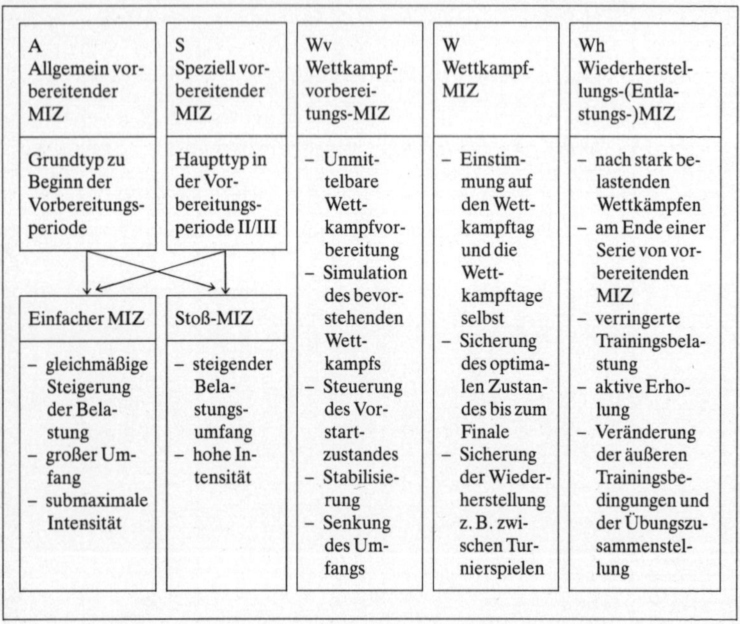

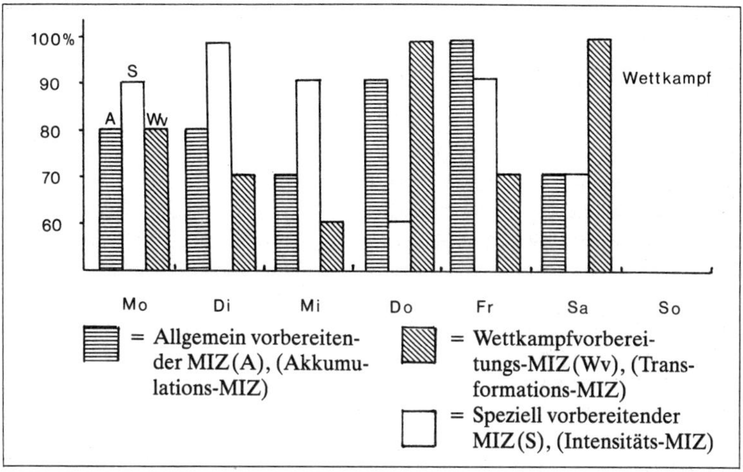

Abb. 2.9.16: Belastungsstruktur in den allgemein vorbereitenden MIZ, speziell vorbereitenden MIZ und Wettkampfvorbereitungs-MIZ (nach NIEMCZIK 1984)

Mesozyklus), den Aufgabenstellungen (z. B. Grundlagenausdauer, Technik-, Taktiktraining) und den Wettkampfterminen (z. B. Wochenende, Wochentag, wettkampffreie Wochen). So kann z. B. ein Mesozyklus zu Beginn der Vorbereitungsperiode mit den Schwerpunkten allgemeine und spezielle Koordination/Kondition vier Mikrozyklen umfassen (vgl. Abb. 2.9.17).

Abb. 2.9.17: Möglicher Belastungsverlauf in einem Mesozyklus zur Ausbildung der Kondition/Koordination zu Beginn der Vorbereitungsperiode bei täglichem Training (Technik- und Taktikanteile sind nicht berücksichtigt) (vgl. BERGER / MINOW 1984, 134)

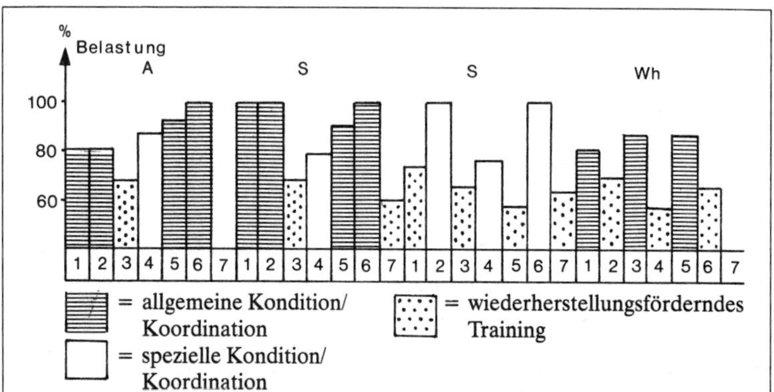

Nach drei Mikrozyklen mit relativ hohen Belastungen, in denen bereits entlastende Trainingseinheiten enthalten sind, folgt ein *Wiederherstellungs-Mikrozyklus*. Dadurch wird die Ermüdung, die sich trotz der Erho-
136 lungsphasen aufgestaut hat, abgebaut und ein Übertraining verhindert.
Sehr unterschiedlich kann auch die Struktur der Mikrozyklen selbst je nach Zeitraum, Aufgabe, Wettkampftermin und Trainingshäufigkeit sein. Dabei sind neben den organisatorischen Bedingungen (z. B. Hallenzeiten) der Trainingszustand der Spieler und die Regenerationszeiten der verschiedenen Belastungsformen zu berücksichtigen (vgl. Tab. 2.9.10). Je nach Belastungsart (aerob, anaerob, anabolisch, neuromuskulär) lassen sich verschiedene Regenerationsprozesse unterscheiden:

- die *laufende Regeneration* erfolgt während des Trainings durch die ständige ATP-Resynthese (vgl. 2.2) beim Training mit aerober Energiebereitstellung und beim Technik- und Schnelligkeitstraining mit kurzen Belastungen und mehrminütigen Pausen;
- die *Schnellregeneration* nach 1½–3 Stunden unmittelbar nach dem Training bei vorwiegend anaeroben Belastungen, bei denen die ATP-Resynthese im Training selbst nicht gewährleistet ist;
- die *unvollständige* und *vollständige Regeneration* mit der Auffüllung der Energiespeicher nach 12–72 Stunden.

Bei einem Mikrozyklus mit steigender Belastung ergeben sich einerseits größere Anpassungserscheinungen, andererseits dauert die Regeneration bei abnehmender Belastung weniger lang. Die Trainingseinheiten im Mikrozyklus – besonders bei zwei Trainingseinheiten am Tag – müssen so geplant werden, daß

- zu Beginn bei erhöhter Leistungsfähigkeit oder nach vollständiger Regeneration Trainingseinheiten mit den Schwerpunkten Koordination, Schnelligkeit, Maximalkraft, Technik, Taktik durchgeführt werden;
- anschließend bei unvollständiger Regeneration allgemeine und spezielle Kondition (besonders im Ausdauerbereich) trainiert werden.

Einzel-, Komplex- und Taktikübungen (Technik/Taktik) lassen sich nach mindestens 2–3 Stunden Pause wiederholen, wenn die Leistungsfähigkeit voll wiederhergestellt ist.
Eine wichtige Aufgabe des Trainers besteht darin, die *individuelle Regenerationsfähigkeit* seiner Spieler zu erkennen und diese durch eine sinnvolle Belastungsfolge, Entlastungszyklen und regenerative Maßnahmen zu fördern. Durch ein gezieltes Training verbessert sich nicht nur die Leistungs-, sondern auch die Regenerationsfähigkeit.
Die Belastungsstruktur von Mikrozyklen der Vorbereitungsphasen muß durch Variation der Inhalte und Belastungsformen, entlastende Intervalle und regenerative Maßnahmen auch mehrere Trainingseinheiten am Tag ermöglichen (vgl. Abb. 2.9.18, Tab. 2.9.11). Stehen nur 3–4 Trainingseinheiten in der Woche zur Verfügung, ergeben sich durch die Leistungskompo-

Regenerationsprozesse	mit aerober Energiebereitstellung (Laufen, Schwimmen, Rad)	mit gemischt aerob-anaerober Energiebereitstellung (Laufen u. a.)	mit anaerob-alaktazider und -laktazider Energiebereitstellung (Schnelligkeits-, Kraftübungen)	mit anaboler Wirkung (Maximalkraft)	mit Wirkung auf das neuromuskuläre System (Schnelligkeit, Technik)
laufende Regeneration	bei einer Intensität von 60–70 % findet laufende Regeneration statt				bei kurzen Belastungen nach der Wiederholungsmethode mit großen Pausen
Schnell-Regeneration (sehr unvollständig)		nach ca. 1½–2 Std.	nach ca. 2–3 Stunden		
90–95 %ige Regeneration (unvollständig mit guter Leistungsfähigkeit)	bei einer Intensität von 75–90 % nach ca. 12 Std.	nach ca. 12 Std.	nach ca. 12–18 Std.	nach ca. 18 Std.	nach ca. 18 Std.
vollständige Regeneration des Gleichgewichts der Stoffwechselprozesse (erhöhte Leistungsfähigkeit)	bei einer Intensität von 75–90 % nach ca. 24–36 Std.	nach 24–28 Std.	nach 48–72 Std.	nach 72–84 Std.	nach 72 Std.

Tab. 2.9.10: Regenerationsprozesse und -zeiten bei verschiedenen Trainingsbelastungen (nach GROSSER/NEUMAIER 1982, 19)
(Anm.: Diese Orientierungswerte können sich mit verbesserter Leistungsfähigkeit verkürzen)

nenten des Spiels und das Leistungsvermögen der Mannschaft eine Vielzahl von Variationsmöglichkeiten. In den gewählten Beispielen (Tab. 2.9.12, Tab. 2.9.13, Tab. 2.9.14) werden lediglich die Schwerpunkte genannt, die durch *Standardprogramme* (z. B. Technik-, Taktiktraining, Funktionsgymnastik, Zweckgymnastik, Entspannungsübungen, Aufwärmen) zu ergänzen sind. Die Optimierung der Belastungsstruktur muß die spezifischen Bedingungen in der Mannschaft berücksichtigen und sich an

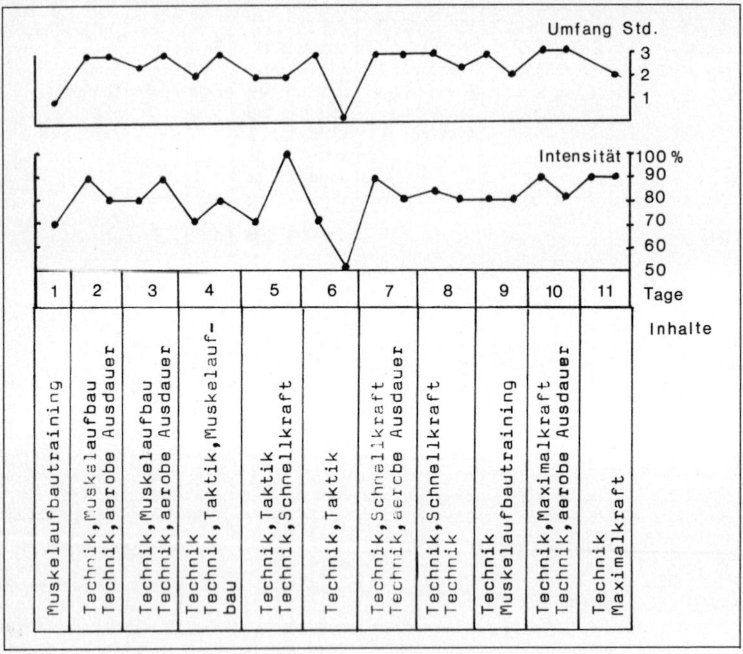

Abb. 2.9.18: Mikrozyklus während eines Trainingslagers in der Vorbereitungsphase I einer Spitzenmannschaft (Stoßmikrozyklus Trainingslager)

Tab. 2.9.11: Mikrozyklus mit 12 Trainingseinheiten zu Beginn der Vorbereitungsperiode (vgl. GROSSER/NEUMAIER 1982, 21)

1	2	3	4	5	6	7	Tage
Kraft allg./spez.	Taktik-theorie	Zweck-, Funktionsgymnastik		Kraft allg./spez.			Uhrzeit 9.00
	Taktik, Schnelligkeit		Koordination, Schnelligkeit		Technik, Schnelligkeit	Ausdauer, aerob 90 Min.	11.00
	Ausdauer, aerob 60 Min.	Sauna, Massagen	Ausdauer, aerob 60 Min.	Sauna	Ausdauer, aerob 60 Min.	Zweckgymn., Massagen	16.00

Montag	Dienstag	Donnerstag	Freitag	Tag
Beweglichkeit Techniktraining	Spezielle und allgemeine Ausdauer	Kraftausdauer, spezielle Ausdauer	allgemeine Ausdauer Konzentration	Ziel
Zweckgymnastik Annahme Feldabwehr	Aufschlag - Annahme Waldlauf Sauna, Massage	Blocktaktik Circuit Spielformen 3:3	Waldlauf Aufschlag - Annahme	Inhalt
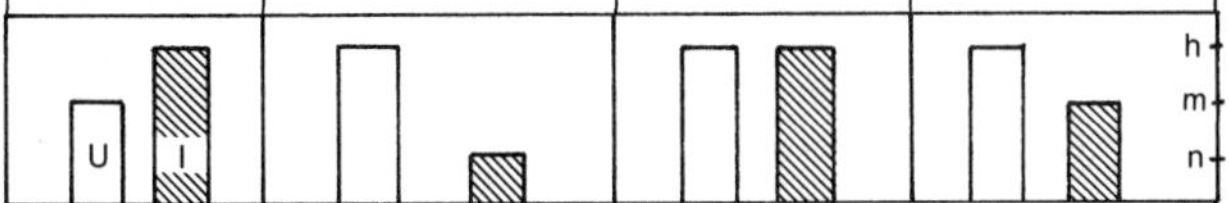				Belastung
Intensive Intervallmethode	Dauermethode	extensive Intervallmethode	Dauermethode	Methode

Tab. 2.9.12: Mikrozyklus mit 4 Trainingseinheiten in der Vorbereitungsperiode (Beispiel 1)

Tab. 2.9.13: Mikrozyklus mit 4 Trainingseinheiten in der Vorbereitungsperiode (Beispiel 2) (vgl. HERZOG / VOIGT / WESTPHAL 1985, 135)

Montag	Dienstag	Mittwoch	Donnerstag	Tag
Schnellkraft	Schnelligkeit aerobe Ausdauer, Spielausdauer	Schnelligkeit, Sprungkraft	aerobe Ausdauer	Ziel
Abwehr, Block/Angriff	Angriff, Abwehr	Abwehr, Block/Angriff	Komplexe Formen mit Ball	Inhalt
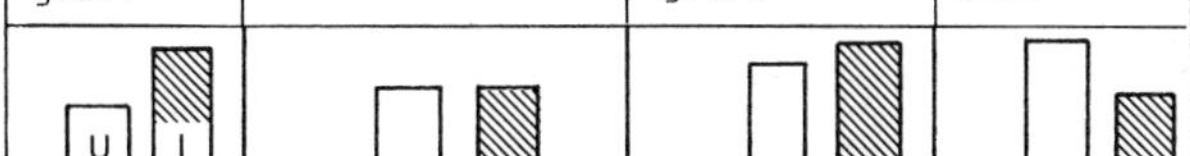				Belastung
lactacid	alactacid aerob	alactacid lactacid	aerob	Energiebeanspruchung

Montag	Dienstag	Mittwoch	Tag
Technik Kondition	Technik Taktik	Kondition	Ziel
Block(Technik Schnelligkeit Schnellkraft spez. Ausdauer)	Abwehr (Reaktion, individuelle Taktik, Komplexübungen, Spezialübungen, Spiel 2:2)	kleine Spiele Circuit (Schnellkraft, -ausdauer) Aufschlag-Annahme (Konzentrationsausdauer, allgemeine Ausdauer)	Inhalt

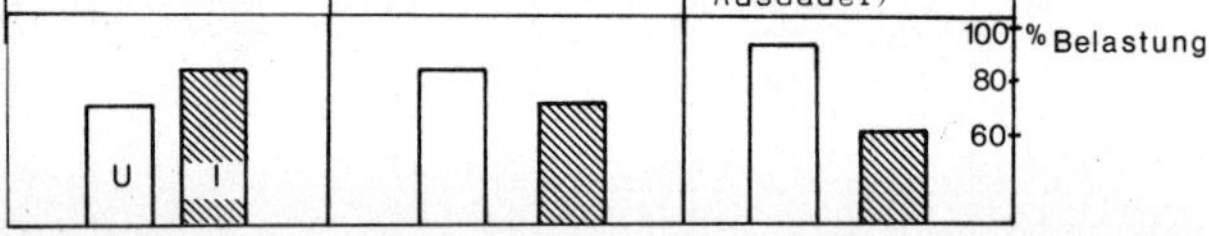

Tab. 2.9.14: Mikrozyklus mit 3 Trainingseinheiten in der Vorbereitungsperiode (vgl. WOLF 1982, 50)

Grundprinzipien wie dem Wechsel zwischen Zielen, Inhalten, Belastungsformen, Methoden und Art der Energiebeanspruchung orientieren.
In der *Wettkampfperiode* muß die *Superkompensation* (vgl. 1.4: Trainingsprinzipien) besondere Beachtung finden. Je nach Leistungsfähigkeit der Spieler muß ein bis drei Tage vor dem Spiel ein starker Belastungsreiz ge-
137 setzt werden (vgl. Tab. 2.9.15, Tab. 2.9.16).
Bei den *Wettkampfvorbereitungs- und Wettkampf-Mikrozyklen* lassen sich in Abhängigkeit von den spielfreien Tagen vier Typen unterscheiden:

- Typ 1 : 1 Tag spielfrei
  Ziele: Beseitigung des psychischen Drucks, Auffrischen einer wichtigen taktischen Maßnahme, Aktivierung der Differenzierungsfähigkeit;
  Inhalte: Maßnahmen zur schnellen Erholung (z. B. lockeres Traben, allgemeine konditionelle, technische und taktische Elemente, Physiotherapie, Entspannungstraining), freudvolle Spiele und Neuorientierung auf den kommenden Gegner;
  Belastung: 60 Minuten bei geringer/mittlerer Intensität (130–150 Schläge/Min.);
  Aufwärmen am Spieltag: 30–40 Minuten bei geringer Belastung (130 Schläge/Min.).

Montag	Dienstag	Mittwoch	Donnerstag	Tag
Technik Koordination Konzentration	Schnelligkeit Technik Ausdauer	Technik Taktik Ausdauer	Ausdauer Technik Taktik	Ziel
Aufschlag Annahme (Differenzie- rung Konzentra- tionsdauer)	Abwehr, Einer- block Konzentra- tions-, Spiel- ausdauer	Aufschlag Annahme Zuspiel Angriff Block Konzentra- tionsaus- dauer	Abwehr Angriff Gruppen- taktik	Inhalt
alactacid aerob	alactacid aerob	alactacid lactacid aerob	(alactacid/ lactacid) aerob	Energie- bean- spruchung

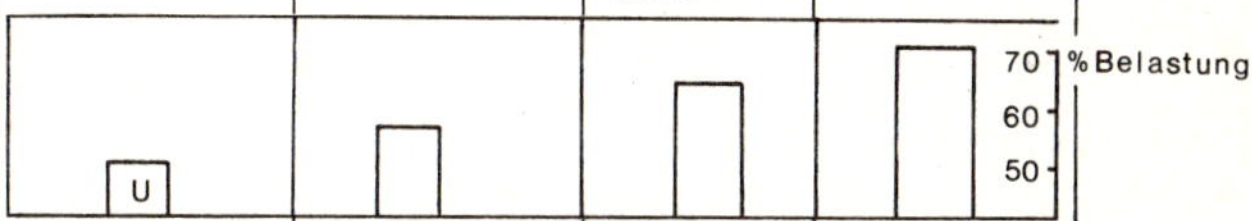

Tab. 2.9.15: Mikrozyklus mit vier Trainingseinheiten in der Wettkampfperiode vor einem wichtigen Spiel (vgl. HERZOG / VOIGT / WESTPHAL 1985, 137)

Tab. 2.9.16: Mikrozyklus mit drei Trainingseinheiten zwischen zwei Spielen in der Wettkampfperiode (vgl. WOLF 1982, 51)

Samstag	Montag	Mittwoch	Donnerstag	Samstag	Tag
	Reaktion Technik Ausdauer	Kondition	Technik Taktik		Ziel
Punkt- spiel	Angriff Zuspiel Mängelbe- hebung Sprung- kraftaus- dauer	Schnellig- keit in der Abwehr Sprungkraft- ausdauer	Annahme Zielauf- schläge Angriffs- kombin. Spiel mit Schnellan- griffen	Punkt- spiel	Inhalt

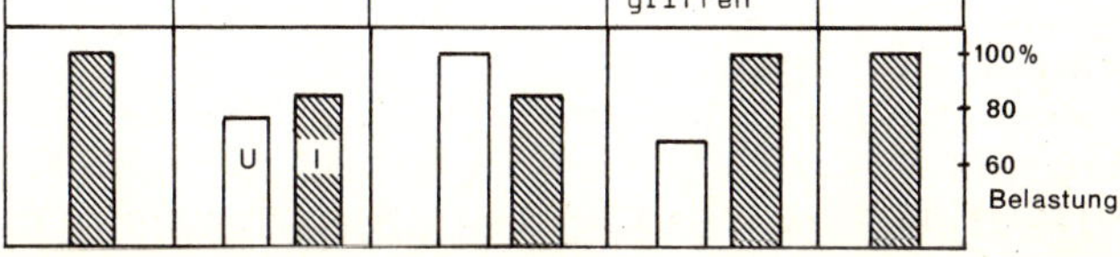

- Typ 2: 2 Tage spielfrei
  1. Tag: Wiederherstellungstraining;
  2. Tag: 90 Minuten Konditions-, Technik-, Taktiktraining mit mittlerer Belastung (bis 180 Schläge/Min.);
  spezielles Aufwärmen am Spieltag.

- Typ 3: 3 Tage spielfrei
  1. Tag: Wiederherstellungstraining;
  2. Tag: 90–100 Minuten Konditions-, Technik-, Taktiktraining (Schwerpunkte oder komplexe Form) bei hoher Intensität (200 Schläge/Min.);
  3. Tag: Erhaltung des Niveaus mit ähnlichen Inhalten bei mittlerer Belastung nach speziellem Aufwärmen;
  spezielles Aufwärmen am Spieltag.

- Typ 4: 4 Tage spielfrei
  1. Tag: Wiederherstellungstraining;
  2. Tag: 90–120 Min. Konditions-, Technik-, Taktiktraining mit bestimmten Schwerpunkten bei hoher Intensität;
  3. Tag: wie 2. Tag, Schwerpunkte oder komplexe Formen;
  138 4. Tag: erhaltendes Training;
  139 spezielles Aufwärmen am Spieltag.

Trainingseinheiten
Der grundsätzliche Aufbau einer Trainingseinheit (1–3 Stunden) besteht aus einem einleitenden Teil, dem Hauptteil und dem Ausklang.

Die *Einleitung* hat die Aufgaben:
- *Auflockern*
  Lösen von Verspannungen, Herstellen der optimalen Muskelelastizität und Beweglichkeit;
- *Aufwärmen und Vorbelasten*
  Aktivierung des Herz-Kreislauf-Systems (vgl. 2.2);
- *Regulation*
  Einstimmung auf das jeweilige Trainingsziel (z. B. Reaktionsfähigkeit, Belastung bestimmter Muskelpartien, Bewegungsabläufe, taktische Handlungen);
- *Aktivierung*
  psychische Einstimmung, Erreichung eines optimalen Erregungszustandes (vgl. 1.2: Aktivierung).

Das Aufwärmen bereitet durch ausgewählte Inhalte, bestimmten Umfang und steigende Intensität auf den speziellen Schwerpunkt der Trainingseinheit vor, der sich aus dem Mikrozyklus inhaltlich und hinsichtlich der Belastungsstruktur ergibt.

Im *Hauptteil* können die Leistungskomponenten des Volleyballspiels (vgl. 1.2) einzeln oder in Kombination miteinander schwerpunktmäßig trainiert werden.
Zur Steigerung der Trainingswirkungen ist eine Begrenzung auf zwei bis drei Schwerpunkte und folgende funktionelle Belastungsfolge sinnvoll: anaerob/alactacid vor anaerob/lactacid vor aerob.
Für die Trainingsziele und -inhalte ergibt sich danach eine *Reihenfolge:* Aufwärmen, Konzentrations-, Koordinationsfähigkeit, Technik, Taktik, Schnelligkeit, Maximal-, Schnellkraft, Schnelligkeits-, Sprungkraft-, Konzentrationsausdauer, aerobe Ausdauer (vgl. 1.4: Trainingsprinzipien). Bei den Ausdauerformen ist eine lohnende bzw. keine Pause, bei den anderen Übungen eine vollständige Pause erforderlich. Während das Technik- und Taktiktraining mit den anderen Inhalten (z. B. Kondition, Koordination) sehr gut zu verbinden ist, sollte z. B. bei den konditionellen Fähigkeiten darauf geachtet werden, daß sich Trainingseffekte nicht gegenseitig stören (z. B. Maximalkraft- und Ausdauertraining in einer Einheit). Es bedarf allerdings gezielter Leistungskontrollen und weiterer Untersuchungen, welche Trainingsinhalte sich im Einzelfall am effektivsten in einer Trainingseinheit zusammen ausbilden lassen.

Der *Ausklang* leitet die *aktive Erholung* ein und erfüllt für den Organismus folgende Funktionen:

- *Entspannung*
  Auflockern der Muskeln, Lösung der Spannung und Reduzierung der Konzentration;
- *Beruhigung des Organismus* (cooling-down)
  Normalisierung der Herz-Kreislauf-Funktion, Abtransport der Schlakkenstoffe, Beschleunigung der Regeneration.

Dieses dreigliedrige Grundmodell der Trainingseinheit kann je nach Trainingshäufigkeit, Trainingszielen und -inhalten variiert werden (vgl. Abb. 2.9.19).

● Modell 1
Im Hauptteil können ein bis drei Schwerpunkte enthalten sein (z. B. Koordination, Technik, Ausdauer).

● Modell 2
Nach einem intensiven Aufwärmprogramm wird ein Schwerpunkt (z. B. Angriff) in verschiedenen Variationen trainiert (z. B. Technik, Individual-, Gruppentaktik). Die Trainingseinheit klingt mit dem Spiel selbst aus, oder es schließen sich spezielle Regenerationsmaßnahmen an (Sauna, Massage, Schwimmen).

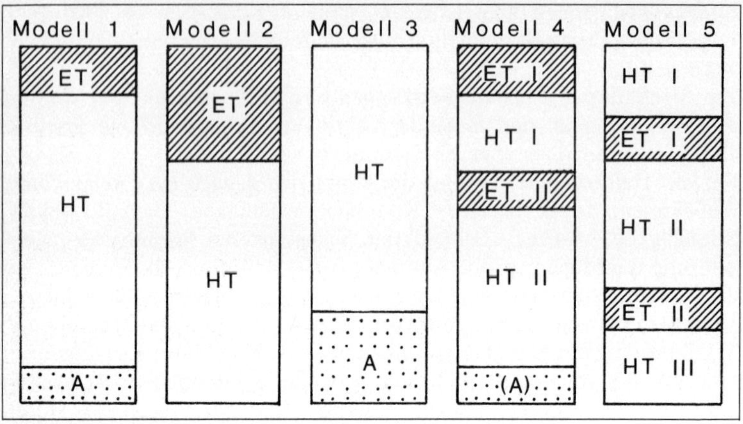

Abb. 2.9.19: Grundmodelle zum Aufbau einer Trainingseinheit (vgl. MARTIN 1980, 127)

- Modell 3

Es wird direkt mit bestimmten Trainingsinhalten in Verbindung mit dem Aufwärmen begonnen (z. B. Technik, Ausdauer). Im Ausklang werden Lockerungen und Dehnungen durchgeführt. Besonders bei der Koordinations- und Technikschulung im Jugendtraining und nach Regenerationsmaßnahmen wird oft auf den einleitenden Teil verzichtet.

- Modell 4

Solche Trainingseinheiten beginnen mit einem allgemeinen Aufwärmen vor einem ersten allgemeinen Hauptteil (z. B. Taktik in Komplexübungen). Vor dem zweiten Hauptteil (z. B. Krafttraining) wird ein spezielles Aufwärmprogramm durchgeführt. Bei anschließenden Regenerationsmaßnahmen kann der Ausklang entfallen.

- Modell 5

Auf eine Erläuterung und Absprachen im taktischen Bereich folgt ein spezielles Aufwärmen (z. B. Gelenkigkeit für die Feldabwehr) und dann ein Abwehrtraining. Daran schließt sich nach Dehnübungen ein Ausdauertraining an.

Die folgenden Übersichten enthalten Beispiele von Trainingseinheiten, die sich an den Modellen 1–5 orientieren (Tab. 2.9.17 – 2.9.22, S. 306 – 313).

Die *schriftliche Planung* einer Trainingseinheit sollte Aussagen zu folgenden Bereichen enthalten:

– Zeitraum (Periode, Makro-, Meso-, Mikrozyklus);
– Trainingsziele, -inhalte;
– Einordnung der Trainingseinheit in die Belastungsstruktur des Mikrozyklus (Tag, Umfang, Intensität), zu dem sie gehört;
– Reihenfolge der Inhalte und Zeitrahmen einschließlich des Aufwärmens;
– Trainingsmethoden und energetische Beanspruchungsformen;
– Übungs- und Organisationsformen.

Bei der Durchführung einer Trainingseinheit muß der Trainer in der Lage sein, auftretende Probleme (z. B. Organisation, Über- oder Unterforderung, Monotonie, Motivation) zu erkennen und seine Planung durch gezielte Maßnahmen und flexibles Verhalten (z. B. Aussprache, Anweisung, Kritikfähigkeit) zu modifizieren.

Eine wichtige Funktion hat die *schriftliche Nachbereitung,* die es ermöglicht, Planung, Trainings- und Spielpraxis optimal einander anzunähern. 140

Zusammenfassung

- Perioden, Makro-, Meso- und Mikrozyklen stellen ein komplexes Trainingssystem dar, in dem jeweils leistungsaufbauende, -stabilisierende und regenerative Aufgaben zu erfüllen sind.
- Auf unterem und mittlerem Leistungsniveau läßt sich das Trainingsjahr zweifach, im Leistungsbereich dreifach periodisieren. Im Spitzenbereich kommt es auf einem generell hohen Leistungsniveau zu einem systematischen Wechsel zwischen Belastungsphasen und prophylaktischen Intervallen.
- Die Topform zu wichtigen Wettkampfterminen kann im Spitzenbereich durch spezielles Training nach dem Pendelprinzip, eine blockartige Struktur und eine Differenzierung der Anforderungen erreicht werden.
- Im Jugendtraining sollte kein starres Periodisierungskonzept, sondern ein entwicklungsgemäßer Leistungsaufbau realisiert werden.
- Meso- und Mikrozyklen sind die entscheidenden Instrumente der Trainingssteuerung. Ihre Struktur ändert sich je nach Zeitraum im Trainingsjahr, den wichtigen Wettkampfterminen und der Regenerationsfähigkeit der Spieler.
- Das dreigliedrige Grundmodell einer Trainingseinheit mit Einleitung, Hauptteil und Ausklang muß in Abhängigkeit von den Trainingszielen, -inhalten und der Trainingshäufigkeit variiert werden. Von großer Bedeutung für die Effektivität ist die schriftliche Vor- und Nachbereitung, die erst eine konkrete Trainingskontrolle ermöglicht.

Tab. 2.9.17: Aufbau einer Trainingseinheit (Modell 1, Beispiel 1) (nach WESTPHAL/VOIGT 1982, 7–10)

Zeitpunkt der TE (VP, WP, ÜP; MEZ; MIZ: A, S, Wv, W, Wh) hier: WP, Wv					
Gesamtbelastung der TE im Rahmen des MIZ (Umfang/Intensität: niedrig/mittel/hoch) hier: hoch					
Ziele	**Organisations-, Übungsform, Inhalte**	**Methode**	**Energiebeanspruchung**	**Dauer (Min.)**	**Intensität %**
ET 1. Allgemeines Aufwärmen mit Schwerpunkt Beweglichkeit	1. Zweckgymnastik mit Schwerpunkt Beweglichkeit	Gemeinsames Üben nach Rhythmusvorgabe des Trainers 8–12 Wiederholungen pro Übung	aerob-alactacid	15	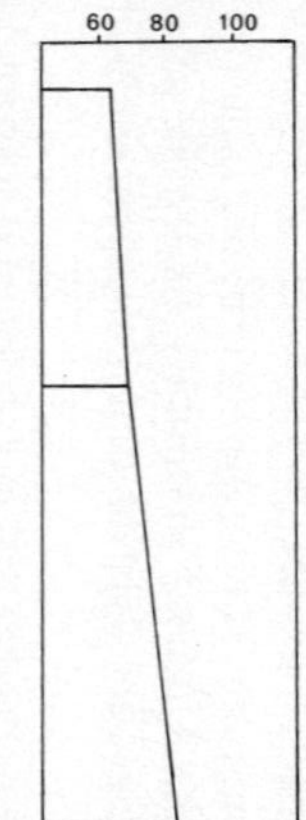
	Organisationsform 1 (OF 1) 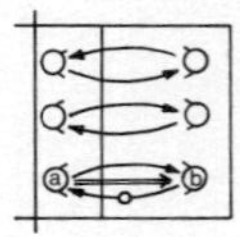				
2. Aufwärmen mit Ball – allgemein	Übungsformen (ÜF) a) a und b baggern b) a leichter Aufschlag – b Annahme auf a zurück c) Pritschen hin und zurück d) Doppelpritschen mit halber Drehung, Pritschen über Kopf	Dauermethode	aerob-alactacid	13	

– speziell	e) Baggern flacher, «geschobener» Bälle hin und zurück f) a leichter Angriffsschlag – b wehrt ab	Extensive Intervallmethode mit Wechsel der Aufgaben nach 5–10 Schlägen	aerob-alactacid	8	
HT I Abwehr (Technik, Gruppentaktik), Reaktion, Konzentration	OF 2 Trainer schlägt und fintiert auf 3 Spieler; je 1–3 Aktionen pro Spieler; Wechsel von T auf II und IV 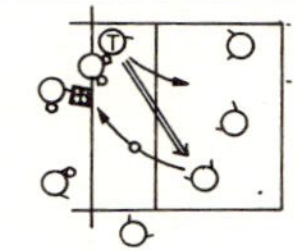	Intensive Intervallmethode je 3–4 Min. pro Gruppe, 2 Serien	anaerob-lactacid/alactacid	26	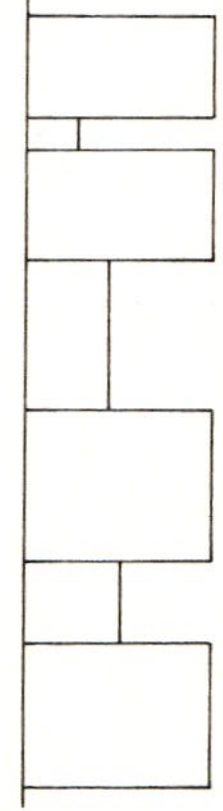
HT II Angriff (Technik, Gruppentaktik), Sprungkraftausdauer	OF 3 Angriff von II und III nach Zuwurf durch T (Höhe 1–1,5 m) 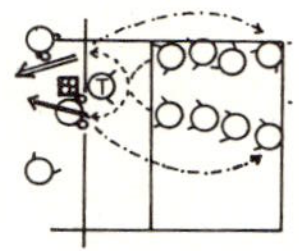	Intensive Intervallmethode, 2 Gruppen mit je 4 Spielern, je 25 Bälle	anaerob-lactacid/alactacid	6	
	OF 4 Angriff nach kurz gestellten Bällen 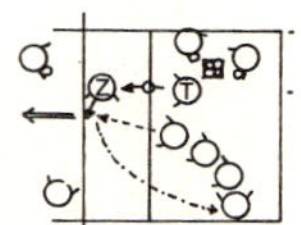	s. o.	s. o.	6	

	OF 5 a) Angriff nach «Schuß»-Bällen b) Schußbälle von II/III auf IV c) Angriffe von II nach Zuspiel über Kopf von der Läuferposition 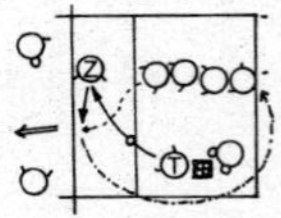	s. o.	s. o.	6		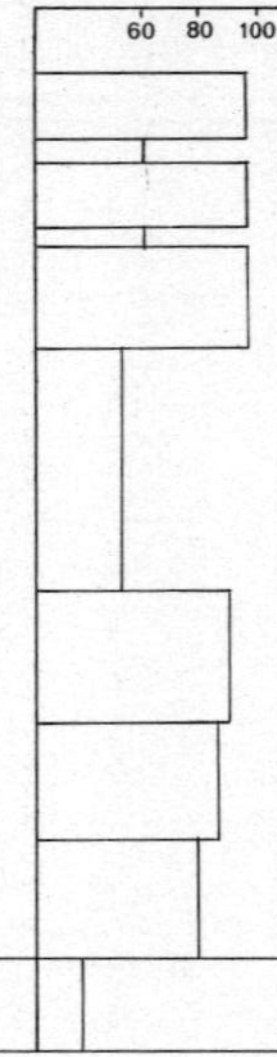
HT III Angriff (Mannschaftstaktik), Übergang Abwehr-Angriff	a) T schlägt aus dem Feld von Mannschaft A in das Feld von B und korrigiert Abwehrstellung der Stammannschaft A nach dem Angriff von Mannschaft B b) T steht in Feld B und wirft einen zweiten Ball als «Dankeball», nachdem der erste Ball aus dem Spiel ist c) Angriffe von A gegen Mannschaft B	Extensive Intervallmethode Ausdauermethode s. o.	aerob-alactacid s. o. s. o.	23		
A	Nachbesprechung des Trainings			10		

Tab. 2.9.18: Aufbau einer Trainingseinheit (Modell 1, Beispiel 2) (nach WESTPHAL/VOIGT 1982, 7–10)

Zeitpunkt der Trainingseinheit: VP, Vk, Wv					
Belastung: hoch					
Ziele	Organisations-, Übungsform, Inhalte	Methode	Energie-beanspruchung	Dauer (Min.)	Intensität %
ET 1. Allgemeines Aufwärmen 2. Schnelligkeit	Individuelle Zweckgymnastik OF 1 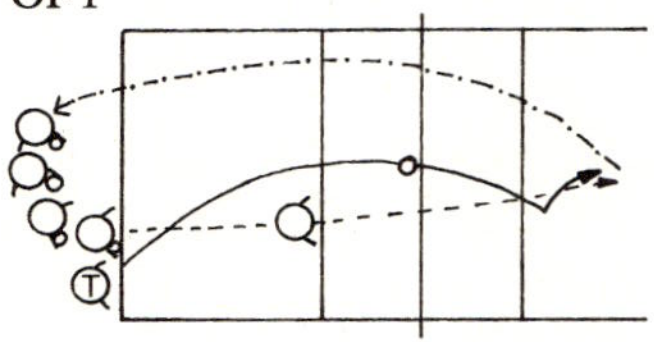	Extensive Intervall-methode	alactacid	15	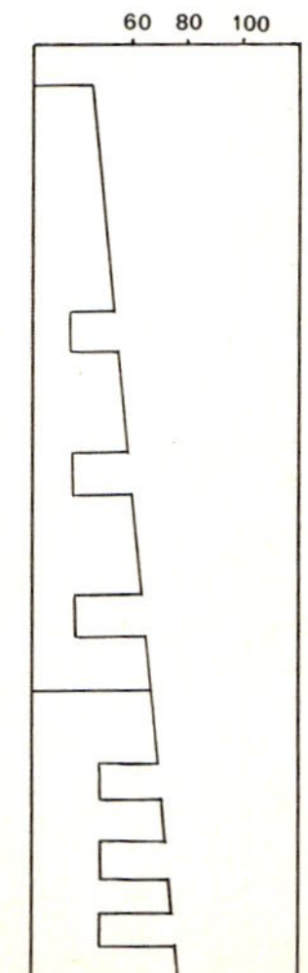
	Aufschlag von T muß vom Spieler erlaufen und vor dem 2. Aufspringen gefangen werden	Extensive/ intensive Intervall-methode	s. o.		
3. Sprung- und Schlag-bewegungen	a) Einschlagen von IV auf beiden Seiten nach Zuspiel vom Steller	s. o.	s. o.	5	
	b) 2 Spieler jeweils am Netz gegenüber: Anwerfen, Schlag, Block	s. o. nach 8–10 Aktionen Wechsel	s. o.	5	

HT I Angriff (Mannschaftstaktik) Konzentration	Spiel 6 : 6 mit spezieller Aufgabe: bei Aufschlag durch Mannschaft B wird Kombination 1, bei erfolgreichem Block auf II von A wird Kombination 2 gespielt.	Extensive/ intensive Intervallmethode	alactacid/ lactacid	20		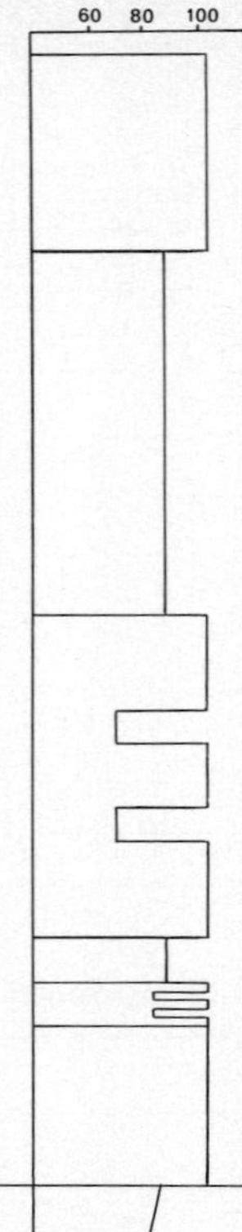
HT II Annahme und Abwehr	OF 2 a) Aufschlag und Annahme im Wechsel 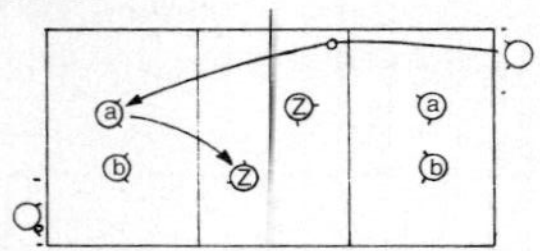	Ausdauermethode	aerob	10		
	OF 3 b) Abwehr von geschlagenen oder fintierten Bällen, freier Spieler holt Bälle 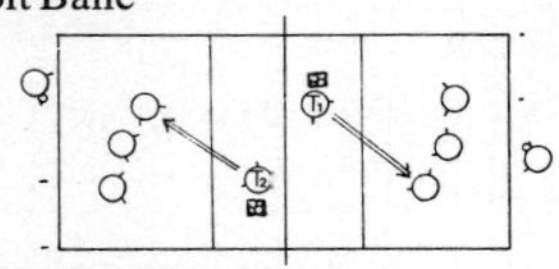	2–4 Aktionen pro Spieler hintereinander bis zur Erschöpfung	lactacid	20		
	c) Wiederholung OF 2	s. o.	s. o.	10		
	d) Wiederholung OF 3	s. o.	s. o.	20		
HT III Individualtaktik	Spiel 1 : 1 nur Aufschlag und Pritschen (4,5 × 3 m)	Intensive Intervall-, Wiederholungsmethode (je 4 Min.)	lactacid/ aerob	15		
A	Entspannungsübungen			15		

Ziele	Inhalte	Methode	Energiebeanspruchung	Dauer
ET Allgemeines Aufwärmen, Spezielles Aufwärmen, Abwehr	Zweckgymnastik, 3 Angreifer im Kreis, Abwehrspieler im Kreis	Intensive Intervallmethode	alactacid	30
HT Abwehrtechnik Schnelligkeit	Angriffsschläge vom Kasten am Netz auf I, V (VI) im Wechsel	Je 10 Bälle, 3 Serien	alactacid	20
Abwehrtaktik Schnelligkeit	Angriffsschläge wie oben auf I, VI, V direkt oder fintiert	3 Minuten pro Gruppe, 3 Serien	alactacid, lactacid	30
Abwehrtaktik Ausdauer	Spiel 4 : 4 ohne Block, Angriff hinter der Angriffslinie		aerob	30

Tab. 2.9.19: Beispiel einer Trainingseinheit (Modell 2)

Ziele	Inhalte	Methode	Energiebeanspruchung	Dauer
HT Ballgewöhnung	Lauf-, Abspiel-, Spielformen mit Technikelementen			10
Technik Pritschen, Baggern, Abwehr (oder: Gruppentaktik)	Einzel-, Komplexübungen in verschiedenen Organisationsformen (3 : 3 mit speziellen Aufstellungen)	Dauer-, extensive Intervallmethode	aerob, alactacid	25
A	Aktive Erholung, kleines Spiel			10

Tab. 2.9.20: Beispiel einer Trainingseinheit (Modell 3)

Ziele	Inhalte	Methode	Energiebeanspruchung	Dauer
ET Spezielles Aufwärmen	Zweckgymnastik für Zuspieler, Angreifer, Blockspieler			20
HT I Individualtaktik Zuspieler, Angreifer Gruppentaktik Angriff, Block	Spezialübungen für Zuspieler, Angreifer Angriffskombinationen Zweier-, Dreierblock Angriffskombinationen gegen Block	Intensive Intervall-, Wiederholungsmethode s. o.	alactacid, lactacid	60
ET II	Entspannungsübungen, Zweckgymnastik für Kraftübungen			10
HT II Kraftausdauer	Circuittraining	12 Stationen, 20 Sek. Belastung, 40 Sek. Pause, 2 Serien		30

Tab. 2.9.21: Beispiel einer Trainingseinheit (Modell 4)

Tab. 2.9.22: Beispiel einer Trainingseinheit (Modell 5)

Ziele	Inhalte	Methode	Energiebeanspruchung	Dauer
HT I Aufwärmen, allgemeine Kondition	Zweckgymnastik, Laufen, Dehnen, Reaktion, Sprungkraft	Intensive Intervall-, Wiederholungsmethode	alactacid/ lactacid	50

ET I Spezielles Aufwärmen mit Ball	Pritschen, Baggern, Abwehr in Zweiergruppen	Dauermethode	alactacid	10
HT II Technik	Komplex- und Spezialübungen für Aufschlag–Annahme, Zuspiel–Angriff	Intensive Intervall-, Wiederholungsmethode	alactacid/ lactacid	90
ET II Taktikinformationen	Erläuterungen zum Spiel 5 : 5, fester Steller (auch Blockspieler), jeweils 3 Angreifer, 4 Abwehrspieler			10
HT III Spielausdauer	Spiel 5 : 5 Ziel: möglichst lange Handlungsketten, Angriff von 3-m-Linie	Dauermethode	alactacid, aerob	20

Erich Christmann

2.10 Kontrolle der Belastung und Leistungsdiagnose

Dem Trainer stehen eine Vielzahl von Möglichkeiten zur Verfügung, den Trainingszustand und das Leistungsvermögen im motorischen, psychischen und physischen Bereich mit seinem Expertenurteil oder standardisierten Verfahren (Tests) zu überprüfen (Abb. 2.10.1). Diese Verfahren müssen die Spielbeobachtung und die Einstellungsbefragungen (vgl. 1.8 und 1.9) ergänzen und dienen besonders der Trainings- und Wettkampfkontrolle.
Bei der Anwendung von Tests im Volleyballspiel muß berücksichtigt werden, daß eine Aufgliederung der eigentlichen Spielhandlung in Teilhand-

Leistungsdiagnostische Verfahren

- Standardisierte Wettkampfbeobachtung
- Sportmotorische Tests
  - Konditionstests
  - Techniktests
  - Taktiktests
- Biomechanische Untersuchungen
  - Biomech. Grunduntersuchungen
  - Biomech. Hauptuntersuchungen
  - Biomech. Zusatzuntersuchungen
  - Biomech. Kontrolluntersuchungen
- Sportmedizinische Untersuchungen
  - Gesundheitsuntersuchung
  - Funktionsprüfung des kardiopulmonalen Systems
  - Funktionsprüfung des neuromuskulären Systems
  - Funktionsprüfung des Bewegungsapparates
- Biochemische Untersuchungen
  - Unters. der Mobilisationsfähigkeit der Energiequellen
  - Unters. der Utilisationsfähigkeit der Energiequellen
  - Unters. der Regulationsfähigkeit des Stoffwechsels bei definierter Belastung
- Sportspychologische Tests
  - Sensomotorische Leistungstests
  - Belastbarkeitstests

Abb. 2.10.1: Grobübersicht ausgewählter leistungsdiagnostischer Verfahren (vgl. STARISCHKA 1981, 346)

lungen und Leistungskomponenten vorgenommen wird und deren leistungsbestimmender Anteil in der jeweiligen Spielsituation nie exakt bestimmbar ist. Die Vorteile der Leistungserfassung durch *standardisierte Tests* bestehen darin, daß

- sich einzelne Leistungsfaktoren (z. B. koordinative, konditionelle, physiologische Meßwerte) wiederholbar und relativ objektiv (d. h. vom Beobachter unabhängig) ermitteln lassen;
- individueller Leistungsstand und -entwicklung unter Standardbedingungen eindeutig überprüfbar sind.

Die Nachteile bestehen oft darin, daß

- die Komplexität der Spielleistung und die Wirkungszusammenhänge der Leistungskomponenten nicht erfaßbar sind;
- Einstellung und Motivation der Testpersonen die Ergebnisse stark verfälschen können;
- der Aufwand (z. B. Zeit, Apparate, finanzielle Mittel, Organisation) besonders auf unterem und mittlerem Niveau oft zu hoch erscheint, während er – z. B. aus Gründen der Prävention und Überprüfung der Trainingseffektivität – auf der Leistungsebene dringend erforderlich ist.

Die *sportmedizinische* und *biochemische Leistungsdiagnostik* konzentriert sich derzeit auf die Erfassung energetischer Umsätze bei Trainings- und Wettkampfbelastungen. Mit einer Vielzahl von leistungsdiagnostischen Maßnahmen (vgl. Abb. 2.10.2) können definitive Aussagen über die
141 *aerobe* und *anaerobe Ausdauerleistungsfähigkeit* gemacht werden.

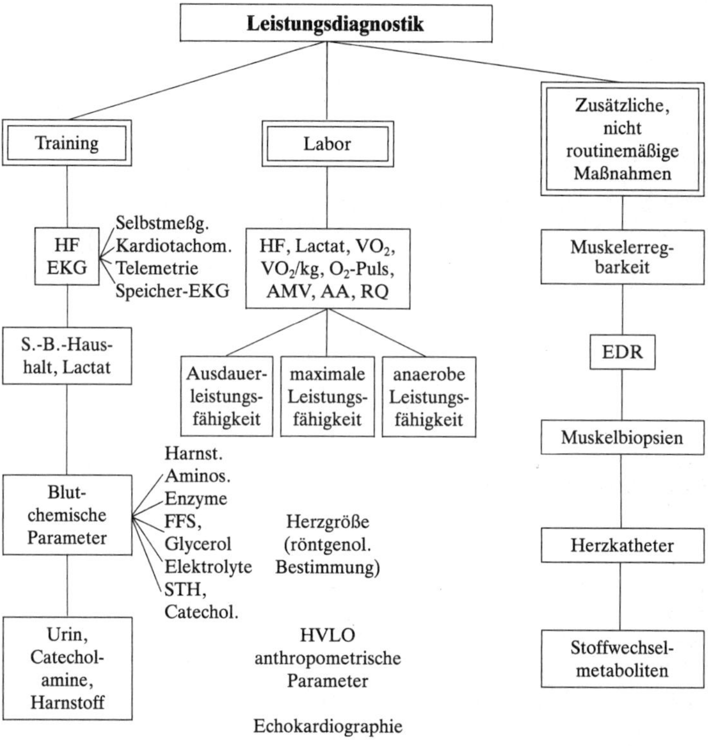

(Abkürzungen: HF = Herzfrequenz; SB = Säure-Basen-Haushalt; FFS = Freie Fettsäuren; STH = Somatotropes Hormon; VO_2 = Sauerstoffaufnahe/Min.; AMV = Atemminutenvolumen; AA = Atemäquivalent; RQ = Respiratorischer Quotient; HVLQ = Herzvolumenleistungsquotient; EDR = Elektrodermalreflex)

Abb. 2.10.2: Die verschiedenen im Training bzw. Wettkampf sowie unter Laborbedingungen durchführbaren leistungsdiagnostischen Maßnahmen. Die Möglichkeiten der einzelnen Maßnahmen sind von der Ausstattung und der Arbeitsrichtung einzelner Laboratorien abhängig (vgl. KEUL/KINDERMANN/SIMON 1978, 29)

Für die unmittelbare *Belastungskontrolle* im Training kann der Trainer die Herzfrequenz (Tab. 2.10.1) ermitteln, eine Intensitätseinschätzung von Spielhandlungen vornehmen (Tab. 2.10.2) und eine gezielte Beobachtung weiterer Merkmale der Belastung und Ermüdung wie Atmung, Schweißabsonderung, Bewegungsausführung, Konzentration, Gesichtsausdruck,

Spieler	$\bar{x}$ HF	Ruhe	Max. Puls	Trainingszeit
1	147	76	205	88 Min. 30 Sek.
2	143	52	194	91 Min.
3	145	69	182	77 Min.
4	143	70		96 Min.
5	137	66	189	107 Min.

Tab. 2.10.1: Mittlere Herzfrequenz während des Trainings (Boutmans/v. Gool/v. Gerven 1984, 93)

Intensität %	Wiederholungen der Übung pro Minute					
	Oberes und unteres Zuspiel im Stand an die Wand	Oberes Zuspiel im Sprung an die Wand	Schmetterschläge aus dem Stand an die Wand	Schmetterschläge über Netz mit Sprung	Blocken am Ort	Blocken nach Stellungswechsel	Aufschläge
50	40	30	20	10	30	15	15
60	48	36	24	12	36	18	18
70	56	42	28	14	42	21	21
80	64	48	32	16	48	24	24
90	72	54	36	18	54	27	27
100	80	60	40	20	60	30	30

Tab. 2.10.2: Einschätzung der Intensität von Spielhandlungen bei jugendlichen Volleyballern (nach Maximenko u. a. 1979, 179)

allgemeines Befinden, Leistungsbereitschaft und Stimmung bei verschieden hohen Belastungen durchführen (Tab. 2.10.3, S. 318/319).
Von großer Bedeutung ist die *subjektive Belastungseinschätzung* durch die Spieler selbst, deren Erfragung und Berücksichtigung für den Trainer auch ein Mittel sein sollte, die Selbstverantwortung und Motivation der Spieler
142 für den Trainingsprozeß zu fördern.
Ein schwieriges Problem im Bereich der *motorischen Leistungsdiagnose* ist die Ermittlung der Belastung im Volleyballtraining. Für die Berechnung eines *Belastungsindex* werden Gewichtungsfaktoren und Belastungsdauer herangezogen (vgl. Tab. 2.10.4).
Neben der exakten Erfassung der Spielbelastung durch Häufigkeiten und Erfolgsquoten (vgl. 2.1) kann die motorische Leistungsfähigkeit auch durch Tests zur Kontrolle des konditionellen, koordinativen und technisch-takischen Niveaus (vgl. 3.1 und 3.2) ermittelt werden (Tab. 2.10.5, Tab. 2.10.6, Tab. 2.10.7).

Gewichtungsfaktor g

Puls (S/Min.)	Spielhandlung	Anzahl/Min.	Belastung	g
bis 130	Aufschlag/Annahme	4–6	niedrig	1
130–149	Zuspiel	6–8	mittel	2
150–169	Feldabwehr	8–10	hoch	3
über 170	Angriff/Block	> 10	sehr hoch	4

Belastungsdauer (fz): Die Belastungsdauer einzelner Übungen/Trainingsabschnitte wird in Zeitabschnitten von 5 Min. angegeben:

$$fz = \frac{\text{Gesamtübungszeit der Übung/des Abschnitts}}{5}$$

Belastungsindex bi: $bi = fz \times g$

Beispiel: Spiel 2:2 (ganzes Feld) über 15 Min. (g = 3) $bi = \frac{15 \times 3}{5} = 9$

Belastungsindex Bi: Der Gesamtbelastungsindex ist der Quotient aus der Summe aller bi und der Summe aller fz.

Beispiel: $\Sigma\, bi = 54; \Sigma\, fz = 16; Bi = \frac{\Sigma\, bi}{\Sigma\, fz} = \frac{54}{16} = 4$

Tab. 2.10.4: Berechnung eines Belastungsindex (vgl. Dörenberg 1980, 8)

Tab. 2.10.5: Konditions- und Koordinationstests (vgl. Letzelter/Scholl 1984, 101; Letzelter/Letzelter 1986, 321 f; Schröder/Nieber 1984, 854)

Test	Fähigkeit
20-m-Sprintlauf	Sprintkraft
60-m-Lauf	Schnelligkeit
100-m-Lauf	Schnelligkeitsausdauer
Serienlauf (6 × 20-m-Lauf, 15 Sek. Pause, Mittelwert)	Sprintkraftausdauer
Lauf über 800 oder 1000 m	Mittelzeitausdauer
Lauf über 10 oder 15 Min.	Langzeitdauer
Sechser-, Zehnerhopp	Horizontale Sprungkraft
Jump-and-Reach aus dem Stand/mit Anlauf	Vertikale Sprungkraft
Stern-, Zonenlauf, Japantest 30 Sek.	Schnelligkeit, Koordination, Ausdauer
Medizinballstoß	Stoßkraft
Medizinballwurf	Wurfkraft
Rumpfbeuge	aktive Beweglichkeit
Beinspreizen	statische Beweglichkeit
Bankdrücken	Maximalkraft der Arme
Bankdrücken auf Zeit	Kraftausdauer der Arme
Tiefkniebeuge	Maximalkraft der Beine
Sit-ups	Schnellkraft der Bauchmuskeln
Gewandtheitslauf durch/über Hindernisse	Koordination, Beweglichkeit
Reaktionstest	Reaktionsfähigkeit

Äußere Merkmale der Beanspruchung	Geringe Belastung Geringe Ermüdung	Optimale Belastung Ermüdung bei Dauerbelastung
Puls	< 130 S/Min.	130–170 S/Min.
Atem	< 20 Z/Min.	20–30 Z/Min.
Hautfärbung	leichte Tönung	starke Rötung
Schweißabsonderung	leicht bis mittel	starke Absonderung am Oberkörper
Bewegungsausführung	Gute Zielgenauigkeit, Bewegungspräzision, -koordination, -konstanz, optimales Timing	Nachlassende Zielgenauigkeit, Bewegungspräzision, -koordination, -konstanz, Timingmängel
Konzentration	Anweisungen des Trainers können umgesetzt werden, keine Nervosität, volle Aufmerksamkeit	Unaufmerksamkeit bei Erklärungen, verringerte Aufnahme und Verarbeitung von Information des Trainers, reduziertes Wahrnehmungs- und Differenzierungsvermögen
Gesichtsausruck	normal	Mund leicht geöffnet, angespannter Ausdruck, Augen leicht eingesunken
Allgemeines Befinden	Belastungsanforderungen können gut erfüllt werden	Schwäche in den Muskeln, Atemschwierigkeit, Kraftlosigkeit
Leistungsbereitschaft	Trainingswille	Verringerte Aktivität, Wunsch nach längeren Pausen, Trainingswille vorhanden
Stimmung	Gehobene, freudige, lebhafte Stimmung, besonders in Mannschaften	Gedämpfte, aber freudige Stimmung, gute Verarbeitung von Belastungen im Training und Wettkampf

Grenzbelastung Sehr starke Ermüdung	Verhalten nach Grenzbelastungen bzw. Überlastungen
> 170 S/Min.	Erhöhter Puls noch nach 24 Stunden
> 30 Z/Min.	Normalisierung
Sehr starke Rötung oder auffallende Blässe	Anhaltende Blässe über mehrere Tage
Starke Schweißabsonderung auch unterhalb der Gürtellinie	Nachtschweiß
Koordinationsstörungen, Ungenauigkeit des Abspiels und in der Bewegungspräzision, falsches Timing, Häufung technisch-taktischer Fehler, Kraftlosigkeit	Bewegungsstörungen, Kraftlosigkeit, fehlende Präzision nach 24 oder noch nach 48 Stunden
Erheblich veringerte Konzentration, Nervosität, Zerfahrenheit, verlängerte Reaktionszeit	Unaufmerksamkeit, verringerte Aufnahme und Verarbeitung von Informationen noch nach 24 oder 48 Stunden, Konzentrationsmangel
Augen eingesunken, Stirn-, Nasen- und Lippenfalten treten hervor, Anspannung deutlich sichtbar	Anspannung klingt nur langsam ab
Bleischwere Muskeln, Muskel-, Gelenkschmerz, Schwindelgefühl, Übelkeit, Brechgefühl oder Erbrechen, «Brennen» in der Brust, Gefühl, absolut «sauer» zu sein	Einschlafstörungen, Schlafstörungen, Muskel-, Gelenkschmerzen, Kraftlosigkeit, verminderte psychische, kognitive Leistungsfähigkeit
Tendenz zur Beendigung der Belastung und des Trainings, Ruhebedürfnis	Unlust vor der nächsten Trainingseinheit, Gleichgültigkeit, Kritik an den Anforderungen des Trainings und des Trainers
Aufkommen von Zweifeln am Sinn des Trainings, Tendenz, sich Belastungen zu entziehen, Konflikte	Tendenz, dem Training fernzubleiben, Distanzierung von Mannschaft, Trainer, Verein Reizbarkeit, Unzufriedenheit

Tab. 2.10.3: Symptome der Ermüdung bei unterschiedlichen Belastungen (vgl. HARRE 1973, 76f)

Test	Jungen			Mädchen		
	über	durch-schnitt-lich	unter	über	durch-schnitt-lich	unter
Zonenlauf in Sek.	7,8	8,5	9,8	8,6	9,1	10,2
Japantest in Sek.	16,3	17,3	19,4	14,6	15,5	17,3
Sternlauf in Sek.	16,5	17,6	19,7	18,4	19,6	22,1
Medizinball-Weitwurf in m	11,0	9,7	7,0	8,5	7,5	5,7
Reichhöhen-Differenz in cm	73	63	44	48	41	28

Tab. 2.10.6: Orientierungswerte bei volleyballspezifischen Tests bei 16- bis 18jährigen Jungen und Mädchen (nach VOIGT/NAUL 1980, 100)

Test	Fähigkeit
Pritschtest	Zielgenauigkeit
Baggertest	Zielgenauigkeit
Aufschlagtest	Zielgenauigkeit
Filmanalyse der Fertigkeiten	Koordination, Technik
Expertenurteil in Spielformen	Komplexe Spielleistung
Spielanalyse und Spielbeobachtung	Technisch-taktische Spielleistung

Tab. 2.10.7: Ermittlung der technisch-taktischen Fähigkeiten im Volleyball (vgl. SCHRÖDER/NIEBER 1984, 854; LETZELTER/ENGEL 1978)

Es fehlt auch nicht an Versuchen, die Qualität der Spielleistung zahlenmäßig exakt über einen *Wirkungsquotienten* (WQ) zu ermitteln:

Beispiel 1: (MARCINKOWSKI 1973)

$$WQ = \frac{\text{Anzahl der (+) Handlungen} \times 2 + \text{Anzahl der (0) Handlungen}}{\text{Anzahl aller Handlungen}}$$

WQ zwischen 0 und 2

Beispiel 2: (BEGOV 1983)

$$WQ = \frac{2a + b - c - 2d}{n}$$

WQ zwischen + 2 und − 2.

a = Anzahl erfolgreicher Handlungen; b = Anzahl der Handlungen, die für den Gegner spielerschwerend sind; c = Anzahl der Handlungen ohne Wirkung; d = Anzahl der negativen Handlungen; n = Anzahl aller Handlungen.

Beispiel 3: (Thierer/Brettschneider 1982)

$$\sigma_A = \frac{1}{N_{Ges}} \left[n_+ - n_- - n_G \frac{N_{+G} - N_{-G}}{N_G} + n_E \frac{N_{+E} - N_{-E}}{N_E} \right]$$

dabei ist:

N_{Ges}: Anzahl der Handlungen, für die der Wert σ_A berechnet wird; n_+: Anzahl der positiven Aktionen; n_-: Anzahl der negativen Aktionen; n_G: Anzahl der «gegnerischen Bälle», d. h. der Bälle, die nach dem Angriff vom Gegner noch weitergespielt werden können; n_E: Anzahl der «eigenen Bälle», d. h. der Bälle, die nach einer Blockabwehr des Gegners noch von der eigenen Mannschaft weitergespielt werden können; N_{+G} (N_{+E}): Anzahl der positiven Aktionen des Gegners (bzw. der eigenen Mannschaft); N_{-G} (N_{-E}): Anzahl der negativen Aktionen des Gegners (bzw. der eigenen Mannschaft); N_G (N_E): Anzahl der Aktionen des Gegners (bzw. der eigenen Mannschaft).

Den Berechnungen der Wirkungsquotienten liegen Datenerhebungen zu Spielleistungen einzelner Spieler (vgl. Abb. 2.10.3), der ganzen Mannschaft oder für bestimmte Handlungsfolgen (z. B. Zuspiel-Angriff) zugrunde (vgl. 2.1).

Der *psychologischen Leistungsdiagnostik* stellt sich aus der Praxis heraus eine Vielzahl von Problemen, die es genauer zu untersuchen gilt, z. B.:

Abb. 2.10.3: Graphische Auswertung von Spielleistungen (Gaisser / Widmaier 1984, 218)

143

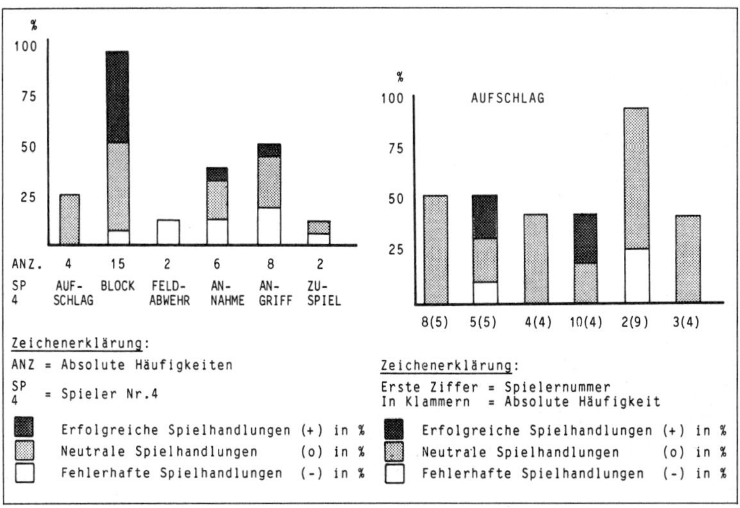

- die Wettkampfleistung bleibt hinter der Trainingsleistung zurück («Trainingsweltmeister»-Phänomen);
- Stagnation der technisch-taktischen Leistungsfähigkeit trotz anerkannt guter Trainingsmethoden;
- Leistungsbeeinträchtigung durch Vorstartangst;
- Versagen gegen bestimmte Gegner («Angstgegner»-Phänomen);
- Spannungen in der Mannschaft und Konflikte mit dem Trainer;
- Auswahl- und Selektionsprobleme bei Mannschaftsaufstellungen, Fördergruppen, Kaderbildung, Talentauswahl.

Gegenstände psychologischer Diagnostik, die mit den Mitteln der *Befragung, Beobachtung* und *Tests* arbeitet, liegen im kognitiven, psychischen und sozialen Bereich (vgl. 1.2), z. B.:

- kognitive Merkmale (z. B. Wahrnehmung, Vorstellungen, Gedächtnis, Intelligenz, Wissen);
- psychomotorische Merkmale (z. B. Reaktionsgeschwindigkeit, Koordination, Balance, psychomotorisches Tempo);
- psychische Zustände und Befindlichkeiten (z. B. Gefühle, Stimmungen, Affekte);
- Wertvorstellungen, Einstellungen, Interessen (z. B. Leistungsbegriff, Zufriedenheit, Selbstachtung, Einstellung zum Sport, zur Arbeit, zu Sozialpartnern);
- Motive und Bedürfnisse (z. B. Leistungsmotiv, Gesellungsmotiv);
- Temperamentsmerkmale (z. B. Selbstvertrauen, Extraversion, Dominanz, Egozentrik, Sachlichkeit);
- Gruppen- und Beziehungsmerkmale (z. B. Gruppenklima, -kohäsion,
144 Rollenerwartungen, interpersonale Sympathiebeziehungen).

Zusammenfassung

- Die sportmedizinische Leistungsdiagnostik konzentriert sich auf die Erfassung energetischer Umsätze bei Belastungen und läßt definitive Aussagen über aerobe und anaerobe Ausdauerleistungsfähigkeit zu.
- Die motorische Leistungsdiagnose bemüht sich, Spielleistungen über die Berechnung eines Belastungsindex und Wirkungsquotienten meßbar zu machen.
- Die psychologische Leistungsdiagnostik bildet anhand von Befragung, Beobachtung und Tests die Grundlage für gezielte Betreuung und Beratung.

Jörg Ziegler / Erich Christmann

2.11 Coaching

Die Beratungs-, Betreuungs- und Kontrollmaßnahmen des Trainers, die zu einer Leistungsoptimierung in Training und Wettkampf führen sollen, werden als Coaching bezeichnet. Ziel des Coachings ist die Verhaltensstabilisierung bzw. die Veränderung von Verhalten bei Fehleinstellung, sich ändernden Wettkampfbedingungen oder dem Wechsel taktischer Konzepte. Es beinhaltet *kognitive* (Anweisungen, Aufgaben) und *motivationale* Elemente (Verstärkung, Aktivierung). Zum Coaching gehören *Aufgaben* wie

- Optimierung des Umfeldes (Quartiere, Fahrten, Gerätebedarf);
- Hilfe im Vorstartzustand (Regulation);
- Schnellinformation im Wettkampf nach einem Zeichensystem (Code), das im Training entwickelt wurde;
- technische und taktische Maßnahmen vor und während des Wettkampfes (Mannschaftsbesprechung, Auszeit);
- Betreuung in den Wettkampfpausen (Spielfeldwechsel, Auszeit) durch richtige Zielsetzungen (Erholung, Konzentration, Taktik);
- Optimierung des Spielereinsatzes (Mannschaftsaufstellung, Spielerwechsel);
- Betreuung nach dem Wettkampf (Verarbeitung von Erfolg und Mißerfolg).

Mit steigendem Leistungsniveau werden solche Maßnahmen häufiger und gezielter eingesetzt. So ist z. B. in der Auszeit auf höherem Niveau der Anteil aufgabenbezogener Informationen und der zielorientierte Blick nach vorne stärker als auf mittlerem Niveau, wo eher eine Neigung zur Diskussion, zu personenbezogener, oft verletzender Fehlerkritik und fehlerorientierter Rückschau vorherrscht.
Auszeiten werden im höheren Leistungsbereich 3-, 6mal pro Spiel, auf mittlerem Niveau nur 1-, 2mal pro Spiel genommen. Zwei Drittel der Auszeiten bringen eine Veränderung des Spielverlaufs im gewünschten Sinne und werden auf höherem Niveau eher situationsbezogen (z. B. Fehlerserie, taktische Information), im mittleren Leistungsbereich eher schematisch in kritischen Spielphasen (0–3 Punkte, 6.–8. Punkt, ab 13. Punkt) eingesetzt.
Die direkten Eingriffe in das Spiel durch Auszeiten und Spielerwechsel erfolgen besonders aus Gründen wie Verletzung, Ermüdung und Taktik.
Die *taktischen Absichten* bei einer Auszeit bestehen in der

- Unterbrechung des gegnerischen Spielrhythmus bei Serien von Aufschlag-, Angriff-, Blockerfolgen;

- Umstellung auf veränderte Spielweise des Gegners;
- Änderung der eigenen Taktik (u. a. Anweisungen an die Spieler);
- Verzögerung des gegnerischen Satzballes;
- Beruhigung, Wiederherstellung der Konzentration.

Auswechseln wird durchgeführt bei
- Satzball des Gegners (nach bereits zwei Auszeiten);
- der Fehlerserie eines Spielers;
- Erschöpfung eines Spielers (z. B. Angreiferauswechslung während der Abwehrphase);
- der Realisierung taktischer Absichten (z. B. Aufschlag-, Block-, Angriffs-, Abwehrspezialisten).

Der Trainer sollte diese Eingriffsmöglichkeiten bei auftretenden Problemen nutzen, um das Spiel positiv zu beeinflussen. Beim Auswechseln sollte er folgende Grundsätze beachten:
- Berücksichtigung der Möglichkeiten der Auswechselspieler (z. B. Spezialisten, Auswechseltaktik mit Zuspielern);
- Vorbereitung der Auswechseltaktik im Training;
- frühzeitiges Aufwärmen und genaue Anweisungen an die Auswechselspieler;
- Auswechseln auch von sicheren Spielern zur Leistungsstabilisierung bei Auswechselspielern;
- Vermeidung von Überforderung der Auswechselspieler bei entscheiden-
146 den Spielen.

Jede Maßnahme beim Coaching setzt beim Trainer eine geschulte Beobachtung des Spiels und des Spielerverhaltens im technischen, taktischen und motivationalen Bereich voraus (vgl. 1.2). Diese ist auch Grundlage für die *Spielsteuerung* mittels Gestik, Mimik und Sprache. Diese Äußerungen lassen sich der Vermittlungs-, Inhalts-, Sprach- und Adressatendimension zuordnen. Die Inhalte beziehen sich besonders auf psychologische und technisch/taktisch/organisatorische Aspekte (Tab. 2.11.1).

Bei der Analyse und Schulung des *Sprachverhaltens* in Training und Wettkampf (Tonband, Video) ist folgendes Klassifikationssystem hilfreich (Tab. 2.11.2):
- Inhaltsbezug (Spielhandlungen);
- Zeitbezug (vor, im, nach dem Spiel, Auszeit, Satzende);
- Richtung (persönlich/direkt, mannschafts-, gruppenbezogen/allgemein)
- Art (z. B. Anweisung, Frage);
- Gültigkeitsdauer (einmalig/situationsbezogen, überdauernd).

Trainer müssen immer wieder feststellen, daß die gegebenen Instruktionen im Spiel nicht befolgt werden. Seitens der Spieler liegen dafür häufig folgende Ursachen vor:

Dimension	Kategorie	Beispiele
Vermitt-lungsform	Information 1. Vorinformation 2. Rückmeldung 3. Frage 4. Anweisung	 «Die spielen VI vorne!» «Gut gemacht!» «Warum spielst du keinen Lob?» «Schlag diagonal!»
Inhalt	Psychologisch 1. Aktivierung 2. Entspannung 3. Lob 4. Tadel Spielhandlung 1. Technik 2. Taktik 3. Organisation	 «Kämpfen!» «Beruhige dich!» «Guter Block!» «Du bringst heute gar nichts!» «Später anlaufen!» «Bessere Nahsicherung!» «Mach dich warm!»
Sprache	1. Einzelwort 2. Kurzbefehl 3. Vollständige Äußerung	«Geh!» «Kein Dreierblock!» «Siehst du, du mußt es dir nur zutrauen!»
Adressat	1. Ungerichtet 2. Einzelspieler 3. Co-Trainer, Auswechselspieler, Helfer, Schiedsgericht 4. Mannschaft, Mannschaftsteile	«Mann, oh, Mann!» «Markus, konzentrier dich!» «Spielerwechsel!» «Spielt doch ab und zu die Kombination x!»

Tab. 2.11.1: Dimensionen und Kategorien sprachlicher Äußerungen beim Coaching (vgl. SCHMIDT/LÜTTKE 1984, 178; KRÖGER/SCHÄDLE 1984)

- Spieler reagieren auf das schnelle Spielgeschehen durch Abrufen automatisierter Handlungsschemata, die relativ starr sind und durch Informationen nicht so schnell aufgebrochen werden können.
- Bei vielen Spielern ist die Eigeneinschätzung der Situation oft wichtiger als die Information des Trainers, und sie handeln dann auch nach ihrer eigenen Spielauffassung.
- Die Störung von Konzentration und Aufmerksamkeit durch die hohen Anforderungen des schnellen und hektischen Spiels mit seiner Informationsdichte und den äußeren Einflußfaktoren bewirkt, daß die Spieler die Information einfach vergessen. Sie behalten sie nicht bis in die entscheidende Spielsituation und greifen wieder auf Automatismen zurück.

Qualität / Inhalt	Zeit					Richtung			Dauer		Art							
	Vor Spielbeginn	Im Spiel	Nach Spielende	Auszeit	Am Satzende	persönlich direkt	Gruppe allgemein	Mannschaft allgemein	einmalig/situativ	überdauernd	Anweisung	Frage	Beschreiben	Erklären	Handlungshinweis	Loben, Ermutigen	Tadeln, Ignorieren	Verletzen
Bewegungsablauf																		
Aufstellung																		
Aufschlag wo/wie																		
Annahme wie/wohin																		
Zuspiel wie/wohin																		
Angriff Art/Ort																		
Kombination wer/wo																		
Block wer/wo/wann																		
Sicherung wer/wo																		
Abwehr wer/wie																		
Taktik des Gegners																		
s.o.																		

Tab. 2.11.2: Klassifikationssystem für Trainingsäußerungen

Der Trainer selbst kann die *Informationsverarbeitung* durch die Reduzierung der Informationsmenge, die Strukturierung der Aussagen, die Einübung des Informationsprozesses und die Organisation der Rahmenbedingungen positiv beeinflussen. Besonders in Streßsituationen ist die *Aufnahmekapazität* des Gedächtnisses (z.B. für Bewegungsanweisungen, -korrekturen) wesentlich reduziert. Bei seinen Anweisungen muß der Trainer deshalb versuchen, die Entscheidungsmöglichkeiten bei Spielhandlungen zu reduzieren. Wenn z.B. der Spieler stark unter Streß steht, muß eine Handlungsanweisung kommen («Mach beim nächsten Angriff einen Sicherheitsschlag!»), damit der Spieler sich mehr auf die Ausführung der Handlung selbst konzentrieren kann und nicht so sehr durch Wahrnehmungs- und Entscheidungsprozesse belastet ist. Damit übernimmt der Trainer die Verantwortung für die Auswahl des Handlungsprogramms, das er aufgrund seiner Beobachtungen für erfolgversprechend hält. Je komplizierter und schwieriger die zu erwartende Handlungssituation sein wird, je weniger Zeit dafür zur Verfügung steht, je mehr die Spieler auf Handlungen des Gegner reagieren müssen (z. B. Abwehr) und nicht selbst agieren können (z. B. Zuspiel), je mehr Faktoren den Erfolg beeinflussen, desto präziser muß die Handlungsanweisung ausfallen. Wesentlich ist auch eine klare Struktur der Traineraussagen.

Alle *sprachlichen Informationen* und *Instruktionen* zur Spielsteuerung sollten in drei Stufen erfolgen:

1. Benennung/Bezeichnung: Ein Sachverhalt wird angesprochen, z. B.: «Ihr versucht immer...» (z. B. Angriff über IV, diagonal anzugreifen)!
2. Erklärung/Analyse: Der Sachverhalt wird begründet, erklärt: «Weil ihr immer... macht / der Gegner immer... macht, deshalb passiert...!»
3. Handlungshinweis/-hilfe, Anweisung: Der Sachverhalt wird als Verhaltenshinweis/-anweisung angegeben: «Am besten ihr versucht..., versuche... oder..., mach...!»

Der Trainer sollte diese Reihenfolge konsequent einhalten und nicht zwischen den einzelnen Ebenen willkürlich hin und her springen. 147

Auch eine reduziertere und besser geordnete *persönliche* Information bleibt oft ohne Resonanz. Dies ist besonders dann der Fall, wenn im Trainingsprozeß oder im Laufe der absolvierten Spiele für die jeweiligen Informationen keine Handlungspläne erarbeitet wurden. Die Umsetzung der Information hängt davon ab, ob der Spieler überhaupt die spezifische Fertigkeit besitzt, diese durch ein Codewort oder eine Ein-Wort-Aussage belegt ist und die Situation mit den trainierten Handlungsmustern bewältigt werden kann. So enthält z. B. die Information: «Denkt daran, die spielen zurückgezogene VI!» implizit die Anweisung: «Lob in die Mitte spielen!» Aus Zeitgründen sollen in der Auszeit lediglich derart verkürzte Informationen Anwendung finden, die von den Spielern problemlos verstanden werden können.

Wichtig sind auch die organisatorischen *Rahmenbedingungen,* unter denen Informationen gegeben werden. So muß z. B. die Gruppierung der Mannschaft an der Außenlinie möglichst schnell erfolgen, damit eine physiologische Beruhigung, Nahrungsaufnahme, psychologische Einstellung und ein wohldosierter Informationsfluß in der kurzen Zeit möglich ist. Vermieden werden muß eine Austragung von Kompetenzstreitigkeiten der Spieler untereinander, die ausgiebige Fehlerkritik und die Kommentierung vorausgegangener Ballaktionen. Im Rahmen einer eingespielten Organisation sollten dann die Trainerinformationen in einer gewohnten Reihenfolge (z. B.

allgemeine Aussage – Randbedingungen – Anweisung allgemein und individuell – Aufmunterung) knapp und präzise vorgetragen werden.
Entscheidend für gute Leistungen ist auch die Art und der Grad der *Motivation* der einzelnen Spieler. Bei der Wettkampfsteuerung muß der Trainer versuchen, die Motivationsstruktur seiner Spieler zu erkennen und positiv zu beeinflussen. Er kann seine Aussagen vor, während und nach dem Spiel kontrollieren, wenn er sich u. a. folgende Fragen stellt (vgl. 1.2: Leistungsmotivation):

- Kenne ich die momentane Situation meiner Spieler (Umweltbezüge, Arbeitsbelastung, Beziehung zu den Mitspielern, Angst, Streßanfälligkeit usw.)?
- Kann ich sagen, wie einzelne Spieler normalerweise auf Lob, Tadel, Kritik, Beurteilung reagieren?
- Habe ich den Spielern aus ihrer Sicht erreichbare, attraktive Ziele gesetzt, die Voraussetzung einer Erfolgsmotivation sind?
- Sind bzw. waren meine Aufgabenstellungen für das Spiel realistisch?
- Habe ich versucht, auch übermotivierte Spieler mit realistischen Aufgaben wieder zu ‹beruhigen›?
- Habe ich rechtzeitig vor dem Spiel im Training mit dem Aufbau einer realistischen Erfolgserwartung begonnen?
- Habe ich versucht, während des Spiels die Ziele und damit verbundene Aufgabenstellungen dem Spielverlauf anzupassen, auch wenn diese von den ursprünglichen Zielen abweichen?
- Habe ich auch nach Mißerfolgsaktionen die Spieler mit meinen Aussagen positiv verstärkt?

Die Beeinflussung der Spieler im motivationalen Bereich setzt Geduld, Einfühlungsvermögen und beiderseitiges Vertrauen voraus. Voraussetzung ist für den Trainer, daß er auch über das Volleyballspiel hinaus mit seinen Spielern im Gespräch ist. Im Training und Wettkampf muß er genau zuhören und beobachten können. Dadurch wird es ihm sicherlich leichter mög-
148 lich werden, wettkampfsteuernd einzuwirken.

Zusammenfassung

- Mit steigendem Leistungsniveau greifen Trainer durch Auszeiten, Spielerwechsel und Instruktionen häufiger und gezielter in den Spielverlauf ein.
- Zur Verbesserung der Informationsverarbeitung bei den Spielern ist eine Analyse und Schulung des Sprachverhaltens beim Trainer sinnvoll.
- Zur erfolgreichen Beeinflussung der Motivation muß der Trainer über die fachlich-trainingspraktischen Aspekte hinaus mit seinen Spielern auch auf der Beziehungsebene harmonieren.

3 Die Vermittlung der Spielfähigkeit

Erich Christmann

Zur Orientierung

- Die volleyballspezifische Spielfähigkeit in Freizeit, Schule und Verein ist das Ergebnis eines strukturierten Lehr- und Lernprozesses. Sie drückt sich in der Beherrschung der beobachtbaren Techniken und der Taktik aus (3.1, 3.2). Die Analysen dieser Spielhandlungen beinhalten biomechanische, funktionale und strukturelle Betrachtungsweisen und erfolgen auf der Grundlage umfangreichen Bildmaterials.
- Zur Erreichung dieser Lernergebnisse müssen interne Wissens-, Könnens- und Fähigkeitsstrukturen entwickelt werden, was die Kenntnis von Grundlagen des motorischen Lernens voraussetzt (3.3). Ausgangspunkt für den Lehr-Lernprozeß (3.4) ist die Analyse des Lehrstoffs Volleyball als Sachstruktur (Objektive Struktur) und Lernstruktur (Subjektive Struktur). In Verbindung mit einer Analyse der Eingangsvoraussetzungen bei den Lernenden wird eine Umsetzung in präzise Lernzielformulierungen erst möglich. Eine optimale Lehrstrategie zur Erreichung der Lernziele muß die richtige Reihenfolge der Inhalte (Lernsequenzen), geeignete Lehr- und Lernmethoden und sinnvolle Sozialformen herausfinden und die Informationsverarbeitung durch Sprache, Medien und Materialien möglichst effektiv beeinflussen. Dies führt zu methodischen Wegen für die Vermittlung von Spielfähigkeit (3.5) im technischen und taktischen Bereich.
- Lernergebnis und Lernprozeß bedürfen der ständigen Überprüfung und Korrektur im Bereich des Lehrer- und Trainerverhaltens (3.6) und der Bewegungshandlungen in Standard- und spielnahen Situationen (3.7).

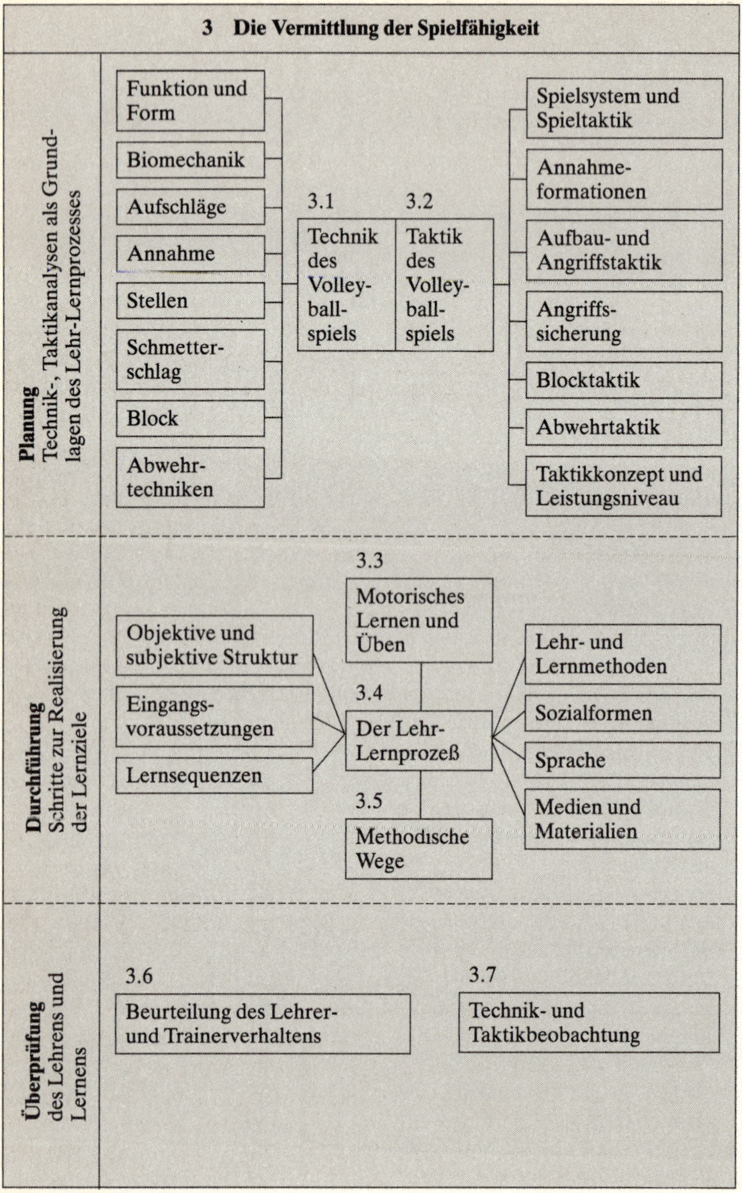

Übersichtsschema Kapitel 3

Erich Christmann / Günter Krispin

3.1 Technik des Volleyballspiels

Funktion und Form

Im Volleyballspiel wenden die Spieler eine Vielzahl von Bewegungshandlungen (Aktionen) an, um ein Ziel (z. B. genaues Zuspiel zum Angreifer) zu erreichen. Die Bewältigung dieser Aufgabe macht eine bestimmte Art des Ballabspiels (z. B. Länge, Höhe, Richtung, Geschwindigkeit des Passes) erforderlich, wozu sich die Fertigkeiten unterschiedlich eignen (z. B. Handlungsalternativen zum Spielaufbau: oberes und unteres Zuspiel). Spielfertigkeiten erfüllen damit eine bestimmte *Funktion.* Hat ein Spieler eine bestimmte Spielfertigkeit für die Realisierung seines Ziels ausgewählt, wird die Grundstruktur oder eine Variante als spezifische, beobachtbare und beschreibbare Bewegungsform realisiert.
Ballweg und -geschwindigkeit werden entscheidend bestimmt durch *kinematische* (Weg- Zeit-) und *dynamische* (Kraft-)Merkmale (vgl. Kap. 1.1):

- Höhe, Länge, Richtung, Geschwindigkeit, Elastizität, Stabilität der Flugkurve, Widerstand und Gewicht des anfliegenden Balles (*Movendumbedingungen)*;
- Winkelstellungen, Elastizität und Widerstand von Fingern, Gelenken, Unterarmen, Stoß, Schlag, Reibung, Impulsübertragungen, die den Weg des abfliegenden Balles beeinflussen (*Bewegerbedingungen*).

Im Moment des Ballkontakts müssen Movendum- und Bewegerbedingungen optimal reguliert werden (Ausführungsregulation, vgl. Abb. 1.2.13). In dieser Phase des Bewegungsablaufs erfolgt mit dem Ballkontakt die entscheidende Impulsübertragung auf den Ball *(Hauptfunktionsphase).* Für Bewegungen der ballnahen Körperteile (Hände, Arme) gibt es kurz vor und während des Ballkontakts relativ enge Bewegungsspielräume. In den Vorbereitungsphasen, nach dem Ballkontakt *(Übergangsphasen)* und in den ballfernen Körperteilen (z. B. Beine) sind größere Bewegungsspielräume möglich. Diese Teilbewegungen beeinflussen die Hauptfunktionsphase unterschiedlich stark. Sie können die energetischen und positionellen (Körperhaltung, Aktionshöhe) Voraussetzungen schaffen *(Hilfsfunktionsphasen),* die Realisierung kaum beeinflussen oder den Bewegungsablauf stören bzw. unmöglich machen *(Bewegungsfehler).* Täuschbewegungen *(Finten)* sind Zusatzbewegungen in der

Vorbereitungsphase, die die Realisierung der Hauptfunktionsphase der Zielbewegung letztlich nicht behindern, sondern lediglich die dafür zur Verfügung stehende Zeit sehr stark einengen und dem Gegner die Reak-
149 tion erschweren.

Biomechanik der Volleyballtechnik

Zur Optimierung der Fertigkeiten des Volleyballspiels werden aus mechanisch-physikalischer und biologischer (biomechanischer) Sicht Voraussetzungen und Gesetzmäßigkeiten der sportlichen Bewegung und das Ballverhalten untersucht. Bei der Analyse der Einzeltechniken können folgende allgemeine biomechanische Prinzipien berücksichtigt werden:

(1) Optimale Treffstrecke
Um dem Ball situations- und taktikabhängig einen optimalen Abflugwinkel, eine optimale Richtung, Länge und Geschwindigkeit zu geben, müssen Finger und Unterarme den Ball auf einer bestimmten Strecke in einer bestimmten Entfernung vom Körper weiterspielen. Auf dieser Strecke liegen mehr oder weniger günstige Treffpunkte des Balles. Im Idealfall bleibt der Körper dabei im Gleichgewicht.

(2) Optimale Muskelvorspannung
Bei der Ausholbewegung müssen zur Erreichung einer hohen Endgeschwindigkeit die Muskeln optimal vorgedehnt werden, die für die jeweilige Bewegungsausführung relevant sind. Diese Vordehnung muß die Muskulatur nacheinander von unten nach oben und von innen nach außen erfassen.

(3) Optimaler Beschleunigungsweg
Soll der Ball eine möglichst hohe Geschwindigkeit erreichen, so ist unter Berücksichtigung der vorhandenen konditionellen und koordinativen Fähigkeiten ein optimal langer geradliniger oder stetig gekrümmter Beschleunigungsweg anzustreben. Bei Finten muß nach dem Abbrechen der täuschenden Ausholbewegung noch ein ausreichend langer Beschleunigungsweg zur Realisierung des Bewegungsziels verbleiben.

(4) Koordination der Teilimpulse
Die Einzelbewegungen müssen so aufeinander abgestimmt werden, daß sich ihre Wirkungen ergänzen und zum gleichen Zeitpunkt optimal zur Wirkung kommen. Die Einzelimpulse werden dadurch weiterübertragen *(kinematische Kette),* daß sich die Geschwindigkeit des jeweils nächsten Körperteils bei gleichzeitiger Verzögerung des vorherigen Teils steigert (z. B. Peitscheneffekt beim Angriffsschlag).

(5) Aktion – Reaktion (Gegenwirkung)
Jeder Bewegung geht in der Regel eine entgegengesetzt gerichtete Ausholbewegung voraus, bzw. löst eine Ausgleichsbewegung danach aus (z. B. Beugen–Strecken, Bogenspannung–Verwringung). Dadurch wird eine Muskelvordehnung erreicht und der Körper im Gleichgewicht gehalten.

(6) Ballweg und Effet
Auf den Ball wirken im Flug als äußere Kräfte die *Schwerkraft* und der *Luftwiderstand* ein. Die Schwerkraft berechnet sich nach der Formel $F_G = m \times g$ (Schwerkraft bzw. Gewicht=Masse mal Schwerebeschleunigung). Entscheidende Größen für die Flugweite und -höhe sind der Abschlagwinkel und die Abfluggeschwindigkeit. Der Ball wird durch einen kurz dauernden Zusammenprall (Stoß) zwischen Unterarmen oder Händen und Ball in seiner Richtung und/oder Geschwindigkeit geändert. Diese hängt davon ab,
- in welchem Winkel der Ball auf die Kontaktfläche auftrifft;
- ob die aufeinander treffenden Körper starr oder elastisch sind;
- ob der Ball um eine Achse rotiert oder in Ruhe ist;
- ob der Stoß den Ball zentral trifft (zentrisch) oder außerhalb des Zentrums (exzentrisch) und ihn dabei in Rotation (Drall, Effet) versetzt.

Beim Volleyball liegt in der Regel ein elastischer Stoß vor, da sich der Ball je nach Innendruck (z. B. 4,0–4,5 N/cm^2) und Hand, Finger und Unterarme je nach Muskelvorspannung und Treffpunkt verformen. Diese Elastizität kann z. B. bei der Abwehr von harten Angriffsschlägen noch durch ein Nachgeben in die Bewegungsrichtung des Balles verstärkt werden, was zu einem starken Energieverlust und einer Verminderung der Fluggeschwindigkeit des Balles führt.
Rotiert ein Ball nach vorne (Topspin) wie beim Tennisaufschlag und Angriffsschlag, kann der daraus resultierende höhere Absprungwinkel durch eine stärkere Schrägstellung der Arme ausgeglichen werden.
Auf den fliegenden Ball wirkt außer der Schwerkraft besonders der Luftwiderstand ein. Dies ändert die im Idealfall *ballistische Flugkurve* und führt zur Verringerung des Impulses. Weitere Komponenten sind die Eigenrotation, die Geschwindigkeit, der Anstellwinkel der Trefffläche und der Angriffspunkt der Widerstandskraft.
Der Volleyball kann z. B. beim Aufschlag mit (Tennisaufschlag) und ohne (Flatteraufschlag) Drall geschlagen werden. Eine schnelle Rotation des Balles um die Breitenachse hat nicht nur eine stabilisierende Wirkung, sondern führt wegen der Druckunterschiede zu einer starken Krümmung der Flugbahn (vgl. Abb. 3.1.1). Weil die Oberfläche des Balles über der Rotationsebene Luft mit sich reißt, wächst dort der Luftwiderstand, und es kommt zu einem Druckanstieg. Unterhalb der Rotationsebene sind Drehrichtung und Luftströmung gleichgerichtet und verursachen eine Ge-

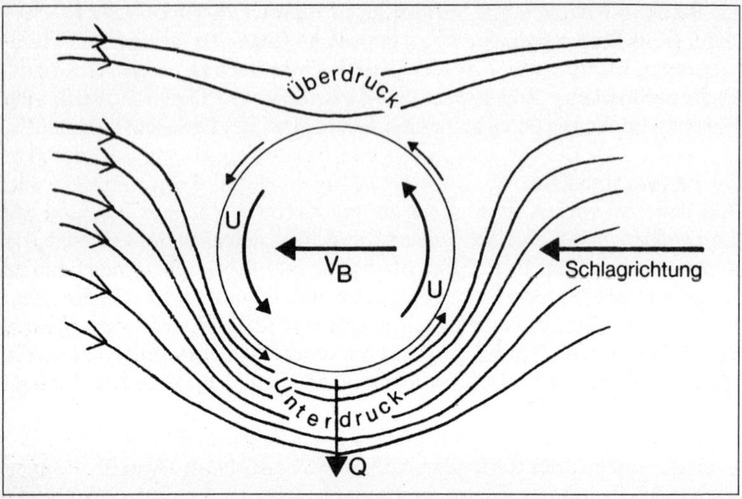

Abb. 3.1.1: Magnuseffekt beim Vorwärtsdrall (vgl. BORNEMANN / GABLER 1984, 33)

schwindigkeitserhöhung des Luftstromes. Dies führt zu einer Druckreduzierung. Dieses Phänomen ist als *Magnus-Effekt* bekannt. Gelingt es z. B. einem Fußballspieler beim Eckball, den Ball mit einer bestimmten Geschwindigkeit und in einem kleinen Winkel zur Seitenauslinie exzentrisch zu treffen, kann dieser nach einem bogenförmigen Flug direkt im Tor landen.

Beim zentralen Treffen des Balles ist seine Flugkurve oft instabil *(Flattereffekt)*. Dies führt in der Aufschlagtaktik zur gezielten Anwendung des Flatteraufschlags, um die Ballannahme zu erschweren. Eine experimentelle Untersuchung dieses Phänomens steht allerdings noch aus. Von daher können zu seiner Erklärung lediglich einige Plausibilitätsüberlegungen angestellt werden:

- Es fällt auf, daß viele Spieler beim Flatteraufschlag ihre Ausgangsposition weit hinter der Aufschlagzone einnehmen. Dadurch wird der Anstellwinkel kleiner bzw. die Flugkurve des Balles flacher. Neben der Schwerkraft können sich dadurch wie im Skispringen, Schwimmen, Speerwerfen, Diskuswerfen bei der geringen Ballmasse *Auftriebskräfte* bemerkbar machen und die Flugkurve verlängern. Eine weitere Konsequenz ist die Reduzierung der *Geschwindigkeit* des Balles bis zu einem kritischen Wert (ca. 30 km/h) noch über dem eigenen Feld. Abweichungen vom regulären Ballweg wirken sich über die längere Entfernung bis zum Annahmespieler um so stärker aus.

- Die Unregelmäßigkeit der Flugkurve wird offensichtlich von der Änderung des Strömungswiderstandes (Luftkraft) mit verursacht, der beim rotierenden Ball (Magnuseffekt) relativ konstant zu sein scheint. Abweichungen könnten sich daraus ergeben, daß die Luft wegen der fehlenden Rotation des Balles (Ausbleiben des Magnuseffekts) nicht regelmäßig abströmen kann *(Wirbelbildung)*, und der Luftkraftbeiwert bei der niedrigen Geschwindigkeit nicht konstant bleibt. Abweichungen von der ballistischen Bahn können noch durch positive oder negative *Drehmomente* beeinflußt werden, die ihre Ursache in der Nichtübereinstimmung von Volumen- und Ballschwerpunkt haben (Lage des Ventils, unregelmäßige Kugelform des Balles).

Das zentrale Treffen des Balles, ein kleiner Anstellwinkel, eine kritische Ballgeschwindigkeit und die bewußt gewählte Lage des Ventils könnten in ihrem komplexen Zusammenwirken somit die Ursache für den Flattereffekt sein. 150

Die folgenden Bildserien beschränken sich auf die Ausgangshaltungen nach Abschluß der Laufbewegung zum Ball, tiefste und höchste Spielstellungen, Ballkontakt (Hauptfunktionsphase) und Übergangsphase. Im Sinne des funktionalen Ansatzes sind die Bewegungsabläufe aber nicht normativ zu interpretieren. Sie sind Beispiele für effektive Spielhandlungen bestimmter Spieler/-innen auf hohem Leistungsniveau mit einer gewissen Orientierungsfunktion für Lehrende und Lernende.
Zur Entwicklung einer Bewegungsvorstellung und als Grundlage für die Technikbeobachtung, -vermittlung und -korrektur werden beim Aufschlag von unten Zuspiel, Annahmebagger, Angriffsschlag und bei der Japanrolle *Bildserie* und funktionale *Bewegungsanalyse* in Verbindung gebracht. Dazu werden Blickrichtung, Weg des KSP (Körperschwerpunkt) und einzelne Körperpunkte zeitlich nacheinander (horizontal) und zeitgleich in ihrer Koordination (vertikal) in einer Graphik genauer analysiert. Bei einzelnen Bewegungshandlungen werden biomechanische Untersuchungsergebnisse ergänzt.

Die Aufschläge

- Bei den *Aufschlägen mit Vorwärtsdrall* (Tennis-, Haken-, Sprungaufschlag) überholen aus einer Bogenspannung und Verwringung heraus nacheinander der Oberarm die Schulter, der Unter- den Oberarm und die Hand den Unterarm *(Peitscheneffekt)*. Mit dem «Überdachen» des Balles durch die abklappende Hand wird dem Ball der typische Vorwärtsdrall gegeben. Durch die hohe Bewegungsgeschwindigkeit entsteht ein großer Bewegungsimpuls. Die Kontaktdauer zwischen Hand und Ball ist sehr kurz und die Treffstrecke oft auf den Treffpunkt reduziert (Abb. 3.1.2–3.1.3).

Tennisaufschlag Abkürzungen: N.S.H. = Nicht-Schlaghand; S.H. = Schlaghand; S.A. = Schlagarm

B.-Inh. \ Zeit	Vorbereitung			
Kopf	aufrichten →	nach hinten →		→
Blickrichtung	Zielbereich Netz →	zum angeworfenen Ball		
Arme (A) Hände (H)	Anwerfen des Balles (beidhändig) von unten →	nach vorne-oben führen →	N.S.H. zeigt zum Ball → angewinkelter Ellbogen des S.A. nach hinten absenken →	N.S.A. absenken → S.H. über/hinter den Kopf →
Oberkörper	frontal zum Netz →	nach hinten beugen; zur S.A.-Seite drehen →	Bogenspannung → Verwringung →	
Hüfte Knie Fußgelenke		nach vorne schieben S.A.-Seite leicht zurück →		
KSP	absenken →	tiefste Spielstellg. →	anheben →	
Füße	Grätschschrittstellg. Fuß auf S.H.-Seite hinten, leicht n. außen →	Druck auf hinterem Fuß →		Druck verlagern auf vorderen Fuß →

Abb. 3.1.2

Ballkontakt		Übergang
nach vorne		stabilisieren
Hand – Ball	Ballweg	
Peitschenbewegung zum Ball S.A. fast gestreckt, S.H. klappt über dem Ball ab	S.A. weiter nach vorn-unten durchziehen N.S.A. weiter angewinkelt zum Körper durchziehen	Ausgangs-lage einnehmen
auflösen	nach vorne abklappen	auf-richten
auflösen		
nach vorne drehen → nach vorne-oben strecken	einknicken	strecken
	beugen	
strecken	beugen	
höchste Spielstellung	absenken und Ausgangslage einnehmen	
über Fußballen strecken	Schwung abfangen, Nachstellschritt	Ausgangs-haltung

Sprungaufschlag (Seitenansicht)

- Beim *Aufschlag von unten* wird je nach Treffpunkt (k)eine Rotation (vorwärts, rückwärts, seitwärts) erzeugt. Wegen des steilen Anstellwinkels und der höheren Flugkurve ist die Annahme relativ leicht (Abb. 3.1.4).
- Bei den *Flatteraufschlägen* beträgt die Kontaktdauer Hand-Ball 0,012–0,020 sec, die Treffstrecke 10–20 cm. Durch das Fehlen der peitschenartigen Bewegung, das niedrige rotationsfreie Anwerfen des Balles, die gespannte Handfläche, das Abbremsen der Schlagbewegung und die Impulsübertragung durch den Ballschwerpunkt kommt es zu einem *zentralen Stoß*. Dieser Hauptfunktionsphase können ganz unterschiedliche Hilfsfunktionsphasen vorausgehen. So ist z. B. der frontale Flatteraufschlag in koordinativer Hinsicht einfacher als der seitliche, der aber den Vorteil eines längeren Beschleunigungsweges hat. Der Spieler hat ein besseres Blickfeld, und der Ball-Handkontakt kann visuell besser kontrolliert werden (Abb. 3.1.5).

Annahme des Aufschlags
Die Annahme des Aufschlags erfolgt fast ausschließlich mit dem Annahmebagger frontal und seitlich/seitwärts.
Bei der Bewegung zu einem nahen Spielort bietet sich die seitliche Bewegung mit *Nachstellschritten* an. Zur besseren Bewegungskontrolle sollte der Körperschwerpunkt auf gleicher mittlerer Höhe gehalten werden. Nach Überwinden einer längeren Distanz mit *Laufschritten* sollte in der *Grätschschrittstellung* frontal hinter dem Ball der Schwung auf dem außen vorne stehenden Bein abgefangen werden.

Abb. 3.1.3

Die Neigung der Unterarme zum Boden ist abhängig von der Entfernung zum Netz und der zu erwartenden Flugkurve des Balles. Bei flachen Bällen und nahe am Netz nähert sich die Armhaltung der Waagerechten an. In der Vorbereitung ändern sich die Ausgangswinkel durch ein leichtes Absenken des Körperschwerpunktes. Das Gewicht ist auf die Fußballen nach vorne verlagert. Danach kommt es zu einer gleitenden Bewegung der – aus den Schultern nach vorn und im Ellbogen- und Handgelenk nach oben gedrehten und gestreckten – Arme nach vorn oben mit einem gleichzeitigen Aufrichten des Rumpfes und einer Streckung der Gelenke. Die Anspannung in der Armmuskulatur steigert sich gleichmäßig, während die Geschwindigkeit der Beinstreckung abnimmt. Das ebenfalls langsamer werdende Aufrichten des Rumpfes ermöglicht eine stetig sich verlangsamende Begleitbewegung der Arme, die ihre Winkelstellung zum Oberkörper kaum verändern. Nach einer kurzen Berührungsdauer hat der Ball eine höhere Geschwindigkeit als vor dem Auftreffen. Diese *schiebende* Bewegung ermöglicht eine weiche Berührung zwischen Unterarmen und Ball (Abb. 3.1.6).

Bei der *seitlichen* Annahme kommt es primär darauf an, die Kontaktfläche von den Schultern aus durch Verkanten so in die Abspielrichtung zu drehen (Einfallswinkel = Ausfallswinkel), daß der Ball zielgenau zum Zuspieler gelenkt wird. Gerade bei Flatteraufschlägen ist es entscheidend, den Bewegungsradius der Arme aktiv vor dem Ballkontakt auszunutzen und die Bewegung der Arme kontinuierlich und nicht abrupt dem Ballweg anzunähern (Abb. 3.1.7, 3.1.8).

Frontaler Aufschlag (von unten)

B.-Inh. \ Zeit	Vorbereitung		
Kopf	stabilisieren		
Blick-richtung	Ball	Ball / Nicht-Schlaghand →	
Arme Hände	– Halten des Balles hüfthoch vor dem Körper – Nicht-Schlagarm fast gestreckt →	Schlagarm zurückführen →	– Schlagarm nach vorn – Nicht-Schlagarm zurück – leichtes Anwerfen des Balles →
Ober-körper	– frontal zum Netz – nach vorne-unten →	leichte Drehung zur Schlaghand →	auflösen → aufrichten
Hüfte Knie Fußgelenke	gebeugt →		strecken
KSP	absenken →		nach vorne
Füße	Schrittgrätschstellung – vorderer Fuß unter dem	Druck auf hinterem Fuß →	Druck auf

Abb. 3.1.4

Ballkontakt		Übergang
stabilisieren		
Ball / Schlaghand		Ballweg
Treffen des Balles von hinten-unten mit gespannter, nach oben offener Handfläche – stabiles Handgelenk	→ Schlagarm hochführen	→ Schlagarm absenken
aufrichten		
strecken		
nach vorne-oben	→ höchste Spielstellung	
Ball	→ hinterer Fuß setzt vor	
vorderem Fuß	→ Gleichgewicht	

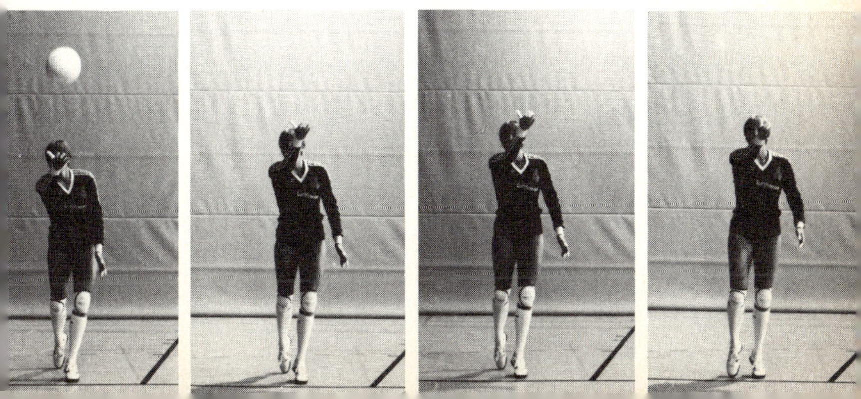

Flatteraufschlag frontal

Abkürzungen: S.H. = Schlaghand; S.A. = Schlagarm; N.S.H. = Nicht-Schlaghand

Zeit / B.-Inh.	Vorbereitung		
Kopf	aufrichten →	leicht nach hinten →	
Blickrichtung	Zielbereich Ball / Netz →	Ball →	
Arme Hände	N.S.H. mit Ball in Vorhalte S.A. angewinkelt in Kopfhöhe leichtes Anwerfen des Balles →	N.S.A. zeigt nach vorne	N.S.A. angewinkelt zum Körper →
		Ellbogen des S.A. gewinkelt nach hinten	Ellbogen des S.A. abgewinkelt hinter/über den Kopf →
Oberkörper	leichte Drehung zur S.H.-Seite →	zurückführen	vorbringen →
		Bogenspannung Verwringung	auflösen →
Hüfte Knie Fußgelenke	S.A.-Seite leicht zurück →	nach vorne bringen, parallel zum Netz	
	gebeugt →	nach vorne schieben und	
KSP	leicht absenken →	anheben →	
Füße	Schrittgrätschstellung zum Netz Fuß auf S.H.-Seite zeigt leicht nach außen →	Druck auf vorderem Fuß	Über die Fußballen

Abb. 3.1.5

Ballkontakt		Übergang
nach vorne		
Hand und Ball →	Ballweg	
Treffen des Balles von hinten mit fast gestrecktem S.A. und stabilem Handgelenk Abbremsen des S.A. →	Hochhalten des S.A. →	Absenken des S.A.
abbremsen →	leicht nach vorne →	aufrichten
→	zurückziehen	
strecken →	beugen	
höchste Spielstellung →	absenken und stabilisieren	
strecken →	Schwung abfangen – Druck auf vorderem Fuß (evtl. Nachstellschritt)	

Annahmebagger (frontal – langsamer Ball – im Stand)

Zeit / B.-Inh.	Vorbereitung			
Kopf	stabilisiert →		leicht nach hinten	
Blickrichtung	Ballweg			
Arme Hände	seitwärts nach vorne führen →	zueinander führen schließen leicht auswärts drehen →	nach vorne-oben schieben →	abbremsen →
Oberkörper	frontal zum Anspielpunkt leicht nach vorne geneigt →		nach vorne-oben schieben	
Hüfte Knie Fußgelenke	leicht gebeugt →	stärker beugen →	strecken	
KSP	leicht abgesenkt →	absenken →	nach vorne-auf-	
Füße	Annahmestelle erlaufen →	Grätschschrittstellung zum Netz →	Druck auf beiden	

Abb. 3.1.6

Ballkontakt		Übergang
→	stabilisieren	
Arme – Ball – Zuspieler →	Ballweg	
stabilisieren Ball mit Unterarmen zum Zuspielpunkt schieben →	leicht in Ballrichtung nachgehen →	absenken
→	aufrichten	
	→	beugen – abfangen
wärts →	höchste Spielstellung →	absenken
Füßen →	über Fußballen strecken →	abfangen Druck auf vorderem Bein

Oben: **Frontale Annahme** (nach Korrektur durch Seitstepp) *Abb. 3.1.7*

Unten: **Seitliche Annahme** (mit Kreuzschritt und Drehung) *Abb. 3.1.8*

Das obere Zuspiel

Die Wahl der Zuspieltechnik (oberes Zuspiel frontal; Sprungpaß; Überkopfpaß; oberes Zuspiel diagonal; lateraler Paß; oberes Zuspiel mit Abrollen; schneller Paß; einhändiges Zuspiel im Sprung) erfolgt unter Berücksichtigung des ersten Passes und der beabsichtigten Angriffstaktik.

- Bei kurzen Laufwegen zum Abspielort reichen seitliche Nachstellschritte oder ein Einspringen in die Ausgangsstellung aus. Bei weiteren Entfernungen (z. B. Läufer aus dem Hinterfeld) muß beim Übergang aus dem schnellen Lauf die Geschwindigkeit durch ein weites Herausstellen des netznahen Beines abgefangen und ein stabiles Gleichgewicht erreicht werden. Die *Treffstrecke* liegt bei allen Zuspielen vor bzw. über dem Kopf. Die Handhaltung ist in Abb. 3.1.9 dargestellt.

Abb. 3.1.9: Handstellung beim oberen Zuspiel

- Beim oberen Zuspiel frontal (Abb. 3.1.10) erfolgt nach einer Ausholbewegung der Hände in Richtung Stirn (Daumen zeigen zu den Augen) ein Anheben des tieferliegenden Körperschwerpunktes und eine Streckung von Beinen, Rumpf und Armen zum Ball hin. Mit der elastischen Ballberührung durch die Finger kommt es zum Abbremsen der Eigenbewegung *(Amortisation)* des Balles. Zeige- und Mittelfinger werden durch die aus der Ballgeschwindigkeit und -masse resultierende Kraftwirkung nach hinten gedrückt und kommen dadurch in einen hohen Spannungszustand. Die *Bewegungsübertragung* in die neue Richtung erfolgt durch eine koordiniert verlaufende Bewegung von Beinen, Rumpf, Armen und Händen. Durch den gesteigerten Krafteinsatz gegen die Stützfläche lösen sich die Fersen vom Boden, und das Körpergewicht verlagert sich auf die Fußballen. Die Armbewegung klingt in Abspielrichtung aus.
- Bei einem hohen und langen Zuspiel (z. B. von II/L_1 auf IV) verlängert der Spieler durch ein Absenken des Körperschwerpunktes den Beschleunigungsweg und entwickelt dadurch die erforderliche Kraft. Durch den höheren Krafteinsatz lösen sich mit dem Ballabspiel in der Begleitphase die Füße vom Boden.
- Beim flachen Langpaß ist die Handgelenksbewegung sehr kurz, der Abspielpunkt vor dem Gesicht und die Bewegungsrichtung der Arme horizontal leicht ansteigend.
- Bei Varianten des oberen Zuspiels ohne Bewegungsimpuls aus den Beinen (z. B. Sprungabspiel, oberes Zuspiel im Abrollen) erhält der Ball in einer kurzen Gleichgewichtslage (z. B. Umkehrpunkt beim Sprung, Ruhephase vor dem Abrollen) seine Richtung ausschließlich durch die aktive Arm-, Hand- und Fingerstreckung.

  Die nachfolgenden Abbildungen 3.1.11 – 3.1.17 zeigen verschiedene Varianten des oberen Zuspiels.

Oberes frontales Zuspiel (hoher Paß – im Stand)

Zeit / B.-Inh.	Vorbereitung		
Kopf	leicht nach hinten		
Blick-richtung	Ballweg	→ Zielbereich – eigener Angreifer / Gegnerblock →	
Arme Hände	nach vorne-oben führen, Ellbogen gewinkelt	→ Handgelenk beugen Daumen Richtung Augen drehen (Körbchenhaltung)	→ Ellbogen weiter beugen Spielfläche dem Ballflug anpassen →
Ober-körper	frontal zum An-spielpunkt drehen	→ fast aufrecht fixiert →	
Hüfte Knie Fußgelenke	fast gestreckt	→ beugen	→ nach
KSP	absenken bis zur tiefsten Spielstellung		→ nach
Füße	Zuspiel-position erlaufen	→ Bewegung abbremsen Grätschschrittstellung	→ Druck

Abb. 3.1.10

Ballkontakt		Übergang
		→ stabilisieren
Ball – Hand	→ Ballweg	
schnelle Streckung der Ellbogen Zeige-, Mittelfinger und Daumen werden zurückgedrückt (Amortisation)	→ Streckung in Ballrichtung aufwärts-vorwärts	→ Arme zurücknehmen und absenken
in Abspielrichtung nach vorne-oben strecken	→ zurücknehmen	→ stabilisieren
vorne-oben strecken		→ beugen – stabilisieren
vorne-oben	→ höchste Spielstellung Vorlage	→ absenken
gegen Stützfläche	→ Fersen lösen sich vom Boden (strecken)	→ beugen

Sprungpaß frontal *Abb. 3.1.11*

Oberes Zuspiel über Kopf *Abb. 3.1.12*

Oben: Oberes Zuspiel nach Erlaufen des Spielortes *Abb. 3.1.13*

Unten: Lateraler Paß *Abb. 3.1.14*

Oberes Zuspiel mit Abrollen

Schneller Paß

Oberes Zuspiel einhändig im Sprung

Abb. 3.1.15

Abb. 3.1.16

Abb. 3.1.17

Der Schmetterschlag

Von besonderem Interesse ist hier die Absprung- und Schlagphase.

- In der Spielpraxis lassen sich bei den *Absprungtechniken* folgende Formen unterscheiden:

  Takt des Aufsetzens der Füße zum Absprung
  a) Eintaktaufsatz
  b) Zweitaktaufsatz

  Reihenfolge des Aufsetzens
  a) Rechts-Links-Beinfolge
  b) Links-Rechts-Beinfolge

  Fußstellung beim Absprung
  a) parallele und senkrechte Fußstellung zur Anlaufrichtung
  b) Schrittstellung mit unterschiedlich starker Querstellung der Füße zur Anlaufrichtung

  Fußstellung beim Absprung
  a) rechter Fuß vorne
  b) linker Fuß vorne
  c) parallele Fußstellung

In dieser vorbereitenden Phase geht es darum,
- eine optimale Stellung des Spielers zum Ball zur Durchführung der Schlagbewegung (Hauptfunktionsphase) zu erreichen;
- die Sprunghöhe absolut und zeitlich *(Timing)* zu optimieren.

Schrittfolgen und Absprunghaltungen werden auch bei den weltbesten Angreifern je nach Anlauflänge, Angriffs- bzw. Stellerposition immer wieder variiert. Taktische Gesichtspunkte sind hier häufig bedeutsamer als Kriterien, die ausschließlich auf die Maximierung der Sprunghöhe abzielen. Dieses Kriterium muß aus einer Reihe von Gründen relativiert werden:
- der optimale Beschleunigungsweg (z. B. Anlauf) ist wegen des Ballwegs und seiner Geschwindigkeit oft verkürzt und die Amortisationsphase unvollständig;
- der Spieler muß oft aus taktischen (z. B. Blockposition) Gründen einen tieferen Abschlagpunkt (Handlungshöhe) wählen;
- die Schlagbewegung wird bereits im Absprung eingeleitet (z. B. Verwringung, Bogenspannung, Armführung) und ergänzt das Bewegungsziel «optimale Handlungshöhe»;
- das Treffen der günstigsten Absprungstelle und der richtige Zeitpunkt für den Absprung sind neben der Sprunghöhe ganz wesentliche Gesichtspunkte. So führt z. B. ein um 0,2 sec zu früher/später Absprung zu einem Verlust an Handlungshöhe von 25 cm/16 cm. Wird der Ball 20 cm seitlich außerhalb der Schlagschulter oder mit gebeugtem Ellenbogen geschlagen, gehen 6 cm/7 cm verloren;
- die Schlagtechnik muß je nach Zielfeld variiert werden. So ist z. B. ein Arm-Rumpfwinkel von 150–170 Grad erforderlich, um den Ball nach

unten zu schlagen, wodurch sich die Handlungshöhe um 5–13 cm verringert.

Noch vor der Bestimmung der Flugbahn des zugestellten Balles führt der Angreifer ein oder zwei Auftaktschritte im Gehtempo aus. Die Ballberechnung führt zu einer Korrektur der Bewegungsgeschwindigkeit. Hohe Pässe bedingen eine Verlangsamung, flache Pässe eine Beschleunigung des Tempos. Gute Spieler können den Rhythmus der Anlaufbewegung flüssig halten, während bei schwächeren Spielern ein unterbrochener Rhythmus festzustellen ist. Es gelingt ihnen noch schlecht, ihre Anlaufbewegungen so mit der Ballflugbahn zu regulieren, daß sie den Anlauf flüssig in den Absprung überleiten können. Sie springen deshalb häufig aus dem Stand ab und verschenken damit Sprunghöhe. Eine Lehrweise des Schmetterschlags, die alle Phasen als standardisierte Abläufe (z. B. mit Trainingshilfsgeräten) vermittelt, ohne diesen Regulationsprozeß einzubeziehen, bereitet die Spieler nicht optimal auf die Spielsituation vor.

Sieht man einmal von der Regulierung des Timings und der Bewegungsausführung unter taktischen und situativen Aspekten ab, erweisen sich der letzte Schritt, der Kniewinkel und der Beschleunigungskraftstoß als die entscheidenden Variablen für die Optimierung der Handlungshöhe.

- Mit der Vergrößerung des letzten Schrittes nimmt die Anlaufgeschwindigkeit zu. Der Körperschwerpunkt senkt sich ab, und die leichte Rücklage wird durch die Armführung nach hinten oben verstärkt. Die optimale Länge dieses Schrittes (ca. 2 m) hängt u. a. von der Spielergröße und seinen konditionellen Fähigkeiten ab und muß im Einzelfall ermittelt werden. Ist dieser Schritt zu kurz/lang kann die mögliche Sprunghöhe nicht erreicht werden. Eine bewußte Betonung des Ferse-Zehen-Kontakts der Füße beeinflußt die Durchführung eines langen *Stemmschritts* positiv. Bei der Fußstellung ist häufig ein leichtes Einwärtsdrehen der Fußspitzen und eine leichte Schrittstellung zu beobachten. Dadurch wird nicht nur eine stärkere Rückwärtsverlagerung des KSP möglich, sondern auch die Verwringung und Verlängerung des Beschleunigungsweges für den Arm erleichtert.
- Bei stark entwickelter Muskelkraft in den Beinen ist ein Kniewinkel von 110–115 Grad, bei geringer Kraft eine weniger tiefe Kniebeuge mit 120–130 Grad bei besserer Ausnutzung der Schnelligkeitskomponente günstig. Bei Sprüngen aus dem Stand (z. B. Block) muß zur Steigerung der Sprunghöhe der Beschleunigungsweg des KSP verlängert werden. Dazu empfiehlt sich ein Kniebeugewinkel von 80–90 Grad.
- Beim Absprung zum Angriffsschlag sind vier *Kraftstöße* feststellbar (vgl. Abb. 3.1.18):
  - Auftreffen des ersten Beines in der Fußstellung des Absprunges (t_1). Das Heranziehen der Arme (Verkleinerung des Arm-Rumpf-Winkels) führt zu einer Reduzierung des Kraftstoßes (t_2).

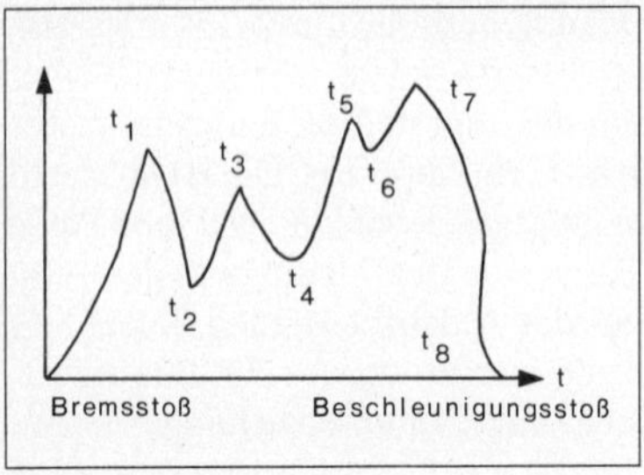

Abb. 3.1.18: Kraftverlauf beim Angriffsschlag (vgl. HEUCHERT/VOIGT/WITTMANN 1978, 142)

- Der Körperschwerpunkt nähert sich der Senkrechten über dem Absprungort (t_3). Auf beiden Füßen stehend, wird der kleinste Kniewinkel noch in der Rücklage erreicht (Tiefentlastung). Damit wird der Bremsstoß beendet (t_4).
- t_5, t_6, t_7 verdeutlichen die Fuß-, Knie- und Hüftstreckung (Koordination der Teilimpulse).
- Der Spieler drückt sich mit größtmöglicher Kraft vom Boden ab. Der Kniewinkel beträgt etwa 100 Grad, die Arme sind in der Vorhalte und haben ihre größte Geschwindigkeit. Bei t_8 befindet er sich im Sprung.

Die Größe des *Beschleunigungsstoßes* – absolut und in Relation zum *Bremsstoß* – ist damit eine entscheidende Komponente für die Steigerung der Sprunghöhe.

- Die Ausholbewegung des *Schlagarmes* beginnt mit dem Absprung. Als Gegenbewegung zu Verwringung, Bogenspannung und Armbewegung erfolgt ein Anwinkeln der Unterschenkel. Der freie Arm unterstützt die Verwringung und zeigt zum Ball.
- Die *Peitschenbewegung* des Schlagarms ergibt sich aus einer Vielzahl von Einzelbewegungen: Abknicken von Hüfte und Oberkörper, Rumpfdrehung mit Auflösung der Verwringung, Vorführen des zum Schlagarm diagonalen Beines, Absenken und Anwinkeln des freien Arms, Streckung in den Knien, Vornahme der Schlagschulter, Neigung des Körpers seitlich vom Schlagarm weg (Verlängerung des Hebels), Streckung des Ellbogens und Überstreckung des Handgelenks.
- Für die *Landung* nimmt der Spieler die Schlagschulter zurück, beugt die Beine in den Knien und erreicht durch das Aufrichten des Oberkörpers eine Gleichgewichtslage (Abb. 3.1.19, S. 360/361).
- Die *Ballgeschwindigkeiten* können bei harten Angriffsschlägen in der Spitze über 130 km/h ($\bar{x}$ = 90 km/h), bei mittelharten $\bar{x}$ = 80 km/h und leichten nur 40 km/h ($\bar{x}$ = 60 km/h) betragen. Die Ballgeschwindigkeit hängt von der Handlungshöhe (vgl. Abb. 3.1.21), der Schlagtechnik (Kraft, Peitscheneffekt) und der Genauigkeit des Treffpunktes ab.
- Für den Erfolg des Angriffsschlages ist neben der Härte und Genauigkeit auch die Feldabwehr des Gegners und die *Trefffläche* des Feldes bedeutsam. Die Größe der Trefffläche hängt ab von (vgl. Abb. 3.1.20):

- Handlungshöhen von Angreifer und Block;
- Positionen von Angreifer und Block zu Netz und Außenlinie;
- Übergreifen des Blocks;
- Blockart und Trefffläche des Blocks (Einer-, Zweier-, Dreierblock).

Wird über eine Steigerung der *Sprungkraft* die Handlungshöhe von Block und Angriff gleichermaßen gesteigert, vergrößert sich die Wahrscheinlichkeit für den Erfolg eines Angriffsschlages, weil der günstigere Einfallswinkel (vgl. Abb. 3.1.21) eine größere Trefffläche direkt hinter dem Netz ermöglicht.

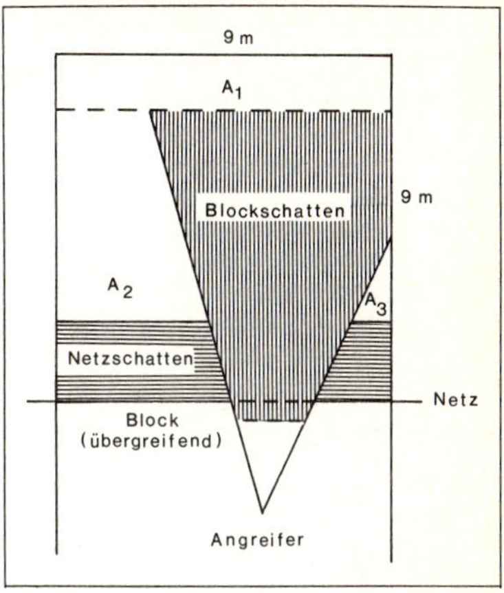

Abb. 3.1.20: Mögliche Trefffläche für Angreifer (vgl. NEEF/HEUCHERT 1978, 130)

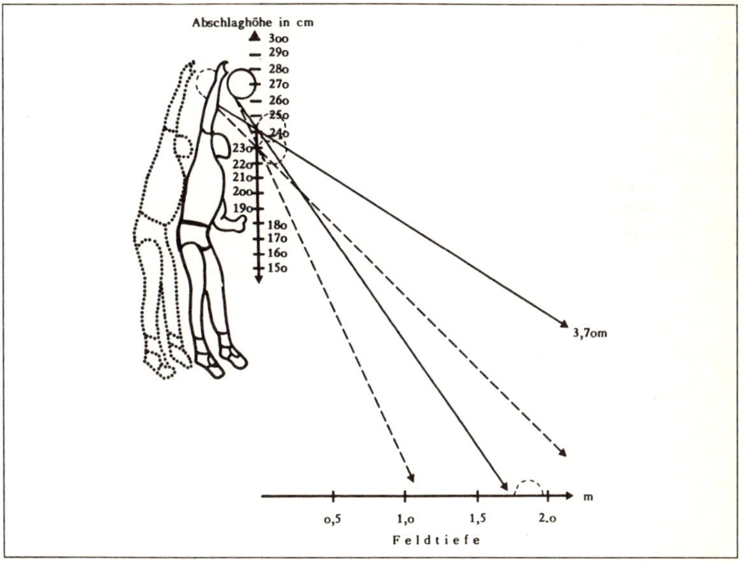

Abb. 3.1.21: Einfluß von Abschlaghöhe und Netzentfernung beim Schmetterschlag (vgl. VOIGT 1986, 46)

In den folgenden Abbildungen sind Grundformen und Varianten des Angriffsschlages dargestellt (Abb. 3.1.19; 3.1.22–3.1.25).

Frontaler Angriffsschlag (Rechtshänder) (diagonal – hochgestellter Ball)

Zeit / B.-Inh.	Vorbereitung			
Kopf	nach hinten →			
Blickrichtung	Steller – Ball →	Ball →		Ball / Block →
Arme Hände	im Anlauf-rhyth-mus →	nach hinten-oben →	nach vorne-oben abbremsen →	linker Arm nach vorne-unten → Schlagarm nach oben-hinten Ellbogen abwinkeln →
Ober-körper	aufrecht frontal / leicht seitwärts z. Netz →	nach vorne →	aufrichten → drehen nach rechts →	zurückführen – Bogenspannung → Verwringung →
Hüfte Knie Fußgelenke		beugen →	strecken → → strecken	nach vorne schieben → abgewinkelt – nach hinten →
KSP	absenken – Rücklage →		aufwärts nach vorne-oben	
Füße	Anlauf →	Stemmschritt rechts / links Druck →	Absprung par-allele Schrittstell. Druck nimmt ab →	im Sprung nach hinten-oben gestreckt →

Abb. 3.1.19

Ballkontakt		Übergang
nach vorne	→	aufrichten
Block / Zielbereich	→ Ballweg	
linker Ellbogen zum Körper	→	absenken
Peitschenbewegung zum Ball Treten von hinten-oben Hand über dem Ball abklappen Hand gespannt	→ Schlagarm nach vorne-unten führen (gewinkelt)	→ absenken
Bogenspannung auflösen Verwringung auflösen	→ nach vorne	→ aufrichten
zusammenklappen nach vorne-links weiter	→ strecken	→ beugen – abfangen
höchster Spielpunkt	→ senken	→ stabilisieren
nach vorne	→ strecken	→ Landung beidbeinig abfedern

Kurzer Angriff

Meterball

Schnellangriff

Abb. 3.1.22

Abb. 3.1.23

Abb. 3.1.24

Schnellangriff (alternative Fußstellung)

Block

Der Block kann in seinen Erscheinungsformen sowohl zu den Schlagbewegungen (aktiver Block – Angriffsblock) als auch zu den Techniken mit amortisierendem Charakter gezählt werden (passiver Block – Verteidigungsblock). Beim *aktiven Block* ist der Spieler bestrebt, durch Übergreifen über das Netz und aktives Abklappen der Handgelenke den Ball direkt ins gegnerische Feld zurückzuschlagen. Ziel des *passiven Blocks* ist es, eine Spielfeldzone abzudecken, dem Angriffsschlag seine Wucht zu nehmen und den Ball damit im Spiel zu halten. Die Entscheidung darüber, welche Aktionsform gewählt wird, hängt von den taktischen Rahmenbedingungen (z. B. späte Einnahme des Blockortes, Angriff erfolgt aus mehr als 1 m Entfernung vom Netz) oder von individuellen Gegebenheiten des Blockspielers ab (Körpergröße, Sprungkraft, Spielerfahrung).
Im Rahmen des Handlungsablaufes ist die Blocktätigkeit ausschließlich von den Aktionen des Gegners abhängig. Das erfordert eine konzentrierte Beobachtung des gegnerischen Zuspielers und der Angreifer. Frühzeitiges Erkennen der Zuspielrichtung und richtiges Beobachten der Laufwege und Anlaufrichtungen der Angreifer helfen bei der Wahl des richtigen Blockortes und -zeitpunktes. Diese Parameter sind ausschlaggebend für den Erfolg der Blockaktion. Je weiter das individuelle und mannschaftliche Angriffsverhalten des Gegners ausgeprägt ist, desto schwieriger ist es, Ort und Zeit des Angriffs richtig zu bestimmen, und es gelingt mitunter nicht mehr, einen Zweierblock zu bilden. Dieses sollte jedoch immer das zentrale Anliegen der Blockspieler sein.

Abb. 3.1.25

Der Blockspieler erwartet den Angriff in mittlerer Spielstellung etwa 30 cm vom Netz entfernt. Die Füße stehen schulterbreit in Parallelstellung senkrecht zum Netz. Die gespreizten Hände sind in Gesichtshöhe und decken etwa zehn Maschenquadrate des Netzes ab. Wie weit innen bzw. außen die Blockspieler auf den Block warten, hängt vom Angriffsverhalten des Gegners ab. Als grobe Regel kann gelten: je differenzierter die Angriffstaktik, desto näher rücken die Blockspieler zusammen.
Bei kurzen Entfernungen vom Blockort ist eine Seitsteppbewegung angebracht. Liegt der Blockort mehr als 2 m entfernt, ist der erste Schritt entweder ein *Kreuzschritt* oder ein frontaler *Sprintschritt.* Danach werden jeweils in Form eines Ausstemmens beide Füße an die des Blockpartners senkrecht zum Netz herangeführt. Befindet sich der Blockspieler am Blockort, dann sollte er bei einem hohen Angriff versuchen, die Blockhöhe durch eine Verlängerung des Beschleunigungsweges (Kniewinkel ca. 90 Grad) zu steigern und durch Übergreifen den Angriffswinkel zu reduzieren. Bei Schnellangriffen springt der Blockspieler aus mittlerer bis hoher Spielstellung ab. Die maximale Sprunghöhe wird dann auch wegen einer möglichen zweiten Blockaktion (z. B. Stoppanlauf des Angreifers) oft nicht angestrebt.
Die Abbildungen 3.1.26–3.1.31 zeigen die verschiedenen Blockformen.

Einerblock (lokal – aktiv / passiv)

B.-Inh. / Zeit	Vorbereitung
Kopf	aufrecht → nach hinten →
Blickrichtung	Steller – Ball → Angreifer – Blick – Anlaufrichtung → Schulter, Arm, Hand des Angreifers →
Arme	Hochhalte, Ellbogen gebeugt seitwärts vom Körper → Arme strecken am Netz aufwärts, dann über Netzkante schieben →
Hände	in Gesichtshöhe, Handflächen geöffnet – parallel zum Netz → Arme strecken am Netz aufwärts, dann über Netzkante schieben →
Oberkörper	nach vorne-unten → aufrichten →
Hüfte	beugen → strecken →
Knie	beugen → strecken
Fußgelenke	beugen → strecken
KSP	absenken → tiefste Spielstellung → aufwärts →
Füße	parallel (auch leicht versetzt) hüftbreit, senkrecht zum Netz Druck auf den Boden → Druck verringert sich →

Abb. 3.1.26

Ballkontakt		Übergang
aufrecht		→ nach vorne
Schlaghand – Ball	→ Ballweg	
– Abklappen der Hände (aktiver Druck) – Hände und Handgelenke entspannen (passiv)	→ Arme gebeugt vom Netz zurückführen, seitwärts abwärts führen	→ nach vorne abfangen
– frontal zum Netz – nach vorne schieben – Spannung halten	→ zurücknehmen	→ nach vorne
leicht beugen	→ strecken	→ beugen
		→ beugen
strecken		→ beugen
höchster Spielpunkt	→ absenken	
aktiv unter das Netz führen	→ zurückführen	→ Druck über beide Füße abfangen

Zweierblock bei Überbrückung kurzer (Fotos ganz oben) und größerer Distanzen *Abb. 3.1.27*

Oben: **Angriff gegen Einerblock** *Abb. 3.1.28*

Unten: **Angriff gegen Zweierblock** *Abb. 3.1.29*

Lob gegen Zweierblock *Abb. 3.1.30*

Angriff gegen Dreierblock *Abb. 3.1.31*

Abwehrtechniken
Abwehrtechniken werden in der Feldverteidigung und bei der Sicherung des Angriffs und Blocks benötigt. Die Ziele bestehen – je nach Qualität des Angriffs – darin, den direkten Punkt- bzw. Aufgabeverlust zu vermeiden, den Ball im Spiel zu halten und – bei optimaler Qualität – einen eigenen Angriffsaufbau zu ermöglichen. Bei hart geschlagenen Bällen finden Amortisationstechniken, bei abspringenden und langsamen Bällen Schlagbewegungen Anwendung.
Der *amortisierende Bewegungsablauf* wird besonders beim *Abwehrbagger im Stand* deutlich (vgl. Abb. 3.1.32). Im Gegensatz zum Annahmebagger ist die Vorwärtsneigung des Rumpfes gering (ca. 25 Grad). Alle Teilbewegungen sind darauf ausgerichtet, die Geschwindigkeit des Balles zu mindern. Dies geschieht dadurch, daß die Armflächen entweder ein passives

Abprallen des Balles ermöglichen oder Schultern und Arme miteinander aufwärts-rückwärts bewegt werden. Das Aufrichten des Rumpfes (Hüftgelenkstreckung) leitet diese Bewegung ein und setzt sich mit einer Verlagerung des Körperschwerpunktes nach oben rückwärts fort. Bei besonders tiefen Bällen kommt es häufig durch die Rückwärtsrotation des Balles nach dem Abspringen zu einem Bremseffekt wie er aus dem Tennis bekannt ist (Slice, Stopp). Die Arme werden bewußt in die Waagerechte über dem Boden geführt, um ein hohes Abspringen des flach ankommenden harten Balles zu erreichen. Der Ballkontakt ist extrem kurz (0,02 sec), und die Bewegungsgeschwindigkeit der Arme wird minimal (1,5–0 m/sec). Eine Laufbewegung zum Spielort entfällt in der Regel wegen der hohen Ballgeschwindigkeit. Der Verteidigungsbereich bleibt auf einen Halbkreis (Körperlänge und ausgestreckte Arme) nach vorne und seitlich um die Ausgangsposition beschränkt. Die breite Grätschschrittstellung ermöglicht ein tiefes Absenken des Körperschwerpunktes und ein Durchschieben der gestreckten Arme unter den Ball.

Den *Schlagtechniken* (Hechtbagger, Japanrolle) gehen in der Regel einige schnelle Laufschritte zum Spielort voraus. Die mitunter hohen Anlaufgeschwindigkeiten werden mit Abfangen und Ausgleiten (Hecht-, Rutschbagger) oder durch Überrollen (Japanrolle) abgefangen. Die Schwierigkeit der genauen Technikausführung besteht vor allem in der instabilen Körperhaltung während des Ballkontakts, der häufig mit der Abfangbewegung zusammenfällt. Um diesem Nachteil zu begegnen hat sich der Rutsch- oder Schiebebagger herausgebildet, bei dem die notwendige Kontaktfläche bis zum Ausklang der Bewegung in der für die Hauptfunktionsphase notwendigen Stellung bleibt. An das Durchschieben schließt sich zum Abbremsen des Schwungs oft noch eine Rolle um die Körperlängsachse oder -diagonale an.

Bei allen Abwehrtechniken ist die beidarmige Ausführung wegen der breiteren Kontaktfläche und der besseren Regulationsmöglichkeit anzustreben. Bei extrem geschlagenen Bällen ist allerdings oft nur die einarmige Bewegungsausführung möglich, besonders dann, wenn die Entfernung
sehr weit ist und die Laufbewegung erst sehr spät begonnen wurde. 151
Die Abbildungen 3.1.33–3.1.36 zeigen mögliche Bewegungsausführungen 152
dieser ‹akrobatischen› Abwehrtechniken, die intensiv geschult werden 153
müssen, um Verletzungen zu vermeiden. 154

Abwehrbagger (im Stand)

Zeit / B.-Inh.	Vorbereitung		
Kopf	leicht zurücknehmen		
Blick-richtung	Ballweg →		
Arme Hände	seitwärts nach vorne führen	zueinander führen schließen leicht aus-wärts drehen	nach vorne strecken abbremsen Spielfläche unter / hinter den Ball bringen →
Ober-körper	nach vorne →		
Hüfte Knie Fußgelenke		stark gebeugt	
KSP	absenken →		
Füße	Annahmestelle einnehmen	mehr als schulterbreite Grätschstellung (Fußstellung fast parallel) →	

Abb. 3.1.32

Ballkontakt	Übergang
	stabilisieren
Arme – Ball	Ballweg
stabilisieren Ball nachgebend auf den Unterarmen abbremsen	nach vorne-oben
hinten-oben evtl. zur Regulierung der Abspielrichtung leicht zurücknehmen	aufrichten
	strecken
tiefste Spielstellung	nach vorne-oben
Druck auf ganzem Fuß	über Fußballen leicht strecken

Hechtbagger (einarmig)

Zeit / B.-Inh.	Vorbereitung	
Kopf	nach vorne – leicht in den Nacken →	
Blick-richtung	Angreifer / Block / Ball	Ballweg →
Arme	unterstützen die Laufbewegung	nach vorne-unten →
Hände		Schlagrückhand unter den Ball – dicht am Boden →
Ober-körper	in Start- bzw. Sprintvorlage	nach vorne strecken →
Hüfte	gebeugt	strecken →
Knie Fußgelenke	beugen / strecken im Sprint	
KSP	abgesenkt, Vorlage	weiter absenken, Vorlage extrem →
Füße	Laufbewegung	Abdruck vom vorderen Bein →

Abb. 3.1.33

Ballkontakt		Übergang
in den Nacken	leicht nach hinten	
Ball – Hand	Ballweg	
Schlagen des Balles mit dem Handrücken nach oben	Vorstrecken beider Arme Landedruck abfangen	Abstützen und am Körper vorbei-schieben
nach vorne-unten	nach oben nehmen Bogenspannung	absenken
gestreckt	Bauchlage	
nacheinander beugen und strecken	beugen	strecken
	gestreckt	
weiter absenken	tiefster Punkt	
nacheinander nach hinten-oben		absenken

Hechtbagger beidarmig

Beidarmige Feldabwehr mit Ausgleiten (Rutschbagger)

Abb. 3.1.34

Abb. 3.1.35

Japanrolle (einarmig)

Zeit / B.-Inh.	Vorbereitung	
Kopf	nach vorne – leicht in den Nacken →	
Blick-richtung	Angreifer / Block / Ball	Ballweg →
Arme Hände	unterstützen die Laufbewegung	Schlagarm nach vorne-unten, Nicht-Schlagarm nach hinten-oben, Schlaghand unter den Ball →
Ober-körper	in Start- bzw. Sprintvorlage	zur Schlaghandseite seitwärts drehen, nach vorne strecken →
Hüfte Knie Fußgelenke	gebeugt	strecken →
	beugen und strecken im Sprint	nacheinander strecken, Schlaghandseite zuletzt →
KSP	abgesenkt, in Vorlage	weiter absenken, Vorlage extrem →
Füße	Laufbewegung	Abdruck nacheinander, Schlaghandseite zuletzt →

Abb. 3.1.36

Ballkontakt	Übergang	
seitwärts zum Ball	Kinn zur Brust	
Ball – Hand	Ballweg – zum Körper	
Ball mit gespannter Handfläche bzw. Unterarm nach oben schlagen	Nicht-Schlag-arm auf Schulterhöhe nach hinten auf den Boden	Arme nach-einander anwinkeln, Hände stützen
Seitlage	Rücklage – beugen und überrollen	
nahezu gestreckt	Hüfte extrem, Knie stark beugen	
tiefste Spielstellung	anheben	
gestreckt	anwinkeln	

Zusammenfassung

- Die Ausführung von Bewegungstechniken orientiert sich an funktionalen und situativen, weniger an Formkriterien. Der Ballweg hängt in erster Linie von der Hauptfunktionsphase ab, während in den Hilfs- und Übergangsfunktionsphasen größere Freiheitsgrade gegeben sind.
- Aus biomechanischer Sicht sind für die optimale Bewegungsausführung Gesetzmäßigkeiten wie die optimale Treffstrecke, die optimale Muskelvordehnung, der optimale Beschleunigungsweg, die Koordination der Teilimpulse und das Gesetz der Gegenwirkung bedeutsam. Das Ballverhalten ist vom elastischen Stoß, der Schwerkraft und dem Luftwiderstand abhängig.
- Die bildlichen, graphischen und biomechanischen Darstellungen von Aufschlägen, Annahme, oberem Zuspiel, Schmetterschlag, Block und Abwehrtechniken dienen besonders der Entwicklung einer Bewegungsvorstellung als Grundlage für die Beobachtung, Vermittlung und Korrektur.

Klaus Fago / Günter Krispin

3.2 Taktik des Volleyballspiels

Spielsystem und Spieltaktik

Betrachtet man nicht mehr nur den Bewegungsablauf eines einzelnen Spielers, sondern seine bewußte Entscheidung für die Anwendung einer bestimmten Technik in einer konkreten Spielsituation sowie das Zusammenwirken mehrerer Spieler und der ganzen Mannschaft, so spricht man von *(Individual-, Gruppen-, Mannschafts-)Taktik*. Sie bezieht alle Fähigkeiten und Fertigkeiten der einzelnen Spieler sowie der gesamten Mannschaft mit ein und hat den Spielerfolg zum Ziel. Aus diesen Möglichkeiten wird in Abhängigkeit von den Qualitäten des Gegners ein *taktisches Konzept* entwickelt, welches das Handeln des einzelnen wie der Gruppe (Aufgabenverteilung und Zusammenwirken) zu strukturieren versucht.
Dabei entstehen durch Verallgemeinerung häufig wiederkehrender Situationen sogenannte *Spielsysteme*. Unberücksichtigt bleibt die große Varia-

tionsbreite der jeweiligen Spielsituation, die unter Umständen von dem einzelnen verlangt, von den Vorgaben des Spielsystems abzuweichen. Als grundsätzliche Information über praktizierte, taktische Systeme sowie im Rahmen der Vermittlung von taktischem Wissen und Handeln ist die Kenntnis von Spielsystemen dennoch wichtig.
Anhand eines Beispiels soll nun gezeigt werden, wie solche Systeme – üblicherweise in Skizzenform – dargestellt werden und welche Probleme sich dabei ergeben.
Solche Skizzen zeigen nur die Ausgangsposition der Spieler vor der eigentlichen Ballaktion (Abb. 3.2.1). Zunächst muß geklärt werden, um welche Spielsituation es sich handelt, z. B. hier die Annahme im 4er-Riegel mit Spielaufbau über den Läufer von Position VI (a).
Damit ist auch schon die Aufgabe (Funktion) des Spielers auf Position VI beschrieben; er übernimmt das Zuspiel (2. Paß). Der Spieler auf Posi-

Abb. 3.2.1: Ausgangspositionen bei der Annahme des Aufschlags

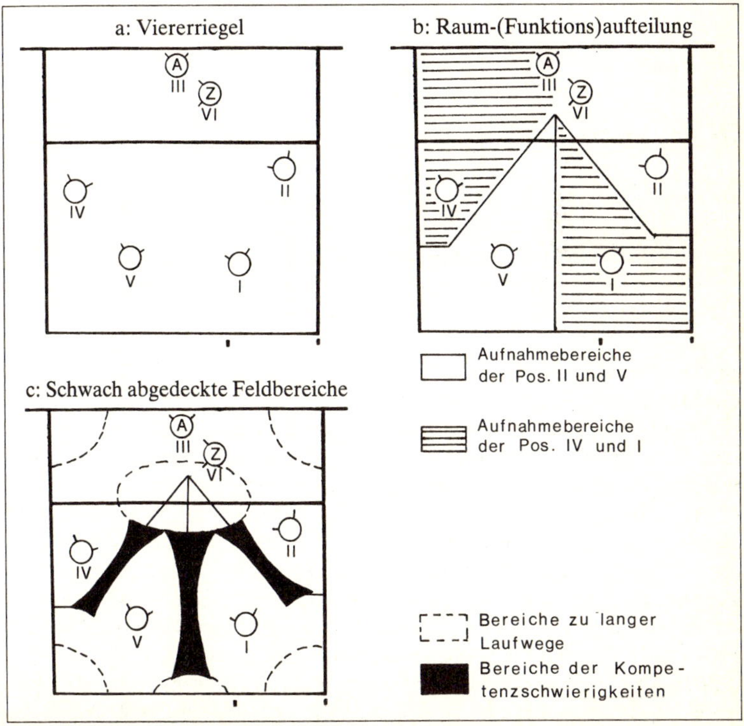

tion III hat ausschließlich Angriffsaufgaben. Die anderen Spieler teilen sich das Feld in ihre Annahmebereiche ein (b). Alle dorthin fallenden Aufschläge müssen von dem zuständigen Spieler angenommen werden.
Jedes System enthält aber auch Schwachstellen, weil sechs Spieler nie den ganzen Raum vollständig abdecken können. Bei der Annahme handelt es sich um jene Feldbereiche, wo die Kompetenzen der Spieler aneinandergrenzen, sowie solche Stellen, die von den Spielern nur nach längeren Laufwegen erreicht werden können (c). Den Nachteilen dieser Annahmeformation stehen aber auch Vorteile gegenüber:

- der Läufer hat einen kürzeren Laufweg zu seiner Zuspielposition zwischen II und III (L_1);
- der schnell angreifende Spieler auf Position III kann sich voll auf seine Angriffsaufgabe konzentrieren;
- in dieser Annahmeformation gibt es vergleichsweise weniger Kompetenzprobleme als in einem 5er-Riegel.

Nach diesen Ausgangsbedingungen ist das Verhalten der Spieler in der anschließenden Handlungsfolge zu beschreiben. Während die Annahme zur Position L_1 erfolgt, hat sich der Angreifer auf Position III vom Netz gelöst, um aus dem Anlauf heraus einen Schnellangriff ausführen zu können. Die Spieler auf II und IV greifen nach dem Zuspiel des Läufers außen an. I und V übernehmen Aufgaben der Angriffssicherung.
Die Entscheidung für eine bestimmte taktische Konzeption in der Ballannahme, im Spielaufbau, Angriff, Block, in der Feldabwehr und Sicherung trifft der Trainer auf der Grundlage einer eingehenden Analyse

- der technischen, taktischen und athletischen Möglichkeiten der eigenen Mannschaft;
- der Spielweise und der leistungsbestimmenden Spielhandlungen der Spielklasse;
- der Eigenheiten bestimmter Gegner.

Ein gewähltes Spielsystem darf nicht als starr festgelegte Verhaltensregel, sondern muß als flexibler Orientierungsrahmen verstanden werden, in dem strategische Regeln situativ zu variieren sind. Die Variation erfolgt aber nicht willkürlich, sondern geht von *Wahrscheinlichkeiten bestimmter Spielhandlungen* aus. So gibt in unserem Beispiel schon die Annahme Aufschlüsse über Art und Wirksamkeit des Angriffs. Je nach Richtung und Genauigkeit der Annahme erfolgt bei der aufschlagenden Mannschaft eine erste Orientierung für die eigene Abwehr. Nach dem Zuspiel liegt die Angriffsposition fest. Die Abwehr kann nun mit einer gewissen Wahrscheinlichkeit bestimmte Angriffe (Technik, Richtung, Länge, Härte) erwarten.
Die Beobachtung der Handlungen des Gegners liefert Kriterien für die Auswahl bestimmter Gegenaktionen, mit denen die Wahrscheinlichkeit des Erfolgs eigener Handlungen verbessert wird. Die Auswahl geeigneter

Handlungen erfolgt auf der Grundlage von Kenntnissen über Spielzüge generell und typischer Verhaltensweisen bestimmter Spieler oder Mannschaften. Wenn eine Spielhandlung (z. B. Danke-Ball) beobachtet wird, dann ist es sinnvoll, bestimmte Spielhandlungen (z. B. flacher 1. Paß, Kombinationsangriff) durchzuführen, weil damit der eigene Angriffserfolg am wahrscheinlichsten ist. Die Vermittlung solcher Kenntnisse und ihr Training in den Anwendungssituationen fällt in den Bereich der taktischen Ausbildung. In der Fachliteratur gibt es hierzu eine Fülle von Empfehlungen. 155
Einige Beispiele sind in Tab. 3.2.1 zusammengestellt. 156

Es soll nun beschrieben werden,
- welche Aufgaben die einzelnen Spieler zu übernehmen haben;
- warum sich Aufgaben ändern können;
- warum die Zahl der Aufgaben eingegrenzt werden muß, also einige vernachlässigt werden;
- wie und warum Ausgangspositionen eingenommen werden;
- wie aus der Ausgangsposition heraus die Spielaufgabe(-n) gelöst werden soll(en);
- wie auf Maßnahmen des Gegners durch Veränderung/Erweiterung der Möglichkeiten der eigenen Mannschaft sinnvoll reagiert werden kann.

Tab. 3.2.1: Taktische Hinweise für Spieler

wenn	dann
der Ball tief (niedriger als Brusthöhe) auf dich zufliegt	baggere ihn
der Ball sehr dicht ans Netz gestellt worden ist	wird der gegnerische Angreifer eher einen Lob versuchen
die eigene Doppelblockbildung lückenhaft ist	deckt der Spieler auf Position VI (zurückgezogen) den entsprechenden Bereich des Hinterfeldes ab
der gegnerische Aufschläger nur die Linie entlang aufschlägt	verschiebt euren Annahmeriegel zur Position V hin
du gegen eine Mannschaft mit System vorgezogene VI einen Lob spielst	ziele auf die Position Vv/Iv oder VI hinten
du einen Danke-Ball ins gegnerische Feld spielen mußt	ziele in eine Abwehrlücke im Hinterfeld des Gegners oder auf die Position des Läufers

Handlungskomplexe

Die verschiedenen taktischen Grundsituationen lassen sich in zwei Handlungskomplexe einteilen, wobei der erste nach dem Aufschlag des Gegners beginnt (Rückschlag), der zweite mit dem ersten Zurückspielen des Balles über das Netz (nach dem eigenen Aufschlag) einsetzt. Der *erste Handlungskomplex* beschreibt dabei die Maßnahmen einer Mannschaft, die dazu dienen, direkt nach dem gegnerischen Aufschlag das Aufschlagrecht zurückzugewinnen. Der *zweite Handlungskomplex* ist gekennzeichnet durch das Bestreben, gegnerische Angriffe erfolgreich abzuwehren. Dieser Typ tritt wechselweise bei beiden Mannschaften auf, immer wenn nach dem ersten Handlungskomplex der Ball erneut das Netz überquert hat (vgl. Tab. 3.2.2).

Annahmeformationen

Die Annahmespieler nehmen beim gegnerischen Aufschlag eine Aufstellung ein, mit der eine hohe Sicherheit beim ersten Paß gewährleistet ist. Dieser *Annahmeriegel* soll in seiner Doppelfunktion
- den Aufschlag ohne Fehler möglichst gut abwehren;
- den eigenen Angriff optimal vorbereiten.

Tab. 3.2.2: Spieltaktische Maßnahmen

	Erster Handlungskomplex		Zweiter Handlungskomplex
	Annahme Riegel: 5er, 4er, 3er, Mischformen		**Block** Einer-, Doppel-, Dreierblock; Übernahme-, Mann-zu-Mann-Block; Linien-, Diagonalblock
	Spielaufbau Steller: fest, Seitenläufer, Läufer, Scheinläufer; Zuspielposition: II, L 1, III, L 2, IV; System: ohne Spezialisierung, 1:5, 2:4, alternativ	**Positionswechsel in** Block, Abwehr, Steller, Angriff, Sicherung, Annahme	**Abwehr** Feldabwehrsystem: VI-vorne oder Variante; VI-hinten Blocksicherung: fester Spieler, Hinterspieler, freier Netzspieler, Eigensicherung, Fernsicherung
	Angriff Arten: hoch, halb, Meter, kurz, Aufsteiger, schnell; Angriffskombinationen: Kreuz, Staffel, Doppel, Täuschungen		**Gegenangriff** Spielaufbau, Angriff, Angriffssicherung (gem. erster Handlungskomplex)
	Angriffssicherung 2–3, 3–2, 2–2–1, 4–0, unvollständige	**Spezialisierung**	

In dem Maße wie die Annahmetechnik, die Laufbewegungen zum Ball, das Einschätzungsvermögen von Flugbahnen des Balles, das periphere Sehen von Aktionen der Mitspieler sowie die taktischen Kenntnisse und Fähigkeiten sich verbessern, treten bei der Auswahl von Annahmeriegeln solche in den Vordergrund, die zunehmend das zweite Ziel bevorteilen. Die Sicherung des ersten Zieles scheint wesentlich von kurzen Laufwegen zum Ort der Ballannahme abzuhängen.

- 5er-Riegel

Im Ausbildungsprozeß des Volleyballspielers fällt daher üblicherweise die Entscheidung für eine Annahmeformation zunächst zugunsten eines *Fünfer-Riegels*. Dieser bietet eine recht gute Abdeckung aller Feldbereiche bei geringen Laufwegen. Der Spieler auf Position III ist als Zuspieler fester Anspielpunkt zur Vorbereitung des Angriffs. Die technische Ausführung der Annahme wird in dieser Aufstellung ebenfalls erleichtert, da für alle Spieler ein nur kleiner Abspielwinkel zum Zuspieler vorliegt (Foto 3.2.1). Die Grundaufstellung im 5er-Riegel ist eine *W-Formation,* wobei die Spieler mehr oder minder tief gestaffelt stehen können. Je nach Art, Flugweite und -härte gegnerischer Aufschläge muß der gesamte Riegel im Feld in die entsprechende Richtung verschoben werden. Dabei gilt: je härter der Aufschlag (z. B. Sprungaufschlag), desto flacher wird der Annahmeriegel gestaffelt.
So erweist sich z. B. bei einer Gruppe von Schülerinnen ein stark nach vorne links orientierter Riegel als sinnvoll, weil sich die Auftreffpunkte der Aufschläge dort summierten (Abb. 3.2.2).

Foto 3.2.1: 5er-Riegel mit Zuspieler auf Position III

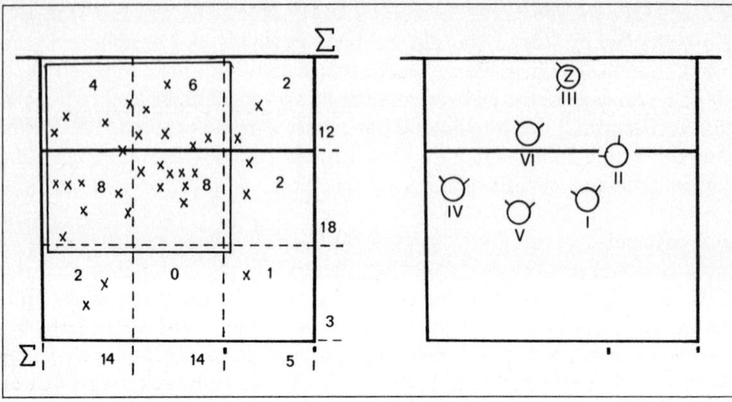

Abb. 3.2.2: Auftreffpunkte von Aufschlägen (links) und angepaßter Riegel bei einer Gruppe von Schülerinnen (rechts)

Die Abgrenzung der Aktionsbereiche der einzelnen Spieler im 5er-Riegel beinhaltet, daß die

- Hinterspieler I und V möglichst auch solche Bälle annehmen, für die eine Vorwärtsbewegung erforderlich ist;
- Vorderspieler Bälle nicht annehmen, die wegen einer höheren Flugkurve eine Rückwärtsbewegung oder eine hohe Annahmehaltung erforderlich machen.

Abb. 3.2.3: Kompetenzbereiche bei der Annahme des Aufschlags im 5er-Riegel

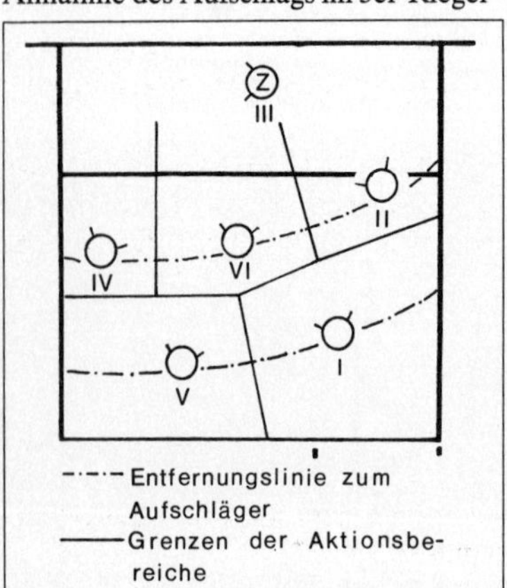

Der in Abb. 3.2.3 dargestellte 5er-Riegel ist besonders für Jugendmannschaften und im unteren Leistungsbereich geeignet, weil

- die Aufgabenbereiche für dieses technische Leistungsniveau möglichst klein und optimal aufgeteilt sein müssen;
- ein kompakter Riegel vorliegt, der die annehmende Mannschaft psychologisch in Vorteil bringt, weil der Aufschläger keine Lükken sieht.

- 4er-Riegel

Auf höherem Leistungsniveau erfolgt die Annahme des Aufschlags häufig im *Vierer-Riegel.* Damit ist die Möglichkeit gegeben,
- den schnellangreifenden Spieler auf III aus der Annahme herauszunehmen und ihm die Konzentration auf den Angriff zu erleichtern (vgl. Abb. 3.2.1);
- einen annahmeschwachen Spieler an der Grundlinie zu postieren und damit die Fehlerquote beim ersten Paß zu reduzieren (Abb. 3.2.4);
- durch die Aufstellung im Halbkreis Mißverständnisse zwischen seitlich hintereinander stehenden Spielern zu vermeiden.

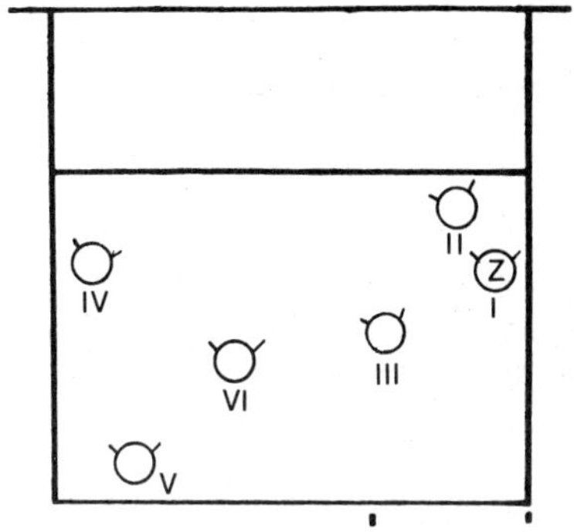

Abb. 3.2.4: 4er-Riegel mit Läufer von I und einem annahmeschwachen Spieler auf V

- 3er-/2er-Riegel

Im internationalen Spitzenvolleyball setzen sich zunehmend *Dreier-* und sogar *Zweier-Riegel* durch, bei denen sich die anderen Spieler ausschließlich um den Spielaufbau bzw. Angriff kümmern können. Solche Annahmeformationen bereiten ganz bestimmte Kombinationsangriffe vor und verbergen gleichzeitig dem Gegner, welcher Spieler Vorderspieler ist und Netzangriffe ausführen darf *(Trickaufstellungen).* 157

Annahme und Spielaufbau

Bei der Form des Annahmeriegels muß berücksichtigt werden, ob
- das Zuspiel immer von *einer* Position (II/III/IV) durch verschiedene Spieler während der Rotation übernommen wird *(positionsgebundener Aufbau)*;
- die Funktion des Spielaufbaus zwei oder einem Zuspieler übertragen wird *(funktionsgebundener Aufbau),* was besonders auf mittlerem (2:4-System) und höherem Leistungsniveau (1:5-System) anzutreffen ist (vgl. auch Tab. 2.1.6).

- Positionsgebundener Spielaufbau

- Funktionsgebundener Spielaufbau

Beim funktionsgebundenen Aufbau im *2:4-System* kommt es wegen der Rotationsregel zu drei Problemen:
- Der Zuspieler muß seine Zuspielposition erlaufen, was höhere Anforderungen an sein technisches Vermögen stellt.
- Aufstellungsfehler müssen nach den Spielregeln vermieden werden.

- Die Orientierung für die Annahme ist dadurch erschwert, daß sich das Ziel des ersten Passes nicht in dem Zuspieler konkretisiert, sondern in einer Position, die im Moment der Annahme unbesetzt ist. Sie muß vom Seitenläufer (später auch: Läufer aus dem Hinterfeld) erst eingenommen werden (vgl. Foto 3.2.3 und Foto 3.2.4).

Bei der Variante «Seitenläufer» stehen für den Angriff weiterhin je ein Angreifer auf den Außenpositionen zur Verfügung. Die *Spezialisierung* in Angreifer und Zuspieler ist aber nur gerechtfertigt, wenn bei einigen Spielern besondere Zuspiel- und/oder Angriffsqualitäten vorhanden sind und die Mannschaft nach mehreren Jahren Training einen hohen Leistungsstand erreicht hat.

Sind die Angreifer einer Mannschaft überwiegend Rechtshänder, so ist ein Zuspiel von II günstiger als das Zuspiel über Kopf von III. Im ersten Fall fliegt der Ball auf der Schlagarmseite auf den Angreifer zu, während er sonst erst den Körper des Angreifers passieren muß, bevor er die Schlagarmseite erreicht. Dadurch ergibt sich eine schwierigere zeitliche Koordination.

Bei der Umstellung der Zuspielposition von der Position III auf eine Außenposition ist zu bedenken, daß dadurch die Abspielwinkel der Annahme verändert und der Ballweg länger wird (Abb. 3.2.5, Foto 3.2.2). Ist II die Zuspielposition, sind Positionswechsel der Spieler erforderlich. Bei eigener Aufgabe hat der Zuspieler genügend Zeit für den Wechsel von III bzw. IV auf II.

In der Annahmesituation müßten solche Positionswechsel schneller erfolgen, der Wechsel von IV auf II gar durch Änderung des Riegels begünstigt werden.

Foto 3.2.2: 5er-Riegel mit Zuspiel von Position II

Der Spielaufbau über Position II bringt bereits im Anfängerbereich Vorteile, da die Gegner in diesen Klassen in der Regel nicht für eine Blockbildung auf III ausgebildet sind. Der Angreifer auf Position III lernt nach und nach, schnellere Angriffe auszuführen, womit ein wesentlicher Schritt zur Einführung des Läufersystems getan wird. Ebenso muß der Zuspieler erkennen lernen, ob der Gegner gegen den Schnellangriff einen Block bildet oder nicht. Im ersten Fall hat der Angreifer auf Position IV nur mit einem Einerblock zu rechnen und sollte deshalb angespielt werden. Im zweiten Fall könnte der Angreifer von Position III gar ohne Block angreifen und sollte eingesetzt werden.

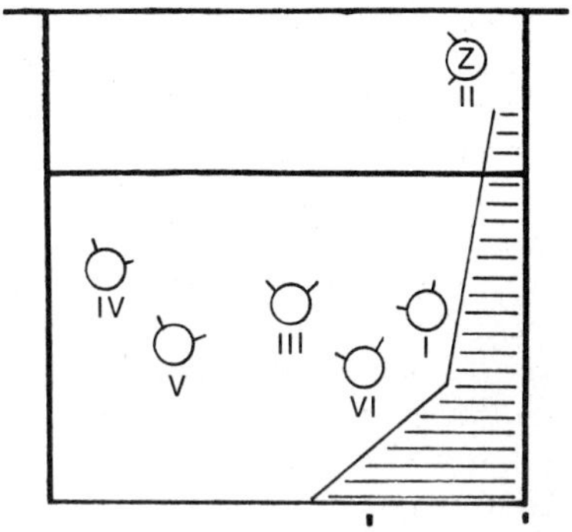

Abb. 3.2.5: Ungünstige Winkel für den 1. Paß für den Zuspieler von Position II (schraffierte Fläche)

Die Entscheidung, wohin zugespielt wird, hat immer der Zuspieler zu treffen. Seine individualtaktische Qualifikation, eine sichere Annahmetechnik und -taktik der Mannschaft sowie die Fähigkeit der Angreifer, Schnellangriffe einsetzen zu können, sind die Basis für das *Läufersystem* mit Grundspielern. Ein Läufer ist ein Zuspieler aus dem Hinterfeld, der von den Positionen I (Foto 3.2.3), VI (Foto 3.2.4; vgl. auch Abb. 3.2.1) oder V (Abb. 3.2.6) zum Spielaufbau an das Netz vorlaufen muß. Von seiner Zuspielposition aus (L_1/L_2) kann er jeden der drei Vorderspieler zum Angriff einsetzen.

Foto 3.2.3: 5er-Riegel mit Läufer von Position I. (Die Pfeillinie zeigt den Laufweg des Läufers zu seiner Zuspielposition)

Foto 3.2.4: 5er-Riegel mit Läufer von Position VI

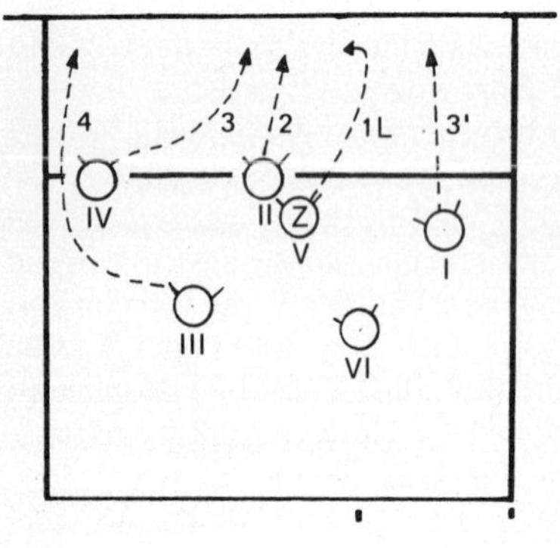

Abb. 3.2.6: 5er-Riegel mit Läufer von Position V.
Der Zuspieler (Läufer) ist zur Verdeutlichung der Situation (Trickaufstellung) mit Z gekennzeichnet. Die Pfeillinien zeigen mögliche Laufwege der Spieler zum Angriff.

Aufbau- und Angriffstaktik

Die Effektivität des Spielaufbaus und Angriffs kann über die in (Abb. 3.2.7) dargestellten Faktoren verbessert werden.

- Höherqualifikation von Zuspielern und Angreifern (1)

Bei Zuspielern zeigt sie sich zunächst in der technischen Fähigkeit, eine Vielzahl von Paßarten und Varianten präzise ausführen zu können, z. B.:

- hoher, halber, kurzer Paß, Aufsteiger, schneller Paß, Meter, Meter über Kopf, schneller Paß auf mittlere Distanz (Fotos 3.2.5 – 3.2.12);
- Zuspiel lateral und einhändig;
- Zuspiel aus dem Stand, Sprung, nach längeren Laufwegen (Läufer) und aus halbstabilen Körperlagen (Abrollen);
- Zuspiel verdeckt, verzögert und unterschiedlich schnell.

In taktischer Hinsicht muß der Zuspieler in der Lage sein, diese Fertigkeiten variabel und situativ richtig nach bestimmten Entscheidungskriterien einsetzen zu können. Tab. 3.2.3 enthält hierzu eine Reihe von Beispielen.

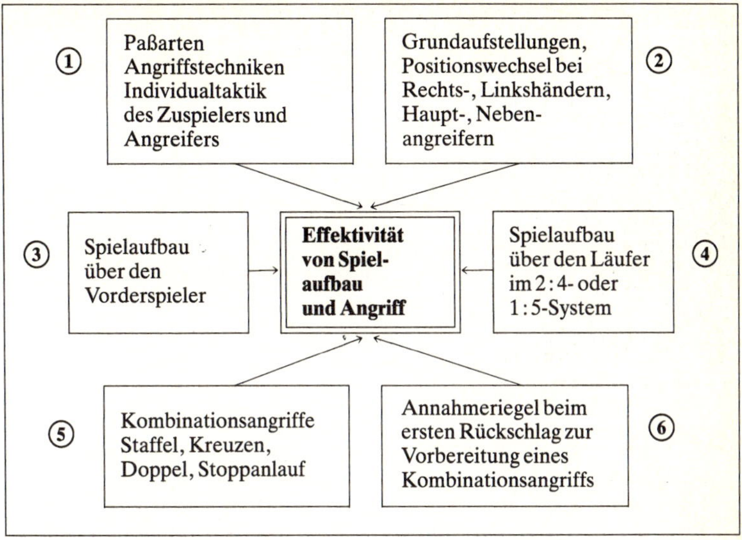

Abb. 3.2.7: Möglichkeiten zur Steigerung der Effektivität von Spielaufbau und Angriff

Tab. 3.2.3: Entscheidungskriterien und Taktik des Zuspielers

- Wenn unter schwierigen Bedingungen (z. B. aus dem Hinterfeld) gestellt werden muß, dann spiele einen hohen Sicherheitspaß frontal nach vorne;
- wenn ein Linkshänder auf II steht, dann spiele von III aus häufiger einen Paß über Kopf;
- wenn das Anspiel (Annahme, Feldabwehr, etc.) ungenau zu dir kommt, dann versuche trotzdem im oberen Zuspiel zu stellen (im Sprung, in halbstabilen Körperlagen);
- wenn einer deiner Angreifer sehr erfolgreich agiert, dann setze ihn vornehmlich ein;
- wenn du erkennst, daß dein (Schnell-)-Angreifer nicht zum erwarteten Zeitpunkt / am erwarteten Ort zum Angriff springt, dann verzögere / beschleunige dein Zuspiel;
- wenn du Vorderspieler bist, dann täusche immer einen eigenen Angriff vor, um den Block zum Mitspringen zu verleiten;
- auch wenn du Läufer bist, versuche immer einen Sprungpaß, dann verwirrst du den gegnerischen Block;
- wenn du immer nur täuschst, dann wird der Block nicht mehr mitspringen, greife also auch an, wenn du dies erkennst;
- wenn du vor deinem Zuspiel erkennst, wohin der Block tendiert, dann setze eine andere Angriffsposition ein.

Foto 3.2.5: hoher Paß – Angreifer läuft nach dem Stellspiel an

Foto 3.2.6: halber Paß – Angreifer läuft vor dem Stellspiel an

Foto 3.2.7: Kurzer Paß – Angreifer springt direkt nach dem Stellspiel in höchstens 2 m Entfernung zum Steller ab

Foto 3.2.8: Aufsteiger – Angreifer springt vor dem Stellspiel in der Nähe (2 m) des Stellspielers ab

Foto 3.2.9: Schneller Paß – Angreifer springt spätestens beim Stellspiel in größerer Entfernung (über 2 m) vom Steller ab

Foto 3.2.10: Meter – Anlauf vor dem Stellspiel, höchster Punkt der Flugkurve 1 m über Netzkante

Foto 3.2.11: Meter über Kopf (einbeiniger Absprung)

Foto 3.2.12: Schneller Paß auf mittlere Distanz (2–3 m)

Die *Höherqualifikation* des *Angreifers* zeigt sich in einem präzisen, variablen und harten Schlag, der Variation von Angriffsort und -richtung und im Zusammenwirken von 2–5 Angreifern.
Merkmale der technischen und taktischen Angreiferleistungen sind in Tab. 3.2.4 zusammengestellt.
Die Überwindung des Blocks kann erreicht werden durch
- Schnelligkeit und überraschende Aktionen;
- Positionswechsel zwischen den Angreifern;
- variable Nutzung der Breite des Netzes, der Höhe der Pässe und unterschiedlicher Entfernungen der Pässe vom Netz;
- Nutzung einer Zeitdifferenz zwischen den Angriffsaktionen verschiedener Spieler;
- Nutzung spezieller Fähigkeiten einzelner Spieler;
- Einbeziehung der Grundspieler in den Angriff.

Tab. 3.2.4: Technische und taktische Merkmale einer Höherqualifikation des Angreifers

- Durch zeitlich-räumliche Abstimmung des Anlaufs auch bei ungenauerem Zuspiel sicher angreifen können;
- durch Beschleunigen oder Verlangsamen der Schlagbewegung den Ball früher oder später abschlagen;
- den Ball bewußt höher oder tiefer abschlagen;
- durch Drehschlag, Lob, gedrückten Lob, Handgelenksschlag, Driveschlag longline, diagonal, kurz (auf 3 m) oder lang (auf bis zu 9 m) angreifen können;
- die verschiedenen Paßarten verwerten können;
- aus unterschiedlichen Laufwegen (z. B. Stopp-, Bogen-, kurzer- oder X-Anlauf) variabel angreifen können;
- den Anlauf selbst variabel gestalten können (mit Auftaktschritten und Stemmschritt, ohne Anlauf springen, einbeinig abspringen);
- erkennen, welche Schlaghärte, -technik und -weite sinnvoll ist (um Lücken der gegnerischen Feldverteidigung auszunutzen);
- erkennen, welchen Paß der Zuspieler spielen wird, um entweder selbst anzugreifen oder sich schnell zur Angriffssicherung zu begeben;
- erkennen, wie die Mitspieler ihre Laufwege ausrichten, um die eigene Aktion entsprechend kombinieren zu können;
- die Laufwege gegnerischer Abwehrspieler wahrnehmen und entgegengesetzt spielen können;
- erkennen/wissen, welche systembedingten Lücken das gegnerische Verteidigungssystem beinhaltet und die entstehenden Freiräume ausnutzen können;
- Angriffskombinationen und ihre taktische Wirkung kennen;
- wissen, welche gegnerischen Spieler unsicher sind, und deshalb eher auf diese spielen.

- Grundaufstellung und Positionswechsel (2)

In einem *2:4-System* sollte gewährleistet sein, daß stärkere und schwächere Angreifer wie die Zuspieler diagonal und Rechts- bzw. Linkshänder auf ihren günstigen Angriffspositionen (IV bzw. II) durch die Wahl der *Grundaufstellung* zum Einsatz kommen. Während der Rotation sollten die Hauptangreifer zweimal von ihrer stärksten Angriffsposition aus agieren können und gemäß ihrer Händigkeit bei Angriff von III entsprechend von II oder IV eingesetzt werden (Abb. 3.2.8).

Abb. 3.2.8: Grundaufstellungen und Positionswechsel beim Aufbau über einen Netzspieler

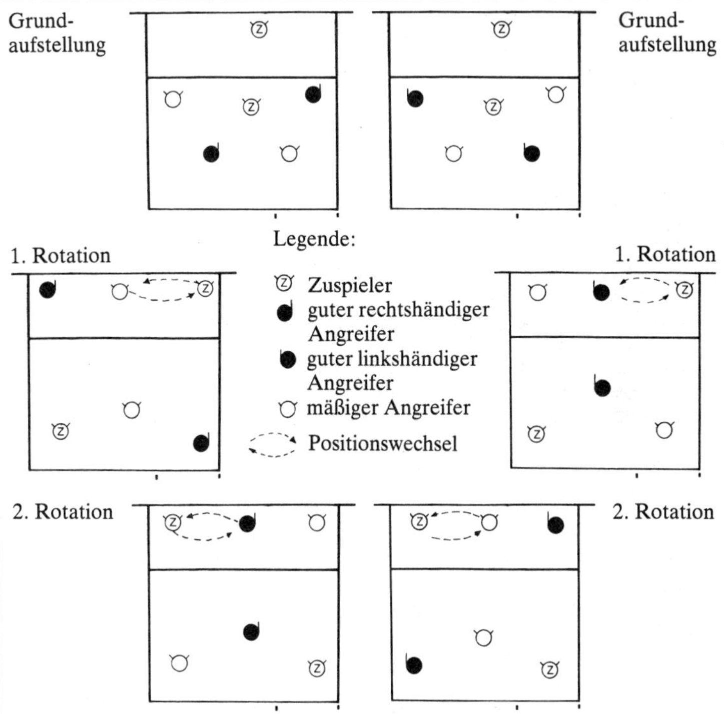

a: Grundaufstellung und 2 Rotationen einer Mannschaft mit 2 guten Rechtshändern als Angreifer und Zuspiel durch den Seitenläufer. Die guten Angreifer sind jeweils zweimal auf IV.

b: Grundaufstellung und 2 Rotationen einer Mannschaft mit 2 guten Linkshändern als Angreifer und Zuspiel durch den Seitenläufer. Die guten Angreifer sind jeweils zweimal auf Pos. II.

Bei Grundaufstellungen im System mit nur einem Zuspieler *(1:5-System)* ist die Händigkeit der Angreifer und bevorzugte Angriffsposition nur jeweils ein mögliches Kriterium. Die besondere Eignung für Schnellangriffe, die Qualität als Mittelblockspieler, sowie Überlegungen, wer mit wem in welcher Rotationsordnung die Kombinationsangriffe optimal ausführen kann, sind hierbei wichtigere Kriterien für die Bestimmung einer Grundaufstellung.
Positionswechsel im Hinterfeld zielen einerseits darauf ab, den besten Abwehrspieler auf die gefährdetsten Positionen, andererseits den Läufer in eine günstige Stellung für den Spielaufbau zu bringen.

● Spielaufbau über den Vorderspieler (3)
Beim Spielaufbau über einen Vorderspieler auf II, III oder IV können die Angriffsvarianten nach der Annahme und nach Block- und Abwehraktionen unterschiedlich durchgeführt werden. Für das Zuspiel von III (Tab. 3.2.5) und II (Tab. 3.2.6) ergeben sich durch die verschiedenen Paßarten vielfältige Varianten der Aufbautaktik. Besonders beim 1. Rückschlag ergibt sich nach einem genauen Annahmebagger für die Angreifer die Möglichkeit, Angriffsort und -zeitpunkt zu verändern und den Block dadurch leichter zu überwinden.
Ist die Annahme des Aufschlags bzw. die Feldabwehr ungenau, empfiehlt sich das weniger riskante Zuspiel meist zu den Außenpositionen. Bei diesen Angriffen kommt es darauf an, daß der Einzelangreifer technisch und individualtaktisch in der Lage ist, Block und Feldabwehr zu überwinden.

● Läufersystem – Zuspieler aus dem Hinterfeld – (4)
Wird der Spielaufbau von einem Steller aus dem Hinterfeld (Läufer) übernommen, ergibt sich die Möglichkeit, mit drei Spielern am Netz anzugreifen. Berücksichtigt man zusätzlich die Tendenz in Spitzenmannschaften zur Einbeziehung von Grundspielern in den Angriff von der Angriffslinie aus, dann ergibt sich eine Vielzahl von gruppentaktischen Varianten. Diesen Vorteilen stehen aber auch eine Reihe von Nachteilen gegenüber:
- In der Verteidigungssituation müssen die Mitspieler versuchen, den Läufer zu entlasten;
- bei dem Anspiel zum Läufer ist kein fester Anspielpunkt, sondern ein zunächst unbesetzter Feldbereich anzuspielen;
- die Wege des zurücklaufenden Angreifers von Pos. II (sich vom Netz lösen) und des vorlaufenden Läufers führen oft zu Mißverständnissen;
- wenn das Anspiel zu hoch über die Netzkante erfolgt, darf der Läufer weder direkt angreifen noch blocken, er kann höchstens einen «Notpaß» ins eigene Feld zurück versuchen.

Hat die Mannschaft einen überragenden Zuspieler, wird das *1:5-System*, in den anderen Fällen das *2:4-System* gespielt. Einige Unterschiede der Aufbausysteme sind in Tab. 3.2.7 enthalten.

	günstige Annahme-riegel	Paßarten, Angriffsverhalten auf Position IV	III Zusp.	II	veränderte Blockwirkung gegenüber hohem Paß nach außen	
1.	alle Riegel, wenn IV und II außen vorne stehen	schnell		hoch	gegen IV erschwert, weil Flugzeit kürzer	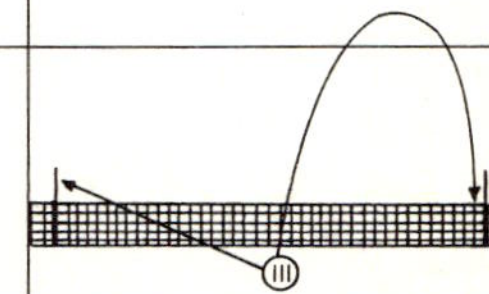
2.	ebenso, IV kann auch vorn Mitte stehen	halb	Sprungpaß	hoch	Gegen IV muß Außenblock nach innen aufrücken (ungewohnter Laufweg); gegen III muß Mittelblock zunächst mit einem Angriff rechnen, ggf. springen, das verkürzt seine Aktionszeit zum Block gegen IV oder II	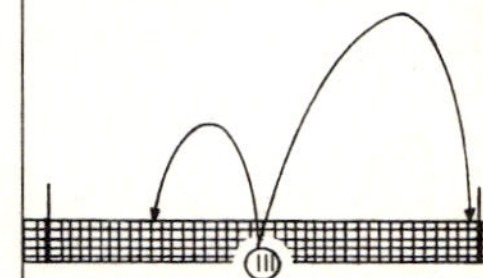
3.	wie 1., auch mit II in der Mitte	hoch	Sprungpaß	Meter vor dem Zuspieler	durch den Laufweg um den Steller herum wird unklar, welcher Blockspieler gegen Angriff von Pos. II blockt, wenn der Mittelblocker gegen den Sprungpaß zu blocken versucht hat	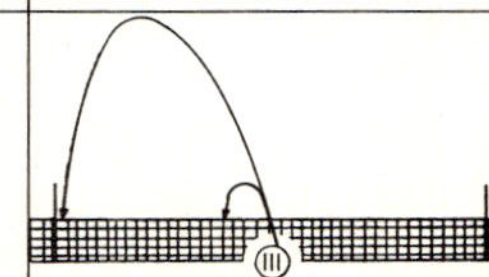
4.	um die Angriffsabsicht zu verbergen, eher normaler 5er-Riegel (wie 1.)	halb	Sprungpaß	halb	wie 2., es ergeben sich für den Mittelblock drei schnell aufeinanderfolgende Angriffsmöglichkeiten, wenn er sich für eine falsche Blockposition entscheidet, so hat der Angreifer höchstens einen Einerblock gegen sich	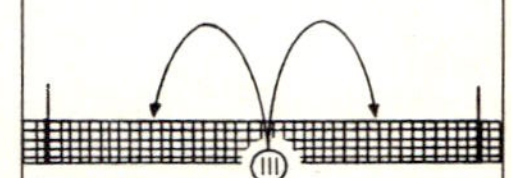

Tab. 3.2.5: Angriffsvarianten über Zuspieler auf Position III (Vorderspieler) mit Hinweisen auf günstige Annahmeformationen sowie die veränderten Anforderungen an den gegnerischen Block (vgl. FIEDLER 1975, 87–89)

Nr.	günstige Annahme-riegel	Paßarten, Angriffsverhalten auf Position IV	III	II Zusp.	veränderte Blockwirkung gegenüber Paß nach außen	
					Allgemein: Die Angriffsorte des Zuspielers (II) und von Pos. III sind zur Pos. II hin verlagert. Die Ausgangspos. des Mittelblockers ist gegenüber von III, so daß sein Laufweg zum Doppelblock gegen IV länger wird	
1.	5er-Riegel, 4er-Riegel IV herausgenommen	schnell	hoch	Sprung-paß	kurze Flugzeit des Balles, bes. langer Laufweg zur IV	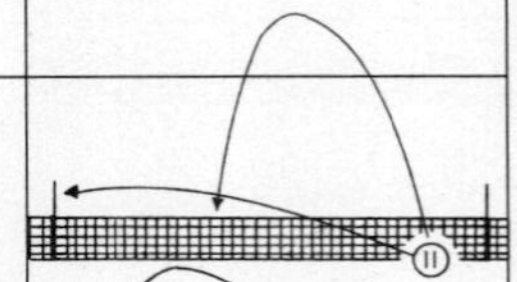
2.	5er (wie 1.); 4er III herausgenommen	hoch	halb	Sprung-paß	III halb erfordert Klärung, welcher Außenblock zum Doppelblock kommt	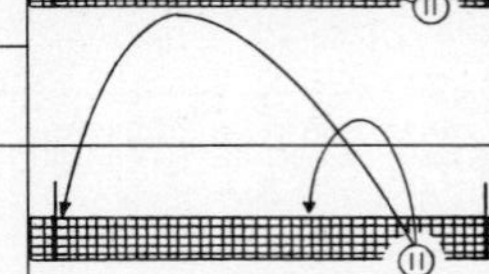
3.	5er (wie 1.); 4er (wie 2.); 3er-Riegel	halb	Meter	Sprung-paß	diese Variante erhofft eine Fehlaktion des Mittelblockers gegen eine der beiden ersten Angriffsmöglichkeiten, wodurch nur noch ein Einerblock möglich wird	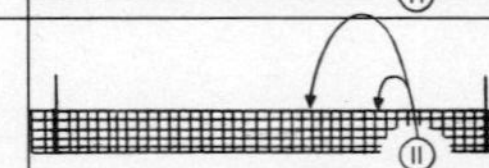
4.	wie 3.	halb	kurz	Sprung-paß	wie 3., noch schnellere Abfolge	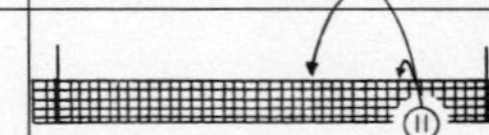
5.	wie 3., Stellung im 3er-Riegel verändert	schnell	kurz	Sprung-paß	sehr riskant (ohne Sicherheitspaß), III kurz bindet Mittelblock, gegen IV nur noch Einerblock	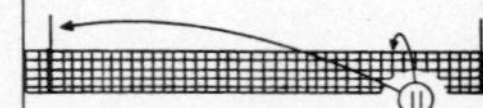
6.	5er (wie 1.), doch III weiter vorne oder rechts; 4er III herausgenommen	hoch	halb	Sprung-paß	durch Angriff hinter II muß der Mittelblokker noch weiter zur II hin stehen: für IV nur Einerblock, bei II durch den kreuzenden Laufweg des Angreifers Abstimmungsschwierigkeiten, wie ein Doppelblock zu bilden ist	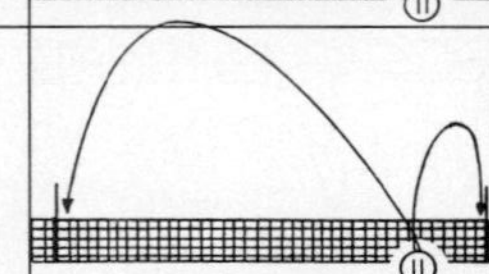

Tab. 3.2.6: Angriffsvarianten über Zuspieler auf Position II (Vorderspieler) mit Hinweisen auf günstige Annahmeformationen sowie die veränderten Anforderungen an den gegnerischen Block (vgl. FIEDLER 1975, 89–90)

2:4-System	1:5-System
– immer 3 Angreifer aus der Vorderreihe einsetzbar	– in 3 Rotationsanordnungen nur 2 Angreifer und Zuspieler (als 3. Angreifer wird oft ein Hinterspieler eingesetzt)
– einer der Zuspieler muß immer angreifen und auch blocken	– für 3 Positionen stehen 3 echte Angreifer in der Vorderreihe, was auch für den Block günstiger ist
– alle Angriffsmaßnahmen müssen mit 2 Stellern (und Ersatzspielern) eingeübt werden	– nur Abstimmung mit einem Zuspieler (und Ersatzspieler) nötig (ggfs. Zeitersparnis)
– der Ausfall eines Stellers kann eher durch einen Ersatzspieler kompensiert werden (evtl. Umstellung auf 1:5)	– fällt der Hauptzuspieler aus, muß ein – weniger eingespielter – Ersatzsteller die gesamte Last des Zuspiels übernehmen (meist ein Bruch in der Mannschaftsleistung)

Tab. 3.2.7: Vor- und Nachteile beim 2:4- und 1:5-System

Gerade beim *Läufersystem* werden Grundaufstellung und Positionswechsel bei Netz- und Grundspielern besonders bedeutsam. Im 2:4-System ist eine diagonale Verteilung der Zuspieler und der beiden Hauptblockspieler wesentlich. Im 1:5-System steht diagonal zum Zuspieler ein Angreifer, der im Bedarfsfall auch einmal den Spielaufbau übernehmen kann. Dies ist besonders dann notwendig, wenn der Hauptsteller durch Abwehraufgaben am Spielaufbau gehindert ist.

Die *Positionswechsel am Netz* bei eigenem Aufschlag werden so organisiert, daß der beste Blockspieler die III übernimmt. Im 2:4-System wechselt der Zuspieler in der Regel auf II (damit er auf der günstigsten Zuspielposition für Rechtshänder bleibt). Im Spitzenbereich dagegen blockt der Zuspieler häufig auf IV, um den Block auf Pos. II zu verstärken.

Positionswechsel im Hinterfeld werden durch die Verteidigungstaktik und die Art des Läufersystems bestimmt. In der Regel wechselt der Läufer aus dem Hinterfeld auf I *(System zurückgezogene VI)*. Der Laufweg zu L_1 ist relativ kurz und kreuzt nicht den Ballweg. Gleichzeitig sind Linienangriffe von der gegnerischen IV auf I seltener als Diagonalangriffe, wodurch der Läufer nicht so oft durch Verteidigungshandlungen an seiner Zuspielfunktion gehindert wird. Im System ‹Vorgezogene VI›, das besonders bei Frauenmannschaften bevorzugt wird, wechselt der Läufer auf VI, wodurch das Erlaufen der Zuspielposition sehr erleichtert ist. Das Läuferspiel von V mit Zuspiel von L_2 oder L_1 findet besonders in Spitzenmannschaften zur Vorbereitung spezieller Kombinationsangriffe Anwendung.

- Kombinationsangriffe

Werden die Angriffsaktionen von 2 bis 5 Spielern systematisch aufeinander abgestimmt, spricht man von Kombinationsangriffen (Angriffskombinationen). Dabei lassen sich *Staffel, Doppel* und *Kreuz* unterscheiden (Tab. 3.2.8).

Alle Kombinationen zeigen die Gemeinsamkeit, daß der den Angriff einleitende Spieler schnell zum Steller läuft, um eventuell den Block mit einem Aufsteiger oder kurzen Paß überwinden zu können. Durch die Bindung des Mittelblockspielers können die beiden anderen Angreifer häufig erfolgreicher gegen einen weniger effektiven Einerblock angreifen.

Bei Kreuz und Staffel kann man diese räumlich-zeitliche Handlungsfolge so ändern, daß der zeitlich erste Angreifer räumlich weiter vom Zuspieler entfernt (z. B. «Schuß» auf ca. 2 m Entfernung) als der zweite (z. B. Meterball zwischen Zuspieler und erstem Angreifer) angreift.

Die Fotos 3.2.13 bis 3.2.17 zeigen die einzelnen Phasen dieser komplexen Angriffskombinationen.

Die Koordination kann für die Blockspieler ebenfalls erschwert werden, wenn mindestens ein an einer Kombination beteiligter Angreifer eine zu erwartende Paßart oder einen Laufweg vortäuscht, jedoch (möglichst spät) eine andere Aktion durchführt. Der *täuschende Anlauf* kommt vornehmlich im Kreuz zum Einsatz, indem der kreuzende Anlauf umorientiert wird (vorgetäuschter Kreuz-Angriff). Er ist auch in Formen der Staffel (antäuschen und Doppel angreifen) oder in den veränderten Arten des Kreuzes (zweiter Angreifer täuscht Meter zwischen Zuspieler und erstem Angreifer an, spielt aber Doppel) spielbar.

Die *Absprungtäuschung* ist als Stoppanlauf bekannt. Der Angreifer läuft zu einem Aufsteiger an, stemmt, springt jedoch erst zeitverzögert zu einem Meterball ab. Da die Blockspieler aus der Fußstellung beim Absprung Rückschlüsse auf die Angriffsrichtung des Angreifers zu ziehen versuchen, springen sie zum Aufsteiger mit und fallen beim Schlagen des Meterballes bereits wieder herunter, sodaß der Angreifer trotz geringerer Sprunghöhe (aus dem Stand) ohne Blockbehinderung angreifen kann.

Prinzipieller Ablauf der Kombination	Beispiel	Erhoffte Wirkung in bezug auf den gegnerischen Block	Besondere Schwierigkeiten, Voraussetzungen
Staffel: zwei Angreifer greifen nebeneinander, entsprechend ihrer Ausgangsposition an. Ein Angreifer kann dabei vor/hinter den Steller wechseln. (In den Fällen 1.–5. der Tab. 3.2.6 könnte man von «langsamen» Staffeln sprechen.)	S 3-2 aus 4er-Riegel, L VI 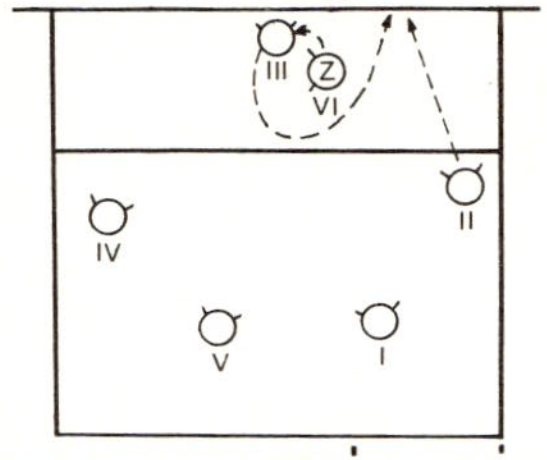	Die kurze Zeitdifferenz zwischen den beiden Angreiferhandlungen ermöglicht jeweils nur einen Einerblock.	In der Regel einfachste Kombination, bei S 3-2 hat III einen ungünstigen Angriffswinkel.
Doppel (Schatten): wie Staffel, die Angriffsorte liegen hintereinander (senkrecht zum Netz).	D 3-2 aus 4er-Riegel, L VI 	Der erste Angreifer soll seinen Blockspieler zum Einerblock verleiten. Ist er bereits wieder in der Landephase, schlägt der zweite Angreifer über ihn hinweg.	Große Sprunghöhe des zweiten Angreifers ist nötig, da Angriffsort weiter vom Netz entfernt ist. Das Zuspiel vom Netz weg ist ungewohnt.
Kreuz: mindestens ein Angreifer greift auf einer Netzposition an, die nicht seine Ausgangsposition war. Er kreuzt dabei den Laufweg seines Kombinationspartners.	K 3-2 aus 5er-Riegel, L I 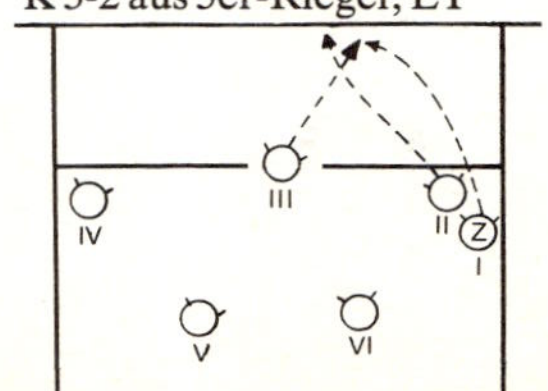	Durch den angetäuschten Aufsteiger wird der gegenüberstehende Blockspieler am Ort gebunden. Der Blockspieler gegen den zweiten Angreifer muß um ihn herumlaufen und kommt dadurch zu spät auf seine Blockposition.	Der zweite Angreifer muß nach dem ersten dessen Laufweg kreuzen. Kommt letzterer zu spät zum Aufsteiger, stirbt die Kombination. In K 3-2 hat II einen ungünstigen Angriffswinkel, bei K 2-3 und K 4-3 gilt dies für III.

Tab. 3.2.8: Grundprinzipien, Wirkungen und besondere Schwierigkeiten der Angriffskombinationen Staffel, Doppel (Schatten) und Kreuz

Fotos 3.2.13: Angriffskombination Staffel (S 3–4 auf Position III)

Fotos 3.2.14: Angriffskombination Doppel (Schatten) (D 3–2 auf Position III)

Fotos 3.2.15: Angriffskombination Kreuz (K 4–3 auf Position III)

Fotos 3.2.16: Angriffskombination Kreuz
(K 3–4 mit veränderter Angriffsreihenfolge, auf Position III)

Fotos 3.2.17: Angriffskombination Staffel
(S 4–3 mit veränderter Angriffsreihenfolge, auf Position III)

• Annahme und Kombinationsangriff (6)

Um nun die *Angriffskombination* speziell durch bestimmte Annahmeriegel vorzubereiten, spielen fünf Überlegungen eine Rolle:

- den Laufweg des Stellers verkürzen (vgl. Abb. 3.2.1, 3.2.11);
- den Laufweg des ersten Angreifers verkürzen (vgl. Abb. 3.2.1, 3.2.6, 3.2.11);
- Konzentration der Angreifer in einem Netzbereich (vgl. Abb. 3.2.6, 3.2.9), ggf. mit Sicherheitsspaß auf der anderen Seite;
- Vortäuschen einer Kombination im Bereich Position IV; dort stehen zwei Angreifer, gespielt wird jedoch eine Kombination mit III und II (vgl. Fotos 3.2.19);
- Vorderspieler werden so im Annahmeriegel postiert, als wären sie Hinterspieler (vgl. Abb. 3.2.4, 3.2.6). Dem Block soll verborgen werden, welcher Spieler angreifen darf. Einer der Hinterspieler vervollständigt das Täuschungsmanöver, indem er zu einem Scheinangriff anläuft. Der Scheinangreifer muß zeitlich oder nur kurz nach dem zweiten Angreifer seinen Einsatz simulieren, sonst mißlingt die Täuschungsabsicht.

Die letztgenannte Maßnahme wird häufig praktiziert, wenn im 1:5-System der Zuspieler in der Vorderreihe steht. Er übernimmt eine *scheinbare Läuferposition*, und man erhofft, daß der gegnerische Blockspieler meint, der Steller dürfe nicht angreifen. Gelingt dies, so springt der Block nicht mit, und der Zuspieler kann ohne Block angreifen.

Die gegnerischen (Block-)Spieler analysieren bei jedem Spielzug frühzeitig, welcher Spieler Netzangreifer ist, und rufen sich laut deren Trikotnummern zu. Ebenso nennen sie die Grundposition des Zuspielers (Läufer oder nicht). Dadurch wird die Täuschungsmöglichkeit wesentlich verringert.

Statt eines Scheinangreifers wird vermehrt ein Hinterspieler als echter Angreifer (nach Absprung hinter der Angriffslinie) meist über Pos. I in die Angriffskombination einbezogen.

Die Abbildungen 3.2.9–3.2.11 zeigen verschiedene Angriffskombinationen aus Annahmeformationen, die nach obengenannten Kriterien organisiert wurden. Die Handlungsphasen der Entwicklung des Kombinationsangriffs aus solchen Annahmesituationen werden in den Fotos 3.2.18–3.2.20 dargestellt.

Abb. 3.2.9: K 4–3 aus 5er-Riegel mit L I. Günstiger wäre hier L VI oder L V, um den Laufweg von IV zu verkürzen.

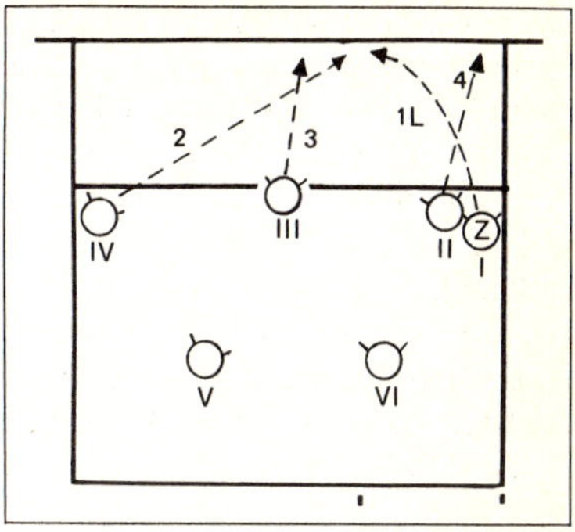

Abb. 3.2.10: S 3–4 aus 5er-Riegel mit L I.

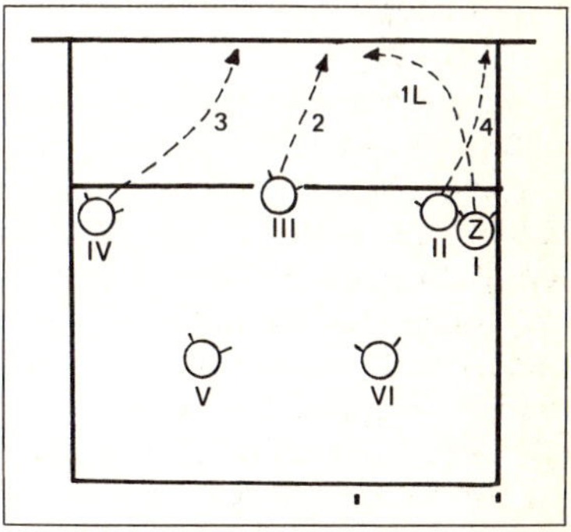

Abb. 3.2.11: D 3–2 aus 4er-Riegel mit L VI. Wege für Läufer und ersten Angreifer (III) sind verkürzt.

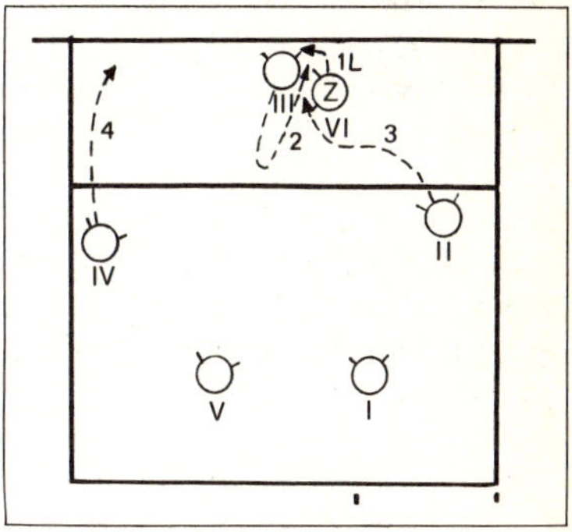

Zeichenerklärung:

- 1L → Laufweg des Stellers
- 2 → Laufweg des ersten Angreifers (Aufsteiger, kurzer Paß)
- 3 → Laufweg des zweiten Angreifers (Meter, halb)
- 4 → Laufweg des dritten Angreifers zum Sicherheitspaß

Fotos 3.2.18: Angriffskombination K 2–3

Fotos 3.2.19: D 3–2

Fotos 3.2.20: Angriffskombination K 4–3, geeignet für Hinterfeldangriff von Position V

158
159
160
161
162

Angriffssicherung

Während der Angriffshandlung des Angreifers nehmen die anderen Spieler eine Bereitschaftshaltung ein, um vom Block ins eigene Feld zurückspringende Bälle im Spiel halten zu können (Angriffssicherung). Da es nicht bei jedem Angriff zu einer solch erfolgreichen Blockaktion kommt, wird wegen der seltenen Ballkontakte die Angriffssicherung oft nachlässig gehandhabt.

Grundsätzlich sind für die Sicherung alle nicht selbst angreifenden Spieler zuständig. Beim Positionsangriff sind dies mehr Spieler als beim Kombinationsangriff, wo häufig Zuspieler und drei Angreifer durch Sprunghandlungen für die Angriffssicherung ausfallen. Bei der Formierung der Angriffssicherung muß berücksichtigt werden,

- wie viele Spieler in der speziellen Angriffssituation für Sicherungsaufgaben zur Verfügung stehen;
- wie weit, wie schnell und in welche Richtung die Angriffsbälle vom Block generell abprallen können;
- welche spezielle Sicherung durch die aktuell durchgeführte Angriffsaktion erforderlich ist.

Bei Positionsangriffen sind als *Sicherungssystem* besonders die 3-2-0-Sicherung (Abb. 3.2.12), 2-3-0-Sicherung (Abb. 3.2.13) oder die 2-2-1-Sicherung (Abb. 3.2.14) üblich. Die Sicherungsspieler können durch eine genaue Beobachtung des eigenen Angreifers mögliche Richtungen des vom Block abprallenden Balls nach Longline- (Abb. 3.2.15) und Diagonalangriffen (Abb. 3.2.16) antizipieren und damit den Erfolg der Mannschaft steigern.

Wenn überwiegend hart angegriffen wird und der Block überzugreifen versucht *(aktives Blocken)*, prallen die zu sichernden Bälle eher kurz, steil und sehr schnell ins eigene Feld zurück. Die Sicherungsaufgabe besteht darin, diese Abpraller in einer Entfernung von ca. 2 m (etwa eine Körperlänge) zum Blockort zu erwarten. Bei sehr gut formiertem Block oder weniger gutem Paß sollte der Angreifer den Ball nicht so steil nach unten ziehen. Da der Ball den Block entsprechend höher berührt, fliegt er je nach Schlaghärte mehr oder minder schnell in das eigene Feld zurück. Für diese Aufgabe müssen in einer zweiten Sicherungszone in ca. 4 m Abstand vom Block Spieler bereitstehen. Ein noch weiteres Abspringen des Balles tritt fast zwingend auf, wenn der Ball zu dicht ans Netz gestellt wurde und der Angreifer den Ball bewußt von unten nach oben an den Block schlägt. Vom übergreifenden Block springt dieser Ball weit nach oben-hinten ins eigene Feld zurück und muß von einem dort postierten Spieler angenommen oder im Zurücklaufen vom nächstplazierten Spieler gespielt werden.

Bei allen Sicherungssystemen ist wichtig, daß

- für die verschiedenen Sicherungszonen in der Tiefe nach Absprache bestimmte Spieler zuständig sind;

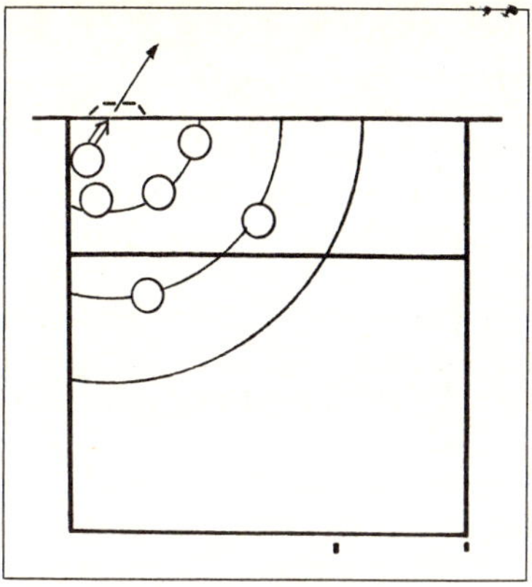

Abb. 3.2.12: 3-2-0-Sicherung eines Angriffs von Pos. IV mit Angabe der Entfernungslinien 2, 4, 6 m

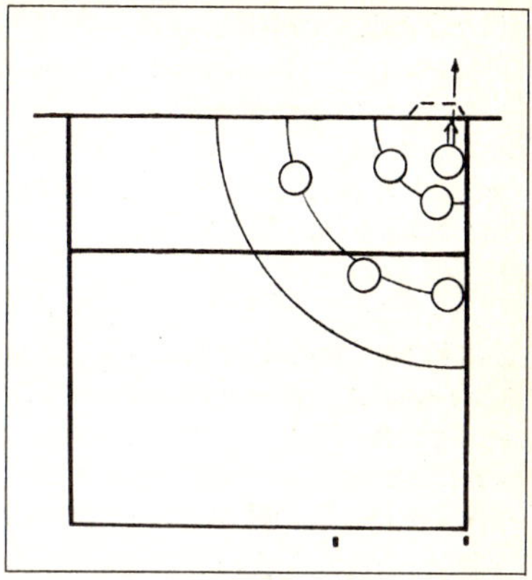

Abb. 3.2.13: 2-3-0-Sicherung eines Angriffs von Pos. II mit Angabe der Entfernungslinien 2, 4, 6 m

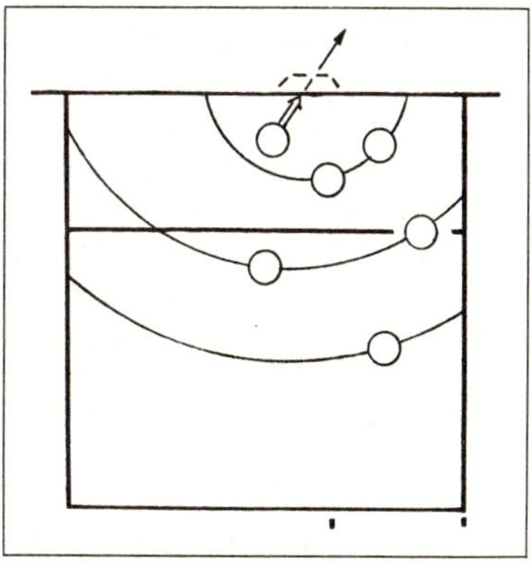

Abb. 3.2.14: 2-2-1-Sicherung eines Angriffs von Pos. III mit Angabe der Entfernungslinien 2, 4, 6 m

Zeichenerklärung:

= Weg des Angriffs bis zum Netz/Block

= Weg des Balles nach Netzüberquerung/Blockberührung

= Doppelblock

= Entfernungslinie vom Blockort ausgehend

Abb. 3.2.15: Normales Abprallen eines die Linie entlang geschlagenen Balles vom Block

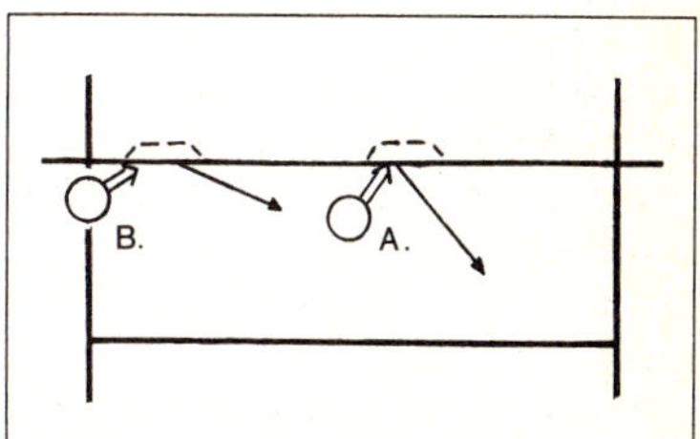

Abb. 3.2.16: Normale Blockabpraller bei Diagonalschlägen.
Fall A: normal diagonal;
Fall B: extrem (kurz) diagonal geschlagen

- die Spieler nicht hintereinander, sondern seitlich versetzt zueinander stehen, um den Blickkontakt zum Block zu gewährleisten;
- die Ausgangsstellung der Sicherungsspieler durch genaue Beobachtung von Angreifer und Block variiert werden muß.

Aus der Angriffsrichtung (Einfallswinkel) und der Blockstellung (Auftrefffläche) kann in etwa die Richtung des Abprallers (Ausfallswinkel) vorherbestimmt werden. Die Trefffläche Block ist insofern keine konstante Größe, als die halbrunde Form (Schirm) sowie die Klappbewegung der Hände beim Block zu veränderlichen Stellungen der Auftrefffläche führen. Trotzdem kann man von einer überwiegenden Abprallrichtung und -entfernung sprechen.

Dem muß je nach Leistungsniveau der Liga, des Angriffs und Blocks entsprochen werden. Sind unter den Bedingungen der Angriffssituation überwiegend harte Angriffe wahrscheinlich, so stellt man drei Spieler auf den ersten und zwei auf den zweiten Kreis *(3-2-0-Sicherung)*. Werden weniger harte Angriffe erwartet (oder der Block greift nicht weit genug über), dann empfiehlt sich eine Verteilung 2-3-0 der Spieler zur Sicherung. Sollen alle Aufgaben abgedeckt werden (besonders bei ungeübten Spielern zu empfehlen), spielt man eine *2-2-1-Sicherung.*

Im Rahmen der Mannschaftstaktik muß auch entschieden werden, ob Sicherungsaufgaben mit Positionswechseln in Verbindung zu bringen sind.

In der Spielpraxis zeigen sich folgende Verfahrensweisen:

- nach der Annahme wird in die Sicherungsaufstellung ohne Positionswechsel übergegangen (Abb. 3.2.17);
- nach der Annahme werden als Vorbereitung zur Abwehr und des Spielaufbaus Positionswechsel durchgeführt, indem die Spieler erst nach der Sicherung wechseln oder mit dem Sichern diesen Wechsel gleichzeitig vollziehen
163 (Abb. 3.2.18);
- Sicherung nach einem bestimmten Abwehrsystem (vorgezogene/zurückgezogene Position VI).

Gelingt es, mit der Angriffssicherung den Ball weiter im Spiel zu halten, kann in der Regel nur ein Positionsangriff vorbereitet werden.

Abb. 3.2.17: 2-2-1-Sicherung aus einer Annahme im 5-er-Riegel

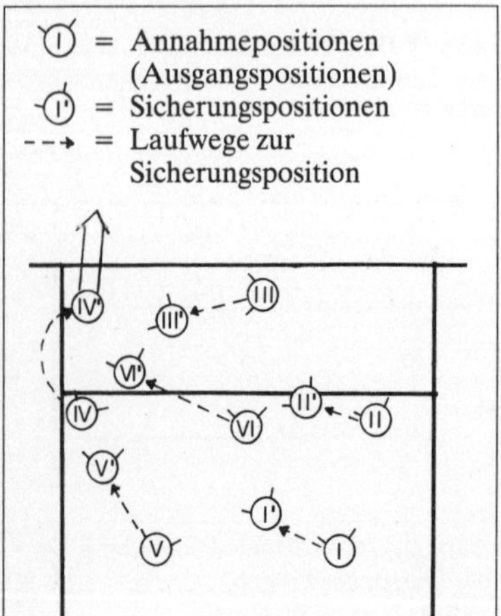

Abb. 3.2.18: Beispiel von Positionswechseln vor der Angriffssicherung entsprechend der geplanten Verteidigungsaufstellung (VI vorne)

Zeichenerklärung:

(I) = Position des Spielers in der Annahmesituation; vgl. (a)
(I') = Position des Spielers in der Sicherungsformation; vgl. (b)
(I'') = Position des Spielers in der geplanten Verteidigungsaufstellung (VI-vorne); vgl. (c)
······▸ = Laufweg zur geplanten Angriffsposition
- - -▸ = Laufweg zur Sicherungsposition (b)
——▸ = Laufweg zur Verteidigungsposition (c)

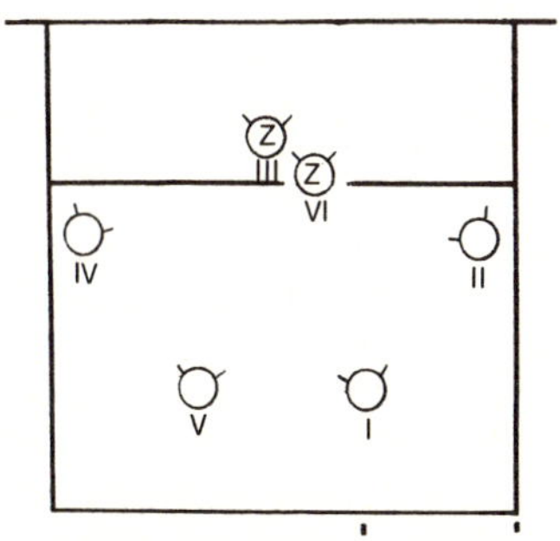

a: zeigt die Annahmeaufstellung

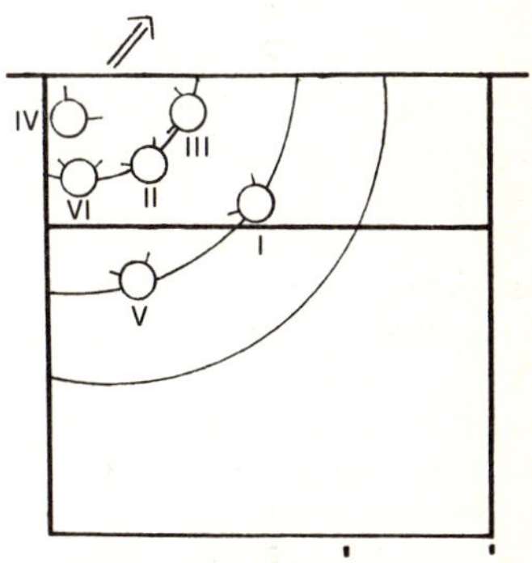

b: zeigt die Sicherung 3-2-0

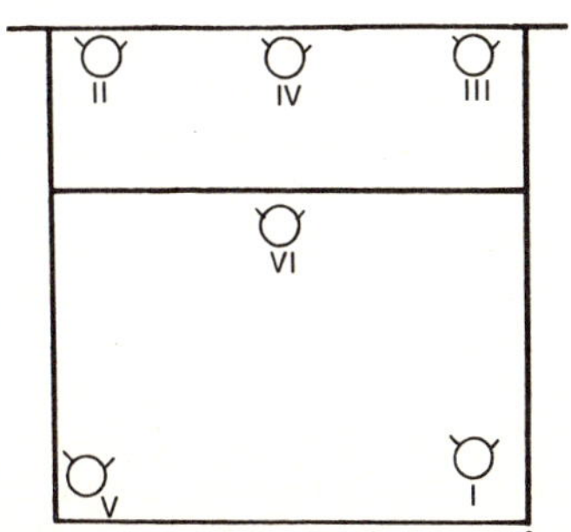

c: zeigt die nachfolgende Verteidigungsaufstellung

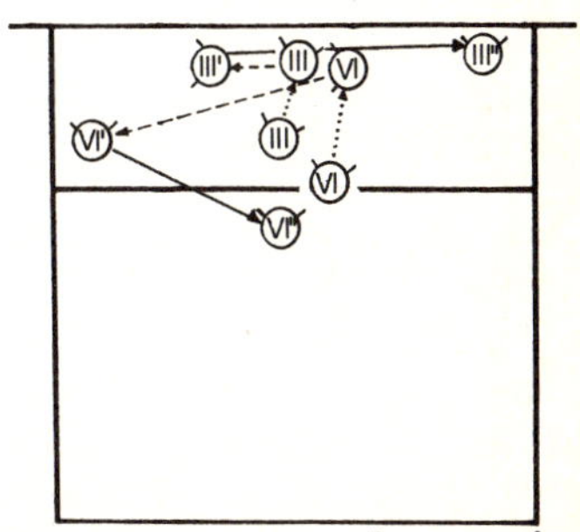

d: zeigt die Laufwege der beiden Zuspieler

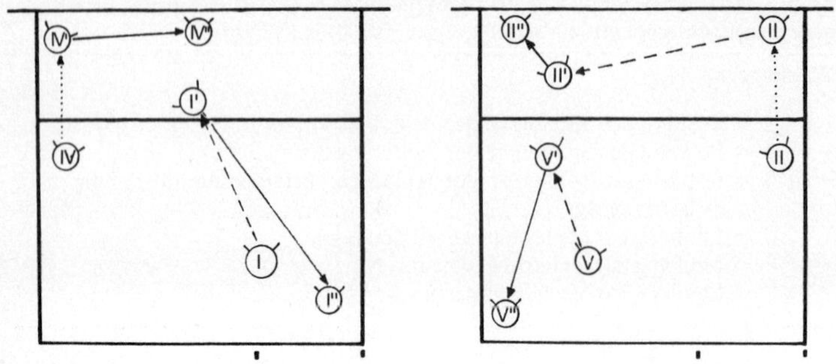

e: zeigt die Laufwege für die Spieler von Pos. IV und I (gemäß Abb. a)

f: zeigt die Laufwege der Spieler von Pos. V und II (gemäß Abb. a)

Blocktaktik

Mit dem Block wird der zweite Handlungskomplex (vgl. Tab. 3.2.2, s.o.) eingeleitet.

Für den *Einerblock* ist der situationsangemessene Blockort (Absprungstelle, Stellung der Hände), -zeitpunkt und die Sprunghöhe bedeutsam. Bei Diagonal- (cross) oder Linienschlägen (longline), gegen Links- oder Rechtshänder und bei Angriffen aus verschiedenen Entfernungen vom Netz besteht die Aufgabe darin, entweder den Ball direkt abzuwehren, ihn abzubremsen oder den Winkel für den Angriffsschlag so einzuengen, daß außerhalb des Blockschattens ein möglichst kleiner Raum offenbleibt. Dadurch kann die Erfolgsquote in der Abwehr insgesamt wesentlich erhöht werden (Abb. 3.2.19).

Wird ein frontaler Angriffsschlag longline erwartet, sollten die Blockhände aktiv von links und rechts oben auf die Schlaghand des Angreifers zubewegt werden *(aktiver Block)*. Bei erwarteten Diagonalangriffen auf den Außenpositionen sollte die äußere Hand geradeaus zur Schlaghand, die innere seitlich in Angriffsrichtung geführt werden. Auf III kann bei erkennbarer Schlagrichtung wie beim Außenblock verfahren werden. Bei möglichen diagonalen Drehschlägen ist es sinnvoll, die Hände seitlich nach oben vorn über das Netz zu führen. Eine Verlagerung des Absprungortes nach außen muß bei Longline-Bällen und gegen Linkshänder (IV) vorgenommen werden. Bei Rechtshändern (IV), Cross-Bällen und Angriffen aus weiterer Netzentfernung sollte sich der Blockspieler eher 0,5–1 m nach innen orientieren.

Der *Absprungzeitpunkt* hängt von der Entfernung des Angreifers vom Netz und von der Paßart ab. Dicht gestellte und schnelle Bälle machen einen

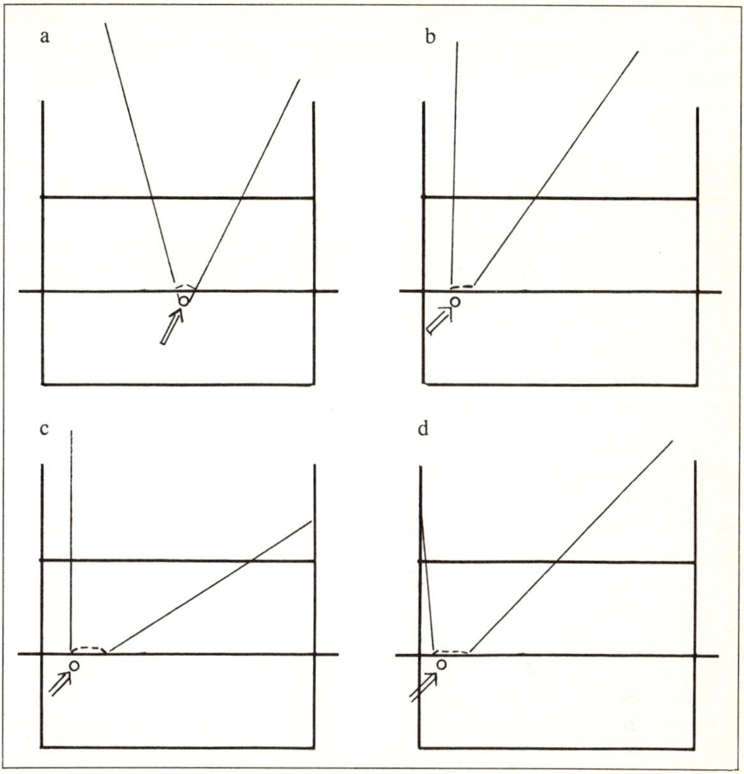

Abb. 3.2.19: Stellung der Blockhände und des Blockschattens beim Einer- und Doppelblock
a: Einerblock auf III; b: Einerblock gegen Schnellangriff auf IV; c: Doppelblock bei einem Diagonalschlag auf IV; d: Doppelblock bei einem Linienschlag auf IV.

frühen – beim Aufsteiger z. B. zeitgleichen – Absprung, weit und hoch gestellte Bälle einen späten Absprung erforderlich.
Das richtige *Timing* beim Block ist ein wichtigerer Faktor für den Blockerfolg als die Blockhöhe (vgl. Kap. 3.1: Block). Bei hoch ausgeführten Angriffen ist eine maximale Sprunghöhe durch die entsprechende Verkürzung des Angriffswinkels beim Übergreifen von Vorteil. Die maximale Sprunghöhe bewußt nicht auszunutzen ist sinnvoll

- wenn Schnell- und Kombinationsangriffe geblockt werden sollen;
- weil nach Täuschungsbewegungen (z. B. Staffel, Stoppanlauf) oft ein zweiter Blocksprung erforderlich ist;

- wenn nach dicht und schnell gestellten Bällen (z. B. Meter, Aufsteiger) der Angreifer den Ball stark nach unten in den Angriffsraum ziehen wird;
- wenn zu erwarten ist, daß routinierte Angreifer bewußt zwischen die über das Netz ausgestreckten Unterarme schlagen.

Der *Doppelblock* verbreitert die Abwehrfläche und vergrößert somit den *Blockschatten*. Die Blockspieler müssen dicht nebeneinander abspringen und ihre Hände in Halbkreisform aneinanderreihen, so daß zwischen ihnen keine ballbreite Lücke bleibt.

Da beim Angriff über II und IV die Diagonalangriffe überwiegen, sollte der stärkste Blockspieler (Schnelligkeit, Größe, Sprungkraft, Technik) auf die III wechseln. Als *Mittelblockspieler* schließt er zum *Außenblockspieler* auf, springt gleichzeitig mit ihm ab und deckt mit seinen Händen die diagonale Angriffsrichtung ab. Der wie ein Einzelblockspieler handelnde Außenblockspieler, der die Linienschläge abwehren soll, dreht seine äußere Hand zur Feldmitte, um ein Abspringen des Balles (z. B. Blockanschlagen) ins Aus zu verhindern. Beim Angriff über die Mitte bestimmt der Mittelblockspieler Ort und Zeitpunkt des Blocks, während meist der Außenblockspieler aufschließt, von dessen Seite das Zuspiel kommt. Bei Kombinationsangriffen wird häufiger aus der Netzmitte angegriffen, so daß die Blockspieler bei kombinationssicheren Mannschaften eine engere Ausgangsstellung (II und IV ca. 2 m von der Antenne) einnehmen.

Der *Dreierblock* wird fast ausschließlich gegen hohe Pässe über die Außenpositionen und die Netzmitte gespielt.

Diese Blockform engt durch Vergrößerung des Blockschattens die Angriffsrichtung noch weiter ein, verringert allerdings die Spielerzahl in der Feldverteidigung. Gegen Dreierblocks werden deshalb recht erfolgreich Lobs gespielt. Die Erfolgsaussichten dieses Blocks werden verstärkt durch seine psychologische Wirkung auf den Angreifer, der einen extrem großen Blockschirm vor sich sieht und daher weniger genau angreifen wird oder auf einen Angriffsschlag verzichtet.

In der *fortgeschrittenen Blocktaktik* spielt das Verändern der Position der Hände eine wichtige Rolle. So wird z. B. zunächst ein diagonaler Doppelblock gebildet. Der Angreifer wird folglich versuchen, longline vorbeizuschlagen. Dementsprechend strecken dann die beiden Blockspieler ihre Hände (Bewegung aus dem Schultergelenk heraus) in Richtung des Linienschlages.

Bei einem schnellen Kombinationsspiel des Gegners wird die Wahrscheinlichkeit einer Gruppenblockbildung stark reduziert. Es fällt dann manchmal schwer, auch nur einen Einerblock zu stellen. Trotzdem muß auch hier der Blockspieler bemüht sein, den Angriff durch Mitgehen (der Hände) abzublocken. Der Einerblock wählt als Ausgangsrichtung seiner Aktion entweder eine grundsätzliche Hauptangriffsrichtung (meist diagonal) oder eine Richtung, für die ein Angreifer eine Vorliebe gezeigt hat.

Gegen Kreuzkombinationen und solche, bei denen die Angreifer Positionswechsel vornehmen, muß geklärt werden, welcher Blockspieler welchen Angreifer übernimmt. Als Verfahren werden dabei der *Mann-zu-Mann-Block* oder der *Übernahmeblock* (Positionsblock) praktiziert. Im ersten Fall blockt ein Spieler seinen Angreifer, unabhängig davon, auf welcher Position dieser endgültig angreift. Im zweiten Verfahren verbleiben die Blockspieler auf ihrer Position und blocken den Angreifer ab, der dort angreift.

Unter Position muß hier allerdings verstanden werden, daß z. B. ein Außenblockspieler an der Stelle blockt, wo der Angreifer schlägt, der am weitesten zu diesem Blockspieler hin seinen Angriffsort hat. Das kann sogar eine entgegengesetzte «Außenposition» sein (wenn z. B. eine Kombination mit 3 Spielern über eine Netzhälfte gespielt wird).

Beide Arten des Blocks haben Vor- und Nachteile. Beim Übernahmeblock fällt es schwer, in jeder Situation zu entscheiden, wann welcher Angreifer übernommen werden soll. Die entsprechenden Laufwege der Angreifer müssen frühzeitig richtig von mindestens zwei der Blockspieler erkannt worden sein. Vorteilhaft ist es demgegenüber, daß sich die Laufwege der Blockspieler nicht kreuzen. Dies ist der Nachteil des Mann-zu-Mann-Blocks, wenn noch ein entsprechend langer Laufweg zum Ort des Blocks hinzukommt. Als Vorteil kann gelten, daß geklärt ist, welcher Blockspieler gegen welchen Angreifer zu springen hat.

Bei den Angriffsvarianten Stoppanlauf und Schattenangriff muß jeweils noch beachtet werden, daß am gleichen Blockort zwei Sprünge erforderlich werden können. Ein effektives Blocken scheint nur möglich, wenn der Blockspieler die Angriffsabsicht des Gegners richtig erkennt. Hier und auch beim täuschenden Anlauf (X-Anlauf) sollte der Blockspieler den 1. Blocksprung nicht voll ausspringen, um noch rechtzeitig einen zweiten folgen lassen zu können.

Eine wichtige Hilfe für vorausschauendes Blocken ist die richtige Wahl der Ausgangsposition am Netz (Abb. 3.2.20). Werden vom Gegner besondere Trickaufstellungen gespielt, ergeben sich stark verlagerte Ausgangspositionen der Blockspieler. Danach kommt es zu unterschiedlich langen Laufwegen der Blockspieler zum Blockort (Abb. 3.2.21). Eine Konzentration der Spieler auf IV/II (vgl. Abb. 3.2.21 b) eröffnet der angreifenden Mannschaft die Möglichkeit, einen Hinterfeldangreifer über die andere Netzseite evtl. sogar ohne Gegenblock angreifen zu lassen.

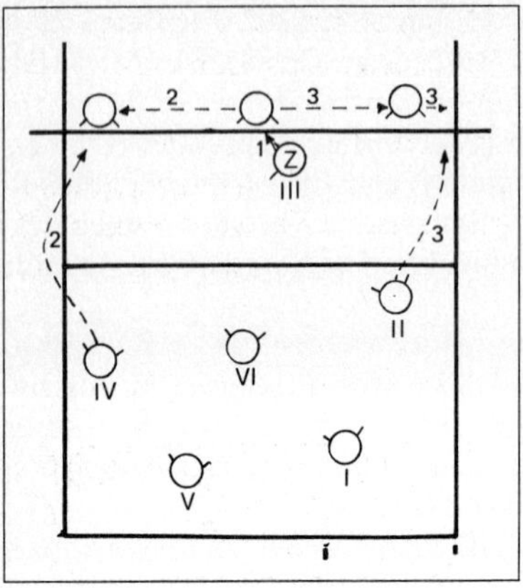

Abb. 3.2.20: Ausgangs- und Aktionspositionen der Blockspieler bei gegnerischem Angriff (1); Zuspieler legt den 2. Ball; (2) halbhoher Paß auf IV und (3) hoher Paß auf Pos. II. Die Pfeile auf der Blockseite zeigen die entsprechenden Laufbewegungen der Blockspieler.

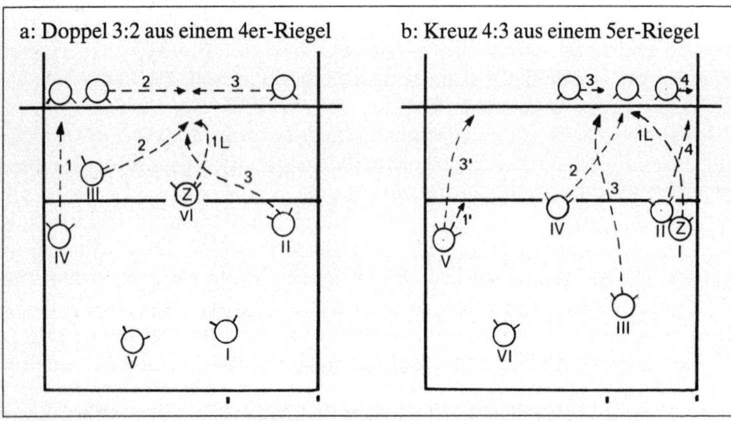

Abb. 3.2.21: Ausgangs- und Blockpositionen bei Kombinationsangriffen

Abwehrtaktik

Bei der Organisation der Feldabwehr geht es einerseits um die Verteilung von Zuständigkeitsbereichen – innerhalb eines bestimmten Systems – bei Angriffsbällen außerhalb und im Blockschatten, andererseits um die flexible Einnahme von Spielpositionen je nach Art der (gegnerischen) Angriffs- und (eigenen) Blockhandlungen. Bei angriffsstarken Mannschaften sind mehr Schläge in den hinteren Bereich des Feldes, im mittleren und unteren Leistungsbereich wegen geringerer Schlagstärke und -variabilität dagegen häufiger Angriffshandlungen in die Mitte des Feldes zu erwarten. Der Spieler auf VI übernimmt deshalb im ersten Fall Verteidigungsaufgaben von

der Grundlinie aus *(zurückgezogene VI)*, im zweiten Fall sichert er den Bereich des Mittelfeldes hinter dem Block – mit Ausgangsposition 1–2 m hinter der Angriffslinie *(vorgezogene VI)*.
Unter Berücksichtigung bestimmter Aktionsrichtungen und individualtaktisch unterschiedlicher Aktionsbereiche ergeben sich bei den jeweiligen Angriffsorten II, III, IV und Blockarten (Einer-, Zweier-, Dreierblock) unterschiedliche Ausgangssituationen in der Feldabwehr (Fotos 3.2.21–3.2.25). 164
In der Abwehrsituation überwiegt der Zweierblock als Netzabwehr, so daß nur noch vier Spieler für Feldabwehraufgaben zur Verfügung stehen. Sie allein können jedoch nicht den gesamten Hinterfeldbereich absichern. Jedes Abwehrsystem enthält folglich *typische Schwachstellen*, die für taktisch geschickte Angreifer bevorzugte Zielbereiche darstellen (Abb. 3.2.22; vgl. Fotos 3.2.21, 3.2.22).

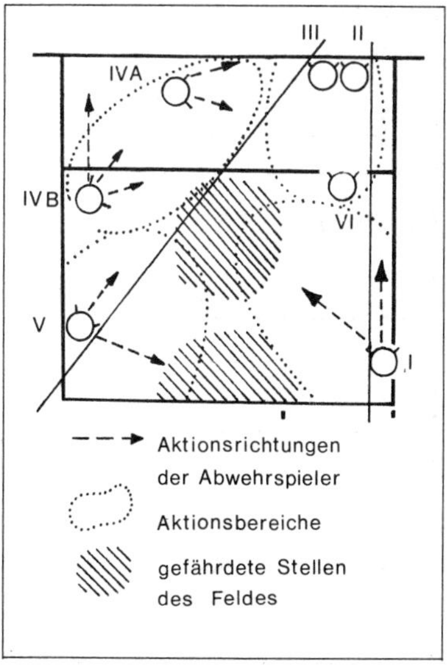

Abb. 3.2.22: Aufgabenverteilung im System *vorgezogene VI* zwischen vier freien Feldspielern bei gegnerischem hohem Angriff über IV und Doppelblock auf II

Foto: 3.2.21: Zweierblock auf II im System *vorgezogene VI*

Foto 3.2.22: Zweierblock auf IV im System *vorgezogene VI*

Von den Ausgangspositionen aus übernehmen die Spieler bestimmte Aufgaben (Beispiel: Angriff über IV, Doppelblock auf II, VI vorne):
I steht außerhalb des Blockschattens in tiefer Spielstellung ca. 1 Meter vor der Grundlinie. Seine Aufgabe ist die Abwehr von Longline-Angriffen, Driveschlägen und Lobs in der Spielfeldmitte.
V startet von außerhalb des Blockschattens an der linken Seitenauslinie in Richtung VIv (oder VI) und nimmt dabei eine immer tiefere Spielstellung ein. Er ist zuständig für neben und über den Block geschlagene Bälle, Lobs und weite Blockabpraller.
IV löst sich nach Erkennen des Angriffsortes vom Netz (freier Netzspieler). Rechnet er mit einem Lob, bewegt er sich in Richtung Block (IV A), öffnet dafür aber auf IV eine Lücke. Zur Abwehr von Diagonalangriffen zieht er sich ca. 1 m hinter die Angriffslinie an der Seitenauslinie zurück (IV B). Er kann somit einerseits als zweite Blocksicherung, andererseits als Verteidigungsspieler für scharf diagonal geschlagene Bälle handeln. Auch Blockabpraller im nahen und mittleren Bereich fallen in seine Zuständigkeit.
VI bewegt sich parallel zur 3-m-Linie hinter dem Doppelblock im Blockschatten je nach antizipierter Angriffsrichtung eher links, rechts oder in der Mitte. Er übernimmt die Blocksicherung im Nahbereich. Besonders wichtig ist hier die Abstimmung mit der Selbstsicherung des Blocks.
Erfolgt der Angriff über III, sind an der Blockbildung IV und III beteiligt. Da zu erwarten ist, daß das Zuspiel von II/L_1 aus erfolgt ist (Foto 3.2.23), muß der Blockspieler auf IV beobachten, ob der Zuspieler nicht selbst angreift (Vorderspieler) bzw. der Läufer nicht II außen einsetzt. Er kann besonders bei Rechtshändern besser zum Doppelblock aufschließen als II.
Die Aufgabenstellung für den *freien Netzspieler* beim Zweierblock ist besonders schwierig. Er muß sich zunächst von seiner Erwartungsposition am Netz nach hinten auf seine Ausgangsposition (z. B. an der Angriffslinie)

bewegen. Um die Abwehrposition (z. B. Lob hinter den Block) zu erreichen, muß er sich dann wieder nach vorn bewegen. Dieses Umschalten in der Bewegungsrichtung vor dem Angriff des Gegners setzt Antizipation und Schnelligkeit voraus. Dies führt dazu, daß der freie Netzspieler oft nur zur Blocksicherung eingesetzt wird. Besonders wenn im 1:5 System der Läufer auf einer Netzposition von Blockaufgaben entlastet wird, muß er zumindest Blocksicherungsaufgaben übernehmen.
Ist auf einer Außenblockposition (Foto 3.2.24) nur noch ein Einerblock möglich, so wurde im allgemeinen der Spieler auf III erfolgreich getäuscht. Er kann höchstens noch Blocksicherungsaufgaben (mit-) übernehmen, da er dazu noch Zeit hat. Die hinteren Verteidigungsspieler sind weiter nach vorn gerückt, weil gegen einen Einerblock eher mit einem kürzeren Schlag des Gegners zu rechnen ist als gegen einen Doppelblock.

Foto 3.2.23: Zweierblock auf III im System *vorgezogene VI*

Foto 3.2.24: Einerblock auf II im System *vorgezogene VI*

Foto 3.2.25: Dreierblock auf IV im System *vorgezogene VI*

Beim Dreierblock (Foto 3.2.25) sind große Feldbereiche gefährdet. Wegen der dann häufig gespielten Lobs bevorzugen manche Mannschaften mit Spielsystem zurückgezogene VI in dieser Situation die Nahsicherung durch VI und V. Ein weiterer Spieler muß die Diagonalabwehr übernehmen.
Für Anfängermannschaften und Mannschaften auf unterem Leistungsniveau empfiehlt sich das System *vorgezogene VI* weil
- die Abwehrspieler klar abgegrenzte Aktionsbereiche mit kurzen Laufwegen haben;
- kein Wechsel der Aufgabenbereiche zwischen den Spielern nach der Riegelformation (W-Form) vorgenommen werden muß;
- das Vorderfeld überwiegend vom Angriff angezielt wird.

In höheren Spielklassen stellt dieses System eine Abwehrvariante für den Fall dar, wenn im 1:5-System der Läufer Hinterspieler ist und wenn ein Dreierblock gebildet wird. Kann nur ein Einerblock gebildet werden, sollte VI eine Ausgangsposition hinter der Angriffslinie innerhalb des Blockschattens einnehmen, um sich der direkten Schußlinie des Angreifers zu entziehen.
Beim System *zurückgezogene VI* steht kein Vorderspieler im Bereich der Nahsicherung des Blocks. Das Hinterfeld kann dadurch besser gegen harte Angriffe verteidigt werden. Die Blocksicherung wird entweder durch den Block selbst *(Eigensicherung)* oder den Linienverteidiger bzw. den diagonal stehenden freien Netzspieler *(Fernsicherung)* übernommen. Bei der Eigensicherung müssen die Blockspieler frühzeitig den Lob erkennen. Sie versuchen, entweder noch während oder direkt nach der Landung den Ball hochzuspielen (Zweitaktion). Mit der Eigensicherung kann jedoch höchstens ein Aktionsradius von ca. 3 Meter abgedeckt werden. Bei der Fernsicherung fangen die Sicherungsspieler ihre Lauf- und Verteidigungsbewe-

gung meist durch Hechten, Fallen oder Gleiten ab. Dieses System bringt nicht nur längere Laufwege, sondern auch einen erweiterten Entscheidungsumfang. Die Fotos 3.2.26–3.2.31 zeigen Abwehrformationen in diesem System.

Der Erfolg der Feldabwehr kann durch Spezialisierung der Spieler auf Abwehraufgaben, Positionswechsel und flexible Einnahme der Ausgangspositionen gesteigert werden. Die *spezialisierten Abwehrspieler* müssen nach dem eigenen Aufschlag, nach der Annahme oder der Angriffssicherung beim ersten Rückschlag einen Wechsel auf die am stärksten gefährdeten Positionen vornehmen. Zusammen mit dem *Wechsel des Läufers* auf seine Läuferposition wird bei jeder Rotation die günstigste Aufstellung erlaufen. So postiert man z. B. den Läufer aus dem Hinterfeld wegen des kurzen Laufwegs auf die vorgezogene VI und den stärksten Abwehrspieler auf V

Foto 3.2.26: Zweierblock auf II im System zurückgezogene VI

Foto 3.2.27: Zweierblock auf III im System zurückgezogene VI

Foto 3.2.28: Dreierblock auf IV im System zurückgezogene VI

Foto 3.2.29: Zweierblock auf II und Sicherung durch den freien Netzspieler (System zurückgezogene VI)

Foto 3.2.30: Zweierblock auf III und Sicherung durch den freien Netzspieler (System zurückgezogene VI)

Foto 3.2.31: Einerblock auf II und Sicherung durch den freien Netzspieler (System zurückgezogene VI)

(VI vorne). Bei *VI hinten* wird für den Läufer fast immer die Position I ausgewählt. Die Nähe zur Zuspielposition am Netz als auch die geringere Häufigkeit von Linienangriffen begründen diese Entscheidung.
Solange die Mannschaften nicht häufiger über Position II angreifen oder den Linienschlag verstärkt einsetzen, wird Position V die Hauptlast der Feldverteidigung zu tragen haben. Der Abwehrspieler auf dieser Position sollte deshalb über sichere Abwehrtechniken auch in halbstabilen Körperlagen sowie ein gutes Reaktionsvermögen verfügen.
Kombinationsangriffe haben dazu geführt, daß viele Mannschaften im Spitzenbereich ihr Verteidigungssystem umgestellt haben. Bei zu erwartendem kombinativem oder schnellem Zuspiel wird die Ausgangsstellung eher im Vorder- oder Mittelfeld eingenommen. (vgl. Abb. 3.2.23). Mit höherem (länger fliegendem) Zuspiel erhöht sich die Wahrscheinlichkeit einer Zweierblockbildung, wodurch der Angriffswinkel eingeengt wird. Die Abwehrspieler können sich in dieser Zeit entsprechend weiter hinten postieren (vgl. Abb. 3.2.23 d). 165

Taktikkonzept und Leistungsniveau
Jeder Trainer muß nach dem Leistungsvermögen seiner Spieler und den Anforderungen in der Spielsaison eine taktische Konzeption entwickeln. Dazu müssen einerseits die taktischen Verhaltensweisen bei Aufschlag, Annahme, Spielaufbau, Angriff, Angriffssicherung (1. Handlungskomplex) und Block, Abwehr, Gegenangriff (2. Handlungskomplex) weiterentwikkelt, aber auch die Zusammenhänge zwischen den einzelnen Taktikkomponenten sinnvoll aufeinander abgestimmt werden. Auf den verschiedenen Leistungsniveaus haben sich in der Spielpraxis bestimmte Grundstrukturen herausgebildet, die als Orientierung dienen können (Tab. 3.2.9).

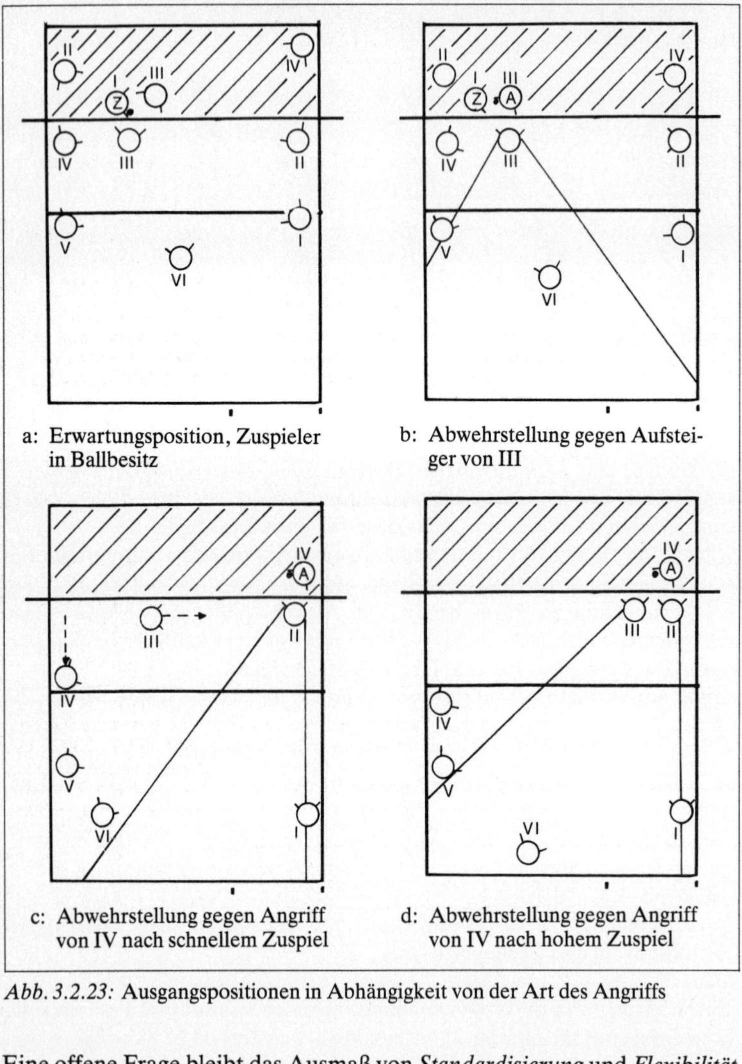

Abb. 3.2.23: Ausgangspositionen in Abhängigkeit von der Art des Angriffs

Eine offene Frage bleibt das Ausmaß von *Standardisierung* und *Flexibilität* im Taktikkonzept einer Mannschaft. Dem Umfang der Spielanforderungen in einer Spielsaison und der Schnelligkeit des Spiels kann sicherlich nur entsprochen werden, wenn Spielhandlungen auch in hohem Maße systemgebunden und nahezu automatisiert ablaufen können. Dies sollte aber nicht zu einer stereotypen Spielweise führen. Im Spiel muß nicht nur ver-

	Taktisches System	Vorgehen einer Mannschaft im Anfängerbereich	Vorgehen einer Mannschaft im unteren Leistungsbereich	Vorgehen einer Mannschaft im höheren Leistungsbereich
	Aufschlag	Ziel: den Ball sicher ins Spiel bringen	Ziel: durch unterschiedliche Aufschlagtechniken, Anspielen bestimmter Feldbereiche die gegnerische Annahme erschweren	Ziel: dito, sowie annahmeschwache Spieler gezielt anspielen, gegen die Laufrichtung des Läufers aufschlagen
Erster Handlungskomplex	Annahme	5er-Riegel (zur «optimalen» Abdeckung des Feldes)	5er-, 4er-Riegel (Herausnehmen eines schnellangreifenden Spielers; Seitenläufer)	4er-, 3er-Riegel (gezielte Vorbereitung des Angriffs, Läufersystem)
Erster Handlungskomplex	Spielaufbau	positionsgebunden (Zuspiel nach vorne und über Kopf nach hinten) über Pos. III	funktionsgebunden (Seitenläufer, Spezialisierung) über Pos. II	Läufersystem (überwiegend 2 : 4), individualisierte Pässe und Paßvarianten
Erster Handlungskomplex	Angriff	Positionsangriff (hoch über außen)	Variation der Paßarten, Angriffsvarianten, Stellerangriff (-Täuschung)	dito, sowie Angriffskombinationen (in Standardform), Zuspiel im Sprung
Erster Handlungskomplex	Angriffssicherung	mit 5 Spielern, überwiegend 2-3-0- oder 2-2-1-Sicherung	recht vollständig (4–5 Spieler), eher 3-2-0- oder 2-2-1-Sicherung	eher unvollständige Sicherung (zugunsten der Variation im Angriff); tendenziell: Sicherung auf einer Entfernungslinie von ca. 3–4 m
	Positionswechsel	noch nicht	Zuspieler auf Pos. II; ggf. schon Angreifer auf IV und Mittelblocker auf III; Vorbereitung von Spezialisierung in der Abwehr	Zuspieler auf Pos. II; Läufer im Hinterfeld auf I oder VI (gemäß Verteidigungssystem); sowie entsprechende Wechsel der Angreifer in der Vorder- und Hinterreihe
Zweiter Handlungskomplex	Block	Einerblock	Doppelblock auf allen Positionen (überwiegend diagonal)	situationsabhängig blokken (Einer-, Doppel-, Dreierblock), gegen Angriffskombinationen: Übernahmeblock, Mann-zu-Mann-Block
Zweiter Handlungskomplex	Abwehr	noch als 5er-Riegel-Formation (kein beständiger Blockschatten vorhanden)	VI-vorne	VI-hinten/VI-vorne; alternativ, situativ
Zweiter Handlungskomplex	Gegenangriff	Spielaufbau, Angriff, Angriffssicherung (wie erster Handlungskomplex)		

Tab. 3.2.9: Darstellung möglicher Taktikkonzepte von drei Mannschaften unterschiedlichen Leistungsniveaus

166 sucht werden, die eigene Taktik konsequent anzuwenden und durchzuset-
167 zen, sondern diese in der Saison und im Einzelspiel so variabel anzuwen-
168 den, daß sie den Gegner auch immer wieder überraschen kann.

Zusammenfassung

- Bei der Taktik lassen sich Maßnahmen zum direkten Rückgewinn des Aufschlags und nach einer erfolgreichen Abwehr des gegnerischen Angriffs unterscheiden.
- Die Annahmeformation auf unterem Leistungsniveau soll den Aufschlag möglichst sicher abwehren. Auf hohem Spielniveau bereiten die vier oder drei Annahmespezialisten zusätzlich den Kombinationsangriff optimal vor.
- Ein positionsgebundener Spielaufbau ist eher auf unterem Leistungsniveau, ein personengebundener Aufbau eher auf hohem Spielniveau anzutreffen. Dies entspricht auch der zunehmenden Spezialisierung bei Angriff, Block und Feldabwehr mit steigender Leistung.
- Das Läufersystem ist eine entscheidende Stufe für die Steigerung der Mannschaftsleistung.
- Die Höherqualifikation von Zuspielern und Angreifern zeigt sich im technischen und taktischen Bereich. Bei der Mannschaftstaktik ist dies häufig der Übergang vom 2:4- zum 1:5-System, wodurch eine bessere Angriffsleistung möglich wird.
- Mit Positionswechseln nach dem Aufschlag im Vorder- und Hinterfeld werden immer stärker spezialisierte Spieler auf ihre jeweils stärkste Position gebracht.
- Im System «VI zurückgezogen» wechselt der Läufer auf Position I, im System «VI vorgezogen» nimmt er Position VI ein. Er leitet die Angriffskombinationen Staffel, Doppel und Kreuz ein. Der Angreifer kann durch einen täuschenden Anlauf oder eine Absprungtäuschung die Blockabwehr ebenfalls erschweren.
- Befindet sich der Läufer am Netz, wird dies durch Trickaufstellungen oder Angriffe mit einem Scheinangreifer verdeckt.
- Bei der Angriffssicherung finden 3-2-0-, 2-3-0- oder 2-2-1-Systeme Anwendung. Die Sicherung muß je nach Stellung des Blocks und dem erwarteten Angriff des Gegners gewählt werden. Von Bedeutung ist auch die Eigensicherung der Block- und Angriffsspieler.
- Die Möglichkeit zur Bildung eines Einer-, Zweier- oder Dreierblocks hängt vom Können des gegnerischen Zuspielers ab. Das Ziel besteht in der Vergrößerung des Blockschattens und der Erleichterung der Feldabwehr.

- Auf hohem Leistungsniveau wird häufig der Mann-zu-Mann-Block mit Positionswechseln praktiziert.
- Bei den Abwehrsystemen wird im unteren Leistungsbereich eher systembezogen, auf höherem Niveau stärker situationsbezogen gespielt.
- Jede Mannschaft muß in ihrer taktischen Konzeption die für sie günstigste Mischung aus Standardisierung und Flexibilität finden.

Karl-Heinz Leist

3.3 Motorisches Lernen und Üben

Motorisches Lernen ist zielorientiert und motivationsgetrieben. Man will einen Ball zielgenau treffen oder blockieren, über Kopf stellen, federnd pritschen, das richtige Timing lernen; man will das Bewegungsbild des Trainers nachahmen, um z. B. das eigene Leistungsvermögen zu verbessern, das Spiel interessanter zu machen. Da der Einsatz der Motorik funktional abgestimmt werden muß auf die gegebenen Situationswahrnehmungen wie Rückmeldungen aus dem Vollzug, wird das Lernen technisch-taktischer Handlungen auch als *perzeptiv-motorisches Lernen* bezeichnet. Es bezieht sich auf Wahrnehmungs- und Antizipationsleistungen, den Aufbau interner Handlungsmodelle, die Organisation von Gedächtnisinhalten und auf begrifflich geprägte und intentional geleitete Leistungen der Ausführung und Kontrolle von Bewegungsaktionen. 169

Obwohl von daher kein grundsätzlicher Unterschied zum «nichtmotorischen Lernen» besteht, ist das Ziel motorischen Lernens das *praktische Können* und nicht das damit verbundene Wissen. Motorisches Lernen läßt sich daher als *Genese von Handlungsstrukturen* verstehen. Bei dieser besonderen Art des Handelns geht es darum, Handlungssituationen zu erkunden und zu erproben, wie sie zu bewältigen sind *(Probehandeln)*. Im Lernprozeß eignet sich der Spieler Handlungen zur Lösung von Aufgaben an (z. B. Aufschlagen, Annehmen, Zuspielen, Angreifen, Blockieren, Abwehren, Sichern), verinnerlicht sie und perfektioniert ihre Anwendung.

Es gibt nicht nur absichtsvolles (intentionales), sondern auch *zufälliges Lernen*. Dabei merkt man über bestimmte Effekte (z. B. zielgenaues Abspiel), daß man etwas Neues gelernt hat. Bei *Übungsprozessen* geht es um

das allmählich zum Ziel führende Aufsuchen optimaler Bewegungshandlungen für die Lösung einer anzueignenden Aufgabe. Eine richtig gestellte Übung wiederholt deshalb nicht Mal für Mal das eine oder andere Mittel zur Lösung der Bewegungsaufgabe, sondern den Lösungsprozeß für diese Aufgabe, wobei die Mittel verändert und vervollkommnet werden.
Für den Lernprozeß gibt es spezifische und notwendige, besonders fördernde, aber auch hemmende Bedingungen. So werden *Handlungsräume und -zeiten* durch eigene körperliche Aktion und aus der Ich-zentrierten Perspektive heraus erschlossen. Damit z. B. ein Ball in Reichweite erscheint und mit zwei schnellen Schritten seitwärts erreicht wird, müssen Raum-Zeit-Wahrnehmungen im Rahmen der Klassifizierung von Situationen über die aktive Auseinandersetzung mit der spezifischen Aufgabe-Umwelt-Konstellation erlernt werden. Für den Aufbau eines *Tätigkeitsbegriffs* wie «Pritschen» oder «Schmettern» sind Variationen der Ausführung besonders wichtig. Je mehr es gelingt, *Rückmeldungen* über Fehler an die Kontrolle der Ausführung zu koppeln, um so besser verläuft der Lernprozeß. Hier ist es wichtig, Fertigkeiten unter Bedingungen zu üben, die Fehler deutlich machen bzw. bestimmte Erfahrungen vermitteln. Die Notwendigkeit der richtigen Stellung zum selbstangeworfenen Ball und des sicheren Standes zum gezielten Krafteinsatz beim Pritschen (Gleichgewicht) kann z. B. bei der Bewegungsausführung auf einer Schwedenbank, die nicht verlassen werden darf, erfahren werden.
Um die perzeptiv-begrifflich geprägte *Ballwahrnehmung* zu verbessern, kann mit Bällen unterschiedlicher Beschaffenheit (Größe, Gewicht, Oberfläche) gespielt werden. Gleichbleibende Signale im Lernprozeß führen in den meisten Fällen zu einer Erhöhung der Ansprechschwelle der Sinnesorgane, da diese gleichsam ‹abstumpfen›, indem sie sich auf eine bestimmte Schwelle einstellen. So können standardisierte Wiederholungen nur in der Anfangsphase von Lernprozessen zu einer verbesserten Sensibilisierung führen. Danach können z. B. Erfahrungen über richtiges Timing beim Anlauf und Absprung zum Angriffsschlag nur durch Variation der Übungsbedingungen (z. B. unterschiedlich hohes Anwerfen/Zuspielen) vermittelt werden.
170 Fördernd für das *Behaltenlernen* sind Rhythmisierung und rhythmische
171 Reihen, insofern sie relevante Information unterstreichen, wesentliche
172 Rückmeldungen akzentuieren, zentrale Selbstbefehle unterstützen und die
173 Kommunikation zwischen Kurz- und Langzeitgedächtnis anregen.

Zur weiteren Charakterisierung des Lernprozesses sollen besonders die Veränderungen auf verschiedenen Könnensstufen (Lernphasen), die Übertragung der Lernergebnisse auf neue Aufgaben (Transfer) und Einheiten der Vermittlung (Lehrgänge, Projekte) ausführlicher behandelt werden.

Lernphasen

Lernphasen sind zunächst in die beiden Phasen der Aneignung und der fortschreitenden Vervollkommnung des Lösungsprozesses zu unterteilen. Diese Phasen sind nun durch die Charakteristika der verschiedenen Teilsysteme des Handelns zu unterscheiden:

Für die *Handlungsmotivation* können in der Phase der Vervollkommnung bereits interne Handlungsantriebe wie der Aktivierungszirkel eines Spiels, die Dynamik, Präzision und der Rhythmus von Handlungsausführungen wirksam werden, die in der Aneignungsphase noch gar nicht vorliegen. Daher müssen dort neben der Lernmotivation eher externe Antriebe (z. B. Lob) genutzt werden.

Bezüglich der *Situationsklassifizierung* und der Bildung von *Handlungsvorstellungen* ist es für die Phase der Vervollkommnung charakteristisch, daß man für relevante Informationen sensibler ist, begrifflich prägnanter wahrnehmen und sich vorstellen kann. Weiter werden in der Phase der Vervollkommnung *Wahrnehmungsstrategien*, wie sie am Beispiel von Entscheidungsbäumen dargestellt wurden, optimiert (vgl. Abb. 1.2.12, S. 73).

Die *Informationsverarbeitung* wird durch eine Verlagerung von übergeordneten (und damit mehr bewußten) auf untergeordnete (und damit mehr unbewußte) Ebenen gekennzeichnet *(Automatisierung)*. Dies führt dazu, daß Vorstellungen umstruktuiert werden und größere Ausführungseinheiten überspannen (z. B. Staffel). Die verschiedenen, sich überlappenden Handlungsschritte werden aufgrund verbesserter *Antizipationsleistungen* und der *Kontrolle* ausschließlich relevanter Knotenpunkte der Handlungsausführung besser koordiniert. Die zeitlich nacheinander *(sukzessiv)* und zeitgleich *(simultan)* ablaufenden Bewegungshandlungen werden reibungsloser verzahnt, weil sie schon bei der Planung aufeinander bezogen werden. Der Könner kann deshalb antizipieren, wo, wann und wie der erste Paß ankommen wird und wie er sich einzustellen hat. Er kann den Blick frühzeitig vom Ball lösen, sich für sein Zuspiel neu orientieren und über die so gegebene Augen- und Kopfsteuerung die weiteren Körperbewegungen führen. Besonders deutlich werden solche Koordinationsveränderungen auch an der Verzahnung der Vor-, Haupt- und Endphasen einer Bewegungsausführung.

Schließlich werden im Zuge der Vervollkommnung der Aufgabenlösung auch *Umweltbedingungen* besser genutzt. Kraftimpulse werden nach Größe, Richtung und Zeitpunkt besser koordiniert und an Stelle der in der
Aneignungsphase zu hohen allgemeinen Aktivierung tritt eine *Ökonomi-* 174
sierung des Energieeinsatzes. 175

Transfer

In allgemeinster Form läßt sich die Problematik des Transfers in folgender Frage ausdrücken: Bei welchen Bewegungshandlungen entwickeln sich bei welchen Spielern unter welchen Lern- und Übungsbedingungen welche Handlungsstrukturen, und unter welchen Aktualisierungsbedingungen wirken diese sich in welchen neuen Lernsituationen auf welche Handlungsmerkmale aus?

Diese Frage ist besonders im Zusammenhang mit der Konstruktion *methodischer Übungsreihen* relevant. Methodische Übungsreihen sind horizontal, vertikal oder/und seriell geordnete Folgen von motorischen Aufgaben. Von Auswahl und Ordnung wird erwartet, daß Lernergebnisse bezüglich einer Aufgabe (z. B. Tennisaufschlag, Halten des Balles) zusammen mit einer geeigneten Instruktion auf Lernprozesse bei weiteren Aufgaben (z. B. Erlernung des Angriffsschlags) übertragbar sind bzw. in weiteren Lernergebnissen einen positiven Niederschlag finden.

Bei *horizontalen* Anordnungen geht es darum, gekonnte Aufgabenlösungen auf neue Situationen anzuwenden (Schlagen aus der Hand/Schlagen des angeworfenen Balles im Stand). Bei *vertikalen* und *seriellen* Anordnungen geht es um die Integration (direkt/über Zwischenschritte) schon beherrschter (Gesamt-/Teil-)Handlungen in neue Aufgabenlösungen.

Welche Auswahl- und Ordnungskriterien als transferrelevant gelten, hängt vom bewegungs- und lerntheoretischen Bezug ab. Zu unterscheiden sind hier die «Außensicht» von Bewegung und Lernen und die Sicht aus der Handlungsperspektive. Aus der *Außensicht* werden Bewegungsausführungen über Weg-Zeit-Kraftmerkmale (biomechanisch) oder als Folge von Bewegungsphasen (phänographisch) beschrieben (vgl. 3.1). Bewegungen werden nach dem Kriterium «Bewegungsverwandtschaft», Lernwege nach dem Prinzip «vom Einfachen zum Komplexen» beschrieben. Lernen erfolgt durch Instruktion, Massierung oder Verteilung des Übens, Variation der Lernaufgaben und Intensität des Übens.

Aus der *Handlungssicht* von Bewegung werden Transfereffekte auf Wahrnehmungsselektion, Handlungsplanung und allgemeinere Handlungsstrukturen zurückgeführt, die zur Variabilität der Lern- und Transferaufgabe beitragen. Von daher ist jedes schnell ausgeführte Ballspiel mit vielen Positionswechseln ohne langes Ballhalten ein ideales Vorbereitungsspiel für das Volleyballspiel. Wer gelernt hat, bereits dort zu stehen, wo der Ball hinkommt, der hat ein für das Volleyballspiel entscheidendes Moment der Aufgabenbewältigung gelernt. Unter dem Gesichtspunkt der Handlungskonstruktion ist deshalb auch ein Lehrweg zum Schmettern über Stationen wie «Zielpritschen eines Balles nach Anlauf und beidbeinigem Absprung», «kurzes einhändiges Pritschen (Setzen) im Sprung», «Anlauf, beidbeiniger
176 Absprung, kurzes Anschlagen» dem üblichen Verfahren (Lernen in der
177 Reihenfolge der Bewegungsphasen) vorzuziehen.

Vermittlungsprinzipien

Für die Strukturierung von Lernprozessen durch Lehrprozesse ist bedeutsam, nach welchen Vermittlungsprinzipien und -einheiten vorgegangen wird.

Tätiges Lernen kann nicht am ‹Methodenband› gegängelt werden. Die Vermittlung muß vielmehr Raum bieten für Selbsttätigkeit und Selbstverantwortung. Da es um die Vermittlung optimaler Handlungsstrukturen geht, sind individuell funktionale Aufgabenlösungen zu optimieren statt normierter Lösungsmuster, die auf die individuellen Bedingungen von Spitzenkönnern zugeschnitten sind. Dies setzt eine *Problemorientierung* des Lehr-Lernprozesses voraus.

Da der Lernende nur begrenzt Informationen verarbeiten kann, muß die Lernsituation vereinfacht werden *(Reduktion)*. Die Reduktion darf aber nicht zu beliebigen Einzelaufgaben, sondern muß zu sinnvollen Handlungseinheiten führen. Prinzipien einer solchen Reduktion sind z. B.

- von vermehrter zu verminderter Lernhilfe (z. B. bei der Vermittlung des Angriffsschlages);
- Aufgliederung nach funktionalen Teileinheiten (z. B. positionsspezifische Fertigkeiten).

Die durch Reduktion möglich werdende Verbesserung der Konzentration auf relevante Informationen und ihre Verarbeitung kann durch Vermehrung von *Lernhilfen* und durch Feedback-Vermehrung in Form von *Schnellinformation* oder *Videorückmeldung* genutzt werden. 178

Zur Vermittlung des Volleyballspiels müssen langfristige *Vermittlungseinheiten* (Lehrgänge) angelegt werden. Ihr Aufbau muß zu der Struktur des angestrebten Spiels und den damit verbundenen technischen und taktischen Handlungen führen. Ausgangspunkt ist die Elementarstruktur des Zielspiels, das Volleyspielen. Diese wird schrittweise in Verflechtung mit Übungsreihen angereichert, in denen technische und taktische Fertigkeiten vermittelt werden, die dem jeweiligen Spielniveau zu- oder vorgeordnet sind.

In die Lehrgänge müssen dann *Vermittlungseinheiten mittlerer Größenordnung* eingebaut werden, wie z. B. «Übungsreihe zum Schmettern», «Fehlerkorrektur», «Einführung taktischer Varianten», «Timing der Blockbildung», «Spielbeobachtung», «Entscheidungstraining beim Angriff».

Nächstkleinere – nach Unterrichtsstunden einzuteilende – Vermittlungseinheiten betreffen dann *Einzelthemen* wie «Schulung der visuo-motorischen Koordination beim Stellen», «Einführung in die Blockabwehr», «Verbesserung der Ausführung des oberen Zuspiels».

Kleinste Vermittlungseinheiten sind schließlich Lehrer-Schüler-Interaktionen bezüglich einzelner Aufgabenaspekte wie «Korrektur eines Fehlers», «Präzisierung der Bewegungsvorstellung», «Verbesserung der Hand- oder Armhaltung beim Pritschen oder Baggern». 179

Zusammenfassung

- Beim motorischen Lernen geht es um das aktive Erkunden von Handlungssituationen, absichtsvolles und zufälliges Bewältigen von Bewegungsaufgaben und Festigen der Problemlösungsprozesse und -ergebnisse mit Hilfe interner und externer Rückmeldungen. Dabei kommt es zum Aufbau von Handlungsstrukturen.
- Bei Lernprozessen werden Phasen der Aneigung und Vervollkommnung durchlaufen. Dabei verbessern sich Ausführung, Handlungsvorstellung, Wahrnehmungsstrategien, Informationsverarbeitung, Antizipation und Kontrolle.
- Methodische Übungsreihen müssen darauf angelegt sein, daß ähnliche und jeweils nachfolgende, schwierigere Aufgaben leichter erlernt werden können.
- Bei der Vermittlung sind – ähnlich wie bei den Belastungszyklen – lang-, mittel- und kurzfristige Einheiten zu bilden.

3.4 Der Lehr-Lernprozeß

Erich Christmann

Unterrichtsplanung

Vor der Durchführung von Übungs- und Unterrichtsstunden muß der Übungsleiter, Trainer und Sportlehrer immer Überlegungen zur Präzisierung der Lernziele (objektive und subjektive Struktur, Eingangsvoraussetzungen bei den Lernenden), zur Vermittlungsstrategie (Lernsequenzen, Lehr-Lernmethoden, Sozialformen, Sprache, Medien, Materialien) und zu Möglichkeiten der Ergebniskontrolle anstellen (Abb. 3.4.1).

Objektive und subjektive Struktur

Die *objektive Struktur* (OS) ergibt sich in Zusammehang mit dem jeweiligen Analyseverfahren (z. B. Beobachtung, Befragung, Messung, Bewertung, Interpretation). Sie ist in den Kapiteln 1.1, 1.2, 2.1, 3.1, 3.2 ausführlich beschrieben.

Der Lehr-Lernprozeß darf sich nicht nur an den Erfordernissen des Lerngegenstandes (OS) orientieren, sondern muß auch die Bedingungen der

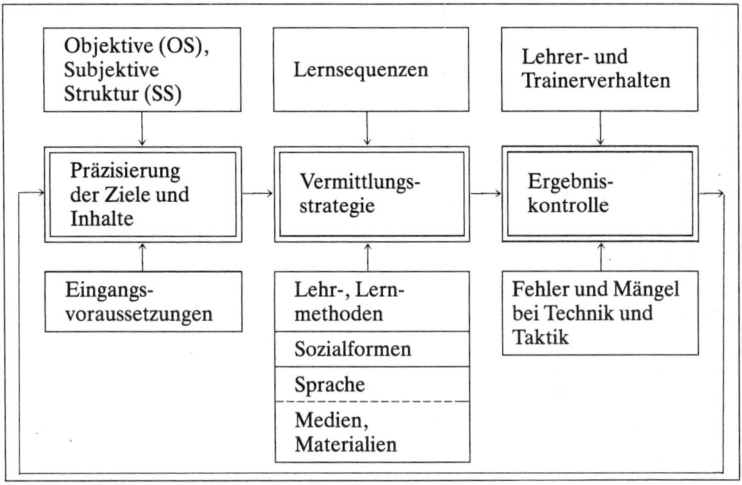

Abb. 3.4.1: Modell des Lehr-Lernprozesses

subjektiven Struktur (SS), der Regulation (vgl. Tab. 1.2.13) und die Eingangsvoraussetzungen zu Beginn des Lernprozesses miteinbeziehen.
Zur Präzisierung der Ziele müssen zunächst die *Inhalts- und Handlungskomponenten* genau definiert werden (vgl. Tab. 3.4.1).
Ist ein Lernziel festgelegt, bedarf es anschließend einer Reihe weiterer Schritte, die angeben, was ein Spieler zur Erreichung des Lernziels jeweils tun (können) muß (Abb. 3.4.2).
Diese Teilhandlungen lassen sich in der Regel den motorischen, kognitiven, motivationalen und sozialen *Lernzielbereichen* zuordnen. Dabei wird deutlich, daß auf der untersten Ebene (Schritt 3) die Teilziele bereits konkrete Aufgabenstellungen und Trainingsformen enthalten. 180 181

Eingangsvoraussetzungen
Die große Zahl der möglichen Lernziele wird u. a. durch das Können der Lerngruppe begrenzt. Leistungsstand und Einstellungen lassen sich durch Beobachtungen in Unterricht, Training und Spiel, durch Tests zur Koordination und Kondition sowie durch Befragungen feststellen. Sind die Ausgangsbedingungen für den Lehr-Lernprozeß ermittelt, ergibt sich oft die Notwendigkeit einer Differenzierung nach
- *Leistung:* Für unterschiedlich leistungsstarke Schüler müssen jeweils Lernziele und Trainingsformen ausgewählt werden, die einen mittleren Schwierigkeitsgrad haben.

Inhalt (Substantiv)	Handlungskomponenten (Verben)
Aufschlag, Annahme	zielgenau ausführen, situationsgemäß anwenden, taktisch einsetzen
Spielaufbau, Angriff	Richtung frühzeitig erkennen, Wirkung richtig beurteilen, effektiv durchführen
Block, Abwehr, Sichern	richtig timen, flexibel anwenden, mit Partner abstimmen, sicher ausführen
Spielverlauf	Rhythmus ändern, Leistung stabil halten, Mißerfolgsserie überwinden
Lauf- und Sprunghandlungen	schnell und ausdauernd ausführen, Linienfehler vermeiden
Pritschen	hoch, weit, flach, kurz, regelgerecht spielen, bei sich und anderen Fehler erkennen können
System VI vorne	spielen, erkennen, Vorteile/Nachteile nennen, auf der Taktiktafel demonstrieren und erklären
Gleichgewicht	erspüren, halten, korrigieren
Entspannungstechnik	kennen, anwenden, beurteilen
Motivation	anregen, Ursachen kennen, Anspruchsniveau festlegen, sich einschätzen
Aufmerksamkeit	auf Stellspieler richten, konzentrieren, auf Angreifer verteilen
Kondition	Sprungkraft steigern, Ausdauerprobleme erkennen, Trainingsmethoden kennen und selbständig anwenden
Organisations-, Trainingsformen	durchführen, entwickeln, beurteilen, erleichtern, erschweren, auswählen
Scouting	planen, durchführen, auswerten
Koordination	messen, beobachten, beurteilen, Schlagintensität variieren, antäuschen
Gruppendynamik	Konflikte lösen, Probleme lösen

Tab. 3.4.1: Beispiele für die Inhalts- und Handlungskomponenten von Lernzielen im Volleyball

- *Funktion im Spiel:* Mit steigendem Leistungsniveau differenzieren sich die Rollen im Spiel immer mehr aus. Nach Erreichung einer allgemeinen und volleyballspezifischen Spielfähigkeit müssen für Aufschlag-, Annahmespieler, Steller, Angreifer, Block- und Abwehrspezialisten spezielle
182 Lernziele entwickelt werden (vgl. Kap. 2.1, 3.1, 3.2).

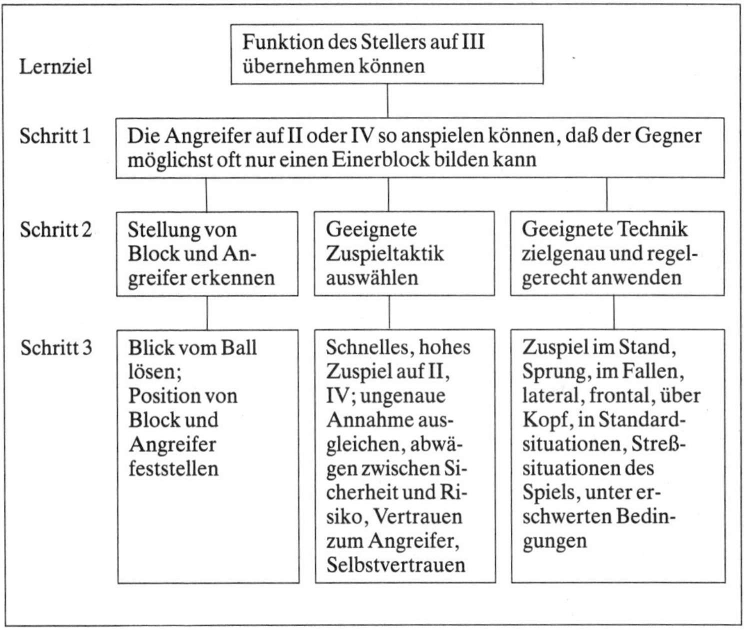

Abb. 3.4.2: Schritte zur Präzisierung von Lernzielen

Lernsequenzen

In den methodischen Übungsreihen zur Entwicklung der technischen und taktischen Fähigkeiten (z. B. Vorübungen, Teil-, Gesamthandlung) spiegeln sich Annahmen über eine sinnvolle Abfolge von Lerninhalten (Lernsequenzen). Sie orientieren sich häufig an der objektiven Struktur der Spielhandlungen. Die einzelnen Elemente und Schritte bei der Präzisierung eines Lernziels werden als Analyseergebnisse oft in einem Ordnungssystem *(Hierarchie)* dargestellt (vgl. Abb. 3.4.2) und – sozusagen in umgekehrter Reihenfolge – in einem Lernprozeß wieder zusammengebaut *(Synthese)*. Dies gelingt problemlos dort, wo die einfache Addition der Teilziele die Erreichung des Lernziels gewährleistet (z. B. Trainieren der Kondition in einem Circuit). Häufiger müssen aber Einzelelemente sinnvoll miteinander verbunden werden *(Integration)*, damit das Lernziel realisiert werden kann.

Läßt sich aber eine bestimmte Reihenfolge der Teilziele ableiten bzw. begründen? Jeder Lehrer/Trainer weiß aus seiner Praxis, daß bestimmte methodische Wege erfolgreich oder weniger erfolgreich eingesetzt werden können und daß die Aneignung eines Lehrstoffes bei den Lernenden ganz unterschiedlich verlaufen kann (z. B. Begabung, Lerntypen). Der Lehr-Lernprozeß vollzieht sich nicht kontinuierlich und linear ansteigend, sondern eher im Sinne einer *Spirale* (vgl. Abb. 3.4.3). Zunächst wird ein *Grundschema* (z. B. Grundform Pritschen, Angriff) gelernt und mit fort-

Abb. 3.4.3: Stufen des Lehrens und Lernens (Lehr-Lernspirale)

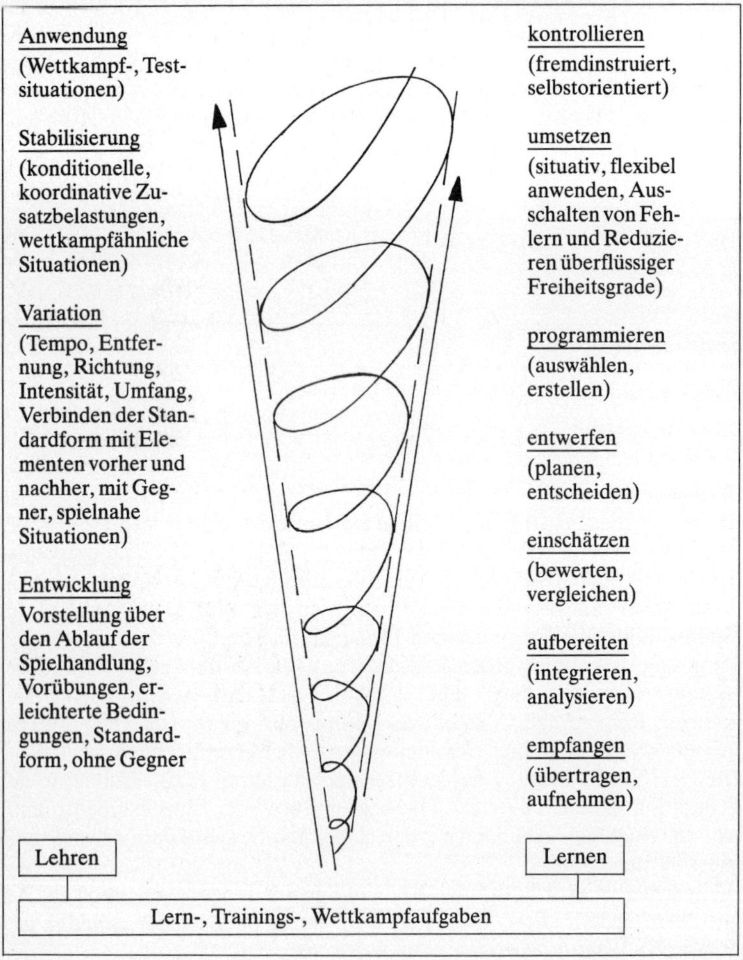

schreitender Leistungsentwicklung immer wieder aufgegriffen, perfektioniert und differenziert. Beim Lernziel «Funktion des Stellers auf III übernehmen können» empfiehlt sich deshalb ein ständiger Wechsel zwischen Einführung und Verbesserung der einzelnen Techniken, Wahrnehmungsaufgaben (peripheres Sehen) und Schulung der Zuspieltaktik in immer spielnäheren Situationen. Die Teilziele (z. B. Zuspiel über Kopf, Sprungabspiel) ergeben sich aus den Anforderungen konkreter Spielsituationen (z. B. Kleinfeldspiel 3:3).

Beim Lehren bestehen die Maßnahmen in der Entwicklung, Variation, Stabilisierung und Anwendung der Handlungsmuster. Im Lernprozeß wird die *subjektive Struktur* durch Empfangen von Informationen, Aufbereiten, Einschätzen, Entwerfen, Programmieren, Umsetzen und Kontrollieren weiterentwickelt. Die Aufgabe des Trainers im Lehr-Lernprozeß besteht daher nicht nur darin, eine optimale Reihenfolge stereotyp anzuwenden, sondern den Aneignungsprozeß beim Lernenden auf dieser Spirale kontinuierlich zu begleiten, gezielte Lernaufgaben zu stellen, zu korrigieren und damit den Aufbau der subjektiven Struktur positiv zu beeinflussen. 183

Das Lernergebnis hängt auch stark von der Art des *Interaktionsprozesses* zwischen Sportler und Trainer ab (Abb. 3.4.4). *Konflikte* erwachsen besonders dann, wenn Fremd- und Selbstinstruktionen zu unterschiedlich sind und zwischen Lehrer und Schüler keine Übereinstimmung und Vertrauensbasis zu erreichen ist.

Lehr- und Lernmethoden

Die Funktion von Lehrmethoden besteht in der Anregung von *internen Verarbeitungsprozessen* (Lernmethoden), durch die eine Problembewältigung (z. B. Lösung einer Bewegungsaufgabe) möglich wird. Die Strukturierung des Unterrichts durch den Lehrer und das Ausmaß der *Selbsttätigkeit* und *Selbstverantwortlichkeit* können zwischen niedrig und hoch variieren. In diesem Bezugsrahmen gibt es eine Vielzahl von Lehr- und Lerntätigkeiten, die sich den darbietenden, erarbeitenden und entdecken-lassenden Grundformen zuordnen lassen (Abb. 3.4.5).

Bei den *darbietenden Lehrverfahren* wird der Lehrstoff vom Trainer stark vorstrukturiert und durch Demonstration, Vortrag oder Erklärung durch Sprache und/oder Bild vermittelt. Oft wird dabei mit vorstrukturierenden Lernhilfen (advance organizer: Anknüpfungen an Bekanntes, Gemeinsamkeiten, Unterschiede) oder mit problemorientierten Darbietungen (z. B. Widersprüche offenlegen, alternative Lösungsmöglichkeiten zeigen, offene Fragen, überraschende Fakten, Zweifel ansprechen) gearbeitet.

Mit *erarbeitenden Lehrverfahren* können z. B. Kenntnisse und Fähigkeiten im taktischen Bereich sehr gut im Wechsel zwischen Unterrichtsgesprächen und motorischer Tätigkeit durch eine Vielfalt von Lehrtätigkeiten vermittel werden (Tab. 3.4.2).

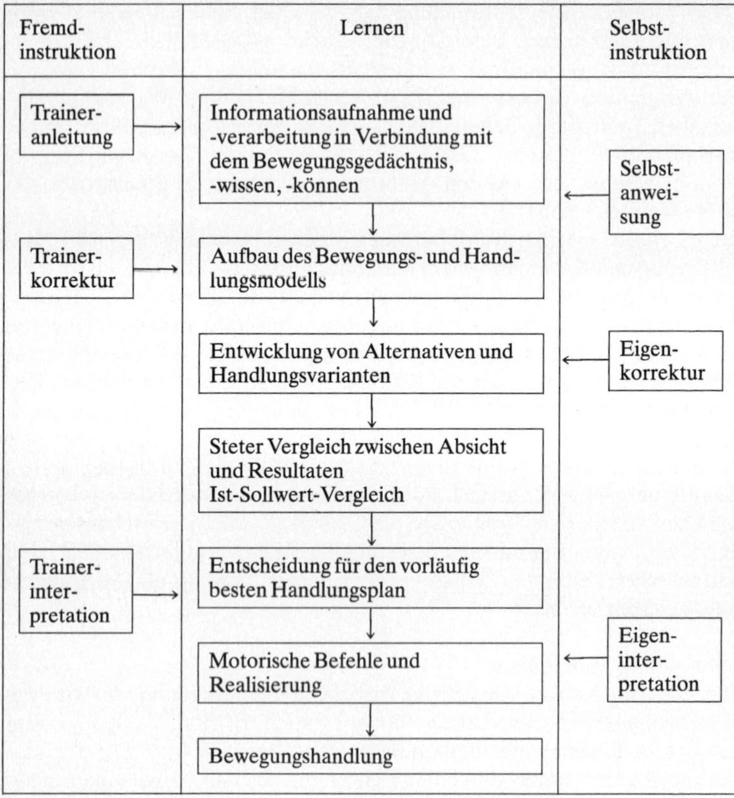

Abb. 3.4.4: Der Lehr-Lernprozeß als Interaktion zwischen Sportler und Trainer (vgl. HOTZ/WEINECK 1983, 53)

Bei den *entdecken-lassenden Lehrverfahren* müssen die Lernenden die Problemlösungen weitgehend selbständig herausarbeiten. Da für das Spiel nicht alle Situationen darbietend oder erarbeitend vermittelt werden können, müssen sehr viele Problemlösungen von den Spielern selbst gefunden werden. Für dieses selbständige Lernen müssen auch die notwendigen *Arbeitstechniken* (z. B. das Erkennen des Problems, Entwickeln von Lösungsmöglichkeiten, ihre Erprobung, Bewertung und Veränderung) geschult werden.

In jeder Lern- und Trainingsgruppe müssen die Lehrmethoden angewendet werden, mit denen die jeweiligen Ziele des Unterrichts und Trainings am

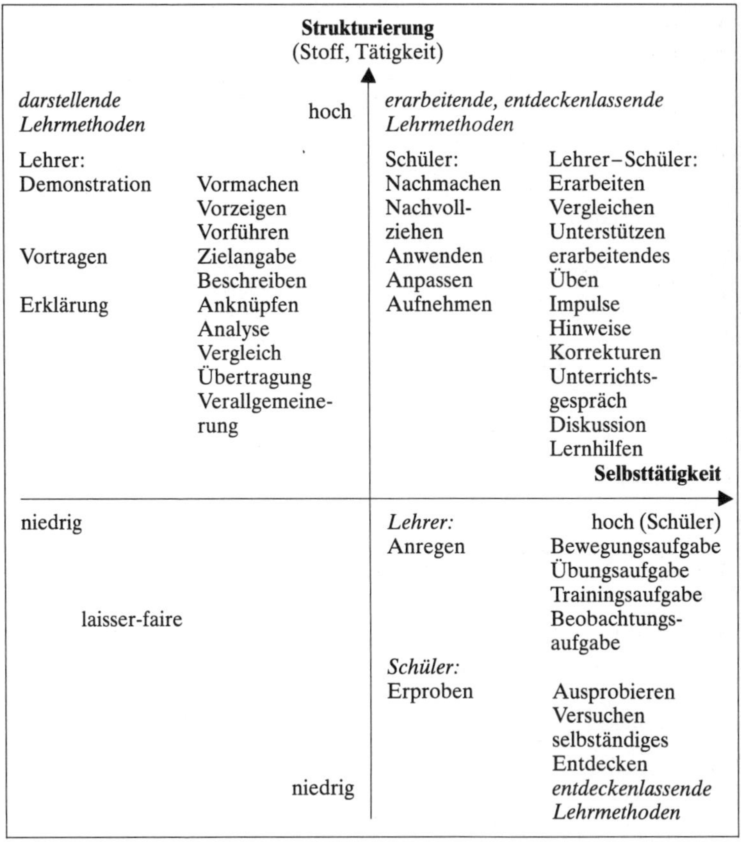

Abb. 3.4.5: Zweidimensionaler Bezugsrahmen für die Einordnung von Lehr- und Lernmethoden (vgl. EINSIEDLER 1981, 112)

ehesten zu erreichen sind. Dabei kommt es zu Formen des Unterrichts bzw. Trainings *(Unterrichtstypen)*, in denen die Festlegung der Ziele eher durch den Lehrer (Lehrerzentrierung) oder unter Mitwirkung der Schüler (Schülerorientierung) erfolgt (Tab. 3.4.3). Am effektivsten für den Lernerfolg ist eine Mischung aus beiden Verfahren. So kann im Bereich des Konditions-, Koordinations- und Techniktrainings die Trainerzentrierung durchaus effektiver sein, während z. B. im Taktiktraining, bei der Trainingsorganisation und Zielplanung nicht zuletzt aus Motivations- und Ökonomiegründen die gemeinsame Abstimmung zwischen Trainer und Mannschaft langfristig

Lehrtätigkeiten	Beispiele
1. Problematisieren	Wissenslücke, Könnensdefizite bewußt machen; z. B. Vorführen neuer taktischer Varianten mittels Video
2. Nachhaken	Rückfragen mit Antworthilfen; z. B.: «Wie ist die Grundaufstellung?»
3. Akzentuieren	Hinweis auf wichtige Informationen; z. B.: «Achtet auf den Laufweg von Spieler X!»
4. Erklären/begründen lassen	zum Erkennen von Ursachen, Verallgemeinerungen und Beziehungen auffordern; z. B.: «Warum wird in dieser Situation keine Angriffskombination gespielt?»
5. Folgern lassen	zu Vermutungen, Vorhersagen anregen; z. B.: «Was könnte die Folge einer Auswechslung in dieser Situation sein?»
6. Bewerten lassen	Meinungsäußerungen veranlassen: z. B.: «Welches war nach Deiner Meinung der Hauptfehler?»
7. Verstärken	verbale und nichtverbale Verstärkung; z. B.: «Du hast große Fortschritte gemacht!»
8. Ermutigen	anspornen zur Gesprächsbeteiligung; z. B.: «Was meinst Du denn zu der Sache?»
9. Aufgreifen/weiterführen	wiederholen und modifizieren; z. B.: «Greifen wir einmal diesen Vorschlag auf. Wie wäre dies in unserer Mannschaft zu realisieren?»

Tab. 3.4.2: Beispiele für Lehrtätigkeiten bei den erarbeitenden Lehrmethoden

erfolgreicher sein kann. Die Spieler müssen auch durch die Lehrmethode darauf vorbereitet werden, im Spiel auf der Grundlage einer hohen Motivation ein taktisches Konzept erfolgreich umsetzen und Probleme selbständig und sachkompetent in den Anforderungssituationen lösen zu können.
Lehrmethoden lassen sich auch danach unterscheiden, wie sie gewährleisten, daß aus den – durch die Analyse der Spielhandlungen gewonnenen – Teilzielen das Lernziel zusammengesetzt wird (Synthese). Einfach strukturierte Bewegungshandlungen (z. B. Aufschlag von unten) ermöglichen eher eine sofortige Realisierung des ganzen Bewegungsablaufs *(Ganzheitsmethode)*. Liegt die Zielübung oder das Lernziel auch für den Lernenden von vornherein fest (z. B. normierter Bewegungsablauf, Internationales Regelwerk) und wird lediglich noch die Realisierung – auch unter variablen

Typ	Vorrangiges Ziel	lehrer-zentriert, eher darbietend	schüler-orientiert, eher erarbeitend
Einführender Typ	Motivation	×	
Instruierender (darbietender) Typ	Aufbau von Wissen und Können	×	
Problem-orientierter Typ	Problemverständnis, -lösungsfähigkeit		×
Wiederholender (sichernder) Typ	Vertiefung, Stabilisierung, Automatisierung	×	×

Tab. 3.4.3: Merkmale der Unterrichtstypen (vgl. Döring 1983, 15)

Bedingungen – eingeübt, spricht man von *deduktiver Methode*. Bei komplexen Handlungsfolgen (z. B. Kombinationsangriff) werden oft die Elemente erst einzeln (z. B. Zuspiel-, Angriffsvarianten von II, III, IV), dann in Verbindung miteinander (z. B. Staffel, Kreuz) und schließlich die situative Anwendung einer Variante des Kombinationsangriffes gelernt *(progressive Teilmethode, analytisch-synthetische Methode)*. Auch hier liegt das Endergebnis zwar fest, dennoch ergeben sich mehr oder weniger große Freiheitsgrade für geeignete Problemlösungen. Die Endform ergibt sich somit als eine Verallgemeinerung von möglichen Einzellösungen, d. h. sie wird *induktiv* gewonnen.

Bei den Lehrmethoden sind schließlich noch die Bedingungen der Aufmerksamkeit beim Spielen und Lernen zu berücksichtigen (vgl. 1.2: Aufmerksamkeit). Ähnlich wie bei den Trainingsmethoden müssen sich auch hier Phasen der Belastung und Erholung abwechseln. Anforderungen an die Konzentration (z. B. bei Taktikerklärungen, Koordinationsübungen, Techniklernprozessen) sollten so dosiert werden, daß der Lernende voll aufnahmefähig ist. Bei Ermüdung sollte der Lerninhalt gewechselt und später erneut aufgegriffen werden *(verteiltes Lernen)*. Ein größerer Belastungsumfang ist z. B. bei Ausdauerleistungen möglich, wo gleiche Lern- oder Trainingsinhalte in konzentrierter Form über einen längeren Zeitraum behandelt werden können *(massiertes Lernen und Üben)*. Zur Vermeidung von Monotonie und Überbelastung und zur Steigerung der Effektivität beim Neulernen ist ein Wechsel zwischen den verschiedenen Belastungsformen (vgl. 1.4: Heterochronismus, Belastungsfolge) grundsätzlich anzuraten. 184

Sozialformen

Die Differenzierung bei den Lernzielen, Lerninhalten, den Lernsequenzen und Lehrmethoden *(innere Differenzierung)* muß durch unterschiedliche Interaktionsformen und soziale Prozesse zwischen Lehrer und Schüler und den Schülern untereinander ergänzt werden *(äußere Differenzierung)*.

Im Volleyballunterricht der Schulen herrscht der *Klassenunterricht* vor. Hier dominieren häufig die darbietenden Lehrmethoden. Grundsätzlich sind aber auch Formen des Gruppen-, Partner- und Einzelunterrichts möglich, erfordern aber höheren organisatorischen Aufwand. Die Schwierigkeiten entstehen besonders durch die große Schülerzahl, die unterschiedlichen Leistungsvoraussetzungen (Leistungsheterogenität), Einstellungen und die räumlichen und materiellen Bedingungen. Bei der Bildung von Lern- und Spielgruppen scheinen aus pädagogischen und motivationalen Gründen leistungsheterogene Gruppen mit wechselnden Zusammensetzungen am besten geeignet zu sein, die Schüler auch für das Volleyballspiel außerhalb der Schule zu interessieren.

In den *leistungshomogeneren Neigungsgruppen*, Wahlkursen, Vereinskursen und -mannschaften tritt die Notwendigkeit einer inneren Differenzierung stärker in den Vordergrund. Beim *Gruppenunterricht* arbeiten 3–6 Lernende unter oder ohne Anleitung des Lehrers (z. B. mit Lehrmaterialien) an einer bestimmten Lernaufgabe (z. B. Komplexübung). Dadurch wird eine höhere Belastung und Selbsttätigkeit möglich. Über die Steigerung der Spielleistung hinaus kann aber auch die Interaktions- und Kooperationsfähigkeit (z. B. Toleranz, Partnerschaft, Konfliktbewältigung, Selbstorganisation, Mitverantwortung) gefördert werden (vgl. 1.2: Gruppendynamik).

Eine besondere Form stellt der *Partnerunterricht* (Helfersystem, Tutoring) dar, bei dem ein älterer oder leistungsstärkerer Schüler einen jüngeren oder leistungsschwächeren betreut. Für beide können durch diese Interaktion positive Lerneffekte erwartet werden, die die Trainingswirksamkcit insgesamt steigern können.

Während sich der Lehrer im Klassenunterricht in seinen Anforderungen und Methoden meist an einem fiktiven Durchschnittsschüler orientiert, kann er im *Einzelunterricht* (z. B. Spezialtraining für den Steller) auf die individuellen Bedürfnisse besser Rücksicht nehmen durch

- Präzisierung von Lernzielen unterschiedlichen Schwierigkeitsgrades (z. B. Grundform, Variante, Zielgenauigkeit);
- Vorgabe unterschiedlicher Belastungen (Umfang, Intensität);
- unterschiedliche methodische Wege und Lehrmethoden (z. B. Vorübungen, Ganzheits-, Teilmethode);
- Komplexität, Spielnähe und Belastung der Trainingsformen (vgl. Abb. 2.5.2, S. 242);
- Steigerung oder Verlangsamung des Lerntempos;

– Differenzierung der Aufgaben entsprechend der Position und Rolle im Spiel (z. B. Mittelblockspieler, Angreifer).

Da aber im Spiel die Interaktion im Vordergrund steht, ist es notwendig, den Einzelunterricht nur kurzfristig und zum Erlernen und Trainieren eng
umgrenzter Aufgabenbereiche einzusetzen und wieder in den Partner- und 185
Gruppenunterricht einzufügen.

Ulrike Kraus

Sprache

Im Sport haben sprachliche Äußerungen im Gegensatz zu anderen Bereichen vorrangig die Aufgabe, auf einer *sachbezogenen* Ebene Bewegungshandlungen zu initiieren und zu steuern (vgl. Abb. 3.4.6). Auf einer *personen- bzw. beziehungszentrierten* Ebene geht es um individuelle Einstellungen und Interaktionen in der Mannschaft, zwischen Spielern und Trainer und mit sonstigen Bezugspersonen. Bei diesen Sprachhandlungen lassen sich Umfang, Art, Inhalt und Wirkung genauer analysieren (Tab. 3.4.4).

Tab. 3.4.4: Merkmale sprachlicher Äußerungen (vgl. ILG/SIKORA 1982, 612)

Umfang	Anzahl der Wörter, Impulse Dauer, Menge der Lehrer- und Schüleräußerungen
Art	Einwortsätze Komplette Sätze Kurze Hinweise Vorträge, Gespräche, Beschreibungen Lautstärke Hochsprache, Dialekt
Inhalt (Sach-, Beziehungsebene)	Regulierung von Belastung und Erholung Steuerung des motorischen Lernprozesses Korrekturen Kenntnisvermittlung außerhalb des motorischen Lernprozesses Überflüssige Füllwörter und Aussagen Steuerung der Organisation Äußerungen im sozial-affektiven Bereich (Motivation, Konfliktregelung, Erziehung)
Wirkung	positiv, freundlich, spannungslösend, solidarisierend negativ, unfreundlich, kritisch, entsolidarisierend

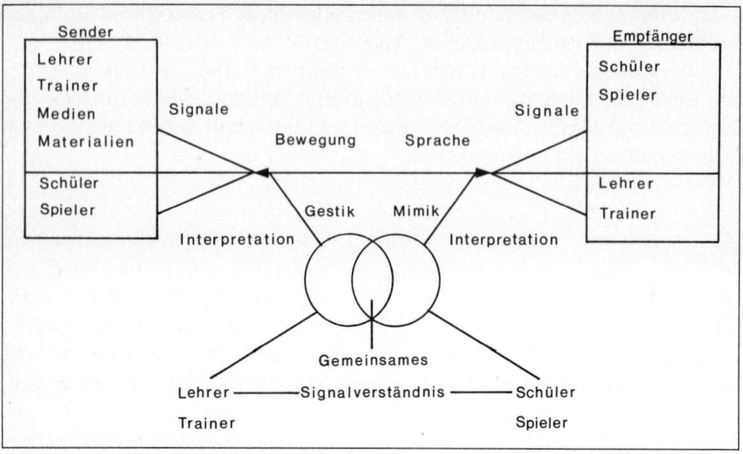

Abb. 3.4.6: Kommunikationsmodell

Untersuchungen über das Sprachverhalten im Sportunterricht kamen u. a. zu folgenden Ergebnissen:

- Sportlehrer sprechen viel, schnell und undeutlich;
- mit Hilfe der Sprache wird überwiegend instruiert und organisiert. Am häufigsten sind Bewegungsanweisungen und -vorschriften anzutreffen. Ihr Einsatz konzentriert sich vorwiegend auf Vorschläge zur Bewegungsausführung sowie auf Angaben zur Fehlerkorrektur (z. B.: «Körper unter den Ball bringen», «Handgelenke feststellen»).
  Oft werden fertige Sprachmuster angeboten, die zur bloßen Nachahmung auffordern (z. B.: «Beim Ausholen Daumenkante ans Ohr», «Die Hand über den Ball peitschen»). Daneben sind Bewegungsbeschreibungen anzutreffen, wenn auf einen neuen Bewegungsablauf hingewiesen wird (z. B.: «Der Spieler steht frontal zum Netz, bei Rechtshändern ist das linke Bein vorn. Der Oberkörper ist leicht vorgeneigt...»).
- Erklärungen und Bewegungsaufgaben kommen relativ selten vor. Entweder handelt es sich dabei um Ursachenerklärungen für das Zustandekommen von Fehlern oder aber um Erklärungen mit Hinweisen auf biomechanische Gesetzmäßigkeiten.
- Im Verlauf des Unterrichts kommt es zu ständig sich wiederholenden Anweisungen, Befehlen und Floskeln (z. B.: «Los Leute!»).
- Es treten immer wieder Füllwörter und standardisierte Sprachmuster auf (z. B.: «also echt, nicht wahr»).
- Obgleich sich der Lehrer nicht an der Ausführung beteiligt, wird meist die ‹Wir-Form› verwendet (z. B.: «Wir schlagen uns jetzt ein»).

- Eine differenzierte Anwendung der Sprache hinsichtlich der Adressaten, des Gegenstandes und der Situation ist relativ selten.
- Der Anteil der Schüleräußerungen ist relativ gering. Aktives Zuhören, das Erkennen verschlüsselter Schüleräußerungen und ‹Ich-Botschaften› bei Korrekturen, Kritik und Auseinandersetzungen treten oft zurück, wodurch häufig eine unpersönliche Atmosphäre entsteht, die das Gespräch zwischen Schüler und Lehrer erschwert. 186

Als Ausgangspunkt für die Verbesserung des eigenen Sprachverhaltens ist es empfehlenswert, eigene oder fremde verbale Äußerungen nach einem Sprechkatalog zu analysieren und einzelne Kategorien je nach den Erfordernissen der Unterrichtssituation in wiederholten Lehrversuchen gezielt zu verbessern (Tab. 3.4.5). Besonders für den Schul-, Freizeit- und Anfängerbereich, wo die Fremdinformation durch den Lehrer den Lernprozeß noch stark beeinflußt, sollte auf folgende Aspekte besonders geachtet werden.

- *Sprache im Sportunterricht sollte auf Normierungen und stereotype Sprachmuster verzichten:* Eine unflexible, starre sprachliche Führung suggeriert eine Sportspielpraxis, die lediglich auf vorgeschriebene Handlungsmuster zurückgreift und die situative Veränderbarkeit des Handelns ausklammert. So variierbar wie die Spielhandlungen sollte auch das sprachliche Handeln sein.
- *Sprache sollte immer die angesprochenen Personen deutlich machen:* Insbesondere jene Korrekturen, bei denen sich der Lehrer in den Übungsphasen an die gesamte Gruppe wendet, sind uneffektiv und sollten vermieden werden. Sie schaffen eine unpersönliche Atmosphäre. Bei Korrekturen und Kritik sollte der Sportlehrer zudem seine eigene Position deutlich werden lassen («Ich meine, daß...») und Floskeln wie («Man könnte») vermeiden.
- *Sprache sollte immer zum bewußten Handeln, nicht zum bloßen Reagieren auffordern:* Sprachformen, die allein motorisches Reagieren provozieren, sollten zugunsten anderer Sprachformen zurückgestellt werden, wenn diese Sprachmuster über die Motorik hinaus u. a. das Bewußtmachen innerer Vorgänge sowie den Aufbau kognitiver Strukturen fördern helfen (z. B.: «Versuche zu erspüren, welche Finger den Ball berühren», «Überleg dir vor dem Zuspiel, wie dein Partner den Ball weiterspielen soll»).
- *Sprache sollte sich an den Schülern, ihrem Alter und ihren Lernerfahrungen orientieren:* Bei jüngeren Schülern können komplizierte biomechanische Erklärungen zugunsten anschaulicher Formen aufgegeben werden (z. B.: «Eine optimale Streckung der Arme erreichst du, wenn du die Handgelenke nach unten abklappst»).
- *Sprache sollte variabel sein und sich den wechselnden Unterrichtssituationen anpassen:* Ob geübt, ein neuer Bewegungsablauf vorgestellt, kriti-

I Konstativa: Feststellen, Mitteilen, Bewegungsgeschichten formulieren, Beschreiben, Erklären		
Sprechakttyp	Charakterisierung	Beispiele
Mitteilen	Unbekannten, in Frage gestellten Sachverhalt darstellen	«Das ist ein Aufstellungsfehler»
Feststellen	Überprüfbaren Sachverhalt bewußtmachen	«Der Ball ist richtig aufgepumpt»
Erklären	Ursächlichen Zusammenhang angeben, verständlich machen, Erkenntnisse und Einsichten liefern	«Wir machen uns warm, damit wir uns nicht verletzen»
Bewegungen erklären	Bewegungsablauf nach physikalischen, biomechanischen Gesetzmäßigkeiten einsichtig und verständlich machen	«Der Stemmschritt ist notwendig, weil ...»
Beschreiben	Darstellung von lernrelevanten Faktoren und Strukturen	«Anlauf, Absprung, Schlag»
II Positionale Optativa: Fragen, Bitten, Wünschen Imperativa: Auffordern, Anweisen, Vorschreiben, Bewegungsanweisungen, -vorschriften geben, Befehlen Konstruktiva: Vorschlagen, Anbieten, Aufgaben formulieren		
Absicht äußern	Eigenes Vorhaben benennen, um Adressaten in Kenntnis zu setzen	«Ich geh noch den Schlüssel holen»
Wunsch äußern	Zum Ausdruck bringen, daß Verhalten oder Sachverhalt gewollt sind	«Ich möchte aber ...»
Freie und gebundene Bewegungsaufgaben	Konfrontieren mit Problem oder Situation, Handlungsspielraum mehr oder weniger groß	«Macht Aufschläge» «Macht Tennisaufschläge»
Anweisen, vorschreiben	Äußern, daß Handlung ohne Spielräume ausgeführt werden soll	«Setz dich auf die Bank» «Strecken»
III Evaluativa positiv: Bestätigen, Zustimmen, Zugestehen negativ: Ablehnen, Kritisieren, Widersprechen		
Loben	Handlung nach Normen positiv werten	«Gut gemacht»
Tadeln	Handlung nach Normen negativ werten	«Heute habt ihr schlecht gespielt»
Beschimpfen	Person oder ihr Verhalten mit Beleidigungen versehen	«Was steht ihr so dumm rum?»
Bestätigen	Sachverhalt oder Aussage unterstützen	«Ja, genau»

Tab. 3.4.5: Sprechkatalog zur Beschreibung der Sportlehrersprache (vgl. KRAUS 1984, 117f)

siert oder gespielt wird, dies alles sollte Anlaß sein, Sprache situationsangemessen zu variieren. In Spielsituationen ist es außerdem sinnvoll, möglichst kurz und effektiv zu sprechen. Diese Sprachökonomie aus zeitlichen Gründen ist dann legitim, wenn alle Beteiligten auf gemeinsame Verständigungsmittel und Lernerfahrungen zurückgreifen können. 187
Eine Berücksichtigung dieser Empfehlungen in der Lern- und Übungspraxis ist jedoch nur möglich, wenn sprachlichen Prozessen im Rahmen der Sportlehrer-, Trainer- und Übungsleiterausbildung die Aufmerksamkeit zuteil wird, die angesichts ihrer Bedeutung angemessen ist.

Fritz Dannenmann

Medien und Materialien

Wollen Übungsleiter und Trainer den Trainingsprozeß optimieren, ist die zielorientierte Verwendung von Medien und Materialien in Training und Wettkampf eine wichtige Möglichkeit. Es lassen sich auditive, visuelle und audiovisuelle Medien unterscheiden (Abb. 3.4.7). Als Materialien werden hier Geräte und Hilfsmittel bezeichnet, die zur Realisierung der Trainingsziele benötigt werden, im Gegensatz zu den Medien aber keine Informationen speichern und vermitteln (Abb. 3.4.8).

Medien
Übungsleiter und Trainer sollten sich ständig über die Medienangebote informieren. Dies ist bei Fortbildungslehrgängen, durch das Studium von Fachzeitschriften, durch Informationsmaterialien einschlägiger Medien-, Turngeräte- und Volleyballfirmen und bei Stadt-, Kreis- und Landesbildstellen möglich.
Neben der Qualitätsüberprüfung bei Bestellung und Lieferung von Medien oder Materialien muß eine wirtschaftliche Nutzung sichergestellt werden. Dazu ist es notwendig, daß alle Betroffenen über die Anschaffung und Einsatzmöglichkeiten informiert werden. Es muß abgesprochen werden, wo die Lagerung erfolgen soll und wer für die Betreuung (Ausleihe, Einweisung, Rücknahme, Überprüfung) zuständig ist.
Als *auditive Medien* finden in der Trainings- und Wettkampfpraxis besonders Schallplatte, Tonband bzw. Kassettenrecorder Verwendung. So kann z. B. Musik das Training in unterschiedlicher Form begleiten:
- als Hintergrundmusik zur Beeinflussung der Grundstimmung;
- beim volleyballspezifischen Konditionstraining (Sprungkraft, Beweglichkeit, Stretching);

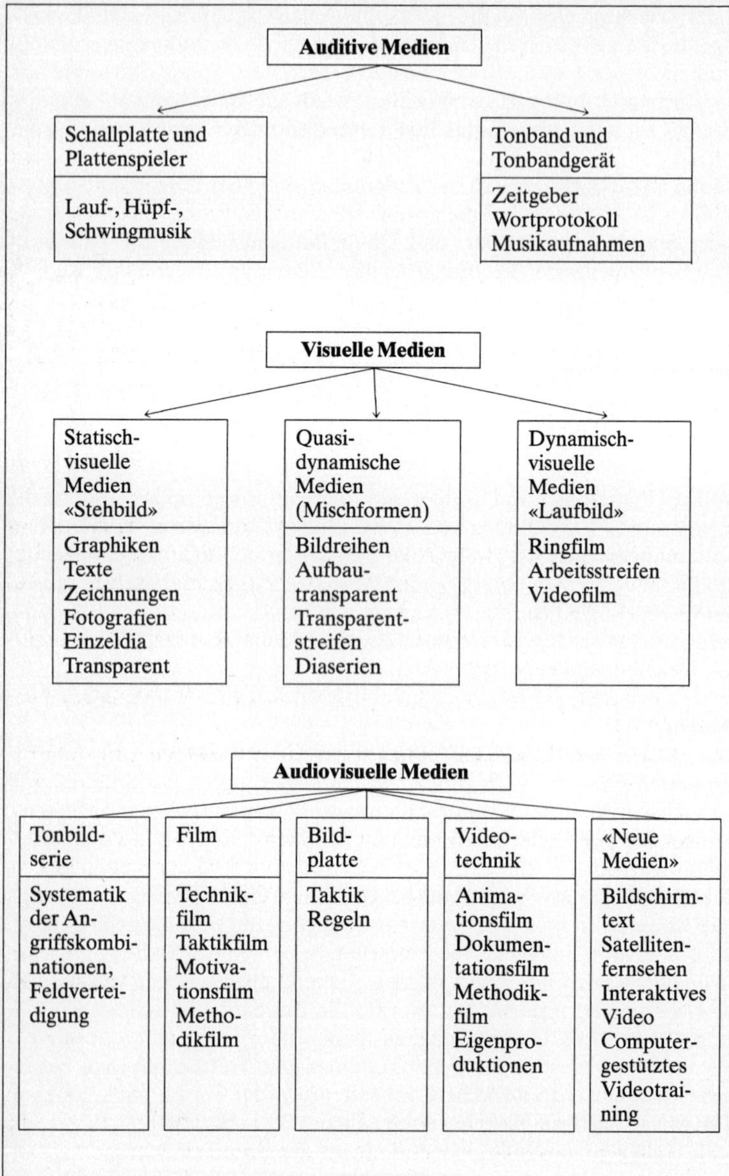

Abb. 3.4.7: Beispiele für Medien im Volleyball

Materialien

Klein- und Handgeräte	Groß-geräte	Spiel-geräte	Fitness-geräte	Volleyball-materialien	Sonstige Hilfsgeräte
Bälle Reifen Keulen Seil usw.	Barren Reck Bank Taue usw.	Hockey Feder-ball Tennis-ring Scoop usw.	Hantel Expander Gewichts-weste Sprung-spinne usw.	Netz Netz-antenne Blocker Schmetter-gerät usw.	Grenz-stangen Stoppuhr Baustellen-band Sichtblende usw.

Abb. 3.4.8: Materialien im Volleyballtraining

- beim Bewegungslernen als Führungsmusik in den Übungsphasen bei einfachen Bewegungsabläufen, bei denen das Timing nicht vorgegeben ist.

Tonbänder und Kassetten können vom Übungsleiter aber auch selbst bespielt und besprochen werden, z. B.
- als Zeitgeber bei zeitlich präzise strukturiertem Training (z. B. Circuittraining, Stationsbetrieb);
- zur Simulation der akustischen Zuschauerkulisse in der Wettkampfvorbereitung;
- zur Erstellung eines Wortprotokolls bei der Beobachtung eines Wettkampfspiels.

Bei den *visuellen Medien* können «Stehbilder» und «Laufbilder» unterschieden werden. Für die Wettkampf- und Trainingspraxis sind Taktiktafeln, Bild, Film und Video besonders wichtig. Die Taktiktafel dient besonders zum
- Vermitteln von Erstinformationen über neue Aufstellungsformationen (z. B. Annahmeriegel), Angriffskombinationen, Abwehrsysteme und andere taktische Kenntnisse;
- Verdeutlichen taktischer Fehlleistungen und Aufzeigen von Positionskorrekturen;
- Erfassen und Überprüfen des taktischen Wissens der Spieler/-innen.

Die Mannschaft muß im Training und bei Mannschaftsbesprechungen an die Benutzung der Taktiktafel gewöhnt werden. Dabei sind häufigere, kürzere Informationseinheiten besser als wenige, längere, die die Aufnahmefähigkeit – besonders in den Erholungspausen – überfordern. Die Spieler

sollten auch lernen, eigene taktische Ansichten den anderen anhand der Taktiktafel mitzuteilen.
In Fachzeitschriften, Volleyballbüchern und -kalendern liegen zahlreiche Einzelbilder und Bildreihen zum Volleyballspiel vor (vgl. auch 3.1 und 3.2). Die Bilder liefern meist technische und/oder taktische Informationen. Sie können sehr abstrakt gestaltet sein (z. B. Strichmännchenzeichnungen) oder über große Realitätsnähe verfügen (z. B. Farbfotografie). Zwei prinzipiell unterschiedliche didaktische Absichten bestimmen Auswahl und Einsatz: zum einen will der Übungsleiter oder Trainer die Spieler mit Vorbildern über «richtiges» Verhalten informieren, zum anderen will er ihnen ihr eigenes «fehlerhaftes» Verhalten dokumentieren.
Einsatzmöglichkeiten fertigen Bildmaterials sind:
- Üben des Bewegungssehens;
- Sollwertinformation beim Bewegungslernen;
- Überprüfen von Bewegungsvorstellungen;
- Veranschaulichen neuer taktischer Aktionen;
- Hilfe bei der Organisation des Trainingsablaufs.

Wird während des Lernprozesses über die Spieler/-innen selbst Bildmaterial erstellt, soll damit eine Istwert-Information beim Bewegungslernen bzw. eine Dokumentation taktischen Verhaltens erfolgen. In der Praxis sollten folgende Hinweise beachtet werden:
- je jünger die Spieler, desto realistischer müssen die Bilder sein; bei Fortgeschrittenen sind auch abstrakte Darstellungen möglich;
- Jugendliche müssen erst lernen, Bilder und Bildreihen zu «lesen»; deshalb muß genügend Zeit eingeplant werden, um über das Bildmaterial zu sprechen, möglichst nicht vortragend-erklärend, sondern fragend-entwickelnd;
- bei Eigenaufnahmen zuerst Absichten und Zwecke klären, mit den Spielern besprechen, dann Aufnahmeposition und Bildausschnitt festlegen;
- die Anordnung bei Bildreihen sollte Texten entsprechen, d. h. von links nach rechts und von oben nach unten;
- die Vorstellung von Handlungsabläufen kann z. B. durch das Ordnen von Einzelbildern oder ‹Bilderrätsel› besonders angeregt werden.

Filme und Video erfüllen grundsätzlich die gleichen Funktionen:
- *Dokumentation:* Spielsysteme, Bewegungsabläufe in optimaler Ausführung, Rückmeldung über eigene Technik und Taktik, Verdeutlichen von Fehlern und Lernfortschritten, Beobachtung des Gegners (Scouting), Analyse von Trainerverhalten;
- *Motivation, Einstellung, Überzeugungen, Unterhaltung:* Vorführen besonders interessanter Spiele bei geselligen Abenden, in Werbeveranstaltungen, bei Mannschaftsabenden, in Trainingslagern;
- *Organisation, Differenzierung, Individualisierung:* Die Videoaufzeichnung darf den normalen Trainingsablauf nicht stören. Über das Kamera-

mikrophon können vom Trainer nachträglich wichtige Zusatzinformationen gegeben werden, die sich auf Einzelspieler oder besondere Aspekte beziehen. Da selbstgewählte Informationsfrequenzen am lernwirksamsten sind, sollten die Spieler/-innen beim Videotraining mitbestimmen, wann und wie oft z. B. eine Szene wiederholt werden sollte. Dabei sind die technischen Möglichkeiten (z. B. Zeitlupe, Stillstand) zu nutzen, um den jeweiligen Erfordernissen gerecht zu werden.

- *Information, Steuerung, Bewußtheit:* Filmbetrachtung, Live-Demonstration, Eigenrealisation und Videorückmeldung sollten möglichst eng miteinander verbunden werden. Der Filmeinsatz ist in der Phase der Aneignung hilfreich zur Visualisierung von schwierigen, komplexen und schnell ablaufenden technischen und taktischen Handlungen. Durch Vorinformationen und Kommentar sollte der Trainer die Aufmerksamkeit auf zentrale Bewegungsmerkmale oder Taktikaspekte lenken. Das Training mit Video darf nichts Außergewöhnliches sein. Erst wenn es regelmäßig eingesetzt wird, können die Vorteile voll genutzt werden.

Materialien

Zu den *Materialien* in Training und Wettkampf zählen Klein- und Handgeräte, Großgeräte, Spielgeräte, Fitnessgeräte, spezielle Volleyballgeräte und sonstige Hilfsmittel (vgl. Abb. 3.4.8). Zu den Klein- und Handgeräten gehören u. a. Bälle (z. B. Volley-, Fuß-, Basket-, Soft-, Medizin-, Voll-, Konditions-, Wurf-, Tennisbälle), Reifen, Stab, Keule, Sprungseil, Zauberschnur. Sie sind für die gymnastische Durchbildung, das allgemeine Koordinations- und Konditionstraining vielseitig einsetzbar.

Großgeräte sind alle großen Turn- und Sportgeräte in der Sporthalle, z. B. Barren, Sprungkasten, kleiner Kasten, Bock, Bank, Sprossenwand, Ringe, Trampolin, Reck, Pferd, Matten, Weichbodenmatte, Gitterleiter, Kletterstange, Taue. Die volleyballspezifischen Einsatzmöglichkeiten sind vielfältig. Dies wird am Beispiel der Weichbodenmatte (WB) deutlich:

- die WB-Matte als «Boden»:
  Überlaufen, Hüpfen, Skippings, Wälzen, Rollen
- die WB-Matte als «Landefläche»:
  Sprünge, Niedersprünge und Landungen in allen Variationen
- die WB-Matte als Sichtblende:
  Zustellen des Netzes: Reaktions-, Antizipationstraining für Abwehr-, Block-, Zuspieler und Angreifer.

Mit Spielgeräten (z. B. Hockeyspiel, Badmintontennis, Tennisringe, Scoop-Spiel, Indiaca, Badmintonspiel, Keulenball) und Fitnessgeräten (z. B. Hanteln, Impander, Gewichtsweste, Federzuggürtel, Kraftmaschine, Expander, Deuserband, Sandsack, Sprungspinne) kann das Volleyballtraining abwechslungsreich gestaltet und Kondition und Koordination gefördert werden.

Bei den speziellen Volleyballmaterialien (z. B. Volleyballnetz, Antennen, Blocker, Schmettergerät) ist z. B. das Netz variabel einsetzbar als

- Orientierungshilfe:
  Einspielen und Abwehrbagger senkrecht zum Netz, Annahme auf Netzpositionen, mit Antenne als Eingrenzung von Angriffszonen und Fixpunkt bei der Annahme;
- Sprungkraft-Trainingsgerät:
  Blocksprünge mit schräg gespanntem Netz;
- «Reflektor»:
  Weiterspielen von aus dem Netz kommenden Bällen zur Schulung der Blocksicherung, Abwehr, Reaktion und Antizipation;
- Hindernis (Netz mit Tüchern/Plane zugehängt):
  Abwehr-, Reaktionstraining, Aufschlagspiele, Pritsch- und Baggervolleyball.

Für die Trainingsorganisation sind zur Erreichung spezieller Zielstellungen eine Vielzahl sonstiger Hilfsmittel einsetzbar, z. B. Grenz-, Slalomstangen, Baustellenband (Linie, Leine), Turnhallenwand, Igelkopf, Ballwagen, Stoppuhr, Markierungshütchen, Sprunghürden, Basketballbrett, -korb, Schutzplane, Kennzeichnungswesten, Markierungsscheiben/-linien, Maß-
188 band, Blockbrett, Schaukelbrett.

Zusammenfassung

- Grundlage für die Vermittlung ist die Präzisierung der Inhalts- und Handlungskomponenten, wobei einerseits die Sachstruktur, andererseits die Sicht des Lernenden zu berücksichtigen sind. Dies bedeutet auch die Einbeziehung der Eingangsvoraussetzungen in der Lerngruppe und eine Differenzierung der Anforderungen im Unterricht.
- Im Lernprozeß wird versucht, die durch Analyse gewonnenen Teilziele durch Synthese, Addition und Integration wieder zu Spielhandlungen zusammenzusetzen. Das Lernergebnis hängt aber auch vom Interaktionsprozeß zwischen Lehrer und Lernenden ab.
- Darbietende, erarbeitende und entdecken-lassende Lehrverfahren unterscheiden sich im Ausmaß der Strukturierung des Lehrstoffes, der Lehrtätigkeit und der Selbsttätigkeit und Selbstverantwortung der Lernenden.
- Der Lehrer und Trainer muß in der Lage sein – je nach Lerngegenstand, Adressaten und Lernvoraussetzungen –, deduktive, induktive, Teil- und Ganzheitsmethoden, massiertes und verteiltes Üben sowie Formen der äußeren und inneren Differenzierung flexibel einzusetzen.
- Der Einsatz von Sprache im Unterricht setzt ein gemeinsames Signalverständnis voraus und muß die Sach- und Beziehungsdimension

berücksichtigen. Im Rahmen der Lehrer- und Trainerausbildung sollte den sprachlichen Prozessen größere Aufmerksamkeit gewidmet werden.

- Der Lern- und Trainingsprozeß kann durch auditive und visuelle Medien und eine Vielzahl von Klein-, Groß-, Spielgeräten und Hilfsmitteln unterstützt und abwechslungsreich gestaltet werden.

Erich Christmann

3.5 Methodische Wege

Wie beim Training von Taktik und Spielstrategie (vgl. Tab. 2.6.2) bei Fortgeschrittenen lassen sich bei Anfängern die Fertigkeiten, individual- und
gruppentaktischen Maßnahmen in einem gestuften Lernprozeß vermitteln 189
(vgl. Tab. 3.5.1). Die wichtigsten Lernschritte sind das Entwickeln, Festigen und Anwenden in möglichst spielnahen Situationen. Im Vordergrund steht die Erarbeitung der Handlungselemente des Spiels (z. B. Fertigkeiten und Fähigkeiten bei Aufschlag, Annahme, Aufbau, Angriff, Block, Sicherung und Feldabwehr) in Einzel-, Komplexübungen und Kleinfeldspielen (vgl. Abb. 2.5.2, S. 242). Eine besondere Rolle spielen hier die Organisationsformen, durch die gleiche Lerninhalte abwechslungsreich geübt werden können. 190

Didaktische Konzepte eines Volleyballunterrichts zeigen sich besonders in der Auswahl der Lerninhalte und der Arbeitsweise im Unterricht. Die vorgeschlagene Konzeption zeichnet sich dadurch aus, daß Bewegungsfertigkeiten und ihre Vermittlung immer in ihrem Bezug zur Anwendung in Spielen unterschiedlicher Komplexität gesehen werden. Mitbestimmung, Selbstverantwortung und offene Unterrichtskonzepte können durch die verschiedenen Formen des Einzel-, Partner-, Gruppen- und Klassenunterrichts und flexible Anwendung von darbietenden, erarbeitenden und entdecken-lassenden Lehrmethoden realisiert werden. Eng damit verbunden sind Verhaltensweisen des Lehrers, Übungsleiters und Trainers, die den Interessen der Teilnehmer/-innen in den Klassen, Neigungsgruppen, Freizeit- und Hobbygruppen und Wettkampf- und Leistungsgruppen gerecht werden (vgl. 1.6).

Die folgenden Übersichten gehen von Aufstellungsformen bei Annahme, Aufbau, Angriff und Abwehr bei den Kleinfeldspielen aus. Daraus erge-

1. Stufe: Entwicklung der Handlungselemente
- Vorübungen
- Übungen unter erleichterten Bedingungen
- Erarbeiten der Standardform (Grobform, Hauptfunktionsphase)
- Entwicklung einer Bewegungsvorstellung
- Schaffung günstiger Übungssituationen (Organisation, Komplexität, Leistungsniveau)
- Lernen bei festen Aufstellungen mit möglichst wenigen Laufbewegungen, Platz- und Richtungswechseln

2. Stufe: Festigen der Handlungselemente
Variieren der Standardform
- Bewegungstempo
- Entfernung des Zu- und Abspiels
- Bewegungs-, Abspielrichtung
- Ausgangs-, Endstellung (Hilfs-, Übergangsfunktionsphasen)

Verbinden der Standardform mit
- vorausgehenden Handlungselementen (z. B. Lauf, Sprung)
- nachfolgenden Handlungselementen (z. B. Sichern, Komplexübungen)

Schrittweise Variation
- der Übungssituation
- durch alternative Handlungsmöglichkeiten
- durch Differenzierungs- und Entscheidungsaufgaben

Schrittweise Steigerung der Anforderungen
- durch Orientierungs-, Wahrnehmungs- und Antizipationsaufgaben
- durch Kooperation mit Mitspielern und Einstellung auf den Gegner

3. Stufe: Anwenden der Handlungselemente
Kleinfeldspiele 1:1, 2:2, 3:3, 4:4, 5:5

Tab. 3.5.1: Stufen zur Entwicklung von Spielfähigkeit (vgl. Abb. 3.4.3) und KONZAG/KONZAG 1979, 16f)

ben sich die Lernbereiche, die Voraussetzung für die Realisierung des jeweiligen Spiels sind und die sich nach einer Analyse des Lerngegenstandes strukturieren lassen (vgl. Abb. 3.4.2, S. 447). Auf die Entwicklung der Leistungsvoraussetzungen wird an dieser Stelle nicht mehr speziell eingegangen, wodurch die Bedeutung dieses Lernbereichs aber keineswegs gemindert werden soll. Konkrete Unterrichtsschwerpunkte, Lernziele, Organisations-, Aufstellungs-, Übungs- und Spielformen als Beispiele für die Unterrichtspraxis schließen sich an. Es handelt sich dabei nicht um Patentrezepte für methodische Wege, sondern um Anregungen für den Lehrer und Trainer, die Lernschritte und Übungsformen zielorientiert, gruppenbezogen und abwechslungsreich auszuwählen und zu entwickeln. Die
191 Fachliteratur bietet dazu eine Fülle weiterer Übungsbeispiele, die den Rah-
192 men eines Handbuches sprengen würden.

15
BP

Kleinfeldspiel 1:1 realisieren können

Organisation

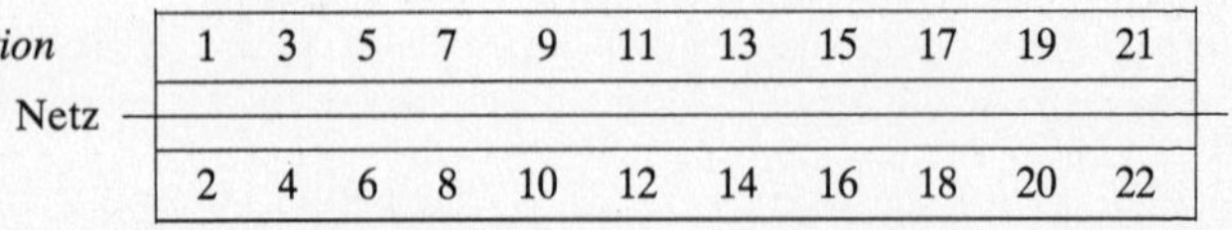

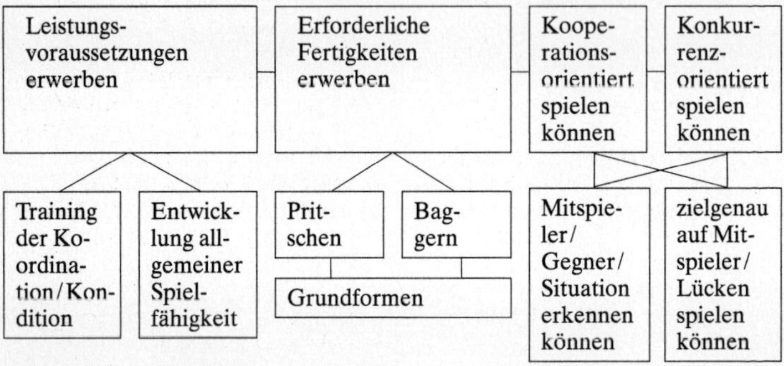

vgl. Kap. 2.3, 2.4 — vgl. Tab. 1.3.1–1.3.6

Unterrichtsschwerpunkte / Lernziele
Organisations-, Aufstellungsformen (Annahme, Angriff, Abwehr)
Inhalte

Orientierung am Ball Schnelligkeit, Reaktion	Differenzierung (‹Ballgefühl›)
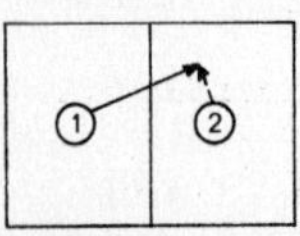 Abwechselnd werfen – erlaufen – fangen – werfen Variationen: – Werfen über eine Bank/eine Schnur/über das Netz/in verschiedenen großen Feldern – Schlagen des Balles direkt/indirekt – Werfen/Schlagen im Sprung – Vor dem Werfen steht 2 mit dem Rücken zu 1, 1 ruft und wirft 2 zu, der sich dreht – Vor dem Fangen muß Ball Boden/Kopf/Hand/Fuß berühren	Jonglieren eines Balles – einhändig/beidhändig/einarmig/beidarmig/in Hüfthöhe/Über-Kopf-Höhe/im Stand/im Sprung/im Laufen vw, rw, sw/mit Aufspringen des Balles/hoch/niedrig/weit/kurz – Stabilisierung des Winkels zwischen Oberkörper und -arm (linke/rechte Hand greift von unten an den rechten/linken Oberarm), Hochspielen nur aus den Knien – Spielen des Balles mit Faust, Handfläche, -rücken, Fingern, Arm, an der Wand/mit Partner(n)

Bewegungsvorstellung, Bewegungsablauf *Einzel-, Partner-, Gruppen-, Klassenunterricht* *Darbietende, erarbeitende, entdeckenlassende Methoden* (vgl. Kap. 3.4)	
Pritschen frontal	Baggern frontal
– Stellung unter dem Ball in Abspielrichtung gedreht, Grätschschrittstellung, Körbchenhaltung der Finger, Daumen zur Stirn, leichte Beugung der Knie – Abbremsen, Impulsübertragung – Gefühl für Spannung und Treffstrecke: Hineindrücken des Balles in die Hände durch den Trainer, Gegenbewegung des Lernenden – Werfen eines Volley-, Basket-, Hand-, Fuß-, Medizinballes mit Handgelenkeinsatz an die Wand, ‹Pritschen› nach einem leichten Anwerfen – Stehen in Abspielrichtung – Strecken in Abspielrichtung: Aufstehen von einer Turnbank beim Baggern; aus der Hocke Pritschbewegung nach Anwerfen	– Stellung hinter dem Ball, Grätschschrittstellung der Füße, Arme waagerecht gestreckt vor dem Körper – Abbremsen des Balles, Schubbewegung aus den Beinen, Gefühl für Kontaktstelle und Treffstrecke, Schieben des Balles auf dem ‹Baggerbrett› der Unterarme – Gefühl für unterschiedliche Winkelstellungen der Arme und der Konsequenzen für Einfalls- und Ausfallswinkel – Unterschiedlich hohe Ausgangsstellung des Körpers
Kooperationsorientierung	Konkurrenzorientierung
– Ball möglichst hoch / genau über hohes Netz zum Partner pritschen / baggern – Feld möglichst klein, Ball darf aufspringen, Mehrfachkontakt möglich – Laufbewegung zum Netz mit Ball jonglieren – Gemeinsame fehlerlose Kontakte werden addiert	– Ball möglichst flach / in die Lücken im anderen Feld baggern / pritschen – Feld möglichst groß, Netz möglichst niedrig – Möglichst direktes Zurückspielen des Balles – Fehler / Gewinnpunkte werden addiert – Spielen in Turnierform

Kleinfeldspiel 2 : 2 realisieren können

Aufstellungen

Zuspiele über II, III, IV, nach Erlaufen der Zuspielerposition

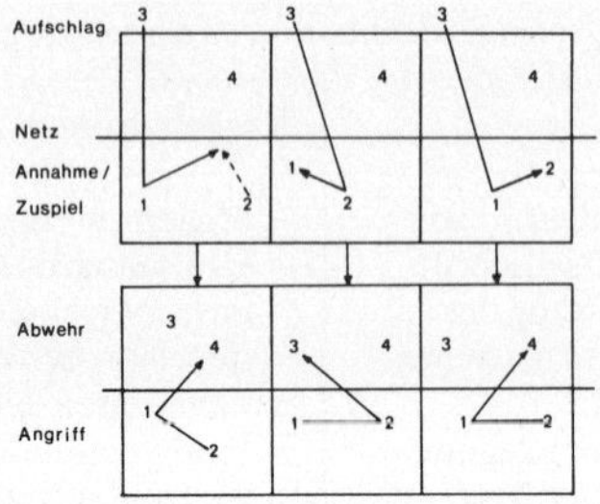

Leistungsvoraussetzungen verbessern
vgl. 1 : 1 2.3, 2.4 Tab. 1.3.1–1.3.6

Erforderliche Techniken erwerben
- Pritschen
- Baggern
- Grundformen verbessern
- Varianten erlernen

Mögliches taktisches Verhalten kennen
- Aufstellungen kennen
- Lauf-, Ballwege kennen

Annahme, Aufbau, Angriff, Abwehr realisieren können
- Wahrnehmung Entscheidung
- Handlungsrealisierung

Genauigkeit, Sicherheit, Differenzierung, Schnelligkeit, Kooperation

- Pritschen / Baggern gegen die Wand mit Variation der Entfernungen, Höhe, Schnelligkeit

- Pritschen mit Partner am Ort / mit Platzwechsel mit / ohne Aufspringen des Balles, ohne / mit Schnur überspielen, Änderung der Zuspielentfernung (‹Ziehharmonika›)

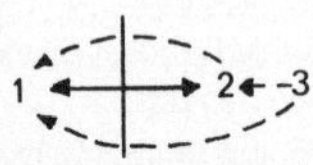

- Zielpritschen nach Zuwurf

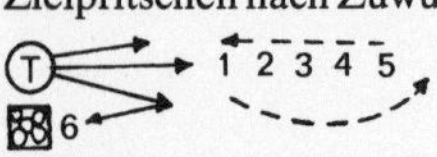

Variables Zuwerfen von T / 6 (hoch, flach, kurz, seitlich), 1-5 zu 6 / T baggern / pritschen

Pritschen / Baggern auf Ziele

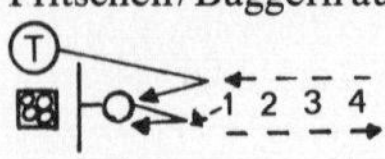

Zuwurf durch T oder Spieler, Pritschen / Baggern auf den Basketballkorb, evtl. abspringenden Ball erneut pritschen / baggern

Abstimmung mit Partner

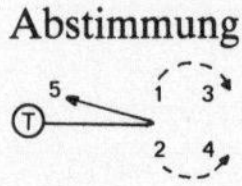

Nach Zuruf Pritschen / Baggern von 1 oder 2 auf 5

Übungsserien

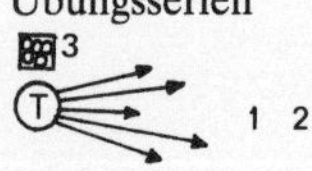

Werfen mehrerer Bälle hintereinander für einen Spieler, Pritschen / Baggern auf 3

Varianten, Ausdauer, Schnelligkeit, Timing, Entscheidung

Pritschen / Baggern im Winkel
- verschiedenste Organisationsformen: Dreieck, Viereck, Kreis, Halbkreis, Reihe, spielnahe Aufstellungen (vgl. Abb. 2.5.3)

z. B.

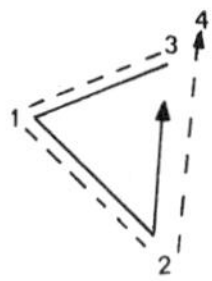

Ballweg = Laufweg

Pritschen im Sprung, Timing
- Ball selbst hochwerfen und im Sprung fangen, fausten, köpfen
- Ball selbst hochwerfen, im höchsten Punkt des Sprunges pritschen beid-/einhändig an die Wand / zum Partner / auf ein Ziel
- Anwerfen durch den Partner / gegen die Wand und im Sprung zurückpritschen frontal / im Winkel
- Wechsel zwischen Pritschen im Stand / im Sprung je nach Höhe des angeworfenen Balles

Pritschen / Baggern mit Abrollen
- aufspringenden Ball knapp über dem Boden fangen / fausten / baggern (weite, tiefe Grätschschrittstellung)
- Ball in der tiefen, breiten Grätschschrittstellung vor der Stirn fangen, fausten, pritschen
- nach Ballkontakt Abrollen auf den Rücken, nach links / rechts
- Anwerfen an die Wand / durch den Partner und pritschen / baggern nach dem Aufspringen des Balles

Differenzierung Pritschen / Baggern

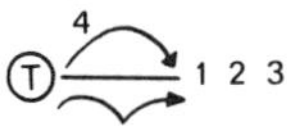

Serien unterschiedlichen Anwerfens durch T; je nach Ballweg pritschen, baggern, Sprungabspiel, Abspiel mit Abrollen

Bagger seitlich auf Ziele

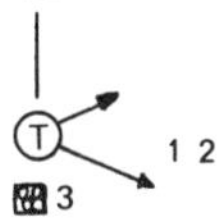

Bewegung seitwärts hinter den Ball, Außenfuß nach vorne; Baggern langsam oder schnell geworfener Ballserien in die verschiedensten Zielfelder (Markierungen an der Wand, ‹Fenster› am Netz, hängende Taue, Kasten, Matten, auf feste / bewegliche Ziele)

Tiefer Bagger mit Abrutschen
- Rutschbewegung aus der tiefen Spielstellung nach vorne (mit Handschuhen, Socken über den Händen)
- Prellenden Ball mit Bagger / Handrücken hochspielen und Rutschbewegung anschließen
- Dreiergruppe hält den Ball mit Rutschbagger in einem Feldbereich in Bewegung

Bagger über Kopf

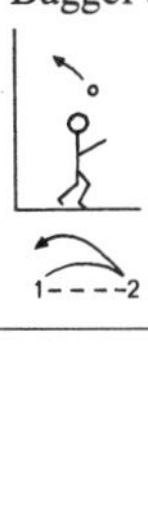

Ball selbst anwerfen und nach hinten oben an die Wand baggern
Ball erlaufen und nach hinten oben an die Wand baggern

Kleinfeldspiel 3:3 realisieren können

Zuspiel von II, III, IV, ‹Läufer›	Aufschlag Annahme	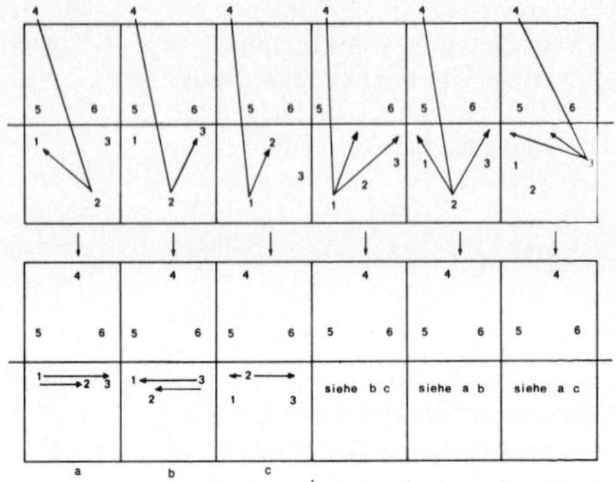
Angriff über II, III, IV, nach Positionswechsel	Abwehr Angriff Zuspiel	

oder mit Platzwechsel

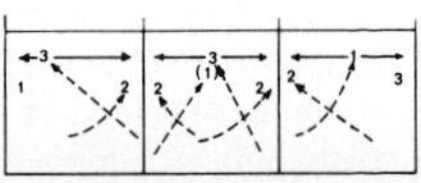

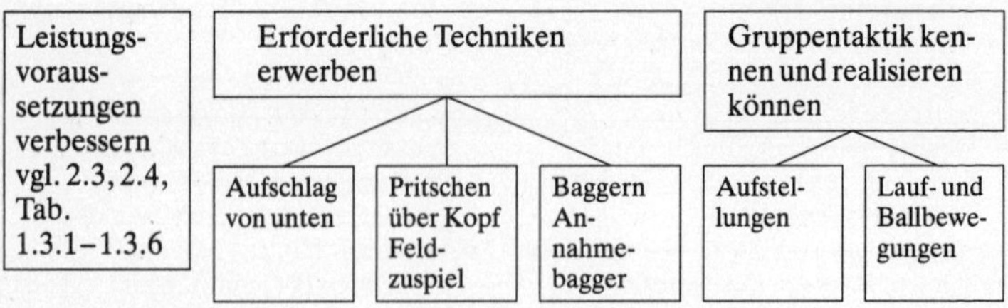

Aufschlag von unten	Annahmebagger
– Erklären der Bewegungsausführung – Schlagen des aufspringenden Balles mit der Handfläche aus 2–3 m Entfernung immer wieder an die Wand – Schlag zum Partner / über eine Schnur – Hoher Aufschlag – Laufen – Fangen des Aufschlagballes – Schlagen auf Ziele (z. B. Basketballbrett, Matten, Spieler im anderen Feld) – Zusatzaufgaben durch Laufen, Fangen, Rollen	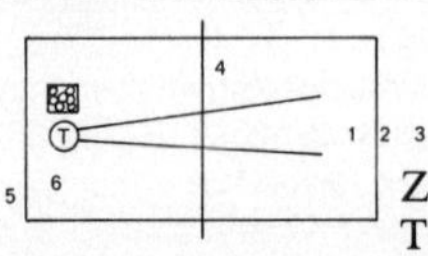 Zuwerfen durch T / Aufschläge durch 5/6 1, 2, 3 baggern nacheinander auf 4 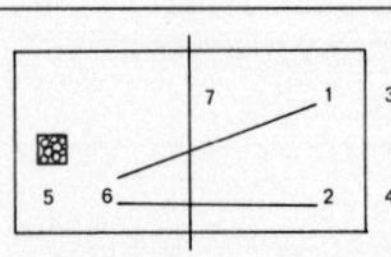 (Zweier-, Dreierriegel) Aufschläge durch 5/6 Zweierriegel durch 1/2 und Annahmebagger auf 7, Wechsel mit 3/4 nach Zeit oder Anzahl

<table>
<tr><th>Pritschen über Kopf</th><th>Feldzuspiel</th></tr>
<tr><td>Freies Bewegen der Spieler im Feld mit jeweils einem Ball
– pritschen und laufen vw, sw, rw, mit Drehung, mit Sprung, in die Hocke. Wer hält den Ball am längsten in der Luft?</td><td rowspan="2">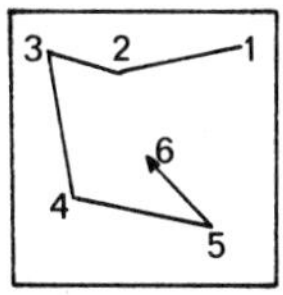

Freies Bewegen im Feld mit Beobachtung des Balles, Verständigung durch Zuruf beim Abspiel
– Pritschen als indirekter / direkter Paß von Spieler zu Spieler
– Variieren der Richtung, Entfernung, Höhe des Passes
– Doppelpritschen vor dem Paß
– Zuspiel nach vorne, im Winkel, senkrecht hoch, im Sprung</td></tr>
<tr><td>Pritschen senkrecht
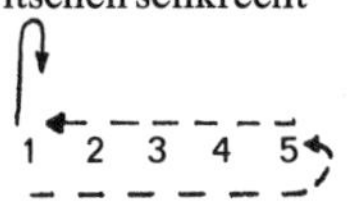

Nach dem senkrechten Hochpritschen anschließen an 5</td></tr>
<tr><td>Pritschen an der Wand / am Netz
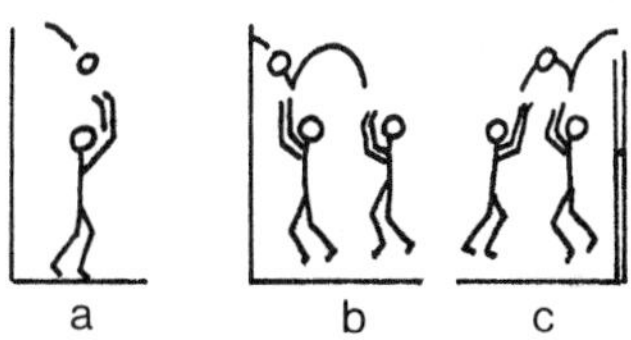

– Wechsel zwischen senkrecht über Kopf und nach hinten oben an die Wand (a)
– Kurzes Zuspiel an die Wand und über Kopf nach hinten durch den Vorderspieler, langes Zuspiel durch den Hinterspieler (b)
– Zuwurf und Pritschen nach hinten oben über das Netz (c)</td><td>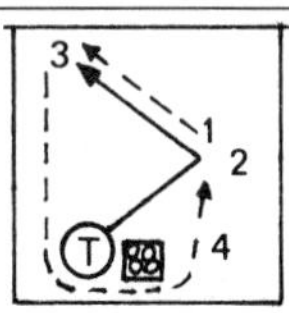

Festlegung von Ball- und Laufweg
– Zuwurf T, Zuspiel 1 auf 3, Fangen des Balles durch 3, Lauf zum Ballkorb und an die Ausgangsposition
– Hohes Zuspiel von 1, Erlaufen des gespielten Balles und Fangen des Balles
– Variation der Abspielrichtung in die Mitte / nach rechts mit kurzem Paß und Zuspiel über Kopf</td></tr>
</table>

Kleinfeldspiel 4 : 4 realisieren können

Dreier-, Viererriegel

Aufbau über II, III, IV, L_1, L_2

Aufschlag

Annahme

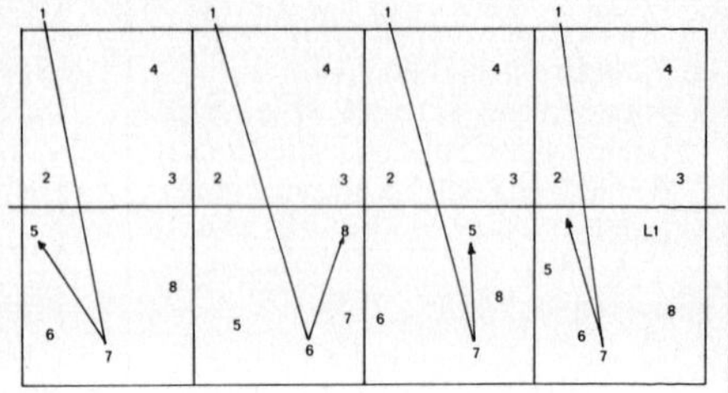

Angriff über II, III, IV

Vorbereitung des Systems VI vorne

Abwehr

Block

Angriff

Zuspiel

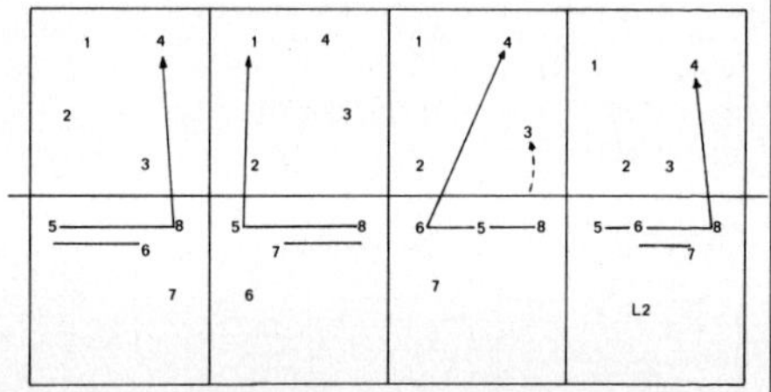

Leistungsvoraussetzungen verbessern

vgl. 2.3, 2.4

Erforderliche Techniken erwerben
- Tennisaufschlag
- Angriff
- Block
- Sicherung

Gruppentaktik kennen und realisieren können
- Laufwege
- Ballwege

Tennisaufschlag

Bewegungsablauf
- Anwerfen, Ausholen
- Schlagbewegung, Handgelenkeinsatz
- Ballrotation nach vorne

Ballprellen
- Indirekter Schlag gegen die Wand/mit Partner

Zielgenauigkeit/Sicherheit
- Tennisaufschlag auf Ziele an der Wand/im Feld
- Aufschlagserien

Sicherung

Pritschen und Baggern

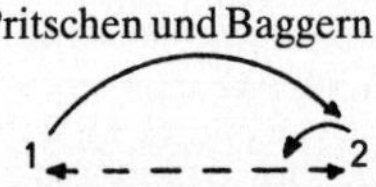

- 1 pritscht zu 2 und läuft zu 2, kurzer Paß von 2, 1 pritscht oder baggert zu 2 und läuft auf die Ausgangsposition

Bagger mit Abrollen, Japanrolle

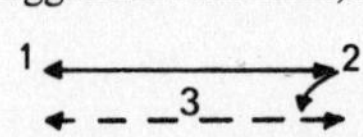

- 1 und 2 pritschen, 3 sichert und spielt den kurzen Ball hoch
- Ball ins Netz werfen, baggern

Einerblock
Bewegungsablauf ohne Ball
– Ausgangsstellung (Arme sw, Kniebeuge ca. 90°), Absprung am Netz ohne Doppelarmzug, Verschieben der Hände wie beim Außenblockspieler, Handhaltung eng/weit – Partnerübungen am Netz: Partner klatschen unter und über dem Netz die Hände zusammen (ohne/mit Seitwärtsbewegung) – Übernehmen eines Balles unter dem Netz, beidhändiges Übergeben im Sprung über dem Netz mit aktiver Blockbewegung
Bewegungsablauf nach einer Bewegung
– Anlauf sw (Nachstell-, Kreuzschritte) mit Stemmen, senkrechtem Absprung und Landung am Absprungort – Block nach Lauf-, Roll-, Abwehrbewegung mit Erreichung des Gleichgewichts im Absprung und Vermeidung einer Netzberührung – ‹Angreifer› 1 läuft an und ruft vor dem Absprung ‹links›, ‹rechts›, ‹schnell›, ‹hoch›, Blockspieler 2 muß den richtigen Absprungort und -zeitpunkt wählen
Timing
– Ball pendelt an einer Schnur über das Netz. Blockspieler blockiert immer wieder aktiv – Partner pritscht (aus dem Stand/Sprung) von der Angriffslinie den Ball flach über die Netzkante; Blockspieler muß übergreifen und blockieren – 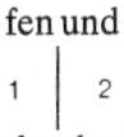 1 prellt (wirft) den Ball senkrecht von unten zur Netzkante; 2 springt und wehrt ihn durch Übergreifen ab (Netzhöhe muß Übergreifen ermöglichen) – 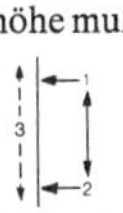 1 und 2 pritschen sich den Ball zu, 3 bleibt als Blockspieler auf Ballhöhe; 1 oder 2 pritschen nach eigener Entscheidung den Ball flach über das Netz – 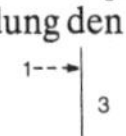 1, 2 werfen sich den Ball hoch in Netznähe an, Anlauf, Absprung, Pritschen/Setzen/Schlag in den Block von 3 – 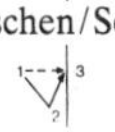 Anspiel 1, Stellen 2, Angriff 1, Block 3 Bewußtes Regulieren der Blockhände (Richtung, Stellung), des Absprungortes und -zeitpunktes
– Eigensicherung des Blocks
– Lob des Angreifers, Bagger

Angriff
Schlagbewegung
– Einhändiges Pritschen (re/li) nach eigenem Anwerfen des Balles (im Stand/Sprung) gegen die Wand/über das Netz/zum Partner – Schlagen des Balles indirekt gegen die Wand mit Erklärung von Handhaltung, Hand- und Armbewegung, Bogenspannung, Verwringung (Peitscheneffekt) – Anwerfen und lockeres Schlagen (re/li) über das Netz (Tennisaufschlag) mit Vorwärtsrotation des Balles; Veränderung der Entfernung; Bogenförmige Flugbahn des Balles; Handgelenkschlag, Lob
Anlauf, Stemmschritt, Absprung ohne Ball
– Erläuterung, Vormachen von Stemmschritt, Fußstellung, Rücklage, Armführung, Bogenspannung, Verwringung – Üben der Absprung- und Schlagbewegung aus dem Laufen in der Halle – Rhythmisieren von Anlauf, Absprung, Schlag und Landung – Simulation von Angriffen ohne Ball auf den verschiedenen Netzpositionen durch Variation der Anlaufrichtung, -geschwindigkeit, Lösen vom Netz
Einbeziehung des Balles
– Freies Bewegen im Raum; Hochwerfen des Balles und Fangen über Kopf (Kopfball) im Sprung (Stemmschritt, Absprung und Landung mit Gleichgewicht) – 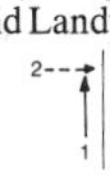 Zuwerfen am Netz, Anlauf, Absprung und Fangen (Fausten) des Balles – Eigenes Anwerfen; Zupritschen durch den Partner
Timing und Angriffsvariation
– Eigenes Anwerfen, Pritschen oder Setzen im Sprung auf Ziele im Feld (Matten, Spieler mit festem/beweglichem Standort) – Unterschiedlich hohes Anwerfen und Abstimmung auf Ballweg und -geschwindigkeit – Absprung und lockeres Schlagen des Balles über das Netz – Anwerfen durch den Trainer (hoch, von unten, mit Aufprellen des Balles) und Schlagen des aufsteigenden Balles

Spiel 5:5 realisieren können

Dreier-, Viererriegel	Aufschlag
Aufbau über II, III, IV, L_1, L_2	Annahme
Angriff über II, III, IV	Abwehr
	Block
Vorbereitung des Systems VI hinten	Angriff
	Zuspiel

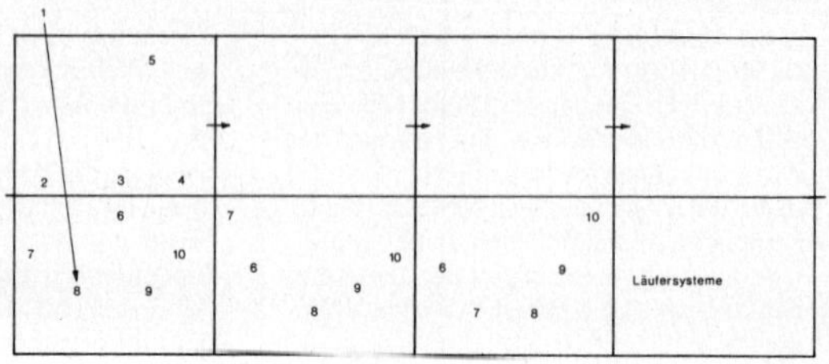

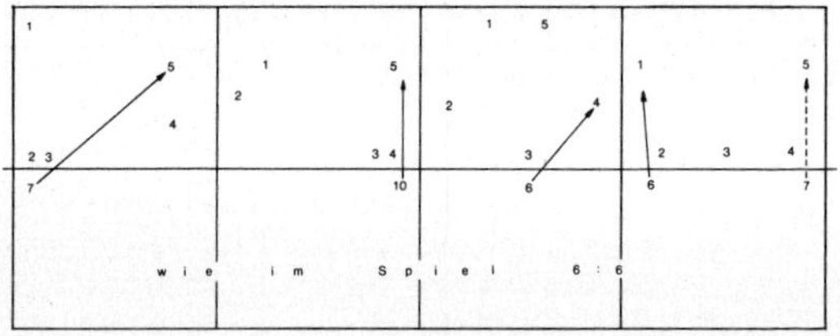

- Leistungsvoraussetzungen verbessern vgl. 2.3, 2.4
- Erforderliche Techniken erwerben
  - Flatteraufschläge
  - Abwehrtechniken
- Gruppentaktik kennen und realisieren können
  - Zweierblock
  - Nah-, Fernsicherung

Flatteraufschläge	Hilfsschläge
Bewegungsabläufe – Zentrales Treffen, Abbremsen des Schlages – Stellung frontal/seitlich, Koordination von Anwerfen und Ausholbewegung – Beobachtung von Ballweg und Rotation (ohne Effet) Zielgenauigkeit – Schläge gegen die Wand, auf Ziele im anderen Feld – Vergrößerung der Entfernung	Bewegungsablauf – Einarmige/beidarmige Abwehr über Kopf mit den Unterarmen – Schlag mit dem Handrücken oder der Oberseite des Unterarms mit Ausfallschritt – Rückhandschläge nach einer Drehung rückwärts ins Feld – Schlag nach oben im Sprung Sicherheit – Festes Werfen des Balles gegen die Wand und Einüben der Hilfsschläge – Zuwurf durch den Partner

Hechtbagger / Rutschbagger

Bewegungsablauf, Abbau der Angst, Gewöhnung an das Rutschen
- Tiefe, breite Grätschschrittstellung, Hände (in Socken) rutschen auf den Boden nach vorne, Körperstreckung und Schieben des Körpers über den Boden, gestrecktes Ausrutschen, Abrollen sw. und Aufstehen
- Gleiche Bewegung aus einer knieenden Ausgangshaltung
- Bewegungsablauf nach einigen Angehschritten und längeres Rutschen

Einbeziehung des Balles
- Rutschbewegung und Hochspielen eines ruhenden (springenden) Balles mit dem Handrücken
- Bewegung der Unterarme unter einen springenden (angeworfenen) Ball, Hochspielen und Rutschen
- Steigerung des Anlaufs und der Flugphase nach Beherrschung der Landung

Zweierblock

Abstimmung des Bewegungsablaufs
- Führung der Arme und Hände beim Mittel- und Außenblockspieler
- Gemeinsames Erlaufen des Absprungortes und Einnahme der Absprunghaltung

Timing und Kooperation
- Vorgabe des Absprungortes und -zeitpunktes durch direkten Gegenspieler des Blocks, Aufschließen des zweiten Blockspielers
- Verständigung durch Zuruf und Blickkontakt

Nah- und Fernsicherung, Kooperation in der Abwehr

Abgrenzung der Feldbereiche und Übergabe von Aufgaben
- Verteidigung markierter Feldbereiche bei einer Gruppenabwehraufgabe
- Abstimmung zwischen Block und Sicherung (Eigensicherung)
- Übernahme von Feldbereichen nach Zuruf

Spielvariationen	
Zählweise	*Regeländerungen*
– Volleyball nach den Regeln von Tischtennis, Badminton, Tennis, Faustball, Prellball	– Spielfeld als Rechteck, Kreis mit unterschiedlichen Ausmaßen
– Sonderpunkte für 3–6 Ballkontakte im Team Einhaltung einer Reihenfolge	– Doppelnetzspiel Halle wird durch Netze in vier Felder geteilt. Aus einem Feld kann der Angriff beliebig in die drei anderen Felder erfolgen (Aufteilung siehe Additionsspiel)
– Additionsspiel 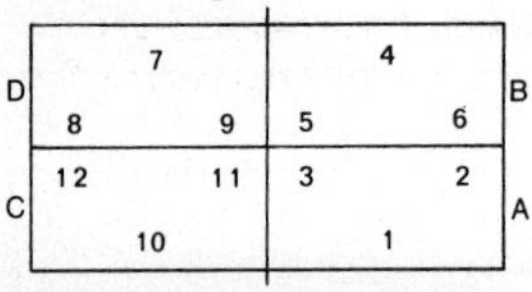 Spiel 3 : 3 mit A/B und C/D Welche der beiden Spielgruppen kann in jeweils 5 Minuten die meisten Ballkontakte (ohne Unterbrechung / obere Zuspiele) erreichen?	– Rotationsregel Aufschlagende / annehmende Mannschaft rotiert nach jedem Punkt / Fehler; Rotation nach jedem Abspiel über das Netz; Platzwechsel der Vorder- und Hinterspieler (Innen- und Außenspieler, Außenspieler) nach jedem Ballwechsel)
– Subtraktionsspiel Vier Mannschaften beginnen bei 15 (20, 30) Punkten und versuchen, dieses Punktekonto durch wenig Fehler möglichst lange zu halten (15 Min. Spiel). Pluspunkte können durch besondere Aktionen erzielt werden (z. B. Abspiel im Sprung, Lob, Handgelenkschlag)	– Aufschlag durch II, III, IV von der Angriffslinie
– Punktvorgaben (z. B. 2–10 Punkte) für schwächere Mannschaften	– Volleyballtennis Bei den Spielen 1 : 1, 2 : 2, 3 : 3, 4 : 4, 5 : 5, 6 : 6 darf der Ball ein- bis dreimal aufspringen; Bälle im Angriffsraum (Hinterfeld) dürfen (nicht) aufspringen

Raum- und Rollenaufteilungen, Wahrnehmung, Antizipation	
– Zonenspiel 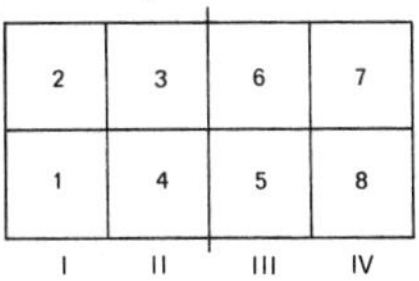 Felder Zonen Eine bestimmte Reihenfolge der angespielten Zonen muß eingehalten werden (z. B. I [1/2] – II [3/4] – IV [7/8] – III [5/6] – I [1/2])	– Fensterspiel Mit 2, 3, 4 Antennen werden am Netz ‹Fenster› markiert, durch die der Ball (evtl. nach dem 4. oder 5. Kontakt) hindurchgespielt werden muß; Varianten 1 m über dem Netz wird durch eine Schnur ein ‹Fenster› als Durchspielziel markiert; der Ball muß unter dem Netz hindurchgespielt (-geschmettert) werden. Vor der Annahme muß er aufspringen
– Mattenspiel Drei Matten in jedem Feld, die nicht betreten werden dürfen. Welches Team kann dies am geschicktesten ausnutzen?	– Diagonalvolleyball (vgl. Zonenspiel) Die Spieler 1/4/6/7 und 2/3/5/6 spielen miteinander
– Inselspiel Jeder Spieler steht auf einer Matte und darf nur von da aus spielen oder abspringen	– Vorhangspiel Über das Netz werden Tücher gehängt, so daß die Aktionen des Gegners nur schwer zu erkennen sind
– Krater-, Grabenspiel In Netznähe darf beim Angriff ein bestimmter Feldbereich im anderen Feld (z. B. Mittelkreis des Basketballfeldes, Angriffsraum) nicht angespielt werden (Variante: aus diesen Zonen darf nicht geschmettert werden)	– Jokerprinzip Für besonders gekennzeichnete Spieler (Joker mit Mütze) gelten Sonderregeln: z. B. nur sie dürfen stellen / angreifen / blocken; nur ihre Punkte zählen (doppelt); sie sind nicht der Rotation unterworfen; technische Fehler erlaubt

Erich Christmann

3.6 Beurteilung des Lehrer- und Trainerverhaltens

Das Lehrer- und Trainerverhalten ist wie Bewegungshandlungen lehr- und lernbar. Notwendig sind dazu wiederholte Trainingsmöglichkeiten durch Lehrversuche und hilfreiche Rückmeldungen (Feedback), die den Lernenden nicht in eine Verteidigungshaltung bringen, sondern die Bereitschaft wecken, das eigene Lehrverhalten zu verbessern. *Lehrversuche* können z. B. in folgender Form durchgeführt werden:

1. Schriftliche Ausarbeitung eines Themas über 20–120 Minuten mit Präzisierung der Ziele und Inhalte, Planung der Vermittlungsstrategie und Ergebniskontrolle (vgl. 3.4), der Organisation und Zeiteinteilung sowie der Übungs- und Trainingsformen;
2. Durchführung des Lehrversuchs mit dem Schwerpunkt der Schulung bestimmter Lehrtechniken (z. B. Lehrmethoden, Medieneinsatz, Sprache, Korrektur, Differenzierung);
3. Beobachtung und Videoaufnahme zum Lehrverhalten;
4. Auswertung und Besprechung des Lehrversuchs;
5. Wiederholung des Lehrversuchs mit gleicher oder anderer Zielstellung.

Das Feedback sollte sich nie auf das Lehrerverhalten in seiner Gesamtheit oder auf alle Aspekte einer Unterrichtseinheit beziehen, sondern sich auf wenige, vorher vereinbarte *Lehrtechniken* beschränken. Sachliche Informationen (evtl. mit Video unterstützt) über das Lehrerverhalten sind als Feedback besser geeignet als Meinungen und Wertungen, die Persönlichkeit und Charakter des Unterrichtenden betreffen oder verletzend sind. Das Aufzeigen von Mängeln und Defiziten muß durch Verbesserungsvorschläge ergänzt werden. Eine positive Bemerkung über bestimmte Verhaltensweisen bewirkt oft mehr als die Aufzählung vieler negativer Kritikpunkte. Zur Verständigung zwischen Beobachter und Unterrichtendem ist
193 ein *Beobachtungs- und Beurteilungssystem* erforderlich, das von beiden
194 gleich interpretiert und akzeptiert wird.

Bei *Lehrproben* als Abschluß eines derartigen Lehrerverhaltenstrainings werden die Einzelbeobachtungen gewertet und zu einer Gesamtbeurteilung zusammengefaßt. Allgemein verbindliche Beurteilungskriterien und Gewichtungen wurden bisher aus verständlichen Gründen nicht entwikkelt. Diese Problematik kann nur in der jeweiligen Ausbildung unter den spezifischen Bedingungen aufgearbeitet werden. Das Ziel besteht darin, für den Entwurf, die Durchführung und Bewertung der Lehrversuche und Lehrproben ein System zu entwickeln, das die Ausbildungsschwerpunkte

Tab. 3.6.1: Beobachtungs- und Beurteilungsbogen für Lehrversuche und Lehrproben (vgl. DÖRING 1983, 267ff; KOCH/MEYNERS 1976, 186–190; EIGLER u.a. 1979, 121–124)

Name .... Vorname .... Thema .... Gruppe .... Ort .... Zeit			
I Präzisierung der Lernziele und Inhalte	ja	teil-weise	nein
1. Wird im Entwurf der Lerninhalt sachlich richtig und differenziert analysiert (objektive Struktur, Sachanalyse)? 2. Wird die Unterrichtseinheit in einen größeren inhaltlichen und zeitlichen Zusammenhang gestellt? 3. Erfolgt im Entwurf eine Eingrenzung auf das in der geplanten Zeit Mögliche, Leistbare und Wesentliche? 4. Werden im Entwurf die Lernziele präzise formuliert? 5. Wird eine lernzielorientierte Vorgehensweise ersichtlich und auch den Schülern verdeutlicht? 6. Werden die Eingangsvoraussetzungen bei den Lernenden richtig erkannt und dargestellt? 7. Wird bei der Präzisierung der Lernziele nach den Eingangsvoraussetzungen differenziert? 8. Wird die gewählte Lernzielpräzisierung didaktisch und methodisch begründet?			
II Vermittlungsstrategie			
1. Läßt sich eine Strukturierung des Lehrens nach Lernsequenzen in Entwurf und Durchführung erkennen? 2. Lassen Entwurf und Verlauf das Bemühen um einen sinnvollen Zusammenhang zwischen Einleitung, Hauptteil und Ausklang erkennen? 3. Sind die Lernsequenzen auf den Sachverhalt und die Schüler abgestimmt und folgerichtig? 4. Werden die Lernprozesse und Lernschwierigkeiten beim Schüler erkannt, und werden ihm dabei Lernhilfen gegeben, die ihm den Weg oder die Zielrichtung erleichtern? 5. Wird beim Einstieg eine Vorstrukturierung und Motivation angestrebt? 6. Werden Lernphasen bei den Schülern erkannt und unterschiedliche Lehrer- und Schüleraktivitäten dann gezielt eingesetzt? 7. Wird ausreichend Gelegenheit und Zeit zum Üben gegeben? 8. Wird auf verwandte Sachgebiete und Anwendungsmöglichkeiten hingewiesen und darauf aufgebaut?			

	ja	teil-weise	nein
9. Werden vorhandene Vorstellungen und Fähigkeiten der Lernenden aktiviert? 10. Werden Gemeinsamkeiten / Unterschiede zwischen bekannten und neu zu lernenden Inhalten aufgezeigt? 11. Ist die Belastung angemessen? 12. Liegen die Übungsformen für den Lernenden auf einem mittleren Schwierigkeitsniveau? 13. Werden Lehrmethoden sachgerecht angewandt? 14. Wechselt die Lehrmethode in Abhängigkeit von Lernziel, Lerninhalt und Leistungsniveau? 15. Erlauben die Sozial- und Interaktionsformen das Erreichen der Lernziele? 16. Wird die Sozialform nach Bedarf variiert? 17. Wird die Sprache verständlich/angemessen eingesetzt? 18. Gelingt es, durch Sprache, Gestik und Mimik die Aufmerksamkeit der Schüler zu erhalten? 19. Wird die Notwendigkeit zur Differenzierung erkannt, und werden Maßnahmen der äußeren und inneren Differenzierung ergriffen? 20. Werden Motivationshilfen gezielt eingesetzt? 21. Können Schüler ihre eigenen Vorstellungen artikulieren, und wird darauf reagiert? 22. Werden Medien und Materialien gezielt und sachgerecht gehandhabt? 23. Werden Probleme bei Organisation, Konflikten, Disziplin, Motivation gelöst? 24. Sind die Sicherheitsvorkehrungen ausreichend? 25. Ist die Durchführung der Trainings- und Belastungsform sachgerecht?			
III Ergebniskontrolle			
1. Werden die Lernziele erreicht? 2. Ist die Zeiteinteilung angemessen? 3. Werden situationsbedingte Abweichungen vom geplanten Unterrichtsverlauf bewältigt? 4. Wird das Unterrichtsgeschehen jederzeit überschaut und kontrolliert? 5. Werden Fehler und Gefahren rechtzeitig erkannt? 6. Werden Einzel- und Gruppenkorrekturen sinnvoll gegeben? 7. Erhalten die Lernenden Hinweise zu selbständiger Feststellung des Lernfortschrittes und -ergebnisses? 8. Werden Fehler oder Erfolge eher auf Begabung und Anstrengung zurückgeführt? 9. Wird beim Feedback eher intrinsisch verstärkt? 10. Werden Korrekturen vom Lernenden angenommen?			

Zusammenfassendes Beurteilungsprofil
Die Einzelbeobachtungen und Einschätzungen sollen zur zusammenfassenden Beurteilung von Entwurf und Durchführung nach folgendem gestuften Beurteilungsschema zusammengestellt werden:

1	2	3	4	5
verbesserungsbedürftig	in Ansätzen realisiert	streckenweise realisiert	im wesentlichen realisiert	gelungen

1. Einordnung, Eingrenzung, Präzisierung der Lernziele und Lerninhalte	1	2	3	4	5
2. Berücksichtigung der Eingangs- und Leistungsvoraussetzungen	1	2	3	4	5
3. Abfolge der Lernsequenzen	1	2	3	4	5
4. Anwendung von Lehrmethoden	1	2	3	4	5
5. Eingehen auf Lernverhalten	1	2	3	4	5
6. Sozialformen und Organisation	1	2	3	4	5
7. Sprache und Motivierung	1	2	3	4	5
8. Einsatz von Medien und Materialien	1	2	3	4	5
9. Kontrolle des Lernverlaufs und Korrekturmaßnahmen	1	2	3	4	5
10. Aktivierung und Motivierung	1	2	3	4	5

enthält und mit dem die Beteiligten vertraut sind. Der in Tab. 3.6.1 vorgestellte Katalog kann zur Orientierung dienen, aus dem ein eigener Beobachtungs- und Bewertungsbogen durch Auswahl und Variation erstellt werden kann. 195

Zusammenfassung

- In der Ausbildung sollten in Lehrversuchen Lehrtechniken entwickelt und durch hilfreiches Feedback die Bereitschaft geweckt werden, am eigenen Lehrverhalten zu arbeiten.
- Die Beurteilung von Lehrproben sollte nach einem Beobachtungs- und Beurteilungssystem durchgeführt werden, das auch Grundlage des Lehrerverhaltenstrainings in der Ausbildung war.

Erich Christmann / Günter Krispin

3.7 Technik- und Taktikbeobachtung

Bei Bewegungsfehlern und -mängeln ist immer zu prüfen, ob
- die Funktion einer Handlung nicht mehr oder nicht optimal erfüllt wird (z. B. ungenaues Zuspiel, Täuschung des Blocks);
- die Ursache hierfür eher im Orientierungs-, Antriebs-, Ausführungs- oder Ergebnisteil zu suchen ist.

Der Fehlerbegriff bei Spielfertigkeiten darf nicht ausschließlich an der Form einer Bewegungstechnik festgemacht werden. Ein Fehler (z. B. Schmetterschlag ins Aus hinter der Grundlinie) hat manchmal eine, oft aber mehrere Ursachen. Das Ziel einer *Fehleranalyse* besteht darin, die funktionalen oder kausalen Zusammenhänge zwischen Ursache und Wirkung (Folge) zu ermitteln *(funktionale Fehler)*, um eine ursachenorientierte Korrektur vornehmen zu können. Bei *technischen Fehlern* (Verstöße gegen das Regelwerk) oder normativ festgelegten Bewegungsausführungen (z. B. Vorgaben seitens des Trainers, Bewegungsstil) ist eine solche Analyse aber nicht immer erforderlich. Bei der Fehlerkorrektur ist die unterschiedliche Bedeutung *(Fehlerhierarchie)* und die Abhängigkeit der Fehler voneinander zu berücksichtigen. Fehler in der Hauptfunktionsphase sind für das Bewegungsergebnis von zentraler Bedeutung. Andererseits liegen aber in der Vorbereitung (z. B. Orientierung am Ball, Anlauf) oft die entscheidenden Ursachen *(Primärfehler)* dafür, daß die Hauptfunktionsphase nicht mehr richtig realisiert werden kann *(Sekundär-, Folgefehler)*. Bei der Erstellung einer Fehlerhierarchie muß deshalb nicht nur eine Bewegungs-, sondern eine Handlungsanalyse nach funktionalen und verlaufsorientierten Gesichtspunkten vorgenommen werden. Es dürfen nicht nur die beobachtbaren und meßbaren kinematischen und dynamischen Merkmale einer Bewegung berücksichtigt werden, sondern auch die Regulationsprozesse, die bei der ‹Produktion› einer Bewegungshandlung beteiligt sind. Bei der Ermittlung der Fehlerursache und der Korrektur sind deshalb folgende Aspekte wesentlich:

- *Phasengliederung:* Die an der Funktionsanalyse orientierten Abbildungen der Bewegungsfertigkeiten (vgl. 3.1) stellen mögliche optimale Bewegungsausführungen dar, mit denen realisierte Bewegungen in der Halle oder auf Video verglichen und auf Fehler hin untersucht werden können. Besonders in der Ausbildungssituation kann damit eine Bewegungsvorstellung und eine strukturierte Wahrnehmung von Bewegungsabläufen als Grundlage für die Fehleranalyse entwickelt werden.

- *Räumlicher Aspekt:* z. B. Stellung zum Ball, Treffstrecke, Stellung im Feld.
- *Zeitlicher Aspekt:* z. B. Reaktionszeit, -dauer, Zeitpunkt, Zeitdruck bei Handlungsketten.
- *Konditioneller Aspekt:* z. B. Sprungkraft, Gelenkigkeit, Schnelligkeit.
- *Koordinativer Aspekt:* z. B. Koordination der Teilimpulse, der Teilbewegungen.
- *Situativer Aspekt:* z. B. Timing, Antizipation.
- *Taktischer Aspekt:* Individual-, gruppen-, mannschaftstaktische Fehler.

Fehlerhierarchien bei einer Bewegungshandlung gelten nie absolut, sondern unterscheiden sich oft von Spieler zu Spieler. Durch Fremdbeobachtung (Trainer) und Selbstbeobachtung (Spieler) kann die Fehlerhierarchie herausgearbeitet werden. Sie ist die Grundlage für die Fremdkorrektur und die Selbstkorrektur, die auf hohem Leistungsniveau immer bedeutsamer wird. Die in der Fachliteratur verwendeten Fehlerbilder, -listen und Beobachtungsbögen können bei der Differenzierung von Fehlern nach Häufigkeit und Bedeutung sowie bei der Korrektur behilflich sein. Die in den folgenden Tabellen zusammengestellten häufigen Fehler und Mängel geben dazu eine Orientierung.

Tab. 3.7.1: Fehler bzw. Mängel beim Flatteraufschlag

Vorbereitung (x = Fehler)

☐ Konzentrationsphase fehlt
☐ Anwurf ☐ zu hoch, ☐ nicht senkrecht
☐ Schlagarm zu spät in der Schlagauslage
☐ Fußstellung nicht gegengleich (z. B. Schlag rechts/linker Fuß vorne)

Ballkontakt

☐ Treffstrecke ☐ zu tief, ☐ hinter dem Kopf, ☐ zu weit vor dem Körper, ☐ seitlich versetzt
☐ Ball wird nicht zentral getroffen und rotiert
☐ Schlagbewegung wird nicht abgebremst
☐ Schlaghand ist nicht gespannt
☐ Schlagimpuls zu schwach
☐ Ballweg zu steil

Übergang

☐ Schlagarm folgt der Flugbahn des Balles
☐ Spieler läuft erst spät ins Feld zurück

(Anm.: Die beobachteten Fehler können in den Beobachtungsbögen angekreuzt werden.)

Vorbereitung
- ☐ der Aufschlagspieler wird nicht rechtzeitig beobachtet
- ☐ die Spielstellung wird nicht oder zu spät eingenommen
- ☐ die Bewegung zum Spielort ist zu langsam
- ☐ die Bewegung zum Spielort wird nicht abgebremst
- ☐ der Spielort wird falsch gewählt (meist zu dicht am Ball)
- ☐ der Körperschwerpunkt liegt in der Spielstellung zu tief
- ☐ der Armschluß erfolgt zu früh, wodurch das Fortbewegungstempo vermindert wird
- ☐ der Spieler nimmt eine falsche Ausgangshaltung ein (meist eine zu starke Schrittstellung)

Ballkontakt
die Spielfläche wird
   ☐ zu spät gebildet ☐ falsch gebildet (gestufte Arme), ☐ im Ellbogen gewinkelt, ☐ nicht geschlossen, ☐ nicht richtig eingerichtet (falscher Winkel zwischen Oberkörper und Armen, bei seitlicher Annahme nicht verkantet, ☐ gegen den Ball geschlagen, ☐ falsch getroffen
- ☐ die Aufwärtsbewegung des Körpers ist nicht mit der Flugbewegung des Balles koordiniert (Timing)

Übergang
- ☐ die Spielfläche wird zu früh aufgelöst und gibt dem Ball zu kurze Führung
- ☐ der Spieler streckt sich nicht in Abflugrichtung, sondern bleibt in gehockter Stellung
- ☐ der Spieler springt vom Boden ab

Tab. 3.7.2: Fehler bzw. Mängel bei der Annahme des Aufschlags

Tab. 3.7.3: Fehler bzw. Mängel beim oberen Zuspiel frontal im Stand

Vorbereitung
- ☐ die Spielstellung wird zu spät eingenommen
- ☐ die Bewegung zum Spielort ist zu langsam
- ☐ die Bewegung zum Spielort wird nicht abgebremst
- ☐ der optimale Spielort wird nicht erkannt (fehlende räumliche Antizipation) in der Ausgangshaltung: ☐ Fußstellung zu eng, ☐ zu breit, ☐ nur gegrätscht, ☐ nur in Schrittstellung, ☐ KSP zu hoch, ☐ zu tief
- ☐ die Schulterachse zeigt nicht senkrecht zur Abspielrichtung (auf diese Forderung sollte insbesondere bei Anfängern wegen der besseren Orientierung nicht verzichtet werden)
- ☐ die Bewegung des Körpers ist nicht mit der des anfliegenden Balles koordiniert (Timing)

Ballkontakt
- ☐ die Amortisationsphase fehlt
- ☐ die Hände schlagen gegen den Ball
- ☐ die Handstellung ist asymmetrisch
- ☐ die Daumen zeigen nach vorn (Doppeltrichter!)

- ☐ die Hände sind zu weit voneinander entfernt
- ☐ die Hände sind zu dicht beieinander
- ☐ die Treffstrecke ☐ ist zu hoch, ☐ zu tief, ☐ nicht vor dem Gesicht.

Übergang
- ☐ die Handhaltung wird zu früh aufgelöst
- ☐ die Hände folgen nicht der Flugrichtung des Balles

Vorbereitung
- ☐ der Annahme- und der Stellspieler werden nicht sorgfältig beobachtet
- ☐ die Spielposition wird nicht rechtzeitig eingenommen (Lösen vom Netz)
- ☐ die Spielposition wird falsch gewählt
- ☐ der Anlaufzeitpunkt wird falsch gewählt
- ☐ die Dynamik des Anlaufes (Rhythmus) stimmt nicht
- ☐ die Schrittfolge ist falsch gewählt
- ☐ der Stemmschritt fehlt oder ist zu kurz
- ☐ der Absprung liegt zu dicht am Schlagpunkt (Angreifer unterläuft)
- ☐ der Absprung ist nicht explosiv
- ☐ die Fußstellung beim Absprung ist zu eng, zu weit, in falscher Folge
- ☐ der Stemmschritt wird nicht über die Fersen eingesetzt
- ☐ der Armeinsatz ist nicht mit dem Anlauf koordiniert
- ☐ der Absprung wird nicht von einem Doppelarmschwung unterstützt
- ☐ die Führhand (Nichtschlagarm) wird nicht mit hochgeführt oder zu früh abgesenkt
- ☐ der Schlagarm wird zu spät zurückgeführt
- ☐ die Verwringung des Oberkörpers fehlt

Ballkontakt
- ☐ der Treffpunkt des Balles ist nicht optimal (zu tief, zu weit vorn, seitlich, zu weit hinten)
- ☐ der Schlagarm wird nicht lang
- ☐ die Schlaghand wird nicht gespannt
- ☐ die Schlaghand überdeckt den Ball nicht, klappt nicht ab
- ☐ die Auseinandersetzung mit dem Block fehlt

Übergang
- ☐ die Landung erfolgt zu weit von der Absprungstelle entfernt
- ☐ die Landung erfolgt einbeinig oder wird nicht abgefangen

Tab. 3.7.4: Fehler bzw. Mängel beim Angriffsschlag

Vorbereitung
- ☐ die Spielstellung wird nicht (zu spät) eingenommen
- ☐ die Entfernung zum Netz ist zu groß
- ☐ der Ausgangsort ist nicht dem Angriffsverhalten des Gegners angemessen gewählt

□ die Zuspieler und Angreifer werden nicht sorgfältig beobachtet
□ die Bewegung zum Blockort erfolgt zu spät, □ ist zu langsam
□ die Bewegung zum Blockort wird nicht abgebremst
□ die Bewegung zum Blockort wird zu früh abgebrochen
□ der Blockort ist falsch gewählt
□ der Blockzeitpunkt ist falsch gewählt (Timing)
□ der Spieler springt in Richtung Netz
□ der Spieler schiebt die Arme nicht über das Netz

Ballkontakt
□ der Handabstand ist zu gering
□ die Finger sind nicht gespreizt
□ die Korrekturbewegung mit Armen und Händen fehlt
□ die Augen werden geschlossen
□ der Kopf ist vor den Armen
□ die Außenhand zeigt nicht zur Spielfeldmitte
□ die Körperspannung fehlt

Übergang
□ die Arme werden nicht rechtzeitig zurückgenommen, □ nicht aktiv
□ dic Landung erfolgt einbeinig
□ die Landung wird nicht amortisierend abgefangen
□ die rechtzeitige Einstellung auf Folgehandlungen fehlt

Tab. 3.7.5: Fehler bzw. Mängel beim Block

Nicht weniger bedeutsam als die Beobachtung der Bewegungsqualität in wenig spielnahen Standardsituationen ist die Beurteilung der Fähigkeit, diese Techniken in Spielsituationen richtig anwenden zu können. Besonders im Lernprozeß und bei der Talentsuche müssen die taktischen Verhaltensweisen trainiert und kontrolliert werden. Da Spielsituationen häufig zu komplex sind, müssen *Beobachtungssituationen* geschaffen werden, die

- ein hohes Maß an Standardisierung, Vergleichbarkeit und Objektivität aufweisen;
- eine Vielzahl von Wiederholungen der relevanten Fertigkeiten ermöglichen;
- mit den Anforderungen im Spiel selbst gut vergleichbar sind.

Grundsätzlich eignen sich hier alle Formen der Kleinfeld-Volleyball-
196 spiele, die alle Elemente der Anforderungen des Spiels 6:6 enthalten
197 und die Bildung von *Beobachtungsschwerpunkten* erlauben. So lassen
198 sich z. B. die technischen, individual- und gruppentaktischen Fähigkei-
199 ten sehr gut in zwei Spielformen 4:4 in relativ kurzer Zeit spielnah mit
200 einem «Expertenrating» beurteilen (vgl. Abb. 3.7.1).

Spielform 1 (4:4)

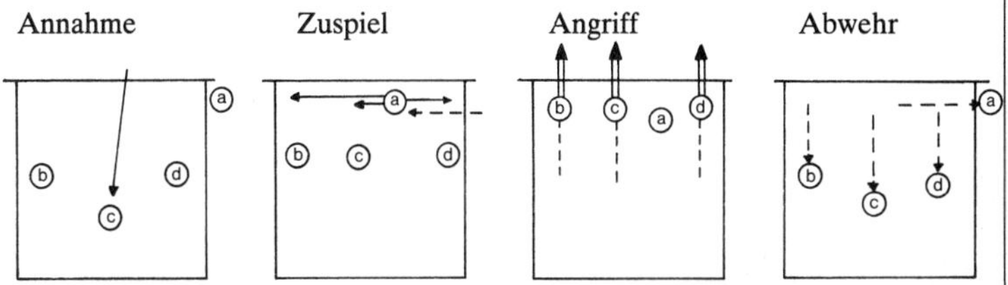

a übernimmt als «Läufer» das Zuspiel (lang, kurz, über Kopf) auf die «Angriffspositionen» IV, III, II. b, c, d nehmen den Ball vom Gegner an, laufen zum Angriff ans Netz und pritschen in das andere Feld (evtl. Lob, lockerer Angriffsschlag)
Beobachtungsschwerpunkte: Qualität der Ballannahme bei b, c, d; Qualität des Zuspiels auf II, IV, III von a

Spielform 2 (4:4)

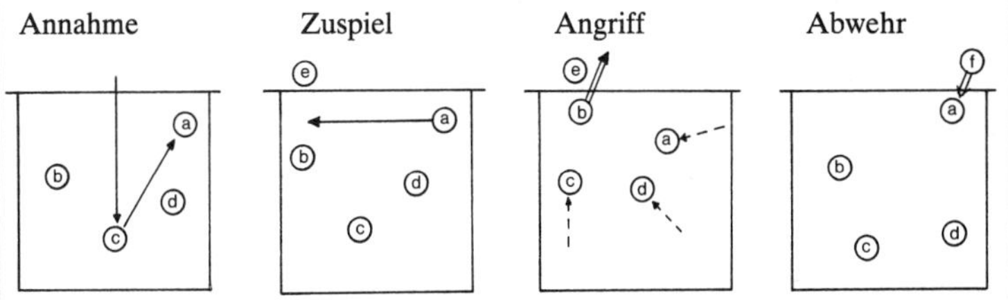

a oder b sind Zuspieler/Angreifer/Blockspieler, c, d Abwehrspieler. Der Spielaufbau erfolgt jeweils über den Spieler, der den Einerblock übernommen hat.
Beobachtungsschwerpunkte: Angriffsverhalten, Blockleistung, Abwehrleistung, Sicherung

Abb. 3.7.1: Spielformen zur spielnahen Überprüfung der Fertigkeiten in Abwehr, Aufbau und Angriff

Zusammenfassung

- Die Fehlerkorrektur setzt eine Analyse von Primär- und Sekundärfehlern bei den Bewegungsfertigkeiten voraus. Dabei müssen Aspekte der Phasengliederung und räumliche, zeitliche, konditionelle, situative und taktische Gesichtspunkte berücksichtigt werden.
- Neben der Beobachtung in Standardsituationen müssen die Techniken auch in spielnahen Situationen nach bestimmten Beobachtungsschwerpunkten beurteilt werden.

Anhang

Erich Christmann / Klaus Fago

Lernaufgaben

Ein wichtiges Anliegen des Handbuches ist die Aneignung der Inhalte und ihre Umsetzung in die Unterrichts- und Trainingspraxis. Dies soll besonders durch Aufgaben erreicht werden, die aktives Lernen anregen. Lernaufgaben stellen Aufforderungen für Lernende dar, sich einzeln oder in Gruppen im Selbststudium oder in Ausbildungen mit bestimmten Themen auseinanderzusetzen und Lösungen zu erarbeiten. Themen sind die jeweiligen Inhalte der Kapitel oder weiterführende Frage- und Problemstellungen, die neue Handlungsweisen erfordern. Die vorgeschlagenen Lernaufgaben können in Ausbildungskursen beliebig erweitert, verändert und damit den Gegebenheiten und Möglichkeiten angepaßt werden.
Die Bewertung des Arbeitsergebnisses ist zunächst von untergeordneter Bedeutung. Auftretende Fehler und mangelnde Objektivität sollen im Schüler-Lehrer-Gespräch und in der Ausbildung behandelt und verbessert werden.
Das Ziel der Lernaufgaben liegt damit weniger im Lernergebnis als vielmehr in der Initiierung, Förderung und Steuerung von Lernprozessen und praktischem Handeln. Unterschiedliche Anforderungen von Lernaufgaben drücken sich auch in den Formulierungen aus, die genauer beschreiben, was der Lernende oder die Gruppe tun muß, um eine Aufgabe zu erfüllen (vgl. auch Tab. 1.2.8, S. 65):

Anforderungsebenen	Tätigkeiten bei der Bearbeitung von Lernaufgaben
Wissen z. B. Fakten, Sachverhalte, Begriffe, Methoden, Kriterien, Kategorien, Daten, Ereignisse, Theorien, Modelle	aufschreiben, unterstreichen, ankreuzen, einsetzen, niederschreiben, ergänzen, vervollständigen, auswendig hersagen, nennen, definieren, identifizieren, deuten auf, zeigen, wahrnehmen, erkennen, erinnern, kennen

Verstehen	beschreiben, wiedergeben, erklären, angeben, zusammenfassen, in eigenen Worten wiedergeben, erläutern, erörtern, auswerten
Anwenden	durchführen, übertragen, teilnehmen können, realisieren, umsetzen, bestimmen, eintragen
Analysieren	gliedern, vergleichen, strukturieren, Ursachen entdecken, Zusammenhänge erkennen, ordnen, zerlegen, aufteilen
Synthese	planen, organisieren, konstruieren, erstellen, entwerfen, Gemeinsamkeiten erkennen (konvergent denken), Anwendungsmöglichkeiten erkennen und entwickeln (divergent denken), Problemlösungen finden, Vorschläge und Konzepte erarbeiten, Folgerungen ableiten, Vermutungen anstellen, Entwicklungen erkennen, Kriterien erarbeiten
Bewerten	beurteilen, einschätzen, benoten, auswählen, auswerten, interpretieren, Rangfolge herstellen, entscheiden, schlußfolgern, Konsequenzen ableiten

Lernaufgaben zu den Kapiteln

1 Der langfristige Leistungsaufbau

1.1 Das Volleyballspiel

1. Nennen Sie nach der Bearbeitung der Internationalen Volleyball Spielregeln die wichtigsten Grundregeln (z. B. Spielfeld, Rotation und Aufstellungsfehler, Fehler bei den Spielaktionen nach Regeln 14–20, Schiedsgericht, Handzeichen)!
2. a) Eignen Sie sich die Spielregeln an, indem Sie Spiele im Training leiten, bzw. die verschiedenen Funktionen im Schiedsgericht übernehmen! b) Führen Sie dies ebenfalls in Ihrer Gruppe mit wechselnden Aufgaben durch!
3. Informieren Sie sich über Struktur und Repräsentanten Ihres Verbandes, Vereins und Ihrer Abteilung!
4. a) Ermitteln Sie mit Hilfe einer Videoaufnahme (z. B. im Ausbildungskurs) die Länge der Handlungsketten in einem Satz/Spiel, und notieren Sie die Grundtypen 1–12. b) Entwickeln Sie für die Erhebung einen geeigneten Bogen und einVerfahren, mit dem Sie auch mehrere Handlungsketten festhalten können (vgl. Tab. 1.1.4, S. 28)!

5. a) Werten Sie den Erhebungsbogen aus, und b) charakterisieren Sie die zeitliche Dynamik (Wechsel von Belastung und Erholung) des beobachteten Satzes/Spiels!
6. Variieren Sie die konstitutiven Regeln des Spiels unter Berücksichtigung des Leistungsstandes in Ihrer Lern-, Übungs- oder Trainingsgruppe nach Tab. 1.1.5 (S. 29)!
7. Bestimmen Sie den Leistungsstand Ihrer Spieler und der Mannschaft nach den Kriterien der Tab. 1.1.6 (S. 31)!

1.2 Voraussetzungen der Spielleistung

Koordinative Fähigkeiten

8. a) Entwickeln Sie Testübungen, in denen Sie die koordinativen Fähigkeiten Ihrer Spieler/-innen messen und beobachten können! b) Notieren Sie die Ergebnisse, und bilden Sie Rangfolgen bei den verschiedenen Testergebnissen! c) Vergleichen Sie die Ergebnisse der einzelnen Spieler!
9. Analysieren Sie Ihre Übungen auf der Basis dieser Ergebnisse hinsichtlich der Spielnähe und der jeweiligen Anforderungen an die speziellen koordinativen Fähigkeiten!
10. Welche koordinativen Fähigkeiten sind Ihrer Meinung nach für die Spielstärke und Lernfähigkeit bei Schülern und Jugendlichen für das Volleyballspiel besonders wichtig?
11. a) Welche koordinativen Fähigkeiten sind in den verschiedenen Spielsituationen (Aufschlag, Annahme, Zuspiel, Angriff, Block, Feldabwehr) entscheidend? b) Entsprechen die Testleistungen Ihrer Spieler Ihrer Einschätzung der Spielstärke?
12. a) Entwickeln Sie spezielle Übungen zur Schulung der verschiedenen koordinativen Fähigkeiten! b) Lassen Sie diese nach den Leistungstests von Ihren Spielern nach den individuellen Erfordernissen durchführen, und kontrollieren Sie den Lernerfolg!
13. a) Befragen Sie Ihre Spieler/-innen bei technischen und taktischen Lernprozessen nach den für sie wichtigen Informationen! b) Bilden Sie dann das jeweilige motorische Schema durch weitere Hinweise zu den Ausgangsbedingungen, der Bewegungsausführung, den sensorischen Konsequenzen und dem Bewegungsergebnis gezielt aus!

Konditionelle Fähigkeiten

14. Entwickeln Sie Testübungen, mit denen Sie die Leistungen Ihrer Spieler/-innen im Bereich der konditionellen Fähigkeiten messen können! Achten Sie dabei darauf,
    - daß die Testübungen den Anforderungen im Volleyballspiel möglichst nahekommen;
    - ob und wie sich die Ergebnisse bei Testwiederholung ändern;
    - daß die Ergebnisse von jedem Ihrer Spieler/-innen auch durch andere Mitspieler/-innen genau zu ermitteln sind;
    - daß die Organisation der Überprüfung nicht zu viel Zeit und Material in Anspruch nimmt;
    - daß die Testübungen oder ähnliche Übungen auch Bestandteile eines Konditionstrainings sein können!

15. a) Erstellen Sie eine Rangfolge Ihrer Spieler/-innen auf der Basis der Ergebnisse bei verschiedenen konditionellen Fähigkeiten und b) werten Sie die Ergebnisse mit der Mannschaft gemeinsam aus!
16. a) Machen Sie eine langfristige Planung über mehrere Wochen für das Training (Inhalte, Umfang, Intensität) von Koordination und Kondition! b) Kontrollieren Sie die Leistungsentwicklung!
17. a) Vergleichen Sie die Testleistungen einzelner Spieler/-innen bei den koordinativen und konditionellen Fähigkeiten mit Ihrer Einschätzung der Spielleistung und b) besprechen Sie mit dem Spieler individuelle Trainingsschwerpunkte!
18. Bei einem mittel- und langfristigen Konditionstraining kommt es zu einer Leistungsverbesserung, wobei viele Entwicklungsschritte und Leistungsplateaus festzustellen sind. Versuchen Sie, einzelne Leistungsfortschritte bei verschiedenen konditionellen Fähigkeiten mit der Spielleistung der Spieler/innen zu vergleichen und parallele bzw. unterschiedliche Entwicklungen herauszufinden!
19. a) Vergleichen Sie die Körperbaumerkmale Ihrer Spieler, und b) setzen Sie Konditionstraining gezielt zur Behebung von Defiziten (z. B. Haltung) ein!

Gruppendynamik und Interaktion

20. Beobachten Sie das Verhalten der Mitglieder Ihrer Trainingsgruppe, und versuchen Sie Position, Rolle und Status der Spieler in der Gruppe zu bestimmen!
21. a) Erstellen Sie für den Angreifer und Abwehrspieler eine ähnliche Liste von Erwartungen wie beim Zuspieler! b) Besprechen Sie diese Erwartungen mit der Mannschaft, und stimmen Sie diese mit den Möglichkeiten (Fähigkeiten, Leistung) ab!
22. Beobachten Sie Ihre Spieler/-innen auf der Basis dieser Merkmalslisten, und legen Sie Beurteilungen auf einer dreistufigen Skala z. B. in folgender Form schriftlich fest:

Merkmale	sehr gut (++)	vorhanden (+)	schulungsbedürftig (o)
1....			
2....			

23. a) Besprechen Sie mit Ihren Spielern Ihre Rollenerwartungen! b) entwickeln Sie gemeinsam mit ihnen einen Anforderungskatalog, auf dessen Basis Sie auch Leistungsentwicklungen festhalten können! c) Definieren Sie realistische Anforderungen, und stellen Sie bei Ihrer Rückmeldung nicht die Defizite, sondern die Leistungsfortschritte besonders heraus!
24. Charakterisieren sie Motive, Normen und Werte, an denen sich Ihre Mannschaft und einzelne Spieler/-innen orientieren!
25. Ermitteln Sie die Einstellungen und ihre Entwicklung bei einem Neuling und der Mannschaft ihm gegenüber!
26. Diskutieren Sie das Problem der Integration mit dem Neuling und den einzelnen Spielern Ihrer Mannschaft, und entwickeln Sie gemeinsame Lösungen in Konfliktsituationen!
27. Finden Sie in Trainings- und Vorbereitungsspielen heraus, wie die verschiedenen Spieler/-innen Ihrer Mannschaft im Hinblick auf die Leistungs- und Beziehungsorientierung harmonieren, und bilden Sie ‹ideale Paare›!

Leistungsmotivation

28. Erläutern Sie die einzelnen Schritte des Motivationsprozesses am Beispiel des Mittelblockspielers in Anlehnung an Abb. 1.2.8 (S. 58)!
29. a) Beobachten Sie das Verhalten der Spieler/-innen bei der Verarbeitung von Mißerfolgen! b) Stellen Sie mögliche Ausweichreaktionen nach Abb. 1.2.14 (S. 82) fest und c) Versuchen Sie konstruktives Verhalten zu entwickeln!
30. a) Achten Sie in Ihrer Mannschaft auf die Entwicklung der Leistungsmotivation im Verlaufe des Spieljahres! b) Beeinflussen Sie gezielt die internalen, sozialen und externalen Bedingungen!
31. a) Formulieren Sie vor einem Spiel ein realistisches Anspruchsniveau, und b) Entwickeln Sie besonders die intrinsische Motivation!

Kognitionen

32. a) Schreiben Sie sich verbale Äußerungen von Spielern auf! b) Ordnen Sie diese in die Tabellen ein!
33. Überprüfen Sie als Spieler/-in Ihre Kognitionen vor, während und nach dem Training und Spiel!
34. Überprüfen Sie als Trainer/-in Ihre Kognitionen vor, während und nach dem Training und Spiel!
35. Versuchen Sie Ihre Fähigkeit zu verbessern, sich in Leistungssituationen auf handlungsrelevante und zukunftsorientierte Kognitionen konzentrieren zu können!
36. a) Versuchen Sie, sich als Trainer Klarheit über die operativen und grundsätzlichen Einstellungen Ihrer Spieler/-innen zu verschaffen und diese langfristig zu entwickeln und zu verbessern!

Wahrnehmung

37. a) Stellen Sie mit Ihren Spielern mögliche Beobachtungsschwerpunkte und Wahrnehmungsfolgen bei Aufschlag, Zuspiel, Angriff und Block zusammen! b) Beauftragen Sie die Spieler, durch Zuruf oder Selbstinstruktion diese bewußt wahrzunehmen!
38. a) Entwickeln Sie in taktischen Besprechungen Entscheidungsbäume für die Grundsituationen des Spiels!
    b) Entwickeln Sie ein Codesystem für Wahrnehmungen und Verständigung über Spielhandlungen des Gegners!
39. Finden Sie heraus, welche Teile eines Entscheidungsbaums für die einzelnen Spieler und in speziellen Situationen besonders wichtig sind!
40. a) Konstruieren Sie spezielle Wahrnehmungsaufgaben (z. B. Zusatzhandlungen im peripheren Blickfeld), und b) überprüfen Sie die Entwicklung der Wahrnehmungsleistungen!

Aufmerksamkeit

41. Erläutern Sie die wichtigsten Begriffe, die das Phänomen Aufmerksamkeit näher bestimmen, an Beispielen aus der Volleyballpraxis!
42. a) Beschreiben und vergleichen Sie die Leistungen Ihrer Spieler bei der Konzentration und Distribution der Aufmerksamkeit in konkreten Spielsituationen! b) Können Sie dadurch den Wahrnehmungsstil einzelner Spieler/-innen genauer beschreiben?

43. a) Welche Bewegungshandlungen erfordern bei einzelnen Spielern bewußte, kontrollierte oder automatische Prozesse bei der Informationsverarbeitung? b) Befragen Sie Ihre Spieler, worauf sie sich in einer speziellen Spielsituation besonders konzentrieren!

Handlungsregulation

44. Erläutern Sie das allgemeine Schema der Handlungsregulation an einem Beispiel aus der Volleyballpraxis!
45. Übertragen Sie den in Abb. 1.2.14 (S. 82) beschriebenen Entscheidungsprozeß auf andere Spielsituationen!
46. Leiten Sie die Spieler zur Verbalisierung von Entscheidungsprozessen an (z. B. Selbstbefehle)!
47. a) Erstellen Sie eine Liste anschaulicher Metaphern und konkreter Anweisungen mit Handlungsbezug für die verschiedenen Bewegungshandlungen des Volleyballspiels! b) Analysieren Sie unter diesem Gesichtspunkt auch die Aussagen anderer Trainer!
48. a) Geben Sie nach Handlungsdurchführungen Rückmeldungen zum Resultat und zum Vollzug, und b) machen Sie die Spieler auf eigene Kontrollmöglichkeiten aufmerksam (z. B. Rotation des Balles)!

Aktivierung

49. Beobachten Sie das Verhalten Ihrer Spieler vor dem Wettkampf, und schreiben Sie für jeden Spieler die wichtigsten Merkmale auf!
50. Bei welchen Spielern weichen Trainings- und Wettkampfleistungen stark voneinander ab?
51. Entwickeln Sie mit den Spielern gemeinsam ein Programm zur Erreichung eines optimalen Aktivierungsgrades (z. B. Tagesprogramm, Ernährung, Aufwärmen, Erwartungen)!

1.3 Methodikkonzeption

52. Fassen Sie die Vorgehensweise bei der Vermittlung der einzelnen Leistungskomponenten (z. B. Koordination) über die verschiedenen Jahrgangsstufen hinweg in einem Längsschnitt zusammen!
53. a) Vergleichen Sie das vorliegende Konzept mit anderen Vorgehensweisen, und finden Sie wesentliche Unterschiede heraus! b) Entwickeln Sie auf der Basis der Vor- und Nachteile ein Konzept für Ihre eigene Methodik!
54. Diskutieren Sie diese Methodikkonzeption in Ihrer Ausbildung und mit den Übungsleitern/-innen Ihres Vereines, und leiten Sie daraus praktische Konsequenzen (Trainingsziele, -inhalte, Organisation, Gruppenzusammensetzung, Trainerverhalten) für das Jugendtraining ab!

1.4 Steuerung der Trainingsbelastungen

55. a) Lassen Sie eine Testübung (z. B. Japantest) durchführen, und variieren Sie dabei die Belastungsnormative Intensität (Dichte) und Umfang (Dauer, Häufigkeit)! b) Lassen Sie vor und nach der Belastung von den Spielern/-innen Pulsmessungen durchführen, und notieren Sie die Ergebnisse! c) Erstellen Sie eine Übersicht, und vergleichen Sie die Leistungen Ihrer Spieler/-innen unter den verschiedenen Belastungen (z. B. Erstellen von Rangfolgen)!

56. a) Ermitteln Sie die Belastungszeiten bei Ihrer Mannschaft und bei leistungsstärkeren/-schwächeren Mannschaften in Wettspielen! b) Diskutieren Sie mögliche Konsequenzen dieser Ergebnisse für Ihre Belastungsdosierung im Training!
57. a) Führen Sie für die verschiedenen konditionellen Fähigkeiten Trainingsprogramme nach den jeweils geeigneten Methoden (Wiederholungs-, Intervall-, Dauermethoden, Fahrtspiel, Circuit) durch, und kontrollieren Sie über Pulswerte und die subjektive Einschätzung (Spieler/Trainer) die Belastung! b) Notieren Sie sich dabei die Dauer der vollständigen bzw. unvollständigen Pausen bei den einzelnen Spielern mit Hilfe der Pulswerte und subjektiven Einschätzung!
58. Kontrollieren Sie in einem Trainingsbuch kontinuierliche (Jugendtraining) und sprunghafte Belastungssteigerungen (Leistungssport) und die Leistungen der Spieler!
59. Erstellen Sie mit Hilfe von Fachliteratur eine eigene Kartei mit allgemeinentwickelnden Übungen (Kondition, Koordination), Spezial- und Wettkampfübungen unter Berücksichtigung des Leistungsniveaus Ihrer Spieler/-innen!
60. a) Ermitteln Sie die individuelle Leistungs- und Belastungsfähigkeit Ihrer Spieler/-innen im Konditions- und Koordinationsbereich, und b) legen Sie für sie spezielle Übungsformen und Belastungsdosierungen fest!
61. a) Legen Sie Leistungskarten für die Spieler/-innen an, und b) kontrollieren Sie in bestimmten Zeitabständen (z. B. alle 2–4 Wochen) die Leistungsentwicklung!
62. Entwickeln Sie geeignete Organisationsformen im Training (z. B. Gruppenbildung), die eine Optimierung von Umfang und Intensität der Belastung ermöglichen!

1.5 Kinder- und Jugendtraining

63. a) Stellen Sie in Ihrer Jugendabteilung fest, welche Kinder Früh-, Spät- und Quereinsteiger sind, und b) berücksichtigen Sie dies beim langfristigen Leistungsaufbau!
64. Beobachten und analysieren Sie Modelle der Talentsuche in Vereinen und Verbänden auch in anderen Sportarten unter Berücksichtigung der Trainingsgestaltung und des sozialen Umfeldes für die Jugendlichen!
65. Befragen Sie Ihre Spieler/-innen nach den sportlichen Vorerfahrungen in anderen Sportarten und den Gründen für den Sportartenwechsel!
66. a) Versuchen Sie die Ursachen für den Abbruch von Sportkarrieren in Ihrem Verein herauszufinden, und b) leiten Sie daraus Konsequenzen für die Konzeption der Jugendarbeit ab!
67. Erstellen Sie ein Konzept für die allgemeine Grundlagenausbildung und den Zeitpunkt der sinnvollen Spezialisierung!

1.6 Der Trainer

68. Beobachten Sie sich und andere Jugendtrainer nach den genannten Kriterien!
69. Versuchen Sie, Ihr eigenes Verhalten zu verbessern und die Fortschritte durch Selbstbeobachtung zu kontrollieren! Nutzen Sie (besonders in der Ausbildung) die Videoanlage zur direkten Rückmeldung über Ihr eigenes Trainerverhalten! Nehmen Sie dabei einzelne Verhaltensbereiche heraus (z. B. Erläuterung eines

Spielzugs, Sprechtempo, Anweisungen in einer Auszeit), und verbessern Sie dies über mehrmalige Videorückmeldung!

70. Beobachten Sie Ihre Spieler/-innen in der Freizeitgruppe unter den Gesichtspunkten Anwesenheit, Entscheidungskompetenz und Entscheidungsinitiative!
71. Versuchen Sie, sich Ihre Einstellung zu den Bereichen Freiwilligkeit, Zwanglosigkeit und Wahlmöglichkeit im Übungsprozeß bewußt zu machen!
72. a) Beobachten Sie das Verhalten der Gruppenmitglieder und das eigene Verhalten in Konflikten, und b) analysieren Sie dabei die Kommunikations-, Kooperations- und Kritikfähigkeit der Beteiligten!
73. Beobachten Sie Ihnen bekannte Trainer im Leistungsbereich, und charakterisieren Sie ihr Verhalten nach den genannten Kriterien!
74. a) Reflektieren Sie Ihre eigene Rolle als Trainer einer Wettkampfmannschaft nach den genannten Kriterien!
    b) Stimmen Sie Ihr Trainerverhalten auf Zielstellungen bei Ihnen selbst und Ihrer Mannschaft ab!
75. Setzen Sie sich mit dem Problem der Kooperation und Koordination auseinander (z. B. in Fortbildungslehrgängen, bei der Arbeit mit Heimtrainern)!

1.7 Spielbeobachtung

76. Ermitteln Sie die Spielleistung einzelner Spieler, für bestimmte Spielleistungen und Handlungsfolgen (z. B. Annahme, Block-Abwehr) in Zweiergruppen mittels Protokollbögen, Tonbandprotokoll und Spielstenogramm, und vergleichen Sie die Ergebnisse!
77. Werten Sie Spielberichtsbögen Ihrer Mannschaft im Hinblick auf Punkt- und Fehlerserien, Wirkung von Auszeit und Spielerwechsel, Ausgeglichenheit und Wendepunkte im Spielverlauf aus!
78. Vollziehen Sie die drei Beispiele im Text (S. 144ff) selbständig in Ihrer Mannschaft oder in Ihrer Ausbildung nach!
79. Formulieren Sie weitere Fragestellungen, und entwickeln Sie analog zu den drei Beispielen weitere Kategorien und Beobachtungsbögen, und erproben Sie diese in der Praxis!

1.8 Einstellungsermittlung

80. Interpretieren Sie die nachstehenden drei Soziogramme, und versuchen Sie, typische soziometrische Konfigurationen zu entdecken!

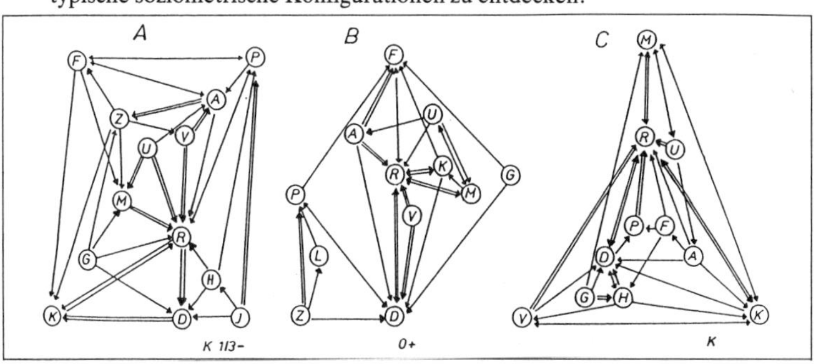

(vgl. Veit 1971)

81. a) Werten Sie eine Befragung der eigenen Mannschaft (vgl. Beispiel 1) aus! b) Fertigen Sie ein Soziogramm an, und suchen Sie typische Konfigurationen!
82. a) Befragen Sie einen Neuling (Beispiel 2), und b) beobachten Sie seinen Integrationsprozeß in die Mannschaft (Beispiel 3)!
83. Beschreiben Sie die Einstellungen der einzelnen Spieler zu Training und Wettkampf sowie der Spieler zueinander in sportlichen Situationen und im sozialen Umfeld!
84. Beobachten und erfragen Sie die Einstellungen zwischen Stamm- und Auswechselspielern!
85. Finden Sie die Einstellungen Ihrer Mitglieder in der Trainingsgruppe im Jugend- und Freizeitbereich heraus!
86. a) Überprüfen Sie Ihre Einstellungen zur Mannschaft und zu einzelnen Mitgliedern Ihrer Trainingsgruppe! b) Ermitteln Sie dazu auch die Einstellung anderer Personen im Umfeld der Mannschaft!

2 Das Trainingsjahr

2.1 Belastung und Leistung

87. a) Legen Sie die Saisonziele im Gespräch mit der Mannschaft fest, und b) bestimmen Sie nach dem Wettkampfkalender die besonders wichtigen Wettspiele!
88. a) Charakterisieren Sie die Mannschaften Ihrer Spielklasse hinsichtlich der Spielsysteme durch gezielte Beobachtungen in den Bereichen Aufschlag und Annahme, Spielaufbau und Angriff, Block, Feldabwehr und Sicherung! b) Orientieren Sie sich für die Erhebung und Auswertung an den Tabellen des Kapitels!
89. a) Ermitteln Sie bei Vorbereitungsspielen die Gesamtpunktedifferenz und die Satzverläufe, und b) bilden Sie nach der Auswertung Trainingsschwerpunkte!
90. a) Bestimmen Sie die Belastungen bei den Lauf- und Sprunghandlungen einzelner Spieler/-innen Ihrer Mannschaft, und b) legen Sie danach für das Konditionstraining entsprechende Trainingsgruppen und Belastungsdosierungen fest!

2.2 Trainingswirkungen

91. a) Beschreiben Sie die Feinstruktur des Muskels und b) die Funktion der Myofibrillen!
92. Erklären Sie den Kontraktionsvorgang des Muskels!
93. Stellen Sie die Möglichkeiten der Energiebereitstellung bei Bewegungshandlungen unterschiedlicher Dauer und Intensität anschaulich dar!
94. Wie müssen die Energiebereitstellungssysteme zusammenwirken, damit Volleyballspieler über eine gute Kondition im Spiel verfügen?
95. a) Vergleichen Sie die verschiedenen Belastungen auf den Spielpositionen, und b) beschreiben Sie geeignete Trainingsmethoden für die Verbesserung der volleyballspezifischen Kondition!
96. Welche Rolle spielen Ernährung und Flüssigkeitszufuhr für die Leistungsfähigkeit des Organismus?
97. Wie wirkt sich Training auf die Muskulatur aus?

98. Definieren Sie die Begriffe Ermüdung, Übertraining, Streß, und nennen Sie Komponenten, die zu diesen Überforderungen führen!
99. a) Nennen Sie mögliche Verletzungsursachen, und b) ergreifen Sie gezielte Maßnahmen zur Vermeidung von Verletzungen in Training und Wettkampf!
100. Welche Besonderheiten müssen aus physiologischer Sicht im Kinder- und Jugendtraining berücksichtigt werden?
101. a) Erläutern Sie Gründe für das Aufwärmen, und b) entwickeln Sie mit Ihren Spielern allgemeine und individuelle Aufwärmprogramme!

2.3 Training der koordinativen Fähigkeiten

102. a) Identifizieren Sie die für den Volleyballspieler wichtigen Muskeln, Sehnen, Bänder und Gelenke! b) Ordnen Sie die Muskeln den vier Funktionskreisen zu!
103. Erläutern Sie am Beispiel des Schmetterschlags das Zusammenwirken der verschiedenen Muskelgruppen!
104. Geben Sie Beispiele für Muskelschlingen und muskuläre Dysbalancen!
105. Beurteilen Sie die Wirksamkeit von Übungen (z. B. Klappmesser, Sit-ups) unter Berücksichtigung ihrer Funktionalität!
106. a) Demonstrieren Sie Ihrer Trainingsgruppe verschiedene Formen des Dehnens, und b) nennen Sie Vor- und Nachteile!
107. a) Erlernen Sie die in Tab. 2.3.1 (S. 211 ff) dargestellten Beispielübungen, und b) lassen Sie jeden Spieler ein individuelles Programm zusammenstellen!
108. Wenden Sie das progressive Prinzip bei zweckgymnastischen Übungen an! Führen Sie das Beispielprogramm mit niedriger, mittlerer und hoher Belastung in ihrer Trainingsgruppe durch!
109. a) Erstellen Sie ein Programm zum Training der volleyballspezifischen koordinativen Fähigkeiten unter Berücksichtigung der genannten Grundsätze! b) Lassen Sie Ihre Spieler/-innen die Übungen nach den individuellen Bedürfnissen variieren!

2.4 Training der konditionellen Fähigkeiten

110. a) Entwickeln Sie einen Trainingsplan für einzelne Spieler zur Entwicklung der aeroben Kapazität, und b) kontrollieren Sie die Dosierung gemeinsam mit dem Spieler durch ein Trainingsbuch!
111. Führen Sie nach einem Trainingsplan individuelle Programme für die volleyballspezifische anaerobe Ausdauerschulung mit Ball in spielnahen Situationen durch!
112. Entwickeln und erproben Sie Programme für ein Maximalkraft-, intramuskuläres, Koordinations- und ein kombiniertes Training!
113. a) Erstellen und organisieren Sie ein Circuittraining für Ihre Mannschaft, und b) führen Sie dies kontrolliert über einen längeren Zeitraum hin durch!
114. Wählen Sie Trainingsübungen, -methoden und -mittel aus, die sich für ein Krafttraining im Jugendbereich eignen!
115. Erarbeiten Sie ein Konzept für ein Schnelligkeitstraining auf der Grundlage des individuellen Leistungsstandes!

2.5 Training der Spielhandlungen

116. a) Erproben Sie die Formen des motorischen und nichtmotorischen Trainings in Ihren Gruppen über einen längeren Zeitraum! b) Schätzen Sie ihre Effektivi-

tät bei verschiedenen Inhalten (z. B. Technik, Taktik) und Trainingsgruppen (Jugend, Leistungsmannschaft) unter Berücksichtigung einer möglichen Gewöhnung an die angewandte Trainingsmethode ein!

117. a) Wählen Sie aus der Fachliteratur zum gleichen Trainingsinhalt (z. B. Block) Übungsformen aus, und b) ordnen Sie diese nach den Kriterien Komplexität, Spielnähe und Belastung unterschiedlichen Schwierigkeitsstufen zu!
118. Konstruieren Sie zu den verschiedenen Spielhandlungen Einzel-, Komplex-, Taktik- und Spezialübungen nach eigenen Ideen und unter Verwendung von Fachliteratur!
119. Stellen Sie durch Pulsmessungen die Belastung gleicher Übungsformen bei unterschiedlicher Organisationsform fest!
120. Führen Sie die Beispielübungen durch, und variieren Sie die Anforderungen je nach Leistungsstand Ihrer Trainingsgruppe!

2.6 Training der Mannschaftstaktik und Spielstrategie

121. Legen Sie unter Berücksichtigung der Anforderungen Ihrer Spielklasse und der Leistungsvoraussetzungen Ihrer Mannschaft eine lang-, mittel- und kurzfristige Spielkonzeption in einem schriftlichen Programm fest!
122. Erarbeiten Sie geeignete Maßnahmen für die unmittelbare Wettspielvorbereitung für einzelne Spieler und die ganze Mannschaft!
123. Überprüfen Sie das ‹Wir-Gefühl› in der Mannschaft, und verbessern Sie den Kommunikationsprozeß durch Ihr Verhalten!

2.7 Entspannungstraining und Streßbewältigung

124. Beobachten und analysieren Sie mögliche Streßsymptome bei Einzelspielern und der Mannschaft! Folgende Fragen sind dabei zu prüfen:
    a. Welche Situationen werden von dem Spieler als psychisch belastend erlebt?
    b. Wie verhält sich der Spieler in psychischen Belastungssituationen?
    c. Welche Bedingungen haben zur Entwicklung von psychischen Belastungen beigetragen, welche halten sie aufrecht, und welche sind geeignet, diese abzubauen?
    d. Welchen Anforderungen ist der Spieler im Spiel und außerhalb (Familie, Schule, Beruf) ausgesetzt?
    e. Ist der Spieler überzeugt davon, daß ihm Entspannungstechniken helfen, und kann er sie auch unter ungünstigen Bedingungen anwenden und durchhalten?
125. Bearbeiten Sie gemeinsam mit einem Spieler die Bewältigung von Streßsituationen, und stellen Sie ihm folgende Aufgaben:
    a. Trainiere Streßsituationen bei dir und anderen zu erkennen!
    b. Trainiere deine Selbstgespräche zu steuern!
    c. Setze dir klare Ziele und plane geeignete Maßnahmen, wie du Streß vermeiden bzw. abbauen kannst!
    d. Trainiere eine Entspannungstechnik!

2.8 Physiotherapie

126. Erstellen Sie einen Maßnahmenkatalog für Spieler und Trainer Ihres Vereins, mit dem die Regeneration nach Trainings- und Wettkampfbelastungen verbessert werden kann!

127. Erstellen Sie einen Trainingsplan für ein Trainingslager mit 2–3 Trainingseinheiten pro Tag unter besonderer Berücksichtigung der Regenerationsmöglichkeiten!
128. a) Informieren Sie sich über physiotherapeutische Betreuungsmöglichkeiten für Ihre Mannschaft, und b) stellen Sie die Verbindung mit einem Physiotherapeuten und Sportarzt für Ihren Verein her!
129. a) Organisieren Sie über Ihren Verein eine optimale Versorgung bei möglichen Verletzungen im Training und Wettkampf (z. B. Erste-Hilfe-Kasten, Erstversorgung, Weiterbehandlung), und b) nehmen Sie an entsprechenden Fortbildungskursen teil!

2.9 Belastungszyklen

130. Erstellen Sie ein Periodisierungsschema in Anlehnung an die Beispiele im Text unter Berücksichtigung der speziellen Bedingungen für Ihre Mannschaft!
131. a) Erklären Sie das Pendelprinzip, und b) erarbeiten Sie danach eine Trainingsplanung für eine Leistungsmannschaft!
132. a) Bestimmen Sie für eine Leistungsmannschaft mögliche Inhalte bei einer Blockstruktur des Trainings, und b) verteilen Sie diese auf günstige Zeiträume im Trainingsjahr!
133. a) Werten Sie Ihre Beobachtungen und Erhebungen zur Leistungsentwicklung Ihrer Spieler aus, und b) stellen Sie fest, ob sich bestimmte Reaktionstypen erkennen lassen!
134. Teilen Sie das Trainingsjahr einer Leistungsmannschaft in Trainings-, Wettkampf- und Regenerationsphasen ein!
135. a) Teilen Sie die Perioden im Trainingsjahr Ihrer Mannschaft in Mesozyklen auf, und b) bestimmen Sie Typ, Inhalte und Belastungsstruktur in Anlehnung an die Beispiele!
136. a) Gliedern Sie die Mesozyklen im Trainingsplan Ihrer Mannschaft in Mikrozyklen auf, und b) bestimmen Sie Typ, Inhalte und Belastungsstruktur in Anlehnung an die Beispiele!
137. Charakterisieren Sie einen Stoß- und einen Wiederherstellungsmikrozyklus für Ihre Mannschaft unter Berücksichtigung der Regenerationsfähigkeit!
138. Beschreiben Sie die Belastungsstruktur des Trainings vor Wettkampfterminen Ihrer Mannschaft!
139. Planen Sie Vorbereitungs- und Wettkampf-Mikrozyklen bei einem Turnier in Anlehnung an die Typen 1–4!
140. a) Entwerfen und b) beurteilen Sie Trainingseinheiten (Ziele, Inhalte, Belastungsstruktur) für Ihre (eine andere) Mannschaft! c) Ordnen Sie diese in die Modelle 1–5 ein!

2.10 Kontrolle der Belastung und Leistungsdiagnose

141. a) Werten Sie die Ergebnisse einer Leistungsdiagnose bei einer Spitzenmannschaft gemeinsam mit einem Sportmediziner aus, und b) leiten Sie Konsequenzen für die Trainingsgestaltung und -kontrolle ab!
142. a) Erarbeiten Sie gemeinsam mit Ihren Spielern die Fähigkeit zur subjektiven Belastungseinschätzung, und b) ergänzen Sie diese durch Beobachtungen und objektive Testergebnisse zur Kontrolle der Belastungs- und Leistungsfähigkeit im Training und Wettkampf! c) Legen Sie dazu ein Trainingsbuch an, in dem Sie die Ergebnisse zusammenstellen können!

143. a) Ermitteln Sie die Qualität von Spielleistungen (z. B. Angriff, Block) bei einzelnen Spielern oder der Mannschaft, und b) berechnen Sie nach einem der genannten Verfahren den Wirkungsquotienten!
144. a) Erheben Sie in Ihrer Mannschaft Daten zur Gegnereinschätzung und zur psychischen Belastung, und b) werten Sie die Fragebögen mit einem Sportpsychologen aus!

2.11 Coaching

145. a) Erläutern Sie die Aufgaben beim Coaching, und b) lernen Sie, diese Maßnahmen gezielt einzusetzen! c) Kontrollieren Sie die Wirksamkeit, und verändern Sie ggf. Ihre Vorgehensweise!
146. Üben Sie Spielerwechsel, Auszeiten und Absprachen mit der Mannschaft im Training ein!
147. a) Analysieren Sie Ihre Äußerungen in der Auszeit, und b) üben Sie die Spielsteuerung in den genannten drei Stufen.
148. a) Charakterisieren Sie das Motivationsverhalten einzelner Spieler im Wettkampf, und b) bearbeiten Sie mit dem Spieler die auftretenden Probleme in der Woche nach dem Spiel!

3 Die Vermittlung der Spielfähigkeit

3.1 Technik des Volleyballspiels

149. a) Definieren Sie die Begriffe Hauptfunktionsphase und Hilfsfunktionsphasen, und b) erläutern Sie dies an den Volleyballtechniken!
150. Erklären Sie biomechanische Gesetzmäßigkeiten, die bei der Optimierung von Volleyballtechniken zu berücksichtigen sind, an verschiedenen Fertigkeiten!
151. a) Beobachten Sie die Fertigkeiten des Volleyballspiels bei Spielern unterschiedlicher und gleicher Leistungsstärke mit Hilfe der Fotos und schematischen Darstellungen!
b) Erstellen Sie danach weitere Übersichten, die die Variationsmöglichkeiten – besonders bei den Hilfsfunktionsphasen – verdeutlichen!
152. Stellen Sie fest, welche Teilbewegungen a) mangelhafte Zielgenauigkeit bei Annahme, Zuspiel, Angriff und Abwehr verursachen und b) in taktischer Hinsicht (z. B. Täuschung des Blocks) besonders erfolgreich sind! c) Beschreiben Sie in diesen Fällen die Hauptfunktionsphase!
153. Welche Faktoren können zur Steigerung der Schlaghärte beim Angriffsschlag aus biomechanischer Sicht verbessert werden?
154. Vergleichen Sie die verschiedenen Abwehrtechniken unter Berücksichtigung der Spielsituation, des Ballverhaltens, der Effektivität und der Verletzungsgefahr!

3.2 Taktik des Volleyballspiels

155. Finden Sie entsprechende Hinweise für Ihre Spieler selbst heraus:

Du sollst nur...	wenn
risikoreich aufschlagen	...
den Aufsteiger spielen	...
den Linienschlag anwenden	...

Wenn	dann
der Gegner einen Kreuzangriff ausführt	sollen die Blockspieler...
der Gegner aus dem Hinterfeld zuspielen muß	wird sein Angriff...
der Angriff von der Angriffslinie aus erfolgt	sollen die Blockspieler...

156. Entwickeln Sie selbständig weitere Beispiele, und finden Sie mit Ihren Spielern/-innen in der Ausbildung die günstigste Lösung bzw. sinnvolle Handlungsalternativen!

157. a) Zeichnen Sie in nebenstehende Skizze die Positionen ein, und markieren Sie die Grenzen für Aufstellungsfehler!
b) Überlegen Sie, welche Nachteile sich aus dieser Formation für den Angriff ergeben, wenn alle Angreifer Rechtshänder sind.

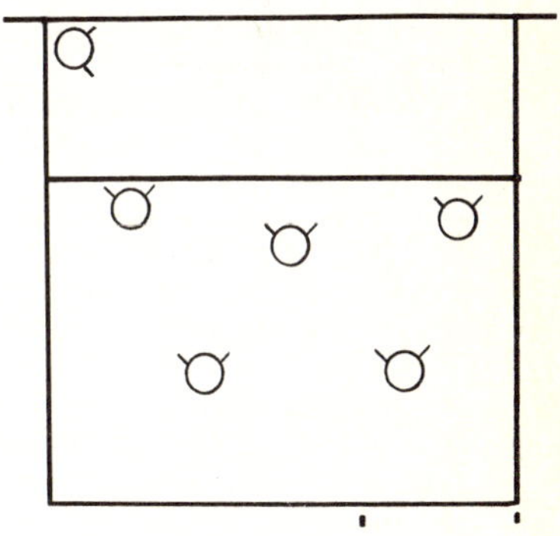

158. Skizzieren Sie die Grundaufstellung, wenn in Ihrer Mannschaft
a) nur rechtshändige Angreifer sind und Sie den Spielaufbau über Position II erfolgen lassen wollen;
b) je zwei linkshändige und zwei rechtshändige Angreifer spielen und der Spielaufbau nicht über Position III erfolgen soll!

159. Skizzieren Sie einen Viererriegel, der folgende Bedingungen erfüllt:
a) Läufer (verdeckt) von I;
b) VI ist annahmeschwach und soll abgedeckt werden;
c) Es soll ein Schnellangriff durchgeführt werden!

160. Analysieren Sie die Riegelaufstellung auf den Bildern (a, b), und geben Sie taktische Begründungen für diese Formationen! Welche Angriffsmöglichkeiten können aus dieser Aufstellung vorbereitet werden?

a)

b)

161. Bestimmen Sie bei den Fotos (a, b) die Grundposition des Zuspielers, und überlegen Sie, welche Angriffskombination(-en) aus dieser Aufstellung heraus zu erwarten sind!

a)

b)

162. In der Abbildung ist ein Annahmeriegel vorgestellt, und die Ausgangspositionen sind benannt worden. Begründen Sie, warum
a) diese Riegelformation gewählt worden ist;
b) ein Täuschungsmanöver vorliegt (odcr auch nicht);
c) welche Angriffskombination (-en) sich besonders einfach oder
d) unter Inkaufnahme besonders langer Laufwege aus dieser Aufstellung entwickeln lassen;
e) diese Kombinationen (s. Frage c

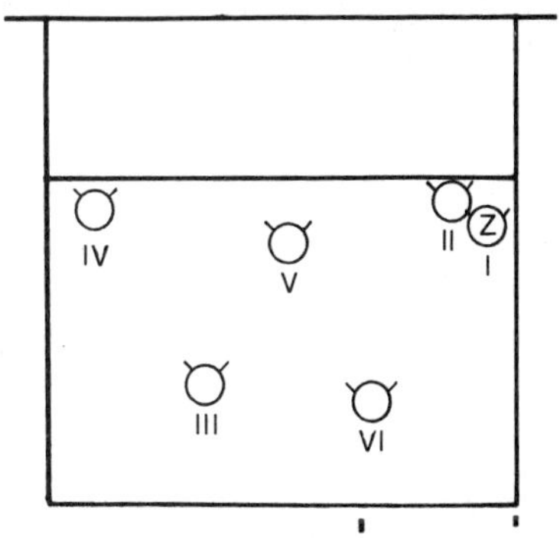

und d) eine Überlegenheit gegenüber den gegnerischen Blockspielern erwarten lassen!

163. Zeichnen Sie die Angriffssicherung für folgende Situationen:
a) 2-3-0-Sicherung für einen Diagonalangriff von II nach der Annahme im Fünferriegel nach hohem Paß. Eine Spezialisierung im Hinterfeld ist nicht vorgesehen.
b) Abbildung 1 zeigt einen 5er-Riegel, Abbildung 2 die Grundaufstellung nach den geplanten Positionswechseln. Dazwischen erfolgte ein Angriff mit folgendem Ablauf: Zuspiel von L1 durch Läufer von I auf IV (Diagonalschlag), angetäuschter Aufsteiger III und Meter II. Wegen der Spezialisierung im Hinterfeld (zurückgezogene VI) sollen die Positionswechsel vor der Angriffssicherung ausgeführt werden.
Skizzieren Sie die Aufstellung der Angriffssicherung!

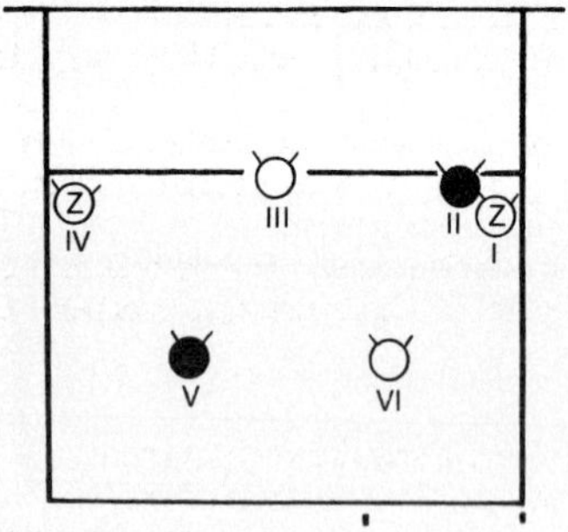

Abb. 1: Aufstellung bei Annahme

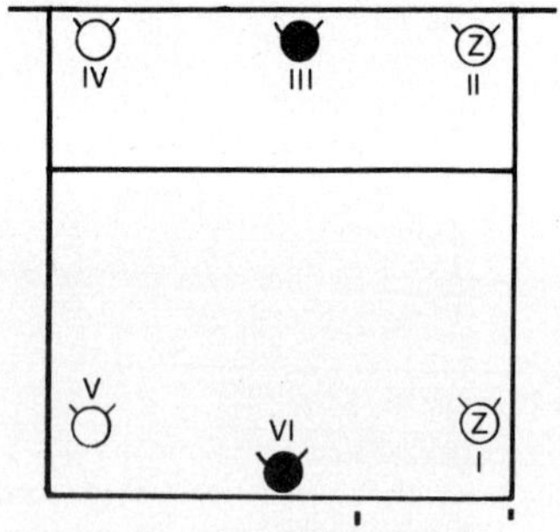

Abb. 2: Grundaufstellung nach den geplanten Positionswechseln

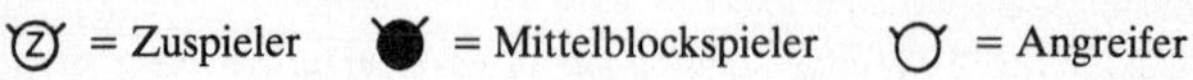

164. Skizzieren Sie wie in Abb. 3.2.22 (S. 429) die Aktionsrichtungen, -bereiche und die gefährdeten Stellen des Feldes bei anderen Abwehrsituationen im System ‹Vorgezogene VI› (z. B. Fotos 3.2.21–3.2.25)!
165. Skizzieren Sie wie in Abb. 3.2.22 die Aktionsrichtungen, -bereiche und die gefährdeten Stellen des Feldes bei den Abwehrformationen im System ‹Zurückgezogene VI›!
166. Entwickeln Sie für Ihre Mannschaft ein taktisches Konzept für die beiden Handlungskomplexe, und berücksichtigen Sie dabei die technischen und individualtaktischen Fähigkeiten Ihrer Spieler/-innen!
167. Analysieren Sie die taktischen Konzepte Ihrer Gegner in der Spielklasse bzw. bei einem Turnier! Stellen Sie Ihre Mannschaft auf die jeweiligen Stärken und Schwächen ein!
168. Analysieren Sie die Taktikkonzepte in der nächsthöheren Spielklasse, und versuchen Sie, taktische Varianten zu trainieren und anzuwenden, die ohne spezielle Technikschulung auch von Ihrer Mannschaft realisiert werden können!

3.3 Motorisches Lernen und Üben

169. Welche Rolle spielt perzeptiv-verbales Lernen beim Fertigkeitserwerb?
170. Wie können in der Praxis die Bewegungsvorstellung und das Bewegungsschema entwickelt und verbessert werden?
171. a) Beschreiben Sie optimale Lernbedingungen, und b) streben Sie diese in Ihrem Unterricht an!
172. Welche Möglichkeiten bestehen bei der Steuerung der Bewegung von außen und der Rückmeldung über das Ergebnis und den Ablauf der Handlung?
173. Erläutern Sie die Begriffe Bewegungserfahrung und Bewegungsgedächtnis!
174. a) Beobachten Sie Lernentwicklungen bei Ihren Spielern, und b) versuchen Sie, Lernphasen zu erkennen!
175. Welche Informationen sind für die Entwicklung von Zeitgefühl (Timing) und Antizipation geeignet?
176. a) Warum werden strukturverwandte Handlungen leichter erlernt? b) Ordnen Sie die Lerninhalte des Spiels nach diesen Gesichtspunkten!
177. Beschreiben Sie an Beispielen die Schwierigkeiten beim Umlernen falsch gelernter Bewegungshandlungen!
178. a) Versuchen Sie, die handlungsrelevanten Informationen für die Lernenden herauszufinden, und b) organisieren Sie diese im Sinne einer hierarchischen Informationsstruktur (z. B. Allgemeines-Besonderes)!
179. Erarbeiten Sie Gemeinsamkeiten und Unterschiede zwischen Bewegungslernen einerseits und Technik-, Taktik- und Konditionstraining andererseits!

3.4 Der Lehr-Lernprozeß

180. Sprechen Sie mit den Spielern über deren Gedanken beim Lernen, und versuchen Sie, dadurch mehr über die subjektive Struktur zu erfahren!
181. Präzisieren Sie an Beispielen verschiedenster Lernziele die Inhalts- und Handlungskomponenten!
182. Wählen Sie für Ihre Lerngruppe geeignete Formen der Differenzierung nach den Eingangsvoraussetzungen!
183. Konstruieren Sie Lernsequenzen bei verschiedenen Lernzielen im Sinne einer Spirale!
184. a) Erproben Sie die verschiedenen Lehrmethoden, und b) wenden Sie diese je nach den Bedingungen (z. B. Lerninhalt, Gruppe) differenziert an!
185. Organisieren Sie in Ihrer Gruppe geeignete Sozialformen unter Berücksichtigung der Lernziele, der Gruppe und der Motivation!
186. Analysieren Sie sprachliche Äußerungen im Unterricht, die mittels Video oder Tonband zugänglich sind!
187. Trainieren Sie Ihr Sprachverhalten mit Hilfe von Tonband und Video!
188. a) Informieren Sie sich über zugängige Medien und Materialien! b) Machen Sie sich mit ihrer Handhabung vertraut, und c) setzen Sie diese im Unterricht gezielt ein!

3.5 Methodische Wege

189. Erläutern Sie die Lernstufen: Entwickeln, Festigen und Anwenden an Beispielen aus der Unterrichtspraxis im Volleyball!
190. Erstellen Sie Organisationsformen, die ein intensives Lernen und Üben ermöglichen!
191. a) Erproben Sie die vorgeschlagenen methodischen Wege, und b) entwickeln

Sie Alternativen und Variationen, die auf die speziellen Bedingungen in Ihrer Gruppe abgestimmt sind! c) Legen Sie sich Karteikarten mit besonders geeigneten Übungs- und Spielformen an!

192. a) Suchen Sie weitere Übungs- und Spielformen in der Fachliteratur, und b) regen Sie Ihre Spieler zu Vorschlägen an!

3.6 Beurteilung des Lehrer- und Trainerverhaltens

193. Führen Sie in der Ausbildung Lehrversuche in Anlehnung an die vorgeschlagene Methode durch!
194. Beschäftigen Sie sich in der Ausbildung intensiv mit der Rückmeldung über genau definierte Lehrtechniken nach einem Lehrversuch!
195. a) Wählen Sie für die Beurteilung von Lehrproben eine überschaubare Anzahl von Kriterien aus, und b) machen Sie Ihre Beurteilung transparent!

3.7 Technik- und Taktikbeobachtung

196. a) Beobachten Sie die verschiedenen Spielhandlungen mit Hilfe von Videoaufnahmen (Zeitlupe, Standbild), und b) vergleichen Sie diese mit den Fotos und graphischen Darstellungen! c) Verbessern Sie durch das Beschreiben des Bewegungsablaufs Ihre Bewegungsvorstellung und Ihr Bewegungssehen!
197. a) Wenden Sie die Beobachtungsbögen und die Fehlerkataloge zur Fehlererkennung an, und b) erarbeiten Sie eigene Beobachtungsbögen!
198. Finden Sie mögliche Ursachen von Bewegungsfehlern heraus!
199. Versuchen Sie, eine Gewichtung der Fehler aufzustellen (Primär-, Sekundärfehler)!
200. Entwickeln Sie im Einzelfall Korrekturmaßnahmen unter Berücksichtigung der möglichen Fehlerursachen und ihrer Gewichtung!

Literaturverzeichnis

Volleyball-Bibliographien

KNEYER, W. / KNEYER-HINTENBERGER, I.: Volleyball. Schorndorf 1983, 145–164 (251 Titel).
KRÖGER, CH.: Volleyball-Bibliographie. Speichersdorf 1985 (1260 Titel).
MERICKA, S.: Dokumentationsstudie Volleyball. Wien 1979 (ca. 450 Titel mit Abstracts).
NAGEL, V.: Volleyball Bibliographie. Hamburg 1985 (1210 Titel).
WILLE, M.: Volleyball Bibliographie. Wolfsburg 1985 (ca. 2000 Titel).

Abkürzungen bei Zeitschriften

DVZ	= Deutsche Volleyball Zeitschrift
Lsp	= Leistungssport
LH	= Lehrhilfen (zur Zeitschrift Sportunterricht)
L + P	= Lehre und Praxis (Lehrbeilage zur DVZ)
SU	= Sportunterricht
ThPKK	= Theorie und Praxis der Körperkultur

Verwendete und weiterführende Literatur

1.1 Das Volleyballspiel

Baacke, H.: History of Volleyball in the World. In: Canadian Volleyball Association: Coaches Manual I.8.1–8.8. Vanier 1978.

Begov, F.: Volleyball. In: Grupe, O. (Hg.): Theorie in der gymnasialen Oberstufe Bd. 2/Teil II. Schorndorf 1981, 237–284.

Brettschneider, W.-D.: Das Volleyballspiel in der sportlichen Interessenstruktur von Schülern. In: Volleyball 12, 1977, 4, 85–88.

Cramer, G. / Cardenas-Estrada, E.: Die Entwicklung des Frauenvolleyballspiels. In: Wedekind, S. (Red.): Frauensport, Berlin 1981, 68–74.

Deutscher Volleyball-Verband: Internationale Volleyball-Spielregeln. Schorndorf 1985/86, 10.

Digel, H.: Sport verstehen und gestalten. Reinbek 1982.

Friermood, H. T.: 60 Years of Volleyball. Oklahoma 1955.

Göhner, U.: Bewegungsanalyse im Sport. Schorndorf 1979.

Gottschalk, S.: Volleyball als Freizeitsport. In: Praxis der Leibesübungen 20, 1979, 9, 33ff.

Günther, H.: Um Ball und Tor, ein Streifzug durch die Geschichte der Ball-, Wurf- und Laufspiele. Leipzig 1955.

Hagedorn, G.: Spielen. Reinbek 1987.

Heckhausen, H.: Entwurf einer Psychologie des Spielens. In: Graumann, C. F. / Heckhausen, H. (Hg.): Pädagogische Psychologie 1. Frankfurt am Main 1973, 155–174.

Heinrich, W.: Eine Untersuchung bei Leistungsvolleyballern: Schulischer Bildungsgrad und Einflüsse des schulartspezifischen Sportunterrichts. In: L + P 3, 1979, 3f.

Hussmann, U. / Komma, U.: Die Entwicklung des Volleyballspiels vom Freizeitsport zum Internationalen Wettkampfsport. In: Volleyball 10, 1975, 2, 38f.

Honig, K. (Red.): 25 Jahre Deutscher Volleyball-Verband. 1955–1980. Frankfurt/Main 1980.

Loescher, A.: Volleyball. Berlin 1982.

Mathys, F. K.: Ballspiele und ihre historische Entwicklung. In: Die Leibeserziehung 4, 1955, 12, 312–316.

Mathys, F. K.: Die Ballspiele – Eine Kulturgeschichte. Dortmund 1983.

Mendner, S.: Das Ballspiel im Leben der Völker. Münster 1956.

Meusel, H.: Volleyball (Flugball). Frankfurt/Main 1954.

Meusel, H.: Welche Sportspiele sind auch für die zweite Lebenshälfte geeignet? In: L + P 6, 1982, 5, 58.

Mühle, A.: Beim ersten Ball ist (fast) alles erlaubt – die Angabe darf nicht mehr geblockt werden. In: DVZ 8, 1984, 9, 43.

Mühle, A.: Experten diskutieren Regulierung der Spieldauer. In: DVZ 10, 1986, 3, 52.

Nagel, V.: Volleyball. Eine spielgenetische Betrachtung. In: Dietrich, K. (Hg.): Sportspiele. Reinbek 1985, 134–149.

Scates, A. E.: Winning Volleyball. Boston/London/Sydney 1976.

Scheidereit, D. / Wendler, H. / Schulze, A.: Das Volleyballspiel im Studentensport der DDR – sein Beitrag für die Realisierung des zentralen Lehrprogramms. In: ThPKK 29, 1980, 11, 848–855.

Thomas, A.: Einführung in die Sportpsychologie. Göttingen, Toronto, Zürich 1978, 54.

Utz, M.: Stundenmodelle Breitensport I, II. In: L + P 4, 1980, 5, 53f; L + P 4, 1980, 6, 68.

Zeigert, J.: «So fing es damals bei uns an». In: Volleyball 1963, 4.

1.2 Voraussetzungen der Spielleistung

Koordinative Fähigkeiten

Adler, D.: Ausgewählte Theorien motorischen Lernens. In: Lsp 7, 1977, 6, 484–487

Bös, K. / Mechling, H.: Dimensionen sportmotorischer Leistungen. Schorndorf 1983.

Brandt, C.: Entwicklung der visuellen Orientierungsfähigkeit bei Volleyballspielern. In: ThPKK 28, 1979, 2, 114–117.

Brandt, C.: Entwicklung koordinativer Fähigkeiten im Volleyball. In: ThPKK 34, 1985, 4, 267–273.

Dannenmann, F.: Zur Problematik des Trainings der für das Volleyballspiel wichtigen koordi-

nativen Fähigkeiten. In: Christmann, E. / Letzelter, H. (Red.): Volleyball optimieren und variieren. Ahrensburg 1985, 19–34.
Egger, K.: Lernübertragungen in der Sportpädagogik. Basel 1975.
Hirtz, P. u. a.: Koordinative Fähigkeiten im Schulsport. Berlin 1985.
Kuhn, W.: Motorisches Gedächtnis. Schorndorf 1984.
Kuhn, W.: Bedeutung der Informationsverarbeitung für das Spielhandeln. In: Hagedorn, G. / Niedlich, D. / Schmidt, G. J. (Hg.): Basketball-Handbuch. Reinbek 1985, 95–108.
Leist, K.-H.: Transfer im Sport. Schorndorf 1979.
Markworth, P.: Sportmedizin 1, Physiologische Grundlagen. Reinbek 1983.
Martin, D.: Konzeption eines Modells für das Kinder- und Jugendtraining. In: Lsp 11, 1981, 3, 165–176.
Meinel, K. / Schnabel, G.: Bewegungslehre. Berlin 1976.
Pöhlmann, R. / Kirchner, G.: Die Sinnesempfindungen steuern und kontrollieren unsere Bewegungen. In: Körpererziehung 29, 1979, 5, 202–210.
Roth, K.: Strukturanalyse koordinativer Fähigkeiten. Bad Homburg v. d. H. 1982
Teipel, D.: Grundlagen der Bewegungskoordination und des Bewegungslernens. In: Hagedorn, G. / Niedlich, D. / Schmidt, G. J. (Hg.): Basketball-Handbuch. Reinbek 1985, 89–95.
Willimczik, K. / Roth, K.: Bewegungslehre. Reinbek 1983.

Konditionelle Fähigkeiten

Andresen, R. / Kröger, C.: Allgemeine Prinzipien für den Leistungsaufbau bei jugendlichen Spielern. L + P 7, 1983, 5, 51–56.
Begov, F.: Volleyball. In: Grupe, O. (Hg.): Sporttheorie in der gymnasialen Oberstufe. Band 2/II. Schorndorf 1981, 237–284.
Begov, F. / Pauckner, R.: Tendenzen im Spitzenvolleyball 1984. In: L + P 9, 1985, 3, 25–33.
Brack, R.: Trainingswissenschaftliche Leistungsdiagnostik im Volleyball. Ahrensburg 1983.
Bührle, M.: Dimensionen des Kraftverhaltens und ihre spezifischen Trainingsmethoden. In: Bührle, M. (Hg.): Grundlagen des Maximal- und Schnellkrafttrainings. Schorndorf 1985, 82–111.
Cwik, W.: Körperbau der auf dem Spielfeld verschiedene Aufgaben erfüllenden Volleyballspielerinnen. In: Sport wycznynowy 17, 1979, 2, 17–22.
Frey, G.: Trainieren im Sport. In: Grupe, O. (Hg.): Sporttheorie in der gymnasialen Oberstufe. Band 1. Schorndorf 1980, 13–116.
Harre, D.: Trainingslehre. Berlin 1973.
Jonath, H. / Krempel, R.: Konditionstraining. Reinbek bei Hamburg 1987, 6.
Kastien, H.: Untersuchung über Angriffsaktionen und -ziele im mittleren Leistungsbereich. In: L + P 9, 1985, 69–71.
Kröger, C.: Ausgewählte Aspekte des Vorbereitungskonzepts europäischer Auswahlmannschaften. In: Lsp 14, 1984, 5, 35–42.
Letzelter, M.: Trainingsgrundlagen. Reinbek 1978.
Letzelter, H. / Scholl, H.: Konditionsprofile jugendlicher Volleyballer. In: Christmann, E. (Red.): Volleyball trainieren. Ahrensburg 1984, 95–118.
Letzelter, H. / Letzelter, M.: Krafttraining. Reinbek 1986.
Martin, D.: Grundlagen der Trainingslehre I. Schorndorf 1977.
Mühlfriedel, B.: Trainingslehre. Frankfurt am Main 1979.
Scholl, H. / Letzelter, H.: Körperbaudimensionen und -proportionen jugendlicher Volleyballspieler im Vergleich mit anderen Sportspielern. In: Christmann, E. / Letzelter, H. (Red.): Volleyball optimieren und variieren. Ahrensburg 1985, 42–63.
Talsky, D.: Verletzungen und Schäden der Wirbelsäule beim Volleyball. In: L + P 9, 1985, 6, 76–78.
Thiess, G. / Schnabel, G. / Baumann, R. (Red.): Training von A–Z. Berlin 1978.
Toyoda, H.: Grundtechniken beim Volleyball. In: Andresen, R. (Red.): Volleyball. Technik, Training, Taktik. Berlin 1975, 18–36.
Voigt, H.-F.: Einfluß psychischer und physischer Leistungskomponenten auf die Entwicklung der Spielerleistung im studentischen Anfängervolleyball in geschlechtsheterogenen Lerngruppen. Diss. Heidelberg 1982.
Voigt, H.-F.: Ausgewählte konditionelle Teilbereiche und ihr Zusammenhang mit der Spiellei-

stung. In: Christmann, E. / Letzelter, H. (Red.): Spielanalysen und Trainingsmaßnahmen im Volleyball. Ahrensburg 1986, 32–51.
Weineck, J.: Optimales Training. Erlangen 1980.
Willimczik, K. / Roth, K.: Bewegungslehre. Reinbek 1983.

Gruppendynamik und Interaktion

Eberspächer, H.: Kleingruppenforschung im Sport. In: Gruppendynamik – Forschung und Praxis 10, 1979, 2–18.
Grieswelle, D.: Sportsoziologie. Stuttgart, Berlin, Köln, Mainz 1978.
Hartmann, H.: Beobachtungen bei der Integration von Neulingen in Spielmannschaften (am Beispiel von Volleyball-Mannschaften). In: Andresen, R. / Hagedorn, G. (Hg.): Beobachten und Messen im Sportspiel. Berlin 1980, 109–121.
Jütting, D. H.: Handeln im Erwachsenensport aus der Teilnehmerperspektive. In: Sperle, N. / Schulke, H.-J. (Red.): Handeln im Hochschulsport. Ahrensburg 1985, 66–99.
Katulin, N. A. / Rodionov, A. V.: Soziales Zusammenwirken in einer Basketballmannschaft. In: ThPKK 31, 1982, 7, 517–519.
Keck, B.: Gruppenstrukturen und sportliche Leistung. Unv. Examensarbeit Saarbrücken 1985.
Klein, M. / Christiansen, G.: Gruppenkomposition, Gruppenstruktur und Effektivität von Basketballmannschaften. In: Lüschen, G. (Hg.): Kleingruppenforschung und Gruppe im Sport. Köln und Opladen 1966, 180–191.
Landers, D. M. / Crum, T. F.: The effect of team success and formal structure on inter-personal relations and cohesiveness of Baseball teams. In: International Journal of Sport Psychology 2, 1971, 88–96.
Landers, D. M. / Lüschen, G.: Team performance outcome and the cohesiveness of competitive coacting groups. In: International Review of Sport Sociology 9, 1974, 57–71.
Langenkamp, H.: Aspekte der Gruppendynamik bei der Führung von Handballmannschaften. In: Schwenkmezger, P. / Langenkamp, H.: Psychologie für die Trainingspraxis. Münster 1981, 39–58.
Lee, J.: Im modernen Volleyball die höchste Kunst: das Zuspiel. In: L + P 3, 1979, 3, 9–12.
Mehling, M.: Gruppenstruktur und Erfolg interagierender Sportspielmannschaften. In: Lsp 15, 1985, 3, 15–19.
Schellenberger, B.: Die sozialen Beziehungen des Sportlers als Komponente für die Verhaltens- und Leistungsregulation. In: Kunath, P. (Hg.): Beiträge zur Sportpsychologie. Berlin 1974, 31–65.
Slepicka, P.: Zum Einfluß zwischenmenschlicher Beziehungen auf die sportliche Leistung. In: Lsp 15, 1985, 3, 20.
Veit, H.: Zwischenmenschliche Beziehungen in Ballspielmannschaften. In: Gabler, H. u. a. (Hg.): Praxis der Psychologie im Leistungssport. München, Frankfurt/Main 1979, 406–412.
Voigt, H.: Sozialpsychologische Probleme bei der längerfristigen Betreuung von Wettkampfmannschaften. In: Gabler, H. u. a. (Hg.): Praxis der Psychologie im Leistungssport. München, Frankfurt/Main 1979, 413–428.
Widmaier, H.: Zur Psychologie des Volleyballspielers. In: Lsp 13, 1983, 6, 19–22.

Leistungsmotivation

Brackhane, R.: Motivationale Aspekte des Sports. In: Thomas, A. (Hg.): Sportpsychologie. Ein Handbuch in Schlüsselbegriffen. München, Wien, Baltimore 1982, 42–55.
Breuer, H.-P.: Sportlehrerhandeln und Schülermotivation. Ahrensburg 1982.
Döring, K. W.: Lehren in der Erwachsenenbildung. Weinheim und Basel 1983.
Erdmann, R. (Hg.): Motive und Einstellungen im Sport. Schorndorf 1983.
Gabler, H.: Leistungsmotivation im Hochleistungssport. Schorndorf 1972.
Gabler, H.: Motive und Motivationen im Sport. In: Grupe, O. (Hg.): Sporttheorie in der gymnasialen Oberstufe. Schorndorf 1980, 169–230.
Heckhausen, H.: Motivation und Handeln. Berlin, Heidelberg, New York 1980.
Janssen, J. P. / Hahn, E. (Hg.): Aktivierung, Motivation, Handlung und Coaching im Sport. Schorndorf 1983.
Kleine, W.: Leistungsmotiv-Schulung im Grundschulsport. Schorndorf 1980.
Martens, R. u. a.: Coaching young athletes. Champaign 1981.

MEYER, W.-U.: Leistungsmotiv und Ursachenerklärung von Erfolg und Mißerfolg. Stuttgart 1973.
SCHMALT, H.-D. / MEYER, W.-U.: Leistungsmotivation und Verhalten. Stuttgart 1976.
VOLP, A.: Motivation in Training und Wettkampf. In: Lsp 15, 1985, 4, 13–16.
WIDMAIER, H.: Zur Psychologie des Volleyballspielers. In: Lsp 13, 1983, 6, 19–22.

Kognitionen

ALLMER, H.: «Da war ich richtig sauer» – oder worüber Sportler sich ärgern. In: Lsp 15, 1985, 2, 33–36.
BAUMANN, S.: Die Einstellung als funktionales Regulativ sportlichen Handelns. In: Lsp 11, 1981, 4, 294–300.
BLOOM, B. S. u. a.: Taxonomie von Lernzielen im kognitiven Bereich. Weinheim und Basel 1976.
FOBE, K.: Die Einstellung zum sportlichen Gegner als pychologische Leistungskomponente in den Sportspielarten. In: ThPKK 31, 1982, 7, 519–525.
KIRSCHNER, TH.: Wollen und Handeln. In: Psychologie heute, 12, 1985, 9, 28–33.
KUHN, W.: Motorisches Gedächtnis. Schorndorf 1984.
SPÄTE, D. / SCHWENKMEZGER, P.: Leistungsbestimmende psychische Merkmale bei Handballspielern. In: Lsp 13, 1983, 2, 11–19.
WAGNER, TH.: Kognitionen in Abhängigkeit von Spielausgang und Spielniveau beim Tennisspiel. Unv. Diplomarbeit Saarbrücken 1985.

Wahrnehmung

ANDRESEN, R. / HAGEDORN, G. (Hg.): Beobachten und Messen im Sportspiel. Berlin 1980.
CRATTY, B. J.: Motorisches Lernen und Bewegungsverhalten. Frankfurt 1975.
GIBSON, J. J.: Die Sinne und der Prozeß der Wahrnehmung. Berlin, Stuttgart, Wien 1973.
HAASE, H. / MAYER, H.: Optische Orientierungsstrategien von Fechtern. In: Lsp 8, 1978, 3, 191–200.
KÄHLER, R. (Red.): Bewegungswahrnehmung und Bewegungsvermittlung im Tennis. Clausthal-Zellerfeld 1984.
LOIBL, J.: Aspekte der visuellen Bewegungswahrnehmung im Sport. In: CHRISTMANN, E. (Red.): Volleyball trainieren. Ahrensburg 1984, 149–170.
NEUMAIER, A.: Zum Einfluß von Beobachtungsanweisungen auf die Antizipation von Volleyballangriffen. In: CHRISTMANN, E. (Red.) 1984, a. a. O. 171–194.
NEUMAIER, A.: Beobachtungsstrategien und Antizipation bei der Abwehr von Volleyballangriffen. In: Lsp 13, 1983, 4, 5–10.
RITZDORF, W.: Visuelle Wahrnehmung und Antizipation. Schorndorf 1982.
SANDHU, G. S.: Selective attention in competitive Volleyball. In: SALMELA, J. H. / PARTINGTON, J. T. / ORLICK, T.: New paths of sport learning and excellence. Ottawa 1982, 30–32.
WESTPHAL, G. / GASSE, M.: Zur Antizipationsfähigkeit des Blockspielers im Volleyball. In: Lsp 15, 1985, 6, 9–14.

Aufmerksamkeit

BRICKENKAMP, R.: Test d2. Aufmerksamkeits-Belastungs-Text. Göttingen 1978.
EYSENCK, M. W.: Attention and arousal. Berlin, Heidelberg, New York 1982.
JANSEN, J. P. / HAHN, E. (Hg.): Aktivierung, Motivation, Handlung und Coaching im Sport. Schorndorf 1983.
KONZAG, G.: Zur Bedeutung und Diagnostik der Distribution und Konzentration der Aufmerksamkeit von Sportspielern. In: SCHELLENBERGER, H. (Hg.): Psychologie im Sportspiel. Berlin 1981, 35–59.
KOSEL, H.: Zum Aufmerksamkeitsproblem und seiner Bedeutung im Sport. Köln 1975.
NIDEFFER, R. M.: The relationship of attention and anxiety to performance. In: STRAUB, W. F. (Hg.): Sport psychology. New York 1978, 231–235.
NIDEFFER, R. M.: Attention focus-self assessment. In: SUINN, R. M. (Hg.): Psychology in sports. Minneapolis 1980, 281–290.
NORMAN, D. A.: Aufmerksamkeit und Gedächtnis. Weinheim und Basel 1973.
RAPP, G.: Aufmerksamkeit und Konzentration. Bad Heilbrunn 1982.

SCHWARZER, R.: Streß, Angst und Hilflosigkeit. Stuttgart 1981.
SCHWENKMEZGER, P.: Untersuchungen zur kognitiven Angsttheorie im sportmotorischen Bereich. In: Zeitschrift für experimentelle und angewandte Psychologie 22, 1980, 607–630.
STRAUB, W. F. (Hg.): Sport Psychology. New York 1978.
SUINN, R. M. (Hg.): Psychology in Sports. Minneapolis 1980.
WIDMAIER, H.: Aufmerksamkeit und Antizipation im Volleyball. Forschungsbericht. Heidelberg 1985.

Handlungsregulation

BERNSTEIN, N. A.: Bewegungsphysiologie. Leipzig 1975.
BOESCH, E. E.: Kultur und Handlung. Bern 1980.
DAUGS, R. / BLISCHKE, K.: Sensomotorisches Lernen. In: CARL, K. / KAYSER, D. / MECHLING, H. / PREISING, W. (Hg.): Handbuch Sport 1. Düsseldorf 1984, 381–420.
GÖHNER, U.: Bewegungsanalyse im Sport. Schorndorf 1979.
HOTZ, A.: Volleyball ist wie Schach, nur mit Tempo 200... Manuskript. Magglingen 1985.
HUG, O.: Bewegungsregulation im Sport. Ahrensburg 1982.
KONZAG, J. / KONZAG, G.: Anforderungen an die kognitiven Funktionen in der psychischen Regulation sportlicher Spielhandlungen. In: ThPKK 29, 1980, 1, 20–31.
KUNATH, P. / PÖHLMANN, R.: Handlungs- und persönlichkeitstheoretische Grundlagen zur Erforschung und zur Abbildung des motorischen Lernprozesses. In: RIEDER, H. u. a.: Motorik und Bewegungsforschung. Schorndorf 1983, 143–164.
NEISSER, U.: Kognition und Wirklichkeit. Stuttgart 1979.
THOMAS, A.: Einführung in die Sportpsychologie. Göttingen, Toronto, Zürich 1978.

Aktivierung

EBERSPÄCHER, H.: Anmerkungen zu möglichen Aufgaben in der Beratung und Betreuung von Spitzen-Volleyballmannschaften durch einen Psychologen. In: CHRISTMANN, E. / LETZELTER, H. (Red.): Volleyball optimieren und variieren. Ahrensburg 1985, 9–13.
GABLER, H.: Leistungsdiagnose, Psychoregulation und Coaching am Beispiel Tennis (Aspekte des psychologischen Trainings). In: GABLER, H.: Tennis. Unterrichtsmaterialien zur Sportlehrerausbildung für den schulischen und außerschulischen Bereich. Schorndorf 1982, 134–144.
HÄCKER, H.: Aufmerksamkeit und Leistung. In: JANSSEN, J. P. / HAHN, E. (Hg.): Aktivierung, Motivation, Handlung und Coaching im Sport. Schorndorf 1983, 37–58.
HAHN, E.: Streß und Streßbewältigung im Hochleistungssport. In: Lsp 7, 1977, 6, 488–491.
KEMMLER, R. W.: Psychologie im sportlichen Wettkampf. In: THOMAS, A. (Hg.): Sportpsychologie. Ein Handbuch in Schlüsselbegriffen. München, Wien, Baltimore 1982, 201–213.
SCHWENKMEZGER, P.: Motivation und Streß als leistungsbeeinflussende Faktoren im Handball. In: SCHWENKMEZGER, P. / LANGENKAMP, H.: Psychologie für die Trainingspraxis. Münster 1981, 9–35.
UDRIS, I.: Streß in arbeitspsychologischer Sicht. In: NITSCH, J. R. (Hg.): Streß. Theorien, Untersuchungen, Maßnahmen. Bern, Stuttgart, Wien 1981, 391–440.

1.3 Methodikkonzeption

BRETTSCHNEIDER, W.-D. / WESTPHAL, G. u. U.: Das Volleyballspiel. Ahrensburg 1976.
DÜRRWÄCHTER, G.: Volleyball. Spielend lernen – Spielend üben. Schorndorf 1979.
FRÖHNER, B. / RADDE, K. / DÖRING, F.: Volleyball. Berlin 1974.
HEINRICH, W.: Handlungskompetenz als Spielen-können. In: Sportunterricht 31, 1982, 12, 457–464.
KLEINE-TEBBE, M.: Unterschiedliche didaktische Ansätze in der Spielerziehung und ihre methodischen Konsequenzen. Dargestellt am Beispiel der Einführung des Volleyballspiels. In: DIETRICH, K. / LANDAU, G. (Hg.): Beiträge zur Didaktik der Sportspiele. Teil III. Schorndorf 1977, 27–37.
MEDLER, M.: Volleyball. Teil 1: Hinführung durch Kleinfeldspiele. Neumünster 1984.
PAPAGEORGIOU, A. / SPITZLEY, W.: Volleyball. Vom Mini-Volleyballspieler zum Universalisten. Berlin 1984.
SAWULA, L. / VALERIOTE, T.: Volleyball development model. Vanier 1982.
SCHNIEWIND, J.-P.: Die Anfänger- und Fortgeschrittenenausbildung in der deutsch- und eng-

lischsprachigen Volleyball-Literatur. Diplomarbeit. Köln 1985.
VOIGT, H. / NAUL, R.: Volleyball. Düsseldorf 1980.
WOPP, CH.: Volleyball spielen und lernen. Wuppertal 1980.

1.4 Steuerung der Trainingsbelastungen

BECHTHOLD, I. / SCHÄDLICH, G.: Begriffe und Methoden des Trainings. In: RÖTHIG, P. / GRÖSSING, ST. (Hg.): Kursbuch 2: Trainingslehre. Bad Homburg v. H. 1979, 7–54.
BERGER, J.: Standpunkte zur Trainingsbelastung. In: ThPKK 29, 1980, 8, 620–625.
FREY, G.: Trainieren im Sport. In: GRUPE, O. (Hg.): Sportheorie in der gymnasialen Oberstufe. Schorndorf 1980, 13–116.
FREY, G.: Training im Schulsport. Schorndorf 1981.
FREY, G.: Trendbericht Trainingslehre. SU 32, 1983, 10, 365–381.
FREY, G. / HILDENBRANDT, E.: Trainieren im Sport. In: DIGEL, H. (Hg.): Lehren im Sport. Reinbek 1983, 232–264.
GROSSER, M. / STARISCHKA, ST. / ZIMMERMANN, E.: Konditionstraining. München 1981.
HERZOG, K. / VOIGT, H.-F. / WESTPHAL, G.: Volleyballtraining. Schorndorf 1985.
JÄGER, K. / OELSCHLÄGEL, G.: Kleine Trainingslehre. Berlin 1974.
LETZELTER, M.: Trainingsgrundlagen. Reinbek 1978.
LETZELTER, H. / LETZELTER, M.: Krafttraining. Reinbek 1986.
MARTIN, D.: Grundlagen der Trainingslehre I. Schorndorf 1977.
MATVEEV, L. P.: Allgemeine und spezielle Grundsätze, die im sportlichen Training zu realisieren sind. In: ThPKK 28, 1979, 9, 737–752.
MÜHLFRIEDEL, B.: Trainingslehre. Frankfurt, Berlin, München 1979.
THIESS, G. / SCHNABEL, G. / BAUMANN, R. (Red.): Training von A bis Z Berlin 1978.
WEINECK, J.: Optimales Training. Erlangen 1980, 298–300.
HARRE, D.: Trainingslehre. Berlin 1973.

1.5 Kinder- und Jugendtraining

BAL: Orientierungshilfen zur Gestaltung des Kinder- und Jugendtrainings. In: Lsp 14, 1984, 5, 25.
FREY, G.: Kindgemäßes Leistungstraining. In: Sportwissenschaft 12, 1982, 3, 275–300.
HAHN, E.: Kindertraining. München, Wien, Zürich 1982.
HILDENBRANDT, E.: Training im Sportunterricht. In: Sportpädagogik 5, 1981, 5, 12–17.
HOLZ, P.: Nachwuchsathleten im Spannungsfeld sozialer Wirklichkeit. In: Lsp 11, 1981, 1, 5–19.
KORJAGIN, W. M.: Zum Trainingsaufbau junger Basketballspieler in der Vorbereitungsperiode. In: Lsp 12, 1982, 6, 464–467.
KREIM, G. / MAYER, R.: Abbruch der sportlichen Karriere im Jugendalter. In: Sportwissenschaft 15, 1985, 4, 398–409.
KURZ, D.: Zur Bedeutung der Trainingswissenschaft für den Sport in der Schule. In: Sportwissenschaft 8, 1978, 2/3, 125–141.
MARTIN, D.: Grundlagen der Trainingslehre II. Schorndorf 1980.
MARTIN, D.: Konzeption eines Modells für das Kinder- und Jugendtraining. In: Leistungssport 11, 1981, 3, 165–176.
MARTIN, D.: Das Kinder- und Jugendtraining. Lehrbrief Trainerakademie. Köln 1981.
MEDLER, M.: Trainingslehre im Theorieunterricht der gymnasialen Oberstufe. In: LH 29, 1980, 3, 43–48.
RUOFF, B. A.: Psychologische Analysen zum Alltag jugendlicher Leistungssportler. München 1981.
SCHIERENBECK, C.: Trainieren lernen im Sportunterricht, LH 29, 1980, 3, 33–42; LH 29, 1980, 4, 61–63.
SCHROEDER, CH. / WURSTER, H.: Rahmentrainingsplan und Jahrestrainingspläne für das Anfängertraining im Volleyball in Schulsportgemeinschaften. In: Körpererziehung 30, 1980, 2/3, 96–114.
STARISCHKA, S. / OLTMANNS, K.: Nachwuchstraining und Biomechanik des Sports. In: Lsp 13, 1983, 21–25.
TSCHIENE, P.: Konkrete Vorstellungen über eine zeitgemäße und langfristig wirksame Gestaltung des Schülertrainings. In: Lsp 6, 1976, 3, 176–181.

1.6 Der Trainer

BETTE, K.-H.: Die Trainerrolle im Hochleistungssport. Sankt Augustin 1984.

BÖCK, C.: Untersuchung zur Motivationsstruktur von Trainern im Leistungssport. In: Lsp 10, 1980, 1, 46–52.

BUDINGER, H.: Trainer als ausgebildete Sportpädagogen. In: Lsp 5, 1975, 3, 209–213.

CALLIES, P.: Psychologische Betreuungsmaßnahmen. In; Lsp 12, 1982, 3, 230–236.

CHELLADURAI, P.: Leadership in youth sports and athletics. In: JENSEN, R. K. / HEIM, J. (Hg.): The child in the sport world. Orcol 1981, 119–125.

FRIEDRICH, E.: Der Trainer als Sozialpartner des Sportlers – Zur Veränderung der Trainerrolle. In: Lsp 15, 1985, 2, 15–16.

FUHRER, U.: Pädagogische und psychologische Aspekte des Trainingsprozesses unter besonderer Berücksichtigung des Trainer-Athleten-Verhältnisses. In: Lsp 7, 1977, 6, 468–473.

GABLER, H.: Zur Person des Trainers. In: Lsp 5, 1975, 3, 184–193.

HAHN, E.: Die Selbsteinschätzung des Trainers als eine wesentliche Grundlage des Trainingserfolgs. In: Lsp 5, 1975, 3, 202–208.

HOLZ, P.: Trainer – was ist das? In: Lsp 15, 1982, 2, 5–14.

HUG, O.: Zur lernpsychologischen Fundierung des Techniktrainings in einer Zusammenarbeit zwischen Trainer und Psychologe. In: Lsp 11, 1981, 2, 128–136.

LEWEIS, K. A.: Leadership: a success factor for women volleyball coaches. In: Diss. Abstr. Internat. Ann Arbor 40 A, 1979, 1, 154.

LEWIS, L. F. / MASSENGALE, J. D.: Role Conflict in Teacher/Coaches. In: Research Quarterly 49, 1978, 2, 162–174.

MARTENS, R. / CHRISTINA, R. W. u. a.: Coaching young athletes. Champaign 1981.

OPASCHOWSKI, H. W.: Der Freizeitsportleiter. Hamburg 1977.

PETRAK, B. / KLEIN, M.: Soziologische Faktoren der Motivation der Arbeitshaltung ehrenamtlicher Trainer und Übungsleiter. In: Lsp 8, 1978, 2, 173–179.

ROSENSTIEL v., L.: Organisationspsychologische Hilfen für den Trainer. In: Lsp 13, 1983, 1, 37–42.

ROSSMANN, E. D. / THIEL, G.: «Ein guter Trainer sollte...». In: Sportpädagogik 9, 1985, 6, 8–13.

SCHMIDT, D. W.: Wenn die Spieler mitentscheiden, schwindet des Trainers Autorität. In: DVZ 7, 1983, 3, 20.

SMITH, R. E. / SMOLL, F. L. / HUNT, E.: A system for the behavioral assessment of athletic coaches. In: Research Quarterly 48, 1977, 2, 401–407.

SONNENSCHEIN, I. / CHRISTEN, J. H.: Die Trainer-Athlet-Beziehung als leistungsbestimmender Faktor. In: Lsp 13, 1983, 2, 36–38.

SPILKER, H.-J.: Die Eigenschaften des Spitzentrainers und seine Ausbildung. In: Lsp 5, 1975, 3, 218–221.

STÜTZLE, M.: Gefühle als Bedingungen erfolgreicher und gestörter Beziehungen zwischen Trainer und Sportler. In: Lsp 13, 1983, 6, 33–37.

TUTKO, T. / RICHARDS, J. W.: Psychology of coaching. Boston, London, Sydney, Toronto 1971.

1.7 Spielbeobachtung

ALPHEIS, H.: Funktion und Grenzen der Sportspielbeobachtung. In: Lsp 14, 1984, 3, 27–32.

BEGOV, F. / UTZ, M.: Rahmenkonzept und Ergebnisse einer Spielbeobachtung bei den Junioren-Europameisterschaften im Volleyball 1975 und 1977. In: Lsp 8, 1978, 4, 300–312.

BEGOV, F.: Spielbeobachtung Volleyball. Stuttgart 1979.

BRETTSCHNEIDER, W.-D.: Entwicklung und Anwendung eines Instruments zur Spielbeobachtung. In: ANDRESEN, R. / HAGEDORN, G. (Hg.): Beobachten und Messen im Sportspiel. Berlin 1980, 52–63.

CHRISTMANN, E.: Zur Entwicklung taktischer Kenntnisse und Fähigkeiten im Volleyball in der Sportlehrerausbildung. In: CHRISTMANN, E. (Red.): Volleyball lehren und lernen. Ahrensburg 1983, 64–72.

CZWALINA, C.: Systematische Spielerbeobachtung in den Sportspielen. Schorndorf 1976.

EMMER, E. T. / MILLETT, G. B.: Beobachtung. In: SINGER, R. / WILLIMCZIK, K. (Hg.): Forschungsmethoden in der Sportwissenschaft. Grundkurs Datenerhebung 2. Bad Homburg 1978, 9–47.

FREIBICHLER, H.: Interaktives Video: Mikrocomputer und Videorecorder kombiniert. In: Bös, K. / GAISSER, G. (Hg.): Mikrocomputer an sportwissenschaftlichen Instituten. Clausthal-Zellerfeld 1984, 77–94.
KMK: Einheitliche Prüfungsanforderungen in der Abiturprüfung Sport. Neuwied 1984.
LENGENFELDER, L. / BRÜNGER-KOCH, H.: Möglichkeiten der Leistungsbeurteilung von Volleyballmannschaften und -spielern auf Grund eines Spielstenogramms und des Spielberichtsbogens. In: Lsp 6, 1976, 4, 268–280.
SCHMIDT, G. J.: Erfolgskontrolle im Training und Wettkampf. In: HAGEDORN, G. u. a. (Hg.): Basketball-Handbuch. Reinbek 1985, 418–426.
STIEHLER, G.: Möglichkeiten und Grenzen der Spielbeobachtung. In: ThPKK 11, 1962, 4, 361–364.
STIEHLER, G.: Die freie Spielbeobachtung. In: ThPKK 11, 1962, 5, 441–447.
STIEHLER, G.: Die schriftlich gebundene Spielbeobachtung. In: ThPKK 11, 1962, 6, 529–540.
STIEHLER, G.: Die graphisch gebundene Spielbeobachtung. In: ThPKK 11, 1962, 9, 823–832.
STIEHLER, G.: Die filmisch-gebundene Spielbeobachtung. In: ThPKK 11, 1962, 10, 918–926.
THIERER, R. / BRETTSCHNEIDER, W.-D.: Computerunterstützte Spielanalyse im Volleyball. In: Lsp 12, 1982, 4, 267–278.
THIERER, R.: Zum Einsatz von Computern in der Sportspielforschung – dargestellt an der Analyse von Volleyballspielen. In: RIEDER, H. u. a. (Hg.): Motorik- und Bewegungsforschung, Bd. 2. Köln 1984, 187–208.
VOIGT, H.-F.: Notwendigkeit und Problematik der Objektivierung von Spielsituationen für die Zensurengebung in der Schule – dargestellt am Beispiel des Oberstufenunterrichts. In: ANDRESEN, R. / HAGEDORN, G. (Hg.): Beobachten und Messen im Sportspiel. Berlin 1980, 33–51.
VOIGT, H.-F.: Scouting und Coaching am praktischen Beispiel. In: L + P 7, 1983, 6, 68–71.

1.8 Einstellungsermittlung

HARTMANN, H.: Beobachtungen bei der Integration von Neulingen in Spielmannschaften (am Beispiel von Volleyball-Mannschaften). In: ANDRESEN, R. / HAGEDORN, G. (Hg.): Beobachten und Messen im Sportspiel. Berlin 1980, 123.
MÄDER, F. / OSPELT, R. / SCHÜTZ, B.: Persönlichkeit und Leistungsverhalten von Spitzenfußballern. In: ALBRECHT, D. (Hg.): Fußballsport. Berlin, München, Frankfurt a. M. 1979, 116–135.
MAYNTZ, R. / HOLM, K. / HÜBNER, P.: Einführung in die Methoden der empirischen Soziologie. Opladen 1972², 124–126
RUSHALL, B. S.: Psychological Inventories for Volleyball Players. In: ESSING, W.: Empirische Methoden in der Sportpsychologie. Opladen 1980, 258–290.
VEIT, H.: Untersuchungen zur Gruppendynamik von Ballspielmannschaften. Schorndorf 1971.
VOIGT, H.: Sozialpsychologische Probleme bei der längerfristigen Betreuung von Wettkampfmannschaften. In: GABLER, H. u. a. (Hg.): Praxis der Psychologie im Leistungssport. Berlin, München, Frankfurt a. M. 1979, 416.

2.1 Belastung und Leistung

ANDRESEN, R. / BRETTSCHNEIDER, W.-D. / THIERER, R.: Untersuchung zur Angriffsleistung im Volleyball. In: ANDRESEN, R. / HAGEDORN, G. (Hg.): Beobachten und Messen im Sportspiel. Berlin 1980, 64–82.
BEGOV, F. / UTZ, M.: Rahmenkonzept und Ergebnisse einer Spielbeobachtung bei den Junioren-Europameisterschaften im Volleyball 1975 und 1977. In: Lsp 8, 1978, 4, 300–312.
BEGOV, F.: Verfahren der Spielbeobachtung. In: CHRISTMANN, E. (Red.). 1983, a. a. O. 158–173.
BEGOV, F. / PAUCKNER, R.: Tendenzen im Spitzenvolleyball 1984. In: L + P 9, 1985, 3, 25–33.
BEGOV, F. / PAUCKNER, R. / ZIEGLER, J.: Abschneiden der DVV-Frauen/Technik- und Taktiktrends. In: L + P 10, 1986, 2, 15–18.
BRACHT, B. / CZWALINA, C.: Zum Spielwert individueller Spieleraktionen im Volleyball. In: CHRISTMANN, E. (Red.) 1984, a. a. O. 195–209.
CHRISTMANN, E. (Red.): Volleyball lehren und lernen. Ahrensburg 1983.
CHRISTMANN, E. (Red.): Volleyball trainieren. Ahrensburg 1984.
CHRISTMANN, E. / LETZELTER, H. (Red.): Volleyball optimieren und variieren. Ahrensburg 1985.

CHRISTMANN, E. / LETZELTER, H. (Red.): Spielanalysen und Trainingsmaßnahmen im Volleyball. Ahrensburg 1986.

DVV (Trainerrat): Aktuelle Entwicklungstendenzen bei den Spitzenteams im Männer-Volleyball I. In: L + P 7, 1983, 3, 25f. Teil II: In: L + P 5, 1983, 5, 58–60.

GAISSER, G. / WIDMAIER, H.: Computergestützte Spielanalyse und Videoaufzeichnung im Volleyball. In: CHRISTMANN, E. (Red.) 1984, a. a. O. 210–220.

GRABOWIECKI V. U.: Wirksamkeit und Häufigkeit von Angriffsaktionen im Volleyball auf unterschiedlichen Leistungsklassen. In: CHRISTMANN E. / LETZELTER, H. (Red.) 1986, a. a. O. 57–170.

HERZOG, K. / VOIGT, H.-F. / WESTPHAL, G.: Volleyballtraining. Schorndorf 1985.

KÄMMERER, H.-J. / RIEDER, H. / SCHNEIDER, P. / WIDMAIER, H.: Beobachtung und Analyse der Spielqualität bei Männermannschaften unterschiedlicher Spielstärke im Volleyball. In: Lsp 8, 1978, 3, 202–210.

KASTIEN, H.: Untersuchung über Angriffsaktionen und -ziele im mittleren Leistungsbereich. In: L + P 9, 1985, 6, 69–71.

KEMMLER, R. W.: Psychologie im sportlichen Wettkampf. In: THOMAS, A. (Hg.): Sportpsychologie. München, Wien, Baltimore 1982, 201–213.

KNAPPE, M. / GIELNIK, A.: Anforderungen an Sprunghandlungen beim Volleyballspiel in der 1. Bundesliga der Herren. In: Lsp 13, 1983, 2, 43–45.

KRUPP, N. / RÖHRS, U. / SATTLER, N.: Probleme der Erhebung und Bewertung von Spielhandlungen des Stellers im Volleyball. In: CHRISTMANN, E. / LETZELTER, H. (Hg.) 1985, a. a. O. 64–77.

LEITZGEN, D. / PAPAGEORGIOU, A.: Häufigkeit und Effektivität von Angriffskombinationen im Volleyball. Analysiert anhand von ausgewählten Videoaufzeichnungen der Männerweltmeisterschaften von Rom 1978. In: CHRISTMANN, E. (Red.) 1983 a. a. O. 174–187.

MARCINKOWSKI, D. u. a.: Die Leistungserfassung im Volleyballspiel. In: Pressedienst der FU Berlin (Hg.): Sportwissenschaft in der Entwicklung. Berlin 1973, 4–6, 233–245.

MIETHLING, W.-D. / PERL, J.: Strategisches Verhalten in Rückschlagspielen – Aspekte der Analyse, Darstellung und Umsetzung. In: LETZELTER, H. / STEINMANN, W. / FREITAG, W. (Red.): Angewandte Sportwissenschaft. Clausthal-Zellerfeld 1986, 96–103.

PAPAGEORGIOU, A. / LEITZGEN, D.: Quantitative Untersuchung hinsichtlich der Anwendung der Spieltechniken bei der Männerweltmeisterschaft 1982 in Argentinien. In: CHRISTMANN, E. / LETZELTER, H. (Red.) 1986, a. a. O. 142–156.

RICHTERING, G. / GASSE, M. / WESTPHAL, G.: Die Annahme im Spielklassenvergleich – Beobachtungen bei Frauenmannschaften. In: L + P 7, 1983, 4, 39–42.

SCHULZ, A.: Zur Entwicklung von Technik und Taktik im Volleyball. In: CHRISTMANN, E. (Red.) 1984, a. a. O. 257–268.

STAMATOVIC, C.: Der Zusammenhang zwischen Leistung und Leistungsbedingung im Wettkampfspiel Volleyball. In: Lsp 7, 1977, 5, 383–390.

THIERER, R. / BRETTSCHNEIDER, W.-D.: Computerunterstützte Spielanalyse im Volleyball. In: Lsp 12, 1982, 4, 267–278.

VOIGT, H. / NAUL, R.: Volleyball. Düsseldorf 1980.

VOIGT, H.-F.: Notwendigkeit und Problematik der Objektivierung von Spielsituationen für die Zensurengebung in der Schule – dargestellt am Beispiel des Oberstufenunterrichts. In: ANDRESEN, R. / HAGEDORN, G. (Hg.): Beobachten und Messen im Sportspiel. Ahrensburg 1980, 33–51.

VOIGT, H.-F.: Zur Ermittlung von Trainingsinhalten für die langfristige Trainingsplanung. In: ANDRESEN, R. / HAGEDORN, G. (Hg.): Steuerung des Sportspiels in Training und Wettkampf. Ahrensburg 1984, 68–82.

VOIGT, H.-F.: Empfehlung für Ausbildung und Training gruppentaktischer Verhaltensweisen. Beispiele aus dem Leistungsvolleyball auf internationalem Niveau und der Regionalliga sowie für die Sportlehrerausbildung und die Sekundarstufe II. In: CHRISTMANN, E. (Red.) 1985 a. a. O. 91–121.

WESTPHAL, G. / RICHTERING, G. / GASSE, M.: Zur Qualität der Annahme bei den besten deutschen Frauen-Mannschaften 1979/80. In: L + P 4, 1980, 3, 25–27.

WESTPHAL, G.: Zur Struktur des Volleyballspiels bei 11–13jährigen Jungen und Mädchen. In: CHRISTMANN, E. / LETZELTER, H. (Red.) 1986 a. a. O. 119–130

2.2 Trainingswirkungen

BAUMANN, S.: Psychologische Bedingungsfaktoren von Unfällen und Verletzungen im Sportspiel. In: Lsp 9, 1979, 2, 94–103.

BLUM, B. / WÖLLZENMÜLLER, F.: Stretching: Bessere Leistungen in allen Sportarten. Oberhaching 1985.

BÖNING, D.: Neue Gesichtspunkte zum Thema Muskelkater. In: HORT, W. / FLÖTHNER, R. (Hg.): Die Muskulatur der Leistungssportlers. Erlangen 1983, 84–88.

BRINGMANN, W. / REH, J.: Sportbiologische Grundlagen für den Übungsleiter. In. ThPKK 1978 (Beiheft).

DIEBSCHLAG, W.: Die optimale Ernährung für Sportler. In: Lsp 15, 1985, 1, 15–22; 2, 49–54.

EBERSPÄCHER, H. / RENZLAND, J.: Psychische Regeneration. In: LÖCKEN, M. / DIETZE, R. (Hg.): Das Betreuungssystem im modernen Hochleistungssport. Münster 1982, 204–218.

EBERSPÄCHER, H. / FANCK, M.: Streßausgleich und Entspannung durch Bewegungstraining. Oberhaching 1985.

GABLER, H. / KLAIBER, E.: Sportverletzungen und ihre psychischen Bedingungen. In: Jugend und Sport 39, 1982, 11, 16–19.

HÄFNER, H.: Volleyball. In: PFÖRRINGER, W.: Sporttraumatologie. Erlangen 1981, 222ff.

HAMM, M. / NILLES, M.: Richtig essen hilft gewinnen. Weil der Stadt, o. J.

HEDEWIG, R. / BRODTMANN, D.: Biologie des Sports. In: Unterricht Biologie 1978, 20, 2–13.

HELL, H. / SCHÖNLE, CH.: Ursachen und Prophylaxe typischer Volleyballverletzungen. In: Zeitschrift für Orthopädie 1985, 72f.

HERZOG, K. / VOIGT, H.-F. / WESTPHAL, G.: Volleyballtraining. Schorndorf 1985.

HOLLMANN, W. (Hg.): Zentrale Themen der Sportmedizin. Berlin, Heidelberg, New York, Tokio 1986.

ISRAELI, A. / ENGEL, J. / GANEL, A.: Possible fatigue fracture of the pisiform bone in volleyball-players. In: International Journal of Sports Medicine 3, 1982, 1, 56–57.

JUNG, K.: Sport und Ernährung. Aachen 1984.

KEUL, J. / DICKHUTH, H. / LEHMANN, M. / SCHMID, P.: Aufwärmen – Verhütung von Verletzungen und Förderung der Leistungsfähigkeit. In: Lsp 13, 1983, 13–18.

KEUL, J. u. a.: Erschöpfung und Regeneration des Muskels in Training und Wettkampf. In: Lsp 14, 1984, 5, 13–18.

KEUL, J. u. a.: Aufwärmen – Verhütung von Verletzungen und Förderung der Leistungsfähigkeit. In: L + P 8, 1984, 5, 54–57.

KINDERMANN, W. / KEUL, J. / SIMON, G. / REINDELL, H.: Anpassungserscheinungen durch Schul- und Leistungssport im Kindesalter. In: Sportwissenschaft 8, 1978, 2–3, 222–234.

KLÜMPER, A.: Wenn Sie zum Unknicken neigen: Tapen! In; L + P 5.1981, 1, III, 9f.

KNEBEL, K.-P.: Funktionsgymnastik. Reinbek 1985.

KONOPKA, P.: Sport, Ernährung und Leistung. Osthofen 1984.

KRÖGER, CH. / DÜRRWÄCHTER, H. / WOLFF, R.: Verletzungen und Überlastungsschäden im Volleyball. In: L + P 5, 1981, 5/6, 57f und 69–71.

LEHNERTZ, K.: Blutlaktat und Trainingssteuerung im schnellkoordinativen Bereich. In: Lsp 15, 1985, 1, 29–33.

LEMME, B. / WEDDIG, R.: Unterrichtseinheiten zur Sportbiologie/Trainingslehre. Schorndorf 1983.

DE MARÉES, H. / MESTER, J.: Sportphysiologie I, II. Frankfurt am Main, Berlin, München 1981/1982.

MARKWORTH, P.: Sportmedizin. Reinbek 1983.

MARTIN, D.: Grundlagen der Trainingslehre II. Schorndorf 1980.

MARTIN, D.: Probleme und Fragestellungen der Trainingssteuerung bei der Ausdauerentwicklung. In: Lsp 15, 1985, 1, 7–12.

MÜHLFRIEDEL, B.: Trainingslehre. Frankfurt am Main, Berlin, München 1979.

NILLES, M.: Wer richtig ißt, spielt besser: richtige Ernährung im Volleyball. In: L + P 5, 1981, 5, 59–60.

NILLES, M.: Die Bedeutung von Kohlenhydraten, Fetten und Eiweiß in der Nahrung. In: L + P 6, 1982, 6, 63–65.

NILLES, M.: Die Funktion des Wasserhaushalts und der Steuer- und Reglerstoffe. In: L + P 7, 1983, 2, 16f.

NITSCH, J. R.: Streßtheoretische Modellvorstellungen. In: NITSCH, J. R. (Hg.): Streß. Bern, Stuttgart, Wien 1981, 52–141.
NÖCKER, J. / BARON, D. K. / INZINGER, M.: So essen Sportler richtig. Bielefeld 1984.
PLACE-BRANDEL, T. / BRANDEL, CH.: Volleyballtraining in den USA. Teil I: Aufwärmen. In: L+P 6, 1982, 5, 56f.
PROKOP, L.: Verletzungen und Schäden beim Volleyball. In: KNEYER, W. / KNEYER-HINTENBERGER, I.: Volleyball. Schorndorf 1983, 61–64.
RAVALD, B.: Massage-ABC für jedermann. München 1985.
RIECKERT, H.: Leistungsphysiologie. Schorndorf 1986.
RÖTHIG, P. / GRÖSSING, S. (Hg.): Sportbiologie. Bad Homburg v. d. H. 1979.
SCHNABEL, A.: Sportgerechte Ernährung. In: FLÖTHNER, R. / HORT, W. (Hg.): Sportmedizin im Mannschaftssport. Erlangen 1983, 62–72.
SCHWENKMEZGER, P.: Motivation und Streß als leistungsbeeinflussende Faktoren im Handball. In: SCHWENKMEZGER, P. / LANGENKAMP, H.: Psychologie für die Trainingspraxis. Münster 1981, 9–35.
SCHWERDTNER, H.-P. / FOHLER, N.: Sportverletzungen. Erlangen 1983.
SÖLVEBORN, S.-A.: Das Buch vom Stretching. München 1983.
UDRIS, I.: Streß in arbeitspsychologischer Sicht. In: NITSCH (Hg.) a. a. O. 391–440.
VOIGT, H. F.: Über die Besonderheiten und Probleme der Energiebereitstellung im Volleyball I, II. In: (I) L+P 7, 1983, 1, 8–10; (II) L+P 7, 1983, 3, 27–29.
WEINECK, J.: Optimales Training. Erlangen 1980.
WEINECK, J.: Sportanatomie. Erlangen 1981.
WIDERA, U. V.: Volleyballverletzungen – Analyse einer empirischen Untersuchung zu deren Ursachen und Verhütungsmöglichkeiten. Unv. Examensarbeit München 1982.
WIDERA, U.: Statistische Untersuchung über die Häufigkeit bestimmter Verletzungen. In: L+P 8, 1984, 5, 49–53.
WILKE, K. / MADSEN, O.: Das Training des jugendlichen Schwimmers. Schorndorf 1983.
ZIESCHANG, K.: Aufwärmen bei motorischem Lernen, Training und Wettkampf. In: Sportwissenschaft 8, 1978, 2–3, 235–251.

2.3 Training der koordinativen Fähigkeiten

BACHMANN, E. u. M. (Red.): 1005 Spiel- und Übungsformen im Volleyball. Schorndorf 1982.
BLUM, B. / WÖLLZENMÜLLER, F.: Stretching: Bessere Leistungen in allen Sportarten. Oberhaching 1985.
BRANDT, C.: Entwicklung koordinativer Fähigkeiten im Volleyballtraining. In: ThPKK 34, 1985, 4, 267–273.
DANNENMANN, F.: Das Koordinationstraining für den Volleyballspieler. In: L+P 9, 1985, 3, 34–35.
DANNENMANN, F.: Das Koordinationstraining für den Volleyballspieler. Teil 3: Training der Reaktionsfähigkeit. In: L+P 9, 1985, 4, 45–47.
DANNENMANN, F.: Das Koordinationstraining für den Volleyballspieler. Teil 4: Trainieren der Differenzierungsfähigkeit. In: L+P 10, 1986, 2, 20–23.
DIETRICH, L. / BERTOLD, F. / BRENKE, H.: Muskeldehnung – eine wichtige trainingsmethodische Maßnahme. In: ThPKK 34, 1985, 12, 922–930.
GROSSER, M. / STARISCHKA, S. / ZIMMERMANN, E.: Konditionstraining. München, Wien, Zürich 1985.
HIRTZ, P. (Red.): Koordinative Fähigkeiten im Schulsport. Berlin 1985.
HORVATH, I.: Die Taktik und ihre Schulung. Volketswil o. J. 130–182.
JONATH, U. / KREMPEL, R.: Konditionstraining. Reinbek 1984.
KARBE, S. (Red.): Volleyball. Anleitung für den Übungsleiter. Berlin 1981.
KNEBEL, K.-P: Funktionsgymnastik. Reinbek 1987[3].
LETZELTER, H. / LETZELTER, M.: Krafttraining. Reinbek bei Hamburg 1986.
LÖBER, G.: Karteikartenset für das Volleyballtraining in Schule und Verein. Kassel 1985.
SÖLVEBORN, S.-A.: Das Buch vom Stretching. München 1983.
SOMMER, H.-M.: Analyse der indirekten Verletzung der ischiocruralen Muskulatur im Sport und Trainingskonsequenzen. In: Lsp 13, 1983, 6, 41–42.
STEINBACH, G.: Standpunkte zur Übungsleiteraus- und -weiterbildung in der Pop-Gymnastik.

In: ThPKK 34, 1985, 6, 431–438.
UTZ, M.: Schulung der koordinativen Fähigkeiten beim Blocktraining. In: L + P 7, 1983, 6, 61–64.
VLEMINCKX, J.: Über die Bedeutung, den Einsatz und die Einführung von Signalen. In: L + P 7, 1983, 4, 47–48.

2.4 Training der konditionellen Fähigkeiten

ALBERTI, H. / ROTHENBERG, L.: Spielreihen in der Spielschulung. Schorndorf 1973.
BACHMANN, E. u. M. (Red.): 1005 Spiel- und Übungsformen im Volleyball. Schorndorf 1982.
BEUTELSTAHL, D.: richtig volleyballspielen. München, Wien, Zürich 1980.
BLUME, G.: Volleyball. Reinbek 1977.
BOSCO, C. / KOMI, P. V. / LOCATELLI, E.: Physiologische Betrachtungen zum Tiefsprungtraining. In: Lsp 9, 1979, 6, 434–439.
BOSCO, C. / PITTERA, C.: Zur Trainingswirkung neuentwickelter Sprungübungen auf die Explosivkraft. In: Lsp 12, 1982, 1, 36–39.
DELTOW, B. / HERCHER, W. / KONZAG, G.: Basketball. Berlin 1981, 167f.
DICK, H.-P.: Grundzüge des Konditionstrainings im Badminton – Einsichten und Empfehlungen. In: Lsp 16, 1986, 2, 36–42.
DÖBLER, E. u. H.: Kleine Spiele. Berlin 1975.
EHLENZ, H. / GROSSER, M. / ZIMMERMANN, E.: Krafttraining. München, Wien, Zürich 1985.
FREY, G. / HILDENBRANDT, E.: Trainieren im Sport. In: Digel, H. (Hg.): Lehren im Sport. Reinbek 1983, 252–256.
GEESE, R.: Das Sprungkrafttraining nach dem Maximalkraftprinzip. In: L + P 9, 1985, 6, 74f.
GEESE, R.: Möglichkeiten und Diagnose von Sprungkraft- und Sprungkraftausdauer im Volleyball. In: CHRISTMANN, E. / LETZELTER, H. (Red.): Spielanalysen und Trainingsmaßnahmen im Volleyball. Ahrensburg 1986, 52–66.
GROSSER, M. / EHLENZ, H. / ZIMMERMANN, E.: richtig muskeltraining. München 1984.
GROSSER, M. / STARISCHKA, S. / ZIMMERMANN, E.: Konditionstraining. München, Wien, Zürich 1985.
HAHMANN, H. / STEINER, H. / STEINER, I.: Sportspiele spielen lernen. Schorndorf 1979.
HAUPTMANN, M. / HARRE, D.: Training zur Ausbildung der Maximalkraftfähigkeit. In: ThPKK 32, 1983, 9, 698–706.
JASIUKIEWICZ, Z. / RICHTERING, G.: Muskelaufbautraining in der Vorbereitungsphase. In: Volleyballtraining 10, 1986, 3, 28–33.
KARBE, S. (Red.): Volleyball. Berlin 1981.
KERKMANN, K.: Wir spielen in der Grundschule. Schorndorf 1974.
KNEBEL, K. P.: Funktionsgymnastik. Reinbek 1987^3.
KOCH, K.: Kleine Sportspiele. Schorndorf 1973.
KORTMANN, O.: Sprungkrafttraining für Volleyballer. In: L + P 4, 1980, 3, 28.
KREIDLER, H.-D.: Konditionsschulung durch Spiele. Schorndorf 1974.
LETZELTER, H. u. M.: Krafttraining. Reinbek 1986, 248–255.
LÖBER, G.: Karteikartenset für das Volleyballtraining in Schule und Verein. Kassel 1985.
DE MAREES, H. / MESTER, J.: Sportphysiologie I. Frankfurt am Main 1981.
RAMMLER, H. / ZÖLLER, H.: Kleine Spiele – wozu? Bad Homburg 1985.
SAITO, M.: Konditionstraining für das Volleyballspiel. In: ANDRESEN, R. (Red.): Volleyball. Berlin 1975, 84–92.
SAITO, M.: Physical training for Volleyball. In: CANADIAN VOLLEYBALL ASSOCIATION (Hg.): Coaches Manual I. Ottawa 1978.
SCHMIDTBLEICHER, D. / GOLLHOFER, A.: Neuromuskuläre Untersuchungen zur Bestimmung individueller Belastungsgrößen für ein Tiefsprungtraining. In: Lsp 12, 1982, 4, 298–307.
SCHMIDTBLEICHER, D. / GOLLHOFER, A.: Untersuchungen zur Bestimmung der sinnvollen Belastungsgrößen für das Tiefsprungtraining. In: L + P 6, 1982, 6, 68–70.
SCHMIDTBLEICHER, D: Strukturanalyse der motorischen Eigenschaft Kraft. In: Lehre der Leichtathletik 35, 1984, 30, 1785–1792.
SCHMIDTBLEICHER, D.: Diagnose des Kraftverhaltens und Trainingssteuerung im Krafttraining. In: Lehre der Leichtathletik 24, 1985, 4, 107–110.

SHELESNJAK, I. D. / KLESCHTSCHOW, J. N./TSCHECHOW, O. S.: Die Vorbereitung junger Volleyballspieler. Moskau 1967.
VOIGT, H.-F.: In vier Schritten – Krafttraining zum Angewöhnen. In: Volleyballtraining 10, 1986, 3, 34–37.
WEBER, K.: Konditionstraining im Tennis. In: GABLER, H. (Red.): Tennis. Schorndorf 1982, 126–134.
WERCHOSHANSKIJ, J.: Der langfristig verzögerte Trainingseffekt durch konzentriertes Krafttraining. In: Lsp 14, 1984, 3, 41f.
WESTPHAL, G.: Volleyball-Kartothek 1: Ausdauerschulung mit Ball. Münster 1985.

2.5 Training der Spielhandlungen

BACHMANN, E. u. M. (Red.): 1005 Spiel- und Übungsformen im Volleyball. Schorndorf 1982.
BEUTELSTAHL, D.: richtig volleyballspielen. München, Wien, Zürich 1980.
BLOSSFELDT, E.: Volleyball, 333 praktische Übungen, Frankfurt/M. 1977.
BLUME, G: Volleyball. Reinbek 1977.
BRATTON, R. D.: 300 Plus, Volleyball drills and ideas. Ontario 1981.
CANADIAN VOLLEYBALL ASSOCIATION: Coaches Manual I, II, III. Ottawa 1978, 1979, 1979.
DÜRRWÄCHTER, G.: Volleyball spielnah trainieren. Schorndorf 1978.
DÜRRWÄCHTER, G.: Organisationsformen beim Erlernen und Automatisieren einer Angriffskombination. In: L + P 3, 1979, 1, 3f.
DÜRRWÄCHTER, G.: Das Intervallprinzip im Volleyballtraining. In: L + P 3, 1979, 3, 1f.
DÜRRWÄCHTER, G.: Höhere Übungsfrequenz beim Angriffstraining. In: L + P 4, 1980, 4, 37–40.
DÜRRWÄCHTER, G.: Übungen zur Schulung des Blocks und zur Präzisierung des oberen Zuspiels. In: L + P 7, 1983, 1, 1f.
DÜRRWÄCHTER, G.: Block, Aufschlag und Annahme: Eine Trainingseinheit für Fortgeschrittene. In: L + P 8, 1984, 3, 25f.
DÜRRWÄCHTER, G.: Läufer von Position I – ein Stundenentwurf. In: L + P 8, 1984, 5, 58f.
DÜRRWÄCHTER, G.: Training der Feldverteidigung. In: L + P 9, 1985, 1, 1f.
EBERSPÄCHER, H.: Sportpsychologie. Reinbek 1982.
EDER, M.: Volleyball. In: KONZAG, G. (Red.): Übungsformen für die Sportspiele. Berlin 1979, 343–376.
EISENBERGER, W. / POPTODOROV, L.: Volleyball. Individuelles taktisches Training. Dülmen 1975.
EISENBERGER, W.: Übungen zur Schulung der Feldverteidigung mit «zurückgezogener VI». In: L + P 1, 1977, 2, 9.
FETZ, F.: Allgemeine Methodik der Leibesübungen. Frankfurt/M. 1975.
FRÖHNER, B.: Spiele für das Volleyballtraining. Berlin 1985.
HERZOG, M.: Übungsformen zur Schulung allgemeiner taktischer Verhaltensweisen I–III. In: L + P Sonderheft 1977, 11; 1, 1977, 1, 13; 1, 1977, 2, 17.
HERZOG, K. / VOIGT, H.-F. / WESTPHAL, G.: Volleyballtraining. Schorndorf 1985.
HEYMEN, N. / LEUE, W.: Planung von Sportunterricht. Baltmannsweiler 1980.
HORVATH, I.: Volleyball. Die Taktik und ihre Schulung. Volketswil, o. J.
KARBE, S. (Red.): Volleyball. Berlin 1981.
KOBRLE, J. / NEUBERG, E.: Taktik des Volleyballspiels I, II. Schorndorf 1977, 1986.
LÖBER, G.: Karteikartenset für das Volleyballtraining in Schule und Verein. Kassel 1985.
MALY, P.: Übungssammlung: Aufbau durch den Läufer. In: L + P 2, 1978, 2, 16.
MATHIEU, P.: Dynamisches Training. In: L + P 8, 1984, 3, 32–35.
MEININGER, A.: Komplextraining bei Jugendlichen. In: L + P 8, 1984, 1, 1–3.
NICHOLLS, K.: Modern Volleyball for teacher, coach and player. London 1973.
OVER, P.: Training des Aufbauspielers. In: L + P 7, 1983, 5, 49f.
OVER, P.: Übungen zur Verbesserung des Mannschaftsspiels. In: L + P 8, 1984, 2, 18f.
PAPAGEORGIOU, A. / SPITZLEY, W. / WEYERKE, J.: Zur Entwicklung der individualtaktischen Handlungsfähigkeit des Aufschlägers. In: L + P 4, 1980, 3, 29–32.
PAPAGEORGIOU, A. / SPITZLEY, W.: Volleyball vom Mini-Volleyballspieler zum Universalisten. Berlin 1984.
POPTODOROV, L.: Übungen zur Schulung der Feldverteidigung mit «zurückgezogener VI». In: L + P 1, 1977, 2, 9.

RICHTER, A.: Übungen zur Schulung von Angriffskombinationen und deren Voraussetzungen. In: L + P 2, 1978, 5, 11.
DE RUITER, W.: Zwei Trainingsstunden mit dem Schwerpunkt Angriff. In: L + P 8, 1984, 2, 13f.
SCHILDWÄCHTER, H.: Übungen zur Verbesserung des Blocks. In: L + P 6, 1982, 3, 27f.
SOTIR, N.: Winning Volleyball. London 1975.
STIEHLER, G.: Methodik des Sportunterrichts. Berlin 1974.
UTZ, M.: Schulung der koordinativen Fähigkeiten beim Blocktraining. In: L + P 7, 1983, 6, 61–64.
UTZ, M.: Training der Verteidigung in Einzel-, Paar- und Komplexübungen. In: L + P 9, 1985, 1, 3–5.
VANDERMEULEN, M.: Die Beobachtung des Gegenspielers als Voraussetzung für den Spielerfolg. In: L + P 7, 1983, 4, 46.
VLEMINCKX, J.: Über die Bedeutung, den Einsatz und die Einführung von Signalen. In: L + P 7, 1983, 4, 47f.
VOIGT, H.-F.: Über die Besonderheiten und Probleme der Energiebereitstellung im Volleyball II. In: L + P 7, 1983, 3, 28f.
WESTPHAL, G.: Von der einfachen Übungsform zur komplexen Spielphasenübung. In: L + P 1, 1977, 1, 10.
WESTPHAL, G.: Erhöhung der Belastung durch Variieren von Übungsformen. In: L + P 2, 1978, 1, 7.
WESTPHAL, G.: Volleyball-Kartothek 1: Ausdauerschulung mit Ball. Münster 1985.

2.6 Training der Mannschaftstaktik und Spielstrategie

BARTH, B. Strategie und Taktik. In: Wissenschaftliche Zeitschrift der DHfK Leipzig 17, 1976, 3, 57–65.
BARTH, B.: Probleme einer Theorie und Methodik der Strategie und Taktik des Wettkampfes im Sport I–III. In: ThPKK 29, 1980, 2, 127–137; 3, 197–206; 5, 374–384.
CALLIES, P.: Psychologische Betreuungsmaßnahmen, theoretischer Hintergrund und praktische Anwendung am Beispiel der Basketballjugendnationalmannschaft. In: Lsp 12, 1982, 3, 230–236.
DELTOW, B. / HERCHER, W. / KONZAG, G.: Basketball. Berlin 1981.
HAHN, E.: Strategische und taktische Konzepte im Sport. In: Lsp 14, 1984, 1, 13–20.
KOBRLE, J. / NEUBERG, E.: Taktik des Volleyballspiels I, II. Schorndorf 1977, 1986.
KOEPKE, D. / NIESNER, H. W.: Die Bedeutung des Taktiktrainings in den individuellen Rückschlagsportarten. In: Lsp 14, 1984, 1, 39–46.
KONZAG, I. / KONZAG, G.: Übungsformen für die Sportspiele. Berlin 1979.
KONZAG, I.: Theoretische Grundlagen und methodische Aspekte der technisch-taktischen Ausbildung in den Sportspielen. In: Körpererziehung 31, 1981, 5, 202–216.
KOZOCSA, I.: Basketball Lehrbuch 2. Stuttgart 1982.
MAHLO, F.: Die Ausbildung von Spielfähigkeiten. In: Körpererziehung 24, 1974, 12, 550–558.
SCHOCK, K. K.: Taktische Fertigkeiten und ihre methodische Vermittlung. In: Lsp 14, 1984, 1, 5–12.
SONNENSCHEIN, I. / CHRISTEN, J. H.: Die Trainer-Athlet-Beziehung als leistungsbestimmender Faktor. In: Lsp 13, 1983, 2, 36–38.

2.7 Entspannungstraining und Streßbewältigung

CALLIES, P.: Psychologische Betreuungsmaßnahmen. Theoretischer Hintergrund und praktische Anwendung am Beispiel der Basketballjugendnationalmannschaft. In: Lsp 12, 1982, 3, 230–236.
EBERSPÄCHER, H.: Psychoregulatives Training. In: GABLER, H. u. a. (Hg.): Praxis der Psychologie im Leistungssport. Berlin 1979, 255–298.
EBERSPÄCHER, H.: Möglichkeiten zur Regulation psychischer Belastungsprozesse bei Spielern im Sportspiel. In: ANDRESEN, R. / HAGEDORN, G. (Hg.): Training im Sportspiel. Ahrensburg 1982, 311–322.
EBERSPÄCHER, H. / RENZLAND, J.: Psychische Regeneration. In: LÖCKEN, M. / DIETZE, R. (Hg.): Das Betreuungssystem im modernen Hochleistungssport. Münster 1982, 204–218.
EBERSPÄCHER, H.: Sportpsychologie. Reinbek 1982.

Eberspächer, H. / Fanck, M.: Streßausgleich und Entspannung. Oberhaching 1985.
Kemmler, R. W.: Psychologie im sportlichen Wettkampf. In: Thomas, A. (Hg.); Sportpsychologie. München, Wien, Baltimore 1982, 201–213.
Nitsch, J. R. / Allmer, H.: Naive psychoregulative Techniken der Selbstbeeinflussung im Sport. In: Sportwissenschaft 9, 1979, 2, 143–163.
Sonnenschein, I. / Tradt, A.: Psychoregulationstraining für Leistungssportler. In: Leichtathletik, Beilage: Die Lehre der Leichtathletik 33, 1982, 12, 447–448.
Sonnenschein, I.: Das Kölner Psychoregulationstraining. Ein Handbuch für Trainingsleiter. Köln 1985.
Sonnenschein, I.: Progressive Relaxation. In: Gabler, H. u. a. (Hg.): Psychologische Diagnostik und Beratung im Leistungssport. Frankfurt 1985, 183–196.

2.8 Physiotherapie

Bringmann, W. / Reh, J.: Sportbiologische Grundlagen für den Übungsleiter. In: ThPKK 1978, Beiheft.
Cordes, J. C. / Arnold, W. / Zeibig, G. (Hg.): Physiotherapie. Berlin 1986.
Ehrich, D. / Gebel, R: Aufbautraining nach Sportverletzungen. Münster 1985.
Flöthner, R. / Hort, W. (Hg.): Sportmedizin im Mannschaftssport. Erlangen 1983.
Franck, H.-G.: Fitnesstraining für Vielbeschäftigte. Landsberg am Lech 1982.
Gabler, H. / Klaiber, E.: Sportverletzungen und ihre psychischen Bedingungen. In: Jugend und Sport 39, 1982, 11, 16–19.
Gartner, K.: Handbuch der Massage. Wien 1986.
Hess, H.: Sportverletzungen. München 1975.
Hinrichs, H.-U.: Sportverletzungen. Reinbek 1986.
Keul, J. / Reindell, H. (Hg.): Der sporttreibende Bürger – Gefährdung oder Gesundung. Erlangen 1983.
Knauth, K. / Reiners, B. / Hun, R.: Physiotherapeutisches Rezeptierbuch. Darmstadt 1986.
Knebel, K. P.: Funktionsgymnastik. Reinbek 1987[3].
Kröger, C. / Dürrwächter, H. / Wolff, R.: Verletzungen und Überlastungsschäden im Volleyball. In: L + P 5, 1981, 5, 57.
Mellerowicz, H. / Franz, I.-W. (Hg.): Training als Mittel der präventiven Medizin. Erlangen 1981.
Montag, H. J. / Asmussen, P. D.: Funktionelle Verbände am Bewegungsapparat. Hamburg 1982.
Ow, D. v. / Hüni, G. (Hg.): Muskuläre Rehabilitation. Erlangen 1987.
Peterson, L. / Renström, P.: Verletzungen im Sport. Köln 1987.
Pförringer, W.: Sporttraumatologie. Erlangen 1981.
Ravald, B.: Massage – ABC für jedermann. München 1985.
Schwerdtner, H.-P. / Fohler, N.: Sportverletzungen. Erlangen 1983.
Strauzenberg, S. E.: Gesundheitstraining. Berlin 1982.
Timmermann, K.-H.: Sauna und Massage als wichtige Faktoren im Sport I und II. In: Volleyball 14, 1979, 9, 249; (II) 10, 278.
Weineck, J.: Sportbiologie. Erlangen 1986.
Williams, J. G. P.: Farbatlas der Sportverletzungen. Hannover 1983.

2.9 Belastungszyklen

Begov, F. / Braun, R. / Sattler, B. / Stollenmaier, V.: Zum Konditionstraining von Mannschaften mittleren Leistungsniveaus. In: L + P 8, 1984, 4, 42–47.
Buchmeier, W. / Büdenbender, G.: Psychologisches Training und Verbesserung der Technik im Trainingslager. In: Volleyballtraining 10, 1986, 4, 53–56.
Buekers, M. / Pauwels, J. M.: Jahrestrainingsplanung bei europäischen Spitzenvolleyballclubs. In: Andresen, R. / Hagedorn, G. (Hg.): Steuerung des Sportspiels in Training und Wettkampf. Ahrensburg 1984, 83–89.
Berger, J. / Minow, H.-J.: Der Mikrozyklus in der Trainingsmethodik. In: ThPKK 33, 1984, 2, 133–140.
Berger, J. / Minow, H.-J.: Der Mesozyklus in der Trainingsmethodik. In: ThPKK 34, 1985, 5, 373–381.

DELTOW, B. / HERCHER, W. / KONZAG, G.: Basketball. Berlin 1981.
DICK, H.-P.: Grundzüge des Konditionstrainings im Badminton – Einsichten und Empfehlungen. In: Lsp 16, 1986, 2, 36–42.
DRAUSCHKE, K.: Viel Schweiß vor dem Preis. L + P 4, 1980, 1, 10.
FIEDLER, M.: Volleyball. Berlin 1978
GASSE, M. / NIROMAAND, K.: Baukasten Saisonvorbereitung. In: Volleyballtraining 10, 1986, 4, 47–52.
GEGGUS, R.: Kurz- und mittelfristige Planung im Frauenbasketball zur Erreichung der Endrunde um die Deutsche Meisterschaft der Frauen in der Saison 1982/1983; In: Lsp 12, 1982, 1, 53–58.
DE GROOT, M.: Trainingsplanung für die Saison 82/83. In: L + P 6, 1982, 5, 59–60.
GROSSER, M. / NEUMAIER, A.: Techniktraining. München, Wien, Zürich 1982.
HARRE, D.: Trainingslehre. Berlin 1973.
HERZOG, K. / VOIGT, H.-F. / WESTPHAL, G.: Volleyballtraining. Schorndorf 1985.
HOHMANN, A.: Zu Struktur und Wirkung der Vorbereitungsperiode im Sportspieltraining. In: LETZELTER, H. / STEINMANN, W. / FREITAG, W. (Red.): Angewandte Sportwissenschaft. Clausthal-Zellerfeld 1986, 122–127.
KEUL, J.: Training und Regeneration im Hochleistungssport. In: Lsp 8, 1978, 3, 236–246.
KINDERMANN, W.: Regeneration und Trainingsprozeß in den Ausdauersportarten aus medizinischer Sicht. In: Lsp 8, 1978, 4, 348–357.
KLANTE, R.: Die Periodisierung des Fußballtrainings. Bad Homburg v. d. H. 1979.
KORJAGIN, W. M.: Zum Trainingsaufbau junger Basketballspieler in der Vorbereitungsperiode. In: Lsp 12, 1982, 6, 464–467.
KOZOCSA, I.: Basketball Lehrbuch, Band 2. Stuttgart 1982.
KRÖGER, CH.: Ausgewählte Aspekte des Vorbereitungskonzeptes europäischer Auswahlmannschaften. In: Lsp 14, 1984, 5, 35–42.
KUHL, B.: Überlegungen zur Planung eines Mesozyklus. In: Volleyballtraining 10, 1986, 3, 38–40.
MARTIN, D.: Grundlagen der Trainingslehre II. Schorndorf 1980.
MARTIN, D.: Konzeption eines Modells für das Kinder- und Jugendtraining. In: Lsp 11, 1981, 3, 165–176.
MATWEJEW, L. P.: Grundlagen des sportlichen Trainings. Berlin 1981.
SCHROEDER, CH. / WURSTER, H.: Rahmentrainingsplan und Jahrestrainingsplan für das Anfängertraining im Volleyball in Schulsportgemeinschaften. In: Körpererziehung 30, 1980, 2/3, 96–114.
STARISCHKA, S. / TSCHIENE, P.: Anmerkungen zur Trainingssteuerung. In: Lsp 7, 1977, 4, 275–281.
STEINHÖFER, D.: Untersuchung zum Trainingsverhalten deutscher Basketballspieler der 1. und 2. Bundesliga (Männer). In: Lsp 10, 1980, 4, 284–289.
STUHLMANN, K.-M. / ULRICH, A. / WAGNER, J.: Die Praxis der Trainingsplanung – Grenzen und Schwierigkeiten. In: Volleyballtraining 10, 1986, 4, 44–46.
THIESS, G. / SCHNABEL, G. / BAUMANN, R.: Training von A–Z. Berlin 1978.
TSCHIENE, P.: Das Hauptproblem der Sportspiele: die kurze Vorbereitungsphase. In: L + P 8, 1984, 4, 37–41.
TSCHIENE, P.: Veränderungen in der Struktur des Jahrestrainingszyklus. In: Lsp 15, 1985, 5, 5–12.
VANDERMEULEN, M.: Überlegungen zur Vorbereitung einer Wettkampfsaison. In: L + P 9, 1985, 4, 42–44.
VOIGT, H.-F.: Ausgewählte konditionelle Teilbereiche und ihr Zusammenhang mit der Spielleistung. In: CHRISTMANN, E. / LETZELTER, H. (Red.): Spielanalysen und Trainingsmaßnahmen im Volleyball. Ahrensburg 1986, 32–51.
WERCHOSHANSKIJ, J. W. u. a.: Entwicklung eines Modells der Dynamik des Leistungszustands von Sportlern im Jahreszyklus und seine Bedeutung für die Trainingssteuerung. In: Lsp 12, 1982, 5, 363–366.
WESTPHAL, G. / VOIGT, H.-F.: Vergleichende Analyse zweier Trainingseinheiten der Nationalteams aus Deutschland und Peru. L + P 6, 1982, 1, 7–10.
WESTPHAL, G.: Ausdauerschulung in der Vorbereitungsperiode. In: Volleyballtraining 10, 1986, 4, 41–43.

WOLF, S.: Der Mikrozyklus als steuerndes Instrument der Trainingsplanung am Beispiel des Sportspiels Volleyball. In: Lsp 12, 1982, 1, 48–52.
WOLKOW, W. M.: Ein Systemansatz zur Beurteilung der späten Phase der Wiederherstellung. In: Lsp 6, 1976, 6, 460–463.
WOLKOW, W. M. / LUGOWZEW, W. P.: Zur Begründung des spezifischen Einflusses von Trainingsbelastungen auf die Wiederherstellungsprozesse. In: Lsp 9, 1979, 2, 122–127.

2.10 Kontrolle der Belastung und Leistungsdiagnose

ANDRESEN, R.: Integrierendes System zur Leistungsdiagnose und Trainingssteuerung im Hochleistungssport. In: LÖCKEN, M. / DIETZE, R. (Hg.): Das Betreuungssystem im modernen Hochleistungssport. Münster 1982, 231–236.
BAXTER, B.: Alberta volleyball players: an analysis of incentive motivation. In: Volleyball Technical Journal 4, 1978, 2, 39–43.
BEGOV, F.: Verfahren der Spielbeobachtung. In: CHRISTMANN, E. (Red.): Volleyball lehren und lernen. Ahrensburg 1983, 158–173.
BÖS, K.: Konzeptionelle Überlegungen zu einer sportmotorischen Leistungsdiagnostik. In: Lsp 13, 1983, 2, 25–31.
BOUTMANS, J. / v. GOOL, D. / v. GERVEN, D.: Das telemetrische Registrieren in den Sportspielen. In: ANDRESEN, R. / HAGEDORN, G. (Hg.): Steuerung des Sportspiels in Trainung und Wettkampf. Ahrensburg 1984, 90–100.
BRACHT, B. / CZWALINA, C.: Zum Spielwert individueller Spieleraktionen im Volleyball. In: CHRISTMANN, E. (Red.): Volleyball trainieren. Ahrensburg 1984, 195–209.
BRACK, R.: Trainingswissenschaftliche Leistungsdiagnostik im Volleyball. Ahrensburg 1983.
CHRISTMANN, E.: Studienziele und -inhalte in der Ausbildung im Fach Volleyball. In: CHRISTMANN, E. (Red.): Volleyball lehren und lernen. Ahrensburg 1983, 52–61.
CHRISTMANN, E.: Zur Entwicklung taktischer Kenntnisse und Fähigkeiten im Volleyball in der Sportlehrerausbildung. In: CHRISTMANN, E. (Red.): Volleyball lehren und lernen. Ahrensburg 1983, 64–72.
COUTTS, K. D.: Leg power and canadian female volleyball players. In: Res. quart. 47, 1976, 3, 332–335.
DÖRENBERG, H.: Zur Analyse der Trainingsstruktur von Fußballspielern der II. Bundesliga und Empfehlungen zur Trainingsgestaltung. In: Lsp. Beiheft 23, 1980, 3–61.
DÜRRWÄCHTER, G.: Der 6-Stationen-Fitnesstest. In: L + P 5, 1981, 1, 1–3.
FOBE, K.: Die Einstellung zum sportlichen Gegner als psychologische Leistungskomponente in den Sportspielarten. In: ThPKK 31, 1982, 7, 519–525.
FRESTER, R.: Der Belastungssymptomtest – ein Verfahren zur Analyse der Verarbeitung psychisch belastender Bedingungen bei Sportlern. In: KUNATH, P. u. a.: Beiträge zur Sportpsychologie 1. Berlin 1972, 148–161.
FRIEDMANN, K.: Herz- und Kreislaufbelastung im Volleyball-Unterricht mit Anfängern und Fortgeschrittenen. In: DVZ 1, 1977, 3, 13–15.
FURUSAWA, H. / TOYODA, H.: Study on the physical abilities of volleyball players. In: Pro. Dep. phys. Educ. 1980, 14, 15–23.
GABLER, H.: Leistungsdiagnose, Psychoregulation und Coaching am Beispiel Tennis. In: Lsp 10, 1980, 2, 94–102.
GAISSER, G. / WIDMAIER, H.: Computergestützte Spielanalyse und Videoaufzeichnung im Volleyball. In: CHRISTMANN, E. (Red.): Volleyball trainieren. Ahrensburg 1984, 210–220.
GERON, E.: Some specific findings on the mental activity of volleyball players. In: SIMRI, U. (Hg.): Play in physical education and sport. Tel Aviv 1975, 35–40.
GÜNZ, D.: Notwendigkeit und Möglichkeit der Regulierung von Trainingsbelastungen durch subjektive Zustandseinschätzungen. In: ThPKK 30, 1981, 5, 342–347.
HAASE, H.: Psychologische Diagnostik im Leistungssport. In: GABLER, H. u. a.: Psychologische Diagnostik und Beratung im Leistungssport. Frankfurt 1985, 11–47.
HAGEDORN, G.: Trainingssteuerung und Wettkampflenkung. In: LÖCKEN, M. / DIETZE, R. (Hg.): Das Betreuungssystem im modernen Hochleistungssport. Münster 1982, 237–246.
HARRE, D.: Trainingslehre. Berlin 1973.
HOHMANN, A. / BRACK, R.: Theoretische Aspekte der Leistungsdiagnostik im Sportspiel. In: Lsp 13, 1983, 2, 2–10.

Hohmann, A.: Zur Struktur der komplexen Sportspielleistung. Ahrensburg 1985.
Hohmann, A.: Zu Struktur und Wirkung der Vorbereitungsperiode im Sportspieltraining. In: Letzelter, H. / Steinmann, W. / Freitag, W. (Red.): Angewandte Sportwissenschaft. Clausthal-Zellerfeld 1986, 122–127.
Hübscher, J. / Wutscherk, H.: Die Bedeutung der Anthropometrie für die Eignungsdiagnostik im Kindes- und Jugendalter. In: ThPKK 29, 1980, 8, 603–608.
Hug, O.: Zur Diagnostik kognitiver Strukturen im Techniktraining und bei der Wettkampfschulung. In: Gabler, H. u. a.: Psychologische Diagnostik und Beratung im Leistungssport. Frankfurt 1985, 93–123.
Iwoilow, A. W.: Volleyball – Biomechanik und Methodik. Berlin 1984.
Keul, J. u. a.: Allgemeine und sportartspezifische Leistungsdiagnostik im Hochleistungsbereich. In: Lsp 11, 1981, 5, 382–398.
Kindermann, W.: Leistungsdiagnostik in Spielsportarten. In: Flöthner, R. / Hort, W. (Hg.): Sportmedizin im Mannschaftssport. Erlangen 1983, 22–34.
Letzelter, H. / Engel, K.: Gütekriterien sportartspezifischer Volleyballtests. In: Lsp 8, 1978, 3, 211–218.
Letzelter, H. / Scholl, H.: Konditionsprofile jugendlicher Volleyballer. In: Christmann, E. (Red.): Volleyball trainieren. Ahrensburg 1984, 95–118.
Letzelter, H. u. M.: Krafttraining. Reinbek 1986.
Marcinkowski, D. u. a.: Die Leistungserfassung im Volleyballspiel. In: Pressedienst der FU Berlin (Hg.): Sportwissenschaft in der Entwicklung. Berlin 1973, 4–6, 233–245.
Maxeiner, J.: Extraversion und Neurotizismus von Volleyballspielern. In: Lsp 12, 1982, 5, 415–419.
Maximenko, G. u. a.: Über Kriterien zur Einschätzung der Belastungsintensität im Training von Spielern. Untersuchungen an jugendlichen Volleyball- und Handballspielern. In: Lsp 9, 1979, 3, 178–180.
Moellers, H.-J. / Müller, E.: Testbatterie zur Erfassung des taktischen Verhaltens im Volleyball – zur Problematik der Konstruktion und Anwendung. In: Praxis der Leibesübungen 19, 1978, 9, 171f.
Müller, W. / Voigt, H.-F.: Zur Bestimmung physischer und technomotorischer Teilkomponenten der Spielerleistung im Volleyball. In: Lsp 8, 1978, 6, 455–464.
Poeppel, E.: Paradoxe Wirkungen sportlicher Tätigkeit auf das psychische Befinden am Beispiel von Squash und Volleyball. In: Münch. med. Wschr. 122, 1980, 28, 1033–1036, 1 A
Rushall, B. S.: Psychological inventories for volleyball players. Question booklet. Dartmouth 1975.
Sass, H.: Zur Anwendung von Tests in den Sportspielen. In: ThPKK 34, 1985, 10, 737–740.
Schmitt, W.: Sportmedizinische Leistungsdiagnostik im Volleyball. In: Christmann, E. (Red.): Volleyball trainieren. Ahrensburg 1984, 119–126.
Schmitt, W. M. / Flöthner, R.: Das Verhalten von Herzfrequenz (während einer Trainingseinheit) und Laktat (während eines Trainingsspiels) bei Handballspielerinnen. In: Flöthner, R. / Hort, W. (Hg.): Sportmedizin im Mannschaftssport. Erlangen 1983, 73–78.
Schröder, G. / Nieber, L.: Experimentelle Untersuchungen zur Leistungsentwicklung von Studentinnen im sportartspezifischen Unterricht (Volleyball). In: ThPKK 33, 1984, 11, 852–861.
Schwenkmezger, P.: Zur Diagnose zeitveränderlicher psychologischer Merkmale. In: Gabler, H. u. a.: Psychologische Diagnostik und Beratung im Leistungssport. Frankfurt 1985, 67–92.
Späte, D. / Schwenkmezger, P.: Leistungsbestimmende psychische Merkmale bei Handballspielern. In: Lsp 13, 1983, 2, 11–19.
Starischka, S.: Überlegungen zur Leistungsdiagnostik aus sportwissenschaftlicher Sicht. In: Lsp 11, 1981, 5, 340–349.
Steiner, H.: Diagnostik sozialer Beziehungen. In: Gabler, H. u. a.: Psychologische Diagnostik und Beratung im Leistungssport. Frankfurt 1985, 49–66.
Szögy, A. / Böhmer, D. / Ambrus, P. / Linzbach, B.: Trainingsberatung zweier Fußballmannschaften anhand leistungsdiagnostischer und -prognostischer Untersuchungen. In: Lsp 15, 1984, 6, 15–19.
Teipel, D.: Bedeutung motorischer Tests im Sportspiel. In: Andresen, R. / Hagedorn, G. (Hg.): Steuerung des Sportspiels in Training und Wettkampf. Ahrensburg 1984, 101–111.

THIERER, R. / BRETTSCHNEIDER, W.-D.: Computerunterstützte Spielanalyse im Volleyball. In: Lsp 12, 1982, 4, 267–278.
THIESS, G. / BLUME, D.-D.: Grundfragen der Theorie und Methodik des Tests in der Sportmethodik. In: ThPKK 34, 1985, 9, 667–678.
TROUSIL, T.: Messung der Sprungkraft. Eine komplexe Analyse des Jump-and-Reach-Tests. In: Lsp 10, 1980, 2, 150–153.
VOIGT, H. / NAUL, R.: Volleyball. Düsseldorf 1980.
VOIGT, H.-F.: Die körperliche Beanspruchung in der Sportlehrerausbildung unter sportmedizinischen Gesichtspunkten. In: CHRISTMANN, E. (Red.): Volleyball trainieren. Ahrensburg 1984, 127–148.

2.11 Coaching

ANDRESEN, R.: Psychologische Aspekte im Volleyball. In: GABLER, H. u. a. (Hg.): Praxis der Psychologie im Leistungssport. Berlin 1979, 60–66.
CACHAY, K.: Zur Bedeutung sozialer Strukturen für das Training von Sportspielmannschaften. In: Lsp 9, 1979, 6, 466–474.
CALLIES, P.: Psychologische Betreuungsmaßnahmen, theoretischer Hintergrund und praktische Anwendung am Beispiel der Basketballjugendnationalmannschaft. In: Lsp 12, 1982, 3, 230–236.
EBERSPÄCHER, H.: Probleme des Coaching als praktisch-psychologische Tätigkeit im Sport. In: JANSSEN, J.P. / HAHN, E. (Hg.): Aktivierung, Motivation, Handlung und Coaching im Sport, Schorndorf 1983, 297–303.
FRIEDRICH, CH.: Gesprächsführung in schwierigen Situationen. In: Lsp 13, 1983, 4, 44–46.
FRIEDRICH, G.: Spielsteuerung im Kurzzeitbereich – Zum Sprachverhalten des Trainers in der Volleyball-Auszeit. In: ANDRESEN, R. / HAGEDORN, G. (Hg.): Steuerung des Sportspiels in Training und Wettkampf. Ahrensburg 1984, 195–207.
GABLER, H.: Leistungsdiagnose, Psychoregulation und Coaching am Beispiel Tennis. In: Lsp 10, 1980, 2, 94–102.
HACKFORT, D.: Techniken der Angstkontrolle von Trainern. In: L + P 10, 1980, 2, 104–110.
HAHN, E.: Das Coachen von Fußballmannschaften in der Halbzeit. In: Lsp 8, 1978, 3, 247–255.
HERZOG, K. / VOIGT, H.-F. / WESTPHAL, G.: Volleyballtraining. Schorndorf 1985.
KRÖGER, CH. / SCHÄDLE, W.: Auszeit als zielgerichtete Maßnahme der Wettkampfsteuerung? In: ANDRESEN, R. / HAGEDORN, G. (Hg.): Steuerung des Sportspiels in Training und Wettkampf. Ahrensburg 1984, 208–221.
KRÖGER, CH. / SCHÄDLE, W.: Praktische Ratschläge für die Auszeit. In: L + P 9, 1985, 2, 13–15.
LEWIS, K. A.: Leadership: a success factor for women volleyball coaches. In: Diss. Abstr. Internat., Ann Arbor 40 A, 1979, 1, 154.
LLEWELLYN, J. H. / BLUCKER, J. A.: Psychology of coaching: theory and application. Minneapolis 1982.
MARTENS, R. u. a.: Coaching Young Athletes. Champaign 1981.
SCHMIDT, G. / LÜTTKE, D.: Zur Analyse des Sprachverhaltens von Sportspieltrainern im Wettkampf. In: ANDRESEN, R. / HAGEDORN, G. (Hg.): Steuerung des Sportspiels in Training und Wettkampf. Ahrensburg 1984, 171–185.
TUTKO, T. A. / RICHARDS, J. W.: Psychology of Coaching. Boston, London, Sydney, Toronto 1971.
VANEK, M. / SLEPICKA, P.: Task of psychic in the preparation of volleyball players. In: Volleyball Technical Journal 4, 1978, 1, 24–26.
VOIGT, H.: Sozialpsychologische Probleme bei der längerfristigen Betreuung von Wettkampfmannschaften. In: GABLER, H. u. a. (Hg.): Praxis der Psychologie im Leistungssport. Berlin 1979, 413–428.
VOIGT, H.: Psychologische Probleme beim Coachen. In: L + P Teil I: 3, 1979, 5, 5–7; Teil II: 3, 1979, 6, 3–5; Teil III: 4, 1980, 4, 41 f.
VOIGT, H.-F.: Scouting and Coaching. In: L + P 7, 1983, 6, 68–71.
ZIEGLER, J.: Taktische Spielvorbereitung mit Hilfe von Videoaufnahmen. In: L + P 9, 1985, 4, 37–39.
ZIEGLER, S. G.: The effects of factual feedback and factual feedback with social reinforcement in a volleyball coach's behavior. In: Diss. Abstr. Internat., Ann Arbor 39 A, 1978, 3, 1424–1425.

3.1 Technik des Volleyballspiels

ALEXANDER, M. / SEABORN, S.: Biomechanische und physiologische Aspekte des Schmetterschlags. In: L + P 6, 1982, 2, 21–24.
BAUMANN, S.: Strukturelle und funktionelle Zusammenhänge der Schlagtechniken im Tischtennis. In: Lsp 12, 1982, 4, 292–296.
BÄUMLER, G. / SCHNEIDER, K.: Sportmechanik. München 1981.
BLUME, G.: Volleyball. Training, Technik, Taktik. Reinbek 1986.
BORNEMANN, R. / GABLER, H. / u. a.: Tennis-Lehrplan 2, Technik: Grundlagen. München, Wien, Zürich 1984.
BREMER, D. / SPERLE, N. (Hg.): Fehler, Mängel, Abweichungen im Sport. Wuppertal 1984.
CHRISTMANN, E. / GABLER, H.: Das Konzept der «Funktionalen Bewegungsanalyse» als Möglichkeit zur Beschreibung von Fertigkeiten des Volleyballspiels. In: CHRISTMANN, E. / LETZELTER, H. (Red.): Volleyball optimieren und variieren. Ahrensburg 1985, 14–18.
DONSKOI, D. D.: Grundlagen der Biomechanik. Berlin 1975.
FRÖHNER, B. / KOWITZ, M. / WAGNER, K.: Zur Optimierung der Ballgeschwindigkeit bei Angriffsschlägen im Volleyball. In: Wissenschaftliche Zeitschrift der Deutschen Hochschule für Körperkultur Leipzig 19, 1978, 2, 117–126.
GÖHNER, U.: Zur Strukturanalyse sportmotorischer Fertigkeiten. In: Sportwissenschaft 4, 1974, 2, 115–135.
GÖHNER, U.: Bewegungsanalyse im Sport. Schorndorf 1979.
GROSSER, M. / NEUMAIER, A.: Gesetzmäßigkeiten der sportlichen Bewegung. In: RÖTHIG, P. / GRÖSSING, S. (Hg.): Kursbuch 3: Bewegungslehre. Bad Homburg v. d. H. 1982, 8–51.
HEUCHERT, R.: Zur Struktur des Sprunges und zur Entwicklung der Sprungkraft in den Sportspielen. In: Wissenschaftliche Zeitschrift der Deutschen Hochschule für Körperkultur Leipzig 19, 1978, 2, 105–115.
HEUCHERT, R. / VOIGT, T. / WITTMANN, F.: Untersuchungen zum volleyballspezifischen Absprung und Darstellung erster Ergebnisse. In: Wissenschaftliche Zeitschrift der Deutschen Hochschule für Körperkultur Leipzig 19, 1978, 2, 137–144.
IWOILOW, A. W.: Volleyball. Biomechanik und Methodik. Berlin 1984.
HOCHMUTH, G.: Biomechanik sportlicher Bewegungen. Berlin 1974.
MÖSER, G. / SABOROWSKI, I.: Zum biomechanischen Prinzip der Koordination von Teilimpulsen beim frontalen Angriffsschlag im Volleyballspiel. In: ThPKK 23, 1974, 7,
NEEF, W. / HEUCHERT, R.: Kennzeichnung der Abhängigkeiten und Beziehungen zwischen Handlungshöhen und Handlungspositionen von Angreifer und Block einerseits und der Trefffläche im gegnerischen Feld andererseits im Volleyball. In: Wissenschaftliche Zeitschrift der Deutschen Hochschule für Körperkultur Leipzig 19, 1978, 2, 127–136.
NICHOLLS, K.: Modern Volleyball for teacher, coach and player, London 1973.
OLIVIER, N.: Die Absprungtechnik als leistungsrelevanter Teil des Angriffsschlages. In: L + P 5, 1981, 2, 22–24.
VOIGT, H.-F.: Ausgewählte konditionelle Teilbereiche und ihr Zusammenhang mit der Spielleistung. In: CHRISTMANN, E. / LETZELTER, H. (Red.): Spielanalysen und Trainingsmaßnahmen im Volleyball. Ahrensburg 1986, 32–51.

3.2 Taktik des Volleyballspiels

ANDRESEN, R. (Hg.): Volleyball. Technik, Taktik, Training. Berlin, München, Frankfurt 1975.
BEGOV, F. / PAUCKNER, R. / ZIEGLER, J.: Abschneiden der DVV-Frauen. Technik- und Taktiktrends. In: L + P 10, 1986, 2, 15–18.
BLUME, G.: Volleyball. Training, Technik, Taktik. Reinbek 1977.
CHRISTMANN, E. (Red.): Volleyball lehren und lernen. Ahrensburg 1983.
CHRISTMANN, E. (Red.): Volleyball trainieren. Ahrensburg 1984.
CHRISTMANN, E. / LETZELTER, H. (Red.): Volleyball optimieren und variieren. Ahrensburg 1985.
CHRISTMANN, E. / LETZELTER, H. (Red.): Spielanalysen und Trainingsmaßnahmen im Volleyball. Ahrensburg 1986.
CHRISTMANN, E.: Zur Wahrnehmung und Analyse von Spielhandlungen im Volleyball. Dargestellt am Beispiel von Spielaufbau und Angriff. In: CHRISTMANN, E. (Red.), 1983 a. a. O. 147–157.
DÜRRWÄCHTER, G.: Die Annahme. Schlüssel für den Spielerfolg I–IV. In: (I) L + P 2, 1978, 3,

13f; (II) L + P 2, 1978, 4, 9–11; (III) L + P 2, 1978, 5, 17f; (IV) L + P 2, 1978, 6, 21–23.
DÜRRWÄCHTER, G.: Ein Kapitel Terminologie III: Benennung der Angriffskombinationen. In: L + P 3, 1979, 3, 6f.
DÜRRWÄCHTER, G.: Was soll der Aufwand? In: L + P 3, 1979, 6, 11.
DÜRRWÄCHTER, G.: QUIZ-Auflösung: «Was soll der Aufwand?» In: L + P 4, 1980, 2, 20.
DÜRRWÄCHTER, G.: Stoppanlauf und Meterball. Bildreihen zur Technik und Taktik III. In: L + P 4, 1980, 4, 48.
DÜRRWÄCHTER, G.: Angriffskombination «Kreuz 3–4 hinten». Bildreihen zur Technik und Taktik V. In: L + P 6, 1982, 30f.
DÜRRWÄCHTER, G.: Täuschungsanlauf um den Zuspieler. Bildreihen zur Technik und Taktik VI. In: L + P 7, 1983, 1, 6f.
DÜRRWÄCHTER, G.: Schattenangriff 3-2 vor dem Zuspieler. Bildreihen zur Technik und Taktik VII. In: L + P 7, 1983, 4, 44f.
DÜRRWÄCHTER, G.: Kreuz 2-3 hinter dem Steller. Bildreihen zur Technik und Taktik VIII. In: L + P 7, 1983, 5, 57.
DÜRRWÄCHTER, G.: Staffel 3-4 des Gegners und Doppelblock auf Position II. Bildreihen zur Technik und Taktik IX. In: L + P 7, 1983, 6, 66f.
EDER, M.: Volleyball. In: KONZAG, G. (Hg.): Übungsformen für die Sportspiele. Berlin 1979.
FIEDLER, M.: Volleyball. Berlin 1975.
GASSE, M.: Abwehrtaktik: Schematisch oder besser situationsgerecht? In: L + P 7, 1983, 3, 30–32.
GORSKI, J. / KRIETER, U.: Volleyball – Technik, Taktik, Training, Kondition. München, Wien, Zürich 1982.
HERZOG, K. / VOIGT, H.-F. / WESTPHAL, G.: Volleyballtraining – Grundlagen und Arbeitshilfen. Schorndorf 1985.
HORNAK, L.: Pendelsystem – eine neue Abwehrvariante entwickelt. In: Volleyball-Journal 15, 1980, 6, IX–XII.
IWOILOW, A. W.: Volleyball – Biomechanik und Methodik. Berlin 1984.
JASIUKIEWICZ, Z.: Das Spiel ist attraktiver geworden. In: Volleyballtraining 10, 1986, 6, 73–76.
KÄMMERER, H.-J. u. a.: Beobachtung und Analyse der Spielqualität bei Männermannschaften unterschiedlicher Spielstärke im Volleyball. In: Lsp 8, 1978, 3, 202–210.
KASTIEN, H.: Untersuchung über Angriffsaktionen und -ziele im mittleren Leistungsbereich. In: L + P 9, 1985, 6, 69–71.
KOBRLE, J. / NEUBERG, E.: Taktik des Volleyballspiels I, II. Schorndorf 1977, 1986.
LEE, J.: Im modernen Volleyball die höchste Kunst: das Zuspiel. Weltbekannte Spielmacher äußern sich über ihren «Job» I, II. In: (I) L + P 3, 1979, 3, 9–12; (II) L + P 3, 1979, 4, 9f.
LEITZGEN, D. / PAPAGEORGIOU, A.: Häufigkeit und Effektivität von Angriffskombinationen im Volleyball. In: CHRISTMANN, E. (Red.) 1984, a. a. O. 240–256.
NEUMAIER, A.: Zum Einfluß von Beobachtungsanweisungen auf die Antizipation von Volleyballangriffen. In: CHRISTMANN, E. (Red.) 1984, a. a. O. 171–194.
PARK, D. H.: 54 praktische Tips zum Spielverhalten beim Volleyball. In: ANDRESEN, R. (Hg.) 1975, a. a. O. 129–134.
RICHTERING, G. / GASSE, M. / WESTPHAL, G.: Die Annahme im Spielklassenvergleich – Beobachtungen bei Frauenmannschaften. In: L + P 7, 1983, 4, 39–42.
RICHTERING, G. / WESTPHAL, G.: Zur Meßbarkeit und Schulung der Bewegungsantizipation I–IV. In: (I) L + P 4, 1980, 6, 70–72; (II) L + P 5, 1981, 1, 5–8; (III) L + P 5, 1981, 2, 17–20; (IV) L + P 5, 1981, 3, 29–33.
RICHTERING, G. / WESTPHAL, G.: Die zielgerichtete Ausbildung der Antizipationsfähigkeit. In: L + P 10, 1986, 1, 1–4.
SPITZER, G.: Technische und taktische Voraussetzungen des Angriffs aus der Hinterzone. In: L + P 6, 1982, 5, 49–52.
SPITZER, G.: Methodische Überlegungen zum Angriff aus der Hinterzone. In: L + P 6, 1982, 6, 61f.
TRAINERRAT: Aktuelle Entwicklungstendenzen bei den Spitzenteams im Männer-Volleyball II. In: L + P 7, 1983, 5, 58–60.
WESTPHAL, G. / RICHTERING, G. / GASSE, M.: Zur Qualität der Annahme bei den besten deutschen Frauen-Mannschaften 1979/80. In: L + P 4, 1980, 3, 25–27.

3.3 Motorisches Lernen

BOUCHERIN, J.: Lern- und Transferprozesse im Volleyball. In: Jugend und Sport 1975, 32, 295–297.
BOUCHERIN, B. / BOUCHERIN, J.-P.: Volleyball: Auf der Suche nach Grundsätzen des Bewegungslernens. In: Jugend und Sport 40, 1983, 2, 7–11.
EGGER, K.: Lernübertragungen in der Sportpädagogik. Basel 1975.
HUG, O.: Lernhandlungen im sportlichen Bewegungstraining. In: Lsp 14, 1984, 4, 19–24.
JOST, E.: Methoden im Sportunterricht. In: ADL (Hg.): Schüler im Sport, Sport für Schüler. Schorndorf 1984, 106–117.
KUNATH, P. / PÖHLMANN, R.: Handlungs- und persönlichkeitstheoretische Grundlagen zur Erforschung und Abbildung des motorischen Lernprozesses. In: RIEDER, H. u. a. (Hg.): Motorik- und Bewegungsforschung. Schorndorf 1983, 143–164.
KRUPPA, U.: Zur Funktion des Gedächtnisses beim Zielsprachenerwerb. In: Neusprachliche Mitteilungen aus Wissenschaft und Praxis 36, 1983, 2, 76–85.
LEIST, K-H.: Transfer im Sport. Schorndorf 1979.
LEIST, K.-H.: Lernen im Sport. In: THOMAS, A. (Hg.): Sportpsychologie. Ein Handbuch in Schlüsselbegriffen. München, Wien, Baltimore 1982, 71–90.
PÖHLMANN, R. / BISCHOFF, G.: Gibt es lernphasenabhängige Transferspezifika? In: ThPKK 29, 1980, 1.
TSCHIENE, P.: Zu aktuellen Problemen der technischen Vorbereitung von Sportlern. In: Lsp 14, 1984, 4, 5–8.

3.4 Der Lehr-Lernprozeß

ADAM, S.: Volleyball mit Musik – ein Versuch. In: CHRISTMANN, E. / LETZELTER, H. (Red.): Spielanalysen und Trainingsmaßnahmen im Volleyball. Ahrensburg 1986, 211–214.
BOECKMANN, K. / HEYMEN, N.: Zur Funktion der Video-Information bei sportmotorischen Lehr-/Lernprozessen. In: Sportwissenschaft 9, 1979, 1, 68–77.
BOGDAHN, A.: Möglichkeiten des AV-Medieneinsatzes, der Programmierung und Differenzierung für das Erlernen des frontalen Schmetterschlags im Volleyball. In: LH 1978, 1, 13–16.
BRODTMANN, D.: Sportunterricht und Schulsport. Regensburg 1979.
CRATTY, B. J.: Sozialpsychologische Auswirkungen von Schema-Theorien des motorischen Lernens. In: Lsp 7, 1977, 6, 479–483.
DANNENMANN, F.: Zum Medienbegriff im Sport. In: Medien im Sport 1978, 2, 2–10.
DANNENMANN, F.: Filme im Sportunterricht. In: SCHILLING, G. / BAUR, W. (Hg.): Audiovisuelle Medien im Sport. Basel 1980, 94–108.
DANNENMANN, F.: Medien im Trainingsprozeß I–VII. In: L+P (I) 4, 1980, 4, 44–46; (II) 4, 1980, 5, 55–58; (III) 4, 1980, 6, 61–66; (IV) 5, 1981, 3, 34–36; (V) 5, 1981, 6, 61–64; (VI) 6, 1982, 1, 4–6; (VII) 7, 1983, 1, 4f.
DANNENMANN, F.: Zielorientiertes Bewegungslernen mit visuellen Medien. In: HACKFORT, D. (Hg.): Handeln im Sportunterricht. Köln 1984, 301–318.
DANNENMANN, F.: Möglichkeiten der Medienverwendung im Sportunterricht. In: GÜNZEL, W. (Hg.): Taschenbuch des Sportunterrichts. Baltmannsweiler 1985, 183–219.
DASSEL, H. / HAAG, H.: Circuit-Training – Bildtafeln für Schule und Verein. Teil 1, 2. Schorndorf 1979, 1982.
DÖRING, K. W.: Lehren in der Erwachsenenbildung. Weinheim und Basel 1983.
EINSIEDLER, W.: Lehrmethoden. München, Wien, Baltimore 1981.
FETZ, F.: Allgemeine Methodik der Leibesübungen. Frankfurt/M. 1975.
FREIBICHLER, H. / STEINER, H.: Interaktives Video – eine Perspektive für den Leistungssport? In: Lsp 13, 1983, 5–11.
FRESTER, R.: Zur lernstandsabhängigen Bedeutung der Eigen- und Fremdinformation. In: ThPKK 29, 1980, 9, 669–672.
GAGE, N. L. / BERLINER, D. C.: Pädagogische Psychologie 2: Lehrmethoden, Bewertung des Lernerfolges. München 1979.
GRELL, J.: Techniken des Lehrerverhaltens. Weinheim und Basel 1974.
GROSSER, M. / NEUMAIER, A.: Techniktraining. München, Wien, Zürich 1982.
HERZOG, K. Volleyball-Bewegungsabläufe in Bildern. Münster 1985.

HEYMEN, M. u. a.: Untersuchungsbericht zur Wirksamkeit von Video-Rückmeldung im Sportunterricht. In: SU 35, 1986, 1, 10–15.
HOLZ, P.: Neue Medientechnologien und Einsatzmöglichkeiten bei großen Vereinen – Chance oder Illusion. In: Landessportverband Baden-Württemberg E. V. (Hg.): Referate bei dem Seminar: Der große Verein. Filderstadt-Bonlanden 1984, 18–56.
HOTZ, A. / WEINECK, J.: Optimales Bewegungslernen. Erlangen 1983.
ILG, H. / SIKORA, W.: Untersuchungen zur Lehrersprache im Führungsverhalten von Sportlehrern. In: ThPKK 31, 1982, 8, 611–616.
INGENKAMP, F.-D.: Neue Medien vor der Schultür. Weinheim 1984.
KIRSCH, A.: Medien in Sportunterricht und Training. Schorndorf 1984.
KLAUER, K. J.: Methodik der Lehrzieldefinition und Lehrstoffanalyse. Düsseldorf 1974.
KLEINMANN, T. / KRUBER, D.: Technik-, Taktik- und Konditionsschulung Volleyball. Schorndorf 1979.
KOCH, K. (Hg.): Motorisches Lernen–Üben–Trainieren. Schorndorf 1972.
KONZAG, I. / KONZAG, G. u. a.: Übungsformen für die Sportspiele. Berlin 1979.
KOS, B. / TEPLY, Z.: Kondition durch Gymnastik. Berlin 1980.
KRAUS, U. / SCHALLER, H.-J.: Einflüsse des Sprechverhaltens von Sportlehrern auf Lernprozesse im Sport. In: Allmer, H. / Bielefeld, J. (Hg.): Sportlehrerverhalten. Schorndorf 1982, 169–180.
KRAUS, U.: Sprechen im Sportunterricht. Wuppertal 1982.
KRAUS, U.: Zur Sprache gebracht. In: Sportpädagogik 10, 1986, 2, 18–21.
KUHLMANN, D.: Sprechen im Sportunterricht. Schorndorf 1986.
MICKLEY, E.: Eine Schutzplane zur Unfallverhütung. In: L + P 7, 1983, 1, 3.
MÜLLER, E. / DALITZ, W.: 1333 Gymnastikübungen mit Geräten. Berlin 1978.
OERTER, R. / DREHER, E. u. M.: Kognitive Sozialisation und subjektive Struktur. München 1977.
PÖHLMANN, R.: Veränderungsmessung und Lernprozeßobjektivierung. In: ThPKK 35, 1986, 3, 201–206.
RÖSCH, H.-E. / LAUTWEIN, T.: Praxis des Sportunterrichts. Freiburg 1974.
SCHILLING, G. / BAUR, W. (Hg.): Audiovisuelle Medien im Sport. Basel 1980.
SCHLICK, P.: Lernplanung und Unterrichtsgestaltung im Sportunterricht. Donauwörth 1982.
SCHOTT, F. u. a.: Lehrstoffanalyse und Unterrichtsplanung. Braunschweig 1981.
SCHUSTER, A.: Musik als methodische Hilfe beim Volleyballtraining. In: L + P 3, 1979, 1, 5f.
SINGER, R. N. / DICK, W.: Teaching physical education. Boston 1974.
SÖLL, W.: Differenzierung im Sportunterricht. Schorndorf 1979.
STIEHLER, G.: Methodik des Sportunterrichts. Berlin 1974.
VOIGT, H. / NAUL, R.: Arbeitsblätter Volleyball. Düsseldorf 1982.
WIDMAIER, H. / GAISSER, G.: Spielanalyse im Volleyball mit dem Interaktiven Video System. In: Lsp 14, 1984, 3, 33–36.
ZEDLICK, M.: Zur Unterstützung des motorischen Lernens durch Videotechnik. In: Wiss. Zeitschrift der DHfK 1981, 3, 69–78.
ZIEGLER, J.: Taktische Spielvorbereitung mit Hilfe von Videoaufnahmen. In: L + P 8, 1985, 37–41.

3.5 Methodische Wege

BAACKE, H.: Minivolleyball. Berlin 1977.
BACHMANN, E. und M.: 1005 Spiel- und Übungsformen im Volleyball. Schorndorf 1982.
BETRIFFT SPORT: Volleyball I–V. I: 1978, 0; II: 1979, 3; III: 1979, 10; IV: 1980, 3.
BLUME, G. / LANGE, K.: Volleyball und Handball. Übungsformen für Schule und Verein. Reinbek 1979.
BRATTON, R. D.: 3000 Plus Volleyball Drills and Ideas. Ottawa 1978.
BRETTSCHNEIDER, W.-D. / WESTPHAL, G. u. U.: Das Volleyballspiel. Ahrensburg 1976.
DEACOVE, J.: Kooperative Sportspiele. Ettlingen 1981.
DÜRRWÄCHTER, G.: Volleyball. Spielend lernen – Spielend üben. Schorndorf 1979.
DÜRRWÄCHTER, G.: Volleyball-Kartothek 2. Aufschlag und Annahme. Münster 1986.
EDER, M.: Volleyball. In: KONZAG, G. (Red.): Übungsformen für die Sportspiele. Berlin 1979, 334–381.

Fröhner, B. / Radde, K. / Döring, F.: Volleyball. Berlin 1974.
Fröhner, B.: Spiele für das Volleyballtraining. Berlin 1985.
Voigt, H. / Naul, R.: Volleyball. Düsseldorf 1980.
Götsch, W. / Papageorgiou, A. / Tiegel, G.: Mini-Volleyball. Berlin 1980.
Hartmann, H.: Untersuchungen zur Lernplanung und Lernkontrolle in den Sportspielen. Schorndorf 1973.
Hergenhahn, K.-H. / Neisel, G.: Volleyball-Spezialitäten. In: Betrifft Sport 1982, 7.
Horvath, I.: Volleyball. Die Taktik und ihre Schulung. Volketswil o. J.
Karbe, S. (Red.): Volleyball. Berlin 1981.
Kleinmann, T. / Kruber, D.: Technik-, Taktik- und Konditionsschulung Volleyball. Schorndorf 1979.
Kursawe, H. G. / Plfugradt, M.: Vom Basisspiel zum Sportspiel. In: LH 1986, 8, 113–117.
Löber, G.: Karteikartenset für das Volleyballtraining in Schule und Verein, Teil 1. Kassel 1985.
Löscher, A: Volleyball. Berlin 1982.
Medler, M.: Arbeitskarten für eine Spielreihe im Volleyball. In: LH 1979, 5, 65–72.
Medler, M.: Volleyball. Teil 1: Hinführung durch Kleinfeldspiele. Neumünster 1984.
Nagel, V.: Mit Volleyballregeln didaktisch umgehen. In: Sportpädagogik 10, 1986, 4, 36–40.
Paap, G.: Lernhilfen in der Lehrweise des Volleyballspiels. Schorndorf 1978.
Papageorgiou, A. / Spitzley, W.: Volleyball – vom Mini-Volleyballspieler zum Universalisten. Berlin 1984.
Quitsch, G.: Zum pädagogischen Problem der adäquaten Lehrmethode von Sportspielen – ein Diskussionsansatz. In: SU 35, 1986, 3, 93–101.
Sachse, K.: 60 Stunden Volleyball für die Sekundarstufe I. Ahrensburg 1985.
Schniewind, J.-P.: Die Anfänger- und Fortgeschrittenenausbildung in der deutsch- und englischsprachigen Volleyballiteratur. Unv. Diplomarbeit Köln 1985.
Shelesnjak, I. D. / Kleschtschow, J. N. / Tschechow, O. S.: Die Vorbereitung junger Volleyballspieler. Moskau 1967.
Canadian Volleyball Association: Coaches Manual I, II, III. Ottawa 1978, 1979, 1979.
Volckmann, W.: Programm zum Erlernen des Schmetterns. In: LH 1979, 6, 81–87.
Voltmann, I.: Volleyball in Klasse 9 und 10. In: LH 1986, 2, 17–19.
Westphal, G.: Volleyball-Kartothek 1. Ausdauerschulung mit Ball. Münster 1985.
Wopp, Ch.: Volleyball spielen und lernen. Wuppertal 1980.

3.6 Beurteilung des Lehrer- und Trainerverhaltens

Döring, K. W.: Lehren in der Erwachsenenbildung. Weinheim und Basel 1983.
Eigler, G. u. a.: Grundkurs Lehren und Lernen. Weinheim und Basel 1979^4.
Grell, J.: Techniken des Lehrerverhaltens. Weinheim und Basel 1974.
Koch, K. / Meyners, E.: Unterrichtsplanung, Unterrichtsbeobachtung, Unterrichtsbeurteilung. Schorndorf 1976.

3.7 Technik- und Taktikbeobachtung

Bremer, D. / Sperle, N. (Hg.): Fehler, Mängel, Abweichungen im Sport. Wuppertal 1984.
Fröhner, B. / Radde, K. / Döring, F.: Volleyball. Berlin 1974.
Göhner, U.: Bewegungsanalyse im Sport. Schorndorf 1979.
Haase, H. / Hanus, M.: Experimentelle Untersuchung zum objektiv ergänzenden Informationsfeedback beim Erlernen von Tennis-Grundschlägen. In: Lsp 8, 1978, 5, 384–392.
Hartmann, H.: Untersuchungen zur Lernplanung und Lernkontrolle. Schorndorf 1973.
Hug, O.: Das Bewegungskonzept. Ein Fragebogen zur Selbsteinschätzung der Bewegungskontrolle. In: Sportwissenschaft 9, 1979, 1, 52–67.
Nickel, U.: Bewegungsbewußtsein. Bad Homburg 1984.

Lernaufgaben

Neber, H. u. a. (Hg.): Selbstgesteuertes Lernen. Weinheim 1978.
Seel, N. M.: Lernaufgaben und Lernprozesse. Stuttgart, Berlin, Köln, Mainz 1981.
Straka, G. A. / Macke, G.: Lehren und lernen in der Schule. Stuttgart, Berlin, Köln, Mainz 1979.
Straka, G. A.: Lernen, Lehren und Bewerten. Stuttgart, Berlin, Köln, Mainz 1983.

Über die Verfasser

Die Herausgeber

Erich Christmann, Jahrgang 1945, Dozent am Sportwissenschaftlichen Institut der Universität Saarbrücken; Arbeitsschwerpunkte: motorisches Lernen und Sportspielforschung. Langjähriger Lehrwart des Saarländischen Volleyball-Verbandes, Mitglied im Lehrbeirat des DVV, Leiter des Referats Hochschulen (1981–1985), Lehrerfortbildung im Fach Volleyball.

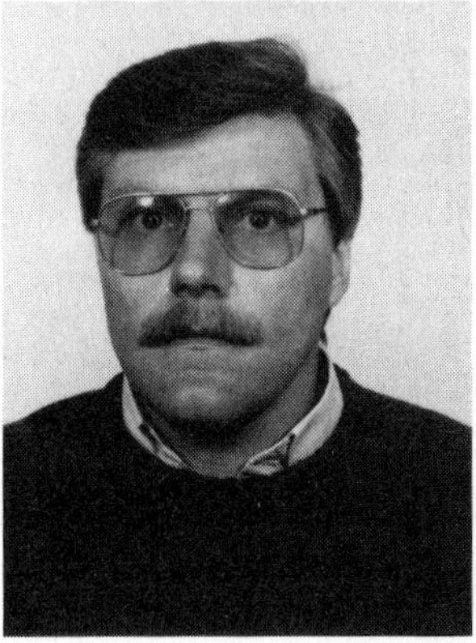

Klaus Fago, Jahrgang 1951, Studienrat, seit 1987 Lehrer für Sport und Französisch an der Deutschen Schule Nairobi. Seit 1975 Ausbildung von Fachübungsleitern und B-Trainern im Hessischen Volleyballverband, Lehrwart von 1975–1982.

Die Autoren

Christian Brandel, Geschäftsführer der Stiftung Deutscher Volleyball und Pressewart des DVV.

Dr. Wolf-Dietrich Brettschneider, Professor für Sportwissenschaft an der Universität Paderborn.

Fritz Dannemann, M. A., Studienrat an der Pädagogischen Hochschule Heidelberg, A-Trainer des DVV, Lehrwart im Landesverband Württemberg.

Olaf Kortmann, Lehrer für Sport und Philosophie, A-Trainer des DVV, seit 1984 hauptamtlicher Trainer in der 1. oder 2. Bundesliga.

Dr. Ulrike Krauss, Mitarbeiterin im Referat Breitensport des Kultusministeriums Nordrhein-Westfalen.

Günter Krispin, Studiendirektor, A-Lizenztrainer des DVV, Bundesjugendtrainer von 1977–1982, Lehrwart im Landesverband Schleswig-Holstein.

Dr. Karl-Heinz Leist, Professor für Sportpädagogik am Sportzentrum der Technischen Universität München.

Dr. Jürgen Maxeiner, Professor für Sportpsychologie am Sportwissenschaftlichen Institut der Universität Saarbrücken.

Joachim Pohl, Diplomsportlehrer, A-Trainer des DVV.

Ralf Schmitz, Sportphysiotherapeut, Betreuer der Junioren und Juniorinnen des DVV.

Dr. Hans-Martin Sommer, Facharzt für Orthopädie an der Orthopädischen Klinik und Poliklinik der Universität Heidelberg.

Reinhard Thierer, Diplomsportlehrer an der Universität Paderborn.

Jörg Ziegler, Gymnasiallehrer, Wissenschaftlicher Angestellter am Institut für Sportwissenschaft der Universität Tübingen, A-Trainer des DVV.

Thomas Zimmer, Gymnasiallehrer, Lehrbeauftragter am Sportwissenschaftlichen Institut der Universität Saarbrücken, A-Trainer des DVV.

Anschriften

Geschäftsstelle DVV
Lyoner Str. 16, 6000 Frankfurt 71
Tel. 069/6661010

Landesverbände

Bayern
Bayerischer Volleyball-Verband (BVV)
Haus des Sports, Georg-Brauchle-Ring 93
Postfach 500120, 8000 München 50
Tel. 089/15702305/15702306

Berlin
Volleyball-Verband Berlin (VVB)
Bergstraße 84, 1000 Berlin 41
Tel. 030/7925000

Bremen
Bremer Volleyball-Verband (BVV)
Am Sachsenhain 5, 2810 Verden-Dauelsen
Tel. 04231/73297 (p)

Hamburg
Hamburger Volleyball-Verband (HVbV)
Haus des Sports, Schäferkampsallee 1, 2000 Hamburg 6
Tel. 040/4121240

Hessen
Hessischer Volleyball-Verband (HVV)
Goethestraße 10, 6000 Frankfurt 1, Tel. 069/281410

Niedersachsen
Nieders. Volleyball-Verband (NVV)
Maschstraße 20, 3000 Hannover 1, Tel. 0511/886066

Nordbaden
Nordbadischer Volleyball-Verband (NVV)
Berliner Str. 14, 6900 Heidelberg 1, Tel. 06221/46632

Nordrhein-Westfalen
Westdeutscher Volleyball-Verband (WVV)
Beek 2A, 5810 Witten, Tel. 02302/85070

Rheinland-Pfalz
Volleyball-Verband Rheinland-Pfalz (VVRP)
Rembrandtstraße 5, 6500 Mainz-Lerchenberg
Tel. 06131/7513 (p), 06131/123269 (d)

Saarland
Saarländischer Volleyball-Verband (SVV)
Haus des Sports, Saaruferstraße 16, 6600 Saarbrücken
Tel. 0681/57055

Schleswig-Holstein
Schleswig-Holsteinischer Volleyball-Verband (SHVV)
Winterbeker Weg 32, 2300 Kiel
Tel. 0431/675874 (p), 0431/6042306 (d)

Südbaden
Südbadischer Volleyball-Verband (SbVV)
Schwarzwaldstraße 46
7809 Denzlingen, Tel. 07666/2968

Württemberg
Volleyball-Landesverband Württemberg (VLW)
Kornbeckstraße 32
7440 Nürtingen-Oberensingen, Tel. 07022/54049

Sachregister

Fitness

Muskeltraining
von Johannes Mende
(rororo sport 8640)

Körpertraining
von Johannes Mende
(rororo sport 8612)

Funktionsgymnastik
von Karl-Peter Knebel
(rororo sport 7628)

Allround-Fitness
von H. Gunnari / O. Evjenth / Michael B. Brady
(rororo sport 8644)

Fitnessernährung
von Michael Hamm
(rororo sport 8648)

Gymnastik
von Inge Mißmahl
(rororo sport 7044)

Aufwärmen im Sport
von Jürgen Freiwald
(rororo sport 8642)

Sportmassage
von Friedrich Schwope
(rororo sport 8625)

Sport ab 40
von Heinz Meusel
(rororo sport 8619)

Fitnessgymnastik
von Karl-Peter Knebel
(rororo sport 8636)

Fitness für Frauen
von Sabine Letuwnik / Jürgen Freiwald
(rororo sport 8681)

Fitness für Männer
von Jürgen Freiwald
(rororo sport 8687)

Fit durch Muskeltraining
von E. Trunz u. a.
(rororo sport 8611)

Ausdauergymnastik
von Erika Groos / Dorothee Rothmaier
(rororo sport 8693)

Wassergymnastik
von Karen Beigel / Andreas Brinckmann
(rororo sport 8639)

Laufen
von Herbert Jost
(rororo sport 8655)

Besser laufen
von Jack Heggie
(rororo sport 8664)

Das Fitness-Kochbuch
von M. Hamm / S. Strobel / L. Falavigna
(rororo sport 8694)

rororo sport

rororo sport wird herausgegeben von Bernd Gottwald. Ein Gesamtverzeichnis der Reihe finden Sie in der *Rowohlt Revue*. Jedes Vierteljahr neu. Kostenlos. In Ihrer Buchhandlung.

3423/1